统计年鉴

XI'AN STATISTICAL YEARBOOK

中英文对照 Chinese / English

西安市统计局

XI'AN MUNICIPAL BUREAU OF STATISTICS

国家统计局西安调查队

SURVEY OFFICE OF THE NATIONAL BUREAU OF STATISTICS IN XI'AN

图书在版编目（CIP）数据

西安统计年鉴. 2024 = Xi'an Statistical Yearbook 2024 : 汉英 / 西安市统计局, 国家统计局西安调查队编. 北京 : 中国统计出版社, 2024. 10. -- ISBN 978-7-5230-0527-9

Ⅰ. C832.411-54

中国国家版本馆 CIP 数据核字第 2024QX8521 号

西安统计年鉴2024

作　　者/ 西安市统计局　国家统计局西安调查队
责任编辑/ 荣文雅
封面设计/ 中煤地西安地图制印有限公司
出版发行/ 中国统计出版社有限公司
通信地址/ 北京市丰台区西三环南路甲6号
邮政编码/ 100073
发行电话/ 邮购（010）63376909　书店（010）68783171
网　　址/ http://www.zgtjcbs.com/
印　　刷/ 中煤地西安地图制印有限公司
经　　销 / 新华书店
开　　本 / 880mm × 1230mm　1/16
字　　数 / 932千字
印　　张 / 40.25印张　彩页1.25
版　　别 / 2024年10月第 1 版
版　　次 / 2024年10月第 1 次印刷
定　　价 / 260.00元

《西安统计年鉴2024》编辑部

Xi'an Statistical Yearbook 2024

EDITORIAL STAFF

生产总值构成（%）
Composition of Gross Domestic Product (%)

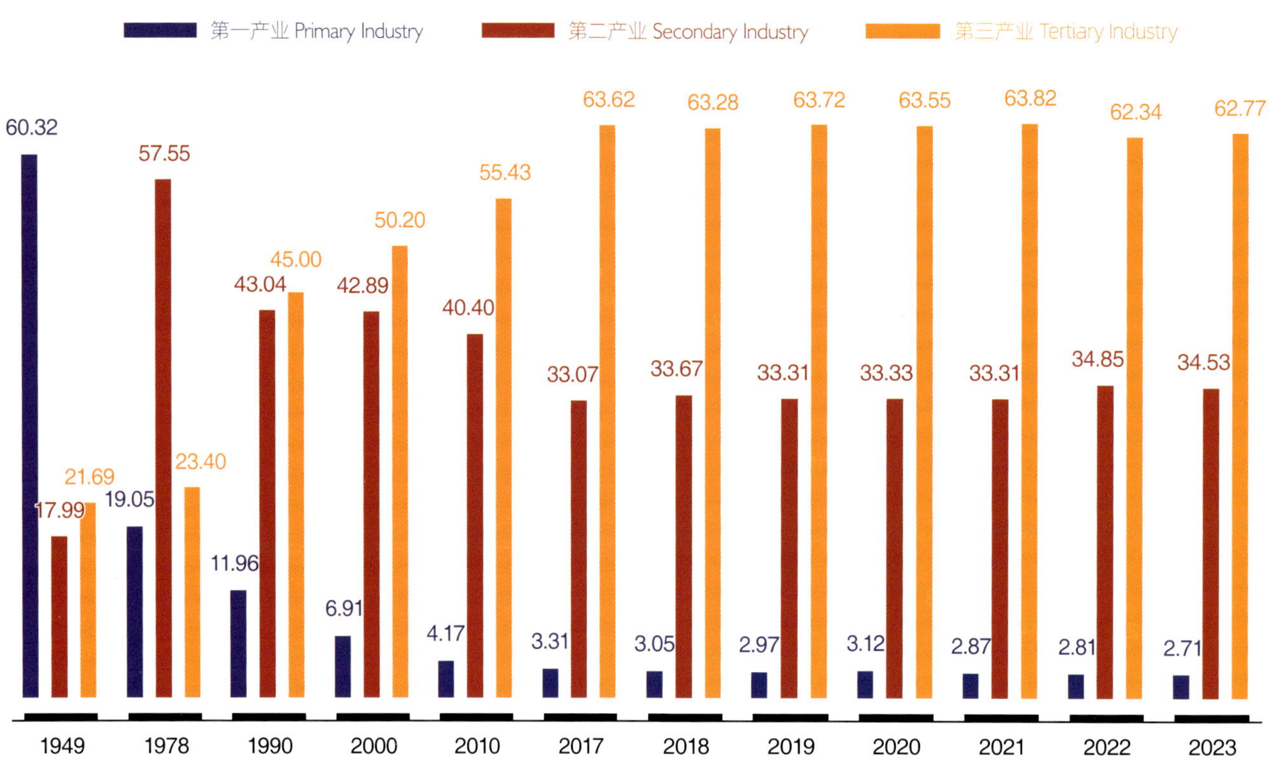

人均 GDP（元 / 人）
Per Capita GDP (yuan/person)

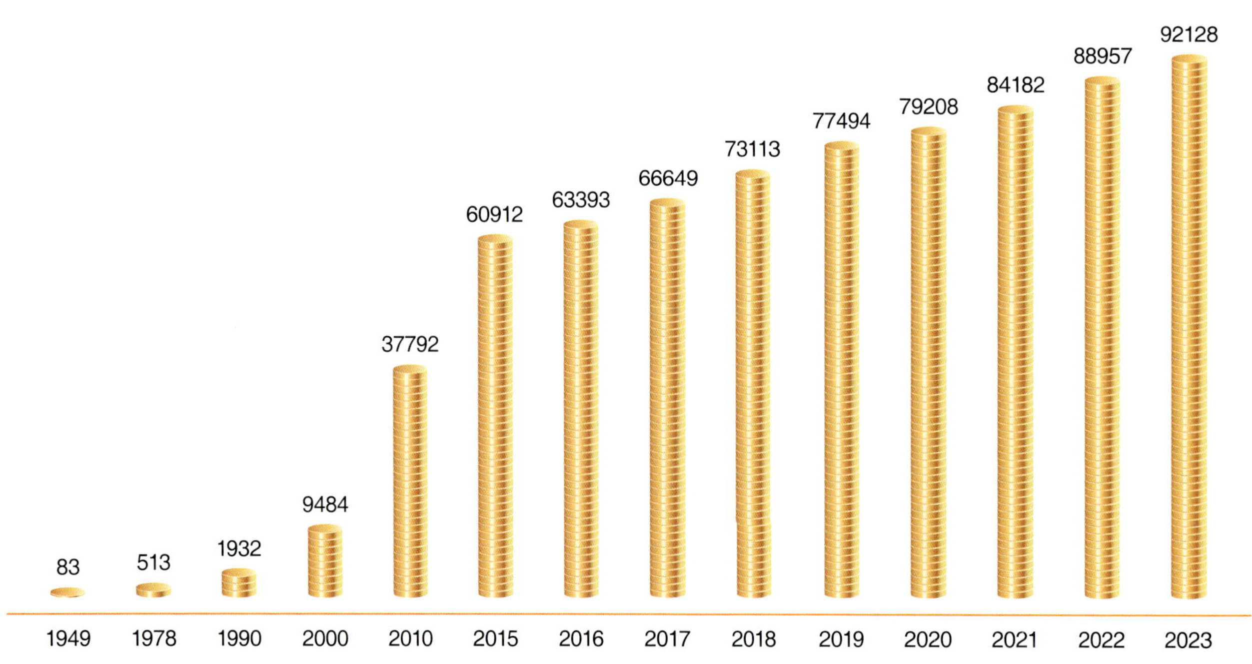

年末常住人口（万人）
Year-end Permanent Population (10 000 persons)

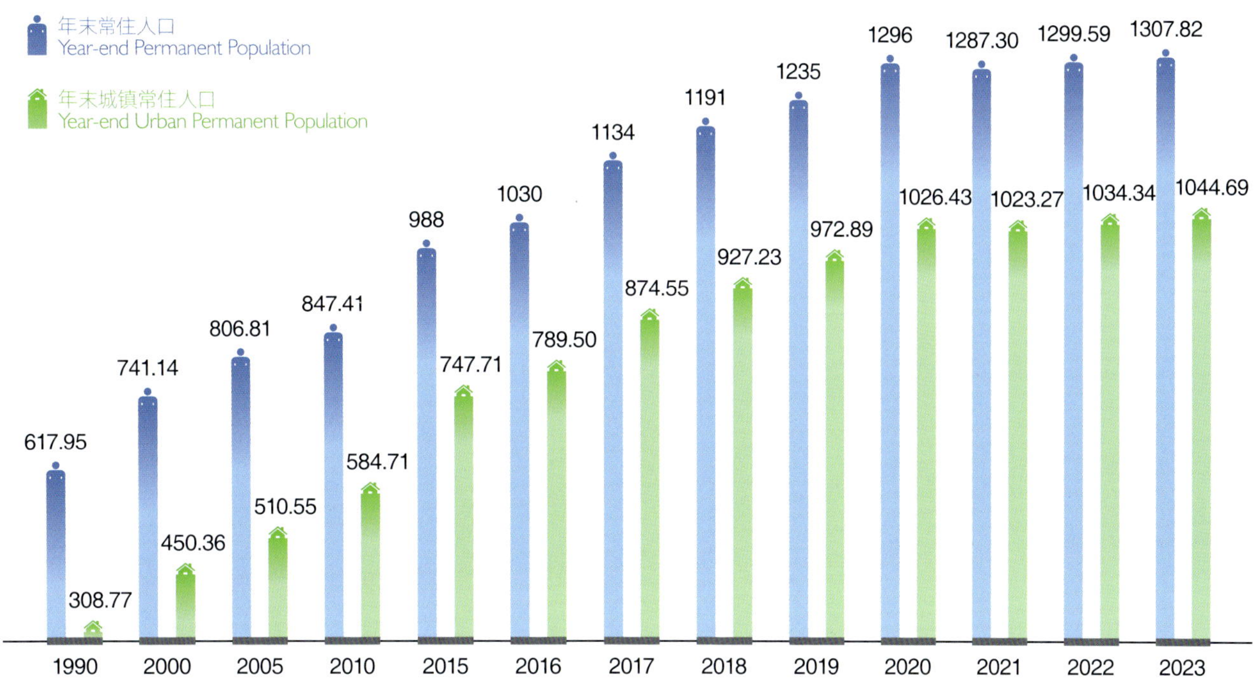

全社会就业人数（万人）
Number of Social Empolyed Persons (10 000 persons)

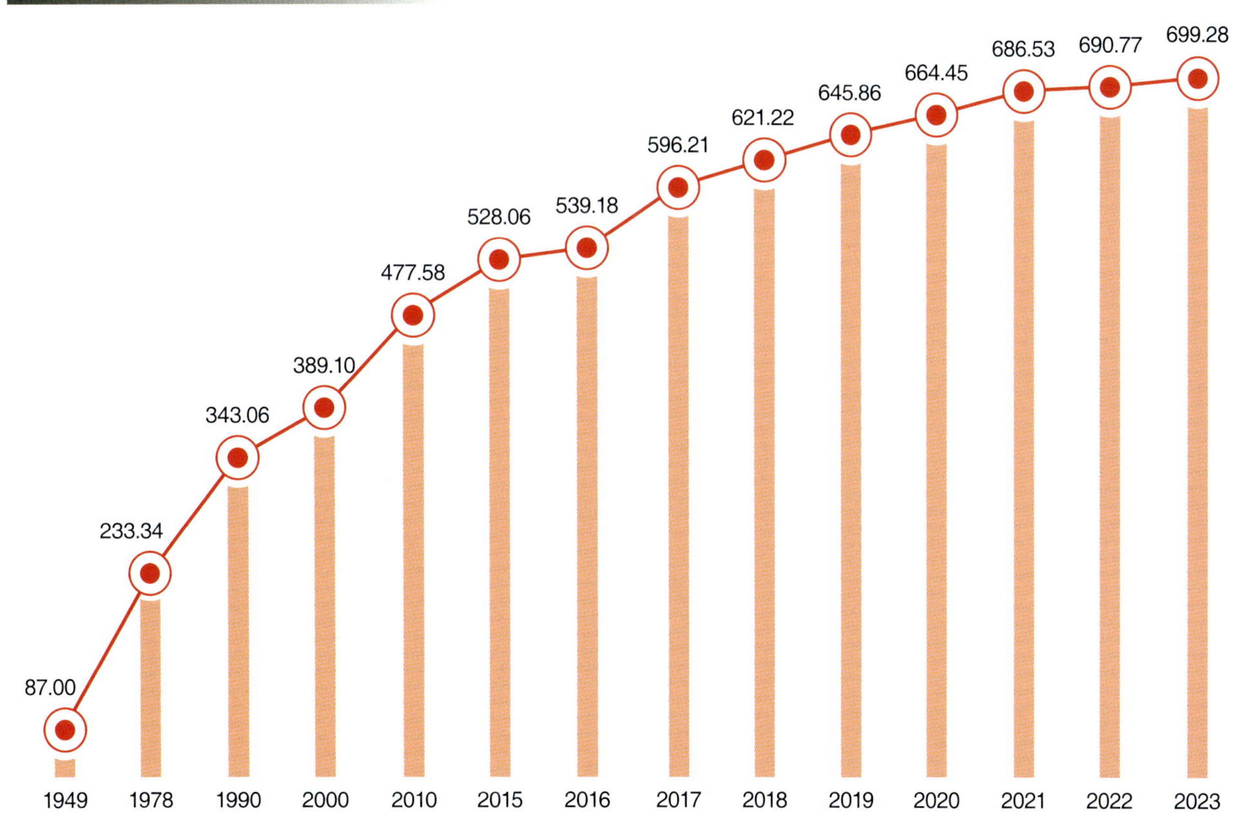

固定资产投资比上年增长（%）
Growth Rates of Investment over Preceding Year (%)

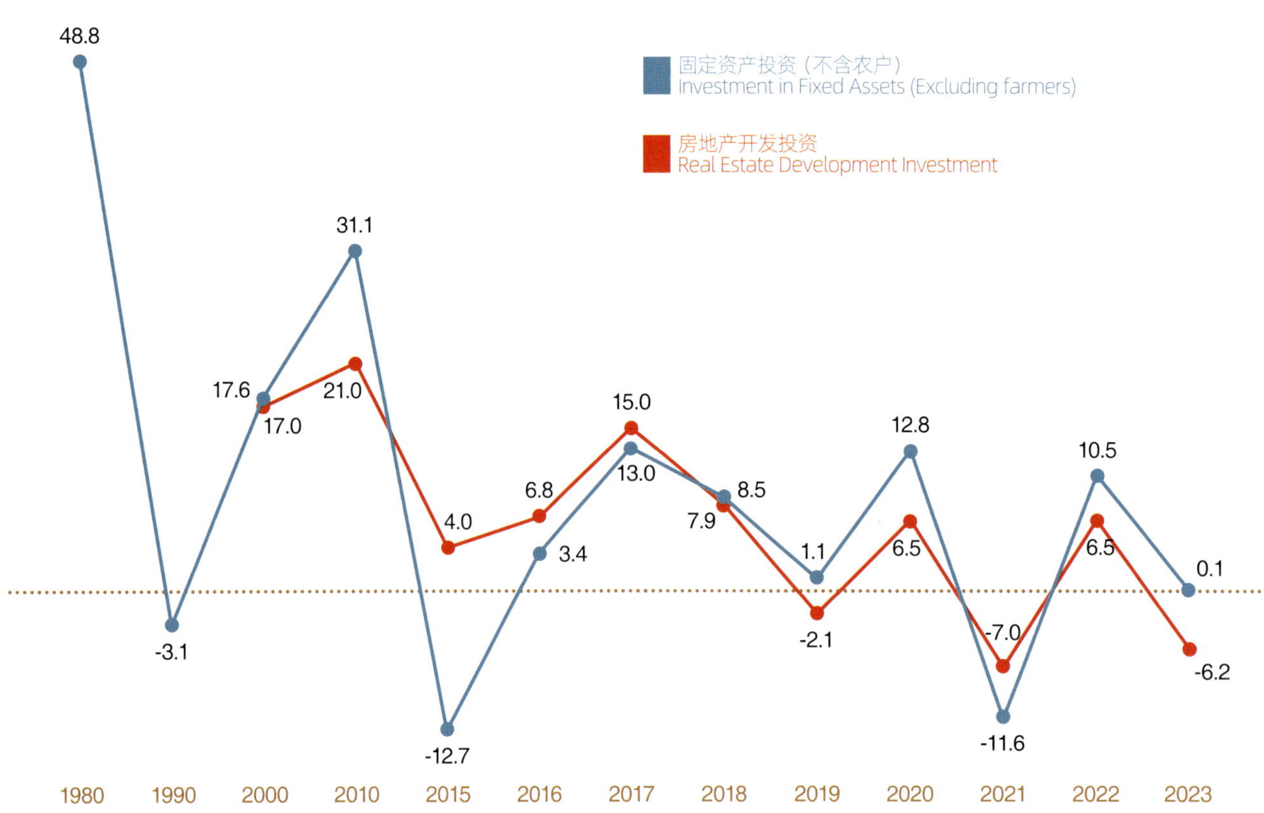

商品房销售面积（万平方米）
Floor Space of Commercial Buildings Sold (10 000 sq.m)

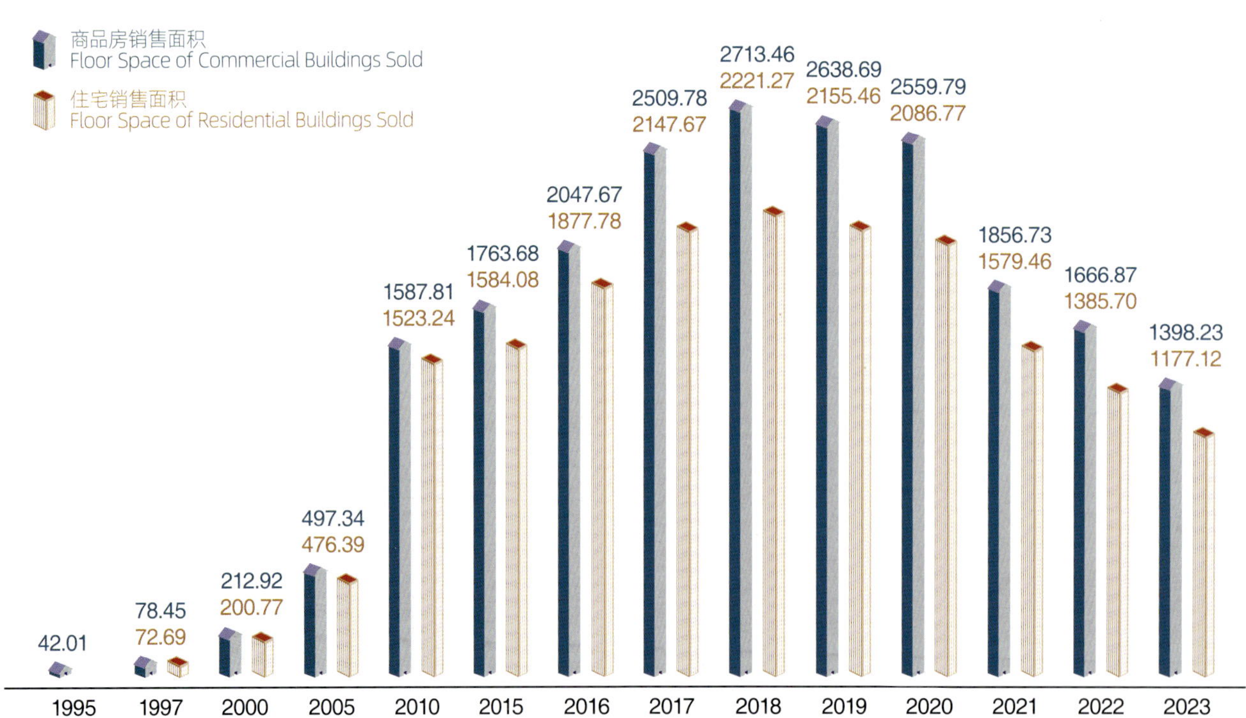

农林牧渔业总产值（亿元）

Gross Output Value of Agriculture, Forestry, Animal Husbandry and Fishery (100 million yuan)

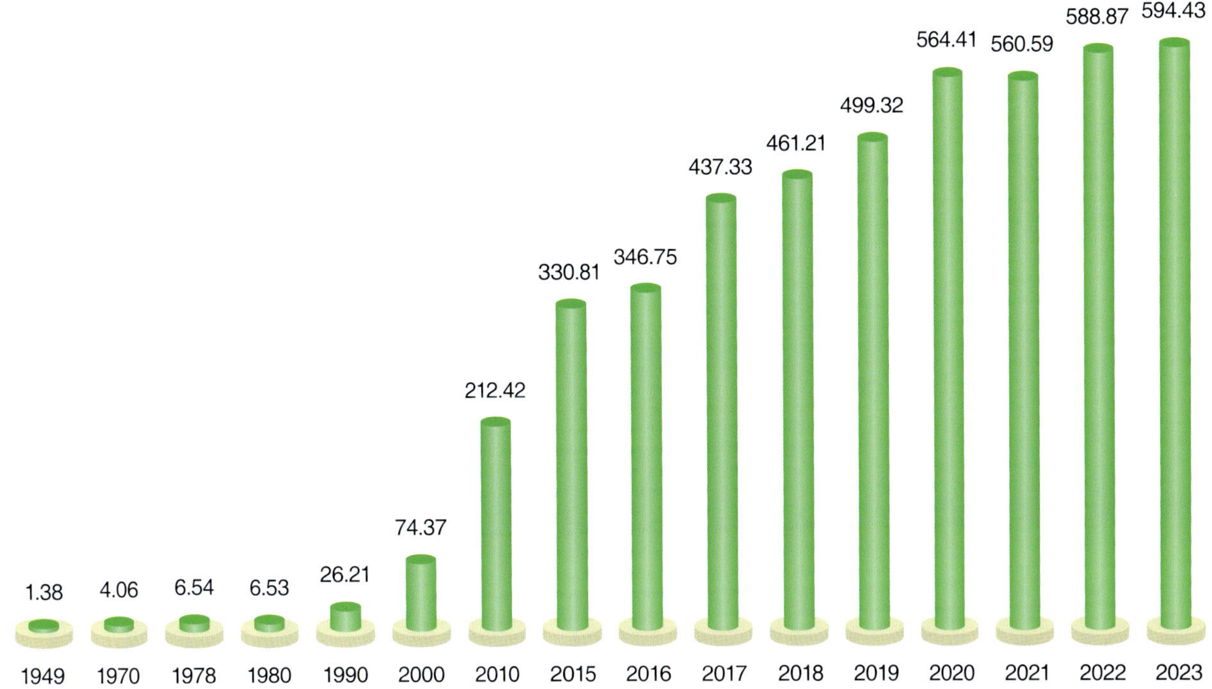

粮食产量（万吨）

Grain Product (10 000 tons)

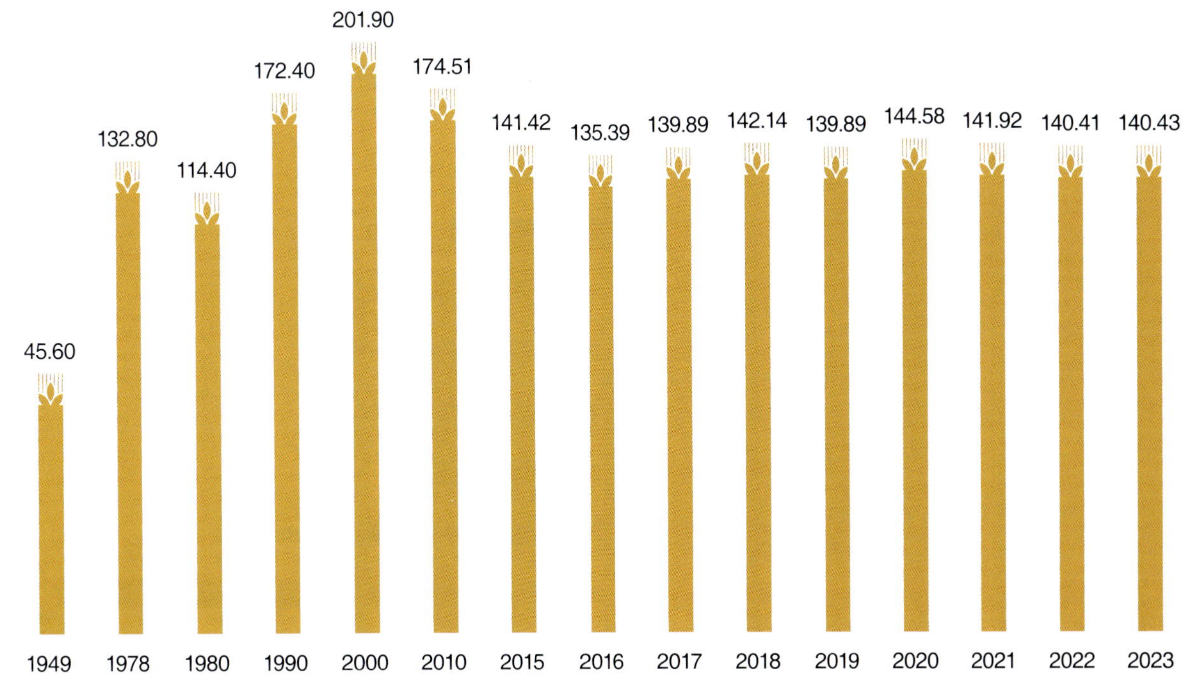

财政收支（亿元）

Government Revenue and Expenditure (100 million yuan)

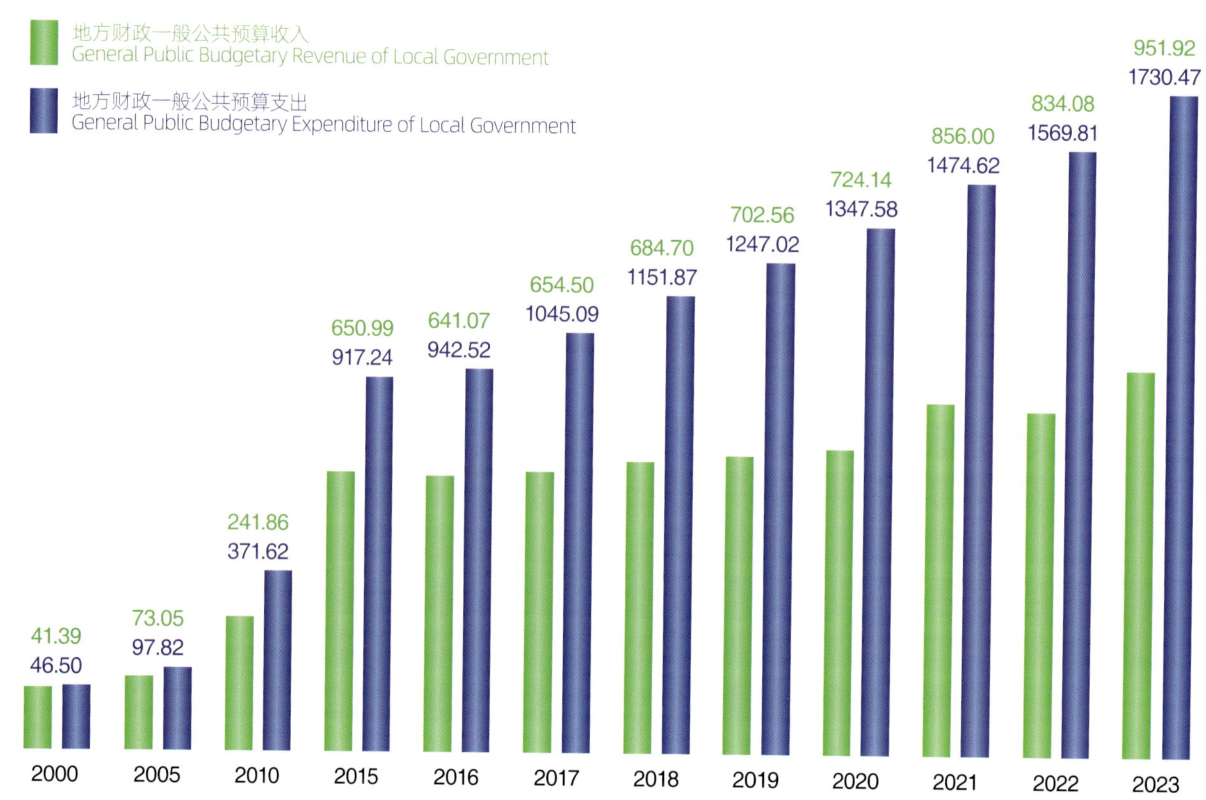

金融机构（含外资）人民币存贷款年末余额（亿元）

Deposits and Loans in Financial Institutions(Including Foreign-funded) at Year-end (100 million yuan)

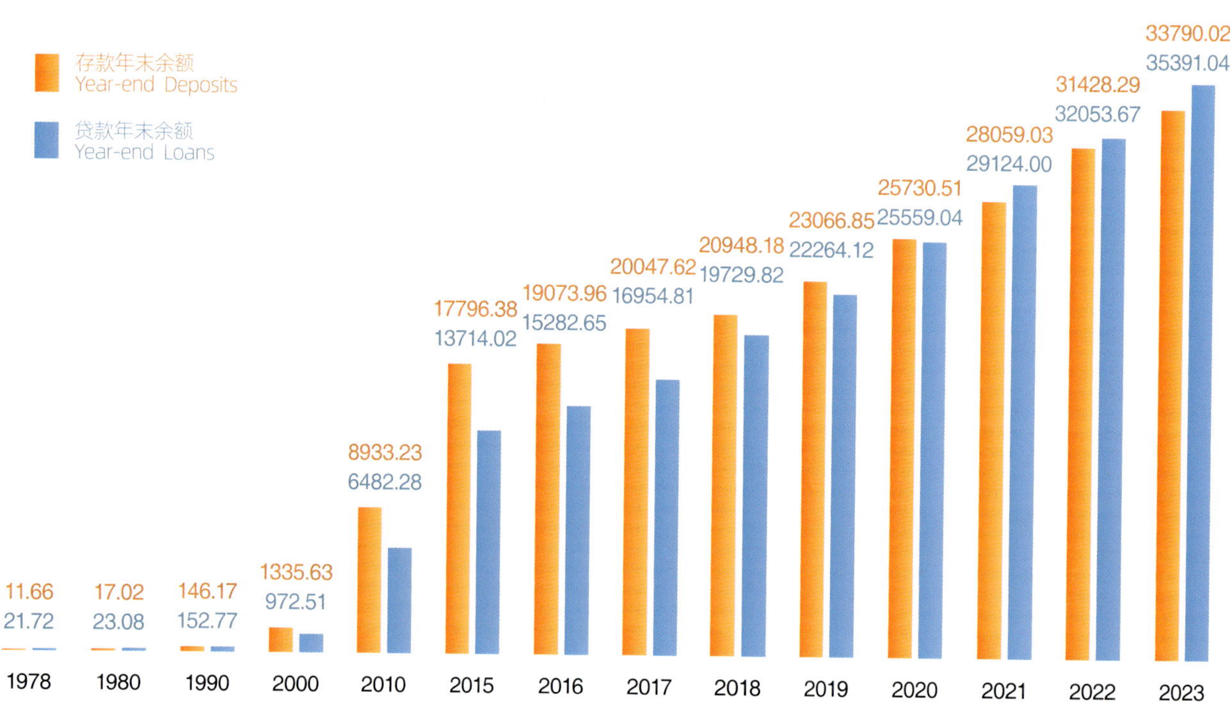

城市公共运营车辆（辆）

City Operating Vehicles (unit)

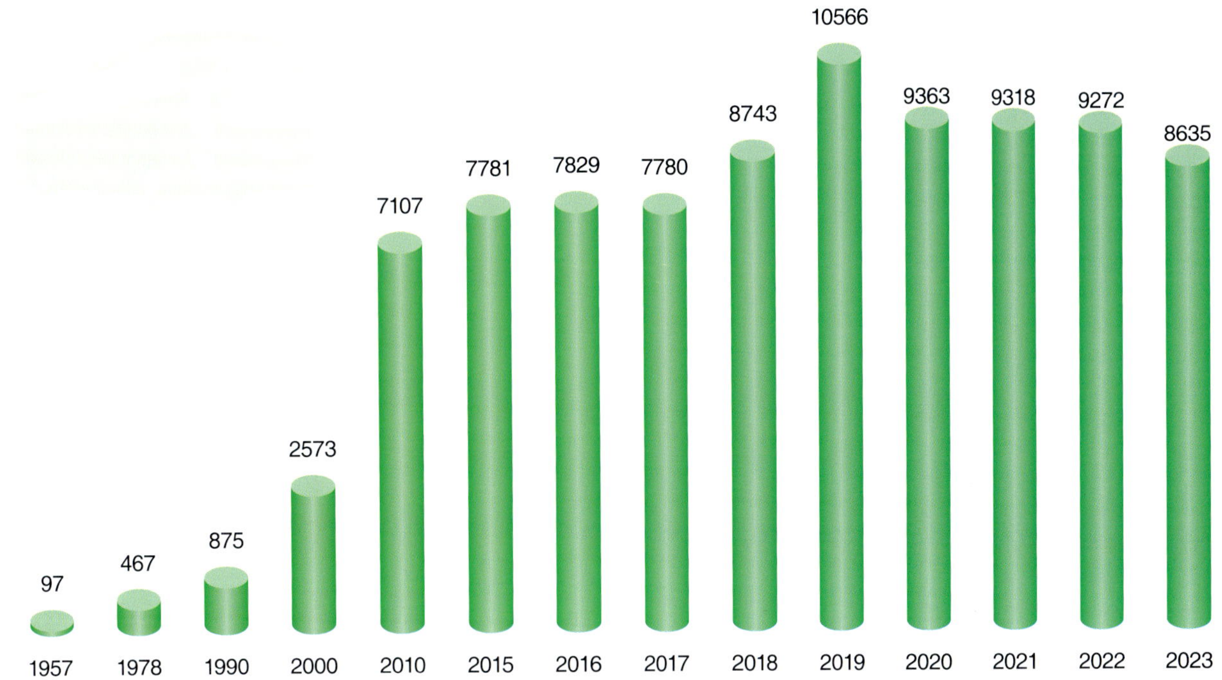

地铁运营线路长度（公里）

Length of Subway Lines in Operation (km)

绿地面积（公顷）

Area of Green Space (hectares)

天然气供气总量（万立方米）

Total Natural Gas Supply (10 000 cu.m)

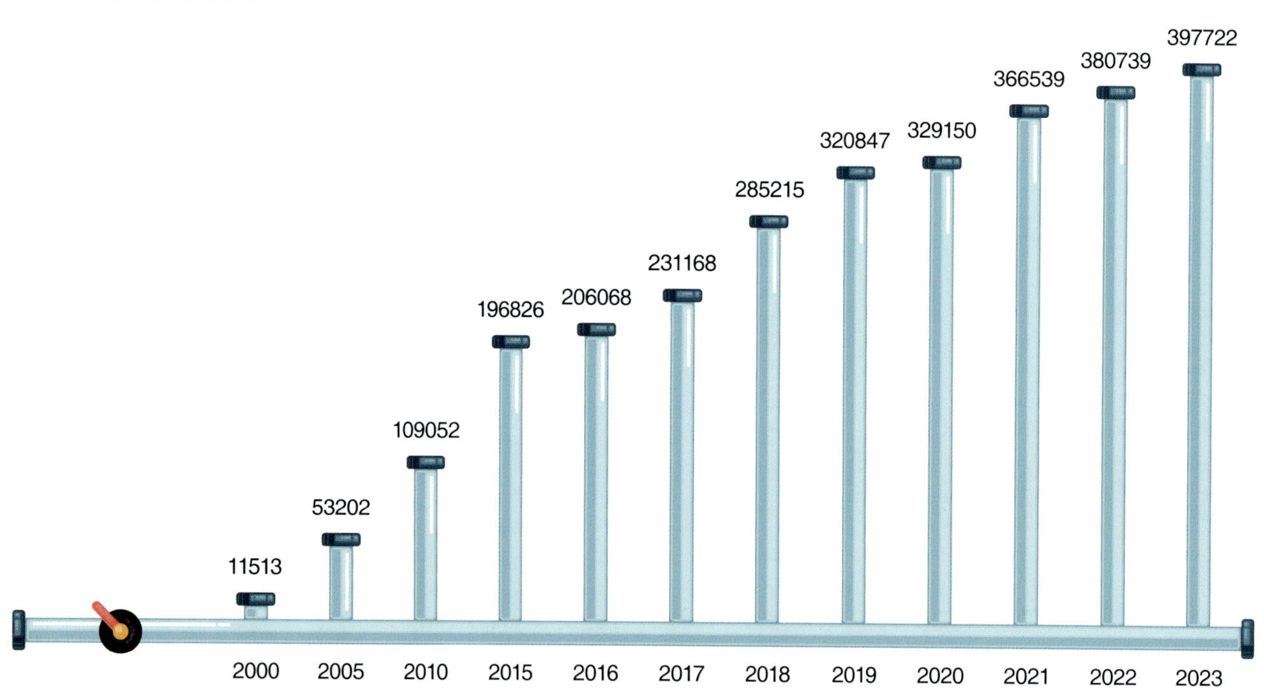

普通教育在校学生（万人）

Total Enrollment of Regular Education (10 000 persons)

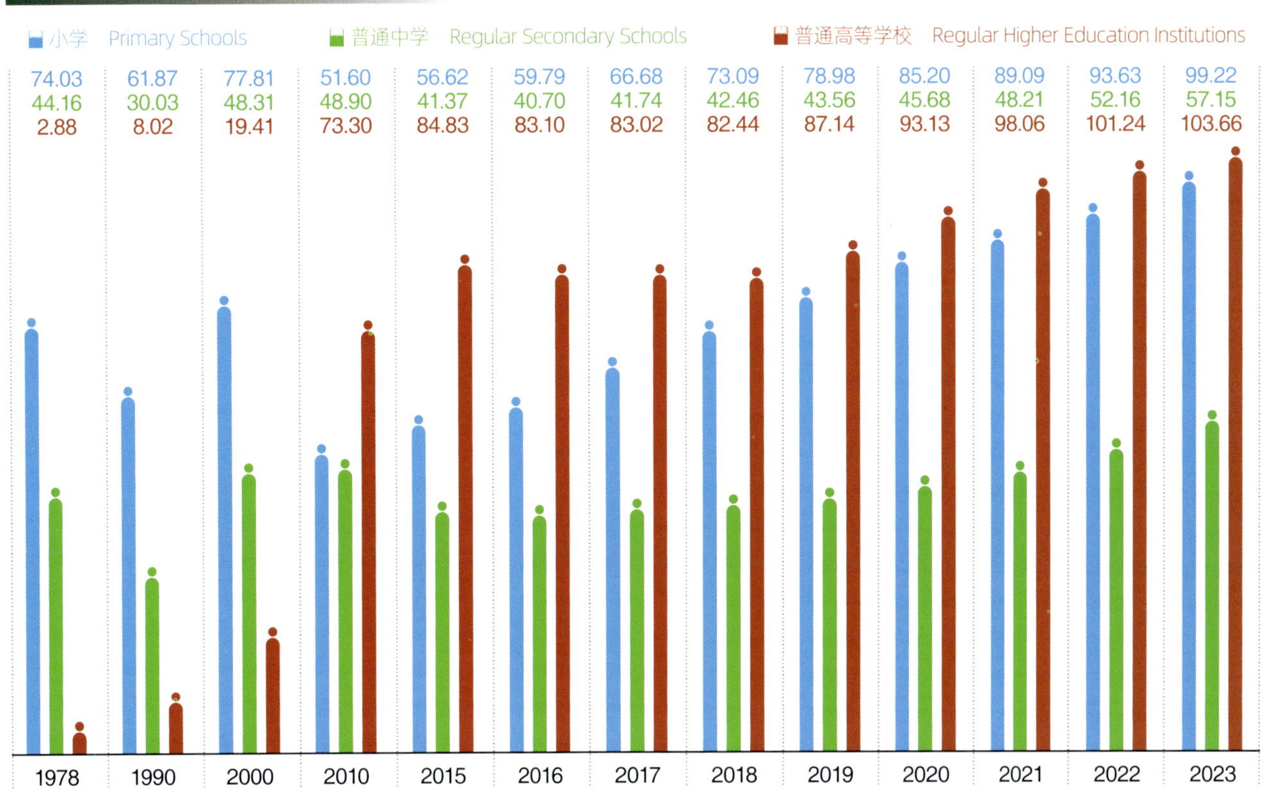

专任教师（万人）

Full-time Teachers (10 000 persons)

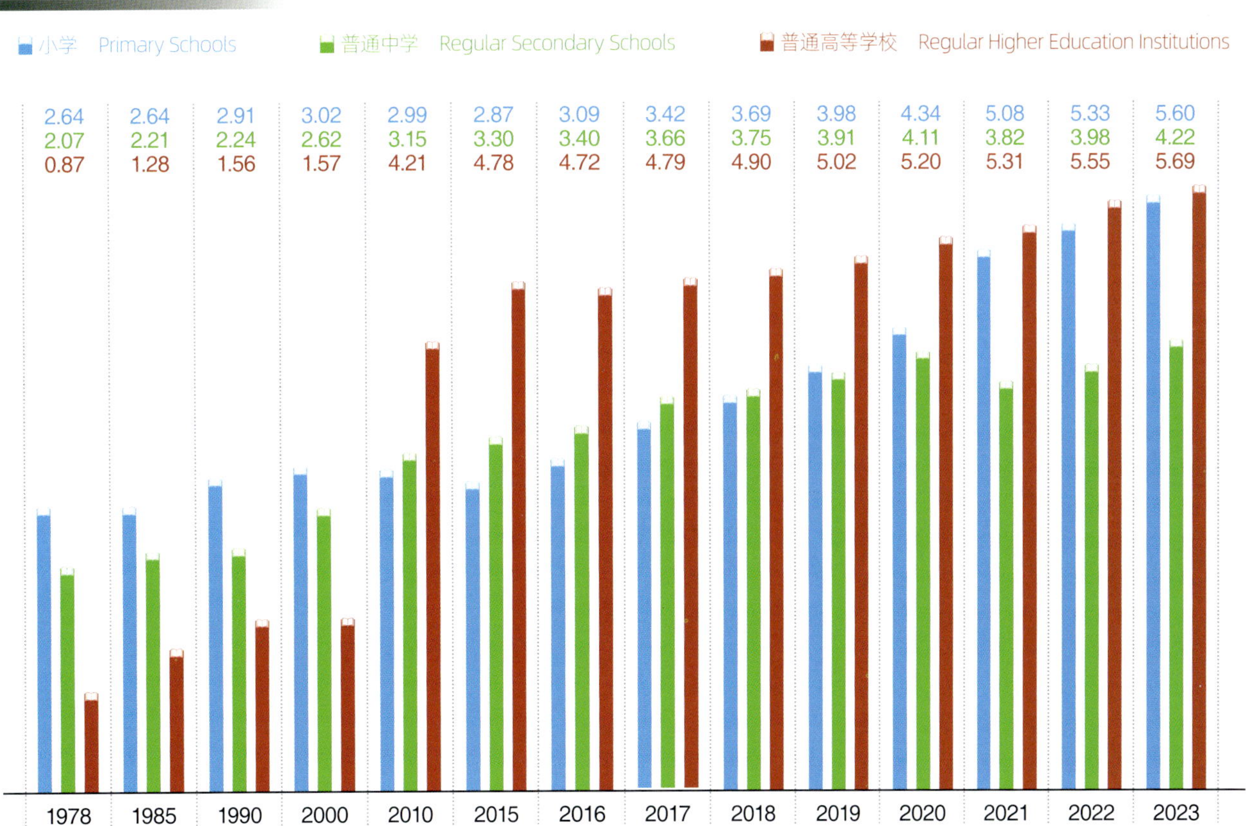

城乡居民收入比（农村居民人均可支配收入 =1）

The Income Ratio of Urban and Rural Residents (rural per capita disposable income=1)

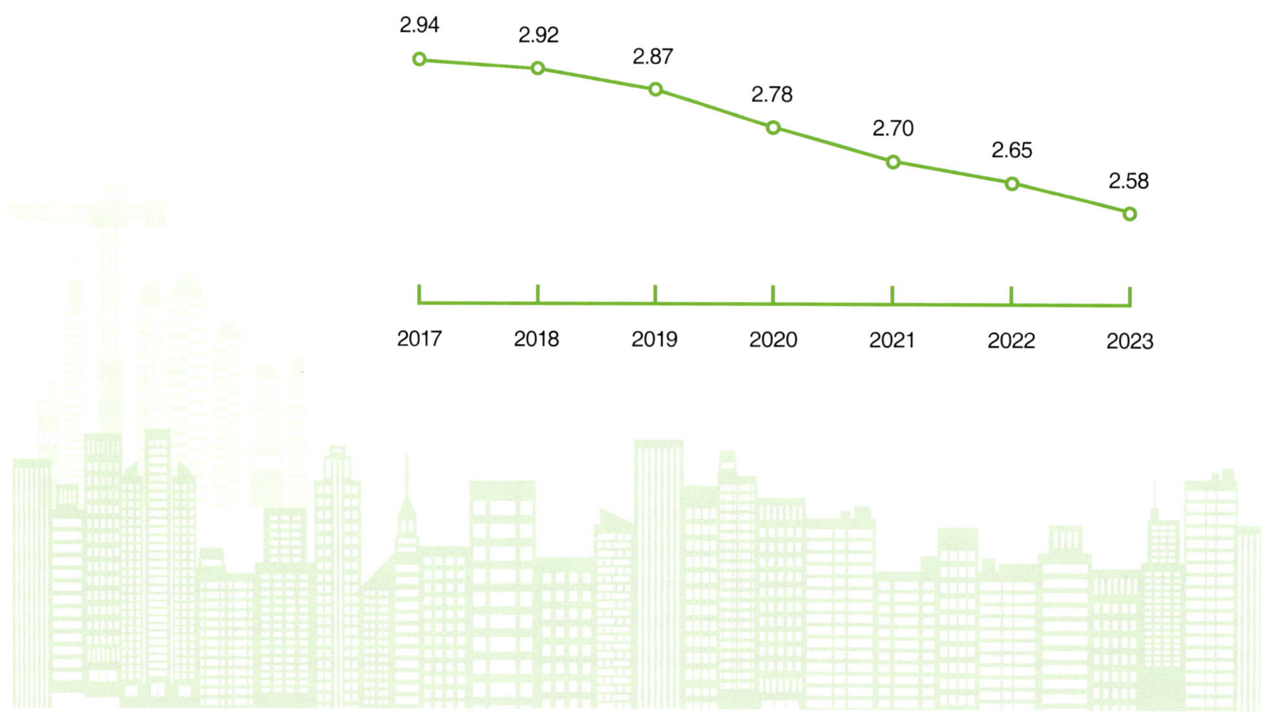

居民消费价格指数（以上年价格为100）

Consumer Price Index (the price of preceding year=100)

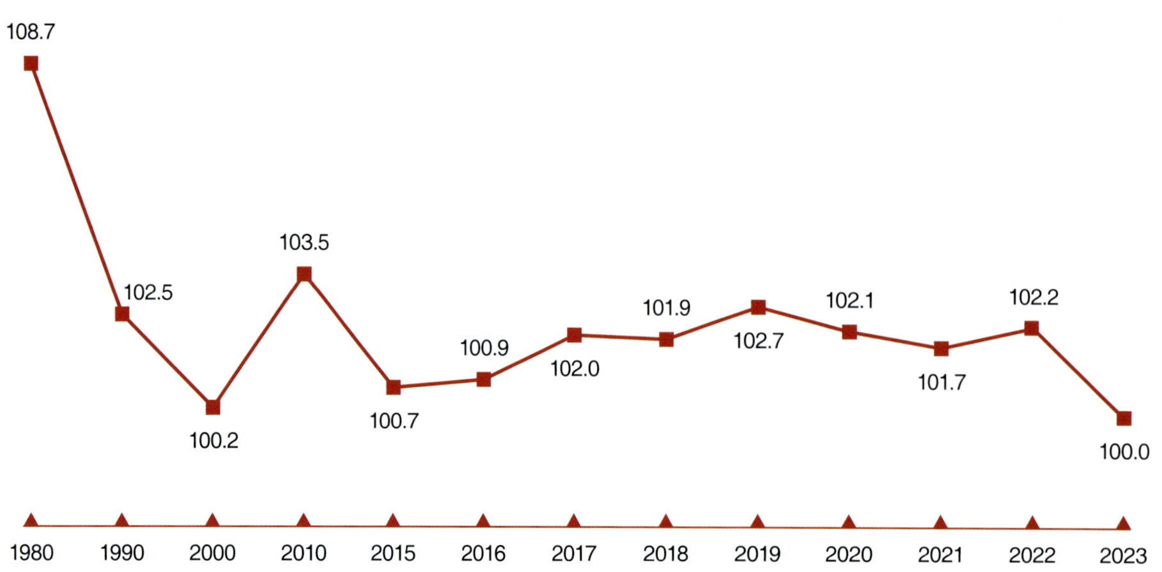

目　录

CONTENTS

一、综　合

GENERAL SURVEY

二、基本单位

BASIC UNIT

三、国民经济核算

NATIONAL ECONOMIC ACCOUNTS

四、人口、就业与工资
POPULATION, EMPLOYMENT AND WAGES

五、固定资产投资

INVESTMENT IN FIXED ASSETS

六、财　政

GOVERNMENT FINANCE

七、价格指数

PRICE INDICES

八、人民生活

PEOPLE'S LIVELIHOOD

九、城市公用事业

URBAN PUBLIC UTILITIES

十、环境保护

ENVIRONMENT PROTECTION

十一、农　业

AGRICULTURE

十二、工　业

INDUSTRY

十三、能　源

ENERGY

十四、建筑业

CONSTRUCTION

十五、运输、邮电和信息化
TRANSPORT, POSTAL TELECOMMUNICATION SERVICE AND INFORMATIZATION

十六、国内贸易

DOMESTIC TRADE

十七、对外经济贸易和旅游

FOREIGN TRADE AND ECONOMIC COOPERATION TOURISM

十八、规模以上服务业

SERVICE INDUSTRY ABOVE DESIGNATED SIZE

十九、金融业

FINANCIAL INDUSTRY

二十、教育和科技

EDUCATION, SCIENCE AND TECHNOLOGY

二十一、文化、体育、卫生、社会福利和其他

CULTURE, SPORTS, PUBLIC HEALTH, SOCIAL WELFARE INSTITUTIONS AND OTHER SOCIAL ACTIVITIES

二十二、企业调查
ENTERPRISES INVESTIGATION

一、综　合

GENERAL SURVEY

资料整理：杨　骏　侯星铭
Data management：Yang Jun　Hou Xingming
数据审核：赵　博
Data audit：Zhao Bo

第一部分　综　合

一、简要说明

本章资料主要包括西安市行政区划、土地面积、人口、自然资源、气象、国民经济和社会发展等综合资料。

二、主要指标

生产总值（亿元）	12010.76	比上年增长	5.2%
农林牧渔业总产值（亿元）	594.43	比上年增长	3.4%
固定资产投资额（亿元）	–	比上年增长	0.1%
社会消费品零售总额（亿元）	4811.60	比上年增长	3.7%
财政一般公共预算收入（亿元）	951.92	比上年增长	14.1%
财政一般公共预算支出（亿元）	1730.47	比上年增长	10.2%
进出口总值（亿元）	3597.61	比上年下降	17.4%
城镇居民人均可支配收入（元）	51178	比上年增长	5.7%
农村居民人均可支配收入（元）	19826	比上年增长	8.4%

1　GENERAL SURVEY

I .Brief Introduction

The data in this chapter mainly includes comprehensive data on administrative divisions, land area, population, natural resources, meteorology, national economy and social development of Xi'an City.

II .Major Indicators

		Increase over Preceding Year
Gross Domestic Product (100 mil. Yuan)	12010.76	5.2%
Gross Output Value of Farming, Forestry, Animal, Husbandry and Fishery (100 mil. Yuan)	594.43	3.4%
Investment In Fixed Assets (100 mil. Yuan)	-	0.1%
Total Retail Sales of Consumer Goods (100 mil. Yuan)	4811.60	3.7%
Government General Public Budgetary Revenue (100 mil. Yuan)	951.92	14.1%
Government General Public Budgetary Expenditures (100 mil. Yuan)	1730.47	10.2%
Total Value of Imports and Exports (100 mil.Yuan)	3597.61	–17.4%
Per Capita Disposable Income of Urban Households (Yuan)	51178	5.7%
Per Capita Disposable Income of Rural Households (Yuan)	19826	8.4%

1-1 行政区划（2023年）

Administrative Divisions (2023)

单位：个 (unit)

地区	Region	乡镇及街道 Township and Sub-district	镇数 Towns	街道数 Sub-districts	村民委员会 Villagers Committee	社区居委会 Neighborhood Committee
西安市	**Xi'an**	**184**	**41**	**143**	**1901**	**1562**
新城区	Xincheng	9		9		111
碑林区	Beilin	8		8		105
莲湖区	Lianhu	9		9		142
灞桥区	Baqiao	9		9	76	95
未央区	Weiyang	12		12	48	279
雁塔区	Yanta	10		10	19	291
阎良区	Yanliang	7		7	73	33
临潼区	Lintong	23		23	215	47
长安区	Chang'an	25		25	230	113
高陵区	Gaoling	7		7	86	32
鄠邑区	Huyi	14		14	197	22
蓝田县	Lantian	19	18	1	337	14
周至县	Zhouzhi	20	19	1	263	21
西咸新区	Xixian New Area	19	4	15	192	161

注：1.本表数据来源于市民政局和市委社会工作部。
2.西咸新区行政区划数据包含12个代管咸阳市的乡镇及街道。
3.2023年基层社会组织数量（村民委员会、社区居委会）统计口径包含3个开发区：高新区村委会126个、居委会74个；经开区村委会11个、居委会2个；浐灞国际港村委会28个、居委会20个。

Note: a) The data is from the Xi'an Municipal Civil Affairs Bureau and Xi'an Municipal Committee Social Work Department.
b) The data of Xixian New Area original caliber includes 12 townships and sub-districts in the vicinity of Xianyang.
c) The statistical caliber of the number of grassroots social organizations (village committees, neighborhood committees) in 2023 includes 3 development zones: 126 village committees and 74 neighborhood committees in the High-tech Industries Development Zone; 11 village committees and 2 neighborhood committees in the Economic & Technological Development Zone; 28 village committees and 20 neighborhood committeesin the Xi'an Chanba International Port .

1-2 土地面积和常住人口密度（2023年）

Statistics on Land Area and Density of Permanent Population (2023)

地　区	Region	土地面积 Area 绝对数（平方公里）Absolute Value (sq.km)	比重（%）Proportion (%)	常住人口（万人）Total of Permanent Population (10 000 persons)	常住人口密度（人/平方公里）Density of Permanent Population (person/sq.km)
西安市	**Xi 'an**	**10096.89**	**100.0**	**1307.82**	
市区	**Urban districts**	**5145.70**	**51.0**	**1097.28**	
新城区	Xincheng	30.13	0.3	62.70	20810
碑林区	Beilin	23.37	0.2	77.86	33316
莲湖区	Lianhu	38.32	0.4	103.75	27075
灞桥区	Baqiao	324.50	3.2	106.69	3288
未央区	Weiyang	264.41	2.6	162.57	
雁塔区	Yanta	151.44	1.5	212.91	14059
阎良区	Yanliang	244.55	2.4	31.37	1283
临潼区	Lintong	915.98	9.1	68.75	751
长安区	Chang'an	1588.54	15.7	164.42	
高陵区	Gaoling	285.03	2.8	46.74	1640
鄠邑区	Huyi	1279.43	12.7	59.52	
二县	**Two Counties**	**4951.19**	**49.0**	**105.33**	**213**
蓝田县	Lantian	2005.96	19.8	49.45	247
周至县	Zhouzhi	2945.23	29.2	55.88	190
西咸新区	**Xixian New Area**			**105.21**	

注：1.本表土地面积数据来源于市自然资源和规划局，为西安行政区划口径数据。表中土地面积数据为2022年数据。
2.因土地面积数据为西安行政区划口径数据，暂不计算全市、市区及相关区人口密度。

Note: a) The land area data is from the Xi'an Municipal Natural Resources and Planning Bureau and is based on the original caliber data of Xi'an. The land area data in the table is from 2022.
b) Due to the fact that the land area data is based on the original caliber, the population density of the entire city, urban area, and related areas will not be calculated temporarily.

1-3　自然状况和资源（2023年）

Natural Conditions and Resources (2023)

指标	Item	2023年
一、自然状况	**Natural Conditions**	
土地面积（平方公里）	Total Land Area (sq.km)	10096.89
# 市区面积	Urban Area	5145.70
气候（市区）	Climate (Urban)	
年平均气温（℃）	Annual Average Temperature (℃)	15.5
年降水量（毫米）	Total Annual Precipitation (mm)	759.2
日照总时数（小时）	Total Sunshine Time (hour)	2097.3
平均风速（米/秒）	Average Wind-speed (m/s)	2.0
二、自然资源	**Natural Resources**	
林业用地面积（千公顷）	Area of Afforested Land (1 000 hectares)	589.65
水资源总量（亿立方米）	Total Water Resources (100 million cu.m)	44.22
# 地表水资源量	Surface Water Resources	38.32
# 地下水资源量	Groundwater Resources	15.48

注：1.本表数据来源于市气象局、市自然资源和规划局、市水务局等。
2.本表水资源总量等市水务局相关指标数据含西咸新区直管区。其他指标数据为西安行政区划口径。
3.本表林业用地面积数据为2022年调整数据。土地面积为2022年数据。

Note: a) The data is from the Xi'an Municipal Meteorological Bureau, Municipal Natural Resources and Municipal Planning Bureau, and Water Affairs Bureau, etc.
b) The total amount of water resources and other relevant indicator data of the Xi'an Municipal Water Bureau in this table include the directly managed area of Xixian New Area. Figures in this table are based on Xi'an administrative division.
c) The forestry land area data in this table is based on adjusted data from 2022. The land area is based on data from 2022.

1-4 气象情况（2023年）

Climate Condition (2023)

地 区	Region	平均气温（℃）Average Temperature (℃)	日照时数（小时）Sunshine Time (hour)	降水天数（天）Raining days (day)	年降水量（毫米）Total Annual Precipitation (mm)	平均风速（米/秒）Average Wind-speed (m/second)
市 区	Urban	15.5	2097.3	88	759.2	2.0
灞桥区	Baqiao	13.6		89	987.1	1.6
阎良区	Yanliang	14.9		85	799.8	1.4
临潼区	Lintong	14.9	2158.5	92	850.5	1.7
长安区	Chang'an	13.8	1937.1	104	1035.7	1.2
高陵区	Gaoling	14.5	2096.0	85	782.9	1.8
鄠邑区	Huyi	14.4	1999.6	101	901.5	1.5
蓝田县	Lantian	13.8	2059.2	110	1296.8	1.5
周至县	Zhouzhi	14.5	2521.5	97	759.8	1.6
西咸新区	Xixian New Area	14.4	1870.0	92	777.9	1.9

注：本表数据来源于市气象局。灞桥区、阎良区为区域气象站，无日照监测资料。下同。
Note: The data is from the Xi'an Municipal Meteorological Bureau. Baqiao District and Yanliang District are regional meteorological stations without sunshine monitoring data. Same below.

1-5 市区及远郊区县各月平均气温（2023年）

Average Temperature of Xi'an and the Districts and Outer Suburban of Each Month (2023)

单位：℃ (℃)

月 份	Month	市区 Urban	灞桥区 Baqiao	阎良区 Yanliang	临潼区 Lintong	长安区 Chang'an	高陵区 Gaoling	鄠邑区 Huyi	蓝田县 Lantian	周至县 Zhouzhi	西咸新区 Xixian New Area
一月	January	1.8	0.5	0.6	1.2	-0.4	-0.1	0.4	-1.2	0.5	-0.2
二月	February	5.5	3.4	5.2	5.0	3.8	4.8	4.4	4.1	4.1	4.3
三月	March	13.2	11.1	12.2	12.5	10.8	11.6	11.6	10.8	11.6	11.6
四月	April	15.9	14.0	15.4	15.4	14.6	15.1	15.0	14.9	15.2	15.0
五月	May	20.0	18.1	19.6	19.8	18.7	19.5	19.3	19.0	19.5	19.1
六月	June	25.3	22.7	25.1	24.9	23.6	25.0	24.3	23.4	24.5	24.6
七月	July	28.1	25.5	27.8	27.2	26.3	27.6	27.0	26.2	27.0	27.4
八月	August	27.1	24.6	26.6	26.1	25.5	26.3	26.1	25.6	26.5	26.3
九月	September	22.6	20.1	22.5	21.8	21.3	21.9	21.7	21.8	21.8	22.2
十月	October	15.8	14.3	15.5	15.3	14.2	14.7	14.8	14.5	15.0	14.4
十一月	November	8.7	7.6	8.0	8.1	6.9	7.1	7.6	6.4	7.6	7.2
十二月	December	2.1	1.0	0.8	1.5	0.3	0.3	0.8	-0.1	0.9	0.5

注：本表数据来源于市气象局。
Note: The data is from the Xi'an Municipal Meteorological Bureau.

1-6 市区及远郊区县各月日照时数（2023年）

Sunshine Duration of Xi'an and the Districts and Outer Suburban of Each Month (2023)

单位：小时 (hour)

月 份	Month	市区 Urban	临潼区 Lintong	长安区 Chang'an	高陵区 Gaoling	鄠邑区 Huyi	蓝田县 Lantian	周至县 Zhouzhi	西咸新区 Xixian New Area
一月	January	155.3	157.4	144.9	143.5	144.5	147.2	135.6	119.5
二月	February	80.4	84.6	66.7	90.5	68.9	79.3	159.9	73.2
三月	March	203.1	203.8	140.5	205.9	184.6	189.1	263.8	189.2
四月	April	179.0	190.2	172.6	179.7	180.5	176.3	253.9	177.2
五月	May	165.3	165.9	161.8	163.1	164.4	155.9	260.3	162
六月	June	219.0	225.5	210.6	212.2	211.8	218.0	314.1	212
七月	July	227.7	238.8	222.3	224.0	233.3	228.3	333.2	223.7
八月	August	222.9	232.6	203.4	222.1	195.2	233.5	195.4	201.1
九月	September	150.3	154.2	138.5	152.6	142.6	141.9	142.7	139.5
十月	October	152.5	161.6	145.5	158.6	148.1	155.0	139.5	128.6
十一月	November	183.6	182.2	174.7	185.4	170.8	174.1	164.9	135.3
十二月	December	158.2	161.7	155.6	158.4	154.9	160.6	158.2	108.7

注：本表数据来源于市气象局。
Note: The data is from the Xi'an Municipal Meteorological Bureau.

1-7 市区及远郊区县各月降水天数（2023年）

Precipitation Days of Xi'an and the Districts and Outer Suburban of Each Month (2023)

单位：天 (day)

月 份	Month	市区 Urban	灞桥区 Baqiao	阎良区 Yanliang	临潼区 Lintong	长安区 Chang'an	高陵区 Gaoling	鄠邑区 Huyi	蓝田县 Lantian	周至县 Zhouzhi	西咸新区 Xixian New Area
一月	January	2	2	2	2	3	1	3	4	2	3
二月	February	5	5	5	6	6	5	8	4	8	7
三月	March	4	4	3	4	5	3	6	11	7	3
四月	April	9	9	9	10	10	9	9	11	9	10
五月	May	17	17	16	17	18	16	17	19	14	18
六月	June	8	8	8	8	10	8	10	10	10	8
七月	July	9	9	9	8	10	9	9	10	9	8
八月	August	7	7	7	7	14	8	7	9	7	9
九月	September	12	12	11	12	13	11	14	14	14	11
十月	October	10	9	9	9	9	9	11	9	9	10
十一月	November	3	3	3	4	2	3	2	4	3	2
十二月	December	2	4	3	5	4	3	5	5	5	3

注：本表数据来源于市气象局。
Note: The data is from the Xi'an Municipal Meteorological Bureau.

1-8 市区及远郊区县各月降水量（2023年）

Amount of Precipitation of Xi'an and the Districts and Outer Suburban of Each Month (2023)

单位：毫米 (mm)

月份	Month	市区 Urban	灞桥区 Baqiao	阎良区 Yanliang	临潼区 Lintong	长安区 Chang'an	高陵区 Gaoling	鄠邑区 Huyi	蓝田县 Lantian	周至县 Zhouzhi	西咸新区 Xixian New Area
一月	January	1.5	5.8	1.4	4.3	4.9	0.7	1.5	9.1	1.0	1.1
二月	February	14.1	18.8	17.2	18.7	20.6	13.7	16.6	25.0	14.3	16.0
三月	March	29.9	34.9	36.3	37.6	30.9	32.2	35.7	36.6	33.8	30.0
四月	April	99.9	81.1	91.1	77.9	79.1	88.0	87.5	79.0	86.0	83.0
五月	May	122.1	156.8	116.1	124.0	148.9	117.6	131.2	170.9	110.6	106.0
六月	June	92.1	122.7	76.0	94.8	114.1	89.0	131.1	113.7	111.2	98.6
七月	July	119.0	212.4	188.3	208.5	154.8	191.1	123.7	354.7	98.0	124.2
八月	August	113.6	123.4	127.5	118.6	163.2	106.4	125.6	274.3	69.0	136.5
九月	September	82.3	128.4	74.7	82.1	218.6	75.0	152.1	134.4	145.6	90.0
十月	October	59.3	68.8	47.8	60.5	72.3	42.5	74.8	60.7	71.3	64.5
十一月	November	13.8	21.9	11.8	13.9	17.7	12.5	12.9	26.0	10.2	14.0
十二月	December	11.6	12.1	11.6	9.6	10.6	14.2	8.8	12.4	8.8	14.0

注：本表数据来源于市气象局。
Note: The data is from the Xi'an Municipal Meteorological Bureau.

1-9 市区及远郊区县各月平均风速（2023年）

Average Wind Speed of Xi'an and the Districts and Outer Suburban Districts (2023)

单位：米/秒 (m/s)

月份	Month	市区 Urban	灞桥区 Baqiao	阎良区 Yanliang	临潼区 Lintong	长安区 Chang'an	高陵区 Gaoling	鄠邑区 Huyi	蓝田县 Lantian	周至县 Zhouzhi	西咸新区 Xixian New Area
一月	January	1.8	1.8	1.4	1.7	1.5	1.7	1.6	1.2	1.7	1.9
二月	February	2.3	1.6	1.6	1.8	1.3	2.1	1.5	1.8	1.5	1.9
三月	March	2.0	1.5	1.6	1.7	1.4	1.8	1.6	1.5	1.6	1.7
四月	April	2.4	1.8	1.8	2.1	1.4	2.2	1.9	1.7	1.9	2.4
五月	May	2.0	1.7	1.4	1.7	1.1	1.8	1.7	1.8	1.8	1.8
六月	June	1.8	1.5	1.3	1.7	1.2	1.7	1.5	1.6	1.7	1.7
七月	July	2.3	1.8	1.6	1.9	1.2	2.2	1.7	1.6	1.6	2.3
八月	August	2.1	1.5	1.4	1.7	1.1	1.9	1.6	1.6	1.7	2.2
九月	September	2.0	1.4	1.3	1.5	0.9	1.7	1.3	1.7	1.3	1.9
十月	October	1.5	1.4	1.0	1.4	1.0	1.3	1.3	1.2	1.4	1.3
十一月	November	1.9	1.8	1.3	1.8	1.2	1.8	1.5	1.2	1.4	1.6
十二月	December	2.1	1.7	1.5	1.9	1.4	1.9	1.5	1.2	1.4	1.9

注：本表数据来源于市气象局。
Note: The data is from the Xi'an Municipal Meteorological Bureau.

1-10 主要年份国有土地使用权出让、划拨情况

The Transfer and Allocation of State-Owned Land Use Right in Representative Years

项目	Item	2010年	2015年	2016年	2017年	2018年	2019年	2020年	2021年	2022年	2023年
国有土地使用权出让	**Transfer of the Use Right of State Land**										
出让地块（宗）	Land transfered (item)	386	416	457	397	387	540	619	443	480	357
协议	Agreement	173	72	82	69	79	116	117	62	57	32
招标	Invitation for Bid	3									
拍卖	Auction	11			25	203	171	89	45	6	9
挂牌交易	Listed Transaction	199	344	375	303	105	253	413	336	417	316
出让面积（公顷）	Area of Totally Leased Land (hectare)	1364	1294	1599	1736	1623	2157	2812	2036	2053	2144
土地使用权出让总收入（万元）	**Total Revenue from Transferring of Use Rights of Land (10 000 yuan)**	**358098**	**109116**	**2832632**	**3988818**	**5738433**	**8221571**	**12462600**	**12427737**	**13726320**	**12248166**
国有土地使用权划拨	**Administrative Allocation of the Use Right of State-owned Land**										
划拨地块（宗）	Land Allocated (item)	108	141	132	130	116	205	167	211	181	288
划拨面积（公顷）	Area of Land Allocated (hectare)	1027	1209	1135	1411	3099	4605	2312	3288	2295	2273

注：1.本表数据来源于市自然资源和规划局。
2.2016年起土地使用权出让总收入包括协议出让和招拍挂出让收入。
3.2019年起包含西咸新区。

Note: a) The data is from the Xi'an Municipal Natural Resources and Planning Bureau.
b) Since 2016, the total income from the transfer of land use rights includes the income from agreement transfer and bidding and listing transfer.
c) The data include Xixian New Area since 2019.

1–11 主要年份国民经济和社会发展总量与速度指标

指　标	Item	总量指标			
		1995年	2000年	2005年	2010年
人口与就业	**Population and Employment**				
人口	**Population**				
年底户籍总人口（万人）	Population at the Year-end (10 000 persons)	648.21	688.01	741.73	782.73
城镇人口	Urban Population	255.71	285.79	333.14	374.64
乡村人口	Rural Population	392.50	402.20	408.60	408.10
男性人口	Male Population	334.75	355.18	382.02	398.80
女性人口	Female Population	313.46	332.83	359.71	383.93
就业	**Employment**				
就业人数（万人）	Employed Persons (10 000 persons)	372.60	389.10	415.83	477.58
# 城镇非私营单位在岗职工人数	Number of Employees of non-private units	141.17	109.62	119.73	130.70
城镇登记失业人数（万人）	Number of Registered Unemployed in Urban Areas (10 000 persons)	5.92	3.85	8.45	10.46
宏观经济	**Macroeconomic Indicator**				
国民经济核算	**National Accounts**				
生产总值（亿元）	Gross Regional Product (100 millon yuan)	330.35	646.13	1294.05	3195.05
第一产业	Primary Industry	41.40	44.65	66.01	133.22
第二产业	Secondary Industry	135.33	277.13	511.19	1290.93
# 工业	Industry	112.50	218.44	393.51	875.97
建筑业	Construction	22.83	58.69	117.68	414.96
第三产业	Tertiary Industry	153.62	324.35	716.86	1770.89
固定资产投资	**Investment in Fixed Assets**				
固定资产投资（不含农户）（亿元）	Investment in Fixed Assets (excluding farmers)(100 million yuan)	88.50	203.01	776.33	3104.92
# 房地产开发投资	Real Estate Development Investment	21.65	51.85	225.23	842.34
按经济成分划分:	By Economic Component				
国有单位	State-owned Units	69.08	159.60	373.70	1348.76
集体单位	Collective-Owned Units	9.78	14.65	59.23	326.44
个体经济	Self-employed Individual	11.13	24.40	79.04	54.73
其他经济	Other	13.43	33.72	323.13	1520.63
财政	**Goverment Finance**				
地方财政一般公共预算收入（亿元）	General Public Budget Revenue of Local Government (100 millon yuan)	18.21	41.39	73.05	241.86
地方财政一般公共预算支出（亿元）	General Public Budget Expenditure of Local Government (100 millon yuan)	18.42	46.50	97.82	371.62
物价指数（上年=100）	**Price Indices (preceding year=100)**				
商品零售价格指数	Retail Price Index	114.6	98.7	99.7	102.7
居民消费价格指数	Consumer Price Index	117.0	100.2	100.3	103.5
工业生产者出厂价格指数	Producer Price Index for Industrial Products	110.8	99.4	103.9	102.3

注：1.国民经济核算2003—2017年为第四次全国经济普查修订数据。2018年为第四次全国经济普查数据。2019—2022年为最终核实数。2023年为初步核算数。

2.2009年及以前年份财政收支为一般预算收支与基金预算收支之和。部分历史年份数据有所修订。

3.由于2010年固定资产投资起报点的变化，指数和平均增长速度为可比口径。

4.2015年，市公安局提供户籍人口分类为“城镇人口”和“乡村人口”，2015年之前，分类为“非农业人口”和“农业人口”。自2020年开始，无户籍“城镇人口”和“乡村人口”指标数据。

5.投资有关数据2018年起为相对数据，与投资总量相关的指标，暂不计算。下同。

6.2020年之前城镇非私营单位在岗职工人数为全部单位在岗职工人数。

7.2021年起，因调查方案变动，西安不出工业生产者出厂价格指数数据。2023年起，流通和消费价格统计报表制度变动，不再开展商品零售价格调查。

8.2022年及以后年份国家人力资源和社会保障部不发布城镇登记失业人数数据。

9.由于2017年部分指标包含有西咸新区数据，速度指标为同口径计算数据。

10.本表数据2023年数据口径情况详见总说明和相关章节表下注释。

Total and Speed Index of National Economy and Social Development in Representative Years

Aggregate Indicator						速度指标（%） Growth Rates (%)						
						指数（%）（2023年比以下各年） Index (%) (2023 as Percentage of the Following Years)				平均增长速度（%） Average Growth Rate (%)		
2015年	2019年	2020年	2021年	2022年	2023年	2010年	2015年	2020年	2022年	2011—2015年	2016—2020年	2021—2023年
815.66	956.74	977.97	999.45	1014.59	1028.81	131.2	125.9	105.2	101.4	0.8	3.7	1.7
545.95	668.57									7.8		
269.70	288.20									-7.9		
412.23	477.13	486.50	496.21	503.01	509.19	127.6	123.6	104.6	101.2	0.7	3.4	1.5
403.43	479.61	491.47	503.24	511.59	519.61	135.5	128.9	105.8	101.6	1.0	4.0	1.9
528.06	645.86	664.45	686.53	690.77	699.28	135.6	122.8	105.1	101.2	2.0	3.1	1.7
181.86	192.14	197.11	191.34	196.58	195.21	147.3	105.8	99.0	99.3	6.8	1.3	-0.3
10.74	12.52	13.76	15.77							0.5	4.8	
5932.86	9399.98	10023.73	10751.31	11506.08	12010.76	273.1	163.3	114.2	105.2	10.9	7.4	4.5
191.91	279.13	312.75	308.83	323.17	325.20	175.1	136.9	113.7	103.4	5.0	3.8	4.4
2070.47	3130.80	3340.97	3580.81	4009.62	4146.92	259.4	163.2	118.9	106.2	9.7	6.6	6.0
1242.18	1816.23	1854.35	2139.87	2447.71	2533.40	269.3	172.0	128.2	107.7	9.4	6.2	8.6
857.40	1370.63	1535.76	1508.86	1626.12	1687.27	258.5	154.8	108.4	104.4	10.8	7.3	2.7
3670.48	5990.06	6370.01	6861.67	7173.29	7538.64	291.5	165.0	111.7	104.7	12.1	8.0	3.8
5086.93						296.2	141.2	97.8	100.1	15.9	7.6	-0.7
1831.67						279.1	128.2	92.9	93.8	16.8	6.7	-2.4
1826.62						329.8	193.1	119.3	111.5	11.3	10.1	6.1
158.14						15.9	25.9	108.7	171.4	-9.4	-25.0	2.8
80.47										13.2		
3100.75						223.0	86.9	74.6	85.1	20.7	3.1	-9.3
650.99	702.56	724.14	856.00	834.08	951.92	594.0	211.5	148.0	114.1	22.9	7.4	14.0
917.24	1247.02	1347.58	1474.62	1569.81	1730.47	453.8	182.3	128.4	110.2	20.0	7.3	8.7
99.7	102.1	101.5	101.4	103.1						1.7	1.5	
100.7	102.7	102.1	101.7	102.2	100.0					2.6	1.9	2.0
98.5	101.6	100.2										

Note: a) National accounts is the revised data of the fourth national economic census between 2003 and 2017. The data is the fourth national economic census data in 2018. The data is final accounting data from 2019 to 2022. The data is preliminary calculation data in 2023.

b) The fiscal revenue and expenditure for 2009 and prior years are the sum of general budget revenue and expenditure and fund budget revenue and expenditure. Some historical year data have been revised.

c) Due to the change of fixed assets investment reporting threshold in 2010, the index and average growth rate are comparable.

d) In 2015, the registered residence population was classified as "urban population" and "rural population" by the Xi'an Municipal Public Security Bureau. Before 2015, it was classified as "non-agricultural population" and "agricultural population". Since 2020, there is no indicator data of registered residence "urban population" and "rural population".

e) Investment related data is relative data starting from 2018, and indicators related to total investment are not currently calculated. Same below.

f) Before 2020, the number of employees in non private urban units was equal to the total number of employees in all units.

g) Starting from 2021, due to changes in the survey plan, Xi'an will not release data on the factory price index of industrial producers. The system of circulating and consumer price statistical report has changed since 2023, Retail Price Survey is no longer conducted.

h) In 2022 and later years, the Ministry of Human Resources and Social Security will not release data on registered urban unemployed persons.

i) Due to the inclusion of data from Xixian New Area in some indicators in 2017, the speed indicators were calculated using the same caliber.

j) The data caliber of this table for 2023 can be found in the notes below the general description and relevant chapters.

1–11 续表1

指 标	Item	总量指标			
		1995年	2000年	2005年	2010年
使用外资	**Utilization of Foreign Capital**				
合同外资（万美元）	Contracted Foreign Investments (USD 10 000)	28956	54123	121499	119689
实际使用外资（万美元）	Foreign Investment Actually Utilized (USD 10 000)	18653	15633	57113	156653
产 业	**Industry**				
农业	**Agriculture**				
农林牧渔业总产值 （亿元）	Gross Output Value of Agriculture, Forestry, Animal Husbandry and Fishery (100 millon yuan)	75.46	74.37	106.54	212.42
主要农产品产量（万吨）	Output of Major Farm Products (10 000 tons)				
粮 食	Grain	175.30	201.90	205.50	174.51
奶 类	Milk				
蔬 菜	Vegetables	133.60	162.14	195.70	207.11
水 果	Fruits	24.10	34.36	51.29	66.11
肉 类	Meat				
水产品	Aquatic Products	0.85	1.14	0.94	1.19
工业	**Industry**				
规模以上工业企业主要经济指标（亿元）	Main Economic Indicators of Industrial Enterprises above Designated Size (100 millon yuan)				
资产总计	Total Assets		958.05	1503.85	3592.13
主营业务收入	Revenue from Principal Business		420.42	980.97	3011.19
利润总额	Total Profits		16.11	28.72	245.37
平均用工人数（万人）	Annual Average Employees (10 000 persons)		43.25	37.92	47.11
主要工业产品产量	Output of Major Industrial Products				
布（亿米）	Cloth (100 millon m)	3.03	2.48	2.70	2.38
机制纸及纸板（万吨）	Machine-made Paper and Paperboard (10 000 tons)	36.44	5.47	22.19	49.60
发电量（亿千瓦小时）	Electricity (100 million kWh)	22.00	19.00	48.00	96.94
钢材（万吨）	Rolled Steel (10 000 tons)	31.44	10.00	24.02	110.77
汽车（万辆）	Motor Vehicles (10 000 units)	0.30	0.90	4.10	65.21
建筑业	**Construction**				
建筑业企业年末从业人数（人）	Number of Employees in Construction Enterprises at the end of year (person)		136718	158311	539000
建筑业总产值（亿元）	Gross Output Value of Construction (100 millon yuan)	42.55	105.93	326.65	1334.00
房屋建筑施工面积 （万平方米）	Floor Space of Buildings under Construction (10 000 sq.m)	601.70	793.30	1801.20	4592.57
房屋建筑竣工面积 （万平方米）	Floor Space of Buildings Completed (10 000 sq.m)	177.15	336.80	569.01	1391.91

注：1.农业部分数据依据第三次全国农业普查数据对2007—2017年进行了修订。畜牧业数据2013—2017年为第三次全国农业普查修订数据。下同。
2.由于2010年规模以上工业起报点的变化，指数和平均增长速度为可比口径计算。

continued 1

Aggregate Indicator						速度指标（%） Growth Rates (%)						
2015年	2019年	2020年	2021年	2022年	2023年	指数（%）（2023年比以下各年） Index (%) (2023 as Percentage of the Following Years)				平均增长速度（%） Average Growth Rate (%)		
						2010年	2015年	2020年	2022年	2011—2015年	2016—2020年	2021—2023年
193684	196410	735596	84579	599477	177073	68.4	42.4	22.3	32.1	10.1	13.6	-39.3
400833	705738	767702	871421	117259	125282	1332.9	520.9	283.2	113.7	20.7	13.0	41.5
330.81	499.32	564.41	560.59	588.87	594.43	182.7	139.6	114.8	103.4	5.5	4.0	4.7
141.42	139.89	144.58	141.92	140.41	140.43	78.4	96.0	100.2	100.0	-4.0	-0.8	0.1
7.68	12.37	14.03	13.86	13.64	13.93	95.4	94.6	100.6	102.1	0.1	-1.2	0.2
267.91	378.58	381.31	362.80	364.82	374.76	154.8	117.8	103.1	102.7	5.6	2.7	1.0
73.33	97.18	100.93	101.01	104.46	105.03	161.1	129.6	108.3	100.5	4.4	3.7	2.7
7.21	5.14	4.56	4.93	5.10	5.16	107.1	90.7	116.2	101.2	3.4	-4.8	5.1
1.42	1.36	1.13	1.32	1.32	1.37	115.0	96.5	121.2	103.8	3.6	-4.5	6.6
6740.26	9449.95	10638.17	11999.61	13925.97	15983.57	454.1	241.9	150.4	114.8	13.4	10.0	14.6
4374.11	6483.80	6650.76	7895.23	10187.58	10691.25	335.6	230.9	160.6	104.9	7.8	7.5	17.1
206.88	325.60	466.63	444.48	622.77	612.72	215.6	255.7	131.4	98.4	-3.4	14.2	9.5
50.59	49.75	50.16	53.70	56.19	60.89	118.7	110.7	121.4	108.4	1.4	-1.8	6.7
1.04	1.21	0.99	1.13	1.00	1.06	40.8	93.2	97.6	106.3	-15.3	-0.9	-0.8
12.22	11.38	4.22	3.52	4.26	4.22	6.1	24.5	104.9	99.1	-24.4	-25.2	1.6
158.68	155.00	154.27	167.67	176.91	162.33	143.4	87.5	100.9	90.0	10.4	-2.8	0.3
37.03	31.47	39.99	37.88	32.53	34.81	52.9	158.0	86.6	107.0	-19.7	12.8	-4.7
34.14	42.63	49.83	63.87	125.63	131.23	247.8	472.3	323.8	128.4	-12.1	7.8	47.9
596245	835995	867328	751733	702413	833799	153.1	138.4	96.4	118.7	2.0	7.5	-1.2
2650.41	4514.38	5124.37	5404.47	6001.23	6512.76	492.8	248.1	128.7	109.8	14.7	14.0	8.8
11979.16	17174.05	20218.75	22452.11	25297.56	24693.38	528.2	202.6	122.2	97.6	21.1	10.6	6.9
2712.01	2726.28	3486.09	3319.74	3264.84	4069.22	274.9	141.0	117.0	124.6	14.3	3.8	5.4

Note: a) The agricultural data has been revised from 2007 to 2017 based on the data from the Three Rural Popularizations. The animal husbandry data from 2013 to 2017 are the revised data for the three rural areas. Same below.

b) Due to the changes in the starting point of industries above designated size in 2010, the index and average growth rate are calculated on a comparable basis.

1-11 续表2

指 标	Item	总量指标			
		1995年	2000年	2005年	2010年
交通运输	**Transportation**				
货运量（万吨）	Freight Traffic (10 000 tons)	9590	6999	12051	34323
铁 路	Railways	3317	3101	540	706
公 路	Highways	6268	3890	11505	33610
民用航空	Civil Aviation	5	8	6	7
客运量（万人次）	Passenger Traffic (10 000 person-times)	9069	8068	10479	30294
铁 路	Railways	2678	2130	1796	2781
公 路	Highways	6128	5578	8294	26536
民用航空	Civil Aviation	263	360	389	977
邮电通信业	**Post and Telecommunication Services**				
邮电业务总量（亿元）	Total Business Revenue (100 millon yuan)	7.65	46.16	132.04	323.11
函 件（万件）	Letters (10 000 pieces)	14647	8230	9526	8176
固定电话年末用户数（万户）	Local fixed telephone end users (10 000 subscribers)	29.95	124.26	321.48	261.77
城市电话用户	Urban Telephone Subscribers	29.11	107.24	271.40	228.27
农村电话用户	Rural Telephone Subscribers	0.84	17.02	50.08	33.50
移动电话用户（万户）	Number of Mobile Telephone Subscribers (10 000 subscribers)		73.10	419.96	1423.08
互联网年末宽带用户（万户）	Number of Subscribers of Internet Services (10 000 subscribers)			33.93	146.18
国内贸易	**Domestic Trade**				
社会消费品零售总额（亿元）	Total Retail Sales of Consumer Goods (100 millon yuan)	188.35	368.96	698.37	1765.42
对外经济贸易	**International Trade**				
进出口总值（亿元）	Total Value of Exports and Imports (100 millon yuan)	13.75	17.37	39.01	103.93
出口总值	Exports	11.02	10.61	26.34	53.17
进口总值	Imports	2.73	6.76	12.67	50.75
旅游	**Tourism**				
接待旅游者人数（万人次）	Number of Tourists (10 000 persons)	791.35	1567.00	2423.60	5285.18
旅游总收入（亿元）	Total Tourism Earnings (10 000 yuan)	44.00	105.00	178.50	405.18
金融业	**Total Tourism Earnings**				
金融机构（不含外资）人民币存款余额（亿元）	Balance of Deposits in Domestic Funded Financial Institutions (100 millon yuan)	359.51	1335.63	3599.70	8863.36
金融机构（不含外资）人民币贷款余额（亿元）	Balance of Loans in Domestic Funded Financial Institutions (100 millon yuan)	334.50	972.52	2158.10	6420.72
保险公司保费收入（亿元）	Insurance premium income (100 million yuan)	4.70	13.58	44.94	129.38
保险公司赔款及给付金额（亿元）	Claim and Payment of Insurance Companies (100 million yuan)	1.70	1.39	9.50	26.39

注：1.2006年铁路数据按新口径统计；2018年起，铁路数据为西铁局西安辖区数据。
2.2002年及以后，邮政电信机构分离；2001—2010年邮电业务总量按2000年不变价格计算；2011—2021年邮电业务总量按2010年不变价格计算；2022年邮电业务总量按2021年不变价格计算；2023年邮电业务总量按2022年不变价格计算；故与以往年份不可比。
3.2006年起，国际互联网络用户改为互联网宽带用户。
4.1993—2017年社会消费品零售总额为第四次全国经济普查修订数据。2018年为第四次全国经济普查数据。
5.2014年起，海关不发布进出口美元口径数据。1995—2010年数据为亿美元，相关数据不可比。

continued 2

Aggregate Indicator						速度指标（%）				Growth Rates (%)		
						指数（%）（2023年比以下各年） Index (%) (2023 as Percentage of the Following Years)				平均增长速度（%） Average Growth Rate (%)		
2015年	2019年	2020年	2021年	2022年	2023年	2010年	2015年	2020年	2022年	2011—2015年	2016—2020年	2021—2023年
46270	27426	25713	27048	26832	29746			115.8	110.9			5.0
848	487	471	481	645	644			136.8	99.8			11.0
45401	26901	25204	26527	26166	29075			115.2	111.1			4.8
21	38	38	40	21	27			71.1	128.8			-10.8
26904	26315	14338	10632	6109	15186			106.2	248.6			2.0
3982	6332	3745	4283	2569	7026			187.6	273.4			23.3
19625	15261	7486	3332	2184	4023			53.6	184.2			-18.8
3297	4722	3107	3017	1356	4137			133.0	305.1			10.0
331.53	1421.70	1721.55	2039.02	265.98	296.30					0.5	39.0	
1707	1028	902	810	643	652	8.0	38.2	72.3	101.4	-26.9	-12.0	-10.2
292.08	250.08	238.95	240.32	238.67	228.99	87.4	78.3	95.8	95.9	2.2	-4.0	-1.4
261.45	229.46	219.78	218.92	214.15	203.80	89.2	78.0	92.7	95.2	2.8	-3.4	-2.5
30.63	20.62	19.17	21.40	24.52	25.19	75.2	82.4	131.4	102.7	-1.8	-8.9	9.5
1767.00	1711.36	1704.47	1759.00	1762.17	1838.09	129.1	104.0	107.8	104.3	4.4	-0.7	2.5
289.97	438.65	479.24	615.87	658.32	725.27	496.6	250.6	151.4	110.2	14.7	10.6	14.8
3620.90	5140.93	4989.33	4963.42	4642.11	4811.60	295.1	145.4	99.1	103.7	15.4	8.0	-0.3
1761.69	3242.52	3473.84	4399.96	4379.52	3597.61		205.8	104.4	82.6		14.5	1.4
819.88	1730.28	1775.98	2361.92	2747.51	2333.72		287.1	132.4	85.3		16.7	9.8
941.81	1512.23	1697.86	2038.04	1632.01	1263.90		134.8	75.0	77.9		12.4	-9.1
13600.80	30110.43	18417.41	24201.73	20882.72	27800.04	526.0	204.3	150.9	133.1	37.0	6.2	14.7
1073.69	3146.05	1882.42	2445.27	2030.17	3350.39	826.2	311.7	177.9	165.0	38.4	11.9	21.2
17682.94	22891.88	25600.53	27967.15	31313.01	33643.96	379.6	190.3	131.4	107.4	14.8	7.7	9.5
13604.89	22135.23	25456.70	29044.20	31971.36	35327.61	550.3	259.8	138.8	110.5	16.2	13.3	11.5
263.02	522.85	550.43	583.24	572.74	636.99	492.7	242.4	115.8	111.2	15.2	15.9	5.0
87.62	141.42	157.75	176.54	178.01	232.79	881.2	265.5	147.5	130.8	27.1	12.5	13.8

Note: a) According to the new standard, railway data for 2006 was compiled; Since 2018, The railway data is the West Railway Bureau Xi'an jurisdiction data.
b) From 2002 onwards, postal and telecommunications institutions were separated; The total volume of postal and telecommunications business from 2001 to 2010 was calculated based on unchanged prices in 2000; The total amount of post and telecommunications business in 2011—2021 is calculated at the con-stant price in 2010; The total amount of postal and telecommunications business in 2022 will be calcu-lated based on unchanged prices in 2021; The total amount of postal and telecommunications business in 2023 will be calculated based on unchanged prices in 2022; Similarly, it cannot be compared to previous years.
c) Since 2006, international internet users were changed to internet broadband users.
d) The total retail sales of consumer goods from 1993 to 2017 are the revised data of the Fourth National Economic Census. 2018 is the fourth national economic census data.
e) Since 2014, customs have stopped releasing import and export data in US dollar terms. Data for the period from 1995 to 2010 is reported in USD 100 million. The data for the relevant years is not comparable.

1-11 续表3

指 标	Item	总量指标			
		1995年	2000年	2005年	2010年
教育、科技、文化	**Education, Science and Technology and Culture**				
教育	**Education**				
专任教师数（人）	Full-time Teachers (person)				
#普通高等学校	Regular Higher Education Institutions	15914	15679	29498	42098
普通中等专业学校	Regular Specialized Secondary Schools	2533	3172	2130	1845
普通中学	Regular Middle Schools	21984	26230	31094	31506
小 学	Primary Schools	30270	30215	29647	29944
在校学生数（万人）	Total Enrollment of Students (10 000 person)				
#普通高等学校	Institutions of Higher Education	11.67	19.41	53.06	73.30
普通中等专业学校	Regular Specialized Secondary Schools	3.74	6.02	6.16	6.80
普通中学	Regular Schools	32.32	48.31	55.74	48.90
小 学	Primary Schools	79.36	77.81	60.47	51.60
科技	**Science and Technology**				
国家级高新技术企业数（个）	Hi-tech Enterprises (unit)				827
企事业单位累计授权专利数（件）	Accumulated patents awarded (unit)	3164	6139	11670	31999
文化	**Culture**				
公共图书馆藏量（千册、千件）	Collections of Public Libraries (1 000 volume, 1 000 pieces)	2830	3214	3671	4465
文化馆、站（个）	Cultural Centers or Stations (unit)	201	251	192	197
电视节目制作时间（时）	Time for TV Programs Production (hour)	5738	11871	27377	29626
家庭、生活、环境	**Family, People's Livelihood and Environment**				
家庭	**Family**				
家庭总户数（户籍人口）（万户）	Total Number of Households (10 000 households)	171.25	187.08	203.04	226.71
城镇常住居民平均每户居住人口（人）	Average Household Size in Urban Areas (person)	3.88	2.99	2.93	2.81
农村常住居民平均每户居住人口（人）	Average Household Size in Rural Areas (person)	4.60	4.30	4.22	3.94
婚姻	**Marriages and Divorces**				
结婚（对）	Number of Marriages (couple)	47236	46415	49962	83645
离婚（对）	Number of Divorces (couple)	4296	5161	12747	19060
居住	**Housing**				
城镇常住居民人均现住房建筑面积（平方米）	Per Capita Building Area of Urban Residents (sq.m)	13.05	14.82	16.38	28.70
农村常住居民人均现住房建筑面积（平方米）	Per Capita Building Area of Rural Residents (sq.m)	21.77	28.31	36.73	66.73

注：1.2008年及以前图书馆总藏量为图书馆藏书量。
2.2005年以前城镇居民人均现住房总建筑面积为城镇人均住房使用面积。
3.2014年城乡居民人均住房面积为城乡住户调查一体化改革后新口径数据，与往年不可比。
4.2018年起，结婚和离婚对数数据包含西咸新区，与往年不可比。

continued 3

Aggregate Indicator						速度指标（%） Growth Rates (%)						
						指数（%）（2023年比以下各年） Index (%) (2023 as Percentage of the Following Years)				平均增长速度（%） Average Growth Rate (%)		
2015年	2019年	2020年	2021年	2022年	2023年	2010年	2015年	2020年	2022年	2011—2015年	2016—2020年	2021—2023年
47768	50236	51996	53139	55455	56886	135.2	119.2	109.5	102.6	2.6	1.7	3.1
1228	918	970	974	1016	960	52.0	78.2	98.9	94.5	-7.8	-4.6	-0.4
33014	39143	41133	38196	39831	42244	126.3	120.5	102.8	106.1	0.9	3.2	0.9
28748	39836	43423	50767	53347	55959	172.2	181.6	128.9	104.9	-1.1	7.1	8.8
84.83	87.14	93.13	98.06	101.24	103.66	141.4	122.2	111.3	102.4	3.0	1.9	3.6
3.47	2.79	3.02	2.03	2.25	2.22	32.8	63.9	73.5	98.7	-12.5	-2.8	-9.7
41.37	43.56	45.68	48.21	52.16	57.15	112.7	133.3	125.2	109.6	-3.3	1.3	7.8
56.62	78.98	85.20	89.09	93.63	99.22	182.5	166.1	116.5	106.0	1.9	7.3	5.2
1316	3673	5234	7140	10431	13550	1637.6	1029.6	258.9	129.9	9.7	31.7	37.3
103910	240826	286233	350364	408409	459554	1437.2	442.5	160.5	112.5	26.6	22.5	17.1
6522	8012	7977	8628	9352	9679	217.2	148.5	121.4	103.5	7.9	4.1	6.7
199	202	204	204	201	201	91.9	91.0	98.5	100.0	0.2	-1.6	-0.5
43563	58427	30016	41152	32960	39557	133.6	91.0	131.8	120.0	8.0	-7.2	9.6
253.13	300.95	310.59	321.21	328.16	336.06	148.3	132.8	108.2	102.4	2.2	4.2	2.7
2.8	2.8	2.8	2.9	2.9	2.8	99.7	100.1	100.1	96.6	-0.1		0.0
3.6	3.7	3.5	3.4	3.4	3.2	81.2	88.8	91.4	94.1	-1.8	-0.6	-3.0
80790	87315	75887	76004	74685	92929			122.5	124.4	-0.7		7.0
22748	45329	41785	30108	25623	29880			71.6	116.6	3.6		-10.5
32.1	34.8	34.9	35.2	34.8	34.7		108.3	99.5	99.7		1.7	-0.2
50.7	49.1	50.2	46.8	48.1	54.2		106.8	108.0	112.7		-0.2	2.6

Note: a) The total collection of libraries in 2008 and before was the library collection.
b) Before 2005, the per capita total construction area of urban residents' housing was the per capita usable area of urban housing.
c) The per capita housing area of urban and rural residents in 2014 is a new standard data after the integrated reform of urban and rural household surveys, which is not comparable to previous years.
d) Since 2018, the data on the number of pairs of marriages and divorces includes the Xixian New Area and is not comparable to previous years.

1-11 续表4

指 标	Item	总量指标			
		1995年	2000年	2005年	2010年
生活	**People's Livelihood**				
城镇居民人均可支配收入（元）	Per Capita Disposable Income of Urban Households (yuan)	4153	6364	9628	22244
农村居民人均可支配收入（元）	Per Capita Disposable Income of Rural Residents (yuan)	1353	2344	3460	7750
住户存款（亿元）	Household deposits (100 millon yuan)	291.46	675.83	1716.76	3641.09
工资	**Wages**				
城镇非私营单位在岗职工工资总额（亿元）	Total wages of employees in urban non-private (100 millon yuan)	67.23	101.68	211.14	501.76
城镇非私营单位就业人员年平均工资（元）	Annual Average Wage of Employees in Urban Non-private Units (yuan)	4763	9179	17728	37870
卫生	**Health Care**				
医院、卫生院（个）	Number of Hospitals (unit)	368	426	479	412
执业（助理）医师（人）	Licensed (Assistant) Doctors (person)	18846	18750	17730	18763
医院、卫生院床位数（张）	Number of Hospital Beds (unit)	28265	28697	30087	36796
市政建设	**City Construction**				
供水总量（万立方米）	Water Supply (10 000 cu.m)	35885	30273	35776	41089
供水管道总长度（公里）	Water Supply Pipelines (km)	1066	2237	2315	2416
城市天然气供气总量 （万立方米）	Volume of Natural Gas Supply in Urban Areas (10 000 cu.m)	8419	11513	53202	109052
城市公共运营车辆（辆）	Total Number of Public Buses and Trolley Buses (unit)	977	2573	4762	7107
道路长度（公里）	Length of Paved Roads (km)	835	975	1382	2662
绿地面积（公顷）	Areas of Green Land (hectare)	5603	4116	4867	12140
环境、灾害	**Environment and Disaster**				
工业废水排放量（万吨）	Volume of Waste Water up to the Standard for Discharge (10 000 tons)	12479	9145	16969	13840
火灾发生数（起）	Number of Fire Disasters (case)	426	1040	2664	1825
火灾事故损失额（万元）	Fire Loss (10 000 yuan)	742	472	1566	2224
交通事故发生数（起）	Number of Traffic Accidents (case)	3065	4099	4903	2323
交通事故损失额（万元）	Loss of Traffic Accidents (10 000 yuan)	1103	1116	2024	737

注：1.城镇非私营单位从业人员年平均工资2012年以前为城镇非私营单位在岗职工年平均工资。
2.2014年及以后城乡居民人均收入为新口径数据。2013年及以前“农村居民人均可支配收入”为“农村居民人均纯收入”。依据2018年新口径对2017年城乡居民收入进行了衔接，与以前年份不可比。
3.人民银行西安分行对住户存款部分历史年份数据进行了修订。2015年之前住户存款为储蓄存款。
4.市政建设大部分指标2017年起包含西咸新区，与以前年份不可比，故不计算相关增速指标。
5.2022年起，工业废水排放量指标口径包含西咸新区直管区，与以前年份不可比。

continued 4

Aggregate Indicator						速度指标（%）				Growth Rates (%)		
2015年	2019年	2020年	2021年	2022年	2023年	指数（%）（2023年比以下各年）Index (%) (2023 as Percentage of the Following Years)				平均增长速度（%）Average Growth Rate (%)		
						2010年	2015年	2020年	2022年	2011—2015年	2016—2020年	2021—2023年
33188	41850	43713	46931	48418	51178			117.1	105.7			5.4
14072	14588	15749	17389	18285	19826			125.9	108.4			8.0
6571.18	9553.29	10913.05	11996.54	14505.38	16568.71	455.2	252.3	151.8	114.2	12.5	10.7	14.9
1202.01	1903.84	2081.05	2223.66	2456.89	2460.85	474.4	198.0	118.3	100.2	19.1	10.8	5.8
60557	92359	99315	111078	117932	123670	328.3	205.2	124.5	104.9	9.8	10.5	7.6
395	477	476	488	538	542	117.8	123.1	113.8	100.7	-0.8	1.6	4.4
26626	38469	40714	43289	46744	51578	265.1	186.7	126.6	110.3	7.3	8.1	8.2
51345	69107	68426	75684	78258	86269	223.7	160.3	126.1	110.2	6.9	4.9	8.0
56055	75392	76944	82379	84898	86486			112.5	101.9	6.4		4.0
4371	4977	5991	6364	6531	6830			114.0	104.6	12.6		4.5
196826	320847	329150	366539	380739	397722			120.9	104.5	12.5		6.5
7781	10566	9363	9318	9272	8635	121.4	111.0	92.2	93.1	1.8	3.8	-2.7
3571	5142	5284	5877	6003	6173			116.7	102.8	6.1		5.3
20582	32586	36034	43839	44861	45668			126.7	101.8	11.1		8.2
5204	3914	2998	3813	4293	4628				107.8	-17.8	-9.6	
2590	1871	3034	5348	5302	7143	391.7	275.5	235.3	134.7	7.3	3.2	33.0
2402	1887	2387	4462	5775	3134	141.0	130.5	131.3	54.3	1.5	-0.1	9.5
2392	2973	2835	2776	2184	2269	97.7	94.9	80.0	103.9	0.6	3.5	-7.2
1470	1809	1738	1548	1364	1344	182.4	91.4	77.3	98.5	14.8	3.4	-8.2

Note: a) The average annual salary of urban non private sector employees before 2012 was the average annual salary of urban non private sector employees.

b) The per capita income of urban and rural residents in 2014 and beyond is a new standard data. In 2013 and before, the "per capita disposable income of rural residents" was "per capita net income of rural residents". According to the 2018 new standard, the income of urban and rural residents in 2017 has been adjusted, which is not comparable to other years.

c) Xi'an Branch of the People's Bank of China has revised the historical year data of household deposits. Before 2015, household deposits were savings deposits.

d) Since 2017, most of the indicators for municipal construction have included the Xixian New Area, which is not comparable to previous years, so relevant growth rate indicators are not calculated.

e) Since 2022, the calibre of volume of waste industrial water discharge includes the Xixian New Area Directly Administered Zone, which is not comparable to other years.

1-12　主要年份国民经济和社会发展结构指标

单位：%

指　标	Item	1995年	2000年	2005年
人口与就业	**Population and Employment**			
人口	**Population**			
城乡结构	Structure			
城镇人口	Urban Population	39.45	41.54	44.91
乡村人口	Rural Population	60.55	58.46	55.09
性别结构	Sexual Structure			
男	Male	51.64	51.62	51.50
女	Female	48.36	48.38	48.50
就业	**Employment**			
全社会就业人员产业结构	Industrial Structure of the Whole Society			
第一产业	Primary Industry	41.17	37.78	32.78
第二产业	Secondary Industry	29.43	27.57	27.46
第三产业	Tertiary Industry	29.40	34.65	39.76
宏观经济	**Macro Economy**			
国民经济核算	**National Accounting**			
生产总值产业结构	Industrial Structure of GDP			
第一产业	Primary Industry	12.53	6.91	5.10
第二产业	Secondary Industry	40.97	42.89	39.50
第三产业	Tertiary Industry	46.50	50.20	55.40
投资	**Investment**			
报表种类结构	By classification			
固定资产投资（不含农户）	Investment in Fixed Assets (excluding farmers)	85.57	87.36	92.96
#房地产开发投资	Real Estate Development Investment	20.93	22.31	27.00
经济成分结构	Registration Status Composition			
国有经济	State-owned Economy	66.79	68.68	44.75
集体经济	Collective-owned Economy	9.46	6.30	7.09
个体经济	Self-employed Individual	10.76	10.50	9.46
其他经济	Other	12.99	14.51	38.69
财政	**Government Finance**			
财政收入结构	Structure of Government Revenue			
中　央	Central Government		31.94	58.30
地　方	Local Governments		68.06	41.70

注：1.2015年起，市公安局提供户籍人口分类为“城镇人口”和“乡村人口”，2015年之前，分类为“非农业人口”和“农业人口”。
2.本表2008年以后财政收入结构中地方指地方财政一般公共预算收入。

Structural Indicators of National Economic and Social Development in Representative Years

(%)

2010年	2014年	2015年	2016年	2017年	2018年	2019年	2020年	2021年	2022年	2023年
47.86	51.29	66.93	66.94	67.12	69.31	69.88				
52.14	48.71	33.07	33.06	32.88	30.69	30.12				
50.95	50.59	50.54	50.49	50.29	50.01	49.87	49.75	49.65	49.58	49.49
49.05	49.41	49.46	49.51	49.71	49.99	50.13	50.25	50.35	50.42	50.51
25.65	19.71	20.39	19.50	18.98	16.30	15.70	15.05	14.52	14.17	13.70
29.65	28.49	24.53	23.72	22.73	24.79	25.48	23.45	22.21	22.50	21.90
44.70	51.80	55.08	56.78	58.29	58.91	58.83	61.50	63.27	63.33	64.39
4.17	3.44	3.23	3.07	3.31	3.05	2.97	3.12	2.87	2.82	2.71
40.40	38.59	34.90	33.45	33.07	33.67	33.31	33.33	33.31	35.45	34.53
55.43	57.97	61.87	63.48	63.62	63.28	63.72	63.55	63.82	61.74	62.77
95.52	96.25	98.47	98.18	98.77						
25.91	29.84	35.46	37.67	30.88						
41.49	32.46	35.36	44.92	54.62						
10.04	3.44	3.06	2.93	2.03						
1.68	1.41	1.56	1.57	1.24						
46.78	62.69	60.02	50.58	42.10						
37.28	29.61	28.94	31.68	35.63	39.86	40.83	39.89	40.48	38.69	38.86
47.36	57.25	58.39	56.45	47.96	46.88	45.80	46.98	46.23	48.86	48.58

Note: a) In 2015, the registered residence population was classified as "urban population" and "rural population" by the Xi'an Municipal Public Security Bureau. Before 2015, it was classified as "non-agricultural population" and "agricultural population".
b) In the financial revenue structure of this table after 2008, local government refers to the general public budget revenue of local finance.

1-12 续表1

单位：%

指 标	Item	1995年	2000年	2005年
产 业	**Industry**			
农业	**Agriculture**			
农林牧渔业总产值结构	Structure of Gross Output Value of Agriculture, Forestry, Animal Husbandry and Fishery			
农 业	Farming	68.03	69.23	61.69
林 业	Forestry	0.96	1.14	1.23
牧 业	Animal Husbandry	30.29	28.58	30.96
渔 业	Fishery	0.72	1.05	0.69
农林牧渔专业及辅助性活动	Services in Support of Agriculture, Forestry, Animal Husbandry and Fishery			5.43
建筑业	**Construction**			
建筑业总产值结构	Structure of Gross Output Value of Construction Industry			
房屋建筑业	Building Construction	12.84	9.28	34.05
土木工程建筑业	Civil Engineering Construction	86.27	88.50	56.59
建筑安装业	Building Installation			
建筑装饰和其他建筑业	Building Decoration and Others Construction	0.89	2.22	9.36
交通运输业	**Transportation**			
客运量结构	Structure of Passenger Traffic			
铁 路	Railways	29.53	26.40	17.14
公 路	Highways	67.57	69.14	79.15
民 航	Civil Aviation	2.90	4.46	3.71
货运量结构	Structure of Freight Traffic			
铁 路	Railways	34.59	44.30	26.92
公 路	Highways	65.36	55.58	73.04
民 航	Civil Aviation	0.05	0.12	0.04
国内贸易	**Domestic Trade**			
社会消费品零售总额结构	Composition of Total Retail Sales of Consumer Goods			
城 镇	Urban Area	88.95	87.99	90.17
农 村	Rural Area	11.05	12.01	9.83
教育文化、卫生、人民生活	**Education and Culture, Health Care, People's Livelihood**			
教育	**Education**			
在校学生结构	Structure of Student Enrollment			
# 普通高等学校	Regular Higher Education Institutions	8.81	12.44	28.48
普通中等专业学校	Regular Specialized Secondary Schools	2.84	3.84	3.33
普通中学	Regular Schools	24.55	30.93	29.89
小 学	Primary Schools	59.91	49.89	32.45

continued 1

(%)

2010年	2014年	2015年	2016年	2017年	2018年	2019年	2020年	2021年	2022年	2023年
65.40	67.95	68.06	68.00	68.81	70.04	69.97	69.53	69.65	71.40	71.01
1.26	2.69	2.96	2.95	3.10	3.67	3.70	4.18	3.46	2.90	3.30
25.35	19.60	18.54	17.93	16.67	14.74	14.56	15.06	14.94	13.37	12.62
0.60	0.74	0.59	0.57	0.52	0.57	0.44	0.33	0.46	0.44	0.43
7.39	9.02	9.85	10.56	10.90	10.98	11.33	10.90	11.49	11.89	12.63
24.63	41.58	38.41	36.69	36.64	37.73	39.84	39.49	37.19	34.22	33.39
68.61	49.43	51.84	53.63	54.13	54.84	52.80	53.49	55.19	58.47	59.24
4.39	5.32	5.91	6.61	6.30	4.88	4.79	4.42	4.86	4.57	4.51
2.37	3.67	3.84	3.07	2.93	2.55	2.56	2.60	2.76	2.74	2.86
9.18	13.65	14.80	17.74	18.53	23.17	24.06	26.12	40.28	42.05	46.27
87.59	74.97	72.95	66.63	64.24	59.70	57.99	52.21	31.34	35.75	26.49
3.23	11.38	12.25	15.63	17.24	17.14	17.94	21.67	28.38	22.20	27.24
2.06	2.14	1.83	3.58	3.90	1.90	1.78	1.83	1.78	2.40	2.16
97.92	97.81	98.12	96.32	96.00	97.99	98.09	98.02	98.07	97.52	97.74
0.02	0.05	0.05	0.10	0.10	0.12	0.14	0.15	0.15	0.08	0.09
96.00	96.85	96.70	96.61	96.43	98.05	98.02	97.84	96.83	96.96	97.69
4.00	3.15	3.30	3.39	3.57	1.95	1.98	2.16	3.17	3.04	2.31
32.60	33.16	32.78	31.38	29.13	27.52	27.44	27.80	28.40	28.08	28.43
3.02	1.58	1.34	1.17	0.96	0.83	0.88	0.90	0.59	0.62	0.61
21.74	16.53	16.00	15.37	14.65	14.18	13.72	13.64	13.96	14.47	15.67
22.95	20.88	21.88	22.58	23.40	24.40	24.87	25.44	25.80	25.97	27.21

1-12 续表2

单位：%

指 标	Item	1995年	2000年	2005年
专任教师结构	Structure of Full-time Teachers			
# 普通高等学校	Institutions of Higher Education	21.25	19.89	29.93
普通中等专业学校	Regular Specialized Secondary Schools	3.38	4.02	2.16
普通中学	Regular Middle Schools	29.37	33.21	31.55
小 学	Primary Schools	40.41	38.34	30.08
人民生活	**People's Livelihood**			
城镇居民消费结构	Consumption Structure of Urban Residents			
食品烟酒	Food, Tobacco and Alcohol	44.68	36.46	37.04
衣 着	Clothing	12.67	8.13	9.03
居 住	Residence	6.49	11.23	9.10
生活用品及服务	Household Equipments, Furnishings and Services	13.75	11.33	4.73
交通和通信	Transport and Communication Services	5.58	6.93	9.67
教育文化娱乐	Recreation, Education and Culture Services	9.05	13.74	17.18
医疗保健	Health Care and Medical Services	3.27	7.23	9.45
其他用品和服务	Other Commodities and Services	4.51	4.95	3.80
农村居民消费结构	Consumption Structure of Rural Residents			
食品烟酒	Food, Tobacco and Alcohol	50.31	36.63	36.34
衣 着	Clothing	8.39	6.65	6.11
居 住	Residence	5.92	21.41	17.76
生活用品及服务	Living Articles and Services	5.17	5.47	5.11
交通和通信	Transport and Communication Services	8.09	4.21	8.19
教育文化娱乐	Recreation, Education and Culture Services	18.53	14.49	16.15
医疗保健	Medical and Health Care Services	1.78	6.93	8.19
其他用品和服务	Other Commodities and Services	1.81	4.21	2.15
卫生	**Health Care**			
卫生技术人员结构	Medical Technical Personnel by Types			
执业（助理）医师	Licensed (Assistant) Physicians	45.42	44.82	41.96
注册护士	Registered Nurses	32.68	34.29	33.14
药 师	Pharmacists	8.78	8.31	7.30
技 师	Technicians	5.21	5.21	5.33
卫生监督员	Health Supervisors			
其 他	Others	7.91	7.37	12.27

注：2014年及以后人民生活数据为城乡住户一体化改革后数据，居民消费结构与2014年之前不可比。

continued 2

(%)

2010年	2014年	2015年	2016年	2017年	2018年	2019年	2020年	2021年	2022年	2023年
32.47	33.87	34.52	32.63	30.90	30.74	29.97	29.13	28.85	28.80	28.61
1.42	0.97	0.89	0.84	0.64	0.60	0.55	0.54	0.53	0.53	0.48
24.30	23.62	23.86	23.50	23.58	23.54	23.35	23.04	20.74	20.68	21.24
23.10	20.57	20.52	21.41	22.03	23.13	23.76	24.33	27.56	27.70	28.14
31.29	29.21	29.59	29.26	29.44	27.08	26.80	28.08	26.98	28.38	25.55
11.11	9.09	8.78	8.22	8.12	7.91	7.65	6.65	5.99	5.01	5.38
9.33	17.89	17.78	17.87	17.84	20.01	21.00	24.21	25.69	24.21	23.63
7.56	7.21	7.42	7.59	7.57	7.86	7.26	7.16	6.47	6.71	6.58
12.06	14.16	13.31	13.67	13.00	11.74	11.85	11.21	10.32	10.42	11.61
14.66	12.60	12.48	12.29	12.61	13.93	13.69	10.60	11.45	10.22	10.94
9.50	7.32	7.92	8.14	8.28	8.97	8.95	9.80	10.60	12.65	13.44
4.49	2.53	2.72	2.96	3.15	2.50	2.79	2.30	2.50	2.40	2.86
32.54	29.93	28.18	26.86	27.27	24.43	25.45	27.98	28.94	28.76	26.33
6.55	7.44	7.12	6.65	6.50	5.94	6.25	6.09	5.68	4.67	4.85
24.41	21.99	23.28	23.38	23.54	23.60	23.10	24.25	23.67	23.76	22.84
6.53	6.97	6.60	7.59	7.85	7.67	7.22	5.81	5.69	5.26	5.88
8.45	10.66	10.70	10.76	10.69	11.71	11.85	12.59	12.58	12.81	12.70
11.20	10.26	11.68	11.86	11.90	13.26	13.15	11.41	11.91	12.09	12.83
8.54	11.07	10.68	11.17	10.47	12.05	11.46	10.37	9.82	10.85	12.34
1.78	1.68	1.76	1.73	1.79	1.34	1.51	1.51	1.71	1.81	2.22
33.16	32.66	32.69	32.30	32.71	33.28	34.27	34.60	35.11	35.85	36.56
40.01	42.28	42.74	43.50	44.15	45.77	46.22	46.18	46.24	45.52	45.46
5.36	4.88	4.86	4.72	4.54	4.36	4.20	4.09	3.92	3.85	3.87
8.11	5.63	5.76	5.86	5.94	5.95	5.91	5.94	6.82	7.16	7.60
								0.35	0.32	0.25
13.36	14.56	13.97	13.62	12.66	10.64	9.40	9.19	7.56	7.30	6.28

Note: Data from the integrated reform of urban and rural household surveys in 2014 and later are incomparable to the consumption structure of residents before 2014.

1-13 主要年份国民经济和社会发展比例和效益指标

指　标	Item	1995年	2000年
人口与就业	**Population and Employment**		
人口	**Population**		
出生率（‰）	Birth Rate (‰)	11.95	13.07
死亡率（‰）	Death Rate (‰)	4.98	5.96
自然增长率（‰）	Natural Growth Rate (‰)	6.79	7.11
就业	**Employment**		
就业者负担人口	Dependency Ratio	1.7	1.8
三次产业就业者比例（以第一产业为100）	Employment Ratio by Type of Industry (Employment in primary industry=100)		
第一产业	Primary Industry	100	100
第二产业	Secondary Industry	71.5	73.0
第三产业	Tertiary Industry	71.4	91.7
城镇登记失业率（%）	Unemployment Rate in Urban Areas (%)	3.1	3.4
宏观经济	**Macro Economy**		
国民经济核算	**National Accounting**		
三次产业增加值比例（以第一产业为100）	Ratio of Value-added by Three Strata of Industry (Employment in primary industry=100)		
第一产业	Primary Industry	100	100
第二产业	Secondary Industry	326.9	620.7
第三产业	Tertiary Industry	371.1	726.4
全社会劳动生产率（元／人）	Overall Labor Productivity (yuan/person)	8963	16367
第一产业	Primary Industry	2698	2960
第二产业	Secondary Industry	12404	25443
第三产业	Tertiary Industry	14488	24024
人均地区生产总值（元）	Per Capita GDP (yuan)	5131	9484
固定资产投资	**Investment in Fixed Assets**		
房屋建筑面积竣工率（%）	Rate of Floor Space of Buildings Completed (%)	33.4	42.0
固定资产交付使用率（%）	Rate of Fixed Assets Completed in Capital Construction and Put into Use (%)	70.7	74.0
建设项目建成投产率（%）	Rate of Projects Completed in Capital Construction and Put into Use (%)	43.7	44.2
财政	**Finance**		
财政总收入相当于地区生产总值比例（%）	Proportion of Government Revenue to GDP (%)	5.5	9.5
一般公共预算支出相当于地区生产总值比例（%）	Proportion of Government General Public Budget Expenditures to GDP (%)	5.6	7.2
使用外资	**Utilization of Foreign Capital**		
实际使用外资相当于合同外资比例（%）	Proportion of foreign direct investment to agreement amount utilizing foreign investment (%)	64.4	28.9

注：1.本表财政收入数据2009年及以前为一般预算财政收入和基金收入之和。依据部门历史年份修订结果对财政相关数据进行了重新计算。
2.本表涉及常住人口计算的指标数据依据第七次全国人口普查数据进行了修订。

Proportions of National Economic and Social Development and Benefit Index in Representative Years

2005年	2010年	2011年	2012年	2013年	2014年	2015年	2016年	2017年	2018年	2019年	2020年	2021年	2022年	2023年
9.58	9.73	9.71	10.13	9.57	10.11	10.15	11.54	12.62	12.47	12.32	9.14	8.44	8.32	8.22
5.16	5.34	5.38	5.57	5.37	5.47	5.51	5.40	5.42	5.48	5.53	7.48	7.51	7.54	7.86
4.42	4.39	4.33	4.56	4.20	4.64	4.64	6.14	7.20	6.99	6.79	1.66	0.93	0.78	0.36
1.8	1.8	1.8	1.8	1.8	1.8	1.8	1.9	1.9	1.9	1.9	1.9	1.9	1.9	1.9
100	100	100	100	100	100	100	100	100	100	100	100	100	100	100
83.8	124.0	125.0	141.3	137.2	144.6	120.3	121.7	119.7	152.1	162.3	155.9	153.0	158.7	159.8
121.3	183.3	184.7	206.5	243.3	262.9	270.1	291.3	307.1	361.4	374.8	408.8	435.7	446.8	469.9
4.3	4.2	3.9	3.5	3.4	3.4	3.4	3.3	3.3	3.3	3.3	3.6	3.6		
100	100	100	100	100	100	100	100	100	100	100	100	100	100	100
774.4	969.0	916.6	953.3	1066.0	1123.5	1078.9	1087.9	1000.1	1105.1	1121.6	1068.3	1196.9	1240.7	1275.2
1086.0	1329.3	1275.5	1359.5	1550.4	1687.5	1912.6	2064.6	1924.4	2076.8	2146.0	2036.8	2282.1	2219.7	2318.2
31356	67973	77893	86490	94907	104867	111837	119867	130668	139628	148372	152998	159163	167082	172810
4747	11129	13883	15351	16204	17783	18045	18483	22470	24156	27552	31067	30936	32711	33572
45258	93218	102201	110093	124045	141911	147176	166245	186251	197683	196560	208563	232264	260449	268783
44611	83586	96232	106847	111886	118682	129488	136009	144404	150770	160613	161554	162796	164563	169839
16158	37792	43723	48530	53624	58829	60912	63393	66649	73113	77494	79208	84182	88957	92128
28.1	6.9	10.0	8.7	13.2	11.4	6.8	9.9	11.2	6.4	6.3	4.9	2.6	4.2	5.3
52.8	38.4	40.4	42.4	37.1	42.5	40.3	38.3	43.4	26.9	33.6	37.2	20.9	30.1	32.2
54.2	53.9	54.9	56.1	56.1	62.5	61.0	64.6	62.4	36.3	55.3	42.0	31.9	37.2	28.2
12.7	16.0	17.1	17.2	18.2	18.3	18.8	17.8	18.4	17.2	16.3	15.4	17.2	14.8	17.6
7.6	11.6	13.0	13.7	14.7	14.7	15.5	14.7	14.1	13.6	13.3	13.4	13.7	13.6	14.4
47.0	130.9	167.0	68.8	124.3	145.0	207.0	441.2	114.1	133.6	359.3	104.4	1030.3	19.6	70.8

Note: a) The fiscal revenue data in this table for 2009 and before is the sum of general budget fiscal revenue and fund revenue. The financial related data has been recalculated based on the revised results of the department's historical years.

b) The indicator data related to the calculation of permanent population in this table has been revised based on the data from the 7th National Population Census.

1-13 续表1

指 标	Item	1995年	2000年
能 源	**Energy**		
单位生产总值能耗降低率（%）	Decreasing Rate of Energy Consumption per Unit GDP (%)		
产 业	**Industries**		
农业	**Agriculture**		
每个农林牧渔业劳动力农产品生产量（公斤）	Output of Farm Products per Agriculture, Forestry, Animal Husbandry and Fishery Husbandry and Fishery Laborer (kg)		
粮食	Grain	1150	1382
蔬菜	Vegetables	877	1110
禽蛋	Poultry Eggs		
肉类	Meat		
水产品	Aquatic Products	6	8
每公顷播种面积农产品产量（公斤）	Output of Farm Crops per Hectare of Sown Area (kg)		
粮食	Grain	3806	4342
油料	Oil-bearing Crops	1753	1526
蔬菜	Vegetables	34800	37797
工业	**Industry**		
规模以上工业企业经济效益	Economic Benefit of Industrial Enterprises above Designated Size		
总资产贡献率（%）	Ratio of Total Assets to Industrial Output Value (%)		
资产负债率（%）	Assets-Liability Ratio (%)		65.0
流动资产周转次数（次／年）	Turnover of Current Assets (times/year)		1.0
成本费用利润率（%）	Ratio of Profits to Cost (%)		4.2
产品销售率（%）	Proportion of Industrial Products Sold (%)		97.1
全员劳动生产率（元／人）	Overall Labor Productivity (yuan/person)		29496
建筑业	**Construction**		
技术装备率（元／人）	Value of Machinery per Laborer (yuan/person)	5990	6805
产值利润率（%）	Ratio of Per-tax Profits to Gross Output Value (%)	3.5	3.4
全员劳动生产率（元／人）（按总产值计算）	Overall Labor Productivity (yuan/person) (in terms of gross output value per employee)	37689	74347
邮电通信业	**Postal and Telecommunication Services**		
电话普及率（含移动电话）（部/百人）	Popularization Rate of Telephones (Include Mobile Phones) (set/100 persons)	7.9	31.2
移动电话普及率（部/百人）	Popularization Rate of Mobile Phones (set/100 persons)	0.5	10.6

continued 1

2005年	2010年	2011年	2012年	2013年	2014年	2015年	2016年	2017年	2018年	2019年	2020年	2021年	2022年	2023年
	2.06	3.56	3.51	3.57	5.89	3.20	3.83	4.61	5.99	4.78	7.52	-0.94	0.23	1.58
1493	1497	1438	1480	1398	1276	1346	1323	1267	1456	1430	1469	1462		
1421	1777	1844	2012	2249	2338	2549	2628	3214	3827	3870	3874	3737		
				45	43	49	61	48	54	55	53	49		
				61	64	69	67	53	56	53	46	51		
7	10	10	12	13	13	14	13	13	14	14	11	14		
4796	4682	4772	4949	4886	4831	5132	5052	4947	5082	5122	5313	5509	5455	5470
1821	1950	2027	1992	1948	1519	2099	1408	2173	2180	2157	2135	2166	2113	2161
35231	39798	40668	42990	45271	38085	48711	39152	50851	52027	52717	52258	51051	50763	50648
8.4	12.2	8.6	7.7	8.5	7.4	5.7	6.4	7.2	7.3	5.4	6.1	5.4	6.2	5.4
65.0	57.6	57.7	59.4	59.5	59.7	57.3	55.7	53.0	54.8	53.9	55.2	57.4	57.0	57.4
1.3	1.7	1.5	1.5	1.5	1.4	1.3	1.3	1.4	1.3	1.2	1.1	1.1	1.2	1.1
3.1	8.8	5.2	4.5	5.2	5.2	4.8	6.0	6.6	6.7	5.1	7.1	5.7	6.5	5.9
97.5	97.1	97.4	96.7	95.7	94.9	94.5	96.0	97.3	96.2	94.0	93.0	92.4	93.2	94.6
82815	188483	194105	230032	264324	275288	268182	277240	294393						
13332	9461	28669	12216	10339		12712	14193	10051	10005	7964	7562	7118	8443	8111
4.8	4.4	4.4	2.8	2.6	2.3	2.3	3.1	2.8	3.0	2.5	3.0	3.4	3.1	2.7
206337	321340	334172	479232	354419	347000	406962	422421	411690	457729	449583	497584	540075	567913	502669
100.0	199.0	212.5	231.4	264.9	242.9	208.4	196.5	187.6	178.0	158.8	150.0	155.3	154.0	158.1
56.6	168.0	182.0	197.3	230.8	211.0	178.8	168.9	163.5	156.0	138.6	131.5	136.6	135.6	140.5

1-13 续表2

指 标	Item	1995年	2000年
国内贸易	**Domestic Trade**		
人均批发零售和住宿餐饮业消费品零售额（元）	Per Capita Retail Sales of Wholesale, Retail Trade and Accommodation Catering Trade (yuan)	1997	4122
对外经济贸易	**International Trade**		
进出口总值相当于生产总值比例（%）	Proportion of Total Imports & Exports to GDP (%)	34.76	22.25
旅游	**Tourism**		
每一游客花费（元）	Expenditure per International Tourist (yuan)	556	645
金融业	**Finance and Insurance**		
金融机构（不含外资）本外币存款相当于生产总值比例（%）	Proportion of Deposits of local currency and foreign currency in financial institution (excluding foreign-funded) to GDP	108.83	206.71
金融机构（不含外资）本外币贷款相当于生产总值比例（%）	Proportion of Loans of local currency and foreign currency in financial institution (excluding foreign-funded) to GDP	101.26	150.51
教育、科技、文化	**Education, Science and Technology and Culture**		
教育	**Education**		
毕业率（%）	Graduation Rate (%)		
小学	Primary Schools		
初中	Junior Schools		
学校教师负担系数	Student-teacher Ratio		
高等学校	Higher Educational Institutions	6.83	12.38
中等学校	Secondary Schools	14.42	17.84
小学	Primary Schools	26.22	25.75
文化	**Culture**		
每百万人艺术表演团体（个）	Number of Troupes per Million Persons (unit)	3.39	3.20
每百万人公共图书馆（个）	Number of Public Libraries per Million Persons (unit)	2.31	2.18
家庭、生活、环境	**Family, People's Livelihood and Environment**		
家庭	**Family**		
城镇居民家庭	Urban Households		
平均每一劳动力负担人口（人）	Persons supported by Each Laborer (person)	1.8	2.2
农村居民家庭	Rural Households		
平均每一劳动力负担人口（人）	Persons supported by Each Laborer (person)	1.6	1.6
卫生	**Health Care**		
每万人医院数（个）	Number of Hospitals per 10 000 Persons (unit)	0.60	0.57
每万人医生数（人）	Number of Doctors per 10 000 Persons (person)	29.10	25.30
每万人医院床位数（张）	Number of Hospital Beds per 10 000 Persons (unit)	43.60	38.72
市政建设	**City Construction**		
城市自来水普及率（%）	Percentage of Households with Access to Tap Water (%)		98.95
城市用气普及率（%）	Percentage of Households with Access to Tap Gas (%)		81.51
人均公园绿地面积（平方米）	Per Capita Public Green Areas (sq.m)	3.80	5.12

continued 2

2005年	2010年	2011年	2012年	2013年	2014年	2015年	2016年	2017年	2018年	2019年	2020年	2021年	2022年	2023年
9160	20882	24751	28106	31336	34571	37176	39767	40875	41761	42382	39426	38427	35890	36907
24.79	21.54	20.94	18.72	22.11	27.47	29.69	28.61	34.31	38.86	34.49	34.66	40.92	38.06	29.95
737	767	797	820	801	792	789	809	903	1033	1045	1022	1010	972	1205
278.17	277.41	272.99	275.61	275.51	270.11	298.05	296.38	268.85	244.86	243.53	255.40	264.16	274.92	282.77
166.77	200.96	197.70	195.86	200.19	207.57	229.31	237.00	226.90	230.73	235.48	254.00	272.78	279.54	295.26
	100.4	100.2	100.17	99.82	99.69	99.64	99.78	99.76	99.99	99.83	99.69	98.34	99.81	99.70
	99.7	100.6	98.74	99.27	99.93	98.31	98.67	99.28	99.24	99.02	99.13	97.85	99.12	99.38
17.99	17.41	17.92	18.15	18.05	18.27	17.76	17.62	17.33	16.82	17.35	17.91	18.45	18.26	18.22
18.47	17.78	16.91	16.43	15.07	14.01	13.88	13.05	12.78	13.10	13.06	12.89	14.38	14.79	14.93
20.38	17.22	18.06	17.15	17.66	18.94	19.70	19.32	19.52	19.82	19.83	19.62	17.55	17.55	17.73
2.56	1.53	3.38	2.08	1.92	1.88	1.82	1.75	1.59	1.51	1.46	1.39	1.40	1.23	1.22
2.02	1.77	1.69	1.64	1.60	1.56	1.32	1.26	1.15	1.09	1.05	1.16	1.16	1.15	1.22
2.1	1.9	1.8	1.9	1.8	1.3	1.3	1.3	1.3	1.3	1.3	1.3	1.3	1.3	1.4
1.6	1.5	1.5	1.5	1.5	1.4	1.4	1.4	1.4	1.5	1.6	1.5	1.4	1.4	1.4
0.59	0.49	0.41	0.41	0.41	0.40	0.40	0.38	0.40	0.39	0.39	0.37	0.38	0.41	0.41
21.98	22.14	24.30	25.22	25.52	25.85	26.95	27.05	27.18	28.36	31.15	31.42	33.63	35.97	39.44
37.29	43.42	42.01	44.40	47.21	49.04	51.97	51.46	53.36	55.04	55.96	52.80	58.79	60.22	65.96
99.00	98.77	99.95	100	100	100	100	100	99.25	97.85	98.27	98.67	99.40	99.37	98.92
91.30	97.02	97.46	98.19	98.68	98.71	98.79	98.89	96.07	99.90	99.96	99.87	99.95	99.95	99.76
5.63	9.11	9.89	10.22	10.70	11.22	11.47	11.61	12.04	9.97	9.97	11.79	11.80	11.97	12.05

1-14 主要年份平均每天主要社会经济活动

指 标	Item	1995年	2000年
一、每天创造的财富	**Daily Production**		
生产总值（万元）	Gross Regional Product (10 000 yuan)	9050.7	17702.2
第一产业	Primary Industry	1134.3	1223.3
第二产业	Secondary Industry	3707.7	7592.6
第三产业	Tertiary Industry	4208.8	8886.3
# 工业	Industry	3082.2	5984.7
建筑业	Construction	625.5	1608.0
批发和零售业	Wholesale and Retail Trades	909.6	1804.7
交通运输、仓储和邮政业	Transport, Storage and Post	674.0	1178.4
住宿和餐饮业	Hotels and Catering Services		505.8
财政总收入（万元）	Total Government Revenue (10 000 yuan)	498.8	1686.8
财政一般公共预算支出（万元）	Government General Public Budget Expenditures (10 000 yuan)	504.7	1274.0
粮食（吨）	Grain (ton)	4801	5532
奶类（吨）	Milk (ton)		
蔬菜（吨）	Vegetables (ton)	3660	4442
肉类（吨）	Meat (ton)		
水产品（吨）	Aquatic Products (ton)	23	31
布（万米）	Cloth (10 000 m)	83	77
发电量（万千瓦小时）	Electricity (10 000 kWh)	610	534
钢材（吨）	Rolled Steel (ton)	861	274
汽车（辆）	Motor Vehicle (unit)	8	25
二、每天消费量	**Daily National Consumption**		
社会消费品零售总额（万元）	Total Retail Sales of Consumer Goods (10 000 yuan)	5160	10108
三、每天其他经济活动	**Other Daily Economic Activities**		
货运量（万吨）	Freight Traffic (10 000 tons)	26.3	19.2
客运量（万人次）	Passenger Traffic (10 000 person-times)	24.8	22.1
邮电业务总量（万元）	Business Volume of Postal and Telecommunication Services (10 000 yuan)	209.6	1264.7
进出口总值（万美元）	Total Value of Imports and Exports (USD 10 000)	110.2	475.9
出口值	Exports	82.5	290.6
进口值	Imports	27.7	185.3
实际使用外资（万美元）	Foreign Direct Investment (USD 10 000)	51.1	42.8
接待旅游者人数（人次）	Number of Tourists (person-time)	21681	42932
四、每天人口变动和婚姻	**Daily Population Changes and Marriages**		
出 生（人）	Births (person)	211	247
死 亡（人）	Deaths (person)	88	113
结 婚（对）	Marriages (couple)	129	129
离 婚（对）	Divorces (couple)	12	14

注：本表财政收入数据2009年及以前为一般预算财政收入和基金收入之和。依据部门历史年份修订结果对财政相关数据进行了重新计算。

Major Social and Economic Activities Per Day in Representative Years

2005年	2010年	2014年	2015年	2016年	2017年	2018年	2019年	2020年	2021年	2022年	2023年
35453.4	87535.6	152794.0	162544.1	175242.7	203234.0	232860.5	257533.7	274622.7	294556.4	315235.1	329061.9
1808.5	3649.9	5248.8	5257.8	5387.9	6719.5	7095.3	7647.4	8568.5	8461.1	8854.0	8909.6
14005.2	35367.9	58970.7	56725.2	58616.2	67203.3	78407.1	85775.3	91533.4	98104.4	109852.6	113614.2
19640.0	48517.5	88574.5	100561.1	111238.6	129311.2	147357.8	164111.2	174520.8	187991.0	196528.5	206538.1
10781.1	23999.2	38000.8	34032.3	34326.3	39362.2	46791.8	49759.7	50804.1	58626.6	67060.5	69408.2
3224.1	11368.8	21688.8	23490.4	25206.8	28694.2	33172.3	37551.5	42075.6	41338.6	44551.2	46226.6
3823.8	9026.8	15131.8	16146.0	16413.2	17903.8	19429.0	21594.2	21785.5	23451.2	24274.0	24009.0
1619.7	3679.2	5803.6	6565.2	7366.8	8151.8	8674.8	9535.1	9600.3	8743.6	8982.5	10417.3
1303.8	2628.2	3448.2	3887.1	3927.1	4204.1	4498.4	5142.2	3888.5	4610.7	4130.4	5053.4
4489.6	13991.5	27936.7	30547.4	31114.5	37389.3	40010.7	42024.4	42232.9	50728.1	46766.5	57828.1
2680.0	10181.4	22453.2	25129.9	25822.5	28632.6	31558.1	34164.9	36920.0	40400.6	43008.5	47410.1
5631	4781	3857	3875	3709	3833	3894	3833	3961	3888	3847	3847
		222	210	217	319	316	339	384	380	374	382
5362	5674	7065	7340	7366	9719	10238	10372	10447	9940	9995	10267
		194	198	188	161	149	141	125	135	140	141
26	33	39	39	37	38	37	37	31	36	36	38
74	65	33	29	33	35	35	33	27	31	27	29
1316	2656	4920	4347	4411	4842	4733	4247	4227	4594	4847	4447
658	3035	1175	1015	1203	1504	915	862	1096	1038	891	954
112	1787	1027	935	1048	1220	1188	1168	1365	1750	3442	3595
19133	48368	89790	99203	109930	121170	133005	140847	136694	135984	127181	131825
33.0	94.0	115.2	126.8	65.4	69.9	71.8	75.1	70.4	74.1	73.5	81.5
28.7	83.0	70.5	73.7	64.9	66.5	71.4	72.1	39.3	29.1	16.7	41.6
3617.7	8852.3	8016.4	9083.1	10496.2	12050.7	20261.1	38950.7	47165.8	55863.4	7287.2	8117.9
1068.9	2847.3	6833.5	7749.3	7547.9	10327.4	13676.0	12877.6	13798.5	18685.1	17839.0	13987.4
721.8	1456.8	3276.7	3606.4	3907.3	6298.6	8103.0	6871.8	7054.4	10030.3	11191.4	9073.4
347.1	1390.5	3556.8	4142.8	3640.6	4028.8	5573.0	6005.8	6744.1	8654.8	6647.6	4914.0
156.5	429.2	1014.5	1098.2	1234.2	1453.9	1740.7	1933.5	2103.3	2387.5	321.3	343.2
66400	144799	328767	372625	411303	495702	677774	824943	504587	663061	572129	761645
210	225	238	241	277	330	335	341	325	298	296	295
63	124	129	131	130	142	147	153	265	265	268	282
137	229	250	221	212	194	255	239	208	208	205	255
35	52	60	62	70	79	115	124	114	82	70	82

Note: The fiscal revenue data in this table for 2009 and before is the sum of general budget fiscal revenue and fund revenue. The financial related data has been recalculated based on the revised results of the department's historical years.

1-15 各区县国民经济和社会发展主要指标（2023年）

指 标	Item	新城区 Xincheng	碑林区 Beilin	莲湖区 Lianhu
一、年底总人口（常住人口）（万人）	**Population at the Year-end Permanent population (10 000 persons)**	**62.70**	**77.86**	**103.75**
二、地区生产总值（亿元）	**Gross Regional Product (100 millon yuan)**	**722.10**	**1145.70**	**846.44**
第一产业	Primary Industry			
第二产业	Secondary Industry	203.96	218.78	223.79
第三产业	Tertiary Industry	518.14	926.92	622.65
三、固定资产投资（不含农户）增长速度	**The growth rate of Investment in Fixed Assets (excluding farmers)**	**3.4**	**-35.5**	**-24.5**
#房地产开发投资增长速度	The growth rate of Real Estate Development	-56.1	-52.8	4.1
四、财政一般公共预算收入（万元）	**General Public Budget Revenue (10 000 yuan)**	**273519**	**426219**	**417901**
财政一般公共预算支出（万元）	**General Public Budget Expenditure (10 000 yuan)**	**414853**	**372320**	**442571**
五、农林牧渔业总产值（万元）	**Gross Output Value of Agriculture, Forestry Animal Husbandry and Fishery (10 000 yuan)**			
主要农产品产量	Output of Major Farm Products			
粮食（万吨）	Grain (10 000 tons)			
蔬菜（万吨）	Vegetables (10 000 tons)			
瓜果（万吨）	Melon and Fruit (10 000 tons)			
肉类（吨）	Meat (Ton)			
奶类（吨）	Milk (Ton)			
六、规模以上工业企业营业收入（亿元）	**Business Revenue of Industrial Enterprises above Designated Size (100 millon yuan)**	**410.66**	**12.25**	**348.10**
七、建筑业	**Construction**			
房屋建筑施工面积（万平方米）	Floor Space of Buildings under Construction (10 000 sq.m)	1073.64	5976.03	645.65
房屋建筑竣工面积（万平方米）	Floor Space of Buildings Completed (10 000 sq.m)	101.22	1165.17	109.96
八、社会消费品零售总额（亿元）	**Total Retail Sales of Consumer Goods (100 millon yuan)**	**264.39**	**512.68**	**482.53**
九、城镇居民人均可支配收入（元）	**Per Capita Annual Disposable Income of Urban Households (yuan)**	**59616**	**58723**	**58567**
农村居民人均可支配收入（元）	**Per Capita Disposable Income of Rural Households (yuan)**			
十、医疗机构数（个）	**Number of Health Care Institutions (unit)**	**334**	**494**	**531**
卫生技术人员（人）	Number of Medical Technical Personnel (person)	15979	17852	17019
床位数（张）	Number of Beds (unit)	9722	12497	11602

Major Indicators of National Economy and Social Development by Region (2023)

灞桥区 Baqiao	未央区 Weiyang	雁塔区 Yanta	阎良区 Yanliang	临潼区 Lintong	长安区 Chang'an	高陵区 Gaoling	鄠邑区 Huyi	蓝田县 Lantian	周至县 Zhouzhi	西咸新区 Xixian New Area
106.69	**162.57**	**212.91**	**31.37**	**68.75**	**164.42**	**46.74**	**59.52**	**49.45**	**55.88**	**105.21**
709.61	**1565.45**	**3118.94**	**302.50**	**275.01**	**1455.17**	**426.96**	**406.39**	**161.29**	**184.06**	**691.14**
18.58	1.34		35.04	45.51	35.49	32.48	33.52	35.52	44.23	43.48
248.82	661.85	703.45	129.15	72.39	839.27	226.37	260.23	31.10	46.62	281.14
442.21	902.26	2415.49	138.31	157.11	580.41	168.11	112.64	94.67	93.21	366.52
19.6	**9.7**	**-16.8**	**12.2**	**3.1**	**-6.6**	**34.3**	**10.0**	**7.3**	**49.7**	**0.1**
19.7	23.6	-24.0	14.4	-0.3	-17.2	54.2	22.3	6.3	-34.1	-12.6
213883	**358329**	**604010**	**119980**	**121103**	**298414**	**164895**	**110945**	**87222**	**31751**	**1262021**
334554	**458005**	**527364**	**286943**	**513629**	**611778**	**321775**	**388101**	**545049**	**537347**	**1748201**
348284	**22910**		**606140**	**852766**	**615186**	**651576**	**597698**	**655918**	**793891**	**799961**
1.97			11.37	38.14	16.79	12.26	19.53	18.13	10.72	11.51
6.89	0.86		75.52	57.52	21.77	65.13	30.62	16.27	24.60	75.59
0.15	0.07		20.81	6.61	3.60	0.74	4.61	3.04	0.13	3.86
815	4		3229	11694	3546	4511	8353	7619	9852	2019
3148	245		23013	65343	6638	7091	6648	16516	5413	5273
209.76	**1871.19**	**846.44**	**465.97**	**259.63**	**2506.66**	**1267.67**	**1913.51**	**68.38**	**105.87**	**680.22**
548.09	5317.53	6001.37	194.69	39.38	1364.02	36.15	117.08	16.72	505.17	2857.87
105.65	847.16	1163.90	24.27	6.57	201.33	19.01	33.65	0.77	11.49	279.08
515.10	**869.60**	**1098.11**	**42.29**	**65.92**	**202.53**	**191.76**	**55.34**	**38.95**	**35.61**	**436.80**
49705	**55720**	**60150**	**50106**	**37683**	**51880**	**47579**	**30662**	**29129**	**27614**	**30833**
24054			**21105**	**19885**	**21288**	**22451**	**18989**	**19899**	**18107**	**18943**
469	**756**	**831**	**183**	**547**	**658**	**252**	**459**	**584**	**538**	**584**
5840	15460	21117	3053	4992	9683	4019	4847	2851	3744	4247
3640	7376	10429	2259	4059	7401	3610	3524	2044	3435	2268

主要统计指标解释

行政区划 指国家对行政区域的划分。根据有关法规规定，我国的行政区域划分如下：（1）全国分为省、自治区、直辖市；（2）省、自治区分为自治州、县、自治县、市；（3）自治州分为县、自治县、市；（4）县、自治县分为乡、民族乡、镇；（5）直辖市和较大的市分为区、县；（6）国家在必要时设立的特别行政区。

气候 指地球与大气之间长期能量交换与质量交换所形成的一种自然环境状态，它是多种因素综合作用的结果。气候既是人类生活和生产的环境要素之一，又是供给人类生活和生产的重要资源。气温、降水、湿度等气象要素的多年平均值是用来描述一个地区气候状况的主要参数，而各种气象要素某年、某月的平均值（或总量）则可以反映出该时期天气气候状况的重要特征。

自然资源 指人类可以直接从自然界获得，并用于生产和生活的物质资源。自然资源一般可以分成可再生资源和非再生资源两大类。可再生资源指在较短时间内可以再生、可以循环利用的资源，包括土地资源、水资源、气候资源、生物资源和海洋资源等。非再生资源指在使用后不能再生的资源，包括矿产资源和地热能源。

土地资源 土地指陆地的表层部分，它主要由岩石、岩石的风化物和土壤构成。土地资源按利用类型可以分为农用地、建筑用地和未利用地。农用地包括耕地、园地、林地、牧草地和水面。建筑用地包括居民点及工矿用地、交通用地和水利设施用地。未利用地指农用地和建筑用地以外的土地，包括滩涂、荒漠、戈壁、冰川和石山等。

林业用地面积 指生长乔木、竹类、灌木、沿海红树林等林木的土地面积，包括有林地、灌木林、疏林地、未成林造林地、迹地、苗圃等。

水资源总量 指评价区内降水形成的地表和地下产水总量，即地表产流量与降水入渗补给地下水量之和，不包括过境水量。

地表水资源量 指评价区内河流、湖泊、冰川等地表水体中可以逐年更新的动态水量，即当地天然河川径流量。

地下水资源量 指评价区内降水和地表水对饱水岩土层的补给量，包括降水入渗补给量和河道、湖库、渠系、渠灌田间等地表水体的入渗补给量。

气温 指空气的温度，我国一般以摄氏度（℃）为单位表示。气象观测的温度表是放在离地面约1.5米处通风良好的百叶箱里测量的，因此，通常说的气温指的是离地面1.5米处百叶箱中的温度。其统计计算方法为：

月平均气温是将全月各日的平均气温相加，除以该月的天数而得。

年平均气温是将12个月的月平均气温累加后除以12而得。

降水量 指从天空降落到地面的液态或固态（经融化后）水，未经蒸发、渗透、流失而在地面上积聚的深度。其统计计算方法为：

月降水量是将全月各日的降水量累加而得。

年降水量是将12个月的月降水量累加而得。

日照时数 指太阳实际照射地面的时间。其统计方法与降水量相同。

平均增长速度 平均增长速度表明社会经济现象在一个较长的时期内逐期平均增长变化的程度，它不能根据各个环比增长速度直接求得，但与平均发展速度之间存在着一定的数量关系：平均增长速度=平均发展速度-1。

平均发展速度 是一种根据环比发展速度计算的序时平均数，由于各时期对比的基础不同，所以计算平均发展速度不能采用一般的序时平均数的计算方法，计算方法分为水平法和累计法。水平法，又称几何平均法，即将环比发展速度按连乘法用几何平均数公式计算。累计法，也称方程法，根据一段时期内各年发展水平总和与基期水平的关系，列出方程式计算平均发展速度。水平法着重考虑最后一年所达到的发展水平；累计法着重考虑整个时期累计发展水平的总量。

本年鉴内所列的平均增长速度，均用“水平法”计算。从某年到某年平均增长速度的年份，均不包括基期年在内。

Explanatory Notes on Main Statistical Indicators

Divisions of Administrative Areas refers to the division of administrative areas by the State. The relative laws stipulate that (1) the whole country is divided into provinces, autonomous regions and municipalities directly under the Central Government; (2) provinces and autonomous regions are further divided into autonomous prefectures , counties , autonomous counties and cities; (3) autonomous prefectures are further divided into counties, autonomous counties and cities; (4) counties and autonomous counties are further divided into townships, ethnic townships and towns; (5) municipalities directly under the Central Government and large cities are divided into districts and counties; (6) the State shall, when necessary, establish special administrative regions.

Climate refers to the natural environmental status formed by the long-term exchange of energy and mass between the earth and the atmosphere, and is the result of interaction of many factors. Climate is both one of the environment factors and also the important resources for living and production activities of the human being. The average values across several years of meteorological factors such as temperature, rainfall and humidity are used as important parameters to describe the climate of a region, while the average values (or total values) of a given year or month of meteorological factors reflect the key characteristics of climate for that period of time.

Natural Resources refers to material resources that could be obtained from the nature by human being and used for production and living. Natural resources in general can be classified as renewable resources and nonrenewable resources. Renewable resources refer to resources that could be renewed and recycled during a relatively short period of time, including land resource, water resource, climate resource, biology resource and marine resource. Non-renewable resources include resources that could not be renewed, such as minerals and geothermal resource.

Land Resource Land refers to the surface of the earth, consisting of mainly rocks and its weathering and earth. Land resource can be classified, by its utilization, as land for agriculture, land for construction and unused land. Land for agriculture includes cultivated land, plantation land, forestland, grassland and waters. Land for construction includes land for residential purpose, for manufacturing and mining, for transportation and for water-conservancy projects. Unused land refers to land other than land for agriculture and construction, including beaches, deserts, Gobi, glaciers and rock mountains.

Area of Afforested Land refers to area for land for trees bamboo, bushes and mangrove, including forest covered land, bush-covered land, sparse forest land, land planned for afforestation and nurseries of young trees.

Total Water Resources refers to total volume of water resources measured as run-off for surface water from rainfall and recharge for groundwater in a given area, excluding transit water.

Surface Water Resources refers to total renewable resources which exist in rivers, lakes, glaciers and other collectors from rainfall and are measured as run-off of rivers.

Groundwater Resources refers to replenishment of aquifers with rainfall and surface water.

Temperature refers to the air temperature. China uses centigrade as the unit. The thermometry used for weather observation is put in a breezy shutter, which is 1.5 meters high from the ground. Therefore, the commonly used temperature refers to the temperature in the breezy shutter 1.5 meters away from the ground. The calculation method is as follows:

Monthly average temperature is the summation of average daily temperature of one month divided by the actual days of that particular month.

Annual average temperature is the summation of monthly average of a year divided by 12 months.

Volume of Precipitation refers to the deepness of liquid state or solid state (thawed) water falling from the sky to the ground that has not been evaporated, infiltrated or run off. The calculation method is as follows:

Monthly precipitation is the summation of daily precipitation of a month.

Annual precipitation is the summation of 12 months precipitation of a year.

Sunshine Hours refers to the actual hours of sun irradiating the earth. The calculation method is the same as that of the precipitation.

Average Growth Rate shows the average growth rate of social and economic development during a longer period. It can not be directly calculated by chain based growth rate. The relation is:

Average Growth Rate = Average Speed of Development−1

Average speed of development is the time series average of speed which calculated by chain based. Because the reference bases during the different periods are not same, average speed of development can not be calculated by the general method. Level approach and accumulative approach for calculating average speed of development rate are applied. The "level approach", or the method of calculating the geometric average, is derived by the formula of geometric average of the chain-based speeds of development, or comparing the level of the last year of the interval with that of the beginning year; the other is called the accumulative approach" or the "algebraic average" "equation" method, which is derived by the summation of the actual figure of each year in the interval divided by the figure in the base year. The level approach focuses on the level of the last year, while the accumulative approach emphasizes the aggregate development in the duration. The average growth rates listed in the Yearbook are calculated by the level approach except for the growth rate of investment in fixed assets. The base year is not listed in the duration for which average growth rates are computed.

二、基本单位

BASIC UNIT

资料整理：张　奇　张　斌

Data management：Zhang Qi　Zhang Bin

数据审核：曾文元

Data audit：Zeng Wenyuan

第二部分　基本单位

一、简要说明

本章资料主要包括法人单位、产业活动单位和企业一套表调查单位数等资料，数据不包含西安（西咸新区）—咸阳共管区，本年统计年鉴一套表调查单位数为年报数，使用时请注意。

二、主要指标

规模以上工业企业数（个）	1874	比上年增长	7.8%
限额以上批发零售住宿餐饮业企业数（个）	4103	比上年增长	12.8%
资质内建筑业企业数（个）	1568	比上年增长	12.5%
房地产开发经营业企业数（个）	1075	比上年增长	3.0%
规模以上服务业企业数（个）	2621	比上年增长	6.3%

2　BASIC UNIT

Ⅰ.Brief Introduction

This chapter consists of unified data of enterprises and industrial active unites and investigation unit in “Enterprises Data in One sheet”, The data does not include Xi'an (Xixian New Area)-Xianyang. Data of “Enterprises Data in One Sheet” in this Yearbook Research from the number of annual reports, please note that when used.

Ⅱ.Major Indicators

		Increase over Preceding Year
Number of Industrial Enterprises above Designed Size (unit)	1874	7.8%
Number of Enterprises about Wholesale, Retail, Accommodation and Catering above Designed Size (unit)	4103	12.8%
Number of Qualified Construction Enterprises (unit)	1568	12.5%
Number of Real Estate Development Enterprises (unit)	1075	3.0%
Number of Service Enterprises above Designed Size (unit)	2621	6.3%

2-1 按登记注册类型分法人单位数（2022年）

Number of Impersonal Entities by Status of Registration (2022)

单位：个 (unit)

分　组	Classify	法人单位数 Number of Enterprises	#企业 Enterprises
总　　计	**Total**	**457663**	**437210**
# 非公有制企业法人	Non-public corporate	431737	431737
按登记注册类型分	**Grouped by Status of Registration**		
（一）内资	Domestic Funded Enterprises	455808	435355
国有	State-owned Enterprises	6013	949
集体	Collective-owned Enterprises	1641	954
股份合作	Cooperative Enterprises	241	206
联营	Joint Ownership Enterprises	84	36
国有联营	State Joint Ownership Enterprises	14	7
集体联营	Collective Joint Ownership Enterprises	29	19
国有与集体联营	Joint State-collective Ownership Enterprises	13	4
其他联营	Other Joint Ownership Enterprises	28	6
有限责任公司	Limited Liability Corporations	21701	21594
国有独资公司	State Sole Funded Corporations	766	766
其他有限责任公司	Other Limited Liability Corporations	20935	20828
股份有限公司	Share-holding Corporations Limited	847	843
私营	Private Enterprises	409860	408407
私营独资	Private-funded Enterprises	15685	14999
私营合伙	Private Partnership Enterprises	2772	2524
私营有限责任公司	Private Limited Liability Corporations	389940	389434
私营股份有限公司	Private Share-holding Corporations Ltd.	1463	1450
其他	Other Domestic Funded Enterprises	15421	2366
（二）港澳台商投资	Enterprises with Funds from Hong Kong, Macao and Taiwan	683	683
与港澳台商合资经营	Joint-venture with Funds from Hong Kong, Macao and Taiwan	144	144
与港澳台商合作经营	Cooperative Enterprises with Funds from Hong Kong, Macao and Taiwan	12	12
港澳台商独资	Enterprises with Sole Investment from Hong Kong, Macao and Taiwan	306	306
港澳台商投资股份有限公司	Share-holding Corporations Ltd. with funds from Hong Kong, Macao and Taiwan	9	9
其他港澳台商投资	Other Enterprises with Funds from Hong Kong, Macao and Taiwan	212	212
（三）外商投资	Foreign Funded Enterprises	1172	1172
中外合资经营	Sino-foreign Joint Ventures	323	323
中外合作经营	Sino-Foreign Cooperation Enterprises	8	8
外资企业	Foreign Owned Enterprises	743	743
外商投资股份有限公司	Limited Company Funded by Foreign Investment	20	20
其他外商投资	Other Foreign Funded Enterprises	78	78

2-2 按国民经济行业分法人单位数（2022年）

Number of Impersonal Entities by Industry of the National Economy (2022)

单位：个 (unit)

分　组	Classify	法人单位数 Number of Enterprises	#企业 Enterprises
总　计	**Total**	457663	437210
（一）农、林、牧、渔业	Agriculture, Forestry, Animal Husbandry and Fishery	7730	3416
农业	Farming	3695	1524
林业	Forestry	1163	400
畜牧业	Animal Husbandry	1392	640
渔业	Fishery	51	31
农、林、牧、渔专业及辅助性活动	Professional and Support Activities for Agriculture, Forestry, Animal Husbandry and Fishery	1429	821
（二）采矿业	Mining	411	411
煤炭开采和洗选业	Mining and Washing of Coal	18	18
石油和天然气开采业	Extraction of Petroleum and Natural Gas	45	45
黑色金属矿采选业	Mining and Processing of Ferrous Metal Ores	11	11
有色金属矿采选业	Mining and Processing of Non-ferrous Metal Ores	15	15
非金属矿采选业	Mining and Processing of Nonmetal Ores	121	121
开采专业及辅助性活动	Professional and Support Activities for Mining	175	175
其他采矿业	Mining of Other Ores	26	26
（三）制造业	Manufacturing	26987	26949
农副食品加工业	Processing of Food from Agricultural Products	616	597
食品制造业	Manufacture of Foods	631	629
酒、饮料和精制茶制造业	Manufacture of Alcoho, Beverages and Refined Tea	227	227
烟草制品业	Manufacture of Tobacco	9	9
纺织业	Manufacture of Textile	172	171
纺织服装、服饰业	Manufacture of Textile, Wearing Apparel and Accessories	237	234
皮革、毛皮、羽毛及其制品和制鞋业	Manufacture of Leather, Fur, Feather and Related Products and Footware	33	32
木材加工和木、竹、藤、棕、草制品业	Processing of Timber, Manufacture of Wood, Bamboo, Rattan, Palm and Straw Products	2160	2155
家具制造业	Manufacture of Furniture	704	704
造纸及纸制品业	Manufacture of Paper and Paper Products	434	434
印刷和记录媒介复制业	Printing, Reproduction of Recording Media	770	770
文教、工美、体育和娱乐用品制造业	Manufacture of Articles for Culture, Education, Art and Crafts, Sport and Entertainment Activities	428	427
石油、煤炭及其他燃料加工业	Processing of Petroleum, Coal and Other Fuel	90	90

2-2 续表1 continued 1

单位：个 (unit)

分 组	Classify	法人单位数 Number of Enterprises	#企业 Enterprises
化学原料和化学制品制造业	Manufacture of Raw Chemical Materials and Chemical Products	953	953
医药制造业	Manufacture of Medicines	430	430
化学纤维制造业	Manufacture of Chemical Fibers	38	38
橡胶和塑料制品业	Manufacture of Rubber and Plastics Products	636	636
非金属矿物制品业	Manufacture of Non-metallic Mineral Products	1953	1953
黑色金属冶炼和压延加工业	Smelting and Pressing of Ferrous Metals	185	185
有色金属冶炼和压延加工业	Smelting and Pressing of Non-ferrous Metals	218	218
金属制品业	Manufacture of Metal Products	2292	2291
通用设备制造业	Manufacture of General Purpose Machinery	3502	3502
专用设备制造业	Manufacture of Special Purpose Machinery	3527	3525
汽车制造业	Manufacture of Motor Vehicle	425	425
铁路、船舶、航空航天和其他运输设备制造业	Manufacture of Railways, Ship, Aerospace and Other Transportation Equipments	638	638
电气机械和器材制造业	Manufacture of Electric Machinery and Apparatus	1885	1885
计算机、通信和其他电子设备制造业	Manufacture of Computers, Communication and Other Electronic Equipment	1444	1444
仪器仪表制造业	Manufacture of Measuring Instruments and Machinery	948	948
其他制造业	Other Manufacture	290	289
废弃资源综合利用	Utilization of Waste Resources	173	173
金属制品、机械和设备修理业	Repair Service of Metal Products, Machinery and Equipment	939	937
（四）电力、热力、燃气及水生产和供应业	Production and Supply of Electricity, Heat, Gas and Water	1039	1032
电力、热力生产和供应业	Production and Supply of Electric Power and Heat Power	690	686
燃气生产和供应业	Production and Supply of Gas	108	107
水的生产和供应业	Production and Supply of Water	241	239
（五）建筑业	Construction	78085	78085
房屋建筑业	Construction of Buildings	17447	17447
土木工程建筑业	Civil Engineering	25778	25778
建筑安装业	Building Installation	7449	7449
建筑装饰、装修和其他建筑业	Building Decoration and Other Construction	27411	27411
（六）批发和零售业	Wholesale and Retail Trades	134014	131394
批发业	Wholesale Trade	67514	65292
零售业	Retail Trade	66500	66102

2-2 续表2 continued 2

单位：个 (unit)

分 组	Classify	法人单位数 Number of Enterprises	#企业 Enterprises
（七）交通运输、仓储和邮政业	Transport, Storage and Post	7793	7519
铁路运输业	Railway Transport	48	48
道路运输业	Road Transport	4919	4895
水上运输业	Water Transport	10	10
航空运输业	Air Transport	111	110
管道运输业	Transport Via Pipelines	10	10
多式联运和运输代理业	Intermodailty and Forwarding Agency	1141	1141
装卸搬运和仓储业	Loading, Unloading and Storage	1329	1081
邮政业	Post	225	224
（八）住宿和餐饮业	Hotels and Catering Services	8733	8730
住宿业	Hotels	2681	2679
餐饮业	Catering Services	6052	6051
（九）信息传输、软件和信息技术服务业	Information Transmission, Software and Information Technology	37892	37851
电信、广播电视和卫星传输服务	Telecommunciation, Ratio and Television and Satellite Transmission Service	904	903
互联网和相关服务	Internet and Related Service	5241	5230
软件和信息技术服务	Software and Information Technology	31747	31718
（十）金融业	Financial Intermediation	1920	1912
货币金融服务	Monetary and Financial Services	583	578
资本市场服务	Capital Market Services	748	747
保险业	Insurance	213	213
其他金融业	Other Financial Activities	376	374
（十一）房地产业	Real Estate	17096	17084
房地产业	Real Estate	17096	17084
（十二）租赁和商务服务业	Leasing and Business Services	61429	60586
租赁业	Leasing	6670	6666
商务服务业	Business Services	54759	53920
（十三）科学研究和技术服务业	Scientific Research and Technical Services	30247	29641
研究与试验发展	Research and Experimental Development	3143	3056
专业技术服务业	Professional Technical Services	17614	17389
科技推广和应用服务业	Science and Technology Popularization and Application Services	9490	9196

2-2 续表3 continued 3

单位：个 (unit)

分组	Classify	法人单位数 Number of Enterprises	#企业 Enterprises
（十四）水利、环境和公共设施管理业	Management of Water Conservancy, Environment and Public Facilities	3785	3606
水利管理业	Management of Water Conservancy	195	127
生态保护和环境治理业	Ecological Protection and Environmental Treatment	773	750
公共设施管理业	Management of Public Facilities	2153	2076
土地管理业	Management of Land	664	653
（十五）居民服务、修理和其他服务业	Services to Households, Repairs and Other Services	11691	11602
居民服务业	Services to Households	5361	5293
机动车、电子产品和日用产品修理业	Repair of Motor Vehicles, Electronics and Household Products	4000	3998
其他服务业	Other Services	2330	2311
（十六）教育	Education	7730	4151
教育	Education	7730	4151
（十七）卫生和社会工作	Health and Social Service	3083	2150
卫生	Health	2499	1926
社会工作	Social Service	584	224
（十八）文化、体育和娱乐业	Culture, Sports and Entertainment	11491	11091
新闻和出版业	Journalism and Publishing Activities	261	238
广播、电视、电影和录音制作业	Radio, Television, Motion Picture and Audio-visual Programme Production Services	2282	2268
文化艺术业	Cultural and Art Activities	3939	3676
体育	Sports Activities	1527	1464
娱乐业	Entertainment	3482	3445
（十九）公共管理、社会保障和社会组织	Public Management, Social Security and Social Organization	6507	
中国共产党机关	Organs of Communist Party of China	154	
国家机构	Government Agencies	1674	
人民政协、民主党派	People's Political Consultative Conference and Democratic Parties	19	
社会保障	Social Security	56	
群众团体、社会团体和其他成员组织	Mass Organizations, Social Organizations and Other Membership Organizations	1774	
基层群众自治组织及其他组织	Grass Roots Self-Governing Organizations	2830	
（二十）国际组织	International Organizations		
国际组织	International Organizations		

2-3 各区县法人单位数（2022年）

Number of Impersonal Entities by Region and Development Zone (2022)

单位：个 (unit)

区 县	Region	法人单位数 Number of Enterprises	#企业 Enterprises
总　　计	**Total**	**457663**	**437210**
新城区	Xincheng	12814	12094
碑林区	Beilin	39885	38860
莲湖区	Lianhu	32161	31217
灞桥区	Baqiao	26598	25760
未央区	Weiyang	88852	87810
雁塔区	Yanta	132723	129906
阎良区	Yanliang	6227	5504
临潼区	Lintong	7993	6581
长安区	Chang'an	26472	24808
高陵区	Gaoling	8122	7092
鄠邑区	Huyi	9315	7349
蓝田县	Lantian	5644	4289
周至县	Zhouzhi	9490	5564
西咸新区	Xixian New Area	51367	50376

2-4 按登记注册类型分产业活动单位数（2022年）

Number of Industrial Active Units by Status of Registration (2022)

单位：个 (unit)

分 组	Classify	产业活动单位数 Number of Industrial Active Units	#企业 Enterprises
总 计	**Total**	**478114**	**456642**
按登记注册类型分	**Grouped by Status of Registration**		
（一）内资	Domestic Funded Enterprises	474254	452782
国有	State-owned Enterprises	7471	1517
集体	Collective-owned Enterprises	1880	1116
股份合作	Cooperative Enterprises	312	277
联营	Joint Ownership Enterprises	92	44
国有联营	State Joint Ownership Enterprises	17	10
集体联营	Collective Joint Ownership Enterprises	31	21
国有与集体联营	Joint State-collective Ownership Enterprises	13	4
其他联营	Other Joint Ownership Enterprises	31	9
有限责任公司	Limited Liability Corporations	24309	24202
国有独资公司	State Sole Funded Corporations	903	903
其他有限责任公司	Other Limited Liability Corporations	23406	23299
股份有限公司	Share-holding Corporations Limited	2750	2746
私营	Private Enterprises	421898	420443
私营独资	Private-funded Enterprises	15857	15171
私营合伙	Private Partnership Enterprises	2827	2577
私营有限责任公司	Private Limited Liability Corporations	401415	400909
私营股份有限公司	Private Share-holding Corporations Ltd.	1799	1786
其他	Other Enterprises	15542	2437

2-4 续表 continued

单位：个 (unit)

分 组	Classify	产业活动单位数 Number of Industrial Active Units	#企业 Enterprises
（二）港澳台商投资	Enterprises with Funds from Hong Kong, Macao and Taiwan	1091	1091
与港澳台商合资经营	Joint-venture with Funds from Hong Kong, Macao and Taiwan	172	172
与港澳台商合作经营	Cooperative Enterprises with Funds from Hong Kong, Macao and Taiwan	14	14
港澳台商独资	Enterprises with Sole Investment from Hong Kong, Macao and Taiwan	602	602
港澳台商投资股份有限公司	Share-holding Corporations Ltd. with funds from Hong Kong, Macao and Taiwan	45	45
其他港澳台商投资	Other Enterprises with Funds from Hong Kong, Macao and Taiwan	258	258
（三）外商投资	Foreign Funded Enterprises	2769	2769
中外合资经营	Sino-foreign Joint Ventures	429	429
中外合作经营	Sino-Foreign Cooperation Enterprises	10	10
外资企业	Foreign Owned Enterprises	2032	2032
外商投资股份有限公司	Limited Company Funded by Foreign Investment	132	132
其他外商投资	Other Foreign Funded Enterprises	166	166

2-5 按国民经济行业分产业活动单位数（2022年）

Number of Industrial Active Units by Industry of the National Economy (2022)

单位：个 (unit)

分组	Classify	产业活动单位数 Number of Industrial Active Units	#企业 Enterprises
总　计	**Total**	**478114**	**456642**
（一）农、林、牧、渔业	Agriculture, Forestry, Animal Husbandry and Fishery	7776	3438
农业	Farming	3703	1532
林业	Forestry	1164	401
畜牧业	Animal Husbandry	1395	642
渔业	Fishery	52	32
农、林、牧、渔专业及辅助性活动	Professional and Support Activities for Agriculture, Forestry, Animal Husbandry and Fishery	1462	831
（二）采矿业	Mining	429	429
煤炭开采和洗选业	Mining and Washing of Coal	21	21
石油和天然气开采业	Extraction of Petroleum and Natural Gas	49	49
黑色金属矿采选业	Mining and Processing of Ferrous Metal Ores	11	11
有色金属矿采选业	Mining and Processing of Non-ferrous Metal Ores	16	16
非金属矿采选业	Mining and Processing of Nonmetal Ores	121	121
开采专业及辅助性活动	Professional and Support Activities for Mining	185	185
其他采矿业	Mining of Other Ores	26	26
（三）制造业	Manufacturing	27655	27616
农副食品加工业	Processing of Food from Agricultural Products	633	613
食品制造业	Manufacture of Foods	670	668
酒、饮料和精制茶制造业	Manufacture of Alcoho, Beverages and Refined Tea	236	236
烟草制品业	Manufacture of Tobacco	9	9
纺织业	Manufacture of Textile	178	177
纺织服装、服饰业	Manufacture of Textile, Wearing Apparel and Accessories	241	238
皮革、毛皮、羽毛及其制品和制鞋业	Manufacture of Leather, Fur, Feather and Related Products and Footware	33	32
木材加工和木、竹、藤、棕、草制品业	Processing of Timber, Manufacture of Wood, Bamboo, Rattan, Palm and Straw Products	2191	2186
家具制造业	Manufacture of Furniture	716	716
造纸及纸制品业	Manufacture of Paper and Paper Products	441	441
印刷和记录媒介复制业	Printing, Reproduction of Recording Media	786	786
文教、工美、体育和娱乐用品制造业	Manufacture of Articles for Culture, Education, Art and Crafts, Sport and Entertainment Activities	433	432
石油、煤炭及其他燃料加工业	Processing of Petroleum, Coal and Other Fuel	94	94

2-5 续表1 continued 1

单位：个 (unit)

分 组	Classify	产业活动单位数 Number of Industrial Active Units	#企业 Enterprises
化学原料和化学制品制造业	Manufacture of Raw Chemical Materials and Chemical Products	980	980
医药制造业	Manufacture of Medicines	450	450
化学纤维制造业	Manufacture of Chemical Fibers	38	38
橡胶和塑料制品业	Manufacture of Rubber and Plastics Products	652	652
非金属矿物制品业	Manufacture of Non-metallic Mineral Products	2034	2034
黑色金属冶炼和压延加工业	Smelting and Pressing of Ferrous Metals	187	187
有色金属冶炼和压延加工业	Smelting and Pressing of Non-ferrous Metals	220	220
金属制品业	Manufacture of Metal Products	2334	2333
通用设备制造业	Manufacture of General Purpose Machinery	3569	3569
专用设备制造业	Manufacture of Special Purpose Machinery	3635	3633
汽车制造业	Manufacture of Motor Vehicle	437	437
铁路、船舶、航空航天和其他运输设备制造业	Manufacture of Railways, Ship, Aerospace and Other Transportation Equipments	648	648
电气机械和器材制造业	Manufacture of Electric Machinery and Apparatus	1940	1940
计算机、通信和其他电子设备制造业	Manufacture of Computers, Communication and Other Electronic Equipment	1471	1471
仪器仪表制造业	Manufacture of Measuring Instruments and Machinery	965	965
其他制造业	Other Manufacture	296	295
废弃资源综合利用	Utilization of Waste Resources	174	174
金属制品、机械和设备修理业	Repair Service of Metal Products, Machinery and Equipment	964	962
（四）电力、热力、燃气及水生产和供应业	Production and Supply of Electricity, Heat, Gas and Water	1100	1093
电力、热力生产和供应业	Production and Supply of Electric Power and Heat Power	715	711
燃气生产和供应业	Production and Supply of Gas	136	135
水的生产和供应业	Production and Supply of Water	249	247
（五）建筑业	Construction	79199	79199
房屋建筑业	Construction of Buildings	17769	17769
土木工程建筑业	Civil Engineering	26077	26077
建筑安装业	Building Installation	7625	7625
建筑装饰、装修和其他建筑业	Building Decoration and Other Construction	27728	27728
（六）批发和零售业	Wholesale and Retail Trades	140949	138325
批发业	Wholesale Trade	68515	66291
零售业	Retail Trade	72434	72034

2-5 续表2 continued 2

单位：个 (unit)

分组	Classify	产业活动单位数 Number of Industrial Active Units	#企业 Enterprises
（七）交通运输、仓储和邮政业	Transport, Storage and Post	8512	8232
铁路运输业	Railway Transport	50	50
道路运输业	Road Transport	5249	5219
水上运输业	Water Transport	11	11
航空运输业	Air Transport	129	128
管道运输业	Transport Via Pipelines	13	13
多式联运和运输代理业	Intermodailty and Forwarding Agency	1272	1272
装卸搬运和仓储业	Loading, Unloading and Storage	1367	1119
邮政业	Post	421	420
（八）住宿和餐饮业	Hotels and Catering Services	9915	9912
住宿业	Hotels	2891	2889
餐饮业	Catering Services	7024	7023
（九）信息传输、软件和信息技术服务业	Information Transmission, Software and Information Technology	38949	38906
电信、广播电视和卫星传输服务	Telecommunciation, Ratio and Television and Satellite Transmission Service	1130	1128
互联网和相关服务	Internet and Related Service	5346	5334
软件和信息技术服务	Software and Information Technology	32473	32444
（十）金融业	Financial Intermediation	4242	4228
货币金融服务	Monetary and Financial Services	2103	2092
资本市场服务	Capital Market Services	948	947
保险业	Insurance	757	757
其他金融业	Other Financial Activities	434	432
（十一）房地产业	Real Estate	18147	18135
房地产业	Real Estate	18147	18135
（十二）租赁和商务服务业	Leasing and Business Services	63443	62578
租赁业	Leasing	6853	6849
商务服务业	Business Services	56590	55729
（十三）科学研究和技术服务业	Scientific Research and Technical Sevices	31193	30558
研究与试验发展	Research and Experimental Development	3205	3117
专业技术服务业	Professional Technical Services	18307	18060
科技推广和应用服务业	Science and Technology Popularization and Application Services	9681	9381

2–5 续表3 continued 3

单位：个 (unit)

分 组	Classify	产业活动单位数 Number of Industrial Active Units	#企业 Enterprises
（十四）水利、环境和公共设施管理业	Management of Water Conservancy, Environment and Public Facilities	3901	3712
水利管理业	Management of Water Conservancy	203	133
生态保护和环境治理业	Ecological Protection and Environmental Treatment	784	759
公共设施管理业	Management of Public Facilities	2224	2143
土地管理业	Management of Land	690	677
（十五）居民服务、修理和其他服务业	Services to Households, Repairs and Other Services	12172	12083
居民服务业	Services to Households	5593	5525
机动车、电子产品和日用产品修理业	Repair of Motor Vehicles, Electronics and Household Products	4183	4181
其他服务业	Other Services	2396	2377
（十六）教育	Education	8291	4360
教育	Education	8291	4360
（十七）卫生和社会工作	Health and Social Service	3426	2472
卫生	Health	2835	2241
社会工作	Social Service	591	231
（十八）文化、体育和娱乐业	Culture, Sports and Entertainment	11777	11366
新闻和出版业	Journalism and Publishing Activities	269	246
广播、电视、电影和录音制作业	Radio, Television, Motion Picture and Audio-visual Programme Production Services	2340	2325
文化艺术业	Cultural and Art Activities	3992	3719
体育	Sports Activities	1625	1562
娱乐业	Entertainment	3551	3514
（十九）公共管理、社会保障和社会组织	Public Management, Social Security and Social Organization	7038	
中国共产党机关	Organs of Communist Party of China	158	
国家机构	Government Agencies	2155	
人民政协、民主党派	People's Political Consultative Conference and Democratic Parties	19	
社会保障	Social Security	59	
群众团体、社会团体和其他成员组织	Mass Organizations, Social Organizations and Other Membership Organizations	1805	
基层群众自治组织及其他组织	Grass Roots Self-Governing Organizations	2842	
（二十）国际组织	International Organizations		
国际组织	International Organizations		

2-6 各区县产业活动单位数（2022年）

Number of Industrial Active Units by Region and Development Zone (2022)

单位：个 (unit)

区 县	Region	产业活动单位数 Number of Industria Active Units	#企业 Enterprises
总 计	**Total**	**478114**	**456642**
新城区	Xincheng	13721	13000
碑林区	Beilin	42139	41110
莲湖区	Lianhu	33804	32849
灞桥区	Baqiao	27697	26843
未央区	Weiyang	91607	90506
雁塔区	Yanta	138541	135716
阎良区	Yanliang	6748	5976
临潼区	Lintong	8663	7219
长安区	Chang'an	27717	25999
高陵区	Gaoling	8761	7602
鄠邑区	Huyi	9931	7914
蓝田县	Lantian	6373	4650
周至县	Zhouzhi	10183	6027
西咸新区	Xixian New Area	52229	51231

2-7 各区县按国民经济行业分法人单位数（2022年）

单位：个

区 县	Region	合计 Total	农、林、牧、渔业 Agriculture, Forestry, Animal Husbandry and Fishery	采矿业 Mining	制造业 Manufacturing	电力、热力、燃气及水生产和供应业 Production and Supply of Electricity, Heating, Gas and Water
全 市	**Total**	**457663**	**7730**	**411**	**26987**	**1039**
新城区	Xincheng	12814	14	3	297	9
碑林区	Beilin	39885	12	10	513	31
莲湖区	Lianhu	32161	24	4	471	28
灞桥区	Baqiao	26598	288	12	1641	47
未央区	Weiyang	88852	199	226	5597	206
雁塔区	Yanta	132723	1340	80	5558	318
阎良区	Yanliang	6227	221		1120	32
临潼区	Lintong	7993	674	3	1138	32
长安区	Chang'an	26472	613	26	2262	101
高陵区	Gaoling	8122	814	13	1422	27
鄠邑区	Huyi	9315	971	10	1846	39
蓝田县	Lantian	5644	504	4	575	36
周至县	Zhouzhi	9490	1602	8	458	20
西咸新区	Xixian New Area	51367	454	12	4089	113

Number of Legal Entities by National Economic Industry in Each Region (2022)

(unit)

建筑业 Construction	批发和零售业 Wholesale and Retail Trades	交通运输、仓储和邮政业 Transport, Storage and Post	住宿和餐饮业 Hotels and Catering Services	信息传输、软件和信息技术服务业 Information Transmission, Software and Information Technology	金融业 Financial Intermediation
78085	**134014**	**7793**	**8733**	**37892**	**1920**
1335	5340	224	425	614	55
5821	12168	241	1195	4405	125
4651	11432	591	909	2340	65
4943	9646	906	370	1340	175
19395	29461	1401	1253	4917	328
21637	31423	1336	2894	17264	857
1099	1133	225	96	276	18
1489	1544	176	140	208	13
5635	5011	409	564	2504	120
1204	1680	246	144	206	13
1307	1602	159	132	344	34
989	1403	98	126	97	14
1475	3005	323	99	136	15
7105	19166	1458	386	3241	88

2-7 续表

单位：个

区 县	Region	房地产业 Real Estate	租赁和商务服务业 Leasing and Business Services	科学研究和技术服务业 Scientific Research and Technical Services	水利、环境和公共设施管理业 Management of Water Conservancy, Environment and Public Facilities
全 市	**Total**	**17096**	**61429**	**30247**	**3785**
新城区	Xincheng	596	1668	640	82
碑林区	Beilin	1610	6743	2915	269
莲湖区	Lianhu	1286	4896	2471	271
灞桥区	Baqiao	864	2981	1061	290
未央区	Weiyang	3453	11364	5439	488
雁塔区	Yanta	5648	20647	11231	1127
阎良区	Yanliang	253	683	295	69
临潼区	Lintong	195	808	280	99
长安区	Chang'an	884	3237	1835	291
高陵区	Gaoling	416	702	295	90
鄠邑区	Huyi	273	731	453	134
蓝田县	Lantian	149	338	121	90
周至县	Zhouzhi	137	486	135	235
西咸新区	Xixian New Area	1332	6145	3076	250

continued

(unit)

居民服务、修理和其他服务业 Service to Households, Repair and Other Services	教育 Education	卫生和社会工作 Health and Social Service	文化、体育和娱乐业 Culture, Sports and Entertainment	公共管理、社会保障和社会组织 Public Management, Social Security and Social Organization	国际组织 International Organizations
11691	**7730**	**3083**	**11491**	**6507**	
374	321	167	287	363	
948	662	324	1438	455	
767	550	304	701	400	
646	437	152	473	326	
1778	946	414	1423	564	
3265	1910	771	4829	588	
140	150	53	95	269	
166	320	74	167	467	
635	686	255	731	673	
218	179	56	148	249	
117	331	122	162	548	
107	240	71	123	559	
110	322	125	141	658	
2420	676	195	773	388	

2-8 各区县按机构类型分法人单位数（2022年）

Number of Impersonal Entities by Agencies Types of Legal Entities Corporate Units and Region and Development Zone (2022)

单位：个 (unit)

区 县	Region	法人单位数 Number of Corporate Units	企业法人 Enterprises	事业法人 Institution Units	机关法人 Government Units	社会团体 Social Organizations	其他 Other
全 市	**Total**	**457663**	**437210**	**3821**	**1000**	**1482**	**14150**
新城区	Xincheng	12814	12094	227	89	115	289
碑林区	Beilin	39885	38860	293	70	220	442
莲湖区	Lianhu	32161	31217	276	73	120	475
灞桥区	Baqiao	26598	25760	168	65	35	570
未央区	Weiyang	88852	87810	359	124	111	448
雁塔区	Yanta	132723	129906	396	96	236	2089
阎良区	Yanliang	6227	5504	131	51	64	477
临潼区	Lintong	7993	6581	262	65	46	1039
长安区	Chang'an	26472	24808	504	88	56	1016
高陵区	Gaoling	8122	7092	139	48	35	808
鄠邑区	Huyi	9315	7349	333	65	105	1463
蓝田县	Lantian	5644	4289	214	69	82	990
周至县	Zhouzhi	9490	5564	287	66	203	3370
西咸新区	Xixian New Area	51367	50376	232	31	54	674

2-9 各区县按登记注册类型分企业法人单位数（2022年）

Number of the Corporate Units by Types of Corporate Registration and Region and Development Zone (2022)

单位：个 (unit)

区 县	Region	企业单位数 Number of Enterprises	内资企业 Domestic Investment Enterprises	国有企业 State-owned Enterprises	集体企业 Collective-owned Enterprises	股份合作企业 Share-holding Corperative Enterprises	联营企业 Joint Ownership Enterprises
全 市	**Total**	**437210**	**435355**	**949**	**954**	**206**	**36**
新城区	Xincheng	12094	12072	79	122	7	6
碑林区	Beilin	38860	38728	120	118	28	1
莲湖区	Lianhu	31217	31151	137	129	13	4
灞桥区	Baqiao	25760	25655	65	59	19	3
未央区	Weiyang	87810	87524	70	57	14	1
雁塔区	Yanta	129906	129018	182	97	66	4
阎良区	Yanliang	5504	5463	29	30	6	
临潼区	Lintong	6581	6565	38	63	6	3
长安区	Chang'an	24808	24668	70	82	21	3
高陵区	Gaoling	7092	7069	30	18	5	6
鄠邑区	Huyi	7349	7312	27	62	12	
蓝田县	Lantian	4289	4281	23	38	2	2
周至县	Zhouzhi	5564	5563	33	37		
西咸新区	Xixian New Area	50376	50286	46	42	7	3

2–9 续表 continued

单位：个 (unit)

区 县	Region	内资企业 Domestic Investment Enterprises				港、澳、台商投资企业 Enterprises with Funds from Hong Kong, Macao and Taiwan	外商投资企业 Enterprises with Foreign Investment
		有限责任公司 Limited Liability Corporations	股份有限公司 Share-holding Corperation Ltd.	私营企业 Private Enterprises	其他企业 Other Enterprises		
全 市	**Total**	**21594**	**843**	**408407**	**2366**	**683**	**1172**
新城区	Xincheng	892	35	10754	177	9	13
碑林区	Beilin	1739	45	36433	244	54	78
莲湖区	Lianhu	903	34	29897	34	27	39
灞桥区	Baqiao	1605	39	23825	40	56	49
未央区	Weiyang	3144	127	83689	422	109	177
雁塔区	Yanta	8335	357	119169	808	309	579
阎良区	Yanliang	302	13	5079	4	17	24
临潼区	Lintong	193	7	6183	72	8	8
长安区	Chang'an	2236	96	21889	271	29	111
高陵区	Gaoling	304	26	6587	93	6	17
鄠邑区	Huyi	376	17	6746	72	16	21
蓝田县	Lantian	104	5	4089	18	2	6
周至县	Zhouzhi	174	7	5206	106		1
西咸新区	Xixian New Area	1287	35	48861	5	41	49

2-10 各区县、开发区一套表调查单位数（2023年）

Number of Survey Units of "One Sheet" by Region and Development Zone (2023)

单位：个 (unit)

区县、开发区	Region	合计 Total	规模以上工业 Industrial Enterprises above Designated Size	限额以上批发零售住宿餐饮业 Enterprises about Wholesale, Retail, Accommodation and Catering Industry above Designated Size	资质内建筑业 Qualified Construction Enterprises	房地产开发经营企业 Real Estate Development Enterprises	规模以上服务业 Service Enterprise above Designated Size
全　市	**Total**	**11241**	**1874**	**4103**	**1568**	**1075**	**2621**
新城区	Xincheng	509	5	300	74	18	112
碑林区	Beilin	643	6	314	139	13	171
莲湖区	Lianhu	520	27	257	83	23	130
灞桥区	Baqiao	878	73	395	62	128	220
未央区	Weiyang	1976	185	876	278	173	464
雁塔区	Yanta	2713	276	867	412	240	918
阎良区（航空基地）	Yanliang (National Aviation Hi-tech Industrial Base)	264	123	47	47	24	23
临潼区	Lintong	268	112	67	40	15	34
长安区	Chang'an	888	273	223	94	126	172
高陵区	Gaoling	460	243	100	30	39	48
鄠邑区	Huyi	286	153	73	21	27	12
蓝田县	Lantian	141	61	36	17	17	10
周至县	Zhouzhi	134	31	54	21	17	11
西咸新区	Xixian New Area	1561	306	494	250	215	296
# 开发区	**Development Zones**						
高新区	Hi-Tech Industries Development Zone	1867	462	484	248	142	531
经开区	Economic Development Zone	1463	301	558	185	68	351
曲江新区	Qujiang New District	591	0	174	53	64	300
航天基地	National Civil Aerospace Industrial Base	380	80	119	38	61	82
浐灞生态区	Chan-ba Ecological District	421	4	204	39	85	89
国际港务区	International Trade & Logistics Park	487	24	253	14	62	134

主要统计指标解释

企业（单位）登记注册类型 企业或企业产业活动单位的登记注册类型，依据在市场监管部门登记注册的类型划分。机关、事业单位和社会团体及其他组织的登记注册类型，依据主要经费来源和管理方式，根据实际情况进行划分。

国有企业 指企业全部资产归国家所有，并按《中华人民共和国企业法人登记管理条例》规定登记注册的非公司制的经济组织。不包括有限责任公司中的国有独资公司。

集体企业 指企业资产归集体所有，并按《中华人民共和国企业法人登记管理条例》规定登记注册的经济组织。

股份合作企业 指以合作制为基础，由企业职工共同出资入股，吸收一定比例的社会资产投资组建，实行自主经营，自负盈亏，共同劳动，民主管理，按劳分配与按股分红相结合的一种集体经济组织。

联营企业 指两个及两个以上相同或不同所有制性质的企业法人或事业单位法人，按自愿、平等、互利的原则，共同投资组成的经济组织。联营企业包括国有联营企业、集体联营企业、国有与集体联营企业和其他联营企业。

有限责任公司 指根据《中华人民共和国公司登记管理条例》规定登记注册，由两个以上，五十个以下的股东共同出资，每个股东以其所认缴的出资额对公司承担有限责任，公司以其全部资产对其债务承担责任的经济组织。有限责任公司包括国有独资公司以及其他有限责任公司。

股份有限公司 指根据《中华人民共和国公司登记管理条例》规定登记注册，其全部注册资本由等额股份构成并通过发行股票筹集资本，股东以其认购的股份对公司承担有限责任，公司以其全部资产对其债务承担责任的经济组织。

私营企业 指由自然人投资设立或由自然人控股，以雇佣劳动为基础的营利性经济组织。包括按照《公司法》《合伙企业法》以及《个人独资企业法》规定登记注册的私营独资企业、私营合作企业、私营有限责任公司、私营股份有限公司和个人独资企业。

与港澳台商合资经营企业 指港澳台地区投资者与内地企业依照《中华人民共和国中外合资经营企业法》及有关法律的规定，按合同规定的比例投资设立，分享利润和分担风险的企业。

与港澳台商合作经营企业 指港澳台地区投资者与内地企业依照《中华人民共和国中外合作经营企业法》及有关法律的规定，依照合作合同的约定进行投资或提供条件设立，分配利润、分担风险和亏损的企业。

港澳台商独资经营企业 指依照《中华人民共和国外资企业法》及有关法律的规定，在内地由港澳台地区投资者全额投资设立的企业。

港澳台商投资股份有限公司 指根据国家有关规定，经商务部（原外经贸部）批准设立，其中港、澳、台商的股本占公司注册资本的比例达25%以上的股份有限公司。凡其中港、澳、台商的股本占公司注册资本的比例小于25%的，属于内资企业中的股份有限公司。

中外合资经营企业 指外国企业或外国人与中国内地企业依照《中华人民共和国中外合资经营企业法》及有关法律的规定，按合同规定的比例投资设立，分享利润和分担风险的企业。

中外合作经营企业 指外国企业或外国人与中国内地企业依照《中华人民共和国中外合作经营企业法》及有关法律的规定，依照合作合同的约定进行投资或提供条件设立，分配利润、分担风险和亏损的企业。

外资企业 指依照《中华人民共和国外资企业法》及有关法律的规定，在中国内地由外国投资者全额投资设立的企业。

外商投资股份有限公司 指根据国家有关规定，经商务部（原外经贸部）批准设立，其中外资的股本占公司注册资本的比例达25%以上的股份有限公司。凡其中外资股本占公司注册资本的比例小于25%的，属于内资企业中的股份有限公司。

机关、事业单位和社会团体

机关：包括国家权力机关、国家行政机关、国家监察机关、司法机关、政党机关、政协组织和其他机关法人； 机关法人单位的本部， 以及国家权力机关分支机构、国家行政机关分支或派出机构、监察机关分支机构、人民法院分支机构、人民检察院分支机构等。

（1）国家权力机关：指全国人民代表大会及其常务委员会、地方各级人民代表大会及其常务委员会和办事机构。

（2）国家行政机关：指国务院和地方各级人民政府及其工作部门，以及地区行政行署。

（3）国家监察机关：指行使监察职能的机关。

（4）国家司法机关：指国家审判机关和检察机关。

（5）政党机关：指中国共产党各级机关和所属办事机构、各民主党派各级机关和办事机构。

（6）政协组织：指中国人民政治协商会议全国委员

会和地方各级委员会及其办事机构。

事业单位 包括（1）经机构编制部门批准成立和登记或备案，领取《事业单位法人证书》，取得法人资格的单位；（2）事业法人单位的本部及分支机构或派出机构。

社会团体 指中国公民自愿组成，为实现会员共同意愿，按照其章程开展活动的非营利性社会组织。包括（1）经各级民政部门核准登记，领取《社会团体法人登记证书》的各类社会团体；（2）由各级机构编制管理部门直接管理其机构编制的群众团体；（3）经国务院批准可以免于登记的社会团体。

Explanatory Notes on Main Statistical Indicators

The types of registration of enterprises (units) The types of registration of enterprises or industrial activity units of enterprises shall be divided into the types of registration of government organs, public institutions, social organizations and other organizations according to the types of registration registered in the market supervision departments, and shall be divided according to the main sources of funds and ways of management according to the actual situation.

State-owned Enterprises refers to non-corporation economic units where the entire assets are owned by the State and which have been registered in accordance with the Regulation of the People's Republic of China on the Management of Registration of Corporate Enterprises. Not included from this category are solely State-funded corporations in the limited liability corporations.

Collective-owned Enterprises refers to economic units where the assets are owned collectively and which have been registered in accordance with the Regulation of the People's Republic of China on the Management of Registration of Corporate Enterprises.

Cooperative Enterprises refers to a form of collective economic units (enterprises) where capitals come mainly from employees as their shares, with certain proportion of capital from the outside, where production is organized on the basis of independent operation, independent accounting for profits and losses, joint work, democratic management, and a distribution system that integrates remuneration according to work with dividend according to capital share.

Joint Ownership Enterprises refers to economic units established by two or more corporate enterprises or corporate institutions of the same or different ownership, through joint investment on the basis of voluntary participation, equality, and mutual benefits. They include State joint ownership enterprises; collective joint ownership enterprises; joint State-collective enterprises; and other joint ownership enterprises.

Limited Liability Corporations refers to economic units established with investment from 2 to 50 investors and registered in accordance with the Regulation of the People's Republic of China on the Management of Registration of Corporations, each investor bearing limited liability to the corporation depending on its share of investment, and the corporation bearing liability to its debt to the maximum of its total assets. Limited liability corporations include solely State-funded limited liability corporations and other limited liability corporations.

Share-holding Corporations Ltd. refers to economic units registered in accordance with the Regulation of the People's Republic of China on the Management of Registration of Corporations, with total registered capital divided into equal shares and raised through issuing stocks. Each investor bears limited liability to the corporation depending on the holding of shares, and the corporation bears liability to its debt to the maximum of its total assets.

Private Enterprises refers to profit-making economic units invested and established by natural persons, or controlled by natural persons using employed labour-it includes in this category are private limited liability corporations, private share-holding corporations Ltd., private partnership enterprises and Law on Individual Proprietorship provision for the registration of prorate proprietorship enterprises, private partnerships, private limited liability companies and individual proprietorship enterprises.

Joint Venture Enterprises with Funds from Hong Kong, Macao and Taiwan are enterprises established by investors from Hong Kong, Macao and Taiwan with enterprises in the mainland of China in accordance with the Law of the People's Republic of China on Sino-foreign Equity Joint Ventures and other relevant laws, where the establishment of the investment and the sharing of profits and risks are stipulated under joint venture contracts.

Cooperative Enterprises with Funds from Hong Kong, Macao and Taiwan established by investors from Hong Kong, Macao and Taiwan with enterprises in the mainland of China in accordance with the Law of the People's Republic of China on Sino-foreign Contractual Joint Venture and other relevant laws, where the investment or provision of facilities and the sharing of profits and risks and are stipulated under cooperative contracts.

Enterprises with Sole (exclusive) Investment from Hong Kong, Macao and Taiwan refers to enterprises established in the mainland of China with exclusive investment from investors from Hong Kong, Macao and Taiwan in accordance with the Law of the People's Republic of China on Wholly Foreign-owned Enterprises and other relevant laws.

Share-holding Corporations Ltd. with Investment from Hong Kong, Macao and Taiwan refers to share-holding corporations Ltd. established with the approval from the former Ministry of Foreign Trade and Economic Relations in line with relevant State regulations, where the share of investment from Hong Kong, Macao or Taiwan businessmen exceeds 25% of the total registered capital of the corporation. In case the share of investment from Hong Kong, Macao or Taiwan is less than 25% of the total registered capital, the enterprise is to be classified as domestic-funded share-holding corporation Ltd.

Join Venture Enterprises with Foreign Investment refers to enterprises jointly established by foreign enterprises or foreigners with enterprises in the mainland of China in accordance with the Law of the People's Republic of China on Sino-foreign Equity Joint Ventures and other relevant laws, where the sharing of investment, profits and risks is stipulated under contract.

Cooperative Enterprises with Foreign Investment refer to enterprises jointly established by foreign enterprises or foreigners with enterprises in the mainland of China in accordance with the Law of the People's Republic of China on Sino-foreign Contractual Joint Venture and other relevant laws, According to the enterprise that invests or provides conditions for establishment in accordance with the terms of the cooperation contract, distributes profits and shares risks and losses.

Enterprises with Sole (exclusive) Foreign Investment refers to enterprises established in the mainland of China with exclusive investment from foreign investors in accordance with the Law of the People's Republic of China on Wholly Foreign-owned Enterprises and other relevant laws.

Share-holding Corporations Ltd. with Foreign Investment refers to share-holding corporations Ltd. established with the approval from the former Ministry of Foreign Trade and Economic Relations in line with relevant State regulations, where the share of investment from foreign investors exceeds 25% of the total registered capital of the corporation. In case the share of foreign investment is less than 25% of the total registered capital, the enterprise is to be classified as domestic-funded share-holding corporation Ltd.

Administrative Organization, Institutions and Social organizations

Administrative organization including organs of state power, organs of state administration, organs of state supervision, judicial organs, organs of political parties, organizations of the CPPCC and other organs as legal persons; The headquarters of a legal entity of a state organ, a branch of a state organ of power, a branch of a state administrative organ or its dispatched organ, a branch of a supervisory organ, a branch of a people's court, a branch of a people's procuratorate, etc.

(1) The organs of state power: The National People's Congress and its Standing Committee, the local people's congresses at various levels and their standing committees and administrative bodies.

(2) State administrative organs: refer to the State Council and local people's governments at various levels and their working departments, as well as regional administrative agencies.

(3) State supervisory organs: refer to organs that exercise supervisory functions.

(4) National judicial organs: refers to the national judicial organs and procurator organs.

(5) Political party organs: refer to the organs and subordinate offices of the Communist Party of China at all levels, and the organs and offices of the democratic parties at all levels.

(6) The CPPCC: refers to the National Committee of the Chinese People's Political Consultative Conference (CPPCC) and local committees at all levels and their administrative bodies.

Public institutions include (1) approved by the establishment of institutions and registration or record, get the "institution legal person certificate", obtain the legal person status of the unit; (2) The headquarters and branches or dispatched offices of the institution as legal person.

Social organizations refers to non-profit social organizations formed by Chinese citizens voluntarily to carry out activities in accordance with their articles of association in order to realize the common wishes of members. Including (1) approved by the civil affairs departments at all levels to register, get the "social organization legal person registration certificate" of all kinds of social organizations; (2) The establishment management departments at all levels shall directly manage the mass organizations with their establishment; (3) Social organizations which may be exempted from registration with the approval of the State Council.

三、国民经济核算

NATIONAL ECONOMIC ACCOUNTS

资料整理：段　斐　唐重刚　刘　航
Data management:Duan Fei　Tang Zhonggang　Liu Hang
数据审核：张　静
Data audit:Zhang Jing

第三部分　国民经济核算

一、简要说明

1.本章资料反映西安市国民经济核算情况。

2.本章资料包括西安市生产总值、构成和指数，非公有制经济增加值及占比等。生产总值是根据不同产业部门、不同行业的特点和资料来源情况而采用不同方法计算的。非公有制经济增加值测算执行的是《陕西省统计局关于非公有制经济增加值测算的暂行办法（修订版）》。

3.本年鉴公布的生产总值以及有关的指标数据，如果遇到普查或者重大核算方法改革，在能够获得更详细的基础资料的情况下，生产总值的历史数据还会发生变动。

2016年，国家改革研发支出的核算方法，将能够为所有者带来经济利益的研发支出不再作为中间消耗，而是作为固定资本形成处理。根据新的核算方法，在四经普修订时对以前年份进行了调整性修订。

2003—2017年数据为第四次全国经济普查修订结果，2018年数据为第四次全国经济普查数据，2019—2022年数据为最终核实数，2023年数据为初步核算数，2011—2019年人均生产总值数据依据第七次全国人口普查修订的常住人口数据和第四次全国经济普查修订的生产总值数据进行了修订。

4.2012年，根据国家质检总局和国家标准委颁布的《国民经济行业分类》（GB/T 4754—2011），国家统计局对《三次产业划分规定》进行了修订，将“农、林、牧、渔业”中的“农、林、牧、渔服务业”，“采矿业”中的“开采辅助活动”，“制造业”中的“ 金属制品、机械和设备修理业”等三个大类一并调入第三产业。2013年（含）之后三次产业分类执行国家统计局2012年制定的新《三次产业划分规定》。2018年，根据《国民经济行业分类》（GB/T 4754—2017），国家统计局对《三次产业划分规定》（2012）中行业类别进行了调整，“农、林、牧、渔服务业”更名为“农、林、牧、渔专业及辅助性活动”,“开采辅助活动”更名为“开采专业及辅助性活动”。

5.2004年（含）之前人均生产总值按户籍人口计算，2005年（含）之后按常住人口计算。

6.国民经济核算数据绝对数按当年价格计算，指数按不变价格计算。

二、主要指标

指标	数值		增长率
生产总值（亿元）	12010.76	比上年增长	5.2%
第一产业	325.20	比上年增长	3.4%
第二产业	4146.92	比上年增长	6.2%
第三产业	7538.64	比上年增长	4.7%
人均生产总值（元／人）	92128	比上年增长	4.4%

3 NATIONAL ECONOMIC ACCOUNTS

I .Brief Introduction

1.Data in this chapter reflects the national economic accounting situation of Xi'an.

2.Data in this chapter includes Xi'an GDP, composition, index, the added value and the proportion of the non-public economy, etc. Data of GDP are based on different approaches in accordance with different features of various sectors, industries and data sources. The estimation of the non-public economy is based on Interim Measures of Shaanxi Provincial Bureau of Statistics on the Estimation of Value Added of the Non-public Economy (Revised Edition).

3.For data of GDP and related indicators published in the Yearbook, if there are census or reformation of significant accounting method, historical data of GDP may also undergo change under the circumstance that more specific data can be obtained.

In 2016, National Bureau of Statistics reformed the methodology of Research and Development Expenditure. It regulated that R&D expenditure which would bring economic benefit for the owners should be treated as Fixed Assets instead of Intermediate Consumption.

According to new accounting method, the previous years were revised in The Fourth National Economic Census.

The data from 2003 to 2017 were revised according to The Fourth Economic Census, the data of 2018 were the results of The Fourth Economic Census, data from 2019 to 2022 were final accounting data, and data of 2023 are preliminary accounting data, the per capita GDP data from 2011 to 2019 were revised according to the resident population data revised by The Seventh National Population Census and the results of the Fourth Economic Census.

4.Rules on Division of Three Strata of Industries was adjusted by National Bureau of Statistics in accordance with Industrial Classification for National Economic Activities (GB/T 4754—2011) in 2012, which was promulgated by AQSIQ and SAC. Services in support of agriculture, forestry, animal husbandry and fishery, support activities for mining, repair service of metal products, machinery and equipment are categorized into the tertiary industry. Industry classification is based on adjusted Classification Rules of Three Strata of Industry (2012) since 2013. In 2018, according to the Classification of Industries of the National Economy (GB/T 4754—2017), the National Bureau of Statistics adjusted the industry categories in the Regulations on the Division of Three Industries (2012), and the “Agriculture, forestry, animal husbandry and fishery services” was renamed “Agriculture, forestry, animal husbandry and fishery professional and auxiliary activities”. “Mining auxiliary activities” was renamed “Mining professional and auxiliary activities”.

5.Per capita GDP was calculated by register population before 2005, but since 2005 it is based on permanent resident population.

6.Data on national economic accounts are calculated at current prices, and the indices are calculated at constant prices.

II .Major Indicators

		Increase over Preceding Year
Gross Domestic Product (100 million yuan)	12010.76	5.2%
Primary Industry	325.20	3.4%
Secondary Industry	4146.92	6.2%
Tertiary Industry	7538.64	4.7%
Per Capita Gross Domestic Product (yuan/person)	92128	4.4%

3-1 主要年份生产总值

Gross Domestic Product in Representative Years

（本表按当年价格计算） (Data in the table are calculated at current prices)

单位：亿元 (100 million yuan)

年 份 Year	生产总值 Gross Domestic Product	第一产业 Primary Industry	第二产业 Secondary Industry	第三产业 Tertiary Industry	人均生产总值（元/人） Per Capita GDP (yuan/person)
1952	3.37	1.59	0.88	0.90	135
1965	12.76	2.62	7.22	2.92	323
1970	17.76	3.13	10.96	3.67	412
1975	21.33	4.14	12.63	4.56	448
1978	25.35	4.83	14.59	5.93	513
1980	31.66	4.73	18.69	8.24	623
1983	35.89	5.22	20.14	10.53	674
1984	44.14	7.45	24.17	12.52	817
1985	57.58	8.76	30.83	17.99	1049
1986	65.78	9.59	33.86	22.33	1178
1987	80.16	10.73	37.69	31.74	1409
1988	99.22	11.47	46.58	41.17	1711
1989	109.38	12.78	48.91	47.69	1861
1990	116.51	13.94	50.15	52.42	1932
1991	136.14	17.17	57.06	61.91	2224
1992	164.85	18.78	69.22	76.85	2662
1993	229.56	22.58	110.88	96.10	3661
1994	289.82	31.68	128.27	129.87	4563
1995	330.35	41.40	135.33	153.62	5131
1996	406.95	46.94	161.63	198.38	6246
1997	488.82	51.33	197.97	239.52	7424
1998	525.85	51.91	216.32	257.62	7906
1999	577.29	45.53	243.35	288.41	8599
2000	646.13	44.65	277.13	324.35	9484
2001	734.86	45.87	312.90	376.09	10628
2002	826.68	47.77	353.58	425.33	11831
2003	926.12	50.72	402.22	473.18	13052
2004	1092.35	60.21	464.95	567.19	15155
2005	1294.05	66.01	511.19	716.86	16158
2006	1512.56	70.44	612.69	829.42	18567
2007	1857.75	82.42	763.07	1012.26	22476
2008	2313.26	102.46	940.42	1270.38	27736
2009	2689.06	106.09	1105.01	1477.96	31994
2010	3195.05	133.22	1290.93	1770.89	37792
2011	3791.71	165.43	1516.30	2109.98	43723
2012	4370.16	181.12	1726.70	2462.35	48530
2013	4960.23	182.60	1946.58	2831.05	53624
2014	5576.98	191.58	2152.43	3232.97	58829
2015	5932.86	191.91	2070.47	3670.48	60912
2016	6396.36	196.66	2139.49	4060.21	63393
2017	7418.04	245.26	2452.92	4719.86	66649
2018	8499.41	258.98	2861.86	5378.56	73113
2019	9399.98	279.13	3130.80	5990.06	77494
2020	10023.73	312.75	3340.97	6370.01	79208
2021	10751.31	308.83	3580.81	6861.67	84182
2022	11506.08	323.17	4009.62	7173.29	88957
2023	12010.76	325.20	4146.92	7538.64	92128

注：1.2004年（含）之前人均生产总值按户籍人口计算，2005年（含）之后按常住人口计算。
2.2013年（含）之后三次产业分类依据国家统计局2012年制定的新《三次产业划分规定》。
3.2017年开始西咸新区由西安代管，统计范围发生变化，之前年份则不含西咸新区咸阳部分数据。2021年开始西咸管理体制改革，统计范围再次变化，西安市数据不含西安（西咸新区）—咸阳共管区。（下同）
4.2003—2017年数据为第四次经济普查修订结果。2018年数据为第四次经济普查数据。2019—2022年数据为最终核算数。2023年数据为初步核算数。（下同）
5.2011—2019年人均生产总值数据依据第七次全国人口普查修订的常住人口数据和第四次经济普查修订的生产总值数据进行了修订。

Note: a) Per Capita GDP are calculated at usual residents since 2005, while were taken from the statistics of household registration before 2004.
b) The Classification of Three Strata of Industry since 2013 is based on the new "Classification Rules of Three Strata of Industry" formulated by the National Bureau of Statistics in 2012.
c) Since 2017, Xixian New Area has been managed by Xi'an, and the statistical scope has changed. Figures in the previous years do not include the part of Xianyang in Xixian New Area . Starting from 2021, Xi'an and Xianyang will reform their management systems, and the statistical scope will change again. Xi'an data does not include Xi'an (Xixian New Area)-Xianyang common administration Area. (the same below)
d) Figures from 2003 to 2017 are the revised results of The Fourth Economic Census. Figures in 2018 are The Fourth Economic Census. Figures from 2019 to 2022 are the final accounting figures. Figures in 2023 are preliminary accounting data. (the same below)
e) The per capita GDP data from 2011 to 2019 were revised according to the resident population data revised by The Seventh National Population Census and the results of The Fourth Economic Census.

3-2 主要年份生产总值指数（上年=100）

Indices of Gross Domestic Product in Representative Years (Preceding Year = 100)

（本表按不变价格计算） (Data in the table are calculated at constant prices)

年份	Year	生产总值 Gross Domestic Product	第一产业 Primary Industry	第二产业 Secondary Industry	第三产业 Tertiary Industry	人均生产总值 Per Capita GDP
1952		103.6	92.2	137.5	123.7	
1965		126.1	134.1	133.0	106.7	
1970		122.0	109.4	140.0	100.1	
1975		103.8	92.6	107.1	107.5	
1978		101.7	101.6	99.4	108.2	
1980		111.5	83.3	119.7	116.5	
1985		112.6	107.5	111.8	116.9	
1986		111.4	107.7	108.4	118.8	
1987		113.6	100.8	109.1	126.6	
1988		111.4	81.2	115.5	114.7	
1989		106.7	103.0	104.5	110.8	
1990		105.2	103.0	102.5	109.6	
1991		109.8	118.6	108.6	108.6	108.2
1992		115.6	109.4	118.1	115.0	114.3
1993		123.9	112.5	142.7	108.4	122.3
1994		110.3	98.4	110.6	113.2	108.8
1995		110.0	104.5	112.1	108.6	108.5
1996		114.9	106.8	118.8	111.7	113.5
1997		114.4	109.1	116.7	112.4	113.2
1998		113.3	106.5	117.5	108.8	112.1
1999		112.2	97.4	115.7	110.1	111.2
2000		113.0	103.5	115.1	111.5	111.4
2001		113.1	102.5	115.3	112.6	111.4
2002		113.3	103.1	115.0	113.0	112.1
2003		113.1	101.8	117.5	110.5	111.4
2004		113.1	106.2	115.5	111.7	111.4
2005		112.3	107.5	109.8	115.1	110.5
2006		112.9	106.8	110.5	115.2	111.0
2007		115.1	104.5	113.0	117.4	113.4
2008		114.8	107.6	113.2	116.4	113.8
2009		113.0	104.9	110.7	115.1	112.2
2010		113.6	105.7	115.0	113.2	112.9
2011		112.6	105.4	111.7	113.9	109.8
2012		111.9	106.0	110.4	113.4	107.7
2013		111.2	104.4	112.6	110.7	108.3
2014		109.7	105.0	109.4	110.2	107.0
2015		108.9	104.4	104.6	112.1	106.0
2016		108.8	103.3	107.2	110.0	105.1
2017		107.7	105.0	105.1	109.4	103.6
2018		108.2	103.3	107.1	109.1	103.6
2019		107.0	104.3	106.2	107.6	102.5
2020		105.2	103.0	107.4	104.1	100.8
2021		104.0	106.1	101.2	105.3	100.8
2022		104.4	103.6	108.9	102.1	103.1
2023		105.2	103.4	106.2	104.7	104.4
平均每年增长	**Yearly Average Growth Rates**					
"一五"时期	**The First Five-Year Plan Period**	**15.8**	**5.9**	**37.7**	**16.9**	
"二五"时期	**The Second Five-Year Plan Period**	**2.0**	**-3.7**	**2.5**	**8.4**	
1963—1965年	**Readjust Period**	**14.2**	**16.1**	**23.4**	**0.3**	
"三五"时期	**The Third Five-Year Plan Period**	**7.1**	**0.1**	**11.7**	**5.4**	
"四五"时期	**The Fourth Five-Year Plan Period**	**5.0**	**4.0**	**5.3**	**5.0**	
"五五"时期	**The Fifth Five-Year Plan Period**	**6.0**	**-0.7**	**6.5**	**10.1**	
"六五"时期	**The Sixth Five-Year Plan Period**	**10.7**	**7.9**	**10.4**	**12.9**	
"七五"时期	**The Seventh Five-Year Plan Period**	**9.6**	**-1.3**	**7.9**	**15.9**	
"八五"时期	**The Eighth Five-Year Plan Period**	**13.8**	**8.5**	**17.8**	**10.7**	**12.3**
"九五"时期	**The Ninth Five-Year Plan Period**	**13.6**	**4.6**	**16.8**	**10.9**	**12.3**
"十五"时期	**The Tenth Five-Year Plan Period**	**13.0**	**4.2**	**14.6**	**12.6**	**11.4**
"十一五"时期	**The Eleventh Five-Year Plan Period**	**13.9**	**5.9**	**12.5**	**15.5**	**12.7**
"十二五"时期	**The Twelfth Five-Year Plan Period**	**10.9**	**5.0**	**9.7**	**12.1**	**7.8**
"十三五"时期	**The Thirteenth Five-Year Plan Period**	**7.4**	**3.8**	**6.6**	**8.0**	**3.1**
"十四五"时期	**The Fourteenth Five-Year Plan Period**	**4.5**	**4.4**	**5.4**	**4.0**	**2.8**

注："十二五""十三五"时期人均生产总值数据依据第七次全国人口普查修订的常住人口数据和第四次全国经济普查修订的生产总值数据进行了修订。

Note: During the "12th Five-Year Plan" and "13th Five-Year Plan" period, the per capita GDP index is revised based on the resident population data revised by The 7th National Population Census and GDP revised by The 4th Economic Census.

3-3 主要年份生产总值指数（1952年=100）

Indices of Gross Domestic Product in Representative Years (Year of 1952 = 100)

(本表按不变价格计算) (Data in the table are calculated at constant prices)

年份 Year	生产总值 Gross Domestic Product	第一产业 Primary Industry	第二产业 Secondary Industry	第三产业 Tertiary Industry
1952	100.0	100.0	100.0	100.0
1965	341.6	173.3	1048.3	329.2
1970	481.6	174.3	1821.0	428.6
1975	614.2	211.9	2362.5	547.9
1978	678.7	231.3	2560.8	643.8
1980	821.4	204.2	3237.2	885.2
1983	988.4	222.5	3846.2	1154.4
1984	1213.6	278.2	4748.8	1388.7
1985	1366.8	299.1	5310.6	1632.4
1986	1523.1	322.3	5756.7	1928.9
1987	1730.0	324.9	6280.6	2441.6
1988	1926.3	263.7	7256.6	2801.2
1989	2054.8	271.6	7583.1	3104.6
1990	2162.5	279.7	7772.7	3403.6
1991	2374.4	331.7	8441.2	3696.3
1992	2744.8	362.9	9969.1	4250.7
1993	3400.8	408.2	14225.9	4607.8
1994	3751.1	401.8	15733.8	5216.0
1995	4126.2	419.9	17637.6	5664.6
1996	4741.0	448.5	20953.5	6327.4
1997	5423.7	489.3	24452.7	7112.0
1998	6145.1	521.1	28731.9	7737.9
1999	6894.8	507.6	33242.8	8519.4
2000	7791.1	525.4	38262.5	9499.1
2001	8811.7	538.5	44116.7	10696.0
2002	9983.7	555.2	50734.2	12086.5
2003	11294.6	565.2	59612.7	13355.6
2004	12778.7	600.2	68852.7	14918.2
2005	14345.3	645.3	75600.2	17170.8
2006	16198.7	689.1	83538.2	19780.8
2007	18644.8	720.1	94398.2	23222.7
2008	21407.9	774.9	106858.8	27031.2
2009	24195.2	812.8	118292.7	31112.9
2010	27478.5	859.2	136036.6	35219.8
2011	30951.8	905.6	151952.8	40115.3
2012	34625.8	959.9	167755.9	45490.8
2013	38514.2	1002.1	188893.2	50358.3
2014	42250.1	1052.2	206649.1	55494.8
2015	46001.9	1098.5	216155.0	62209.7
2016	50063.9	1134.8	231718.1	68430.7
2017	53913.8	1191.8	243508.6	74863.2
2018	58318.6	1231.1	260797.7	81675.8
2019	62400.9	1284.0	276967.2	87883.2
2020	65645.7	1322.5	297462.8	91486.4
2021	68271.5	1403.2	301032.4	96335.2
2022	71275.4	1453.7	327824.3	98358.2
2023	74981.7	1503.1	348149.4	102981.0

3-4 主要年份生产总值构成

Composition of Gross Domestic Product in Representative Years

(本表按当年价格计算)　　(Data in the table are calculated at current prices)

单位：%　　(%)

年份	Year	生产总值 Gross Domestic Product	第一产业 Primary Industry	第二产业 Secondary Industry	第三产业 Tertiary Industry
1952		100	47.18	26.11	26.71
1965		100	20.53	56.58	22.89
1970		100	17.62	61.71	20.67
1975		100	19.41	59.21	21.38
1978		100	19.05	57.55	23.40
1980		100	14.94	59.03	26.03
1985		100	15.21	53.54	31.25
1986		100	14.58	51.47	33.95
1987		100	13.39	47.02	39.59
1988		100	11.56	46.95	41.49
1989		100	11.68	44.72	43.60
1990		100	11.96	43.04	45.00
1991		100	12.61	41.91	45.48
1992		100	11.39	41.99	46.62
1993		100	9.84	48.30	41.86
1994		100	10.93	44.26	44.81
1995		100	12.53	40.97	46.50
1996		100	11.53	39.72	48.75
1997		100	10.50	40.50	49.00
1998		100	9.87	41.14	48.99
1999		100	7.89	42.15	49.96
2000		100	6.91	42.89	50.20
2001		100	6.24	42.58	51.18
2002		100	5.78	42.77	51.45
2003		100	5.48	43.43	51.09
2004		100	5.51	42.56	51.93
2005		100	5.10	39.50	55.40
2006		100	4.66	40.51	54.83
2007		100	4.44	41.07	54.49
2008		100	4.43	40.65	54.92
2009		100	3.95	41.09	54.96
2010		100	4.17	40.40	55.43
2011		100	4.36	39.99	55.65
2012		100	4.14	39.51	56.35
2013		100	3.68	39.24	57.08
2014		100	3.44	38.59	57.97
2015		100	3.23	34.90	61.87
2016		100	3.07	33.45	63.48
2017		100	3.31	33.07	63.62
2018		100	3.05	33.67	63.28
2019		100	2.97	33.31	63.72
2020		100	3.12	33.33	63.55
2021		100	2.87	33.31	63.82
2022		100	2.81	34.85	62.34
2023		100	2.71	34.53	62.77
“一五”时期	**The First Five-Year Plan Period**	**100**	**32.88**	**43.92**	**23.20**
“二五”时期	**The Second Five-Year Plan Period**	**100**	**18.08**	**58.63**	**23.29**
1963—1965年	**Readjust Period**	**100**	**19.36**	**55.38**	**25.26**
“三五”时期	**The Third Five-Year Plan Period**	**100**	**18.60**	**57.33**	**24.07**
“四五”时期	**The Fourth Five-Year Plan Period**	**100**	**20.46**	**59.59**	**19.95**
“五五”时期	**The Fifth Five-Year Plan Period**	**100**	**18.41**	**57.69**	**23.90**
“六五”时期	**The Sixth Five-Year Plan Period**	**100**	**16.03**	**55.01**	**28.96**
“七五”时期	**The Seventh Five-Year Plan Period**	**100**	**12.42**	**46.11**	**41.47**
“八五”时期	**The Eighth Five-Year Plan Period**	**100**	**11.44**	**43.52**	**45.04**
“九五”时期	**The Ninth Five-Year Plan Period**	**100**	**9.09**	**41.45**	**49.46**
“十五”时期	**The Tenth Five-Year Plan Period**	**100**	**5.55**	**41.95**	**52.50**
“十一五”时期	**The Eleventh Five-Year Plan Period**	**100**	**4.28**	**40.74**	**54.98**
“十二五”时期	**The Twelve Five-Year Plan Period**	**100**	**3.71**	**38.21**	**58.08**
“十三五”时期	**The Thirteenth Five-Year Plan Period**	**100**	**3.10**	**33.37**	**63.53**
“十四五”时期	**The Fourteenth Five-Year Plan Period**	**100**	**2.79**	**34.25**	**62.96**

3-5 主要年份分行业增加值

Value-added by Sector in Representative Years

（本表按当年价格计算） (Data in the table are calculated at current prices)

单位：亿元 (100 million yuan)

年 份 Year	生产总值 Gross Domestic Product	农、林、牧、渔业 Agriculture, Forestry, Animal Husbandry and Fishery	工业 Industry	建筑业 Construction	批发和零售业 Wholesale and Retail Trades
1992	164.85	18.78	61.33	7.89	18.16
1993	229.56	22.58	98.88	12.00	22.63
1994	289.82	31.68	110.52	17.75	27.83
1995	330.35	41.40	112.50	22.83	33.20
1996	406.95	46.94	132.52	29.11	44.51
1997	488.82	51.33	161.97	36.00	59.31
1998	525.85	51.91	175.00	41.32	64.93
1999	577.29	45.53	194.00	49.35	70.27
2000	646.13	44.65	218.44	58.69	65.87
2001	734.86	45.87	246.90	66.00	78.38
2002	826.68	47.77	280.20	73.38	91.57
2003	926.12	50.72	319.26	82.96	94.95
2004	1092.35	60.21	372.18	92.77	123.27
2005	1294.05	66.01	393.51	117.68	139.57
2006	1512.56	70.44	465.70	146.99	164.33
2007	1857.75	82.42	569.08	193.99	184.91
2008	2313.26	102.46	672.60	267.82	225.20
2009	2689.06	106.09	763.81	341.20	278.87
2010	3195.05	133.22	875.97	414.96	329.48
2011	3791.71	165.43	1009.29	507.01	406.26
2012	4370.16	181.12	1140.83	585.87	460.05
2013	4960.23	197.76	1268.22	698.54	512.26
2014	5576.98	207.89	1387.03	791.64	552.31
2015	5932.86	209.58	1242.18	857.40	589.33
2016	6396.36	216.34	1252.91	920.05	599.08
2017	7418.04	270.83	1436.72	1047.34	653.49
2018	8499.41	286.33	1707.90	1210.79	709.16
2019	9399.98	309.68	1816.23	1370.63	788.19
2020	10023.73	346.17	1854.35	1535.76	795.17
2021	10751.31	343.71	2139.87	1508.86	855.97
2022	11506.08	362.33	2447.71	1626.12	886.00
2023	12010.76	367.54	2533.40	1687.27	876.33

注：1999年（含）之前，批发和零售业与住宿和餐饮业无法分类，故1999年（含）之前批发和零售业数据包含批发和零售业、住宿和餐饮业数据。

Note: Before 1999 (inclusive), the wholesale and retail trades industry and the hotels and catering services industry could not be classified, so the wholesale and retail trades industry data before 1999 (inclusive) include the wholesale and retail trades industry and the hotels and catering services industry data.

3-5 续表 continued

（本表按当年价格计算） (Data in the table are calculated at current prices)
单位：亿元 (100 million yuan)

年 份 Year	交通运输、仓储和邮政业 Transport, Storage and Post	住宿和餐饮业 Hotels and Catering Services	金融业 Financial Intermediation	房地产业 Real Estate	其他服务业 Other Services
1992	15.21		16.28	1.58	25.62
1993	18.01		20.59	1.97	32.90
1994	22.02		31.19	3.76	45.07
1995	24.60		35.20	4.90	55.72
1996	32.73		40.15	7.42	73.57
1997	43.02		37.50	8.74	90.95
1998	48.64		32.95	11.95	99.15
1999	55.35		30.37	14.42	118.00
2000	43.01	18.46	33.00	16.96	147.05
2001	45.50	21.97	36.21	21.38	172.65
2002	48.25	25.27	43.48	26.90	189.86
2003	46.99	25.34	47.96	32.39	225.55
2004	49.06	35.03	58.05	37.68	264.11
2005	59.12	47.59	79.33	45.90	345.36
2006	69.07	53.60	95.95	55.31	391.17
2007	78.02	67.89	141.69	70.93	468.83
2008	98.93	81.61	170.78	92.18	601.69
2009	110.55	79.27	198.58	124.92	685.79
2010	134.29	95.93	237.40	188.10	785.70
2011	160.29	114.66	278.09	245.14	905.54
2012	184.19	124.39	350.92	280.17	1062.63
2013	194.73	121.00	446.54	303.30	1217.89
2014	211.83	125.86	597.14	343.69	1359.59
2015	239.63	141.88	683.26	427.42	1542.19
2016	268.89	143.34	743.09	474.39	1778.27
2017	297.54	153.45	834.19	562.78	2161.71
2018	316.63	164.19	916.94	658.64	2528.84
2019	348.03	187.69	976.23	797.58	2805.73
2020	350.41	141.93	1064.25	855.93	3079.76
2021	319.14	168.29	1161.47	881.02	3372.98
2022	327.86	150.76	1222.06	895.46	3587.77
2023	380.23	184.45	1291.23	883.00	3807.31

3-6 主要年份分行业增加值指数（上年=100）

Indices of Value-added by Sector in Representative Years (Preceding Year = 100)

（本表按不变价格计算） (Data in the table are calculated at constant prices)

年 份 Year	生产总值 Gross Domestic Product	农、林、牧、渔业 Agriculture, Forestry, Animal Husbandry and Fishery	工业 Industry	建筑业 Construction	批发和零售业 Wholesale and Retail Trades
1992	115.6	109.4	118.1	118.2	130.7
1993	123.9	112.5	143.7	135.6	108.0
1994	110.3	98.4	106.8	141.3	103.1
1995	110.0	104.5	108.1	136.6	109.6
1996	114.9	106.8	117.1	126.8	116.0
1997	114.4	109.1	116.4	117.8	124.0
1998	113.3	106.5	116.1	123.4	110.7
1999	112.2	97.4	114.0	122.8	106.4
2000	113.0	103.5	113.8	120.1	111.4
2001	113.1	102.5	116.3	111.8	110.5
2002	113.3	103.1	116.4	109.3	115.3
2003	113.1	101.8	115.7	124.9	112.0
2004	113.1	106.2	114.5	119.3	109.0
2005	112.3	107.5	106.7	121.1	110.5
2006	112.9	106.8	108.5	117.2	112.9
2007	115.1	104.5	111.7	117.3	113.3
2008	114.8	107.6	111.8	117.5	114.0
2009	113.0	104.9	106.7	121.9	121.7
2010	113.6	105.7	114.0	117.3	110.9
2011	112.6	105.4	111.9	111.2	117.7
2012	111.9	106.0	110.8	109.4	111.2
2013	111.2	104.8	112.4	113.9	108.4
2014	109.7	105.2	108.3	112.3	107.6
2015	108.9	105.1	103.7	107.3	105.0
2016	108.8	104.1	108.2	106.3	103.9
2017	107.7	104.8	105.0	104.8	104.6
2018	108.2	103.5	108.3	107.1	106.1
2019	107.0	104.4	103.9	109.2	108.8
2020	105.2	103.1	105.9	109.1	101.8
2021	104.0	106.0	107.2	94.3	98.3
2022	104.4	103.9	109.3	108.7	98.8
2023	105.2	103.6	107.7	104.4	101.1

注：1999年（含）之前，批发和零售业与住宿和餐饮业无法分类，故1999年（含）之前批发和零售业数据包含批发和零售业、住宿和餐饮业数据。

Note: Before 1999 (inclusive), the wholesale and retail trades industry and the hotels and catering services industry could not be classified, so the wholesale and retail trades industry data before 1999 (inclusive) include the wholesale and retail trades industry and the hotels and catering services industry data.

3-6 续表 continued

（本表按不变价格计算） (Data in the table are calculated at constant prices)

年 份 Year	交通运输、仓储和邮政业 Transport, Storage and Post	住宿和餐饮业 Hotels and Catering Services	金融业 Financial Intermediation	房地产业 Real Estate	其他服务业 Other Services
1992	111.3		107.6	119.5	112.2
1993	102.7		109.7	107.4	111.4
1994	102.5		126.9	160.7	114.8
1995	102.6		103.7	119.7	113.6
1996	115.1		98.7	130.8	114.2
1997	122.4		87.0	109.6	115.1
1998	114.4		88.8	138.3	110.3
1999	111.9		90.6	118.6	117.0
2000	111.7	111.7	107.7	116.6	111.7
2001	111.6	114.2	103.6	123.5	114.2
2002	106.1	116.5	104.6	106.0	116.5
2003	110.5	112.3	111.1	105.7	110.2
2004	112.3	116.9	108.4	107.7	112.5
2005	112.4	123.4	110.7	108.8	117.8
2006	112.6	116.5	109.5	118.7	117.3
2007	110.9	116.1	123.2	123.1	118.3
2008	109.2	107.5	112.3	108.7	121.6
2009	110.6	103.2	121.2	130.8	111.5
2010	116.3	112.0	114.3	133.4	110.6
2011	112.7	109.4	114.7	117.9	111.8
2012	110.4	105.4	125.4	110.8	112.7
2013	104.6	100.3	124.0	113.2	108.2
2014	105.8	100.2	120.4	107.0	109.5
2015	109.3	110.5	116.4	113.5	113.1
2016	109.0	101.2	111.9	110.9	111.9
2017	106.8	103.9	106.5	109.1	113.6
2018	106.1	104.7	105.3	105.8	112.3
2019	107.5	105.2	106.9	108.2	107.9
2020	101.1	81.3	106.7	100.5	106.9
2021	105.6	105.8	105.5	97.9	109.0
2022	101.5	93.9	105.1	95.2	103.6
2023	111.4	118.8	104.6	97.8	105.6

3-7 主要年份三次产业贡献率

Share of the Contributions of the Three Strata of Industry to the Increase of the GDP in Representative Years

（本表按不变价格计算） (Data in the table are calculated at constant prices)

单位：% （%）

年 份 Year	生产总值 Gross Domestic Product	第一产业 Primary Industry	第二产业 Secondary Industry	第三产业 Tertiary Industry
2000	100	1.8	66.9	31.3
2001	100	1.3	50.4	48.3
2002	100	1.5	49.4	49.1
2003	100	0.8	59.2	40.0
2004	100	2.4	54.3	43.3
2005	100	2.9	37.6	59.5
2006	100	2.7	32.2	65.1
2007	100	1.4	33.3	65.3
2008	100	2.2	33.9	63.9
2009	100	1.6	30.8	67.6
2010	100	1.6	40.4	58.0
2011	100	1.8	37.4	60.8
2012	100	2.0	35.0	63.0
2013	100	1.3	43.9	54.8
2014	100	1.7	38.4	59.9
2015	100	1.5	20.6	77.9
2016	100	1.2	28.6	70.2
2017	100	2.2	23.4	74.4
2018	100	1.4	29.8	68.8
2019	100	2.0	29.9	68.1
2020	100	1.8	48.2	50.0
2021	100	4.6	10.2	85.2
2022	100	2.5	66.9	30.6
2023	100	2.0	40.7	57.3

3-8 主要年份三次产业对生产总值增长的拉动

Contribution of the Three Strata of Industry to GDP Growth in Representative Years

（本表按不变价格计算） (Data in the table are calculated at constant prices)

单位：% (%)

年　份 Year	生产总值 Gross Domestic Product	第一产业 Primary Industry	第二产业 Secondary Industry	第三产业 Tertiary Industry
2000	13.0	0.2	8.7	4.1
2001	13.1	0.2	6.6	6.3
2002	13.3	0.2	6.6	6.5
2003	13.1	0.1	7.8	5.2
2004	13.1	0.3	7.1	5.7
2005	12.3	0.4	4.6	7.3
2006	12.9	0.3	4.2	8.4
2007	15.1	0.2	5.0	9.9
2008	14.8	0.3	5.0	9.5
2009	13.0	0.2	4.0	8.8
2010	13.6	0.2	5.5	7.9
2011	12.6	0.2	4.7	7.7
2012	11.9	0.2	4.2	7.5
2013	11.2	0.1	4.9	6.2
2014	9.7	0.2	3.7	5.8
2015	8.9	0.1	1.8	7.0
2016	8.8	0.1	2.5	6.2
2017	7.7	0.2	1.8	5.7
2018	8.2	0.1	2.4	5.7
2019	7.0	0.1	2.1	4.8
2020	5.2	0.1	2.5	2.6
2021	4.0	0.2	0.4	3.4
2022	4.4	0.1	2.9	1.4
2023	5.2	0.1	2.1	3.0

3-9 分行业增加值（2022—2023年）

Value-added by Sector (2022—2023)

（本表增加值按当年价格计算，指数按不变价格计算）(The data of value added are calculated at current prices, the indices are calculated at constant prices.)

单位：亿元 (100 million yuan)

指　标	Item	增加值 Value-added		指数（上年=100） Index (Preceding Year = 100)	
		2022年	2023年	2022年	2023年
生产总值	**Gross Domestic Product**	**11506.08**	**12010.76**	**104.4**	**105.2**
农、林、牧、渔业	Agriculture, Forestry, Animal Husbandry and Fishery	362.33	367.54	103.9	103.6
工业	Industry	2447.71	2533.40	109.3	107.7
建筑业	Construction	1626.12	1687.27	108.7	104.4
批发和零售业	Wholesale and Retail Trades	886.00	876.33	98.8	101.1
交通运输、仓储及邮政业	Transport, Storage and Post	327.86	380.23	101.5	111.4
住宿和餐饮业	Hotels and Catering Services	150.76	184.45	93.9	118.8
金融业	Financial Intermediation	1222.06	1291.23	105.1	104.6
房地产业	Real Estate	895.46	883.00	95.2	97.8
其他服务业	Other Services	3587.77	3807.31	103.6	105.6
第一产业	Primary Industry	323.17	325.20	103.6	103.4
第二产业	Secondary Industry	4009.62	4146.92	108.9	106.2
第三产业	Tertiary Industry	7173.29	7538.64	102.1	104.7

3-10 各区县生产总值（2023年）

Gross Domestic Product by District (2023)

（本表按当年价格计算） (Data in the table are calculated at current prices)

单位：亿元 (100 million yuan)

区县	District	生产总值 Gross Domestic Product	第一产业 Primary Industry	第二产业 Secondary Industry	第三产业 Tertiary Industry	人均生产总值（元/人） Per Capita GDP (yuan/person)
全市	**Total**	**12010.76**	**325.20**	**4146.92**	**7538.64**	**92128**
新城区	Xincheng	722.10		203.96	518.14	115361
碑林区	Beilin	1145.70		218.78	926.92	147442
莲湖区	Lianhu	846.44		223.79	622.65	81718
灞桥区	Baqiao	709.61	18.58	248.82	442.21	66970
未央区	Weiyang	1565.45	1.34	661.85	902.26	96827
雁塔区	Yanta	3118.94		703.45	2415.49	147175
阎良区	Yanliang	302.50	35.04	129.15	138.31	96940
临潼区	Lintong	275.01	45.51	72.39	157.11	40089
长安区	Chang'an	1455.17	35.49	839.27	580.41	88727
高陵区	Gaoling	426.96	32.48	226.37	168.11	91563
鄠邑区	Huyi	406.39	33.52	260.23	112.64	68347
蓝田县	Lantian	161.29	35.52	31.10	94.67	32607
周至县	Zhouzhi	184.06	44.23	46.62	93.21	32915
西咸新区（直管区）	Xixian New Area	691.14	43.48	281.14	366.52	65832

注：本表数据为初步核算数。
Note: Figures in this table are preliminary accounting data.

3-11 各区县生产总值指数（上年＝100）（2023年）

Indices of Gross Domestic Product by District (Preceding Year = 100) (2023)

（本表按不变价格计算）　　(Data in the table are calculated at constant prices)

区　县	District	生产总值 Gross Domestic Product	第一产业 Primary Industry	第二产业 Secondary Industry	第三产业 Tertiary Industry	人均生产总值 Per Capita GDP
全　市	**Total**	**105.2**	**103.4**	**106.2**	**104.7**	**104.4**
新城区	Xincheng	105.7		104.6	106.1	105.3
碑林区	Beilin	104.3		103.9	104.3	103.7
莲湖区	Lianhu	105.4		105.5	105.3	105.0
灞桥区	Baqiao	105.4	99.0	111.4	103.1	103.5
未央区	Weiyang	100.8	99.6	95.5	105.2	99.6
雁塔区	Yanta	104.6		104.2	104.6	103.6
阎良区	Yanliang	108.3	103.6	110.9	107.7	107.2
临潼区	Lintong	104.4	103.8	102.3	105.5	103.9
长安区	Chang'an	108.0	102.6	111.8	103.4	107.3
高陵区	Gaoling	111.3	103.9	117.0	105.7	110.1
鄠邑区	Huyi	107.4	103.1	109.7	104.6	106.7
蓝田县	Lantian	105.2	105.2	104.2	105.5	105.3
周至县	Zhouzhi	107.9	103.9	121.0	103.6	108.0
西咸新区（直管区）	Xixian New Area	107.9	103.6	112.6	104.9	107.1

注：本表数据为初步核算数。
Note: Figures in this table are preliminary accounting data.

3-12 主要年份非公有制经济增加值

Value-added of Non-public Economy in Representative Years

（本表按当年价格计算） (Data in the table are calculated at current prices)

年份 Year	非公有制经济增加值（亿元） Value-added of Non-public Economy (100 million yuan)	非公有制经济增加值占GDP比重（%） Value-added of Non-public Economy as Percentage of GDP (%)
2005	560.32	43.3
2006	673.09	44.5
2007	854.57	46.0
2008	1101.11	47.6
2009	1309.57	48.7
2010	1587.94	49.7
2011	1916.95	50.6
2012	2246.26	51.4
2013	2589.24	52.2
2014	2939.07	52.7
2015	3132.55	52.8
2016	3377.28	52.8
2017	3931.72	53.0
2018	4539.52	53.4
2019	5109.00	54.4
2020	5322.60	53.1
2021	5751.95	53.5
2022	6109.73	53.1
2023	6181.41	51.5

注：2005—2018年数据根据第四次全国经济普查GDP修订结果相应进行了调整。2019—2022年数据为最终核实数。2023年数据为初步核算数。

Note: Figures from 2005 to 2018 are adjusted according to the revised results of The Fourth Economic Census GDP. Figures from 2019 to 2022 are final accounting data. Figures in 2023 are preliminary accounting data.

主 要 统 计 指 标 解 释

生产总值（GDP） 是按市场价格计算的一个地区（或国家）所有常住单位在一定时期内生产活动的最终成果。生产总值有三种表现形态，即价值形态、收入形态和产品形态。从价值形态看，它是所有常住单位在一定时期内生产的全部货物和服务价值超过同期中间投入的全部非固定资产货物和服务价值的差额，即所有常住单位的增加值之和；从收入形态看，它是所有常住单位在一定时期内创造并分配给常住单位和非常住单位的初次收入分配之和；从产品形态看，它是所有常住单位在一定时期内最终使用的货物和服务价值与货物和服务净出口价值之和。在实际核算中，生产总值有三种计算方法，即生产法、收入法和支出法。三种方法分别从不同的方面反映生产总值及其构成。

人均生产总值 即“人均GDP”，常作为发展经济学中衡量经济发展状况的指标，是最重要的宏观经济指标之一，它是人们了解和把握一个国家或地区的宏观经济运行状况的有效工具。将一个国家核算期内（通常是一年）实现的国内生产总值与这个国家的常住人口（或户籍人口）相比进行计算，得到人均生产总值。

三次产业 三次产业的划分是世界上较为常用的产业结构分类，但各国的划分不尽一致。根据《国民经济行业分类》（GB/T 4754—2017）和《三次产业划分规定》，我国的三次产业划分是：

第一产业是指农、林、牧、渔业（不含农、林、牧、渔专业及辅助性活动）。

第二产业是指采矿业（不含开采专业及辅助性活动），制造业（不含金属制品、机械和设备修理业），电力、热力、燃气及水生产和供应业，建筑业。

第三产业即服务业，是指除第一产业、第二产业以外的其他行业。

劳动者报酬 指劳动者从事生产活动应获得的全部报酬，既包括货币形式的报酬，也包括实物形式的报酬。主要包括工资、奖金、津贴和补贴，单位为其员工交纳的社会保险费、补充社会保险费和住房公积金、行政事业单位职工的离退休金、单位为其员工提供的其他各种形式的福利和报酬等。

生产税净额 指生产税减生产补贴后的差额。其中，生产税指政府对生产单位从事生产、销售和经营活动，以及因从事生产活动使用某些生产要素（如固定资产和土地等）所征收的各种税收、附加费和其他规费。生产税分为产品税和其他生产税，产品税主要有：增值税、消费税、进口关税、出口税等；其他生产税主要有：房产税、车船使用税、城镇土地使用税等。生产补贴则相反，它是政府为影响生产单位的生产、销售及定价等生产活动而对其提供的无偿支付，包括农业生产补贴、政策亏损补贴、进口补贴等。生产补贴作为负生产税处理。

固定资产折旧 指由于自然退化、正常淘汰或损耗而导致的固定资产价值下降，用以代表固定资产通过生产过程被转移到其产出中的价值。原则上，固定资产折旧应按照固定资产的重置价值计算。

营业盈余 指常住单位创造的增加值扣除劳动者报酬、生产税净额和固定资产折旧后的余额。

三次产业贡献率 各产业不变价增加值增量与不变价GDP增量之比。

三次产业拉动率 GDP增长速度与各产业贡献率之乘积。

非公有制经济 指国民经济中除国有经济和集体经济以外的部分，对其中的混合制经济要依据实收资本之间的比例，按经济成分对各主要经济总量进行划分。

Explanatory Notes on Main Statistical Indicators

Gross Domestic Product (GDP) refers to the final products at market prices produced by all resident units in a country (or a region) during a certain period of time. Gross domestic product is expressed in three different perspectives, namely value, income, and products respectively. GDP in its value perspective refers to the total value of all goods and services produced by all resident units during a certain period of time, minus the total value of input of goods and services of the nature of non-fixed assets; in other words, it is the sum of the value added of all resident units. GDP from the perspective of income includes the primary income created by all resident units and distributed to resident and non-resident units. GDP from the perspective of products refers to the value of all goods and services for final demand by all resident units plus the net exports of goods and services during a given period of time. In the practice of national accounting, gross domestic product is calculated from three approaches, namely production approach, income approach and expenditure approach, which reflect gross domestic product and its composition from different angles.

Per Capita Gross Domestic Product refers to a measure of economic development in development economics, it is one of the most important macroeconomic indicators, and people/s understanding and grasp of a country or a region effective tool of macroeconomic performance. The gross domestic product (GDP) of a country's accounting period (usually one year) is divided by the country's resident population (or household population), resulting in per capita GDP.

Three Strata of Industry refers to a more commonly used classification of industrial structure in the world, but the division of different countries is not consistent. According to the "Industy Classification of National Economic Activities" (GB/T 4754—2017) and the "Rules on Division of Three Strata of Industries", China's divisions of three strata of industry.

The primary industry refers to agriculture, forestry, animal husbandry and fishery (excluding services in support of agriculture, forestry, animal husbandry and fishery industries).

The secondary industry refers to mining (excluding support activities for mining), manufacturing (excluding repair services of metal, machine and equipment), production and supply of electricity, heat, gas and water, and construction.

The tertiary industry, namely the service industry, refers to other industries except the primary industry and the secondary industry.

Compensation of Employees refers to the total remuneration that the laborer should get when engaged in production activities , including both monetary remuneration and physical remuneration. It mainly includes wages, bonuses, allowances and subsidies, social insurance premiums paid by the unit for its employees, supplementary social insurance premiums and housing provident funds, retirement benefits for employees of administrative institutions, and other forms of welfare and remuneration provided by the unit for its employees.

Net Taxes on Production refers to production tax less production subsidy. Among them, production tax refers to the various taxes, surcharges and other fees levied by the government on production units engaged in production, sales and business activities, as well as the use of certain factors of production (such as fixed assets and land, etc.) for production activities. Production tax is divided into product tax and other production taxes, product taxes mainly include: value-added tax, consumption tax, import duty, export tax, etc. Other production taxes are: property tax, vehicle and ship use tax, urban land use tax and so on. Production subsidies, on the contrary, are free payments provided by the government to affect production activities such as production, sales and pricing of production units, including agricultural production subsidies, policy loss subsidies, import subsidies, etc. Production subsidies are treated as negative production taxes.

Depreciation of Fixed Assets refers to the decline in the value of fixed assets due to natural degradation, normal obsolescence or wear and tear, and is used to represent the value of fixed assets transferred to its output through the production process. In principle, depreciation of fixed assets should be calculated according to the replacement value of fixed assets.

Operating Surplus refers to the balance of the added value created by the resident unit after deducting workers/ remuneration, net production tax and depreciation of fixed assets.

The Contribution Rate of Three Strata of Industry refers to the ratio of all industries incremental value added to GDP increment at constant prices.

The Pulling Rate of Three Strata of Industry refers to the product of GDP growth rate and the contribution rate of each industry.

Non-public Economy refers to the part of in addition to state-owned economy and collective economy in the national economy, on which the mixed-economy should be divided according to the major economic components of total economic output based on the proportion in paid-in capital.

四、人口、就业与工资

POPULATION, EMPLOYMENT AND WAGES

资料整理：杨晓柳　张　磊　史　可
Data management: Yang Xiaoliu　Zhang Lei　Shi Ke
数据审核：李　娜
Data audit: Li Na

第四部分　人口、就业与工资

一、简要说明

（一）人口部分反映西安市人口发展变化基本情况。

1.年末常住人口、性别比例、年龄比例、城镇人口比例以及人口出生率、人口死亡率和人口自然增长率等数据，根据人口普查、1%人口抽样调查或年度人口变动情况抽样调查推算所得，2006—2009年年末常住人口根据2010年第六次全国人口普查数据进行了调整。2011—2019年年末常住人口根据2020年第七次全国人口普查数据进行了修订。2021—2023年年末常住人口不含西安（西咸新区）—咸阳共管区。

2.户籍人口资料数据来源于西安市公安局人口统计年报，为西安行政区划口径数据。

3.人口统计调查方法。目前人口统计调查有：在逢“0”的年份进行全国人口普查；在逢“5”的年份进行全国1%人口抽样调查；其余年份进行人口变动情况抽样调查。

（二）就业部分反映西安市劳动就业与工资的基本情况。

1.主要内容包括就业人员人数、城镇非私营单位就业人数、城镇非私营单位就业人员工资等。

2.统计范围和调查方法

城镇非私营单位是指城镇地区全部非私营法人单位，具体包括国有单位、集体单位、联营经济、股份制经济、外商投资经济、港澳台投资经济等单位。工资统计是统计单位的从业人员，而个体从业人员、自由职业者等非单位从业人员不在工资统计范围内。

城镇私营单位主要是指在内资法人单位中由自然人投资设立或由自然人控股，以雇佣劳动为基础的营利性经济组织，包括按照《公司法》《合伙企业法》《私营企业暂行条例》规定登记注册的私营有限责任公司、私营股份有限公司、私营合伙企业和私营独资企业。

根据统计调查制度，对一套表法人单位采用全面调查的方法，对非一套表法人单位采用抽样调查的方法。

3.数据发布

由于劳动工资统计调查方法改变，就业人员与职工工资部分自2020年起取消按登记注册类型及机构类型分组数据。

二、主要指标

指标	数值	比较	变化
年末户籍人口（万人）	1028.81	比上年增长	1.4%
人口自然增长率（‰）	0.36	比上年下降	0.42个千分点
年末常住人口（万人）	1307.82	比上年增长	0.63%
常住人口男女性别比（以女性为100）	104.25	比上年下降	0.02个百分点
户籍人口密度（人/平方公里）	1019	比上年增加	14人/平方公里
城镇非私营单位在岗职工年平均工资（元）	126471	比上年增长	4.0%

4 POPULATION, EMPLOYMENT AND WAGES

I .Brief Introduction

(I) Population part reflects the basic conditions of development and changes of population in Xi'an.

1.Permanent population at the year-end, proportion of population by sex, proportion of population by age, proportion of urban population, birth rate, death rate and natural growth rate of population. The data are estimated by Xi'an Bureau of Statistics on the basis of population censuses, the one percent sample survey on population, or annual sample surveys on population changes. Permanent Population at the Year-end from 2006 to 2009 have been adjusted in accordance with the flash sums of the 6th National Population Census in 2010. The resident population and from 2011 to 2019 were revised according to the data of the seventh national census in 2020. Permanent population at the end of 2021—2023 exclude area mutually controlled by Xi'an (Xixian New Area)-Xianyang.

2.The total population with residence registration are obtained from the annual reports of population of Xi'an Public Security Bureau. It is Xi'an administrative division.

3.Investigation methods. The statistical surveys on population are as follows:

The national population census is conducted in the year ending with 0; the national 1 percent population sample survey is conducted in the year ending with 5; sample survey on population changes are conducted in the rest of the years.

(II) The employment chapter reflects the basics of employment and wages in Xi'an.

1.It mainly includes the number of all employed persons, the number of employed persons and their wages in urban non-private units.

2.Statistical Coverage and Survey Methods

Urban non-private units refer to all non-private legal units in urban areas, including state-owned units, collective units, joint ownership units, foreign-funded units and units with funds from Hong Kong, Macao & Taiwan. Wages of employed persons in urban non-private units are the persons employed in those units, except the self-employed and freelancers.

Urban private units refer to wage labor-based for-profit units invested and established or controlled by natural persons in domestic legal units, including private limited liability corporations, private shareholding corporations limited, partnership corporations and private sole proprietorship corporations registered in accordance with Company law, Partnership Enterprise Law and Provisional Regulations on Private Enterprises.

According to the statistical survey system, a comprehensive survey method is adopted for a set of legal entities, and a sample survey method is adopted for a non-set of legal entities.

3.Data Release

Due to the change in labor and wage statistics and survey methods, grouping data on the wages of employed persons and workers based on registration type and organization type has been abolished since 2020.

II .Major Indicators

		Increase over Preceding Year
Total registered Population of Year-end (10 000 persons)	1028.81	1.4%
Natural Growth Rate (‰)	0.36	-0.42 per thousand
Permanent Population (10 000 persons)	1307.82	0.63%
Sex Ratio of Permanent Population (Female-100)	104.25	-0.02 percentage points
Density of Population (person/sq.km)	1019	14 person/sq.km
Annual Average Wage of Staff and Workers in Urban Non-privite Enterprises (yuan)	126471	4.0%

4-1 主要年份人口数、人口密度和人口发展情况

Population, Population Density and Population Development in Representative Years

单位：万人 (10 000 persons)

年 份 Year	总人口 Total Population	#市区 Urban Area	#女性人口 Number of Female	#城镇人口 Urban Population	人口密度（人/平方公里） Density of Population (person/sq.km)	总人口指数（上年为100）Total Population Index (100 for preceding year) 全市 Whole City	市区 Urban Area
1952	252.92	92.42	118.81	57.61	254	102.6	103.1
1965	400.05	179.88	190.72	136.39	401	102.5	103.4
1970	435.12	188.12	210.47	139.12	436	101.9	101.4
1978	498.10	210.15	241.82	159.98	499	101.7	102.7
1980	511.91	221.19	249.26	172.85	513	101.4	102.6
1985	553.11	245.76	268.40	201.90	554	101.6	102.2
1986	563.97	251.80	273.30	205.92	565	102.0	102.5
1987	574.46	257.69	278.12	210.25	575	101.9	102.3
1988	585.85	264.94	283.68	216.99	587	102.0	102.8
1989	597.36	270.80	289.44	222.54	598	102.0	102.2
1990	608.89	275.69	295.29	226.98	610	101.9	101.8
1991	615.48	419.29	298.13	230.85	617	101.1	152.1
1992	623.20	429.54	301.92	236.45	624	101.3	102.4
1993	630.91	435.41	305.30	240.85	632	101.2	101.4
1994	639.45	442.30	309.17	248.35	641	101.4	101.6
1995	648.21	448.65	313.46	255.71	645	101.4	101.4
1996	654.87	454.68	316.60	261.28	653	101.0	101.3
1997	662.06	461.17	320.18	267.52	663	101.1	101.4
1998	668.22	466.31	323.20	271.75	669	100.9	101.1
1999	674.50	463.56	326.12	276.14	676	100.9	99.4
2000	688.01	483.10	332.83	285.79	689	102.0	104.2
2001	694.84	489.88	336.04	292.62	696	101.0	101.4
2002	702.59	497.38	339.51	300.05	704	101.1	101.5
2003	716.58	510.26	346.26	312.88	718	102.0	102.6
2004	725.01	516.30	350.85	318.50	717	101.2	101.2
2005	741.73	533.21	359.71	333.14	734	102.3	103.3
2006	753.11	540.97	365.74	343.78	745	101.5	101.5
2007	764.25	549.19	371.84	353.85	756	101.5	101.5
2008	772.30	554.73	376.76	363.87	764	101.1	101.0
2009	781.67	561.58	382.39	370.66	773	101.2	101.2
2010	782.73	562.65	383.93	374.64	774	100.1	100.2
2011	791.83	568.77	389.31	391.31	783	101.2	101.1
2012	795.98	572.76	392.04	398.40	788	100.5	100.7
2013	806.93	580.60	398.15	409.82	799	101.4	101.4
2014	815.29	587.16	402.83	418.16	807	101.0	101.1
2015	815.66	588.43	403.43	545.95	808	100.0	100.2
2016	824.93	629.24	408.39	552.21	817	101.1	106.9
2017	845.09	649.08	420.11	567.26	837	102.4	103.2
2018	922.82	725.58	461.31	639.62	914	109.2	111.8
2019	956.74	821.31	479.61	668.57	948	103.7	113.2
2020	977.97	842.39	491.47		969	102.2	102.6
2021	999.45	863.76	503.24		990	102.2	102.5
2022	1014.59	879.06	511.59		1005	101.5	101.8
2023	1028.81	893.87	519.61		1019	101.4	101.7

注：本表为公安年报数据，系户籍人口。2016年起公安年报调整至11月30日，市区数1991年增加临潼、长安，2016年增加高陵，行政区划面积自2012年发生变更，调整了2012年和2013年户籍人口密度。2015年公安局户籍改革，按统计上城乡划分标准统计城镇与乡村人口。户籍人口为西安原口径数据。2019—2023年计算的人口密度所使用的土地面积为2018年数据。由于部门制度变化，自2020年开始，城镇人口数据暂不提供。

Note: Figures in this table are obtained from the public security annual report, which is the registered population. The annual report of public security has been adjusted to november 30 since 2016. Urban areas increased to Lintong and Chang'an in 1991 and Gaoling in 2016. The area of the administrative division has been changed since 2012, and the registered population density has been adjusted in 2012 and 2013. The household registration reform of the Public Security Bureau in 2015 counted urban and rural population according to the standard of urban and rural division statistically. Registered population are based on Xi'an administrative division. The land area used for population density calculation in 2019—2023 is 2018 data. Due to departmental system changes, urban population data will not be provided since 2020.

4-2 主要年份人口自然变动情况

Natural Population Movements in Representative Years

单位：万人 (10 000 persons)

年 份 Year	出生 Birth 人数 Population	 出生率（‰） Birth Rate (‰)	死亡 Death 人数 Population	 死亡率（‰） Death Rate (‰)	自然增长率（‰） Natural Growth Rate (‰)	迁入人口 Immigrant Population	迁出人口 Emigrant Population
1985	8.95	16.30	3.01	5.48	10.82	11.60	8.74
1986	10.14	18.15	2.78	4.97	13.18	11.79	8.39
1987	9.76	17.14	2.83	4.97	12.17	12.58	9.26
1988	9.42	16.24	2.89	4.98	11.26	13.54	8.97
1989	11.78	19.92	3.04	5.13	14.79	12.73	10.15
1990	12.40	20.55	3.45	5.72	14.83	11.82	9.86
1991	8.73	14.25	3.26	5.33	8.92	8.98	6.09
1992	8.98	14.49	3.39	5.48	9.01	13.94	9.54
1993	9.25	14.75	3.37	5.38	9.37	11.50	8.33
1994	8.08	12.71	3.16	4.97	7.74	13.40	8.59
1995	7.69	11.95	3.21	4.98	6.97	14.41	8.85
1996	7.26	11.15	3.41	5.24	5.91	11.94	8.88
1997	6.84	10.38	3.12	4.75	5.63	12.58	8.62
1998	6.40	9.62	3.10	4.66	4.96	10.89	8.36
1999	6.19	9.22	3.88	5.78	3.44	12.58	9.23
2000	8.90	13.07	4.06	5.96	7.11	17.12	9.23
2001	5.11	7.39	2.89	4.19	3.20	15.16	10.83
2002	5.34	7.64	3.08	4.41	3.23	13.90	9.41
2003	6.02	8.48	3.32	4.68	3.80	20.60	9.15
2004	6.63	9.19	4.23	5.87	3.32	15.56	10.19
2005	7.67	9.58	4.13	5.16	4.42	22.61	9.46
2006	8.13	9.98	4.45	5.46	4.52	17.23	11.75
2007	8.27	10.00	4.53	5.48	4.52	19.90	14.01
2008	8.47	10.15	4.65	5.57	4.58	18.49	15.04
2009	8.47	10.08	4.73	5.63	4.45	16.84	13.14
2010	8.23	9.73	4.51	5.34	4.39	14.09	13.50
2011	8.25	9.71	4.57	5.38	4.33	14.21	11.74
2012	8.64	10.13	4.75	5.57	4.56	12.55	13.10
2013	8.20	9.57	4.60	5.37	4.20	10.83	8.60
2014	8.70	10.11	4.71	5.47	4.64	9.10	7.61
2015	8.80	10.15	4.78	5.51	4.64	8.08	11.61
2016	10.12	11.54	4.74	5.40	6.14	6.21	4.68
2017	12.03	12.62	5.17	5.42	7.20	25.22	4.94
2018	12.23	12.47	5.38	5.48	6.99	76.53	8.02
2019	12.45	12.32	5.59	5.53	6.79	30.81	6.21
2020	11.85	9.14	9.69	7.48	1.66	22.45	7.28
2021	10.86	8.44	9.67	7.51	0.93	22.65	7.46
2022	10.81	8.32	9.80	7.54	0.78	15.26	6.35
2023	10.75	8.22	10.28	7.86	0.36	17.05	7.92

注：2004年以前为公安年报数据。迁入人口和迁出人口为公安年报数据。公安数据为西安行政区划口径数据。2010、2020年出生、死亡、自然增长率根据人口普查数据推算得出。2005—2009、2011—2019年及2021—2023年出生、死亡、自然增长率为人口变动抽样调查推算数据。

Note: Before 2004 for the public security annual report data. Immigration population and emigration population are the data of public security annual report. Public security data are based on Xi'an administrative division. The growth rates of births, deaths and natural causes in 2010 and 2020 were calculated based on census data. The birth, death and natural growth rates from 2005 to 2009, 2011 to 2019 and 2021 to 2023 were calculated by the population change sampling survey.

4-3 主要年份人口年龄构成和抚养比

Population Age Composition and Dependency Ratio in Representative Years

单位：% (%)

年份 Year	各年龄段人口比重 Proportion of Population of All Ages 0-14岁 Aged 0-14	15-64岁 Aged 15-64	65岁及以上 Aged 65 and Over	总抚养比 Gross Dependency Ratio	少年儿童 Children	老年人口 Elderly Population
1990	25.71	69.08	5.21	44.76	37.21	7.55
2000	22.27	71.26	6.47	40.33	31.25	9.08
2010	12.89	78.65	8.46	27.15	16.39	10.76
2011	12.57	78.33	9.10	27.66	16.04	11.62
2012	12.54	78.02	9.44	28.17	16.07	12.10
2013	12.46	77.88	9.66	28.40	16.00	12.40
2014	12.52	77.46	10.02	29.10	16.16	12.94
2015	12.56	76.94	10.50	29.98	16.33	13.65
2016	12.76	76.35	10.89	30.97	16.71	14.26
2017	13.63	75.20	11.17	32.97	18.12	14.85
2018	13.75	74.96	11.29	33.40	18.34	15.06
2019	13.90	74.41	11.69	34.39	18.68	15.71
2020	15.65	73.45	10.90	36.14	21.30	14.84
2021	15.59	72.37	12.04	38.18	21.54	16.64
2022	15.56	71.96	12.48	38.96	21.62	17.34
2023	15.50	71.86	12.64	39.16	21.57	17.59

注：1990、2000、2010、2020年数据根据人口普查数据加工整理，2011—2019年、2021—2023年数据根据人口变动抽样调查数据推算，自2017年起数据包含西咸新区，2021—2023年数据不含西安（西咸新区）—咸阳共管区。抚养比指0-14岁、65岁及以上人口占15-64岁人口的比重。

Note: Data for 1990, 2000, 2010 and 2020 were processed according to the census data. Data for 2011—2019 and 2021—2023 are calculated based on data from the sample survey of Population Change. The data include Xixian New Area since 2017. The data in 2021—2023 exclude areas mutually controlled by Xi'an (Xixian New Area)-Xianyang. Dependency ratio refers to the ratio of the population aged 0-14, 65 and above to the population aged 15-64.

4-4 全市及各区县人口数和户数（2023年）

Population and Households by Region (2023)

单位：万人 (10 000 persons)

区县	Region	总户数（万户） Number of Households (10 000 households)	总人口 Total Population	按性别划分 Grouped by Sex 男 Male	女 Female	迁入人口（人） Immigrant Population (person)	迁出人口（人） Emigrant Population (person)
全市	**Total**	**336.06**	**1028.81**	**509.19**	**519.61**	**170470**	**79216**
新城区	Xincheng	18.89	53.06	26.04	27.02	7746	3732
碑林区	Beilin	23.93	73.50	36.06	37.44	14556	8191
莲湖区	Lianhu	28.88	78.25	38.00	40.26	11863	6853
灞桥区	Baqiao	25.92	76.11	36.76	39.35	19200	4092
未央区	Weiyang	39.81	117.52	56.43	61.09	37067	14266
雁塔区	Yanta	50.20	154.21	74.66	79.56	45367	19261
阎良区	Yanliang	9.22	27.81	13.90	13.91	1474	870
临潼区	Lintong	24.47	73.17	37.02	36.15	3128	1864
长安区	Chang'an	43.60	136.77	67.66	69.12	16811	7684
高陵区	Gaoling	12.21	38.84	19.02	19.83	6088	1365
鄠邑区	Huyi	19.22	64.63	32.95	31.68	2815	1985
蓝田县	Lantian	20.26	65.43	34.03	31.40	2206	3941
周至县	Zhouzhi	19.45	69.50	36.68	32.82	2149	5112

注：本表均为公安年报数据，为西安行政区划口径数据。表中数据未机械配平。

Note: All the data in this table are from the public security annual report, which is Xi'an administrative division. Data in the table has not been mechanically balanced.

4-5 全市及各区县常住人口数和人口变动情况（2023年）

Permanent Population and Population Changes by Region (2023)

区 县	Region	年末常住人口（万人）Year-end Permanent Population (10 000 persons)	#城镇 Urban	出生率（‰）Birth Rate (‰)	死亡率（‰）Death Rate (‰)	自然增长率（‰）Natural Growth Rate (‰)
全 市	**Total**	**1307.82**	**1044.69**	**8.22**	**7.86**	**0.36**
新城区	Xincheng	62.70	62.70	6.67	7.11	-0.44
碑林区	Beilin	77.86	77.86	6.03	6.40	-0.37
莲湖区	Lianhu	103.75	103.75	6.70	6.68	0.02
灞桥区	Baqiao	106.69	104.73	8.13	7.87	0.26
未央区	Weiyang	162.57	162.57	8.29	7.61	0.68
雁塔区	Yanta	212.91	212.91	8.57	7.02	1.55
阎良区	Yanliang	31.37	18.48	7.63	7.73	-0.10
临潼区	Lintong	68.75	25.37	7.56	7.98	-0.42
长安区	Chang'an	164.42	105.16	8.64	8.70	-0.06
高陵区	Gaoling	46.74	30.78	9.81	8.93	0.88
鄠邑区	Huyi	59.52	26.75	9.03	8.98	0.05
蓝田县	Lantian	49.45	17.78	8.82	10.02	-1.20
周至县	Zhouzhi	55.88	18.60	9.86	10.35	-0.49
西咸新区	Xixian New Area	105.21	77.25	9.06	7.79	1.27

注：本表数据均为人口变动抽样调查推算数据。2023年西咸新区数据不含西安（西咸新区）—咸阳共管区。
Note: All data in this table are derived from the sample survey of Population Change. The data in 2023 exclude areas mutually controlled by Xi'an (Xixian New Area)-Xianyang.

4-6 主要年份常住人口数

Permanent Population in Representative Years

单位：万人 (10 000 persons)

年　份 Year	年末常住人口 Year-end Permanent Population	城镇 Urban	乡村 Rural Area
2000	741.14	450.36	290.78
2005	806.81	510.55	296.26
2006	822.52	530.94	291.58
2007	830.54	548.99	281.55
2008	837.52	565.16	272.36
2009	843.46	581.40	262.06
2010	847.41	584.71	262.70
2011	887	620.00	267.00
2012	914	659.26	254.74
2013	936	689.01	246.99
2014	960	714.94	245.06
2015	988	747.71	240.29
2016	1030	789.50	240.50
2017	1134	874.55	259.45
2018	1191	927.23	263.77
2019	1235	972.89	262.11
2020	1296	1026.43	269.57
2021	1287.30	1023.27	264.03
2022	1299.59	1034.34	265.25
2023	1307.82	1044.69	263.13

注：2000年常住人口为普查数据。2005—2009年、2021年常住人口为人口变动抽样调查推算数据。2010、2020年常住人口数根据人口普查数据推算得出。2011—2019年常住人口依据第七次全国人口普查数据进行修订。2017—2020年常住口径数据为大西安范围，含西咸新区。2021—2023年数据不含西安（西咸新区）—咸阳共管区。

Note: The permanent population in 2000 was the census data. The permanent population from 2005 to 2009 and 2021 are calculated data from the sample survey of population change. The permanent population in 2010 and 2020 calculated according to the census data. The permanent population from 2011 to 2019 was revised based on data from the 7th Census. The permanent caliber data from 2017 to 2020 covers Greater Xi'an, including Xixian New Area. The data from 2021 to 2023 exclude areas mutually controlled by Xi'an (Xixian New Area)-Xianyang.

4-7 主要年份就业人员人数

单位：万人

年 份 Year	合计 Total	一、按城乡分 By Urban and Rural Areas				
		1.城镇 Urban	国有经济 State-owned Enterprises	集体经济 Collective Enterprises	其他经济 Others	2.乡村 Rural Area
1985	**296.80**	129.07	96.80	29.07	3.20	167.73
1986	**299.45**	132.82	101.28	28.43	3.11	166.63
1987	**312.16**	138.56	104.58	30.72	3.26	173.60
1988	**327.76**	142.24	106.46	30.73	5.05	185.52
1989	**332.65**	145.65	108.80	30.44	6.41	187.00
1990	**343.06**	147.93	110.95	29.78	7.20	195.13
1991	**347.65**	149.48	111.87	29.80	7.81	198.17
1992	**357.51**	151.67	113.19	29.97	8.51	205.84
1993	**363.70**	155.72	112.98	29.77	12.97	207.98
1994	**364.56**	154.88	113.39	27.97	13.52	209.68
1995	**372.60**	158.80	113.79	25.58	19.43	213.80
1996	**379.29**	164.54	113.29	24.82	26.43	214.75
1997	**385.14**	169.52	112.44	23.52	33.56	215.62
1998	**393.95**	177.20	106.06	21.50	49.64	216.75
1999	**400.43**	180.27	105.08	20.50	54.69	220.16
2000	**389.10**	176.45	103.46	18.40	54.59	212.65
2001	**389.30**	177.94	100.47	17.10	60.37	211.36
2002	**397.16**	181.85	100.54	16.90	64.41	215.31
2003	**404.92**	183.23	94.51	16.78	71.94	221.69
2004	**409.57**	187.53	93.43	15.41	78.69	222.04
2005	**415.83**	192.53	93.27	14.47	84.79	223.30
2006	**422.15**	196.16	84.46	14.41	97.29	225.99
2007	**436.36**	214.27	90.58	11.88	111.81	222.09
2008	**448.05**	224.20	90.17	10.60	123.43	223.85
2009	**462.52**	239.39	90.83	7.63	140.93	223.13
2010	**477.58**	252.54	94.01	5.48	153.05	225.04
2011	**495.99**	265.43	91.62	5.33	168.48	230.56
2012	**514.57**	287.65	95.33	5.10	187.22	226.92
2013	**530.71**	308.04	86.06	7.29	214.69	222.67
2014	**532.92**	316.59	84.83	6.67	225.09	216.33
2015	**528.06**	327.68	84.52	5.29	237.87	200.38
2016	**539.18**	335.07	87.15	4.85	243.07	204.11
2017	**596.21**	370.33	86.06	4.46	279.81	225.88
2018	**621.22**	398.23	80.83	3.53	313.87	222.99
2019	**645.86**	421.75	75.84	3.28	342.63	224.11
2020	**664.45**	443.29				221.16
2021	**686.53**	473.06				213.47
2022	**690.77**	481.21				209.56
2023	**699.28**	495.98				203.30

注：1.第一产业就业人员中包括城镇农林牧渔及服务业企业人员。
2.因劳动工资统计调查制度变化，自2020年起，取消分登记注册类型、机构类型分组数据，下同。

Number of Employed Persons in Representative Years

(10 000 persons)

二、按三次产业分 By Three Industries		
第一产业 Primary Industry	第二产业 Secondary Industry	第三产业 Tertiary Industry
135.89	98.61	62.30
127.46	100.61	71.38
130.36	107.75	74.05
138.87	108.12	80.77
142.21	106.40	84.04
149.64	106.74	86.68
152.24	108.19	87.22
154.75	110.22	92.54
154.02	114.02	95.66
153.51	108.53	102.52
153.39	109.67	109.54
153.43	109.17	116.69
153.23	109.46	122.45
153.00	110.45	130.50
154.64	110.58	135.21
147.03	107.26	134.81
145.09	108.96	135.25
143.04	111.62	142.50
146.67	109.09	149.16
141.81	111.70	156.06
136.31	114.20	165.32
135.10	116.09	170.96
133.33	125.06	177.97
127.87	130.23	189.95
122.13	131.57	208.82
117.27	145.40	214.91
121.05	151.33	223.61
114.92	162.35	237.30
110.45	151.50	268.76
105.02	151.85	276.05
107.68	129.51	290.87
105.12	127.88	306.18
113.17	135.52	347.52
101.25	154.02	365.95
101.37	164.54	379.95
99.97	155.84	408.64
99.69	152.50	434.34
97.90	155.40	437.46
95.83	153.17	450.28

Note: a) People employed in the primary industry include those in urban agriculture, forestry, husbandry, fishery and service enterprises.
b) Due to changes in the labor and wage statistical survey system, data grouped by registration type and organization type will be abolished from 2020. Similarly hereinafter.

4-8 分行业就业人员人数（2023年）

单位：万人

行 业	Sector	合计 Total
总 计	**Total**	**699.28**
（一）农、林、牧、渔业	Agriculture, Forestry, Animal Husbandry and Fishery	95.83
（二）采矿业	Mining	4.82
（三）制造业	Manufacturing	80.45
（四）电力、热力、燃气及水生产和供应业	Production and Supply of Electricity, Heat, Gas and Water	7.86
（五）建筑业	Construction	60.04
（六）批发和零售业	Wholesale and Retail Trades	129.36
（七）交通运输、仓储和邮政业	Transport, Storage and Post	35.27
（八）住宿和餐饮业	Hotels and Catering Services	66.49
（九）信息传输、软件和信息技术服务业	Information Transmission, Software and Information Technology	22.19
（十）金融业	Financial Intermediation	8.48
（十一）房地产业	Real Estate	17.30
（十二）租赁和商务服务业	Leasing and Business Services	35.28
（十三）科学研究和技术服务业	Scientific Research and Technical Services	22.47
（十四）水利、环境和公共设施管理业	Management of Water Conservancy, Environment and Public Facilities	4.17
（十五）居民服务、修理和其他服务业	Service to Households, Repair and Other Services	33.09
（十六）教育	Education	32.10
（十七）卫生和社会工作	Health and Social Service	24.25
（十八）文化、体育和娱乐业	Culture, Sports and Entertainment	6.13
（十九）公共管理、社会保障和社会组织	Public Management, Social Security and Social Organization	13.70
（二十）国际组织	International Organizations	

Number of Employed Persons by Sector (2023)

(10 000 persons)

#城镇非私营单位 Urban Non-Private Units	#城镇私营及个体劳动者 Urban Private Enterprises and Individual Labors
203.22	**292.76**
0.12	3.27
4.46	0.36
44.54	21.64
7.05	0.81
19.28	24.88
11.32	98.72
9.23	15.44
5.13	50.09
10.90	10.42
7.48	0.28
9.07	8.23
8.70	18.02
14.05	7.72
3.04	1.13
0.70	20.37
21.04	4.26
12.35	3.33
2.36	3.77
12.40	0.02

4-9 城镇非私营单位分行业就业人员年末人数（2023年）

单位：人

行 业	Sector	单位就业人员 Employed Persons	#女性 Female
总 计	**Total**	**2032238**	**809420**
（一）农、林、牧、渔业	Agriculture, Forestry, Animal Husbandry and Fishery	1158	327
（二）采矿业	Mining	44572	13481
（三）制造业	Manufacturing	445405	132638
（四）电力、热力、燃气及水生产和供应业	Production and Supply of Electricity, Heat, Gas and Water	70505	20001
（五）建筑业	Construction	192834	36959
（六）批发和零售业	Wholesale and Retail Trades	113212	61257
（七）交通运输、仓储和邮政业	Transport, Storage and Post	92294	28708
（八）住宿和餐饮业	Hotels and Catering Services	51258	30344
（九）信息传输、软件和信息技术服务业	Information Transmission, Software and Information Technology	109033	36066
（十）金融业	Financial Intermediation	74755	43743
（十一）房地产业	Real Estate	90746	40664
（十二）租赁和商务服务业	Leasing and Business Services	87035	26045
（十三）科学研究和技术服务业	Scientific Research and Technical Services	140534	44147
（十四）水利、环境和公共设施管理业	Management of Water Conservancy, Environment and Public Facilities	30383	11993
（十五）居民服务、修理和其他服务业	Service to Households, Repair and Other Services	7001	4040
（十六）教育	Education	210421	132881
（十七）卫生和社会工作	Health and Social Service	123542	91344
（十八）文化、体育和娱乐业	Culture, Sports and Entertainment	23587	11983
（十九）公共管理、社会保障和社会组织	Public Management, Social Security and Social Organization	123963	42799
（二十）国际组织	International Organizations		

Number of Fully Employed Staff and Workers in Urban Non-Private Units at Year-end by Sector (2023)

(person)

在岗职工 Staff and Workers	其他就业人员 Other Employed Persons	单位就业人员年平均人数 Average Annual Employment	在岗职工 Staff and Workers	其他就业人员 Other Employed Persons
1952134	**80104**	**2036609**	**1945785**	**90824**
1095	63	1266	1198	68
44461	111	13656	13515	141
441221	4184	413754	410014	3740
70014	491	25259	24724	535
181697	11137	210397	195730	14667
110727	2485	128313	125074	3239
91827	467	102275	100720	1555
44924	6334	57207	50325	6882
108429	604	122718	122094	624
55448	19307	83855	61592	22263
86786	3960	104339	99490	4849
75462	11573	89689	78640	11049
137914	2620	107293	104583	2710
29900	483	34398	33866	532
6898	103	7690	7565	125
201985	8436	235284	225998	9286
120614	2928	133596	130496	3100
21766	1821	26452	24416	2036
120966	2997	139168	135745	3423

4-10 城镇非私营单位就业人员分行业工资总额（2023年）

单位：万元

行　业	Sector	单位就业人员工资总额 Total Wages of Employment
总　　计	**Total**	**25186723**
（一）农、林、牧、渔业	Agriculture, Forestry, Animal Husbandry and Fishery	13400
（二）采矿业	Mining	263723
（三）制造业	Manufacturing	4571104
（四）电力、热力、燃气及水生产和供应业	Production and Supply of Electricity, Heat, Gas and Water	312292
（五）建筑业	Construction	2536550
（六）批发和零售业	Wholesale and Retail Trades	1200447
（七）交通运输、仓储和邮政业	Transport, Storage and Post	1049897
（八）住宿和餐饮业	Hotels and Catering Services	312386
（九）信息传输、软件和信息技术服务业	Information Transmission, Software and Information Technology	2778803
（十）金融业	Financial Intermediation	1625744
（十一）房地产业	Real Estate	917271
（十二）租赁和商务服务业	Leasing and Business Services	729537
（十三）科学研究和技术服务业	Scientific Research and Technical Services	1786238
（十四）水利、环境和公共设施管理业	Management of Water Conservancy, Environment and Public Facilities	236911
（十五）居民服务、修理和其他服务业	Service to Households, Repair and Other Services	50237
（十六）教育	Education	3005450
（十七）卫生和社会工作	Health and Social Service	1861827
（十八）文化、体育和娱乐业	Culture, Sports and Entertainment	257623
（十九）公共管理、社会保障和社会组织	Public Management, Social Security and Social Organization	1677283
（二十）国际组织	International Organizations	

Earnings of Employed Persons by Sector in Urban Non-Private Units (2023)

(10 000 yuan)

在岗职工工资总额 Total Wages of Employed Staff and Workers	其他就业人员工资总额 Remuneration of Other Employed Persons	就业人员年平均工资（元） Average Wages of Employees (yuan)
24608487	**578236**	**123670**
13205	195	105915
262918	805	193117
4539338	31766	110479
308135	4157	123636
2425136	111414	120560
1182407	18040	93556
1042475	7422	102656
303974	8412	54606
2767708	11095	226437
1447804	177940	193876
901550	15721	87912
660873	68664	81341
1767318	18920	166484
234555	2356	68873
49036	1201	65324
2957470	47980	127737
1836037	25790	139362
244764	12859	97392
1663784	13499	120523

4-11 主要年份城镇非私营单位分行业就业人员平均工资

单位：元

行 业	Sector	2010年	2011年
总 计	**Total**	**37870**	**41679**
（一）农、林、牧、渔业	Agriculture, Forestry, Animal Husbandry and Fishery	21436	23567
（二）采矿业	Mining	32154	38551
（三）制造业	Manufacturing	26663	34698
（四）电力、热力、燃气及水生产和供应业	Production and Supply of Electricity, Heat, Gas and Water	39508	47705
（五）建筑业	Construction	26875	29773
（六）批发和零售业	Wholesale and Retail Trades	25103	27996
（七）交通运输、仓储和邮政业	Transport, Storage and Post	41737	48231
（八）住宿和餐饮业	Hotels and Catering Services	19647	22925
（九）信息传输、软件和信息技术服务业	Information Transmission, Software and Information Technology	45904	51135
（十）金融业	Financial Intermediation	63952	72195
（十一）房地产业	Real Estate	45273	34626
（十二）租赁和商务服务业	Leasing and Business Services	30267	31549
（十三）科学研究和技术服务业	Scientific Research and Technical Services	55456	64448
（十四）水利、环境和公共设施管理业	Management of Water Conservancy, Environment and Public Facilities	25322	26009
（十五）居民服务、修理和其他服务业	Service to Households, Repair and Other Services	26443	23993
（十六）教育	Education	53084	54442
（十七）卫生和社会工作	Health and Social Service	44035	48836
（十八）文化、体育和娱乐业	Culture, Sports and Entertainment	31925	34717
（十九）公共管理、社会保障和社会组织	Public Management, Social Security and Social Organization	39964	42163
（二十）国际组织	International Organizations		

Average Wages of Employed Persons in Urban Non-private Units Sector in Representative Years

(yuan)

2012年	2013年	2014年	2015年	2016年	2017年	2018年	2019年	2020年	2021年	2022年	2023年
44533	**49350**	**54573**	**60557**	**67205**	**75262**	**83821**	**92359**	**99315**	**111078**	**117932**	**123670**
31846	36658	42881	43426	48626	52020	72890	81373	90218	90398	93878	105915
33489	40605	42116	46645	108827	118026	99400	106393	143464	148993	165481	193117
38957	44321	49482	56686	61434	66067	73733	80703	90921	100250	105689	110479
55409	59955	61252	65887	69092	77674	70021	75545	103286	113155	115774	123636
35828	39507	48275	52783	60475	68025	73963	81621	93794	104178	114337	120560
34382	37362	40915	46203	48210	55793	62362	68787	71766	81090	82620	93556
48760	54147	59189	62816	63583	69469	88547	97746	86829	92594	92716	102656
26637	29497	30914	33746	37507	41147	42970	46523	44332	49963	49126	54606
63328	67495	100550	109448	137210	142407	150081	167240	174214	215565	213228	226437
75652	97140	104433	106807	108569	114884	108643	114753	108142	148346	160605	193876
37567	44832	48120	52423	56979	57970	65726	72780	79854	83972	82719	87912
34291	42109	46828	52637	54395	53474	54940	62628	65332	75315	78111	81341
68274	69951	69958	72731	79539	86199	103604	118277	129654	143774	168129	166484
29938	38429	43033	45356	44062	48277	54127	59967	67155	67194	67712	68873
25103	32066	32478	37019	35721	35979	56707	62097	52864	57174	52728	65324
54581	59143	58451	63761	71635	86672	98158	103991	112030	117034	126872	127737
56764	61602	59892	61623	74797	86521	99523	108493	114177	120894	128327	139362
40833	50201	57239	61561	65974	70202	74588	81117	84900	92669	93995	97392
47691	49893	47000	51681	59437	77660	84567	90877	97134	99757	113077	120523

4-12 主要年份城镇非私营单位就业人员人数和工资总额

年　份 year	单位就业人员 （万人） Number of Employed Persons (10 000 persons)	就业人员工资总额 （亿元） Total Wages of Employed Persons (100 million yuan)	城镇非私营单位就业人员年平均工资 （元） Annual Average Wage of Employees in Urban Non-private Units (yuan)
1978	93.56	6.28	688
1980	103.09	8.17	818
1985	127.04	14.17	1148
1986	132.78	16.87	1311
1987	135.48	19.13	1446
1988	137.56	22.81	1702
1989	139.86	25.64	1873
1990	141.55	29.48	2133
1991	142.86	26.88	2276
1992	144.51	30.80	2545
1993	146.03	43.25	2999
1994	142.37	58.87	4172
1995	141.17	67.23	4763
1996	140.60	75.64	5407
1997	138.89	80.83	5785
1998	138.78	82.85	6900
1999	115.88	90.13	7764
2000	112.45	103.80	9179
2001	113.93	123.12	10786
2002	115.77	138.88	12138
2003	116.68	155.95	13504
2004	118.15	184.63	15473
2005	123.66	215.67	17728
2006	125.10	250.87	20475
2007	129.40	319.23	25012
2008	130.85	379.29	29749
2009	135.64	450.48	34032
2010	140.38	520.88	37870
2011	154.33	658.73	41679
2012	165.59	770.86	44533
2013	198.42	1031.46	49350
2014	199.41	1151.53	54573
2015	198.46	1255.75	60557
2016	199.19	1358.95	67205
2017	202.29	1542.35	75262
2018	196.23	1677.57	83821
2019	211.31	1992.54	92359
2020	213.57	2175.60	99315
2021	202.90	2296.59	111078
2022	205.79	2515.34	117932
2023	203.22	2518.67	123670

注：因1989年以前，西安市行政区划有几次调整，本表按1989年西安行政区划对1989年前的历史数据进行了修订。

Number of Persons Employed in Urban Non-Private Units and Total Wages in Representative Years

城镇国有单位就业人员年平均工资（元） Annual Average Wage of Employees in State-owned Units (yuan)	城镇集体单位就业人员年平均工资（元） Annual Average Wage of Employees in Urban Collective Units (yuan)	城镇非私营其他经济类型单位就业人员年平均工资（元） Average Wages of Urban Non-private Basic Facts on Employees in other Units (yuan)
705	609	
849	699	
1215	923	1409
1388	1048	1659
1544	1107	1583
1842	1216	2065
2010	1385	2188
2290	1545	2044
2435	1657	2966
2758	1709	3504
3274	1910	3551
4588	2337	5243
5168	2837	5863
5858	3216	6225
6204	3437	7487
7445	3964	6942
8238	4374	8217
9742	5178	9451
11570	5431	10781
12877	6230	12543
14217	6892	14215
15994	7428	17030
18420	7612	19066
21392	8494	21859
25696	9768	27400
30246	10834	33344
34611	11940	37307
38122	12505	40721
45217	23241	37643
47493	29988	41218
52782	34591	47462
54138	41006	55766
60301	43291	61590
66295	48098	68847
76682	54755	74999
87096	53048	82239
101187	49998	88142

Note: Since the administrative divisions of Xi'an were adjusted several times before 1989, this table has been revised according to the historical data of Xi'an administrative divisions before 1989.

主要统计指标解释

人口数 指一定时点、一定地区范围内的有生命的个人的总和。年度统计的年末人口数，指每年12月31日24时的人口数。

常住人口 指实际经常居住在某地区一定时间（半年以上，含半年）的人口。常住人口包括户口在本辖区人也在本辖区居住的人，户口在本辖区之外但在户口登记地半年以上的人，户口待定（无户口和口袋户口）的人，户口在本辖区但离开本辖区半年以下的人。

城镇人口和乡村人口 城镇人口是指居住在城镇范围内的全部常住人口；乡村人口是除上述人口以外的全部人口。

出生率（又称粗出生率） 指在一定时期内（通常为一年）平均每千人所出生的人数的比率，一般用千分率表示。其计算公式为：

出生率 = 年出生人数 / 年平均人数 × 1000‰

式中：出生人数指活产婴儿，即胎儿脱离母体时（不管怀孕月数），有过呼吸或其他生命现象。年平均人数指年初、年底人口数的平均数，也可用年中人口数代替。

死亡率（又称粗死亡率） 指在一定时期内（通常为一年）一定地区的死亡人数与同期内平均人数（或期中人数）之比，一般用千分率表示。本资料中的死亡率指年死亡率，其计算公式为：

死亡率=年死亡人数 / 年平均人数 × 1000‰

人口自然增长率 指在一定时期内（通常为一年）人口自然增加数（出生人数减死亡人数）与该时期内平均人数（或期中人数）之比，一般用千分率表示。计算公式为：

人口自然增长率 =（本年出生人数—本年死亡人数）/ 年平均人数 × 1000‰。

就业人员 指在一定年龄以上，有劳动能力，为取得劳动报酬或经营收入而从事一定社会劳动的人员。具体指年满16周岁，为取得报酬或经营利润，在调查周内从事了 1小时（含1小时）以上的劳动或由于学习、休假等原因在调查周内暂时处于未工作状态，但有工作单位或场所的人口。

单位就业人员 指报告期末最后一日在本单位中工作，并取得工资或其他形式劳动报酬的人员数。该指标为时点指标，不包括最后一日当天及以前已经与单位解除劳动合同关系的人员，是在岗职工、劳务派遣人员及其他就业人员之和。就业人员不包括：

（1）离开本单位仍保留劳动关系，并定期领取生活费的人员；

（2）利用课余时间打工的学生及在本单位实习的各类在校学生；

（3）本单位因劳务外包而使用的人员。

城镇私营和个体就业人员 城镇私营就业人员指在工商管理部门注册登记，其经营地址设在县城关镇（含县城关镇）以上的私营企业就业人员，包括私营企业投资者和雇工。城镇个体就业人员指在工商管理部门注册登记，并持有城镇户口或在城镇长期居住，经批准从事个体工商经营的就业人员，包括个体经营者和在个体工商户劳动的家庭帮工和雇工。

国有单位 指资产归国家所有的经济组织。包括按《中华人民共和国企业法人登记管理条例》规定登记注册的非公司制的经济组织，以及中央、地方各级国家机关、事业单位和社会团体。

集体单位 指生产资料归集体所有，并按《中华人民共和国企业法人登记管理条例》规定登记注册的经济组织。

其他单位 包括股份合作单位、联营单位、有限责任公司、股份有限公司、港澳台商投资单位以及外商投资单位等其他登记注册类型单位。

在岗职工 指在本单位工作且与本单位签订劳动合同，并由单位支付各项工资和社会保险、住房公积金的人员，以及上述人员中由于学习、病伤、产假等原因暂未工作仍由单位支付工资的人员。在岗职工还包括：

（1）应订立劳动合同而未订立劳动合同人员（如使用的农村户籍人员）；

（2）处于试用期人员；

（3）编制外招用的人员；

（4）派往外单位工作，但工资仍由本单位发放的人员（如挂职锻炼、外派工作等情况）。

工资总额 指根据《关于工资总额组成的规定》（1990年 1 月 1 日国家统计局发布的一号令）进行修订，在报告期内（季度或年度）直接支付给本单位全部就业人员的劳动报酬总额。包括计时工资、计件工资、奖金、津贴和补贴、加班加点工资、特殊情况下支付的工资，是在岗职工工资总额、劳务派遣人员工资总额和其他就业人员工资总额之和。

工资总额是税前工资，包括单位从个人工资中直接为其代扣或代缴的房费、水费、电费、住房公积金和社会保险基金个人缴纳部分等。

工资总额不论是计入成本的还是不计入成本的，不论是以货币形式支付的还是以实物形式支付的，均应列入工资总额的计算范围。

平均工资 指单位就业人员在一定时期内平均每人所得的工资额。它表明一定时期工资收入的高低程度，是反映就业人员工资水平的主要指标。计算公式为：

$$平均工资 = \frac{报告期就业人员工资总额}{报告期就业人员平均人数}$$

Explanatory Notes on Main Statistical Indicators

The annual statistics on total population is taken at midnight, the 31 st of December, not including residents in Taiwan province, Hong Kong SAR and Macao SAR and Chinese national residing abroad.

Permanent population refers to the population of actual habitual residence in a certain area six months or over six months. Permanent population include the accounts in this area which are also living in this area, accounts outside this area but with more than half a year of household registration, accounts to be determined including people without accounts or pockets of accounts, and accounts in the area but leaving this area less than six months.

Urban Population and Rural Population Urban population refers to all people residing in cities and towns, while rural population refers to population other than urban population.

Birth Rate (or Crude Birth Rate) refers to the ratio of the number of births to the average population (or mid-period population) during a certain period of time (usually one year), expressed in ‰. Birth rate in the chapter refers to annual birth rate. The following formula is used:

$$\text{Birth Rate} = \frac{\text{Number of Births}}{\text{Annual Average Population}} \times 1000‰$$

Number of births in the formula refers to live births, i.e. when a baby has breathed or showed any vital phenomena regardless of the length of pregnancy.

Annual average population is the average of the number of population at the beginning of the year and that at the end of the year. Sometimes it is substituted by the mid-year population.

Death Rate (or Crude Death Rate) refers to the ratio of the number of deaths to the average population (or mid-period population) during a certain period of time (usually one year), expressed in ‰. Death rate in the chapter refers to annual death rate. The following formula is used:

$$\text{Death Rate} = \frac{\text{Number of Deaths}}{\text{Annual Average Population}} \times 1000‰$$

Natural Growth Rate of Population refers to the ratio of natural increase in population (number of births minus number of deaths) in a certain period of time (usually one year) to the average population (or mid-period population) of the same period, expressed in ‰. The following formula is applied:

Natural Growth Rate of Population =(Number of Births−Number of Deaths)/Annual Average Population× 1000‰

Employed Persons refers to persons above a specified age who had labour capacity and performed some social work for compensation or business gains. Specifically, it refers to all persons, aged 16 and over, who performed some work for compensation or business gains for one hour or more during the reference period ; or who had work units or sites but were temporarily not at work during the reference period.

Persons Employed in Various Units refers to the total number of employees who work at his unit and obtain wages or other forms of payment at the end of the reporting period. This indicator is a kind of time point index and it equals to the sum of the number of employed staff and workers, labor dispatch personnel and other employed persons. Employed persons do not include:

(1) persons who have left their working units while keeping their labour contract (employment relation) unchanged and receiving regular alimony ;

(2) students who do part-time jobs in spare time and all kinds of enrolled students who do internship in various units ;

(3) persons employed due to labor outsourcing ;

(4) persons who dissolve labor contracts with their units on the last day of reporting period or before.

Persons Employed in Private Enterprises and Self-Employed Individuals in Urban Areas Persons employed in private enterprises refer to the persons employed in the private enterprises which have been registered at the departments of industrial and commercial administration for which the business operation are situated at a county town (i. e. a town where the county government is located), or at urban areas with administrative hierarchy higher than a county town. The self-employed individuals in urban areas refer to persons who hold the certificates of residence in urban areas or have resided in the urban areas for a long time and have been registered at the departments of industrial and commercial administration and approved to be engaged in individual industrial or commercial business, including self-employed persons as well as helpers and hired laborers who work in individual households.

State-owned Units refers to economic units whose assets are owned by the state, including non-corporation units registered according to Regulation of the People's Republic of China on the Registration of Enterprises and Corporations, state organs, institutions and social organizations at the central-level and local levels.

Collective-owned Units refers to economic units registered according to Regulation of the People's Republic of China on the Registration of Enterprises and Corporations where the means of production are collectively owned.

Units of Other Types of Ownership refers to units registered with other types of ownership, including cooperative units, joint ownership units, limited liability corporations, share holding corporations, units funded by entrepreneurs from HongKong, Macao, and Taiwan, and foreign-funded units.

Employed Staff and Workers refers to persons who signed labor contracts with working units and working units would pay wages, social insurance and housing funds for them. Persons who have their work posts but are temporarily absent from work for reasons of study or on sick, injury or maternal leave and still receive wages from their working units are also included. Employed staff and workers also include:

(1) Persons who should have signed the labor contracts but not (like people with rural household registration);

(2) Employees on probation;

(3) Employees beyond the staffing quota;

(4) Employees who are sent to other working units but still obtain wages from their original units (situations like on-the-job placement, expatriated assignment, etc.)

Total Wage Bill It is revised according to the "Provision of Composition of Total Wages" (Order No.1 by National Bureau of Statistics on January, 1sh, 1990), total wage bill refers to the total remuneration payment to all employed persons in various units during the reporting period (by quarter or by year), including hourly-paid wages, piece-rate wages, bonuses, allowance and subsidies, overtime wages and wages paid under special circumstances. It equals to the sum of total wages of employed staff and workers, dispatch labors and other employed persons.

Total wage bill is pre-tax wages, including the room charges, utility bills, housing funds and social insurance paid or withheld by employee's units.

Total wage bill, whether or not included in cost, whether or not paid in money or in kind, shall be included in the calculation of total wage.

Average Wage refers to the average per capita wage during a certain period of time for employed persons. It shows the general level of wage income during a certain period of time, one major indicator to reflect the wage level. It is calculated as follows:

$$\text{Average Wage} = \frac{\text{Total Wage Bill of Employed Persons at Reference Time}}{\text{Average Number of Persons Employed at Reference Time}}$$

五、固定资产投资

INVESTMENT IN FIXED ASSETS

资料整理：张　驰　王娇杨

Data management:Zhang Chi　Wang Jiaoyang

数据审核：罗延庆

Data audit:Luo Yanqing

第五部分　固定资产投资

一、简要说明

1.本章资料反映西安固定资产投资的基本情况、固定资产投资的结构和比例关系、固定资产投资的资金来源及固定资产投资的效果等。主要包括项目投资、房地产开发投资和分区县、开发区投资情况等。

2.固定资产投资统计的资料来源主要为国家统计局的全面统计报表。

3.统计口径的变化。

自1997年起，除房地产开发投资、非农户投资、农户投资及城镇和工矿区私人建房投资外，固定资产投资的统计起点由5万元提高到50万元。

自2006年起，非农户固定资产投资统计改为按项目统计，调查方法由抽样调查改为全面统计报表，起点提高到50万元。城镇和工矿区私人建房投资改为按项目统计，起点为50万元。

自2011年起，除房地产开发投资、农户投资外，固定资产投资项目统计起点，由计划总投资50万元提高到500万元；统计范围从城镇扩大到农村企事业组织，并将这一统计范围定义为“固定资产投资（不含农户）”。

4.由于国家统计局对《固定资产投资统计报表制度》进行了修订，取消了“房屋施工面积”“房屋竣工面积”“房屋竣工价值”等相关指标，本年鉴所公布的2023年度“房屋施工面积”“房屋竣工面积”“房屋竣工价值”等相关指标数据，均为房地产开发口径。

5.2021年起，数据不含西安（西咸新区）—咸阳共管区。

二、主要指标

固定资产投资（不含农户）	比上年增长	0.1%
#国有经济单位	比上年增长	11.5%
集体经济单位	比上年增长	71.4%
#房地产开发投资	比上年下降	6.2%
商品房销售面积	比上年下降	16.1%
新增固定资产	比上年增长	8.3%
竣工住宅面积	比上年增长	23.4%

5 INVESTMENT IN FIXED ASSETS

I .Brief Introduction

1.This chapter reflects the scale and speed of investment in fixed assets in Xi'an, the structure and proportional relationship of investment in fixed assets, the source of funds for investment in fixed assets and the effects of them during a certain period of time, mainly including project investment, real estate development, farmer investment by Region and Development Zone.

2.The data sources for the statistics of investment in fixed assets mainly come from complete statistical report forms.

3.Changes in Statistical Scope

Since 1997, the cut-off point of projects covered by statistics of investment in fixed assets are raised from an investment of 50,000 yuan to 500,000 yuan, except investment in real estate development, non-farm household investment, farm household investment and private investment in housing construction in urban areas and industrial and mining areas.

Since 2006, statistics on investments in fixed assets of rural non-farm households are changed to project-based. Survey method is changed from sample survey to the system of reporting forms with complete enumeration. The cut-off point has been raised to 500,00 yuan. Statistics on private investment in housing construction in urban areas and industrial and mining areas have become project-based. The cut-off point has been raised to 500,000 yuan.

Since 2011, except investment in real estate development and rural household investment, the cut-off point of statistics on investments in fixed assets are raised, amount of intended investment are raised from 500,000 yuan to 5000,000. The scope of investment statistics expends from urban to rural enterprises, and this scope of statistics is defined “investments in fixed assets (non-farm)”.

4.As the National Bureau of Statistics revised the Statistical Report System of Fixed Assets Investment and canceled the relevant indicators such as housing construction area housing completion area and “housing completion value”, the relevant indicators such as “housing construction area”, “housing completion area” and “housing completion value” published in this yearbook in 2022 are all real estate development standards.

5. Since 2021, exclude areas mutually controlled by Xi'an (Xixian New Area)-Xian yang.

II .Major Indicators

	Increase over Preceding Year
Investment In Fixed Assets (Non-Farm)	0.1%
State-owned Enterprises	11.5%
Collective-owned Enterprises	71.4%
Real Estate Development	-6.2%
Floor Space of Commercialized Buildings Sold	-16.1%
Investment Newly Increased Fixed Assets	8.3%
Total Floor Space of Building Completed	23.4%

5-1 主要年份固定资产投资增长速度

The Growth Rate of Total Investment in Fixed Assets in Representative Years

单位：%　　(%)

年份 Year	固定资产投资 Investment in Fixed Assets	#房地产开发投资 Real Estate Development Investment
1980	48.8	
1985	35.1	
1986	28.4	
1987	24.9	
1988	5.5	
1989	-2.4	
1990	-3.1	
1991	10.6	120.9
1992	28.6	65.2
1993	102.9	122.6
1994	10.2	62.7
1995	20.5	80.1
1996	9.6	13.9
1997	-1.9	0.1
1998	45.7	54.8
1999	24.5	15.9
2000	17.6	17.0
2001	26.6	30.0
2002	19.6	17.7
2003	45.1	57.3
2004	37.3	35.9
2005	26.8	32.7
2006	25.2	26.9
2007	37.9	35.5
2008	33.3	39.5
2009	32.5	28.9
2010	31.1	21.0
2011	30.0	18.3
2012	29.9	28.6
2013	21.3	24.5
2014	15.2	10.4
2015	-12.7	4.0
2016	3.4	6.8
2017	13.0	15.0
2018	8.5	7.9
2019	1.1	-2.1
2020	12.8	6.5
2021	-11.6	-7.0
2022	10.5	6.5
2023	0.1	-6.2

注：1.2017年及以后年份数据含西咸新区。
2.2021年起省统计局不反馈全社会固定资产投资数据，本表只反映固定资产投资情况。

Note: a) Data after 2017 is including data from Xixian New Area.
b) From 2021, the Provincial Bureau of Statistics will no longer give feedback to the urban areas on the whole society's fixed asset investment data. In order to achieve data uniformity, this table only reflects the fixed asset investment situation.

5-2 主要年份按经济类型分固定资产投资增长速度

The Growth Rate of Investment in Fixed Assets by Economic Type in Representative Years

单位：% (%)

年份 Year	固定资产投资 Total Investment in Fixed Assets	国有经济 State-owned Economy	集体经济 Collective-owned Economy	个体经济 Self-employed Individual Economy	其他经济 Others
1985	35.1	34.8	72.0	79.0	
1986	28.4	29.3	-28.7	0.3	
1987	24.9	22.9	54.6	7.7	
1988	5.5	6.9	24.0	5.6	
1989	-2.4	-2.1	-21.5	1.7	
1990	-3.1	-4.3	-1.4	-24.3	
1991	10.6	10.0	56.9	48.9	
1992	28.6	31.2	-35.8	22.3	
1993	102.9	86.2	109.0	31.3	
1994	10.2	8.5	36.6	54.0	13.9
1995	20.5	6.8	136.2	10.3	102.6
1996	9.6	16.8	-10.7	12.3	-7.0
1997	-1.9	-4.0	17.0	20.9	13.1
1998	45.7	46.0	-22.7	-29.9	64.7
1999	24.5	20.7	72.6	53.2	33.2
2000	17.6	16.9	7.6	50.4	8.9
2001	26.6	10.0	0.1	58.1	74.7
2002	19.6	13.9	-6.6	15.8	35.3
2003	45.1	32.4	63.0	64.3	47.4
2004	37.3	24.3	79.4	-33.3	94.5
2005	26.8	13.5	47.9	61.5	41.4
2006	25.2	7.3	86.9	35.8	38.5
2007	37.9	18.9	87.1	70.6	27.0
2008	33.3	45.7	19.2	-72.5	60.8
2009	32.5	34.3	17.4	94.1	29.0
2010	31.1	44.6	12.6	-44.1	28.9
2011	30.0	24.8	10.4	36.4	18.9
2012	29.9	37.9	-24.6	10.8	27.4
2013	21.3	6.6	12.9	2.1	32.7
2014	15.2	8.2	-7.5	-1.4	21.0
2015	-12.7	-4.7	-22.2	-3.4	-16.2
2016	3.4	15.9	-17.5	1.5	-15.3
2017	13.0	19.4	-9.9	15.0	21.2
2018	8.5	-2.9	-54.5		8.6
2019	1.1	5.1	44.2		-3.3
2020	12.8	14.5	-51.1		11.1
2021	-11.6	-18.0	-12.5		-4.5
2022	10.5	30.5	-27.5		-8.2
2023	0.1	11.5	71.4		-14.9

注：1.集体经济：包括城镇集体和农村集体。
2.个体经济：私营个体投资。
3. 2017年后数据为含西咸数据。

Note: a) Collective-owned: includes urban and rural collectives.
b) Self-employed individual : private individual investment.
c) Data after 2017 is inclusive of Xixian New Area data.

5-3 主要年份按产业分固定资产投资增长速度

The Growth Rate of Total Investment in Fixed Assets by Three Strata of Industry in Representative Years

单位：% (%)

年份 Year	固定资产投资 Total Investment in Fixed Assets	第一产业 Primary Industry	第二产业 Secondary Industry	#工业 Industry	第三产业 Tertiary Industry
1980	48.8	3.2	68.5	65.0	36.1
1985	35.1	-5.3	58.3	61.7	18.5
1986	28.4	-11.1	24.4	29.8	33.5
1987	24.9	18.8	31.5	34.5	18.6
1988	5.5	-21.1	1.2	-0.5	10.6
1989	-2.4	-13.3	-0.1	2.7	-4.5
1990	-3.1	92.3	-7.6	-7.9	0.3
1991	10.6	8.0	13.1	12.8	8.3
1992	28.6	-63.0	25.0	23.3	34.0
1993	102.9	-30.0	57.1	52.3	145.4
1994	10.2	-57.1	10.4	15.2	10.3
1995	20.5	366.7	6.5	7.2	28.4
1996	9.6	-7.1	-9.9	-12.5	19.0
1997	-1.9	84.6	-8.9	-10.6	0.6
1998	45.7	100.0	49.4	37.9	44.3
1999	24.5	95.8	12.9	21.9	28.1
2000	17.6	-19.1	43.5	49.4	10.0
2001	26.6	13.2	10.7	12.7	32.9
2002	19.6	398.8	17.4	11.7	18.6
2003	45.1	-22.1	12.0	14.6	57.1
2004	37.3	1.2	17.3	22.0	42.3
2005	26.8	55.6	47.7	46.8	22.7
2006	25.2	90.9	48.0	47.0	19.4
2007	37.9	1.6	39.4	38.8	38.0
2008	33.3	132.8	24.3	24.3	34.9
2009	32.5	3.0	24.0	24.3	35.3
2010	31.1	62.8	21.3	12.6	33.1
2011	30.0	22.2	21.3	18.5	31.8
2012	29.9	130.5	41.5	48.1	26.2
2013	21.3	-26.4	46.3	50.2	17.8
2014	15.2	2.7	28.3	38.8	12.2
2015	-12.7	32.8	-8.2	-5.8	-14.7
2016	3.4	-10.1	-12.3	-12.0	8.3
2017	13.0	2.3	-10.2	-10.6	18.6
2018	8.5	20.8	28.6	28.7	5.4
2019	1.1	-21.0	1.5	2.0	1.3
2020	12.8	-43.6	15.5	15.2	12.8
2021	-11.6	-55.2	-16.0	-15.8	-10.6
2022	10.5	-20.5	26.0	25.5	7.8
2023	0.1	12.8	4.1	4.6	-0.8

5-4 按资金来源及建设性质分固定资产投资增长速度（2023年）

The Growth Rate of Total Investment in Fixed Assets by Sources of Funds and Type of Construction (2023)

单位：%　　(%)

指　标	Item	增长速度 Growth Rate
一、投资总额	**Total Investment**	**0.1**
（一）按资金来源分	Grouped by Funds Source	
1.国家预算内投资	State Budget Funds	50.7
2.国内贷款	Domestic Loans	70.3
3.债券	Debt Instruments	304.2
4.利用外资	Utilization of Foreign Assets	538.6
5.自筹资金	Self-raised Fund	-20.9
6.其他资金	Others	12.5
（二）按构成分	Grouped by Composition of Funds	
1.建筑安装工程	Construction and Installations	-1.2
2.设备、工器具购置	Purchase of Equipment and Instruments	1.1
3.其他费用	Others	3.3
（三）按建设性质分	Grouped by Type of Construction	
# 新建	New Construction	9.3
扩建	Expansion	11.0
改建和技术改造	Reconstruction and Technical Transformation	-22.1
二、房屋施工面积	**Floor Space of Buildings under Construction**	**1.1**

5-5 主要年份新增固定资产投资及房屋竣工面积增长速度

The Growth Rate of Newly Added Fixed Assets and Floor Spaces Completed of Municipal Units in Representative Years

单位：%　　　　　　　　　　　　　　　　　　　　　　　　　　(%)

年　份 Year	新增固定资产 Newly Increased Fixed Assets	房屋竣工面积 Floor Space of Buildings Completed	#住宅 Residential Buildings
1980	44.2	38.3	41.7
1985	1.1	-4.6	-5.9
1986	55.5	22.7	20.8
1987	24.8	-11.5	-23.5
1988	0.6	-12.3	-14.1
1989	-1.4	-15.8	-14.3
1990	22.4	18.7	26.5
1991	-12.0	-12.5	-13.7
1992	25.0	10.5	17.6
1993	86.7	26.0	28.6
1994	32.8	9.7	27.3
1995	13.0	26.4	37.0
1996	-4.1	-7.1	-1.3
1997	4.7	12.7	14.8
1998	27.6	2.2	-3.8
1999	48.2	77.9	99.8
2000	26.3	5.0	-1.1
2001	11.7	-3.1	-7.8
2002	18.6	11.7	-3.2
2003	40.4	18.7	18.9
2004	-6.3	-15.4	-13.8
2005	56.4	45.7	20.1
2006	10.6	6.0	-2.6
2007	47.5	39.4	59.4
2008	8.6	-33.4	-25.4
2009	39.8	37.3	18.6
2010	17.7	-49.3	-36.7
2011	86.7	58.9	65.3
2012	36.1	32.0	38.0
2013	6.2	-31.2	-29.4
2014	32.1	66.0	74.1
2015	-17.2	-40.3	-43.5
2016	-4.7	69.9	61.2
2017	24.6	5.5	0.6
2018	-12.2	-44.5	-53.0
2019	26.2	5.6	22.4
2020	25.0	-28.4	-19.0
2021	-49.6	-46.6	-41.9
2022	50.2	55.7	41.8
2023	8.3	28.1	23.4

5-6　固定资产投资增长速度（2023年）

The Growth Rate of Total Investment in Fixed Assets (2023)

单位：%　　　　(%)

指　标	Item	固定资产投资 Investment in Fixed Assets	#房地产开发投资 Real Estate Development Investment
一、本年完成投资	**Investment Completed in The Year**	**0.1**	**-6.2**
#住宅	Residential Buildings	-9.0	-2.5
（一）按登记注册类型分	Grouped by Status of Registration		
内资企业	Domestic Invested Enterprises	-0.9	-5.9
港澳台投资企业	Enterprises with Investment from Hong Kong, Macao and Taiwan	8.9	90.8
外商投资企业	Foreign Invested Enterprises	21.1	-76.8
（二）按建设性质分	Grouped by Type of Construction		
#新建	New Construction	9.3	
扩建	Expansion	11.0	
改建和技术改造	Reconstruction and Technical Transformation	-22.1	
（三）按构成分	Grouped by Composition		
1.建筑安装工程	Construction and Installation	-1.2	-7.2
2.设备、工器具购置	Purchasing of Equipment and Instruments	1.1	-9.2
3.其他费用	Others	3.3	-4.3
二、本年新增固定资产	**Newly Increase in Fixed Assets This Year**	**8.3**	**28.4**
三、房屋面积	**Floor Space**		
房屋施工面积	Floor Space of Buildings Under Construction	1.1	1.1
#住宅	Residential Buildings	0.9	0.9
房屋竣工面积	Floor Space of Buildings Completed	28.1	28.1
#住宅	Residential Buildings	23.4	23.4
四、本年房屋竣工价值	**Value of the Building Completed in The Year**	**41.5**	**41.5**
#住宅	Residential Buildings	36.7	36.7

5-7 按国民经济行业分固定资产投资增长速度（2023年）

The Growth Rate of Investment in Fixed Assets by Industry (2023)

单位：% (%)

行 业	Sector	固定资产投资 Investment in Fixed Assets	#工业企业技术改造 Technological Transformation of Industrial Enterprises
本年完成固定资产投资	**Grouped by Sector**	**0.1**	**-13.8**
（一）农、林、牧、渔业	Agriculture, Forestry, Animal Husbandry and Fishery	28.9	
（二）采矿业	Mining	91.7	116.9
（三）制造业	Manufacturing	8.5	-17.1
农副食品加工业	Processing of Food from Agricultural Products	45.6	-45.0
食品制造业	Manufacture of Foods	-47.9	179.2
酒、饮料和精制茶制造业	Manufacture of Alcohol, Beverages and Refined Tea	-62.5	-2.1
烟草制品业	Manufacture of Tobacco	-100.0	
纺织业	Manufacture of Textile	-8.3	-69.4
纺织服装、服饰业	Manufacture of Textile, Wearing Apparel and Accessories		
皮革、毛皮、羽毛及其制品和制鞋业	Manufacture of Leather, Fur, Feather and Related Products and Footware	-20.3	
木材加工和木、竹、藤、棕、草制品业	Processing of Timber, Manufacture of Wood, Bamboo, Rattan, Palm and Straw Products	46.3	
家具制造业	Manufacture of Furniture	798.8	
造纸和纸制品业	Manufacture of Paper and Paper products	94.0	635.6
印刷和记录媒介复制业	Printing and Reproduction of Recording Media	129.5	98.1
文教、工美、体育和娱乐用品制造业	Manufacture of Articles for Culture, Education, Art and Crafts, Sports and Entertainment Activities	385.8	
石油、煤炭及其他燃料加工业	Processing of Petroleum, Coal and Other Fuels	-75.2	-82.3
化学原料和化学制品制造业	Manufacture of Raw Chemical Materials and Chemical Products	-48.2	-21.3
医药制造业	Manufacture of Medicines	107.6	101.5
化学纤维制造业	Manufacture of Chemical Fibers	48.4	
橡胶和塑料制品业	Manufacture of Rubber and Plastic Products	21.4	-57.7
非金属矿物制品业	Manufacture of Non-metallic Mineral Products	21.2	-40.2
黑色金属冶炼和压延加工业	Smelting and Pressing of Ferrous Metals	7.1	-96.3
有色金属冶炼和压延加工业	Smelting and Pressing of Nonferrou Metals	-36.7	-75.4
金属制品业	Manufacture of Metal Products	12.0	99.9

5-7 续表 continued

单位：% (%)

行 业	Sector	固定资产投资 Investment in Fixed Assets	#工业企业技术改造 Technological Transformation of Industrial Enterprises
专用设备制造业	Manufacture of Special Purpose Machinery	-0.4	-30.2
汽车制造业	Manufacture of Motor Vehicles	53.1	-66.7
铁路、船舶、航空航天和其他运输设备制造业	Manufacture of Railway, ship, Aerospace and other Transportation Equipments	3.3	-2.8
电气机械和器材制造业	Manufacture of Electric Machinery and Apparatus	9.2	20.8
计算机、通信和其他电子设备制造业	Manufacture of Computers, Communication and Other Electronic Equipment	-14.3	-14.1
仪器仪表制造业	Manufacture of Measuring Instruments and Machinery	-43.9	-6.1
其他制造业	Other Manufacture	244.7	
废弃资源综合利用业	Utilization of waste Resources	-65.7	
金属制品、机械和设备修理业	Repair Services of Metal Products, Machinery and Equipment	99.6	1065.3
（四）电力、热力、燃气及水生产和供应业	Production and Supply of Electricity, Heat, Gas and Water	-16.2	-10.3
（五）建筑业	Construction		
（六）批发和零售业	Wholesale and Retail Trades	-22.9	
（七）交通运输、仓储和邮政业	Transport, Storage and Post	45.9	
（八）住宿和餐饮业	Hotels and Catering Services	21.9	
（九）信息传输、软件和信息技术服务业	Information Transmission, Software and Information Technology	-11.4	
（十）金融业	Financial Intermediation	-14.2	
（十一）房地产业	Real Estate	-4.6	
（十二）租赁和商务服务业	Leasing and Business Services	15.7	
（十三）科学研究和技术服务业	Scientific Research and Technical Service	11.9	
（十四）水利、环境和公共设施管理业	Management of Water Conservancy, Environment and Public Facilities	-9.2	
（十五）居民服务、修理和其他服务业	Service to Households, Repairs and Other Services	-75.0	
（十六）教育	Education	-32.4	
（十七）卫生和社会工作	Health and Social Service	-23.9	
（十八）文化、体育和娱乐业	Culture, Sports and Entertainment	-31.8	
（十九）公共管理、社会保障和社会组织	Public Management, Social Security and Social Organization	-34.0	

5-8 按国民经济行业分民间投资增长速度（2023年）

The Growth Rate of Private Investment of Municipal Units by Industry (2023)

单位：% (%)

行业	Sector	比去年增长 Increase Over the Same Period Last Year	比重 Rate
民间投资总计	**Total**	**-15.3**	**100.0**
（一）农、林、牧、渔业	Agriculture, Forestry, Animal Husbandry and Fishery	56.4	0.3
（二）采矿业	Mining	138.9	0.2
（三）制造业	Manufacturing	14.0	29.1
（四）电力、热力、燃气及水生产和供应业	Production and Supply of Electricity, Heat, Gas and Water	-17.3	1.4
（五）建筑业	Construction		
（六）批发和零售业	Wholesale and Retail Trades	-56.6	0.2
（七）交通运输、仓储和邮政业	Transportation, Storage and Post	60.7	1.9
（八）住宿和餐饮业	Hotels and Catering Services	8.5	0.5
（九）信息传输、软件和信息技术服务业	Information Transmission, Software and Information Technology	-22.1	0.4
（十）金融业	Financial Intermediation		
（十一）房地产业	Real Estate	-23.0	57.9
（十二） 租赁和商务服务业	Leasing and Business Services	-19.5	1.4
（十三）科学研究和技术服务业	Scientific Research and Technical Service	-21.0	0.6
（十四）水利、环境和公共设施管理业	Management of Water Conservancy, Environment and Public Facilities	-52.7	2.9
（十五）居民服务、修理和其他服务业	Services to Households, Repair and Other Services	-66.0	
（十六）教育	Education	-28.4	1.1
（十七）卫生和社会工作	Health and Social Service	-25.4	1.7
（十八）文化、体育和娱乐业	Culture, Sports and Entertainment	97.1	0.4
（十九）公共管理、社会保障和社会组织	Public Administration, Social Security and Social Organization	145.7	

5-9 按国民经济行业分基础设施投资增长速度（2023年）

The Growth Rate of Investment for Basic Infrastructure of Municipal Units by Industry (2023)

单位：%　　(%)

指　标	Item	比去年增长 Increase Over the Same Period Last Year	比重 Rate
基础设施投资总计	**Total Investment of Infrastructure**	**14.0**	**100.0**
一、交通运输和邮政业	**Transport, Storage and Post**	**43.5**	**53.1**
铁路运输业	Railway Transport	179.3	20.3
道路运输业	Road Transport	-3.6	21.8
水上运输业	Water Transport		
航空运输业	Air Transport	47.1	10.1
管道运输业	Transport Vias Pipelines		
多式联运和运输代理服务业	Intermodality and Forwarding Agency	346.9	0.7
装卸搬运	Loading, Unloading and Storage		
邮政业	Post	96.1	0.2
二、信息传输业	**Information Transmission**	**7.2**	**5.8**
电信、广播电视和卫星传输服务	Telecommunication, Radio and Television and Satellite Transmission Service	-1.1	5.0
互联网和相关服务	Internet and Related Service	135.6	0.8
三、水利、环境和公共设施管理业	**Management of Water Conservancy, Environment and Public Facilities**	**-9.2**	**41.1**
水利管理业	Management of Water Conservancy	-31.8	2.2
生态保护和环境治理业	Ecological Protection and Environmental Treatment	-16.5	0.9
公共设施管理业	Management of Public Facilities	-7.3	38.0

5-10 固定资产投资资金来源增长速度（2023年）

The Growth Rate of Source of Funds for Total Fixed Assets Investment (2023)

单位：% (%)

指 标	Item	固定资产投资 Investment in Fixed Assets	#房地产开发 Real Estate Development
一、本年资金来源合计	**Total of Sources of Funds in the Year**	**7.4**	**7.8**
1.上年末结余资金	Balance of Last Year	-3.1	-3.6
2.本年实际到位资金	Fully Funded Capital this Year	10.8	14.0
（1）国家预算资金	State Budget Funds	50.7	
（2）国内贷款	Domestic Loans	70.3	121.2
（3）债券	Debt Instrument	304.2	
（4）利用外资	Utilization of Foreign Assets	538.6	
（5）自筹资金	Self-raised Fund	-20.9	-12.4
（6）其他资金来源	Others	12.5	28.3
二、各项应付款合计	**Total Sums of Money to be Paid This Year**	**4.1**	**16.1**

5-11 按国民经济行业分施工项目（2023年）

Construction Project Grouped by Industry (2023)

行　业	Sector	本年新增固定资产增长速度（%） The Growth Rate of Newly Increased Fixed Assets This Year (%)
总　计	**Total**	**8.3**
（一）农、林、牧、渔业	Agriculture, Forestry, Animal Husbandry and Fishery	12.9
（二）采矿业	Mining	116.5
（三）制造业	Manufacturing	0.5
（四）电力、热力、燃气及水生产和供应业	Production and Supply of Electricity, Heat, Gas and Water	-5.3
（五）建筑业	Construction	
（六）批发和零售业	Wholesale and Retail Trades	-14.5
（七）交通运输、仓储和邮政业	Transportation, Storage and Post	41.3
（八）住宿和餐饮业	Hotels and Catering Services	1045.6
（九）信息传输、软件和信息技术服务业	Information Transmission, Software and Information Technology	20.5
（十）金融业	Financial Intermediation	-100.0
（十一）房地产业	Real Estate	41.5
（十二）租赁和商务服务业	Leasing and Business Services	70.5
（十三）科学研究和技术服务业	Scientific Research and Technical Service	56.7
（十四）水利、环境和公共设施管理业	Management of Water Conservancy, Environment and Public Facilities	-46.0
（十五）居民服务、修理和其他服务业	Services to Households, Repair and Other Services	-98.2
（十六）教育	Education	-20.0
（十七）卫生和社会工作	Health and Social Service	160.9
（十八）文化、体育和娱乐业	Culture, Sports and Entertainment	585.9
（十九）公共管理、社会保障和社会组织	Public Management, Social Security and Social Organization	-35.6

5-11 续表 continued

行 业	Sector	施工项目个数（个）Number of Constructing Projects (unit)	#本年新开工 Floor Space Started in The Year	本年投产项目个数（个）Projects put into Use (unit)
总 计	**Total**	**2972**	**1126**	**913**
（一）农、林、牧、渔业	Agriculture, Forestry, Animal Husbandry and Fishery	67	55	37
（二）采矿业	Mining	3	1	3
（三）制造业	Manufacturing	946	334	260
（四）电力、热力、燃气及水生产和供应业	Production and Supply of Electricity, Heat, Gas and Water	179	68	49
（五）建筑业	Construction			
（六）批发和零售业	Wholesale and Retail Trades	31	10	14
（七）交通运输、仓储和邮政业	Transportation, Storage and Post	145	50	32
（八）住宿和餐饮业	Hotels and Catering Services	57	28	23
（九）信息传输、软件和信息技术服务业	Information Transmission, Software and Information Technology	80	20	16
（十）金融业	Financial Intermediation	1		
（十一）房地产业	Real Estate	234	66	41
（十二）租赁和商务服务业	Leasing and Business Services	102	27	20
（十三）科学研究和技术服务业	Scientific Research and Technical Service	76	24	27
（十四）水利、环境和公共设施管理业	Management of Water Conservancy, Environment and Public Facilities	721	350	258
（十五）居民服务、修理和其他服务业	Services to Households, Repair and Other Services	5	2	1
（十六）教育	Education	154	41	70
（十七）卫生和社会工作	Health and Social Service	106	25	45
（十八）文化、体育和娱乐业	Culture, Sports and Entertainment	54	20	13
（十九）公共管理、社会保障和社会组织	Public Management, Social Security and Social Organization	11	5	4

5-12 固定资产投资效果（2023年）

Achievements of Total Assets Investment (2023)

指 标	Item	固定资产投资 Investment in Fixed Assets	#房地产开发投资 Real Estate Development Investment
一、建设项目投产率（%）	**Rate of Projects Put Into Use (%)**	**28.2**	
施工项目个数（个）	Number of Constructing Projects (unit)	2972	
本年投产项目个数（个）	Number of Projects Put into Use (unit)	839	
二、固定资产交付使用率（%）	**Rate of Fixed Assets Put into Use (%)**	**32.2**	**26.4**
本年新增固定资产增长速度（%）	The Growth Rate of Newly Increased Fixed Assets in The Year (%)	8.3	28.4
本年完成投资增长速度（%）	The Growth Rate of Investment Completed in The Year (%)	0.1	-6.2
三、建设周期（年）	**Construction Period (year)**	**7.7**	**10.5**
计划总投资增长速度（%）	The Growth Rate of Total Planned Investment (%)	7.8	7.2
本年完成投资额增长速度（%）	The Growth Rate of Investment Completed in The Year (%)	0.1	-6.2
四、房屋建筑面积竣工率（%）	**Completion Rate of Buildings (%)**	**5.4**	**5.4**
本年房屋施工面积增长速度（%）	The Growth Rate of Floor Space of the Constructing Buildings in The Year (%)	1.1	1.1
本年房屋竣工面积增长速度（%）	The Growth Rate of Floor Space of the Buildings Completed in The Year (%)	28.1	28.1

注：2020年起，“房屋建筑面积竣工率”及分项指标口径为房地产开发统计口径。
Note: From the year 2020 onwards, the calibre of “completion rate of buildings” and sub-indicators in this table is the calibre of real estate development statistics.

5-13 分区县、开发区固定资产投资增长速度（2023年）

The Growth Rate of Total Investment in Fixed Assets by Region and Development Zone (2023)

单位：% (%)

区县、开发区	Region	固定资产投资 Investment in Fixed Assets	#房地产开发投资 Real Estate Development Investment
全　市	**Total**	0.1	-6.2
新城区	Xincheng	3.4	-56.1
碑林区	Beilin	-35.5	-52.8
莲湖区	Lianhu	-24.5	4.1
灞桥区	Baqiao	19.6	19.7
未央区	Weiyang	9.7	23.6
雁塔区	Yanta	-16.8	-24.0
阎良区（航空基地）	Yanliang (National Aviation Hi-tech Industrial Base)	12.2	14.4
临潼区	Lintong	3.1	-0.3
长安区	Chang'an	-6.6	-17.2
高陵区	Gaoling	34.3	54.2
鄠邑区	Huyi	10	22.3
蓝田县	Lantian	7.3	6.3
周至县	Zhouzhi	49.7	-34.1
西咸新区	Xixian New Area	0.1	-12.6
# 开发区	**Development Zones**		
高新区	Hi-Tech Industries Development Zone	-11.6	-25.3
经开区	Economic Development Zone	24.5	12.7
曲江新区	Qujiang New District	-25.8	-14.8
航天基地	National Civil Aerospace Industrial Base	-25.5	-52.5
浐灞生态区	Chan-ba Ecological District	20.2	9.8
国际港务区	International Trade & Logistics Park	24.5	8.3

5-14 分区县工业投资增长速度（2023年）

The Growth Rate of Industrial Investment by Region (2023)

单位：% (%)

区　县	Region	工业投资 Industrial Investment	#工业企业技术改造 Technological Transformation of Industrial Enterprises
全　市	**Total**	**4.6**	**-13.8**
新城区	Xincheng	25.2	
碑林区	Beilin	15.4	
莲湖区	Lianhu	28.3	-81.8
灞桥区	Baqiao	-40.3	238.5
未央区	Weiyang	1.3	8.4
雁塔区	Yanta	-24.1	15.2
阎良区	Yanliang	16.6	4.4
临潼区	Lintong	24.6	18.1
长安区	Chang'an	-15.9	-17.3
高陵区	Gaoling	23.5	-9.8
鄠邑区	Huyi	15.7	-28.3
蓝田县	Lantian	-5.4	546.5
周至县	Zhouzhi	63.0	-36.4
西咸新区	Xixian New Area	35.3	-0.4

5-15 分区县、开发区新增固定资产及房屋施工、竣工面积增长速度（2023年）

单位：%

区县、开发区	Region	本年新增固定资产 Increased Fixed Assets in the Year	本年房屋施工面积 Floor Space of Buildings Under Construction in the Year	#住宅 Residential Buildings
全　市	**Total**	**8.3**	**1.1**	**0.9**
新城区	Xincheng	-73.0	-4.3	-13.6
碑林区	Beilin	164.4	1.4	8.3
莲湖区	Lianhu	-36.6	-15.9	-15.6
灞桥区	Baqiao	-54.0	3.8	3.0
未央区	Weiyang	-14.1	12.5	20.1
雁塔区	Yanta	80.9	4.7	3.4
阎良区（航空基地）	Yanliang (National Aviation Hi-tech Industrial Base)	27.2	-10.3	-11.6
临潼区	Lintong	-21.3	-8.9	-3.3
长安区	Chang'an	-7.1	17.0	10.4
高陵区	Gaoling	-53.5	0.9	-9.9
鄠邑区	Huyi	39.0	-5.6	-7.1
蓝田县	Lantian	-16.7	-0.7	-0.2
周至县	Zhouzhi	62.8	2.2	1.5
西咸新区	Xixian New Area	60.7	5.3	5.7
# 开发区	**Development Zones**			
高新区	Hi-Tech Industries Development Zone	46.0	13.6	12.1
经开区	Economic Development Zone	-8.7	-13.4	-15.8
曲江新区	Qujiang New District	-33.0	-3.4	-12.5
航天基地	National Civil Aerospace Industrial Base	-17.8	-18.5	-17.2
浐灞生态区	Chan-ba Ecological District	-57.2	-14.5	-12.9
国际港务区	International Trade & Logistics Park	-52.8	21.7	27.8

The Growth Rate of Newly Added Fixed Assets and Floor Space of Constructing and Completed Buildings by Region and Development Zone (2023)

(%)

本年房屋竣工面积 Floor Space of Buildings Completed in the Year	#住宅 Residential Buildings	本年房屋竣工价值 Value of Buildings Completed in the Year	#住宅 Residential Buildings	本年商品房销售面积 Floor Space of Houses Sales in the year	本年商品房销售额 Sales Income of Commercial Houses in the year
28.1	**23.4**	**41.5**	**36.7**	**-16.1**	**-6.1**
-80.5	-100.0	-66.8	-100.0	-72.7	-85.1
				26.6	22.0
-27.2	-16.9	-35.7	-25.4	15.6	10.0
-93.0	-90.2	-94.4	-91.8	-20.9	-12.3
-16.9	-43.8	-7.9	-28.5	15.5	10.1
112.6	55.2	115.0	32.7	-16.8	-13.0
				-9.0	-5.5
-100.0	-100.0	-100.0	-100.0	-46.4	-44.7
105.6	89.8	122.1	85.5	45.1	74.1
-11.1	-37.4	-18.2	-40.9	41.6	62.5
195.8	232.3	227.4	278.9	12.9	14.5
98.9	70.1	-27.9	-38.0	2.4	-4.9
				-44.4	-41.2
151.3	191.3	239.4	341.2	-54.2	-42.9
139.9	85.4	115.3	32.3	4.7	20.0
21.2	-2.1	40.4	8.4	3.6	-14.0
-45.2	-64.9	62.0	16.7	-20.8	-16.9
94.9	71.1	202.2	186.9	-4.7	-10.2
-75.9	-75.9	-88.1	-88.1	-31.0	-27.3
-100.0	-100.0	-100.0	-100.0	-18.6	-11.3

5-16 主要年份房地产开发投资主要指标

单位：万平方米

指 标	Item	2001年	2002年	2003年	2004年	2005年	2006年
本年完成投资额（亿元）	Investment Completed in The Year (100 million yuan)	67.42	79.37	124.82	169.67	225.23	285.76
本年房屋施工面积	Floor Space of Buildings Under Construction in The Year	743.78	1172.58	1343.12	1633.68	2174.29	2383.56
#住宅	Residential Buildings	580.43	964.68	943.61	1204.01	1783.36	1890.27
本年房屋竣工面积	Floor Space of Buildings Completed in The Year	316.24	329.71	339.67	380.84	361.62	399.64
#住宅	Residential Buildings	269.61	290.30	289.56	308.06	316.52	342.15
本年房屋竣工价值（亿元）	Value of Floor Space of Buildings Completed in the Year (100 million yuan)	37.20	36.93	54.73	73.75	80.58	82.02
#住宅	Residential Buildings	28.62	30.46	44.01	55.58	68.11	65.80
本年商品房销售面积	Floor Space of Commercialized Buildings Sold	225.35	252.90	252.74	305.47	497.34	621.50
#住宅	Residential Buildings	192.20	237.04	230.28	279.90	476.39	584.06
本年商品房销售额（亿元）	Total Sales of Commercialized Buildings (100 million yuan)	47.22	51.35	54.29	81.35	171.29	206.15
#住宅	Residential Buildings	35.53	45.46	44.25	71.27	158.03	179.47
本年批准预售面积	Approved Pre-sale Area of This Year	67.44	61.02	52.35	176.40	300.07	428.20
#住宅	Residential Buildings	65.20	55.73	49.12	159.10	287.13	408.11
待售面积	Area for Sale	50.82	57.14	63.85	108.52	123.59	112.49
#住宅	Residential Buildings	34.18	44.70	52.34	72.76	99.17	85.89
房屋出租面积	Rental Housing Area	9.19	15.75	10.56	11.18	17.32	8.53
#住宅	Residential Buildings	0.10	1.13	5.43	5.78	4.09	3.74
本年新增固定资产（亿元）	Newly Increased Fixed Assets This Year (100 million yuan)	50.77	48.43	62.13	83.36	92.78	100.22

Main Indicators of Investment in Real Estate Development in Representative Years

(10 000 sq.m)

2007年	2008年	2009年	2010年	2011年	2012年	2013年	2014年	2015年	2016年	2017年	2018年	2019年	2020年	2021年	2022年	2023年
387.33	540.26	696.34	842.34	996.81	1281.90	1595.64	1761.88	1831.67	1955.82	2333.34	2518.01	2464.78	2624.48	2428.63	2429.34	2278.22
2915.95	3632.87	5708.63	6697.39	8247.69	9947.89	10454.27	12422.10	13392.94	14727.10	15843.92	16044.57	17475.02	16916.07	17119.50	16320.01	16492.69
2376.82	3079.13	4901.59	5777.71	7108.27	8294.92	8461.71	9727.60	9777.23	10468.80	11134.28	11208.59	12450.59	11800.32	11816.05	10878.79	10978.15
483.30	443.96	542.81	463.65	631.03	1063.70	795.35	1533.70	976.64	1560.18	1634.63	977.28	1057.69	834.55	443.40	690.57	884.96
422.47	412.46	453.49	412.44	564.59	903.82	663.20	1307.64	766.58	1259.24	1281.71	623.40	761.59	623.39	360.40	511.15	630.83
101.13	106.50	168.08	145.62	213.29	310.57	279.63	442.74	301.86	456.48	571.96	330.61	372.11	316.10	156.64	326.12	461.33
77.13	96.02	137.42	128.69	185.31	260.04	222.64	368.25	236.66	351.46	448.02	208.68	231.24	245.62	126.85	246.00	336.25
833.92	760.72	1256.02	1587.81	1778.02	1538.91	1662.75	1707.71	1763.68	2047.67	2509.78	2713.46	2638.69	2559.79	1856.73	1666.87	1398.23
782.91	715.76	1202.12	1523.24	1674.85	1383.84	1522.50	1525.95	1584.08	1877.78	2147.67	2221.27	2155.46	2086.77	1579.46	1385.70	1177.12
281.79	296.44	488.55	707.00	1091.31	1017.74	1112.87	1100.71	1146.79	1347.08	2123.34	2753.13	2989.64	3294.01	2623.49	2318.14	2177.75
251.74	268.92	450.71	661.27	973.71	858.53	976.19	928.74	985.35	1194.41	1743.43	2214.18	2462.79	2734.58	2297.62	2046.27	1958.82
491.07	569.22	1125.44	1510.20	3105.76	2627.73	1787.89	842.98	751.15	717.54	634.50	1047.65					2129.42
457.54	541.20	1095.17	1452.20	2826.79	2340.69	1597.82	727.31	583.55	508.17	515.34	865.40					1226.13
45.42	55.40	40.68	34.32	59.76	102.58	74.59	187.13	296.50	378.24	379.66	240.04	202.71	149.51	144.50	139.84	422.72
38.62	35.40	28.73	26.23	45.41	83.78	61.24	143.21	185.96	215.40	176.90	59.98	55.57	29.45	36.41	43.90	164.87
10.84	34.94	38.23	28.60	8.01	15.16	15.57	7.15	19.64	48.67	57.12	51.95	26.97	25.48	3.75	2.04	15.56
5.36	4.53	6.55	0.70	3.25	4.03	0.73	0.07	1.47	1.47		2.37			0.58		
143.17	124.02	195.71	168.20	25.53	358.03	334.41	531.44	335.91	574.54	807.26	409.04	498.31	358.03	186.33	468.39	601.31

5-17 分区县、开发区房地产开发主要指标（2023年）

单位：万元

区县、开发区	Region	企业（单位）个数（个）Number of Enterprises (unit)	本年完成投资 Investment Completed This Year	本年新增固定资产 Increased Fixed Assets This Year
全　市	**Total**	**1075**	**22782209**	**6013055**
新城区	Xincheng	18	149652	15300
碑林区	Beilin	13	162084	
莲湖区	Lianhu	23	368390	410417
灞桥区	Baqiao	128	4803562	213165
未央区	Weiyang	173	3537678	189698
雁塔区	Yanta	240	6152095	1830799
阎良区（航空基地）	Yanliang (National Aviation Hi-tech Industrial Base)	24	405997	8779
临潼区	Lintong	15	290938	750
长安区	Chang'an	126	2069255	688486
高陵区	Gaoling	39	615074	54525
鄠邑区	Huyi	27	255544	220762
蓝田县	Lantian	17	170000	10822
周至县	Zhouzhi	17	58244	45547
西咸新区	Xixian New Area	215	3743696	2324005
# 开发区	**Development Zones**			
高新区	Hi-Tech Industries Development Zone	142	3921762	1647174
经开区	Economic Development Zone	68	1025466	171223
曲江新区	Qujiang New District	64	1478636	115247
航天基地	National Civil Aerospace Industrial Base	61	738343	592074
浐灞生态区	Chan-ba Ecological District	85	2196156	83990
国际港务区	International Trade & Logistics Park	62	2806760	

Main Indicators of Real Estate Development by Region and Development Zone (2023)

(10 000 yuan)

本年房屋施工面积（平方米）Floor Space of Buildings Under Construction (sq.m)	#住宅 Residential Buildings	本年房屋竣工面积（平方米）Floor Space of Buildings Completed this Year (sq.m)	#住宅 Residential Buildings	本年房屋竣工价值 Value of Buildings Completed this Year	#住宅 Residential Buildings
164926858	**109781472**	**8849622**	**6308347**	**4613282**	**3362543**
2645510	1416809	18000		15300	
1845244	1358156				
5270921	4446782	877255	782273	408430	365933
21711345	15665576	71615	68310	26286	25054
25968253	17099052	439316	165363	172006	59059
39864946	24432153	2525291	1522354	1292597	652166
1720795	1464103	5000	5000	2433	2433
2064166	1717704				
17405931	12679532	1308906	973900	622673	510565
3976459	3194205	219475	153273	54525	39029
1549942	1158093	548509	430906	190093	156418
1782487	1525116	53542	45781	10822	9299
1116067	956473	76931	73032	21665	20691
38004792	22667718	2705782	2088155	1796452	1521896
21457546	13711464	2293301	1396674	1148246	558688
7462911	3719312	519149	250918	171223	77778
9503820	5333917	119155	76302	102277	73644
7528713	5424236	980659	676694	531994	431272
11483006	8403344	5735	5735	1720	1720
15323402	10865706				

5-18 房地产开发投资主要指标（2023年）

Main Indicators of Investment in Real Estate Development (2023)

单位：万元 (10 000 yuan)

指　标	Item	合计 Total	内资 Domestic Invested	港澳台投资 Investment from Hong Kong, Macao and Taiwan	外商投资 Foreign Invested
一、企业（单位）个数（个）	**Number of Enterprises (unit)**	**1075**	**1050**	**16**	**9**
二、本年完成投资	**Investment Completed This Year**	**22782209**	**22239985**	**445377**	**96847**
按工程用途分	Grouped by Function				
住宅	Residential Buildings	17762979	17415042	264042	83895
办公楼	Office Buildings	1063287	1053116	8308	1863
商业营业用房	Houses for Business Use	1228770	1204904	23397	469
其他	Others	2727173	2566923	149630	10620
三、本年新增固定资产	**Increased Fixed Assets This Year**	**6013055**	**6013055**		
四、本年房屋施工面积（平方米）	**Floor Space of Buildings Under Construction (sq.m)**	**164926858**	**158826136**	**3436110**	**2664612**
#住宅	Residential Buildings	109781472	106055289	1449131	2277052
五、本年房屋竣工面积（平方米）	**Floor Space of Buildings this Year Construction (sq.m)**	**8849622**	**8849622**		
#住宅	Residential Buildings	6308347	6308347		
六、本年房屋竣工价值	**Value of Buildings Completed this Year**	**4613282**	**4613282**		
#住宅	Residential Buildings	3362543	3362543		
七、本年商品房屋销售面积（平方米）	**Floor Space of Commercialized Buildings Sold this Year (sq.m)**	**13982253**	**13053058**	**659533**	**269662**
本年商品房销售额	**Sales Income of Commercialized Buildings**	**21777483**	**20073880**	**1317785**	**385818**

注：本表登记注册统计类别按《关于市场主体统计分类的划分规定》（国统字〔2023〕14号）执行。以下相关表同。
Note: The registered statistical categories of this table is implemented in accordance with the Regulations on the Classification of Market Entity Statistics, (Guotongzi [2023] No. 14). The following related tables are the same.

5-19 商品房销售情况（2023年）

Sales of Commercial Houses (2023)

指　标	Item	合计 Total	内资 Domestic Invested	港澳台投资 Investment from Hong Kong, Macao and Taiwan	外商投资 Foreign Invested
本年商品房销售面积（平方米）	**Floor Space of Commercialized Buildings Sold (sq.m)**	**13982253**	**13053058**	**659533**	**269662**
现房销售面积（平方米）	Floor Space of Completed Apartment Sales	1414772	1349570	55700	9502
期房销售面积（平方米）	Floor Space of Forward Delivery Housing Sales	12567481	11703488	603833	260160
住宅	Residential Buildings	11771176	11032286	527514	211376
办公楼	Office Buildings	560424	458525	101899	
商业营业用房	Houses for Business Use	733152	710191	18142	4819
其他	Others	917501	852056	11978	53467
本年商品房销售额（万元）	**Real estate sales this year (Wan Yuan)**	**21777483**	**20073880**	**1317785**	**385818**
现房销售额（万元）	Floor Space of Completed Apartment Sales	1455152	1403255	48306	3591
期房销售额（万元）	Floor Space of Forward Delivery Housing Sales	20322331	18670625	1269479	382227
住宅	Residential Buildings	19588248	18038619	1193942	355687
办公楼	Office Buildings	708924	618019	90905	
商业营业用房	Houses for Business Use	891695	859151	20260	12284
其他	Others	588616	558091	12678	17847
待售面积（平方米）	**Area for Sale (Sqm)**	**4227177**	**4183718**	**39375**	**4084**
#待售一年以上（一到三年）	Being Idle for One Year	2239147	2235063		4084
待售三年以上（含三年）	Being Idle for Three Years	421886	388000	33886	
住宅	Residence	1648705	1644997	1708	2000
办公楼	Office Buildings	677658	677658		
商业营业用房	Houses for Business Use	918337	883798	34539	
其他	Others	982477	977265	3128	2084
房屋出租面积（平方米）	**Rental area (Sqm)**	**155601**	**155601**		
住宅	Residential Buildings				
办公楼	Office Buildings	27282	27282		
商业营业用房	Houses for Business Use	48510	48510		
其他	Others	79809	79809		

5-20 房地产开发投资资金来源（2023年）

Source of Funds for Investment in Real Estate Development (2023)

单位：万元　　(10 000 yuan)

指　标	Item	合计 Total	内资 Domestic Invested	港澳台投资 Investment from Hong Kong, Macao and Taiwan	外商投资 Foreign Invested
一、本年资金来源合计	**Total**	**43588627**	**39509147**	**1749590**	**2329890**
1.上年末结余资金	Balance of Last Year	13768256	11613650	222988	1931618
2.本年实际到位资金	Fully Funded Capital this Year	29820371	27895497	1526602	398272
（1）国内贷款	Domestic Loans	3626096	3489618	136478	
银行贷款	Bank Loan	3343957	3207479	136478	
非银行金融机构贷款	Loans from financial Institutions except Bank	282139	282139		
（2）自筹资金	Self-raising Funds	11366207	11102631	263576	
（3）定金及预收款	Earnest Money and Advance payment	8923676	8019071	708799	195806
（4）个人按揭贷款	Personal Mortgage Loan	4072804	3453261	417264	202279
（5）其他资金	Others	1831588	1830916	485	187
二、本年各项应付款合计	**Total Sums of Money to be Paid This Year**	**11756753**	**11208016**	**298914**	**249823**
# 工程款	Project Funds	7439314	7265656	162324	11334

5-21 房地产开发经营情况（2023年）

Running of Real Estate Development (2023)

单位：万元 (10 000 yuan)

指　标	Item	合计 Total	内资 Domestic Invested	港澳台投资 Investment from Hong Kong, Macao and Taiwan	外商投资 Foreign Invested
一、资产负债情况	**Assets and Liabilities**				
1.资产总计	Total Assets	211265298	205377910	4103257	1784131
2.负债合计	Total Liabilities	176370442	171464618	3458408	1447416
3.所有者权益合计	Total Creditor's Equity	34894856	33913292	644849	336715
#实收资本	Held Capital	22741149	22054440	614783	71926
二、损益及分配情况	**Profit or Loss and the Distribution**				
1.主营业务收入	Revenue from Principal Business	23340509	22710303	182258	447948
土地转让收入	Revenue of Land Transferred	10728	10728		
商品房屋销售收入	Revenue of Commercial Houses Sold	21204464	20591881	172247	440336
自持物业收入	Self-owned Property Income	115704	107955	7306	443
#房屋出租收入	Revenue of Houses Leased	104179	96816	6920	443
其他收入	Other Revenue	2009613	1999739	2706	7168
2.主营业务成本	Cost of Principal Business	18835549	18361960	168328	305261
3.主营业务税金及附加	Taxes and Other Charges on Principal Business	860454	838714	6274	15466
4.其他业务利润	Other Business Profit	180874	180485		389
5.销售费用	Sales Expenditures	703647	677874	19087	6686
6.管理费用	Management Cost	531071	519791	7991	3289
7.财务费用	Fiscal Expenditure	555093	536703	17309	1081
#利息支出	Interest Exchange	531405	528068	5156	-1819
8.营业利润	Operating Profit	2078193	1982028	-36733	132898
9.利润总额	Total Profit	2042702	1946458	-36233	132477
10.应付职工薪酬	Salary Payable	510454	487693	15459	7302
11.应交增值税	Value-added Tax Payable	1307155	1234028	42297	30829
三、全部从业人员年平均人数（人）	**Average Number of Employed Persons (Person)**	**92299**			
四、本年应付工资总额	**Total Wages This Year**	**811417**			

注：因劳动工资统计制度改革，自2020年开始，取消登记注册类型分组数据和分区县数据，故相关分组数据暂缺。

Note: Due to the reform of the labour wage statistics system, the registration type grouping data and sub-county data will be abolished from 2020 onwards, so the relevant grouping data are temporarily missing.

主要统计指标解释

固定资产投资（不含农户） 指城镇和农村各种登记注册类型的企业、事业、行政单位及城镇个体户进行的计划总投资500万元及以上的建设项目投资和房地产开发投资，包含原口径城镇固定资产投资加上农村企事业组织项目投资，该口径自2011年起开始使用。

房地产开发投资 指房地产开发企业本年完成的全部用于房屋建设工程、土地开发工程的投资额以及公益性建筑和土地购置费等的投资。

民间固定资产投资 指具有集体、私营、个人性质的内资企事业单位以及由其控股（包括绝对控股和相对控股）的企业单位在中华人民共和国境内建造或购置固定资产的投资。

基础设施投资 指为社会生产和生活提供基础性、大众性服务的工程和设施，是社会赖以生存和发展的基本条件。

实际到位资金 指用于固定资产投资的各种货币资金。包括国家预算资金、国内贷款、利用外资、自筹资金和其他资金。

（1）国家预算资金：国家预算包括一般预算、政府性基金预算、国有资本经营预算和社保基金预算。各类预算中用于固定资产投资的资金全部作为国家预算资金填报，其中一般预算中用于固定资产投资的部分包括基建投资、车购税、灾后恢复重建基金和其他财政投资。各级政府债券也应归入国家预算资金。

（2）国内贷款：指报告期固定资产投资项目单位向银行及非银行金融机构借入用于固定资产投资的各种国内借款，包括银行利用自有资金及吸收存款发放的贷款、上级拨入的国内贷款、国家专项贷款（包括煤代油贷款、劳改煤矿专项贷款等），地方财政专项资金安排的贷款、国内储备贷款、周转贷款等。

（3）利用外资：指报告期收到的境外（包括外国及港澳台地区）资金（包括设备、材料、技术在内）。包括对外借款（外国政府贷款、国际金融组织贷款、出口信贷、外国银行商业贷款、对外发行债券和股票）、外商直接投资、外商其他投资（包括补偿贸易、加工装配由外商提供的设备价款、国际租赁、外商投资收益的再投资资金）。不包括我国自有外汇资金（国家外汇、地方外汇、留成外汇、调剂外汇和国内银行自有资金发放的外汇贷款等）。各类外资按报告期的外汇牌价（中间价）折成人民币计算。

（4）自筹资金：指在报告期内筹集的用于项目建设和购置的资金。包括自有资金、股东投入资金和借入资金，但不包括各类财政性资金、从各类金融机构借入资金和国外资金。

（5）其他资金来源：指在报告期收到的除以上各种资金之外的用于固定资产投资的资金。包括社会集资、个人资金、无偿捐赠的资金及其他单位拨入的资金等。

固定资产投资按国民经济行业分 指根据其从事的社会经济活动性质对各类单位进行的分类。应根据建设项目建成投产后的主要产品种类或主要用途及社会经济活动种类来划分，不能根据项目单位本身的行业类别来划分。如果项目投产后有几种产品，应根据主要产品来确定行业类别。一般情况下，一个建设项目只能属于一种国民经济行业。

固定资产投资按隶属关系分 是按建设单位或企业、事业、行政单位的主管上级机关确定的。

（1）中央：是指中共中央、人大常委会和国务院各部、委、局、总公司以及直属机构直接领导的建设项目和企业、事业、行政单位。这些单位的固定资产投资计划由国务院各部门直接编制和下达，统一组织或委托下级实施。包括中央垂直管理的部门（如国家统计局各级调查队）和中央直属企业、事业单位（如工商银行、中国电信、中国石油）等。

（2）地方：是由省（自治区、直辖市）、地（区、市、州、盟）、县（区、市、旗）三级政府及业务主管部门直接领导和管理的建设项目、企业、事业、行政单位。地方项目还包括不隶属以上各级政府及主管部门的建设项目和企业、事业单位，如外商投资企业和无主管部门的企业等。

固定资产投资按建设性质分 按整个建设项目情况来确定。建设项目的性质一般分为新建、扩建、改建和技术改造、单纯建造生活设施、迁建、恢复、单纯购置。农户投资不划分建设性质。

（1）新建：指从无到有“平地起家”开始建设的项目。现有企业、事业、行政单位投资的项目一般不属于新建。但如有的单位原有基础很小，经过建设后新增的固定资产价值超过该企业、事业、行政单位原有固定资产价值（原值）三倍以上的，也应作为新建。

（2）扩建：指在厂内或其他地点，为扩大原有产品的生产能力（或效益）或增加新的产品生产能力，而增建的生产车间（或主要工程）、分厂、独立的生产线等项目。行政、事业单位在原单位增建业务性用房（如学校增建教学用房、医院增建门诊部、病房等）也作为扩建。

现有企、事业单位为扩大原有主要产品生产能力或增加新的产品生产能力，增建一个或几个主要生产车间（或主要工程）、分厂，同时进行一些更新改造工程的，也应作为扩建。

（3）改建和技术改造：指现有企业、事业单位对原有设施进行技术改造或更新（包括相应配套的辅助性生产、生活福利设施）的建设项目。改建项目包括企业、事业单位为适应市场变化的需要，而改变企业的主要产品种类（如军工企业转民用产品等）的建设项目；原有产品生产作业线由于各工序（车间）之间能力不平衡，为填平补齐充分发挥原有生产能力而增建但不增加主要产品生产能力的建设项目。技术改造是指企业、事业单位在现有基础上用先进的技术代替落后的技术，用先进的工艺和装备代替落后的工艺和装备，以改变企业落后的技术经济面貌，实现以内涵为主的扩大再生产，达到提高产品质量、促进产品更新换代、节约能源、降低消耗、扩大生产规模、全面提高社会经效益的目的。技术改造具体包括以下内容：机器设备和工具的更新改造；生产工艺改革、节约能源和原材料的改造；厂房建筑和公共设施的改造；保护环境进行的“三废”治理改造；劳动条件和生产环境的改造等。

固定资产投资按构成分

（1）建筑工程：指各种房屋、建筑物的建造工程。这部分投资额必须兴工动料，通过施工活动才能实现，是固定资产投资额的重要组成部分。

（2）安装工程：指各种设备、装置的安装工程。在安装工程中，不包括被安装设备本身的价值。

（3）设备工具器具购置：指报告期内购置或自制的，达到固定资产标准的设备、工具、器具的价值。新建单位及扩建单位的新建车间，按照设计或计划要求购置或自制的全部设备、工具、器具，不论是否达到固定资产标准均计入“设备工器具购置”中。

（4）其他费用：指在固定资产建造和购置过程中发生的，除建筑安装工程和设备、工器具购置投资完成额以外的应当分摊计入固定资产投资的费用，不指经营中财务上的其他费用。

房屋施工面积　指房地产开发企业本年施工的全部房屋建筑面积。包括本年新开工的房屋建筑面积、上年跨入本年继续施工的房屋建筑面积、上年停缓建在本年恢复施工的房屋建筑面积、本年竣工的房屋建筑面积以及本年施工后又停缓建的房屋建筑面积。多层建筑应填各层建筑面积之和。

房屋新开工面积　指房地产开发企业本年新开工建设的房屋建筑面积，以单位工程为核算对象。不包括在上年开工跨入本年继续施工的房屋建筑面积和上年停缓建而在本年恢复施工的房屋建筑面积。房屋的开工应以房屋正式开始破土刨槽（地基处理或打永久桩）的日期为准。房屋新开工面积指整栋房屋的全部建筑面积，不能分割计算。

房屋竣工面积　指房地产开发企业本年按照设计要求已全部完工，达到住人和使用条件，经验收鉴定合格或达到竣工验收标准，可正式移交使用的各栋房屋建筑面积的总和。

商品房销售面积　指房地产开发企业本年出售商品房屋的合同总面积（即双方签署的正式买卖合同中所确定的建筑面积）。

商品房销售额　指房地产开发企业本年出售商品房屋的合同总价款（即双方签署的正式买卖合同中所确定的合同总价）。该指标与商品房销售面积同口径。

Explanatory Notes on Main Statistical Indicators

Investment in Fixed Assets (Excluding Rural Households) refers to the investment in construction projects with a total planned investment of 5 million yuan and over by enterprises of various ownerships, institutions, administrative units and urban self-employed individuals, and the investment in real estate development in both urban and rural areas. Since 2011, it covers the urban investment in fixed assets under the previous statistical coverage plus project investments by rural enterprises and institutions.

Investment in Real Estate Development refers to the investment made by real estate development enterprises in the construction of buildings, development of land, nonprofit buildings and value of land purchased.

Non-governmental Investment in Fixed Assets refers to the investment in the construction or purchase of fixed assets in the territory of the People's Republic of China by domestic-funded enterprises and institutions with collective, private and personal nature and by enterprises and institutions controlled by them (including absolute and relative holding).

Infrastructure Investment refers to projects and facilities that provide basic and popular services for social production and life. It is the basic condition for the survival and development of society.

Actual Funds for Investment refers to all kinds of monetary funds used for fixed assets investment. It includes state budget funds, domestic loans, foreign capital utilization, self-raising funds and other funds.

(1) Fund from the state budget consists of general budget, government fund budget, operation budget of state-owned assets and social security fund budget. Funds for investment in fixed assets from various budgets are reported as fund from the state budget, of which, the general budget utilized on fixed assets investment includes investment on infrastructure construction, vehicle purchase tax, post-disaster restoration and reconstruction funds and other financial investment. Government bonds at all levels should also be included.

(2) Domestic Loans refer to loans of various forms borrowed by investing units from banks and non-bank financial institutions during the reference period for the purpose of investment in fixed assets, including loans issued by banks from their self-owned funds and deposit, loans appropriated by higher responsible authorities, special loans by government (including loan for substituting petroleum with coal, special loans for reform through-labour coal mines), loans arranged by local government from special funds, domestic reserve loan, and revolving loan, etc.

(3) Foreign Investment refers to overseas (including foreign countries, Hongkong, Macao and Taiwan) funds received during the reference period (covering equipment, materials and technology), including foreign borrowings (loans from foreign governments and international financial institutions, export credit, commercial loans from foreign banks, issue of bonds and stocks overseas), foreign direct investment and other foreign investments (including funds from foreign direct investment income that are reinvested in fixed assets domestically). Excluded from this category is capital in foreign exchanges owned by China (foreign exchanges owned by the central and local governments, foreign exchanges retained by enterprises, foreign exchanges by enterprises through the regulating mechanism, loans in foreign exchanges issued by the Bank of China with its own fund, etc.). In calculating the utilization of foreign capital, foreign currencies are converted into Chinese Renminbi applying the exchange rate (central parity rate) at the end of the reference period.

(4) Self-raised Funds refer to funds for investment in fixed assets received during the reference period by investing units, including investment in fixed assets using own funds of various enterprises and institutions or funds raised from other units other than financial funds, funds borrowed from financial institutions and overseas funds.

(5) Other Funds refer to funds for investment in fixed assets received from sources other than those listed above, including funds raised from individuals and through donations, and funds transferred from other units.

Investment in Fixed Assets by Sector refers to the classification of investment by the nature of social economic activities the investing units are engaged in. The classification of construction projects by sector is determined by the major products or the purpose of the projects when they are put into production or use, and by the nature of their social economic activities, instead of being determined by industrialclassification of the project enterprises. The project will be classified according to major product if there are several kinds of products yielded. In general, one project can only be classified into one sector.

Investment inFixed Assets by Jurisdiction of Management refers to the classification of investment by the competentauthoritiesunder which investment is made by construction units, enterprises, institutions or administrative units.

(1) Central investment refers to the investment in projects or by enterprises, institutions or administrative units which are under the direct leadership and management of the State Council and of the national commissions, ministries, agencies and State-owned large corporations. Various ministries and departments of the State Council prepare and implement plans through unified organization or lower-level commissions, which include departments direct under central government (i.e. survey offices at all level of the National Bureau of Statistics) and enterprises and institutions directly under central government (like the Industrial and Commercial Bank of China, China Telecom and China National Petroleum Corporation).

(2) Local investment refers to the investment in projects or by enterprises, institutions or administrative units which are under the direct leadership and management of competent departments and governments at the level of province (autonomous regions and municipalities directly under the Central Government), prefecture (prefectures, cities and leagues) and county (districts, cities and banners). Also included are projects by foreign-invested enterprises and enterprises without competent managing authorities.

Investment in Fixed Assets by Type of Construction Construction projects in general can be classified, by the type of construction, into new construction, expansion, reconstruction and technical transformation, purely construction of living facilities, moving, restoration and purely purchasing. However, investment by type of construction is not applied to investment by real-estate development units and investment by rural households.

(1) New construction in general refers to construction projects, which start from scratch. The existing projects invested by enterprises, institutions and administrative agencies cannot be classified as new construction. In case the size of the existing unit is quite small, and the value of newly added fixed assets is more than three times of the original value, the expansion will be considered as new construction.

(2) Expansion refers to projects of construction of new production workshop, branch factory or independent production line within a factory or in other locations, for the purpose of increasing the production capacity (or improving efficiency) or adding new production capacity. Newly constructed accommodation for the operation of institutions and administrative organizations (such as newly constructed building for teaching in schools, buildings for clinics or wards in hospitals, etc.) are also classified as expansion.

Also included in expansion are investments by existing enterprises or institutions in building major production line (s) or branch factory (ies) along with some work on innovation, for the purpose of expanding the production capacity of original products or producing new products.

(3) Reconstruction and technical transformation refers to construction projects by existing enterprises or institutions in innovation or technical transformation of the old facilities (including auxiliary production equipment and welfare facilities). Also considered as reconstruction is the construction of new workshops by the existing enterprises or institutions to change the varity of products to meet the market demand (such as the production of civil products by defence industries), or to bring the designed production capacity into full play through a more balanced production process on production lines. Technical transformation refers to replacement of old technology or equipment by new technology or equipment, in order to expand the reproduction through improvement of technology contents in production, to improve product quality, to promote new products, to save energy, to reduce consumption, to expand the production scale and to improve overall social-economic efficiency. Contents of technical transformation include: updating of machinery, equipment and tools; reforming production process by using energy or materials saving technology; construction of factory workshops and transformation of public facilities; treatment transformation of "three wastes" (waste gas, waste water and industrial residue) aiming at environmental protection; improvement of working conditions and environment, etc.

Investment in Fixed Assets by Structure

(1) Construction refers to the construction of houses and buildings, also known as work volume of construction. This part of investment can only be achieved through construction activities, it is the major component of the total investment in fixed assets.

(2) Installation refers to the installation of various kinds of equipment and instruments, also known as work volume of installation.

The value of equipment installed itself is not included in the value of installation projects.

(3) Purchase of equipment and instruments refers to the total value of equipment, tools, and instruments purchased or self-produced which come up to the cut-off point for fixed assets during the reference period. Equipment, tools and instruments purchased or selfproduced for new workshops by newly established or expanded units are categorized as "purchase of equipment and instruments" no matter whether they come up to the cut-off point for fixed assets.

(4) Other expenses refer to expenses arising during the construction or purchase of fixed assets other than those expenses on construction, installation and purchase of equipment and instruments. Other financial expenses arising in operation are not included.

Floor Space of Buildings under Construction refers to the total space area of the buildings under construction in the year by real estate development enterprises. It includes buildings started in the year, continued from the previous year, suspended in earlier years but restarted in the year, completed in the year, and buildings under construction but suspended in the year. The floor space of a multi-storied building should be the sum of floor space of all the stories.

Floor Space of Buildings Started in the Year refers to the total floor space area of the buildings started in the year by real estate development enterprises. It excludes the buildings started in previous years and continued in the year, and the buildings suspended in previous years but restarted in the year. The start of a construction is defined by the date of ground breaking or pile driving. The floor space of the buildings started in the year includes that of the entire building.

Floor Space of Buildings Completed refers to the total floor space area of each building completed in the year by real estate development enterprises, which meet the requirements as designed, up to the standard for being resided in and put into use, has been checked and accepted by departments concerned as qualified or up to the standard of buildings completed and can be handed over for putting into use.

Floor Space of Commercial Buildings Sold refers to total contracted area of commercial buildings (i.e. area of floor space as designated in the formal contracts signed by both sides) sold by real estate development enterprises in the year.

Sales of Commercial Buildings refers to the total contracted value (i.e. value of sales/purchase for selling/purchase of commercial buildings as designated in the contract signed by both sides) received from the sales of the buildings by real estate developmententerprises in the year. This indicator has the same statistical coverage as the area of commercial buildings sold.

六、财　政

GOVERNMENT FINANCE

资料整理：孟　刚
Data management:Meng Gang
数据审核：赵　博
Data audit:Zhao Bo

第六部分　财　政

一、简要说明

本章资料主要包括地方财政收入、支出总额构成及分区县情况，由西安市财政局提供。

二、主要指标

财政总收入（亿元）	2110.73	比上年增长	24.7%
一般公共预算收入（亿元）	951.92	比上年增长	14.1%
一般公共预算支出（亿元）	1730.47	比上年增长	10.2%

6　GOVERNMENT FINANCE

I .Brief Introduction

This chapter consists of primarily data on regional revenue, expenditure of the municipal government, regional revenue and expenditure of the districts and the counties. The data are provided by the Xi'an Bureau of Finance.

II .Major Indicators

		Increase over Preceding Year
Total Government Revenue (100 mil.yuan)	2110.73	24.7%
General Public Budget Revenue (100 mil.yuan)	951.92	14.1%
General Public Budget Expenditures (100 mil.yuan)	1730.47	10.2%

6-1　主要年份一般公共预算收入及支出

General Public Budget Revenue and Expenditure of Local Finance in Representative Years

单位：亿元　　(100 million yuan)

年　份 Year	财政总收入 Gross Fiscal Revenue	一般公共预算收入 General Public Budget Revenue	一般公共预算支出 General Public Budget Expenditure	收支差额 Balance of Payments	财政总收入比上年增长（%） Growth Rate of Gross Fiscal Revenue over the Previous Year (%)	一般公共预算收入比上年增长（%） Growth Rate of General Public Budget Revenue over the Previous Year (%)	一般公共预算支出比上年增长（%） Growth Rate of General Public Budget Expenditure over the Previous Year (%)
2000	61.57	41.39	46.50	-5.11		14.4	
2001	75.79	51.45	54.21	-2.76	23.1	9.9	10.2
2002	99.84	54.49	63.80	-9.32	31.7	16.9	11.3
2003	120.64	64.80	72.37	-7.57	20.8	21.6	22.6
2004	133.52	75.31	84.20	-8.88	10.7	20.0	16.3
2005	163.87	73.05	97.82	-24.76	22.7	18.2	16.2
2006	195.96	85.89	119.22	-33.33	19.6	18.6	21.9
2007	260.70	112.92	161.25	-48.33	33.0	31.5	35.3
2008	324.49	145.61	226.99	-81.38	24.5	28.9	40.8
2009	399.53	181.40	276.85	-95.45	23.4	24.6	22.0
2010	510.69	241.86	371.62	-129.76	27.6	33.3	34.2
2011	649.88	318.55	494.58	-176.03	27.3	31.7	33.1
2012	753.08	396.96	597.49	-200.53	15.9	24.6	20.8
2013	902.76	501.98	729.81	-227.84	19.9	26.5	22.1
2014	1019.69	583.79	819.54	-235.75	13.0	16.3	12.3
2015	1114.98	650.99	917.24	-266.25	9.3	16.3	12.9
2016	1135.68	641.07	942.52	-301.46	8.5	11.1	2.8
2017	1364.71	654.50	1045.09	-390.59	12.6	9.8	7.1
2018	1460.39	684.70	1151.87	-467.17	13.6	10.8	10.2
2019	1533.89	702.56	1247.02	-544.45	5.0	2.6	8.3
2020	1541.50	724.14	1347.58	-623.44	0.5	3.1	8.1
2021	1851.57	856.00	1474.62	-618.62	20.1	18.2	9.4
2022	1706.98	834.08	1569.81	-735.73	-7.8	9.7	6.5
2023	2110.73	951.92	1730.47	-778.55	24.7	14.1	10.2

注：1.本表数据来源于市财政局，对部分历史数据进行了修订。
　　2.2022年，一般公共预算收入比上年增长是扣除增值税留抵退税因素计算的同口径增长率。

Note: a) The data in this table is sourced from the Xi'an Municipal Finance Bureau, and some historical data has been revised.
　　b) In 2022, the growth rate of general public budget revenue is calculated based on the same caliber of growth rate after deducting the value-added tax deduction and refund factors.

6-2 财政收入（2023年）

Government Revenue (2023)

单位：万元 (10 000 yuan)

指　标	Item	2023年
财政总收入	**Total Government Revenue**	**21107272**
一般公共预算收入	**General Public Budget Revenue**	**9519208**
一、税收收入	**Tax Revenue**	**6879723**
1.国内增值税	Domestic Value-added Tax	2494853
2.企业所得税	Corporate Income Tax	786257
3.个人所得税	Individual Income Tax	372602
4.城市建设维护税	City Maintenance and Construction Tax	579345
5.房产税	House Property Tax	411392
6.城镇土地使用税	Urban Land Use Tax	118128
7.印花税	Stamp Tax	295494
8.车船税	Tax on Vehicles and Boat Operation	154615
9.土地增值税	Land Appreciation Tax	586814
10.资源税	Resource Tax	10678
11.环境保护税	Environment Protection Tax	1084
12.耕地占用税	Farm Land Occupation Tax	32463
13.契税	Deed Tax	1035608
14.其他税收收入	Other Tax Revenue	390
二、非税收入	**Non-Tax Revenue**	**2639485**
1.行政事业性收费收入	Revenue from Charge of Administrative and Institutional Units	228671
2.罚没收入	Revenue from Penalty Receipts	234041
3.专项收入	Revenue from Special Program Receipts	937021
4.国有资本经营收入	Operating Income from Goverment Captical	
5.国有资源（资产）有偿使用收入	Income for the Use of State-owned Resources (Assets)	919744
6.捐赠收入	Donation Revenues	14
7.政府住房基金收入	Governmental Housing Fund Income	315943
8.其他收入	Other Revenue	4051
政府性基金预算收入	**Government Fund Budget Revenue**	**13214352**

注：本表数据来源于市财政局。
Note: The data in this table is sourced from the Xi'an Municipal Finance Bureau.

6-3 财政支出（2023年）

Government Expenditure (2023)

单位：万元　　(10 000 yuan)

指　标	Item	2023年
一般公共预算支出	**General Public Budget Expenditure**	**17304672**
1.一般公共服务支出	Expenditure for General Public Services	1566063
2.国防支出	Expenditure for National Defense	28200
3.公共安全支出	Expenditure for Public Security	971161
4.教育支出	Expenditure for Education	2649678
5.科学技术支出	Expenditure for Science and Technology	644174
6.文化旅游体育与传媒支出	Expenditure for Culture, Tourism, Sport and Media	238964
7.社会保障和就业支出	Expenditure for Social Security and Employment	1960097
8.卫生健康支出	Expenditure for Health Care	1731310
9.节能环保支出	Expenditure for Energy Conservation and Environment Protection	755728
10.城乡社区支出	Expenditure for Urban and Rural Community Affairs	1711736
11.农林水支出	Expenditure for Agriculture, Forestry and Water Conservancy	487050
12.交通运输支出	Expenditure for Transportation	668682
13.资源勘探工业信息等支出	Expenditure for Resource Exploration and Industrial Information	768275
14.商业服务业等支出	Expenditure for Commerce and Services	463108
15.金融支出	Expenditure for Financial Affairs	1047731
16.自然资源海洋气象等支出	Expenditure for Nature Resources, Ocean and Weather	155408
17.住房保障支出	Expenditure for Housing Security	839354
18.粮油物资储备支出	Expenditure for Reserve of Grain , Oil and Other Materials	22717
19.灾害防治及应急管理支出	Expenditure for Prevention of Disasters and Emergency Management	159061
20.其他支出	Other Expenditure	93823
21.债务付息支出	Expenditure for Interest Payments on Debts	340063
22.债务发行费用支出	Expenditure for Issuing Debts	2289
政府性基金预算支出	**Governmental Fund Budgetary Expenditure**	**15996184**

注：本表数据来源于市财政局。
Note: The data in this table is sourced from the Xi'an Municipal Finance Bureau.

6-4 各区县、开发区财政收入（2023年）

单位：万元

区县、开发区	Region	一般公共预算收入 General Public Budget Revenue	税收收入 Tax Revenue	国内增值税 Domestic Value-added Tax
合　计	**Total**	**9519208**	**6879723**	**2494853**
市本级	City Level	1312483	361691	9589
新城区	Xincheng	273519	196007	67644
碑林区	Beilin	426219	393056	172494
莲湖区	Lianhu	417901	360029	170550
灞桥区	Baqiao	213883	153261	70901
未央区	Weiyang	358329	299537	137876
雁塔区	Yanta	604010	467989	195092
阎良区	Yanliang	119980	57512	15268
临潼区	Lintong	121103	89429	41521
长安区	Chang'an	298414	226190	107743
高陵区	Gaoling	164895	141415	63307
鄠邑区	Huyi	110945	71705	37323
蓝田县	Lantian	87222	40938	17064
周至县	Zhouzhi	31751	18319	7875
西咸新区	Xixian New Area	1262021	723866	247580
高新区	Hi-Tech Industries Development Zone	1701879	1592250	642717
经开区	Economic Development Zone	603023	539167	233024
曲江新区	Qujiang New District	461899	391130	70513
航空基地	National Aviation Hi-tech Industrial Base	29883	26901	9639
航天基地	National Civil Aerospace Industrial Base	203070	176031	64362
浐灞生态区	Chan-ba Ecological District	309415	245055	37487
国际港务区	International Trade & Logistics Park	407364	308245	75284

注：本表数据来源于市财政局。

Government Revenue by Region and Development Zone (2023)

(10 000 yuan)

企业所得税 Corporate Income Tax	个人所得税 Individual Income Tax	城市维护建设税 City Maintenance and Construction Tax	房产税 House Property Tax	城镇土地使用税 Urban Land Use Tax
786257	**372602**	**579345**	**411392**	**118128**
77134	10222	118824	18577	2436
37409	16550	12042	15784	2900
79643	43758	29420	24288	2837
29451	33887	25488	18217	5781
22106	4294	11420	8353	4445
22226	9452	20834	19427	6775
32523	28724	33553	27626	5691
6115	6547	4224	6441	4233
11077	3301	7691	4399	2275
17938	5628	18467	10804	3644
10321	3929	13674	9261	6892
4578	2341	6417	4994	2011
1896	869	2144	2476	1294
687	600	857	676	485
66146	22292	43817	41860	20497
211001	113975	135681	116273	20770
66452	30051	43440	35089	10787
21966	11604	12830	20212	4122
2461	3879	3955	1482	1209
12313	13718	11110	6459	1510
11308	3988	6715	4697	2942
41506	2993	16742	13997	4592

Note: The data in this table is sourced from the Xi'an Municipal Finance Bureau.

6-4 续表1

单位：万元

区县、开发区	Region	一般公共预算收入 General Public Budgetary Revenue		
		税收收入 Tax Revenue		
		印花税 Stamp Tax	车船税 Tax on Vehicles and Boat Operation	土地增值税 Land Appreciation Tax
合　计	**Total**	**295494**	**154615**	**586814**
市本级	City Level	26212	88657	0
新城区	Xincheng	5658	0	19220
碑林区	Beilin	16214	0	5223
莲湖区	Lianhu	16104	0	15485
灞桥区	Baqiao	6596	0	8933
未央区	Weiyang	11875	0	21724
雁塔区	Yanta	14538	0	27454
阎良区	Yanliang	2493	2541	2671
临潼区	Lintong	3645	2747	1002
长安区	Chang'an	10430	2830	8343
高陵区	Gaoling	7798	2489	5263
鄠邑区	Huyi	2160	2277	6203
蓝田县	Lantian	907	1559	3317
周至县	Zhouzhi	401	1871	1681
西咸新区	Xixian New Area	24956	49644	41067
高新区	Hi-Tech Industries Development Zone	67770	0	90805
经开区	Economic Development Zone	41888	0	15766
曲江新区	Qujiang New District	6613	0	140373
航空基地	National Aviation Hi-tech Industrial Base	694	0	1516
航天基地	National Civil Aerospace Industrial Base	6878	0	25655
浐灞生态区	Chan-ba Ecological District	4048	0	90789
国际港务区	International Trade & Logistics Park	17616	0	54324

continued 1

(10 000 yuan)

					非税收入
资源税 Resource Tax	环境保护税 Environmental Protection Tax	耕地占用税 Farm Land Occupation Tax	契税 Deed Tax	其他税收收入 Other Tax Revenue	Non-Tax Revenue
10678	**1084**	**32463**	**1035608**	**390**	**2639485**
9269	746	0	0	25	950792
0	0	0	18761	39	77512
31	0	0	19145	3	33163
23	0	0	45043	0	57872
8	0	-945	17150	0	60622
5	0	419	48899	25	58792
8	0	1406	101267	107	136021
0	0	141	6690	148	62468
173	0	1859	9739	0	31674
74	0	816	39473	0	72224
0	0	1353	17128	0	23480
48	0	-59	3412	0	39240
11	0	3779	5622	0	46284
18	0	479	2689	0	13432
859	338	18277	146532	1	538155
97	0	4917	188245	-1	109629
15	0	0	62647	8	63856
4	0	0	102893	0	70769
0	0	0	2066	0	2982
0	0	0	34026	0	27039
35	0	21	82990	35	64360
0	0	0	81191	0	99119

6-4 续表2

单位：万元

区县、开发区	Region	一般公共预算收入 General Public Budgetary Revenue		
		非税收入 Non-tax Revenue		
		行政事业性收费收入 Revenue from Charge of Administrative and Institutional Units	罚没收入 Revenue from Penalty Receipts	专项收入 Revenue from Special Program Receipts
合　计	**Total**	**228671**	**234041**	**937021**
市本级	City Level	160643	107600	303385
新城区	Xincheng	231	6652	6898
碑林区	Beilin	453	3325	16683
莲湖区	Lianhu	564	3589	14342
灞桥区	Baqiao	276	1886	30705
未央区	Weiyang	1077	4921	10677
雁塔区	Yanta	1081	21198	18494
阎良区	Yanliang	7015	5636	6872
临潼区	Lintong	2626	11796	4453
长安区	Chang'an	3952	10133	15527
高陵区	Gaoling	4286	10039	6887
鄠邑区	Huyi	797	9887	3642
蓝田县	Lantian	5125	3069	2238
周至县	Zhouzhi	3452	5216	666
西咸新区	Xixian New Area	7897	14873	207794
高新区	Hi-Tech Industries Development Zone	9007	3431	77778
经开区	Economic Development Zone	1371	2125	26213
曲江新区	Qujiang New District	689	3512	45589
航空基地	National Aviation Hi-tech Industrial Base	186	291	2249
航天基地	National Civil Aerospace Industrial Base	1464	1456	7872
浐灞生态区	Chan-ba Ecological District	15134	2168	41551
国际港务区	International Trade & Logistics Park	1345	1238	86506

continued 2

(10 000 yuan)

国有资本经营收入 Operating Income from Government Capital	国有资源（资产）有偿使用收入 Income from Use of State-owned Resoures (Assets)	捐赠收入 Donation Revenues	政府住房基金收入 Government Housing Fund Income	其他收入 Other Revenue	政府性基金预算收入 Government Fund Budget Revenue
	919744	**14**	**315943**	**4051**	**13214352**
	107420		267933	3811	3921037
	63718			13	23831
	12702				15809
	39252	7		118	149410
	27755				60058
	42117				25630
	95248				215057
	42837	7		101	59174
	12531		268		48162
	41137		1475		234072
	2111		157		32963
	24040		874		16352
	35828		24		44545
	1507		2591		28225
	286267		21316		3520998
	4395		15018		2300201
	29362		4785		460638
	20979				275674
	256				60747
	16247				433929
	4005		1502		198534
	10030				1089306

6-5 各区县、开发区财政支出（2023年）

单位：万元

区县、开发区	Region	一般公共预算支出 General Public Budget Expenditure	一般公共服务支出 Expenditure for General Public Services	国防支出 Expenditure for National Defense	公共安全支出 Expenditure for Public Security
合 计	**Total**	**17304672**	**1566063**	**28200**	**971161**
市本级	City Level	5936388	300225	18598	512510
新城区	Xincheng	414853	34347	133	35107
碑林区	Beilin	372320	46053		30243
莲湖区	Lianhu	442571	64124	28	34918
灞桥区	Baqiao	334554	40875	165	23238
未央区	Weiyang	458005	43110		34837
雁塔区	Yanta	527364	52863	1436	43573
阎良区	Yanliang	286943	32732		14135
临潼区	Lintong	513629	41549		19272
长安区	Chang'an	611778	60920	130	27912
高陵区	Gaoling	321775	43413		14894
鄠邑区	Huyi	388101	40536		16200
蓝田县	Lantian	545049	42735	75	15810
周至县	Zhouzhi	537347	39238		12197
西咸新区	Xixian New Area	1748201	335713	390	77075
高新区	Hi-Tech Industries Development Zone	1816015	79717	3340	23559
经开区	Economic Development Zone	598155	67929	1125	12881
曲江新区	Qujiang New District	361510	44164		1032
航空基地	National Aviation Hi-tech Industrial Base	54141	18921	300	25
航天基地	National Civil Aerospace Industrial Base	186720	30099	1480	4745
浐灞生态区	Chan-ba Ecological District	264223	45422		13480
国际港务区	International Trade & Logistics Park	585030	61378	1000	3518

注：本表数据来源于市财政局。

Government Expenditure by Region and Development Zone (2023)

(10 000 yuan)

教育支出 Expenditure for Education	科学技术支出 Expenditure for Science and Technology	文化旅游体育与传媒支出 Expenditure for Culture, Tourism, Sport and Media	社会保障和就业支出 Expenditure for Social Security and Employment	卫生健康支出 Expenditure for Health Care	节能环保支出 Expenditure for Energy Conservation and Environment Protection
2649678	**644174**	**238964**	**1960097**	**1731310**	**755728**
200382	104620	98012	649576	728082	218045
106659	1187	2538	85889	39972	2385
111997	1818	4386	83300	34149	1411
147816	1094	2601	76810	43989	3483
91585	197	1781	58043	35386	4679
100006	1925	2246	61545	76111	7826
125033	1897	2606	91304	63274	3183
72895	155	1928	43373	29732	5495
109261	153	6487	124542	59917	13509
146954	509	6023	135651	69123	14268
92645	2	3788	33799	37109	4019
76394	339	3470	79254	41234	15895
104912	157	5628	108573	44569	14894
128805	192	5994	107203	41997	19671
282947	26965	16505	134770	131632	25802
226785	493570	4643	56332	58096	369649
153184	74	23129	5597	56538	9808
74278		43974	2326	74569	3064
17012	587	63	658	419	1032
52745	7054	160	628	12125	3917
100969	1584	2482	2086	45275	6135
126414	95	520	18838	8012	7558

Note: The data in this table is sourced from the Xi'an Municipal Finance Bureau.

6-5 续表1

单位：万元

区县、开发区	Region	一般公共预算支出 General Public Budgetary Expend 城乡社区支出 Expenditure for Urban and Rural Community Affairs	农林水支出 Expenditure for Agriculture, Foresty and Water Conservancy	交通运输支出 Expenditure for Transportation	资源勘探工业信息等支出 Expenditure for Resource Exploration and Industrial Information
合　计	**Total**	**1711736**	**487050**	**668682**	**768275**
市本级	City Level	617827	90826	482994	64343
新城区	Xincheng	70153	688	1179	1656
碑林区	Beilin	39158	519	427	1306
莲湖区	Lianhu	30821	1503	485	11784
灞桥区	Baqiao	36235	9766	2242	2054
未央区	Weiyang	77461	6484	2150	2204
雁塔区	Yanta	104395	2521	2439	2694
阎良区	Yanliang	38388	18630	2893	4900
临潼区	Lintong	21451	52869	10465	2099
长安区	Chang'an	41227	43940	8547	567
高陵区	Gaoling	37504	23305	5897	2759
鄠邑区	Huyi	25313	37803	8334	6259
蓝田县	Lantian	61237	70189	9593	687
周至县	Zhouzhi	32387	84947	13519	72
西咸新区	Xixian New Area	122912	23007	80966	144523
高新区	Hi-Tech Industries Development Zone	47630	9759	3661	378731
经开区	Economic Development Zone	114755	516	2216	96857
曲江新区	Qujiang New District	90861	4817		1271
航空基地	National Aviation Hi-tech Industrial Base	870			10425
航天基地	National Civil Aerospace Industrial Base	53532	661		11755
浐灞生态区	Chan-ba Ecological District	32043	2032	100	874
国际港务区	International Trade & Logistics Park	15576	2268	30575	20455

continued 1

(10 000 yuan)

商业服务业等支出 Expenditure for Commerce and Services	金融支出 Expenditure for Financial Affairs	自然资源海洋气象等支出 Expenditure for Nature Resources, Ocean and Weather	住房保障支出 Expenditure for Housing Security	粮油物资储备支出 Expenditure for Reserve of Grain, Oil and Other Materials	灾害防治及应急管理支出 Expenditure for Prevention of Disasters and Emergency Management
463108	**1047731**	**155408**	**839354**	**22717**	**159061**
24880	1036994	37719	497679	14545	60956
2578	160	910	25804	177	1406
1764		911	10989	148	1029
6018	31	7287	3200	121	934
269		2435	7157	134	1251
791	766	2419	16863		1235
3493	378	1758	21627	193	1054
678	126	1709	13416	332	2019
513		20085	22462	166	4012
844	267	17718	28243	538	5154
1138	7	4004	11214	60	2381
557		16860	11973	233	3642
331		17390	15667		29508
483	150	11917	29029	330	6107
107875	2228	3892	95705	254	22044
17952	64	1219	4581	500	1401
8966			21317	70	3683
1028	6348	136	646		3465
1181	212	264			124
1511		3194			2205
4025		1370	1523		2504
276233		2211	259	4916	2947

6-5 续表2 continued 2

单位：万元 (10 000 yuan)

区县、开发区	Region	一般公共预算支出 General Public Budgetary Expend			政府性基金预算支出 Government Fund Budget Expenditure
		其他支出 Other Expenditure	债务付息支出 Expenditure for Interest Payments on Debts	债务发行费用支出 Expenditure for Issuing Debts	
合　计	**Total**	**93823**	**340063**	**2289**	**15996184**
市本级	City Level	1000	174286	2289	4409393
新城区	Xincheng		1925		25464
碑林区	Beilin		2712		36493
莲湖区	Lianhu		5524		111294
灞桥区	Baqiao	53	17009		63526
未央区	Weiyang		20026		128545
雁塔区	Yanta		1643		324455
阎良区	Yanliang		3407		122579
临潼区	Lintong		4817		122597
长安区	Chang'an	51	3192		269438
高陵区	Gaoling		3837		80434
鄠邑区	Huyi		3805		34610
蓝田县	Lantian	97	2997		81826
周至县	Zhouzhi		3109		68956
西咸新区	Xixian New Area	74343	38653		5102832
高新区	Hi-Tech Industries Development Zone		34826		1929043
经开区	Economic Development Zone	18279	1231		425086
曲江新区	Qujiang New District		9531		554493
航空基地	National Aviation Hi-tech Industrial Base		2048		113049
航天基地	National Civil Aerospace Industrial Base		909		456994
浐灞生态区	Chan-ba Ecological District		2319		333738
国际港务区	International Trade & Logistics Park		2257		1201339

主要统计指标解释

财政收入 指国家财政参与社会产品分配所取得的收入，是实现国家职能的财力保证。主要包括：

（1）税收收入：包括增值税、消费税、企业所得税、企业所得税退税、个人所得税、资源税、城市维护建设税、房产税、印花税、城镇土地使用税、土地增值税、车船税、船舶吨税、车辆购置税、关税、耕地占用税、契税、烟叶税、环境保护税和其他税收收入。

（2）非税收入：包括专项收入、行政事业性收费收入、罚没收入、国有资本经营收入、国有资源（资产）有偿使用收入、捐赠收入、政府住房基金收入和其他收入。

财政支出 指国家财政将筹集起来的资金进行分配使用，以满足经济建设和各项事业的需要。主要包括：

（1）一般公共服务支出：指政府提供基本公共管理与服务的支出，包括人大事务、政协事务、政府办公厅（室）及相关机构事务、发展与改革事务、统计信息事务、财政事务、税收事务、审计事务、海关事务、人力资源事务、纪检监察事务、商贸事务、知识产权事务、民族事务、港澳台侨事务、档案事务、民主党派及工商联事务、群众团体事务、党委办公厅（室）及相关机构事务、组织事务、宣传事务、统战事务、对外联络事务、其他共产党事务支出、网信服务、市场监督管理事务和其他一般公共服务支出。

（2）国防支出：指政府用于国防方面的支出，包括用于现役部队、国防科研事业、专项工程、国防动员等方面的支出。

（3）公共安全支出：指政府维护社会公共安全方面的支出，包括武装警察部队、公安、国家安全、检察、法院、司法、监狱、强制隔离戒毒、国家保密、缉私警察、海警等。

（4）教育支出：指政府教育事务支出，包括教育管理事务、普通教育、职业教育、成人教育、广播电视教育、留学教育、特殊教育、进修及培训、教育费附加安排的支出等。

（5）科学技术支出：指用于科学技术方面的支出，包括科学技术管理事务、基础研究、应用研究、技术研究与开发、科技条件与服务、社会科学、科学技术普及、科技交流与合作、科技重大项目等。

（6）文化旅游体育与传媒支出：指政府在文化和旅游、文物、体育、新闻出版电影、广播电视等方面的支出。

（7）社会保障和就业支出：指政府在社会保障与就业方面的支出，包括人力资源和社会保障管理事务、民政管理事务、补充全国社会保障基金、行政事业单位离退休、企业改革补助、就业补助、抚恤、退役安置、社会福利、残疾人事业、红十字事业、最低生活保障、临时救助、特困人员救助供养、补充道路交通事故社会救助基金、其他生活救助、财政对基本养老保险基金的补助、财政对其他社会保险基金的补助、退役军人管理实务等。

（8）卫生健康支出：指政府卫生健康方面的支出，包括卫生健康管理事务、公立医院、基层医疗卫生机构、公共卫生、中医药、计划生育事务、行政事业单位医疗、财政对基本医疗保险基金的补助、医疗救助、优抚对象医疗、医疗保障管理事务、老龄卫生健康事务等。

（9）节能环保支出：指政府节能环保支出，包括环境保护管理事务、环境监测与监察、污染防治、自然生态保护、天然林保护、退耕还林、风沙荒漠治理、退牧还草、已垦草原退耕还草、能源节约利用、污染减排、可再生能源、循环经济、能源管理事务等支出。

（10）城乡社区支出：指政府城乡社区事务支出，包括城乡社区管理事务、城乡社区规划与管理、城乡社区公共设施、城乡社区环境卫生、建设市场管理与监督等。

（11）农林水支出：指政府用于农林水事务支出，包括农业、林业和草原、水利、南水北调、扶贫、农业综合开发、农村综合改革、普惠金融发展支出、目标价格补贴等。

（12）交通运输支出：指政府交通运输和邮政业方面的支出，包括公路水路运输、铁路运输、民用航空运输、成品油价格改革对交通运输的补贴、邮政业支出、车辆购置税支出等。

（13）资源勘探信息等支出：指政府用于资源勘探、制造业、建筑业、工业信息等方面的支出，包括资源勘探开发、制造业、建筑业、工业和信息产业监管、国有资产监管、支持中小企业发展和管理等。

（14）商业服务业支出：指政府用于商业服务业方面的支出，包括商业流通事务、涉外发展服务等。

（15）金融支出：指政府用于金融方面的支出，包括金融部门行政支出、金融部门监管支出、金融发展、金融调控等。

（16）援助其他地区支出：指用于援助方政府安排并管理的对其他地区各类援助、捐赠等资金支出。包括一般公共服务、教育、文化体育与传媒、医疗卫生、节能环保、农业、交通运输、住房保障等支出。

（17）自然资源海洋气象等支出：指政府用于自然资源、海洋管理、测绘、气象等公益服务事业方面的支出。

（18）住房保障支出：指政府用于住房方面的支出，包括保障性安居工程支出、住房改革支出、城乡社区住宅等。

（19）粮油物资储备支出：指政府用于粮油物资储备方面的支出，包括粮油事务、物资事务、能源储备、粮油储备、重要商品储备等。

（20）灾害防治及应急管理支出：指政府用于灾害防治及应急管理方面的支出，包括应急管理事务、消防事务、森林消防事务、煤矿安全、地震事务、自然灾害防治、自然灾害救灾及恢复重建支出等。

（21）债务付息支出：指政府用于归还债务利息等所发生的支出。

（22）债务发行费用支出：指政府用于债务发行兑付费用的支出。

（23）其他支出：指不能划分到上述功能科目的其他政府支出。

中央财政收入和地方财政收入　指按现行分税制财政体制划分的中央本级收入和地方本级收入。属于中央财政的收入包括关税，进口货物增值税和消费税，出口货物退增值税和消费税，消费税，铁道部门、各银行总行、各保险公司总公司等集中缴纳的城市维护建设税，增值税50%部分，纳入共享范围的企业所得税60%部分，未纳入共享范围的中央企业所得税、中央企业上交的利润，个人所得税60%部分，车辆购置税，船舶吨税，证券交易印花税，海洋石油资源税，中央非税收入等。属于地方财政的收入包括地方企业上交利润，城市维护建设税（不含铁道部门、各银行总行、各保险公司总公司集中缴纳的部分），房产税，城镇土地使用税，土地增值税，车船税，耕地占用税，契税，烟叶税，印花税（不含证券交易印花税），增值税50%部分，纳入共享范围的企业所得税40%部分，个人所得税40%部分，海洋石油资源税以外的其他资源税，地方非税收入等。

中央财政支出和地方财政支出　指根据政府在经济和社会活动中的不同职责，划分中央和地方政府的责权，按照政府的责权划分确定的支出。中央财政支出包括一般公共服务，外交支出，国防支出，公共安全支出，以及中央政府调整国民经济结构、协调地区发展、实施宏观调控的支出等。地方财政支出包括一般公共服务，公共安全支出，地方统筹的各项社会事业支出等。

Explanatory Notes on Main Statistical Indicators

Government Revenue refers to income for the government finance through participating in the distribution of social products. It is the financial guarantee to ensure government functioning. The contents of government revenue include the following main items:

(1) Tax revenue, including value added tax (VAT), consumption tax, business tax, corporate in tax, corporate income tax refund, individual income tax, resource tax, city maintenance and construct tax, house property tax, stamp tax, urban land use tax, land appreciation tax, tax on vehicles and boat operation, ship tonnage tax, vehicle purchase tax, tariffs, farm land occupation tax, deed tax, and tobacco leaf tax, etc.

(2) Non-Tax revenue, including special program receipts, charge of administrative and institutional units, penalty receipts, state-owned capital operating income, state-owned resources (assets) compensation for the use of income, donation income, government housing fund income and others non-tax receipts.

Government Expenditure refers to the distribution and use of the funds which the government finance has raised, so as to meet the needs of economic construction and various causes. It includes the following main items:

(1) Expenditure for general public services: It refers to the spending on the basic public management and services which provided by governments, including the expense on affairs of People's Congress, affairs of People's Political Consultative Conference, affairs of government general office and relative institutions, affairs of development and reform, affairs of statistics, affairs of finance, affairs of taxation, affairs of audit, affairs of customs, affairs of human resources and social security, affairs of discipline inspection and supervision, affairs of population and family planning, affairs of commerce and trade, affairs of intellectual property, affairs of administration for industry and commerce, affairs of land and resources, affairs of oceanic administration, affairs of surveying and mapping, affairs of earthquake, ethnic affairs, religious affairs, affairs of Hong Kong, Macao, Taiwan, and Overseas Chinese, affairs of archives administration, affairs of democratic parties and federation of industry and commerce, affairs of mass organization, and affairs of lottery, affairs of the general office of the Party Committee and related institutions, affairs of propaganda, affairs of united front, affairs of external liaison, affairs of expenditure on other Communist Party, other affairs of Chinese Communist Party, etc.

(2) Expenditure for national defense: It refers to the spending of government on national defense, including the expense on active force, scientific research on national defense, special projects, mobilization of national defense, etc.

(3) Expenditure for public security: It refers to the spending of government on maintaining social and public security, including the expense on armed police force, public security, state security, prosecution, courts, justice, prison, compulsory isolation and drug treatment, state secrecy, anti-smuggling police, maritime police, etc.

(4) Expenditure for education: It refers to the spending of government on education, including the expense on the administration of education, general education, regular vocational school education, adult education, radio and television education, student abroad education, special education, education and training, education surtax arrangements spending, etc.

(5) Expenditure for science and technology: It refers to the spending of government on science and technology (S&T), including the expense on the administration of S&T, basic research, applied research, research and development, conditions and services of S&T, social science, popularization of science and technology, exchanges and cooperation of S&T, major project of S&T, etc.

(6) Expenditure for culture, tourism sport and media: It refers to the spending of government on culture, sports, radio, film, television, press and publication, etc.

(7) Expenditure for social security net and employment : It refers to the spending of government on social safety net and employment, including the expense on administration of social safety net and employment, civil affairs, subsidy on National Social Security Fund, retirees of administrative units and institutions, subsidy on enterprise reform, subsidy on employment effort, pension, placement of ex-serviceman, social welfare, the handicapped undertakings, living relief of natural disasters, affairs of Red Cross Society, minimum subsistence security, temporary assistance, relief and assistance for the residents living in extreme poverty, supplementary social assistance fund for road traffic accidents, other life assistance, financial subsidy for basic old-age insurance fund, financial subsidy for other social insurance funds, etc.

(8) Expenditure for health care: It refers to government

spending on health care, including health management services, public hospitals, primary health care institutions, public health, the pharmaceutical, family planning affairs, food and drug supervision and administration affairs, medical treatment of administrative institutions, financial subsidies to basic medical insurance funds, medical assistance, preferential care for the target medical treatment, etc.

(9) Expenditure for energy conservation and environmet protection: It refers to the government energy-saving and environmental protection expenditures, including environmental management services, environmental monitoring and surveillance, pollution control, ecological protection, natural forest protection project, forest, desert sand control, pasture, grassland of cultivated farmland, energy conservation and utilization expenditure pollution reduction, renewable energy and comprehensive utilization of resources, etc.

(10) Expenditure for urban and rural community affairs: It refers to the spending of government on urban and rural community affairs, including the expense on administration of urban and rural community, planning and management of urban and rural community, public facilities of urban and rural community, housing of urban and rural community, sanitation of urban and rural community, management and supervision on the construction market, etc.

(11) Expenditure for agriculture, forestry and water conservancy: It refers to the spending of government on agriculture, forestry and water conservancy, including the expense on agriculture, forestry, water conservancy, South-to-North Water Diversion Project, poverty alleviation, agricultural comprehensive development, comprehensive agricultural reform, inclusive financial development expenditure and target price subsidies, etc.

(12) Expenditure for transportation: It refers to the spending of government on transportation and postal services, including the expense on road transport, sea transport, rail transport, civil aviation transportation, oil price reform subsidies for transportation, postal services, vehicle purchase tax, etc.

(13) Expenditure for resource exploration and industrial information: It refers to the spending on exploration, manufacturing, construction, industry information and other aspects of information, including resource exploration and development, manufacturing, construction, industry and information industry regulation, safety supervision, the state-owned assets supervision and support of small and medium enterprise development and management, etc.

(14) Expenditure for commerce and services: It refers to government spending on commercial aspects of services, including commercial distribution business, tourism management and services, foreign development services, etc.

(15) Expenditure for financial affairs: It refers to government spending on financial aspects, including administrative of financial sector, financial sector supervision, financial development, financial control, etc.

(16) Expenditure for assistance to other parts: It refers to the various types of assistance to other regions, financial donations, donors, government expenditure and management arrangements, etc.

(17) Expenditure for nature resource, ocean and weather: It refers to government spending on land resources, marine, mapping, seismic, weather and other aspects of public service undertakings, etc.

(18) Expenditure for housing security: It refers to government spending on housing, including affordable housing projects, housing reform, urban and rural communities housing, etc.

(19) Expenditure for reserve of grain, oil and other materials: It refers to government spending on supplies of grain and oil reserves, including grain and oil services, supplies services, energy reserves, grain and oil reserves, reserves of other important commodities, etc.

(20) Expenditure for prevention of disasters and emergency management: refers to the government expenditure on disaster prevention and emergency management, including expenditure on emergency management, fire control, forest fire control, coal mine safety, earthquake, natural disaster prevention and control, natural disaster relief and recovery and reconstruction, etc.

(21) Expenditure for interest payments: on debts It refers to the government expenditure for repayment of interest on debts, etc.

(22) Expenditure for issuing debts: It refers to the Government expenditure on debt issuance and payment fees.

(23) Other expenditure: It refers to other government spending cannot be divided into the above functions subjects.

Revenue of the Central Government and Revenue of the Local Governments refers to the revenue collected by the Central Government and that by the local governments as defined by the decentralized taxation system. In accordance with this system, the revenue of the Central Government includes tariff, VAT and consumption tax from imports, VAT and consumption tax rebate for exports, consumption tax, city maintenance and construct tax from the Ministry of Railways, head offices of banks, head offices of insurance company, which are handed over to the government in a centralized way, 50% of the value added tax, 60% the share part of the corporate income tax, unshared part of corporate income tax of the central enterprises, profit handed in by the central enterprises, 60% of individual income tax, vehicle purchase tax, ship tonnage tax, stamp tax on securities transactions, resource tax on the offshore petroleum resources, Central Government non-tax revenue, etc. The revenue of the local governments includes profit handed in by the local enterprises, city maintenance and construct tax (excluding the part of the Ministry of Railways, head offices of banks, head offices of insurance company, which are handed over to the government in a centralized way), house property tax, urban land use tax, land appreciation tax, tax on vehicles and boat operation, farm land occupation tax, deed tax, and tobacco leaf tax, stamp tax, 50% of the value added tax, 40% the share part of the corporate income tax, 40% of individual income tax, resource tax other than the tax on offshore petroleum resources, local non-tax revenue, etc.

Expenditure of the Central Government and Expenditure of the Local Governments according to the different functions of the Central Government and local governments in economic and social activities, the rights of affairs administration are demarcated between those of the Central Government and those of local governments; and the classification of the expenditure between the Central Government and local governments are made on the basis of the classification of the rights of affairs administration between them. The expenditure of the Central Government includes the expenditure for general public services, expenditure for foreign affairs, expenditure for defense, expenditure for public security, and the expenditure of the Central Government for adjusting the national economic structure; coordinating the development among different regions; and exercising macroeconomic regulation. The expenditure of the local governments includes mainly the expenditure for general public services, expenditure for public security, and expenditures for social development which are planned by local governments, etc.

七、价格指数

PRICE INDICES

资料整理：冯　奕　乔兴录
Data management:Feng Yi　Qiao Xinglu
数据审核：高小琴　贾海宇
Data audit:Gao Xiaoqin　Jia Haiyu

第七部分　价格指数

一、简要说明

1.本章资料主要反映生产、流通、消费、投资与房地产等环节价格变动趋势和变动幅度。主要包括居民消费价格指数、工业生产者出厂价格指数、工业生产者购进价格指数、固定资产投资价格指数和商品住宅销售价格指数。

2.本章资料由国家统计局西安调查队提供。

3.居民消费价格指数的获取，是通过抽样调查和重点调查相结合的方式。在西安市区域内选定经营规模大、商品种类多的大型商场、超市、农贸市场和服务网点作为调查点，选择具有代表性的商品和服务项目作为样本，对其市场价格进行定期调查，以样本推断总体。

4.工业生产者出厂价格指数、工业生产者购进价格指数、固定资产投资价格指数，采取抽样调查和重点调查的方法。工业生产者出厂、工业生产者购进价格指数通过企业网上直报获取。商品住宅销售价格指数通过西安市月度商品住宅销售网签数据及中介机构成交数据获取。

二、主要指标

居民消费价格总指数（上年=100）	100.0	比上年下降	2.2个百分点

7 PRICE INDICES

Ⅰ.Brief Introduction

1.The data on price indices in this chapter show the changing trends and changing rates in the price of production, circulation, consumption, investment and real estate, including mainly consumer price indices, retail price indices, producer price indices for industrial producers, purchasing price indices for industrial producers, price indices for investment in fixed assets, and selling price indices of commercial residential buildings.

2.The data are provided by Survey Office of The National Bureau of Statistics in Xi'an.

3.The data of Consumer price Index is collected through stratified random sampling. Large-scale shops, supermarkets, fairs and service outlets with wide variety of commodities in Xi'an are selected as survey points. Representative commodities and services are selected as sample commodities and services. Regular surveys are conducted to collect data on market prices. The data on the population are estimated on the basis of the sample.

4.The producer price indices for industrial producers, purchasing price indices for industrial producers and price indices for investment in fixed assets are collected through stratified random sampling. The producer price indices for industrial producers and purchasing price indices for industrial producers are collected by online direct report of Xi'an industrial enterprises. Selling price indices of commercial residential buildings are collected by monthly data of online commercial residential sales record and intermediary transaction record.

Ⅱ.Major Indicators

		Increase over Preceding Year
Consumer Price Index (the price of preceding year = 100)	100.0	-2.2 percentage points

7-1 主要年份各种价格指数

Price Indices in Representative Years

（以上年价格为100） (the price of preceding year = 100)

年 份 Year	居民消费价格指数 Consumer Price Index	商品零售价格指数 Retail Price Index	工业生产者出厂价格指数 Producer Price Indices (PPI) for Industrial Producers	工业生产者购进价格指数 Industrial Purchasing Indices (IPI) for Industrial Producers	新建商品住宅销售价格指数 Price Index for New commodity residential house	二手住宅销售价格指数 Price Index for used/second hand residential buildings	固定资产投资价格指数 Price Index for Investment in Fixed Assets
1980	108.7	109.3					
1984	104.7	104.8					
1985	109.7	109.3					
1986	108.5	107.4					
1987	110.6	111.4					
1988	122.8	123.2					
1989	118.3	117.8					
1990	102.5	100.9					
1991	109.4	108.3					
1992	112.2	112.4					
1993	117.2	112.8	102.5	104.3			
1994	128.5	126.2	132.2	115.0			
1995	117.0	114.6	110.8	113.1			
1996	110.9	107.9	100.7	103.8			
1997	106	101.5	98.6	102.5			
1998	97.9	95.5	94.4	97.5			
1999	96.8	97.4	97.5	96.9			100.8
2000	100.2	98.7	99.4	102.4			102.1
2001	99.9	98.9	99.3	101.0			101.3
2002	98.6	98.5	98.2	98.4			101.2
2003	100.5	100.0	101.5	105.3			102.4
2004	102.3	101.9	102.7	110.4			103.3
2005	100.3	99.7	103.9	109.6			102.4
2006	101.6	101.5	103.2	106.1			102.0
2007	104.7	103.7	101.9	106.2			103.5
2008	106	105.4	103.7	108.5			110.5
2009	99.7	99.5	99.9	100.7			97.9
2010	103.5	102.7	102.3	106.3			103.8
2011	105.6	104.4	102.5	108.8			105.4
2012	102.8	102.3	100.5	97.2			101.9
2013	102.7	101.7	99.5	97.2			100.8
2014	101.4	100.7	99.5	99.5			100.8
2015	100.7	99.7	98.5	94.5			97.9
2016	100.9	100.1	97.8	97.6			100.0
2017	102.0	101.7	100.3	104.7			105.4
2018	101.9	102.2	101.1	102.7			104.7
2019	102.7	102.1	101.6	100.0			
2020	102.1	101.5	100.2	100.4			
2021	101.7	101.4					
2022	102.2	103.1					
2023	100.0						

注：1.本表数据来源国家统计局西安调查队。
2.本表2017年数据为西安行政区划口径。下同。
3.本表2018年起PPI、IPI包含西咸新区；2019年起住宅销售价格指数不含西咸新区；其他指标为西安行政区划口径数据。下同。
4.2018年固定资产投资价格指数包含西咸新区，2019年固定资产投资价格调查方案变动，2019年不出价格指数。2020年起固定资产投资调查暂停。
5.2021年起，PPI、IPI调查方案变动，西安市不出价格指数。
6.2023年起，流通和消费价格统计报表制度变动，不再开展商品零售价格调查。

Note: a) Figures in this table are obtained from Survey Office of The National Bureau of Statistics in Xi'an.
b) Figures in 2017 in this table were based on Xi'an administrative division. The same below.
c) PPI、IPI in this table included Xi'an (Xixian New Area)-Xianyang since 2018; Selling Price Indices of Residential Buildings have excluded areas mutually controlled by Xi'an (Xixian New Area)-Xianyang since 2019; Other indicators are based on Xi'an administrative division. The same below.
d) Price Index for Investment in Fixed Assets in 2018 included Xi'an (Xixian New Area)-Xianyang, Survey plan for investment in Fixed Assets occurred change in 2019, no price index in 2019. The investigation of Investment in Fixed Assets was suspended since 2020.
e) Survey plan for PPI and IPI has changed since 2021, PPI and IPI for Xi'an have been cancelled.
f) The system of circulating and consumer price statistical report has changed since 2023, Retail Price Survey is no longer conducted.

7-2 居民消费价格指数（2023年）

Residents Consumer Price Indices (2023)

(以上年价格为100) (the price of preceding year= 100)

指　标	Item	2023年
居民消费价格指数	**Consumer Price Index**	**100.0**
非食品烟酒价格指数	Non-Food, Tobacco and Liquor Price Index	100.1
服务价格指数	Price Index of Service	101.1
工业品价格指数	Industrial Price Index	98.9
鲜活食品价格指数	Price Index of Fresh Food	97.8
消费品价格指数	Price Index of Consumer Goods	99.3
能源价格指数	Energy Price Index	98.7
非食品价格指数	Non-foodstuff Price Index	100.2
扣除食品和能源价格指数	Price Index with Food And Energy Excluded	100.3
扣除鲜菜鲜果价格指数	Price Index with Fresh Vegetables Fruits Excluded	100.0
扣除自有住房价格指数	Price Index with Self-owned Housing Excluded	99.9
居住（扣自有住房）价格指数	Housing (Self-owned Housing Excluded) Price Index	100.6
一、食品烟酒	**Food, Tobacco and Liquor**	**99.9**
1.食品	Food	99.2
（1）粮食	Grain	100.5
（2）薯类	Potato	104.4
（3）豆类	Beans	102.4
（4）食用油	Cooking Oil	100.4
（5）菜及食用菌	Vegetables	96.4
（6）畜肉类	Livestock Meat	91.9
（7）禽肉类	Poultry Meat	99.2
（8）水产品	Aquatic Products	93.8
（9）蛋类	Eggs	97.1
（10）奶类	Milk	97.5
（11）干鲜瓜果类	Dried Fresh Melons and Fruits	104.7
（12）糖果糕点类	Sweets and Cakes	104.2
（13）调味品	Flavouring	101.0
（14）其他食品类	Other Food	101.8
2.茶及饮料	Tea and Drinks	100.1
3.烟酒	Tobacco and Liquor	101.0
（1）卷烟	Tobacco	100.6
（2）酒类	Liquor	101.6
4.在外餐饮	Dining Out	101.1
二、衣着	**Clothing**	**100.4**
1.服装	Garments	100.8
2.鞋类	Footwear	98.9
三、居住	**Residence**	**100.8**
1.租赁房房租	Rental Housing	101.1
2.住房保养维修及管理	Housing Maintenance And Management	99.3
3.水电燃料	Water, Electricity, Fuels	101.7
4.自有住房	Private Housing	100.9

注：本表数据来源国家统计局西安调查队。

7-2 续表 continued

(以上年价格为100) (the price of preceding year= 100)

指 标	Item	2023年
四、生活用品及服务	**Daily Necessities and Services**	**99.4**
1.家具及室内装饰品	Furniture and Interior Decorations	100.9
2.家用器具	Household Appliances	97.7
3.家用纺织品	Home Textiles	99.4
4.家庭日用杂品	Daily Use Household Articles	98.5
5.个人护理用品	Personal Care Articles	100.0
6.家庭服务	Home Services	100.9
五、交通和通信	**Transportation And Communication**	**96.9**
1.交通	Transportation	96.2
（1）交通工具	Transportation Facility	91.8
（2）交通工具用燃料	Fuels For Vehicles	95.3
（3）交通工具使用和维修	Vehicles Use And Maintenance	100.0
（4）交通费	Traffic Fare	104.6
2.通信	Communications	98.7
（1）通信工具	Telecommunication facility	96.4
（2）通信服务	Telecommunication Service	100.0
（3）邮递服务	Postal Service	100.0
六、教育文化娱乐	**Education, Culture And Recreation**	**100.8**
1.教育	Education	100.5
（1）教育用品	Educational Articles	102.1
（2）教育服务	Education Service	100.3
2.文化娱乐	Culture And Recreation	101.5
（1）文娱耐用消费品	Durable Consumer Goods for Cultural and Recreational Use and Service	94.2
（2）其他文娱用品	Other Recreational Articles	98.0
（3）文化娱乐服务	Cultural And Recreational Services	101.6
（4）旅游	Touring	106.8
七、医疗保健	**Health Care**	**100.7**
1.药品及医疗器具	Medical Instrument Articles	102.2
（1）中药	Traditional Chinese Medicine	105.1
（2）西药	Western Medicine	99.3
（3）滋补保健品	Health Care Articles	106.7
（4）医疗卫生器具	Medical Apparatus	105.1
（5）保健器具	Health Care Appliances	100.0
2.医疗服务	Medical Service	100.0
八、其他用品及服务	**Other Supplies And Services**	**104.4**
1.其他用品	Other Supplies	104.6
（1）首饰手表	Jewelry and Watches	108.9
（2）母婴用品	Maternal and Infant Supplies	100.8
（3）其他杂项用品	Other Miscellaneous Articles	100.0
2.其他服务	Other Service	104.3

Note: Figures in this table are obtained from Survey Office of The National Bureau of Statistics in Xi'an.

7-3 主要年份工业生产者出厂价格指数

(上年价格=100)

类 别	Classify	1999年	2000年	2001年	2002年	2003年	2004年	2005年
工业生产者出厂价格指数	**Producer Price Index**	**97.5**	**99.4**	**99.3**	**98.2**	**101.5**	**102.7**	**103.9**
按轻重工业分	Grouped by Light Industry and Heavy Industry							
轻工业	Light Industry	95.9	97.8	99.6	98.4	101.3	103.4	99.9
以农产品为原料	Using Farm Products as Raw Materials	95.2	99.2	99.0	98.4	104.5	108.7	97.3
以非农产品为原料	Using Non-farm Products as Raw Materials	97.0	95.5	100.6	98.6	99.9	100.8	101.2
重工业	Heavy Industry	98.9	100.8	99.2	98.2	101.6	101.9	107.9
采掘	Mining & Quarrying	101.5	97.5	94.8	101.3	103.4	140.5	107.9
原料	Raw Materials	102.3	107.7	101.1	101.3	111.2	109.0	114.2
加工	Processing	98.0	98.4	98.5	97.7	100.1	100.6	106.7
按生产生活资料分	by means of production and livelihood							
生产资料	Means of Production	98.3	100.5	99.1	98.0	101.8	102.7	105.3
采掘	Mining & Quarrying	101.5	97.5	94.8	101.3	103.4	140.5	107.9
原料	Raw Materials	100.2	106.4	101.1	101.0	108.1	106.6	111.3
加工	Processing	97.6	98.7	98.5	97.4	100.9	102.0	104.3
生活资料	Consumer Goods	96.5	97.3	99.9	99.1	100.5	102.5	100.4
（1）食品	Food	95.8	94.4	99.6	101.2	101.0	103.6	100.3
（2）衣着	Clothing	95.2	101.6	99.4	100.8	99.4	102.7	102.0
（3）一般日用品	Articles for Daily Use	97.6	96.9	101.9	97.9	101.2	101.2	101.3
（4）耐用消费品	Durable Consumer Goods	98.0	95.9	97.0	98.1	97.2	98.3	99.1
按工业部门分	Grouped by Industrial Sector							
1.冶金工业	Metallurgical Industry	91.2	98.2	97.2	98.7	103.8	107.1	103.9
2.电力工业	Power Industry	109.3	109.6	102.4	100.0	103.2	104.1	110.6
3.煤炭及炼焦工业	Coal and Coking Industry	96.3	100.5	110.3	106.7	136.8	131.4	97.1
4.石油工业	Petroleum Industry	107.1	134.2	96.6	100.7	118.6	110.5	121.7
5.化学工业	Chemical Industry	96.6	96.7	100.5	99.2	100.2	100.8	103.2
6.机械工业	Machine Manufacturing Industry	98.1	98.0	98.3	97.6	99.8	100.6	104.9
7.建筑材料工业	Building Materials Industry	96.7	98.5	100.6	99.6	99.7	100.0	98.6
8.森林工业	Timber Industry	97.9	98.9	98.1	98.9	100.1	100.2	101.6
9.食品工业	Food Industry	95.5	94.3	99.8	101.1	102.8	107.5	98.3
10.纺织工业	Textiles Industry	93.7	103.4	97.5	94.9	117.3	119.1	89.9
11.缝纫工业	Tailoring Industry	99.1	103.5	100.0	101.1	100.2	103.6	100.8
12.皮革工业	Leather Industry	98.0	99.2	101.0	101.8	98.7	99.6	101.2
13.造纸工业	Paper Industry	95.3	96.7	102.3	95.0	96.9	100.2	101.2
14.文教艺术用品工业	Cultural, Educational & Handicrafts Articles	96.7	96.4	101.1	103.4	97.5	96.5	98.1
15.其他工业	Other Industry	98.9	104.8	107.1	99.4	103.3	105.0	103.4

注：本表数据来源国家统计局西安调查队。2021年工业生产者出厂价格调查方案变动，西安市不出价格指数。

Producer Price Indices for Industrial Products in Representative Years

(the price of preceding year= 100)

2006年	2007年	2008年	2009年	2010年	2011年	2012年	2013年	2014年	2015年	2016年	2017年	2018年	2019年	2020年
103.2	**101.9**	**103.7**	**99.9**	**102.3**	**102.5**	**100.5**	**99.5**	**99.5**	**98.5**	**97.8**	**100.3**	**101.1**	**101.6**	**100.2**
100.2	101.8	103.7	100.6	102.5	107.0	100.4	100.7	100.9	100.3	98.5	100.5	102.5	101.3	100.8
100.1	103.3	106.0	98.9	104.0	109.3	100.3	101.0	100.8	99.1	97.8	100.9	103.0	101.2	100.4
100.2	100.8	102.1	101.8	101.4	100.9	100.5	99.9	101.3	103.3	100.1	99.7	101.3	101.5	101.8
105.5	101.9	103.8	99.3	102.2	101.6	100.5	99.2	99.2	98.2	97.6	100.3	100.7	101.8	100.1
100.6	111.6	122.3	90.0	150.2	102.6	101.8	100.6	100.6	99.8	99.8	106.0	107.1	110.3	100.1
111.8	104.9	110.8	99.5	108.9	111.2	108.6	95.1	97.6	90.4	91.4	103.4	106.1	103.6	100.4
104.2	101.2	101.9	99.4	100.8	100.1	99.2	99.9	99.5	99.3	98.3	99.8	100.0	101.5	100.0
104.2	101.3	103.4	99.3	102.2	101.9	100.3	99.2	99.5	98.3	97.4	100.7	101.7	101.7	100.1
100.6	111.6	122.3	90.0	105.2	102.6	101.8	100.6	100.6	99.8	99.8	106.0	107.1	110.3	100.1
111.6	104.8	110.2	99.7	109.0	111.3	108.7	95.2	97.7	90.5	91.2	102.7	106.0	103.6	100.4
103.0	100.6	102.0	99.3	101.0	100.3	98.9	99.9	99.7	99.6	98.3	100.3	101.0	101.4	100.1
100.4	103.5	104.7	101.4	102.5	104.5	100.8	100.4	99.7	99.4	98.6	99.7	100.1	101.5	100.5
100.4	105.3	106.6	100.3	103.3	109.5	101.6	100.9	101.2	100.1	97.7	100.3	102.5	101.9	100.3
103.3	104.6	105.1	102.7	101.2	111.9	99.4	100.4	99.1	96.0	100.2	101.3	100.4	100.2	100.6
100.8	100.1	102.7	102.6	101.2	101.5	101.5	99.1	101.3	102.1	98.9	99.6	96.8	99.9	100.8
99.4	100.7	100.7	103.9	101.9	99.5	99.0	100.9	95.9	95.6	99.5	98.5	101.3	103.3	100.4
106.5	103.2	104.8	92.0	105.8	116.3	100.7	97.5	97.5	96.5	95.2	104.9	107.3	104.3	99.3
107.9	105.5	110.0	109.0	101.2	104.7	111.2	100.6	99.4	98.9	92.3	99.4	102.3	95.5	95.2
95.4	106.8	104.8	101.7	110.6	109.3	101.5	100.0	100.0	100.0					
117.6	104.8	115.6	96.7	114.2	108.4	108.2	89.7	97.2	81.0	95.4	102.5	107.3	107.1	101.2
100.8	101.1	104.1	102.6	100.8	104.2	100.3	99.6	100.9	100.6	96.8	100.6	97.9	99.6	99.6
103.4	101.0	101.7	99.9	100.9	99.5	99.0	100.0	99.4	99.5	98.6	99.5	100.1	101.4	100.5
98.9	98.9	101.8	101.9	99.9	100.6	99.6	99.3	99.1	99.5	98.0	106.1	118.8	114.5	95.5
101.6	101.1	101.1	101.1	101.7	105.2	103.2	103.4	101.6	91.7	99.9	100.0	102.0	102.0	100.6
99.0	106.1	109.3	98.3	104.3	110.1	101.7	101.0	101.3	99.8	97.0	99.9	102.6	101.8	100.6
102.4	98.4	99.7	97.5	108.9	107.2	88.7	103.9	99.3	96.0	93.7	103.5	102.8	100.4	96.0
103.5	104.6	105.1	102.6	101.3	113.4	99.4	100.4	99.0	93.4	100.5	102.7	100.7	100.4	101.1
100.0	99.0	99.6	99.7	99.6	98.0	99.9	99.9	100.0	118.9	99.8	99.6	100.0	100.0	100.0
100.0	100.1	104.5	98.4	100.4	103.4	99.2	98.4	98.1	98.1	100.9	109.7	106.3	97.8	99.8
100.1	99.1	99.2	102.2	99.9	100.7	106.0	97.5	100.0	102.6	98.0	99.0	100.9	99.9	100.3
105.7	111.4	104.3	99.7	100.5	104.3	101.2	99.6	100.0	100.0	99.7	96.2	93.6	101.9	105.2

Note: Figures in this table are obtained from Survey Office of The National Bureau of Statistics in Xi'an. Survey plan for Producer Price Index for Industrial Products occurred change in 2021, Xi'an no price index.

7-4　主要年份工业生产者购进价格指数

(上年价格=100)

指　标	Item	2000年	2003年	2004年	2005年	2006年	2007年
工业生产者购进价格指数	**Industrial Producer Price Index**	**102.4**	**105.3**	**110.4**	**109.6**	**106.1**	**106.2**
（一）燃料、动力类	Fuels and Power	105.0	105.7	109.4	123.5	112.6	107.0
（二）黑色金属材料类	Ferrous Metals	102.7	107.4	117.4	107.6	99.2	104.8
# 钢材	Steel	103.4	106.0	114.8	107.5	98.5	104.9
（三）有色金属材料和电线类	Non-Ferrous Metals and Electric Wires	105.2	105.8	114.1	107.8	116.5	110.7
（四）化工原料类	Raw Chemical Materials	104.6	102.4	106.3	106.1	101.6	105.6
（五）木材及纸浆类	Timber and Paper Pulp	101.2	101.2	100.3	108.2	111.7	105.9
（六）建筑材料及非金属矿类	Building Materials and Non-metal ores	100.3	99.6	110.4	99.3	100.7	104.0
（七）其他工业原材料及半成品	Other Industrial Raw Materials and Semi-Products	98.8	102.5	111.2	106.1	104.3	108.8
（八）农副产品类	Agricultural and Sideline Products	100.4	113.7	112.7	100.9	107.2	107.2
（九）纺织原料类	Textile Raw Materials	98.0	103.4	103.9	97.6	101.5	100.5

注：本表数据来源国家统计局西安调查队。2021年工业生产者购进价格调查方案变动，西安市不出价格指数。

Industrial Purchasing Indices for Industrial Products in Representative Years

(the price of preceding year=100)

2008年	2009年	2010年	2011年	2012年	2013年	2014年	2015年	2016年	2017年	2018年	2019年	2020年
108.5	**100.7**	**106.3**	**108.8**	**97.2**	**97.2**	**99.5**	**94.5**	**97.6**	**104.7**	**102.7**	**100.0**	**100.4**
109.8	105.1	108.6	113.5	102.3	96.8	98.2	95.3	98.3	101.6	99.8	101.7	100.1
111.3	99.2	103.1	102.9	93.4	98.0	97.9	91.6	96.0	109.0	104.1	99.4	100.0
111.7	98.7	103.5	102.9	93.3	98.0	97.9	91.5	96.0	109.0	104.0	99.4	100.0
99.1	93.9	113.6	118.9	93.0	94.5	96.6	96.3	99.3	117.7	115.1	104.0	103.3
111.4	95.0	103.9	108.1	87.7	90.8	104.6	91.3	94.1	104.2	99.2	97.0	99.7
106.5	102.6	101.1	105.4	100.9	99.2	100.7	101.0	98.7	107.3	103.9	95.6	100.1
104.8	106.8	102.1	102.9	97.4	102.2	101.1	98.1	97.1	101.0	111.1	111.0	99.5
110.6	101.4	108.1	109.4	100.3	98.9	100.9	99.1	98.9	100.8	100.4	99.7	100.2
108.9	99.6	106.5	107.4	103.4	100.5	98.8	92.8	100.4	101.0	102.3	101.2	101.4
99.8	97.6	104.6	107.0	89.1	97.6	99.3	89.7	94.1	102.7	99.4	99.3	98.5

Note: Figures in this table are obtained from Survey Office of The National Bureau of Statistics in Xi'an. Survey plan for Industrial Producer Purchase Price Index occurred change in 2021, Xi'an no price index.

7-5 住宅销售价格指数（2023年）

Selling Price Indices of Residential Buildings (2023)

(上年价格=100) (the price of preceding year= 100)

指　标	Item	2023年
新建商品住宅	**New commodity residential house**	**102.3**
90平方米及以下	90 square meters and less	101.6
90-144平方米	90-144 square meters	102.3
144平方米以上	144 square meters and more	102.8
二手住宅	**used/second hand residential buildings**	**99.4**
90平方米及以下	90 square meters and the following	99.2
90-144平方米	90-144 square meters	99.5
144平方米以上	144 square meters and more	99.6

注：本表数据来源于国家统计局西安调查队
Note: Figures in this table are obtained from Survey Office of The National Bureau of Statistics in Xi'an.

主要统计指标解释

居民消费价格指数 是反映一定时期内城乡居民所购买的生活消费品和服务项目价格变动趋势和程度的相对数，是对城市居民消费价格指数和农村居民消费价格指数进行综合汇总计算的结果。通过该指数可以观察和分析消费品的零售价格和服务项目价格变动对城乡居民实际生活费支出的影响程度。

工业生产者价格指数 是反映工业产品价格变化趋势和变动幅度的统计指标，是工业企业的产品价格在不同的时间和空间条件下平均变动的相对数。工业生产者价格包括工业品第一次出售时的出厂价格和企业作为中间投入的原材料、燃料、动力购进价格，简称工业生产者出厂价格和工业生产者购进价格。工业生产者价格指数是进行国民经济核算和经济管理的主要依据。

住宅销售价格指数 是综合反映商品住宅价格水平总体变化趋势和变化幅度的相对数。

固定资产投资价格指数 是反映一定时期内固定资产投资品和取费项目价格的变动趋势和变动幅度的相对数。固定资产投资额是由建筑安装工程投资完成额、设备工器具购置投资完成额和其他费用投资完成额三部分组成的。编制固定资产投资价格指数应首先分别编制上述三部分投资的价格指数，然后采用加权算术平均法求出固定资产投资价格总指数。

该指数可以准确地反映固定资产投资中涉及的各类投资品和取费项目价格变动趋势和变动幅度，消除按现价计算的固定资产投资指标中的价格变动因素，真实地反映固定资产投资的规模、速度、结构和效益。

Explanatory Notes on Main Statistical Indicators

Consumer Price Indices reflects the trend and degree of changes in prices of consumer goods and services purchased by urban and rural households during a given period. They are obtained by combining Consumer Price Indices of Urban Household and Consumer Price Indices of Rural Household. The Indices enable the observation and analysis of the degree of impact of the changes in the prices of retailed goods and services on the actual living expenses of urban and rural residents.

Industrial Producer Price Index reflects the trend and degree of changes of industrial product price, which is the relative number of average change prices of industrial enterprises products under different condition of time and space. Including the first time of sale prices of industrial products and the price of raw materials, fuel and power as intermediate inputs, be called for short of PPI and IPI. Industrial producer price Index is an important basis for national accounts and economic management.

Selling Price Indices of Residential Buildings comprehensively reflects the trend and degree of changes in the price of commercial residential buildings.

Price Indices for Investment in Fixed Assets reflects the trend and degree of changes in prices of investment goods and projects in fixed assets during a given period. The investment in fixed assets consists of three components, namely the investment in construction and installation, the investment in purchases of equipment and instrument, and the investment in other items. Price indices for investment in fixed assets are calculated as the weighted arithmetic mean of the price indices for the three components of investment in fixed assets.

Removing the factor of price change in the aggregates of investment at current prices, this indicator shows the changes in the prices of commodities and fees involved in the investment of fixed assets, and can be used to observe the actual size, growth, structure, and efficiency of investment of fixed assets.

八、人民生活

PEOPLE'S LIVELIHOOD

资料整理：张 磊 孙婷婷 孟 刚

Data management: Zhang Lei Sun Tingting Meng Gang

数据审核：罗朝晖 赵 博

Data audit: Luo Zhaohui Zhao Bo

第八部分　人民生活

一、简要说明

1.本章资料反映我市城乡居民生活现状和变化情况，主要包括居民家庭基本情况及生活状况、收入及支出、住房等。

2.本章资料来源于国家统计局西安调查队城乡一体化住户收支与生活状况抽样调查。

3.统计资料范围及口径变化：（1）2014年西安开始实施城乡住户一体化改革，新老口径存在差异；（2）因2018年是分市、分省数据衔接年的基数年，衔接后西安各区县新口径与老口径数据相比，绝对额有所下降；（3）自2018年起本章调查资料包含13个区县及西咸新区城乡住户调查数据。

4.统计调查方法：住户收支与生活状况以全市为总体，采用分层、多阶段、与人口规模大小成比例的概率抽样方法，随机抽选调查住宅，确定调查户。在全市抽选出调查小区，对抽中小区中的住户进行全面摸底调查，在此基础上随机等距选出调查户参与记账调查。定期对调查小区和调查住宅进行轮换。

二、主要指标

指标	数值		增长
全体居民人均可支配收入（元）	42818	比上年增长	6.5%
城镇居民人均可支配收入（元）	51178	比上年增长	5.7%
城镇居民人均消费支出（元）	31122.0	比上年增长	13.5%
农村居民人均可支配收入（元）	19826	比上年增长	8.4%
农村居民人均消费支出（元）	17215.6	比上年增长	14.7%

8 PEOPLE'S LIVELIHOOD

I .Brief Introduction

1.The data in this chapter reflects the people's living conditions and their changes in Xi'an , consisting of the basic conditions of all households, income, expenditure, the inhabit situation and etc.

2.The data are provided by NBS Survey Office in Xi'an, collected though sample survey.

3.The field of investigation and statistics range have been changed.(1) In 2014, reformed household survey programme was used in Xi'an in order to produce aggregates with the same concepts and definitions for the urban and rural population; (2) Since 2018 is the base year for the data convergence of cities and provinces, the absolute amount of new caliber data of Xixian districts and counties has declined compared with the old caliber data; (3) Since 2018, the data in this chapter consists of 13 Districts (Counties) and Xixian New Area.

4.Methodology on household survey. The household survey is conducted by selecting sampled houses randomly, deciding surveyed households, with all households in the city (district) as the population, with stratified sampling, multi-stage sampling, probability sampling in proportion scale. The households in selected communities are surveyed comprehensively, and then on the basis, randomly select some households for keeping diaries. Communities and households surveyed rotate regularly.

II .Major Indicators

		Increase over Preceding Year
Per capita disposable income of all households (yuan)	42818	6.5%
Per capita annual disposable income of Urban households (yuan)	51178	5.7%
Per capita consumption expenditure of Urban households (yuan)	31122.0	13.5%
Per capita annual disposable income of Rural households (yuan)	19826	8.4%
Per capita consumption expenditure of Rural households (yuan)	17215.6	14.7%

8-1 主要年份城乡居民人均收入及恩格尔系数

Per Capita Annual Income and Engel's Coefficient of Urban and Rural Households in Representative Years

年份 Year	城镇居民人均可支配收入 Per Capita Disposable Income of Urban Households		农村居民人均可支配收入 Per Capita Disposable Income of Rural Households		城镇居民家庭恩格尔系数（%） Engel's Coefficient of Urban Households（%）	农村居民家庭恩格尔系数（%） Engel's Coefficient of Rural Households（%）
	绝对数（元） Value (yuan)	指数 1980年=100 Index year of 1980=100	绝对数（元） Value (yuan)	指数 1978年=100 Index year of 1978=100		
1978			140	100.0		
1979						
1980	414	100.0	190	135.7	53.3	53.3
1985	719	173.5	351	250.7	49.5	48.5
1990	1518	366.5	610	435.7	53.1	49.5
1991	1619	390.9	707	505.0	51.6	46.7
1992	1992	481.0	783	559.3	52.5	50.9
1993	2661	642.5	870	621.4	46.4	46.0
1994	3517	849.1	1078	770.0	45.2	50.1
1995	4153	1002.5	1353	966.4	44.7	50.3
1996	5023	1212.6	1586	1132.9	42.6	49.9
1997	5344	1290.1	1846	1318.6	40.7	49.2
1998	5670	1368.7	2052	1465.7	39.8	42.4
1999	5999	1448.3	2203	1573.6	36.3	39.1
2000	6364	1536.5	2344	1674.3	36.5	36.6
2001	6705	1618.8	2490	1778.6	34.8	33.9
2002	7184	1734.3	2641	1886.4	34.4	31.1
2003	7748	1870.7	2838	2027.1	34.8	37.6
2004	8544	2062.8	3143	2245.0	36.1	35.7
2005	9628	2324.5	3460	2471.4	37.0	36.3
2006	10905	2632.9	3808	2720.0	34.4	36.8
2007	12662	3057.0	4399	3142.1	36.6	38.2
2008	15207	3671.4	5212	3722.9	36.4	37.0
2009	18963	4578.2	6275	4482.3	32.4	35.8
2010	22244	5370.4	7750	5535.7	31.3	32.5
2011	25981	6272.6	9788	6991.4	31.3	31.9
2012	29982	7238.5	11442	8172.9	32.5	33.8
2013	33100	7991.3	12930	9235.7	32.5	33.0
2014	30715	8718.5	12898	10334.7	32.3	34.2
2015	33188	9422.0	14072	11270.0	32.7	32.2
2016	35630	10119.2	15191	12171.6	29.3	26.9
2017	35837	10948.9	12190	13242.7	29.4	27.3
2018	38729	11835.8	13286	14434.5	27.1	24.4
2019	41850	12794.5	14588	15849.1	26.8	25.4
2020	43713	13370.3	15749	17117.1	28.1	28.0
2021	46931	14359.7	17389	18897.2	27.0	28.9
2022	48418	14819.2	18285	19879.9	28.4	28.8
2023	51178	15663.9	19826	21549.8	25.5	26.3

注：1.2014年实施城乡住户一体化调查后，统计口径发生变化，新老口径存在差异。本表2014年开始为新口径数据，“农村居民人均纯收入”改为“农村居民人均可支配收入”。2014—2015年恩格尔系数按新口径进行了修订。

2.本表2018年起数据包含西咸新区。下同。

3.本表2017年城镇、农村居民人均可支配收入已依据2018年口径进行衔接，与以往年份不可比。

Note: a) In 2014, reformed household survey programme was used in Xi'an in order to produce aggregates with the same concepts and definitions for the urbanand rural population. The data in this chart fits the new concepts, transformed the “Per Capita Annual Net Income of Rural” into “Per Capita Annual Disposable Income of Rural”.

b) Since 2018, the data in this chart are including the Xixian New Area. Similarly hereinafter.

c) The concepts and definitions of “Per Capita Annual Disposable Income of Urban” and “Per Capita Annual Disposable Income of Rural” after the year of 2017 in the 8-1 chart are different from the year before, they are not comparable.

8-2 主要年份居民人民币储蓄存款

Savings Deposit of Households in Representative Years

单位：亿元 (100 million yuan)

年 份 Year	年末余额 Balance at Year-end	指数（上年=100） Index (preceding year=100)
1978	2.57	
1979	3.30	128.4
1980	4.22	127.8
1981	4.90	116.0
1982	5.97	121.9
1983	7.35	123.1
1984	10.73	146.0
1985	14.26	132.9
1986	19.45	136.4
1987	33.95	174.6
1988	40.77	120.1
1989	56.65	138.9
1990	77.09	136.1
1991	97.42	126.4
1992	120.27	123.5
1993	158.28	131.6
1994	218.74	138.2
1995	291.46	133.2
1996	394.02	135.2
1997	433.56	110.0
1998	499.68	115.3
1999	586.40	117.4
2000	675.83	115.3
2001	800.86	118.5
2002	988.04	123.4
2003	1210.56	122.5
2004	1432.86	118.4
2005	1716.76	119.8
2006	1950.53	113.6
2007	2002.38	102.7
2008	2513.70	125.5
2009	3084.20	122.7
2010	3641.09	118.1
2011	4155.65	114.1
2012	4787.03	115.2
2013	5357.05	111.9
2014	5698.15	106.4
2015	6571.18	115.3
2016	7035.81	107.1
2017	7497.30	106.6
2018	8360.33	111.5
2019	9553.29	114.3
2020	10913.05	114.2
2021	11996.54	109.9
2022	14505.38	120.9
2023	16568.71	114.2

注：1.本表数据来源于中国人民银行陕西省分行营业管理部，对部分历史年份数据进行了修订，为西安行政区划口径数据。
2.2015年以后“储蓄存款”为“住户存款”。

Note: a) The data in this table is sourced from the Business Management Department of the People's Bank of China Shaanxi Provincial Branch, and some historical year data has been revised to reflect the administrative division of Xi'an.
b) After 2015, “savings deposits” will be referred to as “household deposits”.

8-3 各区县城乡居民人均可支配收入（2022—2023年）

Per Capita Income of Urban and Rural Households by Region (2022—2023)

区 县	Region	城镇居民人均可支配收入 Per Capita Disposable Income of Urban Households			农村居民人均可支配收入 Per Capita Disposable Income of Rural Households		
		绝对数（元） Value (yuan)		2023年比2022年增长% Growth of 2023 than 2022(%)	绝对数（元） Value (yuan)		2023年比2022年增长% Growth of 2023 than 2022(%)
		2022年	2023年		2022年	2023年	
全 市	**Total**	**48418**	**51178**	**5.7**	**18285**	**19826**	**8.4**
新城区	Xincheng	56311	59616	5.9			
碑林区	Beilin	55467	58723	5.9			
莲湖区	Lianhu	55430	58567	5.7			
灞桥区	Baqiao	47114	49705	5.5	22305	24054	7.8
未央区	Weiyang	52631	55720	5.9			
雁塔区	Yanta	56928	60150	5.7			
阎良区	Yanliang	47422	50106	5.7	19496	21105	8.3
临潼区	Lintong	35752	37683	5.4	18344	19885	8.4
长安区	Chang'an	48943	51880	6.0	19733	21288	7.9
高陵区	Gaoling	44971	47579	5.8	20654	22451	8.7
鄠邑区	Huyi	28899	30662	6.1	17453	18989	8.8
蓝田县	Lantian	27595	29129	5.6	18382	19899	8.3
周至县	Zhouzhi	26100	27614	5.8	16727	18107	8.3
西咸新区	Xixian New Area	29209	30833	5.6	17427	18943	8.7

注：2022年及以前年份，西咸新区为原口径。2023年起，西咸新区为西咸新区直管区。
Note: In 2022 and earlier years, Xixian New Area used the original caliber. Since 2023, it is directly controlled by Xixian New Area.

8-4 全市居民家庭基本情况（2022—2023年）

Basic Conditions of All Households (2022—2023)

指　标	Item	2022年	2023年
调查户数（户）	**Number of Households Surveyed (household)**	**2410**	**1950**
调查户人口（人）	**Residents Surveyed (person)**		
平均每户常住人口	Average Household Size	3.0	2.9
平均每户劳动力人数	Average Number of Employed Persons	2.3	2.1
平均每劳动力负担人口	Average Number of Persons Supported by a Laborer	1.3	1.4
人均可支配收入（元）	**Annual Per Capita Disposable Income (yuan)**	40214	42818
工资性收入	Income of Wages and Salaries	23846.5	25591.0
经营净收入	Net Business Income	2761.2	2939.2
财产净收入	Net Income from Property	4114.4	4305.6
转移净收入	Net Income from Transfer	9491.9	9982.2
人均消费支出（元）	**Annual Per Capita Consumption Expenditure (yuan)**	**24050.8**	**27414.0**
食品烟酒	Food, Tobacco and Liquor	6841.9	7039.5
衣着	Clothing and Footwear	1191.8	1451.0
居住	Housing	5803.7	6442.8
生活用品及服务	Household Equipments, Furnishings and Services	1555.3	1771.6
交通通信	Transport and Communication Services	2602.8	3232.1
教育文化娱乐	Recreation, Education and Culture Services	2535.1	3086.6
医疗保健	Health Care and Medical Services	2968.0	3635.0
其他用品和服务	Miscellaneous Goods and Services	552.2	755.4

8-5 全市居民人均可支配收入（2022—2023年）

Per Capita Annual Disposable Income of All Households (2022—2023)

单位：元 (yuan)

指　标	Item	2022年	2023年
人均可支配收入	**Annual Per Capita Disposable income**	**40214**	**42818**
一、工资性收入	Income of Wages and Salaries	23846.5	25591.0
（一）工资	Wage	22333.6	24164.2
（二）实物福利	Benefits in kind	132.1	131.7
（三）其他	Others	1380.8	1295.1
二、经营净收入	**Net Business Income**	**2761.2**	**2939.2**
（一）第一产业经营净收入	Net Income from Primary Industry Business	422.1	433.9
（二）第二产业经营净收入	Net Income from Secondary Industry Business	201.2	181.8
（三）第三产业经营净收入	Net Income from Tertiary Industry Business	2137.9	2323.5
三、财产净收入	**Net Income from Property**	**4114.4**	**4305.6**
#利息净收入	Net interest	204.1	195.2
红利收入	Bonus	573.8	483.0
转让承包土地经营权租金净收入	Net Rental from Transfer of Contracted Land Management Rights	47.8	50.1
出租房屋财产性收入	The Property Income by Renting House	1234.5	1714.5
出租机械、专利、版权等资产的收入	The Income by Renting Assets like Mechanical, Patents, Copyright ect.	24.5	38.7
四、转移净收入	**Net Income from Transfer**	**9491.9**	**9982.2**
（一）转移性收入	Net Income from Transfer	11405.3	12088.6
（二）转移性支出	Transfer Expenditure	1913.4	2106.4

8-6 全市居民年人均消费支出（2022—2023年）

Per Capita Living Expenditure of All Households (2022—2023)

单位：元 (yuan)

指　标	Item	2022年	2023年
消费支出	**Total Living Expenditure**	**24050.8**	**27414.0**
一、食品烟酒	Food, Tobacco and Liquor	6841.9	7039.5
食品	food	4194.0	3709.4
烟酒	Alcohol and tobacco	603.5	693.7
饮料	Drink	202.5	182.1
饮食服务	Catering Services	1841.9	2454.3
二、衣着	**Clothing and Footwear**	**1191.8**	**1451.0**
衣类	Garments	933.8	1189.9
鞋类	Footwear	258.0	261.1
三、居住	**Housing**	**5803.7**	**6442.8**
#租赁房房租	Rental Housing Rent	329.3	452.7
住房维修及管理	Housing Repair and Management	603.9	786.5
水电燃料及其他	Water, Electric Power Fuel and Others	1211.5	1166.4
四、生活用品及服务	**Household Equipments, Furnishings and Services**	**1555.3**	**1771.6**
家具及室内装饰品	Furniture and External Decorations	183.9	309.3
家用器具	Household Appliances	476.2	405.4
家用纺织品	Household textile	100.4	105.1
家庭日用杂品	Household Articles of Daily Use	355.4	375.2
个人用品	Personal Items	312.2	345.8
家庭服务	Household Services	127.2	230.8
五、交通通信	**Transport and Communications**	**2602.8**	**3232.1**
交通	Transportation	1804.0	2449.6
通信	Communications	798.8	782.5
六、教育文化娱乐	**Recreation, Education and Culture Services**	**2535.1**	**3086.6**
教育	Education	1948.8	2153.8
文化娱乐	Recreation	586.3	932.8
七、医疗保健	**Health Care and Medical Services**	**2968.0**	**3635.0**
医疗器具及药品	Medical Instruments and Medicines	726.1	962.0
医疗服务	Medical Services	2241.9	2673.0
八、其他用品和服务	**Miscellaneous Goods and Services**	**552.2**	**755.4**

8-7 全市居民家庭人均购买主要商品数量（2022—2023年）

Per Capita Annual Purchases of Major Commodities of All Households (2022—2023)

单位：千克 (Kg)

指 标	Item	2022年	2023年
面粉	Flour	21.3	18.9
大米	Rice	16.0	11.3
薯类	Potato	17.2	13.3
豆类	Beans	13.9	11.3
食用植物油	Edible vegetable oil	9.2	8.2
鲜菜	Fresh vegetables	106.6	94.3
猪肉	Pork	13.6	13.4
牛肉	Beef	2.4	1.8
羊肉	Lamb	0.6	0.7
鸡	Chicken	3.1	2.8
鱼类	Fish	3.3	2.6
虾类	Shrimp	1.0	0.9
鲜蛋	Eggs	14.2	12.7
鲜奶	Milk	12.0	10.5
酸奶	Yogurt	4.1	3.5
奶粉	Milk	0.5	1.0
鲜瓜果	Fresh Melons and Fruit	68.5	60.2
鞋（双）	Footwear (pair)	2.2	2.1
水（吨）	Water (tons)	34.4	27.2
电（度）	Electricity (kwh)	994.5	879.5
煤炭	Coal	8.7	10.7
管道天然气（立方米）	Gas pipeline (cu.m)	70.4	64.5
罐装液化石油气	Bottled liquefied petroleum gas	2.6	2.3

8-8 全市居民家庭每百户年末耐用品拥有情况（2022—2023年）

Ownership of Major Durable Consumer Goods Every 100 Households (2022—2023)

指　标	Item	2022年	2023年
家用汽车（辆）	Automobile (unit)	45.1	48.3
摩托车（辆）	Motorcycle (unit)	13.6	11.7
助力车（台）	Electric Bicycle (unit)	56.6	62.1
洗衣机（台）	washing machine (unit)	101.2	97.2
电冰箱（柜）	Refrigerator (unit)	100.1	93.5
微波炉（台）	Microwave Oven (unit)	42.2	37.2
彩色电视机（台）	Color TV Set (unit)	107.6	97.5
空调（台）	Air conditioning (unit)	179.0	186.8
热水器（台）	Water Heater (set)	83.1	85.7
洗碗机（台）	Dishwasher (unit)	1.9	1.8
排油烟机（台）	Kitchen Ventilator (set)	75.4	73.1
固定电话（部）	Ordinary Telephone (unit)	9.8	7.3
移动电话（部）	Mobile phone (set)	265.2	241.7
计算机（台）	Computer (a)	52.9	55.5
照相机（台）	Camera (set)	11.8	9.7
中高档乐器（架）	High-end Instruments (unit)	6.6	6.6
健身器材（台）	Setting-up Apparatus (unit)	4.9	7.5
空气净化器（台）	Air-cleaner (unit)	12.0	11.2
地面清洁电器（台）	Floor Cleaning Appliance (unit)	11.3	11.9

8-9 城镇常住居民家庭基本情况（2022—2023年）

Basic Conditions of Urban Households (2022—2023)

指 标	Item	2022年	2023年
调查户数（户）	**Number of Households Surveyed (household)**	**1770**	**1370**
调查户人口（人）	Residents Surveyed (person)		
平均每户常住人口	Average Household Size	2.9	2.8
平均每户劳动力人数	Average Number of Employed Persons	2.3	2.1
平均每劳动力负担人口	Average Number of Persons Supported by a Laborer	1.3	1.4
人均可支配收入（元）	**Annual Per Capita Disposable Income (yuan)**	**48418**	**51178**
工资性收入	Income of Wages and Salaries	28665.2	30557.0
经营净收入	Net Business Income	2697.6	2852.0
财产净收入	Net Income from Property	5499.9	5713.4
转移净收入	Net Income from Transfer	11555.3	12055.6
人均消费支出（元）	**Annual Per Capita Consumption Expenditure (yuan)**	**27430.9**	**31122.0**
食品烟酒	Food, Tobacco and Liquor	7786.2	7951.1
衣着	Clothing and Footwear	1375.2	1674.8
居住	Housing	6640.4	7355.4
生活用品及服务	Household Equipments, Furnishings and Services	1841.7	2047.5
交通通信	Transport and Communication Services	2857.2	3612.5
教育文化娱乐	Recreation, Education and Culture Services	2804.3	3405.7
医疗保健	Health Care and Medical Services	3468.9	4184.2
其他用品和服务	Miscellaneous Goods and Services	657.0	890.8

8-10 城镇常住居民人均消费支出（2022—2023年）

Per Capita Living Expenditure of Urban Households (2022—2023)

单位：元 (yuan)

指 标	Item	2022年	2023年
消费支出	**Total Living Expenditure**	**27430.9**	**31122.0**
一、食品烟酒	Food, Tobacco and Liquor	7786.2	7951.1
食品	food	4724.9	4065.6
烟酒	Alcohol and tobacco	618.6	700.5
饮料	Drink	233.2	213.4
饮食服务	Catering Services	2209.5	2971.6
二、衣着	**Clothing and Footwear**	**1375.2**	**1674.8**
衣类	Garments	1083.4	1378.5
鞋类	Footwear	291.8	296.3
三、居住	**Housing**	**6640.4**	**7355.4**
#租赁房房租	Rental Housing Rent	384.9	528.5
住房维修及管理	Housing Repair and Management	621.2	828.3
水电燃料及其他	Water, Electric Power Fuel and Others	1409.7	1327.8
四、生活用品及服务	**Household Equipments, Furnishings and Services**	**1841.7**	**2047.5**
家具及室内装饰品	Furniture and External Decorations	221.5	351.0
家用器具	Household Appliances	558.4	451.3
家用纺织品	Household textile	119.6	118.4
家庭日用杂品	Household Articles of Daily Use	397.2	410.1
个人用品	Personal Items	375.8	414.7
家庭服务	Household Services	169.2	302.0
五、交通通信	**Transportation and Communications**	**2857.2**	**3612.5**
交通	Transportation	1970.7	2737.0
通信	Communications	886.5	875.5
六、教育文化娱乐	**Recreation, Education and Culture Services**	**2804.3**	**3405.7**
教育	Education	2077.0	2264.9
文化娱乐	Recreation	727.3	1140.8
七、医疗保健	**Health Care and Medical Services**	**3468.9**	**4184.2**
医疗器具及药品	Medical Instruments and Medicines	858.7	1126.8
医疗服务	Medical Services	2610.2	3057.4
八、其他用品和服务	**Miscellaneous Goods and Services**	**657.0**	**890.8**

8-11 城镇常住居民家庭人均购买主要商品数量（2022—2023年）

Per Capita Annual Purchases of Major Commodities of Urban Households (2022—2023)

单位：千克 (Kg)

指　标	Item	2022年	2023年
面粉	Flour	19.3	16.1
大米	Rice	16.9	10.9
薯类	Potato	17.3	12.8
豆类	Beans	14.2	11.3
食用植物油	Edible vegetable oil	8.6	7.4
鲜菜	Fresh vegetables	113.0	96.6
猪肉	Pork	14.6	13.6
牛肉	Beef	3.0	2.1
羊肉	Lamb	0.7	0.7
鸡	Chicken	3.6	3.2
鱼类	Fish	4.2	3.1
虾类	Shrimp	1.3	1.2
鲜蛋	Eggs	15.1	13.0
鲜奶	Milk	12.8	11.5
酸奶	Yogurt	4.9	4.2
奶粉	Milk	0.5	1.1
鲜瓜果	Fresh Melons and Fruit	74.8	64.2
鞋（双）	Footwear (pair)	2.0	2.1
水（吨）	Water (tons)	40.5	31.4
电（度）	Electricity (kwh)	1028.9	929.2
煤炭	Coal	4.5	2.8
管道天然气（立方米）	Gas pipeline (cu.m)	94.3	82.1
罐装液化石油气	Bottled liquefied petroleum gas	1.8	1.6

8-12 城镇常住居民家庭每百户耐用品拥有情况（2022—2023年）

Ownership of Major Durable Consumer Goods Every 100 Urban Households (2022—2023)

指 标	Item	2022年	2023年
家用汽车（辆）	Automobile (unit)	46.6	48.6
摩托车（辆）	Motorcycle (unit)	8.3	10.6
助力车（台）	Electric Bicycle (unit)	42.9	46.6
洗衣机（台）	washing machine (unit)	100.7	94.7
电冰箱（柜）	Refrigerator (unit)	99.9	92.7
微波炉（台）	Microwave Oven (unit)	50.3	42.5
彩色电视机（台）	Color TV Set (unit)	107.1	94.1
空调（台）	Air conditioning (unit)	191.4	196
热水器（台）	Water Heater (set)	85.5	89.2
洗碗机（台）	Dishwasher (unit)	2.4	2.3
排油烟机（台）	Kitchen Ventilator (set)	84.8	80.4
固定电话（部）	Ordinary Telephone (unit)	11.2	8.7
移动电话（部）	Mobile phone (set)	250.4	229.2
计算机（台）	Computer (a)	61.2	66.9
照相机（台）	Camera (set)	15.1	12.7
中高档乐器（架）	High-end Instruments (unit)	8.5	8.3
健身器材（台）	Setting-up Apparatus (unit)	6.3	9.7
空气净化器（台）	Air-cleaner (unit)	15.7	14.4
地面清洁电器（台）	Floor Cleaning Appliance (unit)	14.4	15.1

8-13 城镇常住居民家庭居住情况（2022—2023年）

Housing Conditions of Urban Households (2022—2023)

指　标	Item	2022年	2023年
调查户数（户）	**Number of Households Surveyed (household)**	**1770**	**1370**
平均每户居住人口（人）	**Average Number of Resident Population (person)**	**2.9**	**2.8**
人均现住房建筑面积（平方米/人）	**The Average Floor Area Per Person (sq.m/person)**	**34.8**	**34.7**
一、按居住空间样式分（%）	**by Living space style (%)**	**100.0**	**100.0**
单栋楼房	Single building Room	10.7	14.1
单栋平房	Single-storey House	6.1	7.2
单元房	Apartment	82.5	75.7
筒子楼或连片平房	Tube-shaped Apartment or Lace Single-storey Houses	0.7	2.8
其他	Other		0.2
二、按主要建筑材料分（%）	**by main construction materials (%)**	**100.0**	**100.0**
钢筋混凝土	Reinforced concrete soil	73.0	74.2
砖混材料	Brick and concrete material	27.0	25.8
砖瓦砖土	Tile and brick earth		
其他	Others		
三、按房屋来源分（%）	**by Source of Housing (%)**	**100.0**	**100.0**
租赁住房	Rental housing	16.1	24.7
自建住房	Self-establish Housing	19.3	20.4
购买商品房	Commercial Residential Housing	35.0	39.2
购买房改住房	Private Housing through Housing Reform	14.8	3.5
购买保障性住房	Indemnificatory Housing	4.8	1.3
拆迁安置房	Resettlement Housing	7.5	4.6
继承或获赠住房	Inheriting and Donation Housing	0.5	0.5
其他	Others	2.0	5.8
四、按住户主要饮水来源情况分（%）	**By Source of main Drinking Water (%)**	**100.0**	**100.0**
经过净化处理的自来水	Purified Tap Water	97.3	97.5
受保护的井水和泉水	Protected Wells and Springs	2.3	2.0
不受保护的井水和泉水	Unprotected Wells and Springs		
江河湖泊水	Rivers and Lakes Water		
其他饮用水来源	Others	0.4	0.5
五、按住宅内厕所类型分（%）	**By Household Lavatory Type (%)**	**100.0**	**100.0**
水冲式卫生厕所	Sanitary Water Closet	99.6	99.6
水冲式非卫生厕所	Insanitary Water Closet		
卫生旱厕	Sanitary Latrine	0.4	0.4
普通旱厕	Latrine		
无厕所	No Lavatory		
六、按主要炊用能源状况分（%）	**By Cooking Fuel Condition (%)**	**100.0**	**100.0**
天然气、煤气、液化石油气	Pipeline Natural Gas, Pipeline Gas, Pipeline Liquified Petroleum Gas	84.1	76.8
煤炭	Coal	0.1	
电	Electricity	15.6	23.2
沼气	Methane		
其他	Others	0.2	

8-14 农村常住居民家庭基本情况（2022—2023年）

Basic Conditions of Rural Households (2022—2023)

指　标	Item	2022年	2023年
调查户数（户）	**Number of Households Surveyed (household)**	**640**	**580**
调查户人口（人）	**Residents Surveyed (person)**		
平均每户常住人口	Average Household Size	3.4	3.2
平均每户劳动力人数	Average Number of Employed Persons	2.4	2.3
平均每劳动力负担人口	Average Number of Persons Supported by a Laborer	1.4	1.4
人均可支配收入（元）	**Annual Per Capita Disposable Income (yuan)**	**18285**	**19826**
工资性收入	Income of Wages and Salaries	10965.9	11932.6
经营净收入	Net Business Income	2931.5	3179.3
财产净收入	Net Income from Property	411.2	434.2
转移净收入	Net Income from Transfer	3976.4	4279.9
人均消费支出（元）	**Annual Per Capita Consumption Expenditure (yuan)**	**15015.5**	**17215.6**
食品烟酒	Food, Tobacco and Liquor	4317.9	4532.4
衣着	Clothing and Footwear	701.5	835.3
居住	Housing	3567.1	3932.8
生活用品及服务	Household Equipments, Furnishings and Services	789.6	1012.5
交通通信	Transport and Communication Services	1922.9	2186.1
教育文化娱乐	Recreation, Education and Culture Services	1815.5	2209.1
医疗保健	Health Care and Medical Services	1629.2	2124.6
其他用品和服务	Miscellaneous Goods and Services	271.8	382.8

8-15 农村常住居民人均消费支出（2022—2023年）

Per Capita Living Expenditure of Rural Households (2022—2023)

单位：元 (yuan)

指　标	Item	2022年	2023年
消费支出	**Total Living Expenditure**	**15015.5**	**17215.6**
一、食品烟酒	**Food, Tobacco and Liquor**	**4317.9**	**4532.4**
食品	food	2774.8	2729.9
烟酒	Alcohol and tobacco	563.1	675.1
饮料	Drink	120.8	95.9
饮食服务	Catering Services	859.2	1031.5
二、衣着	**Clothing and Footwear**	**701.5**	**835.3**
衣类	Garments	533.9	671.1
鞋类	Footwear	167.6	164.2
三、居住	**Housing**	**3567.1**	**3932.8**
# 租赁房房租	Rental Housing Rent	180.9	196.9
住房维修及管理	Housing Repair and Management	557.4	633.2
水电燃料及其他	Water, Electric Power Fuel and Others	681.6	722.6
四、生活用品及服务	**Household Equipments, Furnishings and Services**	**789.6**	**1012.5**
家具及室内装饰品	Furniture and External Decorations	83.6	194.7
家用器具	Household Appliances	256.5	279.4
家用纺织品	Household textile	48.9	68.5
家庭日用杂品	Household Articles of Daily Use	243.5	279.1
个人用品	Personal Items	142.3	156.1
家庭服务	Household Services	14.8	34.7
五、交通通信	**Transportation and Communications**	**1922.9**	**2186.1**
交通	Transportation	1358.8	1659.5
通信	Communications	564.1	526.6
六、教育文化娱乐	**Recreation, Education and Culture Services**	**1815.5**	**2209.1**
教育	Education	1606.3	1848.3
文化娱乐	Recreation	209.2	360.8
七、医疗保健	**Health Care and Medical Services**	**1629.2**	**2124.6**
医疗器具及药品	Medical Instruments and Medicines	371.7	508.9
医疗服务	Medical Services	1257.5	1615.7
八、其他用品和服务	**Miscellaneous Goods and Services**	**271.8**	**382.8**

8-16 农村常住居民家庭人均购买主要商品数量（2022—2023年）

Per Capita Annual Purchases of Major Commodities of Rural Households (2022—2023)

单位：千克 (kg)

指　标	Item	2022年	2023年
面粉	Flour	26.8	26.3
大米	Rice	13.5	12.5
薯类	Potato	17.0	14.8
豆类	Beans	13.0	11.4
食用植物油	Edible vegetable oil	11.0	10.6
鲜菜	Fresh vegetables	89.5	88.0
猪肉	Pork	10.9	12.9
牛肉	Beef	0.8	1.0
羊肉	Lamb	0.3	0.4
鸡	Chicken	1.7	1.6
鱼类	Fish	0.9	1.3
虾类	Shrimp	0.1	0.3
鲜蛋	Eggs	11.8	12.1
鲜奶	Milk	10.1	7.6
酸奶	Yogurt	2.0	1.7
奶粉	Milk	0.6	0.7
鲜瓜果	Fresh Melons and Fruit	51.6	49.3
鞋（双）	Footwear (pair)	2.5	2.0
水（吨）	Water (tons)	18.3	15.6
电（度）	Electricity (kwh)	902.4	742.8
煤炭	Coal	19.8	32.4
管道天然气（立方米）	Gas pipeline (cu.m)	6.7	16.3
罐装液化石油气	Bottled liquefied petroleum gas	4.8	4.2

8-17 农村常住居民家庭平均每百户耐用品拥有情况（2022—2023年）

Ownership of Major Durable Consumer Goods Every 100 Rural Households (2022—2023)

指 标	Item	2022年	2023年
家用汽车（辆）	Automobile (unit)	40.5	47.5
摩托车（辆）	Motorcycle (unit)	30.0	15.8
助力车（台）	Electric Bicycle (unit)	98.9	110.4
洗衣机（台）	washing machine (unit)	102.6	105.4
电冰箱（柜）	Refrigerator (unit)	100.8	96.1
微波炉（台）	Microwave Oven (unit)	18.2	20.5
彩色电视机（台）	Color TV Set (unit)	108.9	108.3
空调（台）	Air conditioning (unit)	141.2	158.0
热水器（台）	Water Heater (set)	75.9	74.6
洗碗机（台）	Dishwasher (unit)	0.6	0.3
排油烟机（台）	Kitchen Ventilator (set)	46.6	50.4
固定电话（部）	Ordinary Telephone (unit)	5.4	2.8
移动电话（部）	Mobile phone (set)	310.9	280.5
计算机（台）	Computer (a)	27.2	20.1
照相机（台）	Camera (set)	1.6	0.5
中高档乐器（架）	High-end Instruments (unit)	0.7	1.1
健身器材（台）	Setting-up Apparatus (unit)	0.5	0.9
空气净化器（台）	Air-cleaner (unit)	0.7	1.2
地面清洁电器（台）	Floor Cleaning Appliance (unit)	1.7	1.8

8-18 农村常住居民家庭居住情况（2022—2023年）

Housing Conditions of Rural Households (2022—2023)

指　标	Item	2022年	2023年
调查户数（户）	**Number of Households Surveyed (household)**	**640**	**580**
平均每户居住人口（人）	**Average Number of Resident Population (person)**	**3.4**	**3.2**
人均现住房建筑面积（平方米/人）	**The Average Floor Area Per Person (sq.m/person)**	**48.1**	**54.2**
一、按居住空间样式分（%）	**by Living space style (%)**	**100.0**	**100.0**
单栋楼房	Single building Room	51.9	47.5
单栋平房	Single-storey House	45.1	50.4
单元房	Apartment	3.0	2.1
筒子楼或连片平房	Tube-shaped Apartment or Lace Single-storey Houses		
其他	Other		
二、按主要建筑材料分（%）	**by main construction materials (%)**	**100.0**	**100.0**
钢筋混凝土	Reinforced concrete soil	27.5	17.0
砖混材料	Brick and concrete material	70.8	79.8
砖瓦砖土	Tile and brick earth	1.7	2.4
其他	Others		0.8
三、按房屋来源分（%）	**by Source of Housing (%)**	**100.0**	**100.0**
租赁住房	Rental housing	2.3	1.4
自建住房	Self-establish Housing	95.0	97.1
购买商品房	Commercial Residential Housing	0.3	1.1
购买房改住房	Private Housing through Housing Reform	0.1	
购买保障性住房	Indemnificatory Housing		
拆迁安置房	Resettlement Housing	2.3	0.4
继承或获赠住房	Inheriting and Donation Housing		
其他	Others		
四、按住户主要饮水来源情况分（%）	**By Source of main Drinking Water (%)**	**100.0**	**100.0**
经过净化处理的自来水	Purified Tap Water	69.5	90.1
受保护的井水和泉水	Protected Wells and Springs	30.5	9.9
不受保护的井水和泉水	Unprotected Wells and Springs		
江河湖泊水	Rivers and Lakes Water		
其他饮用水来源	Others		
五、按住宅内厕所类型分（%）	**By Household Lavatory Type (%)**	**100.0**	**100.0**
水冲式卫生厕所	Sanitary Water Closet	83.8	83.8
水冲式非卫生厕所	Insanitary Water Closet		
卫生旱厕	Sanitary Latrine	14.8	16.2
普通旱厕	Latrine	1.4	
无厕所	No Lavatory		
六、按主要炊用能源状况分（%）	**By Cooking Fuel Condition (%)**	**100.0**	**100.0**
天然气、煤气、液化石油气	Pipeline Natural Gas, Pipeline Gas, Pipeline Liquified Petroleum Gas	25.0	34.4
煤炭	Coal	2.6	0.2
电	Electricity	60.3	65.4
沼气	Methane		
其他	Others	12.1	

主 要 统 计 指 标 解 释

住户 指居住在一个住宅内，共同分享生活开支或收入的一群人。居住在同一房间内、不共同分享生活开支的人群，每个人都视为一个住户。住家保姆、住家家庭帮工视为单独的住户。

常住成员 指住户成员中，经常在家居住，或者调查期内居住时间超过一半的人员，以及本住户供养的学生。

可支配收入 指调查户在调查期内获得的、可用于最终消费支出和储蓄的总和，即调查户可以用来自由支配的收入。可支配收入既包括现金，也包括实物收入。按照收入的来源，可支配收入包含四项，分别为：工资性收入、经营净收入、财产净收入和转移净收入。计算公式为：

可支配收入=工资性收入+经营净收入+财产净收入+转移净收入

工资性收入 指就业人员通过各种途径得到的全部劳动报酬和各种福利，包括受雇于单位或个人、从事各种自由职业、兼职和零星劳动得到的全部劳动报酬和福利。

经营净收入 指住户或住户成员从事生产经营活动所获得的净收入，是全部经营收入中扣除经营费用、生产性固定资产折旧和生产税之后得到的净收入。计算公式具体为：

经营净收入=经营收入－经营费用－生产性固定资产折旧－生产税

财产净收入 指住户或住户成员将其所拥有的金融资产、住房等非金融资产和自然资源交由其他机构单位、住户或个人支配而获得的回报并扣除相关的费用之后得到的净收入。

财产性净收入=财产性收入－财产性支出

转移性收入 指国家、单位、社会团体对住户的各种经常性转移支付和住户之间的经常性收入转移。包括养老金或退休金、社会救济和补助、政策性生产补贴、政策性生活补贴、经常性捐赠和赔偿、报销医疗费、住户之间的赡养收入，以及本住户非常住成员寄回带回的收入等。计算公式为：

转移净收入=转移性收入－转移性支出

消费支出 指住户用于满足家庭日常生活消费需要的全部支出，包括用于消费品的支出和用于服务性消费的支出。根据用途不同，消费支出可划分为食品烟酒、衣着、居住、生活用品及服务、交通通信、教育文化娱乐、医疗保健、其他用品及服务八大类。

农村居民人均纯收入（老口径） 指农村住户当年从各个来源得到的家庭总收入扣除相关费用性支出后，最终归农村居民所有的收入总和，按照农村住户人口平均的纯收入水平。计算公式为：

纯收入=总收入－家庭经营费用支出－税费支出－生产性固定资产折旧－赠送农村内部亲友

Explanatory Notes on Main Statistical Indicators

Households refers to persons living and sharing economically together in one house. When people don't share living expenses, every single person are deemed to be one household. Live-in Nanny and family helpers are deemed to be one household.

Usual Resident Population refers to persons staying at home regularly or for over half of time in survey period and students provided by the household.

Disposable Income of Households refers to the actual income of households for purpose of final expenditure and savings in survey period, households can use that at their disposable. It includes income both in cash and in kind. By sources of income, disposable income includes four categories: income from wages and salaries, net business income, net income from properties and net income from transfer. The formula is:

Disposable Income of Households = Income from Wages and Salaries + Net Business Income + Net Income from Properties + Net Income from Transfer

Income from Wages and Salaries refers to remuneration of labour and salaries from all kinds of sources, including those employed by other units or individuals, freelance work, part-time jobs, and sporadic labour.

Net Business Income refers to net income earned by households and their members engaged in production and business activities. It refers to the operating revenue minus operating costs, depreciation of productive fixed assets, and production tax. The formula is:

Net Business Income = Operating Revenue – Operating Costs – Depreciation of

Productive Fixed Assets – Production Tax

Net Income from Properties refers to net income received as returns by households or members of financial assets, non-financial assets such as housing, to other institutions, households and individuals, and minus relevant costs. The formula is:

Net Income from Properties = Property Income – Property Expenditure

Income from Transfer refers to the regular transfer from country, institutions, social communities to households and between households. It includes old-age and retirement pension, regular donation and compensation, applying for medical fees, supporting income between households, income from non-usual-residing members of households, etc.

Net Income from Transfer The formula is: Net Income from Transfer = Income from Transfer – Expenditure from Transfer

Consumption Expenditure of Households refers to all expenditure of households for living expenditure to satisfy family daily living. It includes expenditure on eight categories: food tobacco and liquor; clothing; residence; household facilities, articles and services; transport and communications; education, cultural and recreational activities; health care and medical services, and miscellaneous goods and services.

The Average Per Capita Net Income of Rural Residents (the old range) refers to the total income of rural households from all sources minus all corresponding expenses. The formula is:

Net Income =Total Income -Household Operation Expenses – Taxes and Fees Paid – Taxes and Fees Depreciation of Fixed Assets for Production – Gifts to Non-rural Relatives

九、城市公用事业

URBAN PUBLIC UTILITIES

资料整理：陈超毅
Data management：Chen Chaoyi
数据审核：刘栋婷
Data audit：Liu Dongting

第九部分　城市公用事业

一、简要说明

本章资料主要包括城市供水、供燃气、供热、公共交通、市政设施、市政设施水平、园林绿化、环境卫生等情况，由西安市统计局服务业与社会科技处根据西安市住房和城乡建设局、市交通局、市轨道交通集团有限公司及市水务局等提供的数据整理。

二、主要指标

人均公园绿地面积（平方米）	12.05	比上年增加	0.08
人均城市道路面积（平方米）	19.46	比上年减少	0.32
供水普及率（%）	98.92	比上年下降	0.45个百分点
燃气普及率（%）	99.76	与上年下降	0.19个百分点

9　URBAN PUBLIC UTILITIES

Ⅰ.Brief Introduction

Data on public utilities primarily consists of urban water supply, gas sales, urban heating, public transportation, municipal facilities, level of municipal construction, parks, greenbelt and environmental sanitation. Data in this chapter is compiled by Tertiary Industry and Social Science & Technology Division of Xi'an Bureau of Statistics according to the data provided by Xi'an Housing and Urban Rural Development Bureau, Xi'an Transportation Bureau, Xi'an Rail Transit Group Company Limited and Xi'an Water Affairs Bureau.

Ⅱ.Major Indicators

		Increase over Preceding Year
Per Capita Public Green Areas (sq.m)	12.05	0.08
Per Captia Area of Roads (sq.m)	19.46	-0.32
Water-Consuming Popularization (%)	98.92	-0.45percentage points
Gas-Consuming Popularization (%)	99.76	-0.19percentage points

9-1 主要年份城市（县城）供水

Urban (County) Water Supply in Representative Years

指　标	Item	2010年	2016年	2017年	2018年	2019年	2020年	2021年	2022年	2023年
年末水厂个数（个）	Number of Water Factory at Year-end (unit)	9	22	24	22	28	28	30	30	30
供水综合生产能力（万立方米/日）	Production Capacity of Tap Water Supply (10 000 cu.m/day)	197.40	219.38	206.47	215.10	287.22	300.41	362.28	341.15	353.82
#地下水	Groundwater	55.80	64.61	65.11	89.86	86.64	113.37	118.99	99.00	94.32
年末供水管道总长度（公里）	Length of Water Supply Pipelines Year-end (km)	2416.00	4522.46	4899.56	4959.94	4977.08	5991.32	6364.49	6531.30	6829.69
全年供水总量（万立方米）	Total Annual Volume of Tap Water Supply (10 000 cu.m)	41089.00	59953.03	89215.62	90394.45	75392.33	76943.51	82379.37	84897.68	86485.64
#生产运营用水	For Productive Use	6267.00	16567.21	43095.31	39453.60	22675.54	21173.30	23069.09	22765.44	24094.08
居民家庭用水	For Residential Use	20944.00	32182.87	34896.60	39078.56	39962.46	41774.05	46185.81	47043.52	46735.56
用水人口（万人）	Number of population with Access to Tap Water (10 000 persons)	410.90	475.00	506.26	589.90	642.91	672.05	752.95	782.61	803.79

注：1.本表数据来源于市住房和城乡建设局、市水务局。
2.本表2017年及以后年份数据含西咸新区。
Note: a) Figures in this table are obtained from Xi'an Municipal Housing and Urban-Rural Development Bureau, Xi'an Water Authority.
b) The data of this table in 2017 and later years include Xixian New Area.

9-2 主要年份城市（县城）供燃气

Urban (County) Gas Supply in Representative Years

指　标	Item	2010年	2016年	2017年	2018年	2019年	2020年	2021年	2022年	2023年
一、天然气	**Natural Gas**									
供气管道长度(公里)	Length of Gas Pipelines (km)	4488	8199.80	9174.87	10659.68	11928.62	12636.49	16873.99	17004.10	17040.10
供气总量(万立方米)	Volume of Gas Supply (10 000 cu.m)	109052	206068.05	231168.38	285215.47	320847.29	329150.02	366538.95	380738.66	397721.79
#销售气量	Volume of Gas Sales	104055	201078.36	224419.93	279030.23	311544.57	320566.43	358843.55	370173.39	388099.76
#家庭用量	Consumption of Natural Gas for Household Use	20989	67024.75	105249.81	100959.64	103357.70	121623.10	106230.99	109812.53	117829.35
用气人口（万人）	Population with Access to Gas (10 000 persons)	333	452.11	477.01	588.40	646.89	671.05	715.00	769.23	794.52
二、液化石油气	**Liquefied Petroleum Gas**									
供气总量（吨）	Volume of Petroleum Gas supply (ton)	11469	4955.50	7607.20	31023.54	9965.79	12449.70	56095.78	27669.61	28222.89
#销售气量	Volume of Petroleum Gas Sales	11441	4875.20	7478.90	30397.32	9865.50	12286.60	55906.37	27520.09	28083.92
#家庭用量	Consumption of liquefied Gas for Household Use	7376	4056.00	6081.47	8881.82	7241.36	6936.00	28652.33	24544.53	24264.76
用气人口（万人）	Population with Access to Gas (10 000 persons)	31.20	17.60	13.02	13.65	7.11	9.16	41.90	18.00	16.17

注：1.本表数据来源于市住房和城乡建设局。
2.本表2017年及以后年份数据含西咸新区。
3.本表2021年及以后年份液化石油气相关指标统计口径调整。
Note: a) Figures in this table are obtained from Xi'an Municipal Housing and Urban-Rural Development.
b) The data of this table in 2017 and later years include Xixian New Area.
c) This table adjusts the statistical caliber of liquefied petroleum gas related indicators in 2021 and later years.

9-3 主要年份城市（县城）集中供热

Urban (County) Heating in Representative Years

指　标	Item	2010年	2016年	2017年	2018年	2019年	2020年	2021年	2022年	2023年
供热能力	Heating Supply Capacity									
蒸汽（吨/小时）	Steam (ton/hour)	2235	3013	6200	4325	4425	3690	3909	4885	4617
热水（兆瓦）	Hot Water (Mega Watts)	3531	17765.90	14477.00	14465.47	15414.44	17226.21	22302.13	20616.00	21889.00
供热总量（万吉焦）	Quantity of Heat Supplied (10 000 gigajoules)									
蒸汽	Steam	1674	1789.13	2813.00	1972.08	2042.18	1709.25	1402.74	1682.00	1528.00
热水	Hot Water	2570	5032.84	6338.00	6532.89	7538.46	8596.49	7068.00	9248.00	9658.00
集中供热管道长度（公里）	Length of Centralized Heating Pipelines (km)	541	1141.24	1842.00	1516.83	1739.61	1826.96	2182.41	2704.00	2954.00
集中供热面积（万平方米）	Area of Centralized Heating (10 000 sq.m)	6094	19566.81	29118.90	24922.93	27615.69	29153.07	34535.58	36530.00	39298.00
#住宅	Residential Buildings	5009	17282.39	17541.10	20751.73	22778.29	24473.31	28375.15	29894.50	32317.90

注：1.本表数据来源于市住房和城乡建设局。
　　2.本表2017年及以后年份数据含西咸新区。
Note: a) Figures in this table are obtained from Xi'an Municipal Housing and Urban-Rural Development Bureau.
　　b) The data of this table in 2017 and later years include Xixian New Area.

9-4 主要年份城市公共交通

Urban Public Traffic in Representative Years

指　标	Item	2010年	2016年	2017年	2018年	2019年	2020年	2021年	2022年	2023年
运营车辆（辆）	Operating Vehicles (unit)	7107	7829	7780	8743	10566	9363	9318	9272	8635
标准运营车辆（标台）	Standard Vehicles (unit)	8139	9140	9243	10712	13092	11710	10961	11579	10768
公交客运总量（万人次）	Total of Bus Passenger (10 000 person-times)	162400	147089	133465	135919	145280	73927	83581	57495	71168
公交客运收入（万元）	Bus Passenger Transport Income (10 000 yuan)	129397	129132	165072	126590	159040	85016	82201	68528	64009
出租汽车数（辆）	Number of Taxis (unit)	12786	14459	14509	14609	16832	16923	15329	15457	15457
地铁运营线路长度（公里）	Length of Subway Lines in Operation (km)		88.97	88.97	126.70	132.41	244.27	259.00	279.00	311.00
地铁客运量（万人次）	Total of Subway Passenger (10 000 person-times)		40815.75	60534.01	74624.64	94383.62	72528.87	102302.09	76881.18	129427.60

注：本表数据来源于市交通局和市轨道交通集团有限公司。
Note: Figures in this table are obtained from Xi'an Transportation Bureau, Xi'an Rail Transit Group Company Limited.

9-5 主要年份市政设施

Municipal Facilities in Representative Years

指　标	Item	2010年	2016年	2017年	2018年	2019年	2020年	2021年	2022年	2023年
一、道路长度（公里）	**Length of Paved Roads (km)**	**2662**	**3683.14**	**4398.83**	**4712.47**	**5141.85**	**5283.95**	**5876.75**	**6002.63**	**6173.38**
二、道路面积（万平方米）	**Area of Paved Roads (10 000 sq.m)**	**5965**	**8618.93**	**10063.55**	**10834.70**	**11998.06**	**12345.21**	**14825.72**	**15579.84**	**15816.15**
三、人行道面积（万平方米）	**Area of Sidewalks (10 000 sq.m)**	**1834**	**2423.70**	**2814.31**	**2886.16**	**3105.42**		**3371.88**	**3521.82**	**3582.18**
四、桥梁数（座）	**Number of Bridges (unit)**	**347**	**449**	**491**	**502**	**439**	**454**	**467**	**508**	**515**
#立交桥	Overpasses	71	107	127	126	99	103	115	118	123
五、路灯盏数（盏）	**Number of Street Lights (unit)**	**291754**	**349808**	**382979**	**383174**	**461408**	**464069**	**466795**	**373842**	**405444**
六、排水管道长度（公里）	**Length of City Sewage Pipes (km)**	**3765**	**5161.83**	**5802.36**	**6126.11**	**6445.80**	**6959.60**	**7807.62**	**7972.40**	**8236.90**
七、污水年排放量（万立方米）	**Annual Discharge Volume of Sewage (10 000 cu.m)**	**34706**	**56578**	**58303**	**70374**	**74617**	**78629**	**111452**	**115442**	**119909**
八、污水处理厂处理能力（万立方米/日）	**Daily Disposal Capacity of Sewage (10 000 cu.m/day)**	**106.5**	**212.1**	**147.6**	**225.1**	**229.7**	**242.4**	**355.6**	**372.0**	**382.6**
九、污水年处理量（万立方米）	**Yearly Disposal Capacity of Sewage Disposal Plant (10 000 cu.m)**	**25088**	**52011**	**54279**	**66048**	**71917**	**75881**	**107961**	**111826**	**114971**

注：1.本表数据来源于市住房和城乡建设局。
2.本表2017年及以后年份数据含西咸新区。
3.2020年立交桥数、路灯盏数来源于市城市管理和执法局。
4.2020年人行道面积数据暂缺。
5.2021年及以后年份污水处理相关指标统计口径调整。
6.2022年路灯盏数统计口径调整。

Note: a) Figures in this table are obtained from Xi'an Municipal Housing and Urban-Rural Development Bureau.
b) The data of this table in 2017 and later years include Xixian New Area.
c) Figures of "Overpasses", "Street Lights" are from Xi'an Urban Management and Integrated Law Enforcement Bureau.
d) Data on sidewalk area in 2020 is not available.
e) Statistical caliber of sewage treatment related indicators has been ajusted in 2021 and later years.
f) The statistical caliber of the number of street lights in 2022 has been adjusted.

9-6 主要年份城市（县城）市政设施水平

Urban (County) Municipal Facilities in Representative Years

指 标	Item	2010年	2016年	2017年	2018年	2019年	2020年	2021年	2022年	2023年
一、人均日生活用水量（升）	**Per Capita Daily Water Consumption for Daily Use (liter)**	**186.20**	**191.35**	**199.09**	**189.56**	**176.07**	**176.38**	**173.04**	**169.65**	**164.62**
二、供水普及率（%）	**Water Coverage Rate (%)**	**98.8**	**100.00**	**99.25**	**97.85**	**98.27**	**98.67**	**99.40**	**99.37**	**98.92**
三、燃气普及率（%）	**Coverage Rate of Urban Population with Access to Gas (%)**	**97.0**	**98.89**	**96.07**	**99.90**	**99.96**	**99.87**	**99.95**	**99.95**	**99.76**
四、人均城市道路面积（平方米）	**Per Captia Area of Paved Roads (sq.m)**	**15.4**	**18.15**	**19.73**	**17.97**	**18.34**	**18.13**	**19.57**	**19.78**	**19.46**
五、建成区排水管道密度（公里/平方公里）	**Density of Sewers in Built Districts (km/sq.km)**	**9.5**	**9.12**	**1.46**	**7.88**	**7.96**	**8.58**	**9.32**	**9.49**	**9.78**
六、污水处理率（%）	**Waste Water Treatment Rate (%)**	**84.0**	**91.93**	**93.10**	**93.85**	**96.38**	**96.51**	**96.87**	**96.87**	**95.88**
七、园林绿化	**Gardening and Greening**									
人均公园绿地面积（平方米）	Public Recreational Green Space Per Capita (sq.m)	9.1	11.61	12.04	9.97	9.97	11.79	11.80	11.97	12.05
建城区绿地率（%）	Green Space Rate of Built Districts (%)	29.2	34.95	36.78	35.23	36.02	38.11	38.33	39.13	39.85
八、生活垃圾无害化处理率（%）	**Rate of Domestic Garbage Harmless Treatment (%)**	**93.9**	**96.70**	**98.11**	**98.97**	**98.87**	**98.75**	**99.98**	**99.98**	**100.00**

注：1.本表数据来源于市住房和城乡建设局。
2.本表2017年及以后年份数据含西咸新区。
3.本表供水普及率指标2016年及以前数据为用水普及率。

Note: a) Figures in this table are obtained from Xi'an Municipal Housing and Urban-Rural Development Bureau, Xi'an Water Authority.
b) The data of this table in 2017 and later years include Xixian New Area.
c) “Water-Consuming Popularization” indicator in this table shows the water penetration rate for 2016 and previous years.

9-7 主要年份城市（县城）园林绿化

Urban (County) landscaping in Representative Years

指 标	Item	2010年	2016年	2017年	2018年	2019年	2020年	2021年	2022年	2023年
一、公园个数（个）	**Number of Parks (unit)**	**68**	**95**	**103**	**104**	**117**	**149**	**160**	**178**	**180**
二、公园面积（公顷）	**Area of Parks (hectare)**	**1335**	**2647.40**	**3259.70**	**3272.70**	**3490.53**	**4803.83**	**5958.76**	**6161.00**	**6171.00**
三、绿地面积（公顷）	**Area of Green Space (hectare)**	**12140**	**22502.87**	**30703.66**	**31680.89**	**32586.46**	**36034.00**	**43838.75**	**44861.00**	**45668.00**
# 公园绿地面积	Public Green Areas	3526	5517.08	6142.98	6010.08	6522.65	8027.79	8936.54	9431.00	9794.00
四、绿化覆盖面积（公顷）	**Coverage Space of Green Areas (hectare)**	**15646**	**27617.83**	**35936.49**	**35939.67**	**36885.61**	**40560.79**	**46466.30**	**47641.00**	**48565.00**
五、建成区绿化覆盖率（%）	**Green Coverage Rate of Built Districts (%)**	**37.50**	**42.57**	**40.79**	**38.53**	**39.32**	**41.54**	**42.72**	**43.64**	**44.42**

注：1.本表数据来源于市住房和城乡建设局。
　　2.本表2017年及以后年份数据含西咸新区。
Note: a) Figures in this table are obtained from Xi'an Municipal Housing and Urban-Rural Development Bureau, Xi'an Water Authority.
　　b) The data of this table in 2017 and later years include Xixian New Area.

9-8 主要年份城市（县城）环境卫生

Urban (County) Environment Sanitation in Representative Years

指 标	Item	2010年	2016年	2017年	2018年	2019年	2020年	2021年	2022年	2023年
清扫面积（万平方米）	Area Under Cleaning Program (10 000 sq.m)	6290	9137	12241	7790	10527	12552	13625	13965	15135
生活垃圾清运量（万吨）	Volume of Domestic Garbage Collected and Transported (10 000 tons)	237	371.51	422.25	430.68	396.78	301.45	401.16	388.62	431.68
公共厕所（座）	Public Toilets (unit)	1257	2314	3274	4030	3551	3374	3371	3413	3580
市容环卫专用车辆设备总数（辆）	Number of Special Vehicles for Environmental Sanitation (unit)	1042	2000	2571	3305	2491	3133	3197	3259	3610

注：1.本表数据来源于市住房和城乡建设局。
　　2.本表2017年及以后年份数据含西咸新区。
　　3.2022年，西安市住房和城乡建设局统计口径调整，对2020—2021年公共厕所数据进行了修订。
Note: a) Figures in this table are obtained from Xi'an Municipal Housing and Urban-Rural Development Bureau, Xi'an Water Authority.
　　b) The data of this table in 2017 and later years include Xixian New Area.
　　c) In 2022, Xi'an Housing and Urban-Rural Development Bureau adjusted the statistical caliber and revised the data of public toilets in 2020—2021.

9-9 市区及县供水（2023年）

Urban and County Water Supply (2023)

指 标	Item	西安 Xi'an	市区 Urban	蓝田 Lantian	周至 Zhouzhi
年末水厂个数（个）	Number of Water Factory at Year-end (unit)	30	27	1	2
供水综合生产能力（万立方米/日）	Production Capacity of Tap Water Supply (10 000 cu.m/day)	353.82	344.72	3.50	5.60
# 地下水	Groundwater	94.32	91.92	1.50	0.90
年末供水管道总长度（公里）	Length of Water Supply Pipelines (year-end) (km)	6829.69	6524.46	135.08	170.15
全年供水总量（万立方米）	Total Annual Volume of Tap Water Supply (10 000 cu.m)	86485.64	84828.29	862.38	794.97
# 生产运营用水	For Productive Use	24094.08	23671.55	383.34	39.19
居民家庭用水	For Residential Use	46735.56	45933.35	349.92	452.29
用水人口（万人）	Number of Population with Access to Tap Water (10 000 persons)	803.79	786.22	9.97	7.60

注：1.本表数据来源于市住房和城乡建设局、市水务局。
2.本表数据含西咸新区。

Note: a) Figures in this table are obtained from Xi'an Municipal Housing and Urban-Rural Development Bureau, Xi'an Water Authority.
b) The data in this table include Xixian New Area.

9-10 市区及县供燃气（2023年）

Urban and County Gas Supply (2023)

指 标	Item	西安 Xi'an	市区 Urban	蓝田 Lantian	周至 Zhouzhi
一、天然气	**Natural Gas**				
管道长度（公里）	Length of Gas Pipelines (km)	17040.10	16293.39	185.02	561.69
供气总量（万立方米）	Volume of Gas Supply (10 000 cu.m)	397721.79	390631.82	3456.36	3633.61
#销售气量	Volume of Gas Sales	388099.76	381173.82	3365.00	3560.94
#家庭用量	Consumption of Natural Gas for Household Use	117829.35	113017.32	3091.03	1721.00
用气人口（万人）	Population with Access to Gas (10 000 persons)	794.52	778.00	9.12	7.40
二、液化石油气	**Liquefied Petroleum Gas**				
供气总量（吨）	Volume of Petroleum Gas Supply (ton)	28222.89	22763.19	3798.70	1661.00
#销售气量	Volume of Petroleum Gas Sales	28083.92	22652.67	3788.25	1643.00
#家庭用量	Consumption of Liquefied Gas for Household Use	24264.76	21678.53	943.23	1643.00
用气人口（万人）	Population with Access to Gas (10 000 persons)	16.17	15.27	0.76	0.14

注：1.本表数据来源于市住房和城乡建设局。
2.本表数据含西咸新区。
Note: a) Figures in this table are obtained from Xi'an Municipal Housing and Urban-Rural Development Bureau.
b) The data in this table include Xixian New Area.

9-11 市区及县集中供热（2023年）

Urban and County Heating (2023)

指 标	Item	西安 Xi'an	市区 Urban	蓝田 Lantian	周至 Zhouzhi
供热能力	Heating Supply Capacity				
蒸汽（吨/小时）	Steam (ton/hour)	4617.00	4617.00		
热水（兆瓦）	Hot Water (Mega Watts)	21889.00	21785.00		104.00
供热总量（万吉焦）	Quantity of Heat Supplied (10 000 gigajoules)				
蒸汽	Steam	1528.00	1528.00		
热水	Hot Water	9658.00	9629.00		29.00
集中供热管道长度（公里）	Length of Centralized Heating Pipelines (km)	2954.00	2945.00		9.00
供热面积（万平方米）	Area of Centralized Heating (10 000 sq.m)	39298.00	39232.40		65.60
#住宅	Residential Buildings	32317.90	32258.60		59.30

注：1.本表数据来源于市住房和城乡建设局。
2.本表数据含西咸新区。
Note: a) Figures in this table are obtained from Xi'an Municipal Housing and Urban-Rural Development Bureau.
b) The data in this table include Xixian New Area.

9-12 市区及县市政设施（2023年）

Urban and County Municipal Facilities (2023)

指　标	Item	西安 Xi'an	市区 Urban	蓝田 Lantian	周至 Zhouzhi
一、道路长度（公里）	**Length of Paved Roads (km)**	**6173.38**	**6012.59**	**108.71**	**52.08**
二、道路面积（万平方米）	**Area of Paved Roads (10 000 sq.m)**	**15816.15**	**15481.66**	**222.48**	**112.01**
三、人行道面积（万平方米）	**Area of Sidewalks (10 000 sq.m)**	**3582.18**	**3472.28**	**71.65**	**38.25**
四、桥梁数（座）	**Number of Bridges (unit)**	**515**	**501**	**8**	**6**
#立交桥	Crossroads	123	123		
五、路灯盏数（盏）	**Number of Street Lights (unit)**	**405444**	**395657**	**3465**	**6322**
六、排水管道长度（公里）	**Length of City Sewage Pipes (km)**	**8236.92**	**8013.28**	**136.74**	**86.90**
七、污水年排放量（万立方米）	**Annual Discharge Volume of Sewage (10 000 cu.m)**	**119909**	**118704**	**636**	**569**
八、污水处理厂处理能力（万立方米/日）	**Daily Disposal Capacity of Sewage (10 000 cu.m/day)**	**382.6**	**377.0**	**3.0**	**2.6**
九、污水年处理量（万立方米）	**Yearly Disposal Capacity of Sewage Disposal Plant (10 000 cu.m)**	**114971**	**113817**	**612**	**542**

注：1.本表数据来源于市住房和城乡建设局。
　　2.本表数据含西咸新区。

Note: a) Figures in this table are obtained from Xi'an Municipal Housing and Urban-Rural Development Bureau.
　　b) The data in this table include Xixian New Area.

9-13 市区及县市政设施水平（2023年）

Urban and County Municipal Facilities Level (2023)

指　标	Item	西安 Xi'an	市区 Urban	蓝田 Lantian	周至 Zhouzhi
一、人均日生活用水量（升）	**Per Capita Daily Water Consumption for Daily Use (liter)**	**164.62**	**164.64**	**115.00**	**227.93**
二、供水普及率（%）	**Water Coverage Rate (%)**	**98.92**	**98.91**	**99.40**	**99.22**
三、燃气普及率（%）	**Coverage Rate of Urban Population with Access to Gas (%)**	**99.76**	**99.79**	**98.50**	**98.43**
四、人均城市道路面积（平方米）	**Per Captia Area of Paved Roads (sq.m)**	**19.46**	**19.48**	**22.18**	**14.62**
五、建成区排水管道密度（公里/平方公里）	**Density of Sewers in Built Districts (km/sq.km)**	**9.78**	**9.89**	**5.03**	**6.27**
六、污水处理率（%）	**Waste Water Treament Rate (%)**	**95.88**	**95.88**	**96.25**	**95.25**
七、园林绿化	**Gardening and Greening**				
人均公园绿地面积（平方米）	Public Recreational Green Space Per Capita (sq.m)	12.05	12.03	9.43	18.28
建城区绿地率（%）	Green Space Rate of Built Districts (%)	39.85	40.11	36.27	23.73
八、生活垃圾无害化处理率（%）	**Rate of Domestic Garbage Harmless Treatment (%)**	**100.00**	**100.00**	**100.00**	**100.00**

注：1.本表数据来源于市住房和城乡建设局。
　　2.本表数据含西咸新区。

Note: a) Figures in this table are obtained from Xi'an Municipal Housing and Urban-Rural Development Bureau.
　　b) The data in this table include Xixian New Area.

主 要 统 计 指 标 解 释

供水综合生产能力　指按供水设施取水、净化、送水、出厂输水干管等环节设计能力计算的综合生产能力。包括在原设计能力的基础上，经挖、革、改增加的生产能力。计算时，以四个环节中最薄弱的环节为主确定能力。

供水管道长度　指从送水泵至用户水表之间所有管道的长度。不包括新安装尚未使用、水厂内以及用户建筑物内的管道。在同一条街道埋设两条或两条以上管道时，应按每条管道的长度计算。

供水总量　指报告期供水企业（单位）供出的全部水量。包括有效供水量和漏损水量。

供水普及率　指报告期末城区内用水人口与总人口的比率。计算公式：

$$供水普及率=\frac{城区用水人口（含暂住人口）}{城区人口+城区暂住人口}\times 100\%$$

供气管道长度　指报告期末从气源厂压缩机的出口或门站出口至各类用户引入管之间的全部已经通气投入使用的管道长度。不包括煤气生产厂、输配站、液化气储存站、灌瓶站、储配站、气化站、混气站、供应站等厂（站）内的管道。

供气总量　指报告期燃气企业（单位）向用户供应的燃气数量。包括销售量和损失量。

燃气普及率　指报告期末城区内使用燃气的人口与总人口的比率。计算公式：

$$燃气普及率=\frac{城区用气人口（含暂住人口）}{城区人口+城区暂住人口}\times 100\%$$

供热能力　指供热企业（单位）向城市热用户输送热能的设计能力。不是热电厂的生产能力。

供热总量　指在报告期供热企业（单位）向城市热用户输送全部蒸汽和热水的总热量。

供热管道长度　指从各类热源到热用户建筑物接入口之间的全部蒸汽和热水的管道长度。不包括各类热源厂内部的管道长度。

供热面积　指供热企业（单位）向城市各类房屋建筑物、构筑物及其附属设施供热的全部建筑面积。

道路长度　指道路长度和与道路相通的桥梁、隧道的长度，按车行道中心线计算。

道路面积　指道路实际铺装面积和与道路相通的广场、桥梁、隧道的铺装面积（统计时，将人行道面积单独统计）。

人行道面积按道路两侧面积相加计算，包括步行街和广场，不含人车混行的道路。

排水管道长度　指所有排水总管、干管、支管、检查井及连接井进出口等长度之和。计算时按单管计算，即在同一条街道上如有两条或两条以上并排的排水管道时，应按每条排水管道的长度相加计算。

绿化覆盖面积　指城市中的乔木、灌木、草坪等所有植被的垂直投影面积。包括公园绿地、防护绿地、生产绿地、附属绿地、其他绿地的绿化种植覆盖面积、屋顶绿化覆盖面积以及零散树木的覆盖面积，不含各类绿地中的水域面积以及没有被植被覆盖的面积（硬化道路、无屋顶绿化的建筑物等）。乔木树冠下重叠的灌木和草本植物不重复计算。

人均城市道路面积　指报告期末城区内平均每人拥有的城市道路面积。计算公式：

$$人均城市道路面积=\frac{城区道路面积}{城区人口+城区暂住人口}$$

建成区排水管道密度　指报告期末建成区排水管道分布的疏密程度，计算公式：

$$排水管道密度=\frac{排水管道长度}{建成区面积}$$

污水处理率　指报告期内污水处理总量与污水排放总量的比率。计算公式：

$$污水处理率=\frac{污水处理总量}{污水排放总量}\times 100\%$$

人均公园绿地面积　指报告期末城区内平均每人拥有的公园绿地面积。计算公式：

$$人均公园绿地面积=\frac{城区公园绿地面积}{城区人口+城区暂住人口}$$

建成区绿地率　指报告期末建成区内绿地面积与建成区面积的比率。计算公式：

$$建成区绿地率=\frac{建成区绿地面积}{建成区面积}\times 100\%$$

Explanatory Notes on Main Statistical Indicators

Production Capacity of Tap Water Supply refers to the designed overall production capacity of water facilities, covering the four segments of water collection, purification, conveyance, and out flow through trunk pipelines. Increased capacity through transformation and innovation projects is included as well. The capacity is determined mainly on the weakest of the above-mentioned four segments.

Length of Water Supply Pipelines refers to the total length of all the pipelines between the water pumps and the user water meters, excluding pipelines newly installed but not used yet, pipeline in the water factory, and pipeline in the user's buildings. When two or more pipes are laid in the same street, the length of each pipe should be calculated separately.

Water Supply refers to the total volume of water supplied by water-works (units) during the reference period, including both the effective water supply and loss during the water supply.

Water Coverage Rate refers to the ratio of the urban population with access to tap water to the total urban population. The formula is:

$$\text{Popularity of Water Supply} = \frac{\text{Urban water users (including temporary residents)}}{\text{Urban population+ Urban temporary resident population}} \times 100\%$$

Length of Gas Pipelines refers to the total length of pipelines in use between the outlet of the compressor of gas-work of outlet gas stations and the leading pipe of users, excluding pipelines within gasworks , delivery stations, LPG storage stations, refilling stations, gas-mixing stations and supply stations.

Volume of Gas Supply refers to the total volume of gas provided to users by gas-producing enterprises (units) in a year, including the volume sold and the volume lost.

Coverage Rate of Urban Population with Access to Gas refers to the ratio of the urban population with access to gas to the total urban population at the end of the reference period. The formula is:

$$\text{Coverage rate of urban population with access to gas} = \frac{\text{Urban gas users (including temporary residents)}}{\text{Urban population+ Urban temporary resident population}} \times 100\%$$

Heating Supply Capacity refers to the designed capacity of heating enterprises (units) in supplying heating energy to urban users during the reference period.

Quantity of Heat Supplied refers to the total quantity of heat from steam and hot water urban users by heating enterprises (units) during the reference period.

Length of Heating Pipelines refers to the total length of steam or hot water pipelines for sources of heat to the leading pipelines of the building of the users, excluding internal pipelines in heat generating enterprises.

Area of Centralized Heating refers to the total structure area of heat supplied to urban constructions, structures and ancillary facilities by heating enterprises (units) during the reference period.

Length of Paved Roads refers to the length of roads with paved surface including bridges and tunnels connected with roads. Length of the roads is measured by the central lines.

Area of Paved Roads refers to the actual pavement area of roads and the actual pavement area of squares, bridges and tunnels connecting to the roads (the area of sidewalk pavements is calculated separately).

The area of sidewalk pavements is the sum of area of roads on sides of road, including pedestrian streets and squares, excluding roads for both pedestrians and vehicles.

Length of City Sewage Pipes refers to the total length of all main drain piles, trunk pipes , branch pipes, access manholes, and connector well entrances and exits, and so on. The whole length is calculated as of single pipes. Namely, if there are two or more drain pipes parallel on a street, the length of every pipe shall be summed.

Coverage Space of Green Areas refers to vertical projection area of all vegetation including trees, shrubs, lawns. Including parks, protective green space, production green space, green subsidiaries, green plants covering area, covering an area other green spaces, green roofs and covering area of scattered trees, excluding kinds of water area in kinds of green area and the area not covered by vegetation (hardened road, building of no green roof), shrubs and herbaceous plants overlap under the canopy of trees do not double counting.

Per Capita Area of Paved Roads refers to the area of urban roads per capita at the end of the reporting period. The formula is:

$$\text{Per capita area of paved roads} = \frac{\text{Area of urban road}}{\text{Urban population+temporary resident population}}$$

Density of Sewers in Built Districts refers to density of drainage pipelines in developed areas at the end of the reporting period. The formula is:

$$\text{Density of drainage pipelines} = \frac{\text{Length of drainage pipelines}}{\text{Area of developed areas}}$$

Waste Water Treatment Rate refers to the ratio of waste water disposed with the total discharge of waste water in the reporting period. The formula is:

$$\text{Rate of Sewerage Disposal} = \frac{\text{Waste Water Disposed}}{\text{Total Discharge of Waste Water}} \times 100\%$$

Public Recreational Green Space Per Capita refers to the area of public green areas per capita at end of the reporting period. The formula is:

$$\text{Per capita area of public green} = \frac{\text{Area of public green areas}}{\text{Urban population+temporary resident population}}$$

Green Space Rate of Built Districts refers to the ratio of green areas in built-up areas with the area of developed areas at the end of reporting period. The formula is:

$$\text{Coverage of green land in developed areas} = \frac{\text{Area of green land in developed areas}}{\text{Area of developed areas}} \times 100\%$$

十、环境保护

ENVIRONMENT PROTECTION

资料整理：张　育

Data management：Zhang Yu

数据审核：王　峰

Data audit：Wang Feng

第十部分　环境保护

一、简要说明

本章资料反映环境保护、工业污染排放及处理利用情况、危险废物集中处置情况、生活及其他污染情况和工业污染治理项目建设情况，由西安市生态环境局提供的数据资料整理。

二、主要指标

全年环境空气质量达标天数（天）	239	比上年增加	49

10　ENVIRONMENT PROTECTION

Ⅰ.Brief Introduction

This chapter contains information that reflect environment protection, discharge and treatment of industrial pollutant, centralized treatment of dangerous wastes, domestic pollution and other pollution, construction of projects of industrial pollution treatment. Data in this chapter is compiled by General Division of the Xi'an Bureau of Statistics according to the reported data from Xi'an Ecology and Environment Bureau.

Ⅱ.Major Indicators

		Increase over Preceding Year
Days of Air Quality up to the Standards (days)	239	49

10-1 城市环境保护（2023年）

Urban Environmental Protection (2023)

指 标	Item	2023年
一、饮用水环境	**Potable Water Environment**	
全市饮用水水质达标率（%）	Compliance Rate of the City's Potable Water Quality (%)	100
二、大气环境	Atmospheric Environment	
颗粒物（PM_{10}）年平均浓度（微克/立方米）	Particulate matter (PM_{10}) Annual average concentration (μg/m^3)	81
颗粒物（$PM_{2.5}$）年平均浓度（微克/立方米）	Particulate matter ($PM_{2.5}$) Annual average concentration (μg/m^3)	48
二氧化硫浓度年平均值（微克/立方米）	Annual Average Concentration of Sulphur Dioxide (μg/m^3)	7
二氧化氮浓度年平均值（微克/立方米）	Annual Average Concentration of Nitrogen Dioxide (μg/m^3)	37
一氧化碳第95百分位数（微克/立方米）	The 95th percentile of carbon monoxide (μg/m^3)	1.4
臭氧八小时第90百分位数（微克/立方米）	Ozone eight hours 90th percentile (μg/m^3)	172
全年环境空气质量达标天数（天）	Days of Air Quality up to the Standards (days)	239
全年环境空气质量达标率（%）	Annual compliance rate of Ambient Air Quality (%)	65.5
三、声环境	Voice	
1.功能区噪声平均值（昼/夜）	Average Noise Value of Functional Districts (day/night)	
0类区（dB（A）/dB（A））	Class 0 (dB (A)/dB (A))	49/42
1类区（dB（A）/dB（A））	Class 1 (dB (A)/dB (A))	51/44
2类区（dB（A）/dB（A））	Class 2 (dB (A)/dB (A))	54/47
3类区（dB（A）/dB（A））	Class 3 (dB (A)/dB (A))	53/48
4类区（dB（A）/dB（A））	Class 4 (dB (A)/dB (A))	66/64
2.道路交通噪声平均值（dB（A））	Average Noise Value of Road Traffic (dB (A))	65.8
3.区域噪声平均值（dB（A））	Average Noise Value of Region (dB (A))	55.3
四、环境污染治理	Environmental pollution treatment	
完成环保验收项目环境保护投资（亿元）	Year Completed Investment in Environmental Protection Projects of Environmental acceptance (100 million yuan)	14.64

注：1.本表数据来源于市生态环境局。完成环保验收项目环保投资包含市本级及区县、开发区。
　　2.本表数据含西咸新区直管区。下同。

Note: a) Figures in this table are obtained from the Xi'an Ecology and Environment Bureau. Investment in Completion Acceptance of Environmental Protection includes the municipal level, districts and counties, development zones.
b) Figures in this table include areas directly controlled by Xixian New Area. Same below.

10–2 主要年份工业“三废”排放及处理利用情况

指 标	Item	2000年	2010年	2011年	2012年
一、工业废水排放量（万吨）	**Volume of Waste Industrial Water Discharge (10 000 tons)**	**9145.00**	**13840.00**	**13148.00**	**10223.73**
工业废水处理量（万吨）	Volume of Industrial Wastewater Disposal (10 000 tons)		10673.52	12632.38	9089.04
废水治理设施数（套）	Number of Facilities for Treatment of Waste Water (sets)		267	314	312
二、工业废气排放量（亿立方米）	**Total Volume of Industrial Waste Gas Emission (100 million cu.m)**	**275.97**	**791.56**	**1018.46**	**1043.31**
废气治理设施数（套）	Number of Facilities for Treatment of Waste Gas (sets)		816	745	649
三、工业固体废物产生量（万吨）	**Volume of Industrial Solid Wastes Produced (10 000 tons)**	**107.00**	**267.29**	**279.00**	**259.14**
工业固体废物处置量（万吨）	Volume of Industrial Solid Wastes Treated (10 000 tons)	20.00	3.56	6.00	9.24
工业固体废物综合利用量（万吨）	Volume of Industrial Solid Wastes Utilized (10 000 tons) in a Comprehensive Way	63.00	262.00	271.00	248.58
工业固体废物综合利用率（%）	Percentage of Volume of Industrial Solid Waste Utilized in a Comprehensive Way (%)	58.88	98.05	97.30	95.92
四、工业锅炉（台/蒸吨）	**Industrial Boilers (units/steam tons)**				**503/8785**

注：本表数据来源于市生态环境局。

Discharge and Treatment of Waste Gas, Water & Solid Wastes in Repersentative Years

2013年	2014年	2015年	2016年	2017年	2018年	2019年	2020年	2021年	2022年	2023年
8972.97	**6339.85**	**5203.56**	**4029.83**	**4247.57**	**4163.40**	**3913.70**	**2998.24**	**3812.82**	**4293.36**	**4627.81**
6798.71	5818.27	4783.60	4264.99	4448.08	4091.10	3955.70	3384.43	4356.43	4902.94	5528.06
295	305	315	266	275	299	311	311	305	266	292
844.11	**901.23**	**1108.48**	**1034.46**	**1444.60**	**1040.40**	**1067.30**	**1194.32**	**1372.78**	**2295.07**	**2300.79**
661	740	801	834	1048	1225	1641	1271	1189	1486	1714
255.78	**252.66**	**238.53**	**195.99**	**190.30**	**198.70**	**206.66**	**183.07**	**178.12**	**321.90**	**363.63**
9.68	17.54	20.95	28.66	28.00	78.10	22.70	27.09	23.65	67.20	97.93
244.08	233.52	216.64	167.20	159.80	118.30	182.98	156.00	154.49	254.61	265.57
95.43	92.43	90.82	85.31	83.97	59.50	87.50	85.21	86.73	79.10	73.03
576/13466	**520/14177**	**501/18278**	**480/12791.8**	**457/14682.3**	**466/17078.2**	**478/16955.3**	**455/17065.5**	**411/10799.0**	**453/13192.1**	**535/13885.4**

Note: Figures in this table are obtained from the Xi'an Ecology and Environment Bureau.

10-3 工业污染排放及处理利用情况（2023年）

Discharge and Treatment of Industrial Pollution (2023)

指 标	Item	2023年
一、被调查企业基本情况	**Basic condition of Enterprises investigated**	
1.企业数（个）	Number of Enterprises (units)	599
2.工业总产值（亿元）	Gross Industry Output Value (100 million yuan)	6439.34
3.工业锅炉数（台/蒸吨）	Industrial Boilers (units/steam tons)	535/13885.4
4.工业炉窑数（座）	Number of Industrial Grates (items)	681
二、工业废水	**Industrial Waste Water**	
1.工业取水量（万吨）	Industrial water intake (10 000 tons)	102145.36
2.工业废水排放量（万吨）	Volume of Industrial Waste Water Discharged (10 000 tons)	4627.81
3.工业废水处理量（万吨）	Volume of Treated Industrial Wastewater Disposal (10 000 tons)	5528.06
4.废水治理设施数（套）	Number of Facilities for Treatment of Waste Water (sets)	292
5.废水治理设施处理能力（万吨/日）	Disposal Capacity of Facilities for Treatment of Waste Water (10 000 tons/day)	43.53
6.废水治理设施运行费用（万元）	Operating Expense of Facilities for Treatment of Waste Water (10 000 yuan)	45506.91
三、工业废气	**Industrial Waste Gas**	
1.煤炭消费量（万吨）	Total Coal Consumption (10 000 tons)	806.98
2.燃料油消费量（不含车船用）（万吨）	Fuel Oil Consumption (10 000 tons)	0.17
3.天然气消费量（亿立方米）	Natural Gas Consumption (100 million cu.m)	24.54
4.工业废气排放总量（亿立方米）	Total Volume of Industrial Waste Gas Emission (100 million cu.m)	2300.79
5.废气治理设施数（套）	Number of Facilities for Treatment of Waste Gas (sets)	1714
6.废气治理设施处理能力（万立方米/时）	Disposal Capacity of Facilities for Treatment of Waste Gas (10 000 cu.m./h)	9079.89
7.废气治理设施设备运行费用（万元）	Operating Expense of Facilities for Treatment of Waste gas (10 000 yuan)	69403.22
8.二氧化硫产生量（吨）	Sulfur dioxide production (tons)	159088.65
9.二氧化硫排放量（吨）	Volume of Sulphur Dioxide Emission (tons)	1673.47
10.氮氧化物产生量（吨）	Production of nitrogen oxides (tons)	28080.69
11.氮氧化物排放量（吨）	Nitrogen oxide emissions (tons)	4531.79
12.烟（粉）尘产生量（吨）	Tobacco (powder) dust production (tons)	11913.55
13.烟（粉）尘排放量（吨）	The smoke (powder) dust emissions (tons)	634.48
四、工业固体废物	**Industrial Solid Waste**	
1.工业固体废物产生量（万吨）	Volume of Industrial Solid Waste Produced (10 000 tons)	363.63
2.工业固体废物综合利用量（万吨）	Volume of Industrial Solid Waste Utilized (10 000 tons)	265.57
3.工业固体废物综合利用率（%）	Percentage of Industrial Solid Waste Utilized (%)	73.03
4.工业固体废物贮存量（万吨）	Volume of Industrial Solid Waste Accumulated (10 000 tons)	0.08
5.工业固体废物处置量（万吨）	Volume of Industrial Solid Waste Treated (10 000 tons)	97.93
6.工业固体废物倾倒丢弃量（吨）	Volume of Industrial Solid Waste Discharged (tons)	

注：本表数据来源于市生态环境局。
Note: Figures in this table are obtained from the Xi'an Ecology and Environment Bureau.

10-4 城市污水处理情况（2023年）

Urban Sewage Treatment (2023)

指　标	Item	2023年
一、污水处理厂数（座）	**Number of Sewage Treatment Works (units)**	**65**
污水处理厂处理能力（万吨/日）	Daily Disposal Capacity of Sewage (10 000 tons/day)	403.88
二、污水处理	**Sewage Disposal**	
污水实际处理量（万吨）	Volume of Sewage Disposal (10 000 tons)	118714.94
#生活污水处理量	Volume of Domestic Sewage Disposal	105214.11
#工业污水处理量	Volume of Industrial Sewage Disposal	5528.06
三、再生水（万吨）	**Utilization (10 000 tons)**	
生产量	Production	15292.67
利用量	Utilization	10796.63
四、化学需氧量去除量（吨）	**Volume of COD Removed (tons)**	**355146.76**
五、氨氮去除量（吨）	**Volume of Ammonia and Nitrogen Removed (tons)**	**38569.98**
六、总磷去除量（吨）	**Volume of Total Phosphorus Removed (tons)**	**6118.29**
七、污泥生产量（万吨）	**Volume of Sludge Produced (10 000 tons)**	**75.24**
八、污泥处置量（万吨）	**Volume of Sludge Disposal (10 000 tons)**	**75.20**
九、污泥倾倒丢弃量（吨）	**Dumping sludge discards (tons)**	
十、本年运行费用（万元）	**Operating Expense (10 000 yuan)**	**184401.05**

注：本表数据来源于市生态环境局。
Note: Figures in this table are obtained from the Xi'an Ecology and Environment Bureau.

10–5 危险废物（医疗废物）集中处理情况（2023年）

Condition of Concentrated Disposal of Dangerous Wastes (Medical Wastes) (2023)

指　标	Item	2023年
一、危险废物集中处理（置）厂数（个）	**Number of Collected Dangerous Wastes Treated Plants (unit)**	**4**
二、医疗废物集中处理（置）厂数（个）	**The number of Manufacturing Plants of Medical waste treatment (unit)**	**1**
三、危险废物设计处置能力（吨/日）	**Design hazardous waste disposal capacity (tons/day)**	**109.7**
四、实际处置危险废物量（吨）	**The actual amount of hazardous waste disposal (tons)**	**23539.9**
五、危险废物综合利用量（吨）	**Volume of Dangerous Wastes Utilized in a Comprehensive Way (tons)**	**2484.9**
六、焚烧残渣流向（千克）	**Flow Direction of Residuum after Burning (kg)**	
1.焚烧残渣量	Volume of Residuum after Burning	3684.1
2.焚烧残渣安全填埋处置量	Secure landfill disposal incineration residues	3366.0
3.焚烧飞灰产生量	Fly ash production	189.6
4.焚烧飞灰安全填埋处置量	Fly ash landfill disposal safety	181.5
七、当年运行费用（万元）	**Operating Expenses in Current year (10 000 yuan)**	**7730.1**

注：本表数据来源于市生态环境局。
Note: Figures in this table are obtained from the Xi'an Ecology and Environment Bureau.

10–6 生活及其他污染情况（2023年）

Domestic Pollution and Other Conditions (2023)

指　标	Item	2023年
一、基本情况	**Basic Condition**	
1.生活天然气消费量（万立方米）	Volume of Living natural gas consumption (10 000 cu.m)	408900
2.生活用水总量（万吨）	Volume of Living water (10 000 tons)	46433
二、污染排放情况	**Discharge of Pollutant**	
1.城镇生活污水排放量（万吨）	Volume of Urban Domestic Sewage Discharged (10 000 tons)	40502
2.生活污水处理量（万吨）	Volume of Domestic Sewage Disposal (10 000 tons)	116772
3.生活CDD产生量（吨）	Volume of Life CDD production (tons)	205606
4.生活CDD排放量（吨）	Volume of Life CDD emissions (tons)	30529
5.生活氨氮产生量（吨）	Volume of Ammonia and Nitrogen in Urban Domestic Sewage Produced (tons)	21128
6.生活氨氮排放量（吨）	Volume of Ammonia and Nitrogen in Urban Domestic Sewage Discharged (tons)	1549
7.二氧化硫排放量（吨）	Volume of Domestic and Other Sulphur Dioxide Emission (tons)	2879
8.氮氧化物排放量（吨）	Volume of Ammonia and Nitrogen in Urban Domestic Sewage Discharged (tons)	5351
9.烟尘排放量（吨）	Volume of Soot Emission (tons)	4485

注：本表数据来源于市生态环境局。
Note: Figures in this table are obtained from the Xi'an Ecology and Environment Bureau.

10-7　工业污染治理项目建设情况（2023年）

Condition of Anti-Industrial-Pollution Projects (2023)

指　标	Item	2023年
一、工业企业数（个）	**Number of Industrial Enterprises (units)**	**11**
二、老工业污染源项目治理本年施工总数（个）	**The total number of construction projects of Old industrial pollution sources control this year (units)**	**15**
#工业废水治理项目	Treatment of Waste Water	3
#工业废气治理项目	Treatment of Waste Gas	9
#工业固体废物治理项目	Treatment of Solid Wastes	
三、老工业污染源项目治理本年竣工总数（个）	**The Total Number of Old Industrial Pollution Control Projects Completed this year (units)**	**12**
#工业废水治理项目	Treatment of Waste Water	3
#工业废气治理项目	Treatment of Waste Gas	5
#工业固体废物治理项目	Treatment of Solid Wastes	
四、老工业污染源治理项目本年完成投资（万元）	**Investment completed in Old industrial pollution control projects this Year (10 000 yuan)**	**2895**
#废水治理项目	Treatment of Waste Water	1952
#废气治理项目	Treatment of Waste Gas	508
#固体废物治理项目	Treatment of Solid Wastes	
五、老工业污染源治理项目本年投资来源（万元）	**Source of Investment in Old industrial pollution control projects this Year (10 000 yuan)**	**2895**
政府其他补助	Other Government Subsidies	2082
企业自筹	Self-raising Funds	813
银行贷款	Loans	

注：本表数据来源于市生态环境局。
Note: Figures in this table are obtained from the Xi'an Ecology and Environment Bureau.

10-8 各区县、开发区环境保护基本情况（2023年）

区县、开发区	Region	本年完成环保验收项目环保投资额（万元）Investment Completed in accepted Environmental projects this year (10 000 yuan)	工业二氧化硫排放量（吨）Volume of Industrial Sulphur Dioxide Discharged (tons)
全　市	**Total**	**146440.21**	**1673.5**
新城区	Xincheng	153.1	1.7
碑林区	Beilin	130.0	
莲湖区	Lianhu	1608.0	2.7
灞桥区	Baqiao	27963.3	365.7
未央区	Weiyang	71.3	0.8
雁塔区	Yanta	8516.3	0.1
阎良区	Yanliang	236.1	0.7
临潼区	Lintong	1722.5	2.1
长安区	Chang'an	84.1	0.1
高陵区	Gaoling	7484.8	129.4
鄠邑区	Huyi		335.6
蓝田县	Lantian	22137.2	73.9
周至县	Zhouzhi	732.3	0.5
西咸新区	Xixian New Area	19217.1	752.3
高新区	Hi-Tech Industries Development Zone		5.9
经开区	Economic Development Zone		1.1
曲江新区	Qujiang New District		
航空基地	National Aviation Hi-tech Industrial Base	1878.6	
航天基地	National Civil Aerospace Industrial Base	4515.3	0.4
浐灞生态区	Chan-ba Ecological District		
国际港务区	International Trade & Logistics Park	300.2	0.7

注：1.本表数据来源于市生态环境局。
2.区县、开发区完成环保验收项目环保投资未包括市本级完成数。

Condition of Environment Protection by Regions (2023)

工业化学需氧量排放量（吨）Volume of COD Removed (tons)	垃圾处理站数（座）Number of Rubbish Disposal Works (units)	污水处理厂数（个）Number of Sewage Treatment Works (units)
903.4	**5**	**65**
2.9		
33.2		2
1.0		3
27.5		4
29.1		4
22.3	1	5
58.0	1	5
17.6		8
128.4		1
29.6		3
8.2	1	4
21.5	1	2
172.3	1	10
200.8		6
103.0		2
47.8		1
		4
		1

Note: a) Figures in this table are obtained from the Xi'an Ecology and Environment Bureau.
b) Investment in Completion Acceptance of Environmental Protection in districts and counties , development zones exclude the municipal level.

主要统计指标解释

工业用水　指工矿企业在生产过程中用于制造、加工、冷却、空调、净化、洗涤等方面的用水，按新水取用量计，不包括企业内部的重复利用水量。

工业废水排放量　指经过企业厂区所有排放口排到企业外部的工业废水量。包括生产废水、外排的直接冷却水、超标排放的矿井地下水和与工业废水混排的厂区生活污水，不包括外排的间接冷却水（清污不分流的间接冷却水应计算在内）。

工业废水排放达标量　指报告期内废水中各项污染物指标都达到国家或地方排放标准的外排工业废水量，包括未经处理外排达标的，经废水处理设施处理后达标排放的，以及经污水处理厂处理后达标排放的。

生活污水排放量　指城镇居民每年排放的生活污水。用人均系数法测算。测算公式为：

$$\text{生活污水排放量} = \text{城镇生活污水排放系数} \times \text{市镇非农业人口} \times 365$$

生活污水中化学需氧量（COD）排放量　指城镇居民每年排放的生活污水中的COD的量。用人均系数法测算。测算公式为：

$$\text{城镇生活污水中COD产生系数} = \text{城镇生活污水中COD排放量} \times \text{市镇非农业人口} \times 365$$

化学需氧量（COD）　指用化学氧化剂氧化水中有机污染物时所需的氧量。COD值越高，表示水中有机污染物污染越重。

工业废气排放量　指报告期内企业厂区内燃料燃烧和生产工艺过程中产生的各种排入大气的含有污染物的气体的总量，以标准状态（273K，101325Pa）计算。测算公式为：

$$\text{工业废气排放量} = \text{燃料燃烧过程中废气排放量} + \text{生产工艺过程中废气排放量}$$

生活及其他SO_2排放量　以生活及其他煤炭消费量和其含硫量为基础，根据以下公式计算：

$$\text{生活及其他}SO_2\text{排放量} = \text{生活及其他煤炭消费量} \times \text{含硫量} \times 0.8 \times 2$$

工业SO_2排放量　指报告期内企业在燃料燃烧和生产工艺过程中排入大气的SO_2总量，计算公式为：

$$\text{工业}SO_2\text{排放量} = \text{燃料燃烧过程中}SO_2\text{排放量} + \text{生产工艺过程中}SO_2\text{排放量}$$

工业烟尘排放量　指企业厂区内燃料燃烧过程中产生的烟气中夹带的颗粒物排放量。

生活及其他烟尘排放量　指除工业生产活动以外的所有社会、经济活动及公共设施的经营活动中燃烧所排放的烟尘纯重量。以生活及其他煤炭消费量为基础进行测算。

工业粉尘排放量　指企业在生产工艺过程中排放的能在空气中悬浮一定时间的固体颗粒物排放量。如钢铁企业的耐火材料粉尘、焦化企业的筛焦系统粉尘、烧结机的粉尘、石灰窑的粉尘、建材企业的水泥粉尘等。不包括电厂排入大气的烟尘。

工业固体废物产生量　指报告期内企业在生产过程中产生的固体状、半固体状和高浓度液体状废弃物的总量，包括危险废物、冶炼废渣、粉煤灰、炉渣、煤矸石、尾矿、放射性废物和其他废物等；不包括矿山开采的剥离废石和掘进废石（煤矸石和呈酸性或碱性的废石除外）。酸性或碱性废石指采掘的废石其流经水、雨淋水的pH值小于4或pH值大于10.5者。

危险废物　指列入国家危险废物名录或根据国家规定的危险废物鉴别标准和鉴别方法认定的，具有爆炸性、易燃性、易氧化性、毒性、腐蚀性、易传染疾病等危险特性之一的废物。

工业固体废物综合利用量　指报告期内企业通过回收、加工循环、交换等方式，从固体废物中提取或者使其转化为可以利用的资源、能源和其他原材料的固体废物量（包括当年利用往年的工业固体废物贮存量），如用作农业肥料、生产建筑材料、筑路等。综合利用量由原产生固体废物的单位统计。

工业固体废物综合利用率　指工业固体废物综合利用量占工业固体废物产生量（包括综合利用往年贮存量）的百分率。计算公式为：

$$\text{工业固体废物综合利用率} = \frac{\text{工业固体废物综合利用量}}{\text{工业固体废物产生量综合利用往年贮存量}} \times 100\%$$

工业固体废物贮存量　指报告期内企业以综合利用或处置为目的，将固体废物暂时贮存或堆存在专设的贮存设施或专设的集中堆存场所内的数量。专设的固体废物贮存场所或贮存设施必须有防扩散、防流失、防渗漏、防止污染大气、水体的措施。

工业固体废物处置量　指报告期内企业将固体废物焚烧或者最终置于符合环境保护规定要求的场所，并不再回取的工业固体废物量（包括当年处置往年的工业固体废物贮存量）。处置方式有填埋（其中危险废物应安全填埋）、焚烧、专业贮存场（库）封场处理、深层灌注、回填矿井及海洋处置（经海洋管理部门同意投海处置）等。

工业固体废物排放量　指报告期内企业将所产生的固

体废物排到固体废物污染防治设施、场所以外的数量，不包括矿山开采的剥离废石和掘进废石（煤矸石和呈酸性或碱性的废石除外）。

“三废”综合利用产品产值 指报告期内利用“三废”作为主要原料生产的产品价值（现行价）；已经销售或准备销售的应计算产品价值，留作生产自用的不应计算产品价值。

生活垃圾清运量 指报告期内收集和运送到各生活垃圾处理厂（场）和生活垃圾最终消纳点的生活垃圾数量。生活垃圾指城市日常生活或为城市日常生活提供服务的活动中产生的固体废物以及法律行政规定的视为城市生活垃圾的固体废物。包括：居民生活垃圾、商业垃圾、集市贸易市场垃圾、街道清扫垃圾、公共场所垃圾和机关、学校、厂矿等单位的生活垃圾。

生活垃圾无害化处理率 指报告期内生活垃圾无害化处理量与生活垃圾产生量的比率。在统计上，由于生活垃圾产生量不易取得，可用清运量代替。计算公式为：

$$\text{生活垃圾无害化处理率} = \frac{\text{生活垃圾无害化处理量}}{\text{生活垃圾产生量}} \times 100\%$$

Explanatory Notes on Main Statistical Indicators

Water Used by Industry refers to new withdrawals of water, excluding reuse of water within enterprises.

Waste Water Discharged by Industry refers to the volume of waste water discharged by industrial enterprises through all their outlets, including waste water f rom production process, directly cooled water, groundwater from mining wells which does not meet discharge standards and sewage from households mixed with waste water produced by industrial activities, but excluding indirectly cooled water discharged (It should be included if the discharge is not separated from waste water).

Industrial Waste Water Meeting Discharge Standards refers to volume of industrial waste water discharge which, with or without treatment, reaches national or local standards with regard to all pollutants.

Urban Non-industrial Waste Water Discharge refers to annual discharge of non-industrial waste water by urban households. It is estimated by per capita coefficient using the formula:

$$\text{Urban non-industrial Waste water discharge} = \text{urban non-industrial waste water discharge coefficient} \times \text{urban non-agricultural population} \times 365$$

Volume of Chemical Oxygen Demand (COD) Generated by Urban Non-industrial Waster Water refers to chemical oxygen demand generated through the annual discharge of non-industrial waste water by urban households. It is estimated as:

$$\text{Volume of chemical oxygen demand (cod) generated by urban non-industrial waster water} = \text{Coefficient of COD generated through urban non-industrial waste water} \times \text{urban non-agricultural population} \times 365$$

Chemical Oxygen Demand (COD) refers to the amount of oxygen required when chemical oxidants are used to oxidize organic pollutants in water. A higher value of COD corresponds to more serious pollution by organic pollutants.

Industrial Waste Air Emission refers to the discharge into atmosphere of waste air containing pollutants generated from fuel burning and production processes in enterprises within a given period of time. It is calculated at standard status (273K, 101325Pa) as:

$$\text{Industrial waste air emission} = \text{emission through fuel burning} + \text{emission through production process}$$

SO_2 Emission through Non-industrial and Other Activities is calculated on the basis of consumption of coal by households and other activities and the sulphur content of coal with the following formula:

$$SO_2 \text{ emission through non-industrial and other activities} = \text{of coal by households and other activities} \times \text{sulphur content} \times 0.8 \times 2$$

SO_2 Emission through Industrial Activities refers to volume of sulphur dioxide emission from fuel burning and production process by enterprises during a given period of time. It is calculated as:

$$SO_2 \text{ emission through industrial activities} = SO_2 \text{ emission from fuel burning} + SO_2 \text{ emission from production process}$$

Industrial Soot Emission refers to the volume of soot in smoke emitted in the process of fuel burning in the premises of enterprises.

Soot Emission by Consumption and Others refers to the net volume of soot emitted by fuel burning from all social and economic activities and operations of public facilities other than industrial activities. It is calculated on the basis of coal consumption by households and others.

Industrial Dust Emission refers to volume of dust emitted by production process of enterprises and suspended in the air for a given period of time, including dust from refractory material of iron and steel works, dust from coke-screening systems and sintering machines of coke plants, dust from lime kilns and dust from cement production in building material enterprises, but excluding soot and dust emitted from power plants.

Industrial Solid Wastes Produced refers to total volume of solid, semi-solid and high concentration liquid residues produced by industrial enterprises from production process in a given period of time, including hazardous wastes, smelting slag, furnace slag, coal gangue, tailings, radioactive residues and other wastes, but excluding stones stripped or dug out in mining-gangue (ganque and acid or alkaline waste stones not included). A stone is acid or alkaline according to the pH value of the water being below 4 or above 10.5 when the stone is in, or soaked by water.

Hazardous Wastes refers to those included in the national hazardous wastes catalogue or specified as any one of the following properties in the national hazardous wastes identification standards: explosive, ignitable, oxidizable, toxic, corrosive or liable to cause infectious diseases or lead to other dangers.

Industrial Solid Wastes Utilized refers to volume of solid wastes from which useful materials can be extracted or which can be converted into usable resources, energy or other materials by means of reclamation, processing, recycling and exchange (including utilizing in the year the stocks of industrial solid wastes of the previous year). Examples of such utilizations include fertilizers, building materials and road materials. The information shall be collected by the producing units of the wastes.

Rate of Utilization of Industrial Solid Wastes refers to the percentage of industrial solid wastes utilized over industrial solid wastes produced (including stocks of the previous years). It is calculated as:

$$\text{Rate of utilization of industrial solid wastes} = \frac{\text{volume of industrial solid wastes utilized}}{\text{industrial solid wastes produced stock of previous years}} \times 100\%$$

Stock of Industrial Solid Wastes refers to the volume of solid wastes placed in special facilities or special sites for purposes of utilization or disposal. The sites or facilities should take measures against dispersion, loss, seepage, and air and water contamination.

Industrial Solid Wastes Disposed refers to the quantity of industrial solid wastes which are burnt or placed ultimately in the sites meeting the requirements for environmental protection and not salvaged or recycled (including disposition in the year of those wastes of previous years). The disposition includes landfill (Safe landfills should be conducted for hazardous wastes), incineration, containment spaces, deep underground disposal, backfill in mining pits and disposal at sea with consent from maritime management department.

Industrial Solid Wastes Discharged refers to the volume of industrial solid wastes discharged by producing enterprises to disposal facilities or to other sites. The wastes exclude stones stripped or dug from mining (gangue and acid or alkaline waste stones not included).

Output Value of Products Made from Waste Gas, Waste Water and Solid Wastes refers to the current value of products with waste gas, waste water and solid wastes as main materials of production. Products sold and ready to sell shall be included while those produced for own use shall not be included.

Consumption Wastes Transported refers to volume of consumption wastes collected and transported to disposal factories or sites. Consumption wastes are solid wastes produced from urban households or from service activities for urban households, and solid wastes regarded by laws and regulations as urban consumption wastes, including those from households, commercial activities, markets, cleaning of streets, public sites, offices, schools, factories, mining units and other sources.

Ratio of Consumption Wastes Treated refers to consumption wastes treated over that produced. In practical statistics, as it is difficult to estimate, the volume of consumption wastes produced is replaced with that transported. It is calculated as:

$$\text{Ratio of consumption wastes treated} = \frac{\text{consumption wastes treated}}{\text{consumption wastes produced}} \times 100\%$$

十一、农　业

AGRICULTURE

资料整理：马秋娟　沈佳慧　种亚莉　刘　琪　张　璐　李　丹
Data management：Ma Qiujuan　Shen Jiahui　Zhong Yali　Liu Qi　Zhang Lu　Li Dan
数据审核：薛　丰　景春玲
Data audit：Xue Feng　Jing Chunling

第十一部分　农　业

一、简要说明

1.本章资料反映西安农业生产和农村经济的基本情况。内容主要包括农林牧渔业产值、主要农产品产量、造林、水利水保、农业机械拥有量、农村经济效益主要指标、区县农业生产情况等方面统计资料。粮食、畜牧业相关指标数据表由国家统计局西安调查队负责完成。

2.农业统计范围包括主要涉农区县的农业生产经营活动。

3.涉及主要年份数据资料，按照《陕西省根据第三次全国农业普查结果核定和修订常规年报相关数据方案》要求，对2007—2017年数据进行了修订。其中，畜牧业中猪牛羊禽修订了2013—2017年数据。11-1、11-3表不做修订。

4.2021年起，西安市及西咸新区数据均不包含西安（西咸新区）—咸阳共管区。

二、主要指标

农林牧渔及服务业总产值（亿元）	594.43	比上年增长	3.4%
农作物播种面积（万亩）	518.98	比上年增长	0.4%
粮食产量（万吨）	140.43	比上年增长	0.01%

11　AGRICULTURE

I .Brief Introduction

1.Data in this chapter reflects basic condition of agriculture production and rural economics of Xi'an city. The mainly including output value of agriculture, forestry, animal husbandry and fishery, output of major products, forestation, water conservancy and protection, quantity of agricultural machinery and agricultural base county. The data table of grain and animal husbandry indicators is completed by Survey Office of The National Bureau of Statistics in Xi'an.

2.The scope of agricultural statistics includes social and economic activities in all townships except county towns.

3.Data related to major years, revised the data from 2007 to 2017 by Shaanxi Province in accordance with the results of The Third National Agricultural Census approved and revised the regular annual report data programmed. Among them, the data of animal husbandry such as hog, cattle, sheep are revised the data from 2013 to 2017. Table 11-1, 11-3are not revised.

4.From 2021, the data exclude areas mutually controlled by Xi'an (Xixian New Area)-Xianyang.

II .Major Indicators

		Increase over Preceding Year
Gross Output Value of Farming, Forestry, Animal Husbandry, Fishery and Service (100 mil. Yuan)	594.43	3.4%
Sown Area of Crops (10 000 mu)	518.98	0.4%
Grain Output (10 000 tons)	140.43	0.01%

11-1　主要年份农业机械年末拥有量

指　标	Item	2005年	2009年	2010年	2011年	2012年
农业机械总动力（千瓦）	Total Power of Agricultural Machinery (kW)	2239001	2616053	2677334	2890247	2983979
大中型拖拉机（台）	Large and Medium Tractors (unit)	8415	11479	14675	12585	12987
小型拖拉机（台）	Mini-tractors (unit)	26326	18406	14194	13008	11471
拖拉机配套农具（台）	Number of Tactor Towing Farm Machinery (unit)	67217	55614	53608	65833	60035
农用水泵（台）	Agricultural Water Pump (unit)	77567	80174	77367	75426	80982
节水灌溉类机械（套）	Equipment in Water-saving Irrigation (set)	1290	1799	1710	1733	2106
联合收割机（台）	Combine Harvesters (unit)	4802	6155	6718	7854	8502
机动脱粒机（台）	Motorized Huller (unit)	13870	11960	13231	13407	14493

注：1.本表数据来源于市农业农村局，2017年西咸新区由西安代管，2017年、2018年数据不含西咸新区，2019年及以后含西咸新区。
2.2017年以前大中型拖拉机动力标准为14.7千瓦及以上，小型拖拉机动力标准为2.2-14.7千瓦（含2.2千瓦）。2018年及以后大中型拖拉机动力标准为22.1千瓦以上，小型拖拉机动力标准为22.1千瓦及以下。
3.表中“农用水泵”“节水灌溉类机械”和“机动脱粒机”三项指标由于部门报表制度发生变化，2020年暂无数据。

Possession of Agricultural Machinery year end in Representative Years

2013年	2014年	2015年	2016年	2017年	2018年	2019年	2020年	2021年	2022年	2023年
3108354	3203302	3253733	2615435	2543023	2429137	2456028	2478420	2485307	2487884	2455226
12927	9946	9652	10177	9275	8580	8938	9357	8587	8549	8661
8971	7538	8447	9175	8501	8226	6009	6264	5771	4482	2914
58515	53257	54120	59805	50559	47582	45635	47677	47591	47199	42540
80575	79849	79695	79681	76916	70533	62397		52597	52020	51164
2218	2562	2517	2476	2366	2135	1869		1884	1889	1823
9114	7815	8144	8458	7656	7390	7685	7947	7811	7977	7571
14700	14749	14504	14272	14169	14074	12813		12665	16439	12760

Note: a) Figures in this table are obtained from the Municipal Bureau of Agriculture and Rural Affairs. Xixian New Area was managed by Xi'an in 2017. The data in 2017 and 2018 do not include Xixian New Area, and the data in 2019 and later include Xixian New Area.

b) Before 2017, the power standard of large and medium-sized tractors was 14.7 kW and above, and that of small tractors was 2.2-14.7 kW (including 2.2 kW). In 2018 and later, the power standard of large and medium-sized tractors is more than 22.1 kW, and the power standard of small tractors is 22.1 kW and less.

c) The three indicators of "agricultural water pump" "water-saving irrigation machinery" and "motorized thresher" in the table are temporarily unavailable in 2020 due to changes in the department reporting system.

11-2 各区县农业机械年末拥有量（2023年）

指 标	Item	西安市 Xi'an	新城区 Xincheng	碑林区 Beilin	莲湖区 Lianhu	灞桥区 Baqiao
农业机械总动力（千瓦）	Total Power of Agricultural Machinery (kW)	2455226				107145
大中型拖拉机（台）	Large and Medium Tractors (unit)	8661				53
小型拖拉机（台）	Mini-tractors (unit)	2914				12
拖拉机配套农具（台）	Number of Tactor Towing Farm Machinery (unit)	42540				248
农用水泵（台）	Agricultural Water Pump (unit)	51164				1250
节水灌溉类机械（套）	Equipment in Water-saving Irrigation (set)	1823				45
联合收割机（台）	Combine Harvesters (unit)	7571				22
机动脱粒机（台）	Motorized Huller (unit)	12760				36

注：本表数据来源于市农业农村局。

Possession of Agricultural Machinery year end by Region (2023)

未央区 Weiyang	雁塔区 Yanta	阎良区 Yanliang	临潼区 Lintong	长安区 Chang'an	高陵区 Gaoling	鄠邑区 Huyi	蓝田县 Lantian	周至县 Zhouzhi	西咸新区 Xixian New Area
15754	10474	120949	494407	355774	182540	534552	249270	331435	52926
2	7	545	1463	1283	1248	2099	912	856	193
	3	83		506	46	1374	703	30	157
30	33	2000	10416	4820	5400	9786	5694	3189	924
376	291	4432	16460	9600	3600	12284	2450	421	
78		238	142	856		203	61	200	
2	2	533	2279	860	518	2459	396	240	260
		1064	4997	773	550	2254	1815	1271	

Note: Figures in this table are obtained from the Municipal Bureau of Agriculture and Rural Affairs.

11-3 主要年份农业机械化、化肥、水利情况

指 标	Item	2000年	2005年	2008年	2009年
一、农业机械化水平（万亩）	**Statistics on Agricultural Machinery (10 000 mu)**				
当年机械耕地面积（实际）	Area Ploughed by Tractors	366.81	360.68	404.42	413.70
当年机械播种面积（作业）	Seeded Area by Tractors	482.74	485.62	539.81	544.86
当年机械收获面积（作业）	Harvest Area by Tractors	272.83	271.77	313.11	342.82
二、农用化肥施用量（吨）	**Use of Agricultural Fertilizers and Insecticides (ton)**				
按折纯法计算合计	Standard Consumption	196343	211790	225949	230299
氮肥	Nitrogenous Fertilizer	102982	107645	112000	112275
磷肥	Phosphate Fertilizer	18658	19368	18855	18457
钾肥	Potash Fertilizer	15921	17055	17077	16534
复合肥	Compound Fertilizer	39313	57009	66247	71042
三、农用塑料薄膜使用量（公斤）	**Plastic Sheet for Agricultural Use (kg)**	**1622198**	**1855383**	**2122310**	**2141969**
四、农用柴油使用量（吨）	**Diesel Oil for Agricultural Use (ton)**	**52706**	**50832**	**51097**	**51346**
五、农药使用量（公斤）	**Pesticide (kg)**	**1559333**	**1427879**	**1465819**	**1325459**
六、农村水利化情况（万亩）	**Irrigation and Water Conservancy (10 000 mu)**				
有效灌溉面积	Effective Irrigation Area	335.97	280.10	274.48	273.17
旱涝保收面积	Stable-Harvesting Arable Land	294.06	255.37	249.31	247.60

注：1.本表第一部分数据来源于市农业农村局，第六部分数据来源于市水务局。
2.2017年西咸新区由西安代管，2017年、2018年第一部分和第六部分数据不含西咸新区，2019年及以后第六部分不含西咸新区。
3.表中“农用化肥施用量折纯合计”指标数据2011年及以前数据中包含“其他化肥”折纯量。

Agricultural Machinery, Chemical Fertilizers, Water Conservancy, in Representative Years

2010年	2011年	2012年	2013年	2014年	2015年	2016年	2017年	2018年	2019年	2020年	2021年	2022年	2023年
367.32	427.03	425.40	425.21	549.07	533.21	518.07	498.57	465.25	417.01	409.26	420.19	423.25	476
548.28	507.55	529.99	523.15	509.58	492.90	499.36	532.61	501.27	469.46	451.77	458.00	450.27	433
403.50	413.93	428.28	443.57	466.21	474.10	488.85	470.66	456.27	393.97	406.26	387.42	398.87	424
235532	239497	243281	239701	251217	246284	242871	255267	252662	243916	251814	252739	249280	256848
108868	110412	113662	109497	116055	108833	111150	115631	113745	103059	103218	98349	97402	97509
18315	18026	18061	18023	18505	18584	18033	19072	18456	16797	16551	16528	16028	16413
17997	18095	21267	18973	20110	21986	21779	21486	21228	20969	20753	20748	20214	20413
78811	81764	90291	93208	96547	96881	91909	99078	99233	103091	111292	117114	115636	122513
2450496	**2533372**	**2683201**	**2678745**	**2657870**	**2770750**	**2880480**	**3157710**	**3380130**	**3350070**	**3241783**	**3317016**	**3357255**	**3299063**
61917	**61637**	**57451**	**62563**	**74935**	**59360**	**55982**	**67510**	**67091**	**61141**	**57954**	**49312**	**48555**	**47578**
1243105	**1242773**	**1252490**	**1210060**	**1220638**	**1174883**	**1126305**	**1703736**	**1506859**	**1367993**	**1346652**	**1304319**	**1293030**	**1266342**
281.28	262.32	267.84	240.22	248.34	244.72	259.78	256.13	282.83	245.72	228.01	229.68	251.68	255.91
234.15	214.62	211.31	196.96	189.69	188.50	201.70	184.91	184.78	193.44	195.00	220.35		

Note: a) The first part of the figures in this table are obtained from the Municipal Bureau of Agriculture and Rural Affairs, and the sixth part is from the Municipal Bureau of Water Affairs.
b) Xixian New Area was managed by Xi'an in 2017. The data in Part I and Part VI of 2017 and 2018 did not include Xixian New Area, and the data in Part VI of 2019 and later did not include Xixian New Area.
c) The indicator data of "Total amount of agricultural fertilizer application converted to pure" in the table includes the amount of "other fertilizers" converted to pure in 2011 and before.

11-4 各区县农业机械化、化肥、水利情况（2023年）

指 标	Item	西安市 Xi'an	新城区 Xincheng	碑林区 Beilin	莲湖区 Lianhu
一、农业机械化水平（万亩）	**Statistics on Agricultural Machinery (10 000 mu)**				
当年机械耕地面积（实际）	Area Ploughed by Tractors	476			
当年机械播种面积（作业）	Seeded Area by Tractors	433			
当年机械收获面积（作业）	Harvest Area by Tractors	424			
二、农用化肥施用量（吨）	**Use of Agricultural Fertilizers and Insecticides (ton)**				
按折纯法计算合计	Standard Consumption	256848			
氮肥	Nitrogenous Fertilizer	97509			
磷肥	Phosphate Fertilizer	16413			
钾肥	Potash Fertilizer	20413			
复合肥	Compound Fertilizer	122513			
三、农用塑料薄膜使用量(公斤)	**Plastic Sheet for Agricultural Use (kg)**	**3299063**			
四、农用柴油使用量（吨）	**Diesel Oil for Agricultural Use (ton)**	**47578**			
五、农药使用量（公斤）	**Pesticide (kg)**	**1266342**			
六、农村水利化情况（万亩）	**Irrigation and Water Conservancy (10 000 mu)**				
有效灌溉面积	Effective Irrigation Area	255.91			
旱涝保收面积	Stable-Harvesting Arable Land				

注：本表第一部分数据来源于市农业农村局，第六部分数据来源于市水务局。

Agricultural Machinery, Chemical Fertilizers, Water Conservancy by Region (2023)

灞桥区 Baqiao	未央区 Weiyang	雁塔区 Yanta	阎良区 Yanliang	临潼区 Lintong	长安区 Chang'an	高陵区 Gaoling	鄠邑区 Huyi	蓝田县 Lantian	周至县 Zhouzhi	西咸新区 Xixian New Area
8			49	119	57	32	62	61	34	54
7			33	102	52	29	54	63	40	53
7			27	108	53	37	60	58	34	40
2159	262		28615	41387	14803	12751	33770	50724	61300	11077
576	69		12151	11615	6076	3952	14447	31216	14396	3011
48	22		1677	4358	974	1768	1854	2835	2199	678
210	53		2617	2497	2427	1386	2270	3902	4724	327
1325	118		12170	22917	5326	5645	15199	12771	39981	7061
7907	**16361**		**1568842**	**278815**	**155519**	**36320**	**483215**	**412232**	**102974**	**236878**
173	**219**		**3066**	**5336**	**6928**	**1663**	**11004**	**9108**	**3503**	**6578**
4306	**350**		**160484**	**193472**	**56890**	**157846**	**55603**	**72049**	**166734**	**398608**
6.50	0.68		20.39	53.50	21.24	25.98	50.80	9.10	46.00	21.72

Note: The first part of the figures in this table are obtained from the Municipal Bureau of Agriculture and Rural Affairs, and the sixth part is from the Municipal Bureau of Water Affairs.

11-5 主要年份农林牧渔业总产值及指数

Gross Output Value of Farming, Forestry, Animal Husbandry, Fishery and Related Indices in Representative Years

单位：万元　　　　(10 000 yuan)

年 份 Year	农林牧渔业总产值（现价） Gross Output Value (At current prices)	农业 Farming	林业 Forestry	牧业 Animal Husbandry	渔业 Fishery	农林牧渔专业及辅助性活动 Farming, Forestry, Animal Husbandry, Fishery and Auxiliary Activities	指数（上年=100）（可比价） Indices (preceding year = 100) (At constant prices)
1970	40617	35965	713	3896	43		111.2
1975	55322	47378	1509	6403	32		93.9
1978	65423	56519	1444	7427	33		104.7
1980	65322	54004	1177	10106	35		85.0
1985	134933	105888	2559	26186	300		106.4
1990	262073	191088	3134	65840	2011		102.5
1991	295620	208324	3362	81070	2864		108.6
1992	321155	219160	4225	94045	3725		108.6
1993	387068	261959	5031	115810	4268		112.8
1994	565056	359609	7819	192140	5488		102.4
1995	754597	513348	7185	228598	5466		106.8
1996	786003	552726	7573	219214	6490		102.1
1997	836201	585973	9226	233623	7379		110.3
1998	853279	625465	8146	212045	7623		107.5
1999	739905	530029	8883	194552	6441		100.7
2000	743712	514845	8482	212612	7773		104.3
2001	767511	527160	8427	223861	8063		102.8
2002	797444	539978	11378	238761	7327		103.0
2003	837857	551398	10550	269610	6299		101.5
2004	967946	580798	12773	314517	6728	53130	108.4
2005	1065437	657262	13086	329856	7340	57893	107.7
2006	1141484	686748	15188	346626	7017	85905	107.2
2007	1317442	790316	15845	395003	9147	107131	105.3
2008	1629892	943261	23365	521950	11348	129968	107.8
2009	1695468	1034208	22663	486142	11830	140625	106.5
2010	2124191	1389118	26787	538396	12830	157060	107.4
2011	2501236	1651250	34453	616943	14856	183734	106.6
2012	2785682	1827705	62291	643347	19877	232462	106.0
2013	3057732	2038346	80199	648800	22773	267614	104.9
2014	3232984	2196966	86889	633519	24030	291580	105.1
2015	3308141	2251512	97776	613417	19519	325917	105.1
2016	3467506	2357901	102222	621737	19640	366006	104.2
2017	4373298	3009278	135570	729219	22700	476531	104.8
2018	4612088	3230380	169157	679813	26268	506470	103.5
2019	4993219	3493828	184739	727047	21867	565738	104.3
2020	5644139	3924251	236065	849948	18895	614980	103.2
2021	5605906	3904610	193903	837389	25576	644428	106.6
2022	5888695	4204708	170992	787208	25655	700132	104.1
2023	5944330	4221156	196216	750450	25578	750930	103.4

注：本表2007—2017年数据根据第三次全国农业普查结果进行了修订。
Note: The figures in 2007—2017 are revised according to the results of The Third National Agricultural Census.

11-6 主要年份农林牧渔业总产值指数

Related Indices of Gross Output Value of Farming, Forestry, Animal Husbandry and Fishery in Representative Years

年 份 Year	农林牧渔业总产值指数（上年=100）（可比价） Gross Output Value Index of Farming, Forestry, Animal Husbandry and Fishery (preceding year = 100) (At constant prices)	农业 Farming	林业 Forestry	牧业 Animal Husbandry	渔业 Fishery	农林牧渔专业及辅助性活动 Farming, Forestry, Animal Husbandry, Fishery and Auxiliary Activities
2005	107.7	108.0	98.7	107.3	112.6	108.0
2006	107.2	106.0	102.5	109.3	104.5	109.0
2007	105.3	106.4	101.3	102.4	106.3	109.0
2008	107.8	107.9	112.2	106.0	100.5	114.0
2009	106.5	105.4	121.3	106.8	107.4	110.2
2010	107.4	108.7	115.2	104.3	92.7	108.9
2011	106.6	108.2	105.7	102.9	102.1	107.8
2012	106.0	105.6	143.0	104.8	113.4	108.5
2013	104.9	104.3	131.3	104.0	110.1	105.9
2014	105.1	105.8	105.7	103.2	106.0	105.9
2015	105.1	106.7	113.8	100.2	71.2	106.2
2016	104.2	104.8	114.7	100.6	100.1	106.6
2017	104.8	105.0	111.0	103.0	104.3	106.2
2018	103.5	102.8	131.0	100.1	111.4	105.1
2019	104.3	104.7	120.1	98.0	86.4	105.5
2020	103.2	101.6	144.5	100.1	90.7	103.4
2021	106.6	102.4	118.0	123.3	119.2	105.1
2022	104.1	103.2	111.7	104.8	102.7	106.2
2023	103.4	102.8	105.7	104.2	104.8	104.8

11-7 主要年份农林牧渔业总产值构成

Gross Output Value and Its Composition of Farming, Forestry, Animal Husbandry and Fishery at Current Price in Representative Years

单位：% (%)

年 份 Year	农林牧渔业总产值（现价） Gross Output Value (At current prices)	农业 Farming	林业 Forestry	牧业 Animal Husbandry	渔业 Fishery	农林牧渔专业及辅助性活动 Farming, Forestry, Animal Husbandry, Fishery and Auxiliary Activities
2005	100.0	61.7	1.2	31.0	0.7	5.4
2006	100.0	60.9	1.3	31.5	0.6	5.7
2007	100.0	60.0	1.2	30.0	0.7	8.1
2008	100.0	57.9	1.4	32.0	0.7	8.0
2009	100.0	61.0	1.3	28.7	0.7	8.3
2010	100.0	65.4	1.3	25.3	0.6	7.4
2011	100.0	66.0	1.4	24.7	0.6	7.3
2012	100.0	65.6	2.2	23.1	0.7	8.4
2013	100.0	66.7	2.6	21.2	0.7	8.8
2014	100.0	68.0	2.7	19.6	0.7	9.0
2015	100.0	68.1	3.0	18.5	0.6	9.8
2016	100.0	68.0	2.9	17.9	0.6	10.6
2017	100.0	68.8	3.1	16.7	0.5	10.9
2018	100.0	70.0	3.7	14.7	0.6	11.0
2019	100.0	70.0	3.7	14.6	0.4	11.3
2020	100.0	69.5	4.2	15.1	0.3	10.9
2021	100.0	69.7	3.5	14.9	0.5	11.4
2022	100.0	71.4	2.9	13.4	0.4	11.9
2023	100.0	71.0	3.3	12.6	0.4	12.6

11-8 各区县农林牧渔业总产值（2023年）

Gross Output Value of Farming, Forestry, Animal Husbandry and Fishery by Region (2023)

单位：万元 (10 000 yuan)

区 县	Region	农林牧渔业总产值（现价） Gross Output Value (At current prices)	农业 Farming	林业 Forestry	牧业 Animal Husbandry	渔业 Fishery	农林牧渔专业及辅助性活动 Farming, Forestry, Animal Husbandry, Fishery and Auxiliary Activities
全 市	**Total**	**5944330**	**4221156**	**196216**	**750450**	**25578**	**750930**
新城区	Xincheng						
碑林区	Beilin						
莲湖区	Lianhu						
灞桥区	Baqiao	348284	253698	9021	25892	382	59291
未央区	Weiyang	22910	17559	2622	211	312	2206
雁塔区	Yanta						
阎良区	Yanliang	606140	467634	4370	65277	308	68551
临潼区	Lintong	852766	566450	8965	165175	8997	103179
长安区	Chang'an	615186	433266	11066	76609	6006	88239
高陵区	Gaoling	651576	433209	13257	83151	3310	118649
鄠邑区	Huyi	597698	408110	18980	100332	1402	68874
蓝田县	Lantian	655918	425400	41367	113842	4087	71222
周至县	Zhouzhi	793891	554426	54060	90116	645	94644
西咸新区	Xixian New Area	799961	661404	32508	29845	129	76075

11-9 主要年份农林牧渔业增加值

Value-Added of Farming, Forestry, Animal Husbandry and Fishery in Representative Years

单位：万元 (10 000 yuan)

年份 Year	农林牧渔业增加值（现价） Value-Added of Farming, Forestry, Animal Husbandry and Fishery (At current prices)	农业 Farming	林业 Forestry	牧业 Animal Husbandry	渔业 Fishery	农林牧渔专业及辅助性活动 Farming, Forestry, Animal Husbandry, Fishery and Auxiliary Activities
2017	2708351	1953733	78658	406750	11740	257470
2018	2861844	2097265	98148	379191	13586	273654
2019	3096776	2267013	107115	405837	11310	305501
2020	3461645	2511807	141282	463791	10587	334178
2021	3437131	2501889	116713	455032	14709	348788
2022	3620610	2684783	103865	432392	14768	384802
2023	3675363	2692599	119485	425224	14655	423400

注：本表2017年数根据第三次全国农业普查结果进行了修订。
Note: The figures in 2017 are revised according to the results of The Third National Agricultural Census.

11-10 主要年份农林牧渔业增加值指数

Indices of Value-Added of Farming, Forestry, Animal Husbandry and Fishery in Representative Years

年 份 Year	农林牧渔业增加值指数（上年=100）（可比价） Value-Added Index of Farming, Forestry, Animal Husbandry and Fishery (preceding year = 100) (At constant prices)	农业 Farming	林业 Forestry	牧业 Animal Husbandry	渔业 Fishery	农林牧渔专业及辅助性活动 Farming, Forestry, Animal Husbandry, Fishery and Auxiliary Activities
2008	107.6	107.6	112.0	105.8	100.0	114.0
2009	106.3	103.6	114.6	111.2	106.3	108.8
2010	106.9	107.9	108.7	104.3	94.0	108.9
2011	106.7	108.1	106.1	102.8	102.7	108.1
2012	106.0	105.6	142.8	104.8	113.4	108.5
2013	104.8	104.3	131.3	104.0	110.1	105.9
2014	105.2	105.8	104.1	103.2	106.0	105.9
2015	105.1	106.5	114.0	100.5	71.3	106.2
2016	104.1	104.5	112.6	100.5	100.3	106.9
2017	104.8	105.1	111.0	102.3	104.3	106.2
2018	103.5	102.8	131.0	100.1	111.4	105.1
2019	104.4	104.8	120.1	98.1	86.4	105.5
2020	103.1	101.6	144.7	100.1	90.8	103.4
2021	106.0	103.1	118.1	118.1	120.8	104.6
2022	103.8	103.2	113.2	103.6	102.6	105.0
2023	103.6	103.1	105.9	104.3	104.6	105.2

11-11 各区县农林牧渔业增加值（2023年）

Value-Added of Farming, Forestry, Animal Husbandry and Fishery by Region (2023)

单位：万元 (10 000 yuan)

区 县	Region	农林牧渔业增加值（现价）Value-Added of Farming, Forestry, Animal Husbandry and Fishery (At current prices)	农业 Farming	林业 Forestry	牧业 Animal Husbandry	渔业 Fishery	农林牧渔专业及辅助性活动 Farming, Forestry, Animal Husbandry, Fishery and Auxiliary Activities
全 市	**Total**	**3675363**	**2692599**	**119485**	**425224**	**14655**	**423400**
新城区	Xincheng						
碑林区	Beilin						
莲湖区	Lianhu						
灞桥区	Baqiao	219934	164290	6083	15296	195	34070
未央区	Weiyang	14782	11752	1336	121	166	1407
雁塔区	Yanta						
阎良区	Yanliang	389694	308237	2618	39373	175	39291
临潼区	Lintong	516259	358494	5332	86794	4486	61153
长安区	Chang'an	403447	308760	6660	35047	4450	48530
高陵区	Gaoling	401850	265251	8847	49138	1549	77065
鄠邑区	Huyi	367841	261475	11206	61589	983	32588
蓝田县	Lantian	393557	258595	25962	68441	2145	38414
周至县	Zhouzhi	491441	357953	30949	53039	431	49069
西咸新区	Xixian New Area	476558	397792	20492	16386	75	41813

11-12 各区县农林牧渔业增加值指数（2023年）

Indices of Value-Added of Farming, Forestry, Animal Husbandry and Fishery by Region (2023)

区　县	Region	农林牧渔业增加值指数(上年=100)（可比价）Value-Added Index of Farming, Forestry, Animal Husbandry and Fishery (preceding year = 100) (At constant prices)	农业 Farming	林业 Forestry	牧业 Animal Husbandry	渔业 Fishery	农林牧渔专业及辅助性活动 Farming, Forestry, Animal Husbandry, Fishery and Auxiliary Activities
全　市	**Total**	**103.6**	**103.1**	**105.9**	**104.3**	**104.6**	**105.2**
新城区	Xincheng						
碑林区	Beilin						
莲湖区	Lianhu						
灞桥区	Baqiao	99.8	98.5	99.0	103.0	109.2	104.9
未央区	Weiyang	100.1	98.7	105.3	112.4	118.8	104.8
雁塔区	Yanta						
阎良区	Yanliang	103.8	103.4	102.3	104.7	131.4	105.4
临潼区	Lintong	103.9	104.0	101.8	103.0	106.3	104.8
长安区	Chang'an	102.8	102.4	99.5	104.9	98.3	105.2
高陵区	Gaoling	104.0	103.8	101.6	104.7	109.2	104.3
鄠邑区	Huyi	103.3	102.7	104.3	104.7	104.3	105.5
蓝田县	Lantian	105.1	105.7	103.8	103.8	105.1	105.1
周至县	Zhouzhi	104.1	103.5	107.4	104.4	138.7	105.6
西咸新区	Xixian New Area	103.7	102.8	116.2	110.8	76.0	105.4

11-13 主要年份粮食生产情况

Statistics on Food Production in Representative Years

年份 Year	粮食播种面积（万亩） Grain Sowing Area (10 000 mu)	#小麦 Wheat	#玉米 Corn	粮食产量（万吨） Grain Crops (10 000 ton)	夏粮 Summer Grain	#小麦 Wheat	秋粮 Autumn Grain	#稻谷 Rice	#玉米 Corn
1980	706.35	324.17	273.14	114.40	56.60	52.20	57.80	4.70	47.70
1985	704.36	378.20	271.14	150.10	76.10	74.80	74.00	5.10	65.10
990	731.42	387.20	282.14	172.40	91.70	89.70	80.70	5.50	70.40
1991	731.37	389.19	283.14	178.80	91.10	89.20	87.70	5.00	77.50
1992	715.50	384.60	273.60	183.40	101.70	99.60	81.70	4.70	72.30
1993	713.49	380.40	273.69	190.00	101.10	99.00	88.90	4.90	78.60
1994	719.00	375.90	272.40	157.40	86.90	84.90	70.50	4.50	61.40
1995	690.63	370.41	259.55	175.30	99.80	97.40	75.50	3.40	67.80
1996	709.00	366.30	286.80	187.50	80.10	78.40	107.40	3.40	95.60
1997	670.83	367.71	248.79	190.50	114.30	112.30	76.20	3.50	69.40
1998	705.03	370.17	285.45	212.70	104.40	104.00	108.30	3.20	99.10
1999	709.95	371.94	294.00	204.40	95.50	94.40	108.90	2.90	99.70
2000	697.55	369.89	283.70	201.90	92.60	91.60	109.30	3.10	100.50
2001	678.05	359.19	278.57	197.10	98.10	97.20	98.90	2.70	91.30
2002	655.59	350.64	271.95	192.40	94.50	93.50	97.90	2.10	91.60
2003	632.55	336.05	261.89	176.30	98.20	96.70	78.10	1.60	72.30
2004	630.63	311.52	286.50	195.80	97.80	96.00	98.00	1.70	91.60
2005	642.75	325.10	287.87	205.50	100.00	99.10	105.50	1.60	99.30
2006	648.00	313.23	307.89	193.50	86.00	85.40	107.40	1.40	101.20
2007	646.06	296.48	327.93	192.52	73.97	71.97	118.55	1.51	113.83
2008	605.57	294.42	292.34	185.48	87.95	87.36	97.53	0.80	94.02
2009	578.01	285.73	273.35	177.91	81.90	81.03	96.01	0.78	92.49
2010	559.09	277.34	264.07	174.51	81.29	80.71	93.22	0.56	89.47
2011	525.12	259.98	240.74	167.05	78.35	76.66	88.70	0.54	84.37
2012	508.16	256.22	233.84	167.67	79.69	79.02	87.98	0.44	84.18
2013	465.64	236.98	211.66	151.68	67.73	67.05	83.95	0.29	80.04
2014	437.10	224.27	200.39	140.77	68.72	68.15	72.05	0.16	69.99
2015	413.31	215.61	189.60	141.42	72.34	71.95	69.08	0.00	67.71
2016	401.95	209.78	180.80	135.39	68.86	68.45	66.53	0.07	64.09
2017	424.14	228.89	180.39	139.89	75.26	74.90	64.63	0.05	60.96
2018	419.56	227.84	177.58	142.14	74.28	73.86	67.86	0.06	64.36
2019	409.71	221.62	174.43	139.89	70.62	70.22	69.27	0.06	65.85
2020	408.15	218.75	176.22	144.58	72.58	72.21	72.00	0.06	68.64
2021	386.44	210.35	166.20	141.92	72.34	71.82	69.58	0.11	67.56
2022	386.07	208.78	167.46	140.41	72.48	72.03	67.92	0.12	65.94
2023	385.10	208.24	166.82	140.43	69.64	69.20	70.79	0.13	68.75

注：1.本表2007—2017年数据根据第三次全国农业普查结果进行了修订。
2.本表数据自2020年起来源于国家统计局西安调查队。

Note: a) This table for 2007—2017 has been revised according to the results of The Third National Agricultural Census.
b) The data in this table are from Survey Office of The National Bureau of Statistics in Xi'an from 2020.

11-14 各区县粮食生产情况（2023年）

Statistics on Food Production by Region (2023)

区 县	Region	粮食播种面积（万亩）Grain Sowing Area (10 000 mu)	#小麦 Wheat	#玉米 Corn	粮食产量（万吨）Grain Crops (10 000 ton)	夏粮 Summer Grain	#小麦 Wheat	秋粮 Autumn Grain	#稻谷 Rice	#玉米 Corn
全 市	**Total**	**385.10**	**208.24**	**166.82**	**140.43**	**69.64**	**69.20**	**70.79**	**0.13**	**68.75**
新城区	Xincheng									
碑林区	Beilin									
莲湖区	Lianhu									
灞桥区	Baqiao	5.61	3.46	2.07	1.97	1.13	1.13	0.84		0.83
未央区	Weiyang	0.01			0.001					
雁塔区	Yanta									
阎良区	Yanliang	27.40	13.52	13.87	11.37	5.13	5.13	6.25		6.25
临潼区	Lintong	103.92	55.16	48.27	38.14	18.13	18.09	20.01		19.85
长安区	Chang'an	48.38	28.65	19.43	16.79	9.41	9.40	7.39	0.09	7.29
高陵区	Gaoling	26.06	12.98	12.51	12.26	5.50	5.50	6.77		6.51
鄠邑区	Huyi	51.87	26.90	23.67	19.53	9.40	9.16	10.13	0.03	10.01
蓝田县	Lantian	59.66	35.71	17.96	18.13	10.22	10.07	7.91	0.01	6.84
周至县	Zhouzhi	30.19	16.50	13.06	10.72	5.63	5.63	5.10		4.88
西咸新区	Xixian New Area	32.01	15.36	15.97	11.51	5.10	5.10	6.41		6.29

注：本表数据来源于国家统计局西安调查队。
Note: Figures in this table are obtained from Survey Office of The National Bureau of Statistics in Xi'an.

11-15 主要年份粮食单位面积产量

Grain Output Per Unit Area in Representative Years

单位：公斤/亩 (kg/mu)

年 份 Year	粮食作物 Grain Crops	夏粮 Summer Grain	#小麦 Wheat	秋粮 Autumn Grain	#玉米 Corn
1990	236	232	232	241	249
1991	245	229	229	264	274
1992	256	259	259	253	264
1993	266	260	260	274	287
1994	219	226	226	211	225
1995	254	263	263	243	261
1996	265	214	214	321	333
1997	284	305	306	257	279
1998	302	278	279	328	347
1999	288	253	254	327	339
2000	289	247	248	338	354
2001	291	270	271	314	328
2002	293	266	267	326	337
2003	279	287	288	269	276
2004	310	308	308	313	320
2005	320	304	305	336	345
2006	299	273	273	323	329
2007	298	247	246	342	347
2008	306	297	297	315	322
2009	308	284	284	331	338
2010	312	292	291	333	339
2011	318	297	295	340	350
2012	330	309	308	352	360
2013	326	284	283	370	378
2014	322	304	304	342	349
2015	342	333	334	352	357
2016	337	326	326	349	354
2017	330	325	327	333	338
2018	339	324	324	357	362
2019	341	317	317	371	378
2020	354	330	330	383	389
2021	367	341	341	400	407
2022	364	345	345	386	394
2023	365	332	332	404	412

注：本表2007—2017年数据根据第三次全国农业普查结果进行了修订。
Note: This table for 2007—2017 has been revised according to the results of The Third National Agricultural Census.

11-16 各区县粮食单位面积产量（2023年）

Grain Output Per Unit Area by Region (2023)

单位：公斤/亩 (kg/mu)

区 县	Region	粮食作物 Grain Crops	夏粮 Summer Grain	#小麦 Wheat	秋粮 Autumn Grain	#玉米 Corn
全 市	**Total**	**365**	**332**	**332**	**404**	**412**
新城区	Xincheng					
碑林区	Beilin					
莲湖区	Lianhu					
灞桥区	Baqiao	351	328	328	389	399
未央区	Weiyang	175	98	98	375	375
雁塔区	Yanta					
阎良区	Yanliang	415	379	379	450	450
临潼区	Lintong	367	328	328	411	411
长安区	Chang'an	347	328	328	375	375
高陵区	Gaoling	471	423	423	517	521
鄠邑区	Huyi	376	338	340	421	423
蓝田县	Lantian	304	283	282	336	381
周至县	Zhouzhi	355	341	341	372	374
西咸新区	Xixian New Area	360	332	332	385	394

注：本表数据来源于国家统计局西安调查队。
Note: Figures in this table are obtained from Survey Office of The National Bureau of Statistics in Xi'an.

11–17 主要年份主要经济作物生产情况

Production of Main Cash Crop in Representative Years

年 份 Year	经济作物播种面积（万亩） Sown Area of Cash Crops (10 000 mu)	#油料 Oil-bearing	#蔬菜 Vegetables	经济作物产量（万吨） Economic Crop Yield (10 000 ton) #油料 Oil-bearing	#油菜籽 Rapeseeds	#蔬菜 Vegetables
1980	129.08	10.01	24.02	0.54	0.50	40.13
1985	91.05	8.01	45.03	0.75	0.39	86.44
1990	84.99	12.00	51.03	1.35	0.94	119.32
1991	89.04	13.01	47.03	1.20	0.74	117.41
1992	105.15	16.20	54.60	1.49	0.87	128.12
1993	108.14	14.84	63.90	1.40	1.00	145.80
1994	102.10	13.80	59.90	1.08	0.78	135.26
1995	94.11	18.57	57.59	2.17	1.90	133.60
1996	88.40	18.80	55.50	1.83	1.55	138.01
1997	84.95	15.53	59.36	1.86	1.65	142.11
1998	84.96	14.69	60.95	1.67	1.36	148.87
1999	83.13	12.74	60.68	1.30	1.00	153.24
2000	87.39	13.46	64.35	1.34	0.95	162.14
2001	85.11	11.87	61.77	1.23	0.90	152.80
2002	95.51	11.40	67.71	1.22	0.84	169.74
2003	104.51	11.04	69.44	1.13	0.70	169.67
2004	123.20	9.74	77.55	1.14	0.84	180.96
2005	115.16	9.51	83.33	1.16	0.89	195.70
2006	121.49	8.58	87.03	1.08	0.87	189.30
2007	107.48	7.18	75.31	0.93	0.74	168.98
2008	104.91	8.04	75.86	1.08	0.86	180.60
2009	106.55	7.75	77.23	1.04	0.84	195.07
2010	106.80	7.77	78.06	1.01	0.84	207.11
2011	106.33	7.40	78.98	1.00	0.84	214.13
2012	104.74	6.25	79.54	0.83	0.74	227.96
2013	104.31	5.93	80.82	0.77	0.71	243.92
2014	106.09	5.21	81.72	0.71	0.59	257.86
2015	107.47	4.86	82.50	0.68	0.57	267.91
2016	100.68	4.13	81.43	0.58	0.50	268.87
2017	124.36	4.28	104.64	0.62	0.55	354.74
2018	127.90	4.61	107.74	0.67	0.57	373.69
2019	128.19	4.66	107.72	0.67	0.59	378.58
2020	130.25	5.20	109.45	0.74	0.71	381.31
2021	128.44	5.47	106.60	0.79	0.76	362.80
2022	130.69	5.82	107.80	0.82	0.80	364.82
2023	133.88	6.04	110.99	0.87	0.84	374.76

注：本表2007—2017年数据根据第三次全国农业普查结果进行了修订。
Note: The figures in 2007—2017 are revised according to the results of The Third National Agricultural Census.

11-18　各区县主要经济作物生产情况（2023年）

Production of Main Cash Crop by Region (2023)

区　县	Region	经济作物播种面积（万亩）Sown Area of Cash Crops (10 000 mu)	#油料 Oil-bearing	#蔬菜 Vegetables	#瓜果 Fruits Class
全　市	**Total**	**133.88**	**6.04**	**110.99**	**14.54**
新城区	Xincheng				
碑林区	Beilin				
莲湖区	Lianhu				
灞桥区	Baqiao	2.80	0.08	2.58	0.13
未央区	Weiyang	0.62		0.59	0.03
雁塔区	Yanta				
阎良区	Yanliang	22.23	0.08	16.16	5.97
临潼区	Lintong	21.84	1.07	18.24	1.77
长安区	Chang'an	13.39	0.73	10.69	1.96
高陵区	Gaoling	15.22	0.08	14.79	0.36
鄠邑区	Huyi	11.05	0.21	9.17	1.64
蓝田县	Lantian	12.17	2.55	8.13	1.22
周至县	Zhouzhi	10.51	0.47	8.90	0.06
西咸新区	Xixian New Area	24.05	0.77	21.75	1.39

11-18　续表　continued

区　县	Region	经济作物产量（万吨）　Economic Crop Yield (10 000 ton)			
		#油料 Oil-bearing	#油菜籽 Rapeseeds	#蔬菜 Vegetables	#瓜果 Fruits Class
全　市	**Total**	**0.87**	**0.84**	**374.76**	**43.61**
新城区	Xincheng				
碑林区	Beilin				
莲湖区	Lianhu				
灞桥区	Baqiao	0.01	0.01	6.89	0.15
未央区	Weiyang			0.86	0.07
雁塔区	Yanta				
阎良区	Yanliang	0.01	0.01	75.52	20.81
临潼区	Lintong	0.16	0.15	57.52	6.61
长安区	Chang'an	0.10	0.10	21.77	3.60
高陵区	Gaoling	0.01	0.01	65.13	0.74
鄠邑区	Huyi	0.03	0.02	30.62	4.61
蓝田县	Lantian	0.39	0.38	16.27	3.04
周至县	Zhouzhi	0.07	0.07	24.60	0.13
西咸新区	Xixian New Area	0.09	0.09	75.59	3.86

11-19 主要年份主要经济作物单位面积产量

Main Cash Crop of Per Unit Area in Representative Years

单位：公斤/亩 (kg/mu)

年 份 Year	油料 Oil-bearing	#油菜籽 Rapeseeds	蔬菜 Vegetables
1990	103	101	2349
1991	94	89	2332
1992	92	101	2344
1993	94	107	2282
1994	79	84	2260
1995	117	128	2320
1996	86	100	2489
1997	76	129	2395
1998	114	121	2443
1999	102	106	2526
2000	102	112	2520
2001	104	113	2474
2002	107	115	2507
2003	102	110	2444
2004	117	129	2333
2005	121	132	2349
2006	125	135	2175
2007	130	131	2244
2008	134	137	2381
2009	134	130	2526
2010	130	130	2653
2011	135	133	2711
2012	133	129	2866
2013	129	122	3018
2014	136	129	3155
2015	139	132	3247
2016	141	132	3302
2017	144	138	3390
2018	146	137	3468
2019	144	135	3514
2020	142	139	3484
2021	144	142	3403
2022	141	140	3384
2023	144	142	3376

注：本表2007—2017年数据根据第三次全国农业普查结果进行了修订。
Note: The figures in 2007—2017 are revised according to the results of The Third National Agricultural Census.

11-20 各区县主要经济作物单位面积产量（2023年）

Main Cash Crop of Per Unit Area by Region (2023)

单位：公斤/亩 (kg/mu)

区 县	Region	油料 Oil-bearing	#油菜籽 Rapeseeds	蔬菜 Vegetables	瓜果 Fruits Class
全 市	**Total**	**144**	**142**	**3376**	**3000**
新城区	Xincheng				
碑林区	Beilin				
莲湖区	Lianhu				
灞桥区	Baqiao	148	146	2669	1136
未央区	Weiyang			1464	2021
雁塔区	Yanta				
阎良区	Yanliang	137	137	4673	3484
临潼区	Lintong	148	145	3153	3743
长安区	Chang'an	135	135	2037	1835
高陵区	Gaoling	133	133	4404	2066
鄠邑区	Huyi	165	126	3337	2816
蓝田县	Lantian	152	151	2002	2491
周至县	Zhouzhi	150	147	2763	2129
西咸新区	Xixian New Area	115	115	3476	2771

11-21　设施农业生产情况（2023年）

Agricultural Production Facilities (2023)

指　标	Item	面积（亩） Seeded Area (mu)	产量（吨） output (ton)
一、蔬菜	**Vegetables**	**266687**	**1134242**
芹菜	Celery	75973	361069
油菜	Rape	12563	34818
菠菜	Spinach	19582	49367
黄瓜	Cucumber	27576	121227
西红柿	Tomato	25534	108410
生姜	Ginger		
辣椒	Chilli	15300	64229
其他蔬菜	Other Vegetables	90159	395122
二、瓜果类	**Fruits class**	**99072**	**318517**
#草莓	Strawberry	22339	38680
三、花卉苗木	**Flower seedling wood**	**5729**	
四、食用菌	**Edible Fungi**		**8514**
干品	Dry Product		883
鲜品	Fresh Product		7631
#蘑菇	Mushroom		6023
五、其他作物	**Others**	**6680**	
补充资料：设施数量（个）	Number of Facilities (unit)		141747
设施占地面积（亩）	Area of Facilities (mu)	254252	
设施实际使用面积（亩）	Actual use area of the facility (mu)	234501	

注：本表其他作物面积含设施园林水果面积。
Note: The area of other crops includes the area of fruit in the facilities.

11-22　主要年份林业生产情况

Statistics on Forestry in Representative Years

指　标	Item	2000年	2005年	2010年	2015年	2016年	2017年	2018年	2019年	2020年	2021年	2022年	2023年
一、营林情况	**Afforestation**												
当年造林面积合计（万亩）	Build Forestry Areas (10 000 mu)	27.47	16.56	16.10	8.28	4.51	4.07	3.56	3.83	3.40	0.75		
封山育林面积（万亩）	Hill-closure for Afforestation Areas (10 000 mu)	18.78	18.65	55.10	44.00	43.80	28.80	28.80					
零星（四旁）植树（万株）	Planting (10 000 plants)	731	1064	509	516	462	687	656					
育苗面积（万亩）	Raise Seedlings Areas (10 000 mu)	2.05	5.99	11.95	19.84	22.78	48.24	61.02	68.63	76.66	75.45	75.10	56.42
二、主要林产品产量（吨）	**Main Forestry Product (ton)**												
核桃	Walnuts	997	3351	7875	24344	24097	36639	36970	38732	34580	33318	34125	33615
板栗	Chinese Chestnut	744	2076	7736	8225	8223	8970	9282	9042	9137	7929	7841	7824
花椒	Pepper	140	525	1420	204	402	293	1044	937	826	719	783	719
三、村及村以下采伐木材（万立方米）	**Timber Harvested at or below Village Level (10 000 cu.m)**	**1.62**	**1.87**	**3.30**	**0.07**	**0.28**		**0.37**					

注：本表数据第一、三部分来源于市自然资源和规划局。
Note: The first and third parts of the figures in this table are obtained from the Municipal Bureau of Natural Resources and Planning.

11-23　各区县林业生产情况（2023年）

Statistics On Forestry by Region (2023)

区　县	Region	当年造林面积（亩）Build Forestry Areas in in The Year (mu)	零星植树（万株）Planting (10 000 plants)	育苗面积（亩）Raise Seedlings Areas (mu)	核桃产量（吨）Output of Walnuts (ton)	板栗产量（吨）Output of Chinese Chestnut (ton)
全　市	**Total**			**564200**	**33615**	**7824**
新城区	Xincheng					
碑林区	Beilin					
莲湖区	Lianhu					
灞桥区	Baqiao			500	2815	112
未央区	Weiyang					
雁塔区	Yanta					
阎良区	Yanliang			2000	9	
临潼区	Lintong			61000	5442	120
长安区	Chang'an			30000	4182	919
高陵区	Gaoling			51000	219	
鄠邑区	Huyi			61000	625	21
蓝田县	Lantian			139300	16553	5914
周至县	Zhouzhi			171400	3154	738
西咸新区	Xixian New Area			48000	616	

注：本表前三项指标数据来源于市自然资源和规划局。
Note: The figures of the first three indicators in this table are obtained from the Municipal Bureau of Natural Resources and Planning.

11-24　主要年份果业生产情况

Statistics on Fruits in Representative Years

指　标	Item	2000年	2005年	2010年	2014年	2015年	2016年	2017年	2018年	2019年	2020年	2021年	2022年	2023年
果园面积合计（万亩）	**Areas of Orchards (10 000 mu)**	**47.86**	**55.55**	**63.26**	**63.44**	**61.00**	**62.73**	**72.72**	**74.28**	**74.53**	**75.93**	**73.85**	**73.64**	**72.55**
# 苹果园	Apple Orchards	12.15	5.96	3.07	0.91	1.04	0.99	6.03	6.08	6.07	5.95	1.99	1.81	1.50
梨园	Pears Orchards	5.79	3.01	1.64	0.84	0.74	1.06	0.95	0.97	1.10	1.11	0.81	0.73	0.72
葡萄园	Grapes Orchards	1.89	3.02	6.42	10.78	10.94	11.65	12.55	12.61	11.98	12.04	11.85	10.78	10.59
桃园	Peach Orchards	3.47	8.66	7.68	5.85	5.33	5.82	5.99	6.19	5.96	6.43	6.06	5.65	5.27
猕猴桃园	Kiwi Orchards	16.83	4.33	20.36	27.88	27.69	27.97	28.19	29.32	30.09	30.90	33.88	34.47	33.80
杏园	Apricot Orchards	0.62	2.50	2.21	1.49	1.31	1.25	1.63	1.74	1.95	1.87	1.93	2.10	2.21
柿子园	Persimmons Orchards	1.96	2.69	2.08	0.35	0.21	0.22	0.19	0.27	0.36	0.46	0.48	0.67	0.69
石榴园	Pomegranate Orchards			3.31	3.30	2.93	2.93	3.33	3.24	3.24	3.56	3.40	3.41	3.42
水果产量（万吨）	**Output of Fruits (10 000 ton)**	**34.36**	**51.29**	**66.11**	**73.11**	**73.33**	**75.53**	**89.80**	**89.15**	**97.18**	**100.93**	**101.01**	**104.46**	**105.03**
# 苹果	Apple	8.94	5.34	2.96	1.49	1.71	1.70	6.93	6.91	7.07	6.97	4.08	3.88	3.30
梨	Pears	6.55	5.71	3.61	2.09	2.11	2.20	2.28	2.27	2.03	2.20	1.66	1.54	1.50
葡萄	Grapes	1.66	3.10	6.20	10.81	11.48	13.07	16.45	16.62	16.86	18.31	18.63	17.91	17.77
桃	Peach	2.70	8.98	9.85	7.52	7.76	8.61	9.92	10.51	11.02	10.75	10.38	9.96	9.52
猕猴桃	Kiwi	9.66	13.79	24.87	35.10	35.30	35.47	36.84	35.83	42.45	45.10	50.23	53.98	55.76
杏	Apricot			3.71	3.02	2.57	2.53	2.57	2.45	2.61	2.63	2.57	2.62	2.63
柿子	Persimmon			3.01	1.11	0.81	0.26	0.33	0.40	0.41	0.43	0.52	0.60	0.70
石榴	Pomegranate			2.93	2.66	2.54	2.44	3.20	3.32	3.51	4.01	3.66	4.01	3.98

注：本表2007—2017年数据根据第三次全国农业普查结果进行了修订。
Note: The figures in 2007—2017 are revised according to the results of The Third National Agricultural Census.

11-25 各区县果业生产情况（2023年）

Area and Output of Fruits by Region (2023)

区 县	Region	果园面积（亩） Orchard (mu)	水果产量（吨） Output of Fruits (ton)
全 市	**Total**	**725512**	**1050315**
新城区	Xincheng		
碑林区	Beilin		
莲湖区	Lianhu		
灞桥区	Baqiao	58205	49526
未央区	Weiyang	201	291
雁塔区	Yanta		
阎良区	Yanliang	16250	31418
临潼区	Lintong	72916	90796
长安区	Chang'an	35947	54062
高陵区	Gaoling	7592	14638
鄠邑区	Huyi	80838	119763
蓝田县	Lantian	68527	72313
周至县	Zhouzhi	336181	538903
西咸新区	Xixian New Area	48855	78605

11-26 各区县果品加工、销售及生产服务情况（2023年）

指 标	Item	西安市 Xi'an	灞桥区 Baqiao
一、果品加工企业数（个）	**Number of Fruit Processing Enterprises (unit)**	**33**	
#苹果加工企业数	Number of Apple Processing Enterprises		
猕猴桃加工企业数	Number of Kiwi Processing Enterprises	26	
二、果品加工企业果汁加工能力（吨）	**Processing Ability of Fruit Juice in Fruit Processing Enterprises (ton)**	**2300**	
#苹果汁加工能力	Processing Ability of Apple Juice		
三、当年果品加工企业鲜果消耗量（吨）	**Fresh Fruit Consumption of Fruit Processing Enterprise in the Year (ton)**	**113250**	
#加工消耗苹果数量	Number of Fresh Apple Consumption		
加工消耗猕猴桃数量	Number of Fresh Kiwi Consumption	95000	
四、仓储能力（吨）	**Storage Capacity (ton)**	**375755**	**270**
#气调库	Gas Reservoir	111250	170
机械库	Machine Shop	264505	100
五、果业合作（个）	**Fruit Industry Cooperation (unit)**	**1261**	**22**
六、果苗木繁育中心（个）	**Fruit Seedling Breeding Center (unit)**	**8**	
七、果业服务投入（万元）	**Service Investment in Fruit Industry (10 000 yuan)**	**607**	
1.技术培训投入	Technical Training Investment	95	
2.科研投入	Scientific Research Investment	304	
3.生产技术指导投入	Production Technology Guidance Investment	208	
八、果品销售方式（吨）	**Fruit Sales Mode (ton)**	**1106399**	**58581**
1.产地批发市场	Product Wholesale Market	512663	29574
2.采供商	Supplier	168853	
3.专卖、直销店	Franchised and Direct Outlets	10102	
4.超级市场	Supermarket	54906	1180
5.电子商务	Electronic Commerce	184932	3630
6.农产品加工厂	Agricultural Product Processing Plant	135480	
7.其他	Others	39463	24197
九、按销售区域分（吨）	**By the Sales Area (ton)**	**1106399**	**58581**
1.国内市场	Domestic market	1074399	58581
2.国际市场	International Market	32000	
附记：累计建成绿色果园面积（亩）	Cumulative Green Orchard Area (mu)	108505	1200
建成有机果园面积（亩）	Construction of Organic Orchard Area (mu)	5700	

The Situation of Fruit Processing, Sales and Production Service by region (2023)

未央区 Weiyang	阎良区 Yanliang	临潼区 Lintong	长安区 Chang'an	高陵区 Gaoling	鄠邑区 Huyi	蓝田县 Lantian	周至县 Zhouzhi	西咸新区 Xixian New Area
		1			**1**	**3**	**26**	**2**
							26	
		1050			**1000**	**250**		
		2100			**13050**	**350**	**95000**	**2750**
							95000	
	8850	**1670**	**1040**	**1180**	**11345**	**200**	**350000**	**1200**
	8850		1000	1180	50		100000	
		1670	40		11295	200	250000	1200
	21	**85**	**18**	**7**	**66**	**29**	**1013**	
		1			**3**		**3**	**1**
	10	**127**	**7**	**15**	**321**	**25**	**42**	**60**
	8	10	5	5	30	15	2	20
		107			122	5	40	30
	2	10	2	10	169	5		10
	31030	**86000**	**57465**	**14917**	**155596**	**74210**	**550000**	**78600**
	9000	30000	39625	8204	60760	60500	275000	
	16000	26000	10270	2983	34100	4500	5000	70000
	150	300	900	746	4206		3800	
		4000	580	746	5200		41200	2000
	180	22000	5170	1492	13200	6260	130000	3000
		2000	640		37140	350	95000	350
	5700	1700	280	746	990	2600		3250
	31030	**86000**	**57465**	**14917**	**155596**	**74210**	**550000**	**78600**
	31030	86000	57465	14917	155596	74210	518000	78600
							32000	
		3025			3430	850	100000	
					100		5600	

11-27 主要年份畜牧业生产情况

Statistics on Livestock Husbandry in Representative Years

指 标	Item	2013年	2014年	2015年	2016年	2017年	2018年	2019年	2020年	2021年	2022年	2023年
一、活牲畜年末存栏（头）	**Live Animals in Stock at Year-end (head)**	**55619**	**58737**	**56100**	**61179**	**51075**	**50705**	**51704**	**52595**	**52639**	**52993**	**55851**
1.牛	Cattle	54900	58100	55900	61000	50900	50556	51567	52505	52563	52912	55727
# 肉牛	Farm Cattle	15673	17317	18465	23736	21509	21325	23258	27594	31557	30775	36312
奶牛	Dairy Cattle	31479	33887	30705	31061	28819	28681	27895	24884	21006	22137	19415
2.马（匹）	Horses	220	219	200	176	175	149	137	90	76	81	124
3.驴	Donkeys	52	59									
4.骡	Mules	447	359		3							
二、猪年末存栏（头）	**Hogs in Stock at Year-end (head)**	**377300**	**377100**	**366800**	**363000**	**335700**	**312882**	**296612**	**301322**	**320018**	**326917**	**327156**
# 能繁殖的母猪	Sow of Reproductive Ability	60900	58700	56300	55600	51800	44304	41317	42202	38253	38294	37040
三、羊年末存栏（只）	**Sheep and Goats in Stock at Year-end (head)**	**84100**	**101700**	**107600**	**109800**	**75200**	**74200**	**71900**	**72625**	**74822**	**81259**	**91700**
1.山羊	Goats	82145	98974	104033	107260	73769	72942	71198	67978	68252	67259	83666
# 奶山羊	Milch Goats	68370	69093	65180	66388	62120	60619	69052				
2.绵羊	Sheep	1955	2726	3567	2540	1431	1258	702	4647	6570	14000	8034
四、家禽年末存栏（万只）	**Poultry in Stock at Year-end (10 000 heads)**	**663.37**	**663.05**	**702.69**	**702.42**	**642.73**	**625.83**	**643.67**	**641.63**	**572.22**	**548.50**	**546.64**
五、年末养蜂箱数（箱）	**Honey (box)**	**23346**	**22485**	**19536**	**21420**	**20377**	**19129**	**23033**				

注：1.本表2013—2017年数据根据第三次全国农业普查结果进行了修订。
2.本表数据自2020年起来源于国家统计局西安调查队。
3.2020—2023年“奶山羊”和“年末养蜂箱数”数据国家统计局陕西调查总队未反馈。

Note: a) This table for 2013—2017 has been revised according to the results of The Third National Agricultural Census.
b) The data in this table are from Survey Office of The National Bureau of Statistics in Xi'an from 2020.
c) The data of “dairy goats” and “number of beehives” from 2020 to 2023 have not been feedbacks from Shaanxi Survey Corps of the National Bureau of Statistics.

11-28 各区县畜牧业生产情况（2023年）

Statistics On Livestock, Animal Husbandry by Region (2023)

区 县	Region	活牲畜年末存栏（头） Live Animals In Stock at Year-end (head)	牛 Cattle	#肉牛 Farm Cattle	#奶牛 Dairy Cattle	马（匹） Horses (head)	驴 Donkeys	骡 Mutes
全 市	**Total**	**55851**	**55727**	**36312**	**19415**	**124**		
新城区	Xincheng							
碑林区	Beilin							
莲湖区	Lianhu							
灞桥区	Baqiao	1162	1040	343	697	122		
未央区	Weiyang	8	8		8			
雁塔区	Yanta							
阎良区	Yanliang	5841	5841	1864	3977			
临潼区	Lintong	19527	19527	9231	10296			
长安区	Chang'an	2727	2727	1671	1056			
高陵区	Gaoling	3849	3849	3488	361			
鄠邑区	Huyi	4506	4506	3649	857			
蓝田县	Lantian	9667	9667	9000	667			
周至县	Zhouzhi	8039	8037	6792	1245	2		
西咸新区	Xixian New Area	525	525	274	251			

注：本表数据来源于国家统计局西安调查队。
Note: Figures in this table are obtained from Survey Office of The National Bureau of Statistics in Xi'an.

11-28 续表 continued

区 县	Region	猪年末存栏（头） Hogs (head)	#能繁殖的母猪 sow of reproductive ability	羊年末存栏（只） Sheep and Goats (head)	#山羊 Goats	家禽年末存栏（万只） Poultry (10 000 head)
全 市	**Total**	**327156**	**37040**	**91700**	**83666**	**546.64**
新城区	Xincheng					
碑林区	Beilin					
莲湖区	Lianhu					
灞桥区	Baqiao	6965	965	2404	2392	5.40
未央区	Weiyang	20		643	643	
雁塔区	Yanta					
阎良区	Yanliang	17401	2560	15401	11770	18.90
临潼区	Lintong	61982	5890	26584	23664	124.46
长安区	Chang'an	20857	2916	4818	4777	55.32
高陵区	Gaoling	28056	3870	7922	7061	34.68
鄠邑区	Huyi	67264	7631	6276	6276	86.93
蓝田县	Lantian	39688	5994	21533	21533	116.00
周至县	Zhouzhi	71860	6056	2773	2733	75.08
西咸新区	Xixian New Area	13063	1158	3346	2817	29.87

11-29 主要年份畜禽产品产量

Production of animal products in Representative Years

单位：吨 (ton)

年 份 Year	肉类总产量 Output of Meat	#猪 肉 Pork	#牛 肉 Beef	#羊 肉 Mutton	#禽 肉 Poultry	奶类产量 Output of Milk	#牛 奶 Cow Milk	禽 蛋 Poultry Eggs	蜂蜜（公斤） Honey (kg)
2013	66100	43900	4000	3300	13100	73834	41700	48700	380000
2014	70900	47400	4400	3700	13400	80961	42200	47900	376800
2015	72100	47100	4400	4100	14500	76779	40800	51000	351582
2016	68700	44200	3700	4400	14600	79281	43100	62900	371409
2017	58708	36900	4600	3300	12300	116491	83300	52785	404337
2018	54496	35932	3439	989	12473	115200	80446	52610	308015
2019	51437	33531	3329	927	12257	123711	80060	53874	322965
2020	45596	28482	3354	1001	12292	140291	85255	52242	391867
2021	49255	34004	3321	1100	10548	138637	82665	47693	318588
2022	51161	37155	3323	1114	9417	136440	85533	47233	365360
2023	52957	37839	3469	1118	9216	139329	82913	48845	353840

注：1.本表2013—2017年数据根据第三次全国农业普查结果进行了修订。
2.本表数据自2020年起来源于国家统计局西安调查队。

Note: a) Data in this table from 2013 to 2017 have been revised according to the results of The Third National Agricultural Census.
b) The data in this table are from Survey Office of The National Bureau of Statistics in Xi'an from 2020.

11-30 各区县主要畜禽产品产量（2023年）

Production of animal products by Region (2023)

单位：吨 (ton)

区 县	Region	肉类总产量 Output of Meat	#猪 肉 Pork	#牛 肉 Beef	#羊 肉 Mutton	#禽 肉 Poultry	奶类产量 Output of Milk	#牛 奶 Cow Milk	禽 蛋 Poultry Eggs	蜂蜜（公斤） Honey (kg)
全 市	**Total**	**52957**	**37839**	**3469**	**1118**	**9216**	**139329**	**82913**	**48845**	**353840**
新城区	Xincheng									
碑林区	Beilin									
莲湖区	Lianhu									
灞桥区	Baqiao	815	653	56	15	90	3148	1993	116	17000
未央区	Weiyang	4	2		1	1	245	22	1	
雁塔区	Yanta									
阎良区	Yanliang	3229	2080	366	159	624	23013	12401	2182	12200
临潼区	Lintong	12909	8256	1066	341	2032	65343	50824	13135	21260
长安区	Chang'an	3546	2566	176	73	731	6638	4487	7703	21860
高陵区	Gaoling	4548	3657	204	127	522	7091	1779	2781	20000
鄠邑区	Huyi	8353	6411	360	89	1493	6648	3312	8060	89520
蓝田县	Lantian	7624	4727	702	235	1955	16516	3153	7572	167000
周至县	Zhouzhi	9910	8027	504	33	1289	5413	4074	5319	
西咸新区	Xixian New Area	2019	1460	38	44	477	5273	867	1978	5000

注：本表数据来源于国家统计局西安调查队。
Note: Figures in this table are obtained from Survey Office of The National Bureau of Statistics in Xi'an.

11-31 主要年份水产品养殖面积和产量

Output of Aquatic Products and Aquaculture Area in Representative Years

年 份 Year	水产品养殖面积（万亩） Aquaculture Area of Aquatic Products (10 000 mu)	水产品产量（吨） Output of Aquatic Products (ton)
1990	2.55	4258
1991	2.63	4949
1992	2.80	6015
1993	2.97	7132
1994	3.10	7900
1995	3.21	8517
1996	3.51	8910
1997	3.46	10054
1998	3.40	10480
1999	3.38	11061
2000	3.35	11384
2001	3.17	12480
2002	3.31	12017
2003	2.48	9967
2004	2.46	9721
2005	2.38	9370
2006	1.60	11937
2007	1.38	12402
2008	1.40	12487
2009	1.52	13044
2010	2.24	11850
2011	2.20	11800
2012	2.95	14010
2013	2.19	14200
2014	2.31	14218
2015	2.26	14190
2016	1.96	13449
2017	2.24	13832
2018	2.23	13528
2019	1.82	13614
2020	1.54	11302
2021	1.44	13164
2022	1.43	13164
2023	1.53	13689

注：本表数据2010年起来源于市水务局，2019年起来源于市农业农村局。
Note: Figures in this table are obtained from the municipal water bureau since 2010 and the Municipal Bureau of Agriculture and Rural Affairs since 2019.

11-32　各区县水产品养殖面积和产量（2023年）

Output of Aquatic Products and Aquaculture Area by Region (2023)

区　县	Region	水产品养殖面积（亩）Aquaculture Area of Aquatic Products (mu)	水产品产量（吨）Output of Aquatic Products (ton)
全　市	**Total**	**15285**	**13689**
新城区	Xincheng		
碑林区	Beilin		
莲湖区	Lianhu		
灞桥区	Baqiao	1140	280
未央区	Weiyang	390	415
雁塔区	Yanta		
阎良区	Yanliang	180	256
临潼区	Lintong	4965	4205
长安区	Chang'an	3255	4668
高陵区	Gaoling	180	245
鄠邑区	Huyi	465	914
蓝田县	Lantian	3165	1983
周至县	Zhouzhi	1395	661
西咸新区	Xixian New Area	150	62

注：本表数据来源于市农业农村局。
Note: Figures in this table are obtained from the Municipal Bureau of Agriculture and Rural Affairs.

11-33　农业科技、教育情况（2023年）

Agricultural Science and Technology Education (2023)

指　标	Item	2023年
农业科技推广机构（个）	Agricultural scientific and technical promotion institutions (unit)	9
农业科技推广人员数（人）	Agricultural scientific and technical promotion personnel (persons)	272
当年农业科技推广新成果个数（个）	Agricultural scientific and technical promotion research achievements (unit)	80
农民技能培训人数（万人）	The number of peasants skills training (10 000 persons)	17.29
良种推广面积（万亩）	Thoroughbred promotion area (10 000 mu)	368.64
农业信息站（个）	Information station of Agricultural (unit)	1391

注：本表数据来源于市农业农村局。
Note: Figures in this table are obtained from the Municipal Bureau of Agriculture and Rural Affairs.

11-34 主要年份农村经济效益指标

Main Indicators of Rural Economic Benefit in Representative Years

年 份 Year	每一劳动力创造的 Average Labor Force Production 农林牧渔业总产值（元） Gross Output Value of Farming, Forestry, Animal Husbandry, Fishery (yuan)	粮食（公斤） Grain Crops (kg)	油料（公斤） Oil-bearing Crops (kg)	每百元物耗生产的总产值（元） Output per 100-Yuan of Materia Consumed (yuan)
1978	504.7	1024.6	0.7	
1979	549.0	1096.5	2.3	
1980	483.1	846.1	4.0	
1981	502.8	840.5	5.5	
1982	631.5	1058.9	3.6	
1983	606.5	1053.2	2.6	
1984	850.7	1154.2	3.4	
1985	1020.1	1134.6	5.6	
1986	1132.2	1236.4	9.5	
1987	1280.3	1277.2	11.7	
1988	1558.4	1148.0	6.5	
1989	1605.3	1231.9	9.5	
1990	1766.3	1279.1	10.0	233.3
1991	1958.8	1326.6	8.9	238.4
1992	2093.7	1360.7	11.1	241.8
1993	2528.9	1409.7	10.4	240.1
1994	3705.0	1167.8	8.0	227.6
1995	4953.0	1300.6	16.1	225.9
1996	5154.8	1391.2	13.6	234.5
1997	5493.0	1413.4	13.8	239.2
1998	5615.9	1578.1	12.4	247.0
1999	4826.5	1516.6	9.7	251.7
2000	5091.5	1498.0	9.9	250.2
2001	5328.5	1462.4	9.1	248.6
2002	5617.4	1427.5	9.1	265.9
2003	5761.2	1308.1	8.4	254.3
2004	6885.4	1452.7	8.5	261.7
2005	7737.9	1524.7	8.6	262.9
2006	8415.5	1435.7	8.0	263.1
2007	9983.6	1458.9	7.0	259.6
2008	12888.6	1466.7	8.5	257.7
2009	13922.4	1460.9	8.5	259.7
2010	18220.9	1496.9	8.7	258.7
2011	21534.5	1438.2	8.6	271.0
2012	24588.9	1480.0	7.3	269.8
2013	28187.1	1398.2	7.1	269.9
2014	29310.8	1276.2	6.4	270.3
2015	31476.1	1345.6	6.5	268.3
2016	33888.8	1323.2	5.7	265.9
2017	39620.4	1267.3	5.6	262.7
2018	47231.8	1455.6	6.9	263.5
2019	51037.4	1429.9	6.8	263.3
2020	57346.4	1469.0	7.5	258.6
2021	57748.3	1462.0	8.1	258.5
2022	61791.1	1473.3	8.6	259.6
2023	64297.8	1519.0	9.4	262.0

主要统计指标解释

农林牧渔业总产值 指以货币表现的农、林、牧、渔业全部产品和对农林牧渔业生产活动进行的各种支持性服务活动的价值总量，它反映一定时期内农林牧渔业生产总规模和总成果。1957年以前的农林牧渔业总产值中包括了厩肥和农民自给性手工业（如农民自制衣服、鞋、袜，自己从事粮食初步加工等）。1958年及以后，林业中增加了村及村以下竹木采伐产值；牧业中取消了厩肥产值；副业中取消了农民自给性手工业产值，增加了村及村以下办的工业产值；渔业中增加了海洋捕捞水产品产值。1980年及以后，在副业中增加了农民家庭兼营工业商品部分的产值。从1984年起村及村以下工业产值划归工业。从1993年起取消副业，将野生动物的捕猎划入牧业，野生植物采集和农民家庭兼营商品性工业划归农业。从2003年起，执行新的国民经济行业分类标准，农林牧渔业总产值中包括了农林牧渔服务业产值。林业中增加了森林采运业产值。农业中取消了家庭兼营商品性工业产值，将野生林产品的采集划归林业。第三次农业普查以后，由于主要农产品年报数据与普查数据之间存在一定的差距，根据农业普查结果对主要农产品年报数据进行了修正，并对产值进行了相应修正。

农林牧渔业总产值的计算方法通常是按农、林、牧、渔业产品及其副产品的产量分别乘以各自单位产品价格求得；少数生产周期较长，当年没有产品或产品产量不易统计的，则采用间接方法匡算其产值；然后将四业产品产值及农林牧渔服务业产值相加即为农林牧渔业总产值。

粮食产量 指全社会的产量。包括国有经济经营的、集体统一经营的和农民家庭经营的粮食产量，还包括工矿企业办的农场和其他生产单位的产量。粮食除包括稻谷、小麦、玉米、高粱、谷子及其他杂粮外，还包括薯类和豆类。其产量计算方法，豆类按去豆荚后的干豆计算；薯类（包括甘薯和马铃薯，不包括芋头和木薯）1963年以前按每4公斤鲜薯折1公斤粮食计算，从1964年开始改为按5公斤鲜薯折1公斤粮食计算。城市郊区作为蔬菜的薯类（如马铃薯等）按鲜品计算，并且不作粮食统计。其他粮食一律按脱粒后的原粮计算。1989年以前全国粮食产量数据主要靠全面报表取得，1989年开始使用抽样调查数据。

油料产量 指全部油料作物的生产量。包括花生、油菜籽、芝麻、向日葵籽、胡麻籽（亚麻籽）和其他油料。不包括大豆、木本油料和野生油料。花生以带壳干花生计算。

水产品产量 指人工养殖的水产品和天然生长的水产品的捕捞量。包括海水的鱼类、虾蟹类、贝类和藻类以及内陆水域的鱼类、虾蟹类和贝类，不包括淡水生植物。水产品产量是通过各级水产和统计部门逐级上报取得数据。1995年及以前，贝类中牡蛎按鲜肉计算；蚶、蛤、蛙按5斤鲜品折1斤计算。1996年以后则统一按鲜品计算。

猪、牛、羊肉产量 指当年出栏并已屠宰、除去头蹄下水后带骨肉（即胴体重）的重量。包括全社会范围内的产量。1996年前为各级逐级上报数据。1996年第一次农业普查以后，由于畜牧业产品年报数据与普查数据之间存在一定的差距，根据普查结果对畜牧业年报数据进行了修正。1999年以后，国家统计局在部分地区开展了猪、牛、羊、禽等主要畜禽品种的抽样调查，并用抽样数据作为国家定案数据使用。未开展抽样调查的地区和品种，仍使用各级统计部门逐级上报数据。2008年，根据第二次农业普查结果，对2006年、2007年畜牧业年报数据进行了修正。2019年，根据第三次农业普查结果，对2013—2017年畜牧业年报数据进行了修正。

畜禽存栏头（只）数 指报告期末农村各种合作经济组织和国营农场、农民个人、机关、团体、学校、工矿企业、部队等单位以及城镇居民饲养的大牲畜、猪、羊、家禽等畜禽的存栏数。

农作物播种面积 指实际播种或移植有农作物的面积。凡是实际种植有农作物的面积，不论种植在耕地上还是种植在非耕地上，均包括在农作物播种面积中。在播种季节基本结束后，因遭灾而重新改种和补种的农作物面积，也包括在内。它是反映我国耕地面积利用情况的一个重要指标。目前，农作物播种面积主要包括粮食、棉花、油料、糖料、麻类、烟叶、蔬菜和瓜类、药材和其他农作物九大类。

有效灌溉面积 指具有一定的水源，地块比较平整，灌溉工程或设备已经配套，在一般年景下，当年能够进行正常灌溉的耕地面积。在一般情况下，有效灌溉面积应等于灌溉工程或设备已经配备，能够进行正常灌溉的水田和水浇地面积之和。它是反映我国耕地抗旱能力的一个重要指标。

农用化肥施用量 指本年内实际用于农业生产的化肥数量，包括氮肥、磷肥、钾肥和复合肥。化肥施用量要求按折纯量计算数量。折纯量是指把氮肥、磷肥、钾肥分别按含氮、含五氧化二磷、含氧化钾的百分之百成分进行折算后的数量。复合肥按其所含主要成分折算。公式为：

折纯量＝实物量×某种化肥有效成分含量的百分比

农业机械总动力　指主要用于农、林、牧、渔业的各种动力机械的动力总和。包括耕作机械、排灌机械、收获机械、农用运输机械、植物保护机械、牧业机械、林业机械、渔业机械和其他农业机械【内燃机按引擎马力折成瓦（特）计算、电动机按功率折成瓦（特）计算】。不包括专门用于乡、镇、村、组办工业、基本建设、非农业运输、科学试验和教学等非农业生产方面用的动力机械与作业机械。这个指标的统计数据主要来源于农机部门。

Explanatory Notes on Main Statistical Indicators

Gross Output Value of Agriculture, Forestry, Animal Husbandry and Fishery refers to the total value of products of agriculture, forestry, animal husbandry and fishery, and total value of services in support of agriculture, forestry, animal husbandry and fishery activities. It reflects the total scale and results of agricultural production during a given period. Prior to 1957, China's gross agricultural output value included barnyard manure and handicraft products for self- consumption (clothes, shoes, stockings, and initial grain processing undertaken by peasants). Since 1958, cutting and felling of bamboo and trees by villages and other cooperative organizations under villages have been included in forestry; value of barnyard manure has been excluded from animal husbandry; self consumed handicrafts have not been included from sideline occupations, while the output value of industries run by villages and cooperative organizations under village has been included in sideline occupations; and the output value of fish catches by motor fishing boats has been added to fishery. Since 1980, the value of handicraft products made for sale by individuals in households has been added to sideline occupations. Since 1984, industries run by villages and under villages have been included in the sector of industry. Since 1993, the subdivision of sideline occupations has been cancelled, and the hunting of wild animals has been classified into animal husbandry, and the gathering of wild plants and commodity industry run by rural household have been included in farming. A new industrial classification of economic activities was introduced in 2003. Under the new classification, value of services to agriculture, forestry, animal husbandry and fishery is included in the gross output value of agriculture, value of wood felling and transport is included in forestry, value of industrial output by rural households is not included in agriculture, and the collection of wild forest products is taken from agriculture and included in forestry. The Third Agriculture Census of China revealed some discrepancy between the main agricultural products from the annual reports and that from the census. According to the result of The Third Agriculture Census, efforts were made to adjust the output value of main agricultural to make the figures from the annual reports consistent with the census data.

Gross output value of Agriculture, Forestry, Animal Husbandry and Fishery is obtained by multiplying the output of each product or by-product by its price, resulting in the output value of each single item. For a small number of products, annual output of which is not available or difficult to get due to the long production (growing) process involved, the output value is estimated through an indirect approach. The sum of output values of all products of agriculture, forestry, animal husbandry and fishery and services in support to those industries is then equal to the gross output value of agriculture.

Grain Output refers to the total output in the whole-country including grains produced by State farms, collective units, rural households, as well as by farms affiliated to industrial and mining enterprises and other production units. Grain includes rice, wheat, corn, sorghum, millet and other miscellaneous grains as well as tubers and beans. Output of beans refers to dry beans without pods. The output of tubers (sweet potatoes and potatoes, not including taros and cassava) are converted into that of grain at the ratio 4:1, i.e. 4 kilograms of fresh tubers were equivalent to 1 kilogram of grain up to 1963. Since 1964 the ratio for conversion has been 5:1. Tubers supplied as vegetables (such as potatoes) in cities and suburbs are calculated as fresh vegetables and their output is not included in the output of grain. Output of all other grains refers to husked grain. Data on grain production before 1989 were obtained through the Comprehensive Statistical Reporting System. Since 1989, data from sample surveys have been used.

Output of Oil-bearing Crops refers to the total production of oil-bearing crops of various kinds, including peanuts (dry, in shell), rapeseeds, sesame, sunflower seeds, flax seeds, and other oil-bearing crops. Soybeans, oil-bearing woody plants, and wild oil-bearing crops are not included.

Output of Aquatic Products refers to catches of both artificially cultured and naturally grown aquatic products, including fish, shrimps, crabs and shellfish in sea and inland water as well as seaweed. Freshwater plants are not included. Data on output of aquatic products are reported by aquatic product and statistical agencies level by level. Before 1995, among the shellfish, oyster was counted as fresh meat; 5 kilograms of ark shell, clams and frogs are equivalent to 1 kilogram of fresh aquatic products; they have all been counted as fresh aquatic products since 1996.

Output of Pork, Beef, and Mutton refers to the meat of slaughtered hogs, cattle, sheep and goats with head, feet, and offal taken away. Data refers to the production of the whole country. The First Agricultural Census of China in 1996 revealed some discrepancy between the production of animal products from the annual reports and that from the census. Efforts were made to adjust the output value of animal husbandry to make the figures from the annual reports consistent with the census data. Since 1999, the NBS conducted sample surveys for the major animal husbandry products, such as hogs, cattle, sheep and goats and fowls, and the data from sample surveys have been used as national finalized data. Those products, which are not covered by the sample survey, are still reported by statistical agencies level by level. In 2008, according to The Second Agricultural Census of China. The annual report data of animal in 2006 and 2007 have been revised In 2019, data from the annual husbandry report 2013 to 2017 were revised based on the results of the Third Agricutural Census of China.

Number of Livestock or Poultry in Stock at Beginning (or End) of Period refers to the total number of large animals, pigs, sheep, fowls, etc. raised by rural cooperative organizations, State farms, rural individuals, government agencies, schools, industrial and mining enterprises, army, and urban residents at the beginning (or end) of the reference period.

Sown Area of Crops refers to area of transplanted with crops regardless of being land sown or in cultivated area or non-cultivated area. Area of land re-sown due to disasters is also included. This is an important indicator that can reflect the utilization condition of the cultivated land in China. At present, the sown area of crops mainly includes the following nine categories of crops: grain, cotton, oil-bearing crops, sugar crops, flax crops, tobacco, vegetables and melons, medicinal materials and other farm crops.

Irrigated Area refers to area of land that are effectively irrigated, i.e. relatively level land, where there are water sources or complete sets of irrigation facilities to lift and move adequate water for irrigation purpose under normal conditions. Under normal situations, irrigated area is the sum of watered fields and irrigated fields where irrigation systems or equipment have been installed for regular irrigation purpose. This important indicator reflects drought resistance capacity of the cultivated land in China.

Consumption of Chemical Fertilizers in Agriculture refers to the quantity of chemical fertilizers applied in agriculture in the year, including nitrogenous fertilizer, phosphate fertilizer, potash fertilizer, and compound fertilizer. The consumption of chemical fertilizers is calculated in terms of volume of effective components by means of converting the gross weight of the respective fertilizers into weight containing effective component (e.g. nitrogen content in nitrogenous fertilizer, phosphorous pentoxide contents in phosphate fertilizer, and potassium oxide contents in potash fertilizer). Compound fertilizer is converted in regard to its major components. The formula is:

Volume of effective component= physical quantity × effective component of certain chemical fertilizer (%)

Total Power of Agricultural Machinery refers to total mechanical power of machinery used in agriculture, forestry, animal husbandry and fishery, including machinery for ploughing, irrigation and drainage, harvesting, transport, plant protection, animal husbandry, forestry and fishery and other agricultural machineries. (For the power of internal combustion engines, it is converted from its horsepower into watts while for electric motors the output power is converted into watts.) Machinery employed for non-agricultural purposes, such as the machines used in township-run and village-run industry, construction, non- agricultural t ransport, scientific experiments and teaching, are not included. Data are mainly from agricultural machinery agencies.

十二、工　业

INDUSTRY

资料整理：张　冲　张思敏　张宇涵　李凯凌　王　玥
Data management：Zhang Chong　Zhang Simin　Zhang Yuhan　Li Kailing　Wang Yue
数据审核：陈小兵
Data audit：Chen Xiaobing

第十二部分　工　业

一、简要说明

1.本章资料反映西安市工业经济方面的基本情况。

2.本章资料包括规模以上工业企业按隶属关系、登记注册类型、轻重工业、控股情况、企业规模、工业行业大类分组的主要经济指标和经济效益指标，主要工业产品产量，主要产品生产能力。

3.规模以上工业企业统计范围。

1998—2006年为全部国有及年主营业务收入在500万元及以上非国有工业企业。

2007—2010年为年主营业务收入在500万元及以上工业企业。

2011年起提高到年主营业务收入在2000万元及以上工业企业。

4.2021年起，数据不含西安（西咸新区）—咸阳共管区。

5.数据来源。

根据国家统计局制定的《企业一套表统计调查制度》和《工业统计报表制度》，对规模以上工业法人单位采用全面调查的方法，从国家一套表平台采集。

二、主要指标

规模以上工业企业单位数（个）	1938	比上年增长	7.7%
规模以上工业增加值（快报数）	–	比上年增长	9.0%
规模以上工业出口交货值（亿元）（快报数）	1091.91	比上年下降	11.4%

12 INDUSTRY

Ⅰ.Brief Introduction

1.Data in this chapter reflect the basic conditions of the industrial sector in Xi'an.

2.The data in this chapter include major economic indicators and economic benefit indicators of industrial enterprises above designated size grouped by affiliation, registration type, light and heavy industries, enterprise scale, holding status, and industrial categories, as well as the output and production capacity of major industrial products.

3.The Scopes of Industrial Statistics.

The scopes of industrial enterprises above designated size were: all State-owned industrial enterprises and the non-State-owned industrial enterprises with revenue from principal business over 5 million yuan from 1998 to 2006; all industrial enterprises with revenue from principal business over 5 million yuan from 2007 to 2010; and all industrial enterprises with revenue from principal business above 20 million yuan since 2011.

4.From 2021, the data excludes ares mutually controlled by Xi'an (Xixian New Area)-Xianyang.

5.Sources of Data.

According to the a set of table survey system for enterprises and System of industrial statistical report forms by the National Bureau of Statistics, the method of comprehensive investigation shall be adopted for industrial legal entities above the designated size, collected from a set of table platforms by the National Bureau of Statistics.

Ⅱ.Major Indicators

		Increase over Preceding Year
Number of industrial enterprises above designated size	1938	7.7%
Added value of industrial enterprises above designated size	-	9.0%
Export delivery value of industrial enterprises above designated size (100 million yuan)	1091.91	-11.4%

12-1 主要年份规模以上工业企业主要经济指标

Major Economic Indicators of Industrial Enterprises above Designated Size in Representative Years

单位：亿元 (100 million yuan)

年份 Year	企业单位数（个） Number of Enterprises (unit)	平均用工人数（万人） Annual Average Employees (10 000 persons)	资产总计 Total Assets	负债合计 Total Liabilites	所有者权益合计 Owners' Equities	主营业务收入 Revenue from Principal Business	利润总额 Total Profits	利税总额 Total Pre-tax Profits
1998	793	51.71	810.56	548.68	261.88	346.84	-1.26	14.82
1999	770	45.64	853.90	577.94	275.96	346.26	8.26	27.30
2000	816	43.25	958.05	622.46	323.72	420.42	16.11	36.29
2001	785	40.12	1054.36	657.88	384.65	451.62	17.97	40.84
2002	771	38.48	1065.76	643.78	412.27	541.64	25.43	51.31
2003	735	36.55	1195.69	733.04	460.97	645.53	33.82	64.99
2004	1066	38.08	1333.91	869.30	464.60	812.46	38.57	74.23
2005	902	37.92	1503.85	977.42	508.82	980.97	28.72	67.25
2006	904	37.94	1651.67	1062.11	578.33	1183.51	61.46	110.23
2007	937	38.55	1940.52	1254.01	686.51	1561.25	106.22	168.54
2008	1032	40.17	2426.13	1518.86	907.27	1928.05	84.89	168.63
2009	1131	43.42	2913.56	1779.38	1130.76	2384.52	177.20	280.68
2010	1126	47.11	3592.13	2069.29	1515.65	3011.19	245.37	373.56
2011	891	50.42	3975.38	2295.49	1678.19	3381.27	172.94	312.78
2012	970	49.23	4775.92	2835.55	1926.72	3758.56	167.77	320.57
2013	1056	48.36	5127.69	3049.36	2071.72	4171.21	211.26	392.14
2014	1146	49.65	6048.34	3607.62	2436.06	4566.20	226.17	401.20
2015	1150	50.59	6740.26	3860.55	2926.55	4374.11	206.88	341.40
2016	1220	49.54	7473.07	4158.75	3302.36	5028.28	290.96	438.59
2017	1403	51.11	7862.59	4162.97	3595.73	5710.70	367.77	532.35
2018	1474	51.87	8409.16	4603.87	3805.29	6055.58	399.52	573.30
2019	1631	49.75	9449.95	5096.70	4349.39	6483.80	325.60	465.42
2020	1667	50.16	10638.17	5871.38	4736.91	6650.76	466.63	610.93
2021	1731	53.70	11999.61	6882.22	5117.39	7895.23	444.48	620.97
2022	1799	56.19	13925.97	7939.32	6000.47	10187.58	622.77	867.58
2023	1938	60.89	15983.57	9166.70	6816.86	10691.25	612.72	847.18

注：2013年数据为第三次全国经济普查数据；2018年数据为第四次全国经济普查数据；2023年数据为第五次全国经济普查数据。下同。

Note: Figures for 2013 are obtained from the third national economic census. Figures for 2018 are obtained from the fourth national economic census. Figures for 2023 are obtained from the fifth national economic census. The same below.

12-2 各区县规模以上工业企业主要经济指标（2023年）

单位：亿元

区 县	Region	企业单位数（个）Number of Enterprises (unit)	平均用工人数（万人）Annual Average Employees (10 000 persons)	资产总计 Total Assets
新城区	Xincheng	10	5.94	608.55
碑林区	Beilin	6	0.15	19.55
莲湖区	Lianhu	30	2.50	633.00
灞桥区	Baqiao	76	1.70	304.44
未央区	Weiyang	188	6.38	2348.53
雁塔区	Yanta	293	6.81	1576.13
阎良区	Yanliang	133	3.37	1128.92
临潼区	Lintong	112	1.66	427.39
长安区	Chang'an	291	9.06	3842.54
高陵区	Gaoling	244	5.17	1483.59
鄠邑区	Huyi	154	11.12	2175.16
蓝田县	Lantian	63	0.58	134.40
周至县	Zhouzhi	31	0.98	183.78
西咸新区	Xixian New Area	307	5.47	1117.60

Major Economic Indicators of Industrial Enterprises above Designated Size by Region (2023)

(100 million yuan)

负债合计 Total Liabilities	所有者权益合计 Total Owners' Equities	营业收入 Business Revenue	利润总额 Total Profits	利税总额 Total Pre-tax Profits
372.65	235.90	410.66	7.14	18.58
8.83	10.72	12.25	0.36	1.01
409.17	223.82	348.10	6.12	15.74
188.15	116.29	209.76	13.20	16.58
1177.90	1170.62	1871.19	40.52	68.15
742.03	834.10	846.44	83.58	118.78
725.29	403.63	465.97	23.70	27.67
258.39	169.00	259.63	22.61	31.19
1475.65	2366.89	2506.66	280.84	321.41
1067.41	416.18	1267.67	41.70	61.49
1780.48	394.68	1913.51	42.84	97.92
100.57	33.83	68.38	2.72	4.88
160.74	23.03	105.87	8.41	10.86
699.44	418.16	680.22	38.99	52.94

12-3 规模以上工业企业主要工业产品产量（2023年）

Major Output of Industrial Enterprises above Designated Size (2023)

产品名称	Name of Products	2023年	比上年增长（%） Increase over Preceding Year (%)
自来水生产量（亿立方米）	Tap Water Production (100 million cu.m)	8.76	2.6
大米（万吨）	Rice (10 000 tons)	1.05	-27.2
小麦粉（万吨）	Wheat Flour (10 000 tons)	22.43	-1.4
精制食用植物油（万吨）	Refined Edible Vegetable Oil (10 000 tons)	22.94	3.7
鲜、冷藏肉（万吨）	Fresh/Frozen Meat (10 000 tons)	8.27	42.2
饲料（万吨）	Feeding Suff For Animal (10 000 tons)	83.31	9.7
# 配合饲料	Compound Feed	32.65	29.1
混合饲料	Mixed Feed	47.85	0.3
方便面（万吨）	Instant Noodles (10 000 tons)	13.77	-11.4
乳制品（万吨）	Dairy Products (10 000 tons)	45.32	1.0
液体乳	Milk	42.81	0.5
固体及半固体乳制品	Solid and Semi-solid Dairy Products	2.51	9.9
饮料酒（万千升）	Beverage Wine (10 000 kiloliters)	33.43	-6.7
# 啤酒	Beer	33.23	-6.8
葡萄酒	Wine	0.20	29.0
饮料（万吨）	Beverage (10 000 tons)	192.65	1.9
# 碳酸饮料类（汽水）	Carbonated Beverage	34.20	-26.7
果汁和蔬菜汁饮料	Juice and Fruit Beverage	18.42	11.1
包装饮用水类	Packaged Drinking Water	85.18	9.8
纱（万吨）	Yarn (10 000 tons)	1.88	0.8
棉纱	Cotton Yarn	1.11	11.0
棉混纺纱	Cotton Blended Yarn	0.41	-15.0
化学纤维纱	Chemical-Fibre Yarn	0.36	-6.5
布（亿米）	Cloth (100 million m)	1.06	6.3

12-3 续表1 continued 1

产品名称	Name of Products	2023年	比上年增长（%） Increase over Preceding Year (%)
棉布	Cotton Cloth	0.59	22.1
棉混纺布	Cotton Blended Cloth	0.25	-18.6
化学纤维短纤布	Chemical Fiber Staple Cloth	0.22	5.4
家具（万件）	Furniture (10 000 units)	21.42	-22.4
# 木质家具	Wooden Furniture	17.30	-19.4
软体家具	Soft Furniture	2.96	3.8
机制纸及纸板（外购原纸加工除外）（万吨）	Machine-made Paper and Paperboard (not including processing of procured base paper) (10 000 tons)	4.22	-0.9
纸制品（万吨）	Paper-made Products (10 000 tons)	9.38	-22.4
# 瓦楞纸箱	Corrugated Box	7.59	-23.6
单色印刷品（万令）	Monochrome Printed Products (10 000 reams)	57.20	14.3
多色印刷品（万对开色令）	Colored Printed Products (10 000 reams)	871.32	-0.1
化学农药原药（折有效成分100%）（万吨）	Chemical Pesticides (100% effective content) (10 000 tons)	0.18	12.8
涂料（万吨）	Paint (10 000 tons)	0.51	-30.2
合成洗涤剂（万吨）	Synthetic Detergents (10 000 tons)	1.42	18.5
# 合成洗衣粉	Washing Powder	0.81	12.0
液体洗涤剂	Liquid Detergent	0.61	28.5
化学药品原药（万吨）	Chemical Medicines (10 000 tons)	1.29	-25.8
中成药（万吨）	Chinese Patent Medicine (10 000 tons)	2.00	28.9
化学纤维（万吨）	Chemical Fiber (10 000 tons)	3.69	-0.1
# 人造纤维（纤维素纤维）	Man-made Fiber	3.69	-0.1
塑料制品（万吨）	Plastic Articles (10 000 tons)	21.58	-1.5
水泥（万吨）	Cement (10 000 tons)	92.97	-47.2

12-3 续表2 continued 2

产品名称	Name of Products	2023年	比上年增长（%） Increase over Preceding Year (%)
水泥混凝土电杆（万根）	Cement Pole (10 000 units)	1.20	-34.7
商品混凝土（万立方米）	Ready-mixed Concrete (10 000 cu.m)	4845.47	-4.7
沥青和改性沥青防水卷材（万平方米）	Asphalt and Modified Bitumen Membrane (10 000 sq.m)	678.53	-41.4
钢化玻璃（万平方米）	Toughened Glass (10 000 sq.m)	65.58	47.1
钢材（万吨）	Rolled Steel (10 000 tons)	34.81	7.0
＃线材（盘条）	Wire Rod	10.46	-13.1
其他钢材	Other steel	21.94	60.1
铝材（万吨）	Aluminum Material (10 000 tons)	4.52	52.4
单晶硅（万千克）	Monocrystalline Silicon (10 000 kg)	233.83	-39.6
工业锅炉（蒸发量吨）	Industrial Boiler (Evaporation ton)	978.60	74.3
发动机（万千瓦）	Engines (10 000 kW)	664.17	26.2
＃汽车用发动机	Motor Engine	664.17	26.2
金属切削机床（万台）	Metal-cutting Machines Tools (10 000 units)	0.34	-31.6
泵（万台）	Pump (10 000 units)	0.64	16.6
风机（万台）	Fan (10 000 units)	0.04	11.6
气体压缩机（万台）	Gas Compressor (10 000 units)	460.23	-6.3
阀门（万吨）	Valves (10 000 tons)	0.66	20.7
铸铁件（万吨）	Iron Castings (10 000 tons)	1.17	-41.4
锻件（万吨）	Forgings (10 000 tons)	2.30	0.1
矿山专用设备（万吨）	Special Equipment for Mining (10 000 tons)	2.46	2.3
炼油、化工生产专用设备（万吨）	Equipment for Oil Refining and Chemical Production (10 000 tons)	0.31	56.3

12-3 续表3 continued 3

产品名称	Name of Products	2023年	比上年增长（%）Increase over Preceding Year (%)
金属冶炼设备（万吨）	Metal Smelting Equipments (10 000 tons)	0.52	-32.1
金属轧制设备（万吨）	Metal-rolling Equipments (10 000 tons)	0.91	-0.5
环境污染防治专用设备（万台/套）	Special Equipment for Environment Protection (10 000 units)	0.09	-55.4
#大气污染防治设备	Equipment for Preventing Atmospheric Pollution	0.03	-45.2
汽车（万辆）	Motor Vehicles (10 000 units)	131.23	28.4
#基本型乘用车（轿车）	Basic Type Passenger Vehicles (car)	42.27	46.9
#轿车（排量≤1升）	Car 0L-1.0L Gas Displacement (1.0L included)	41.94	128.2
轿车（1升＜排量≤1.6升）	Car 1.0L-1.6L Gas Displacement (1.6L included)	0.33	-96.8
运动型多用途乘用车（SUV）	Sports Utility Vehicle (SUV)	74.24	17.3
载货汽车	Trucks	14.71	44.9
#新能源汽车	New Energy Vehicles	98.38	25.9
改装汽车（万辆）	Modified Vehicles (10 000 units)	0.53	51.2
铁路货车（万辆）	Railway Freight Wagons (10 000 units)	0.26	-18.2
城市轨道车辆（辆）	Urban Rail Vehicles (unit)	619	13.0
电动机（万千瓦）	Electric Motors (10 000 kW)	285.93	-2.1
#直流电动机	DC Motors	14.50	2.6
交流电动机	AC Motors	248.81	-1.6
变压器（亿千伏安）	Transformer (100 million KVA)	0.86	10.1
高压开关板（万面）	High-voltage Switch Panel (10 000 units)	2.41	45.2
低压开关板（万面）	Low-voltage Switch Panel (10 000 units)	1.34	12.9
充电桩（个）	Charging Piles (set)	497556	123.0
电力电缆（万千米）	Electric Power Cables (10 000 km)	19.35	28.9
通信及电子网络用电缆（万对千米）	Communication Cables (10 000 pair km)	10.82	5.0
光缆（万芯千米）	Optical Cable (10 000 Core.km)	1058.07	-4.0
绝缘制品（万吨）	Insulation Products (10 000 tons)	2.76	16.8
电子元件（亿只）	Electronic Components (100 million units)	36.34	-15.9
工业自动调节仪表与控制系统（万台/套）	Automatization Meter and System (10 000 units)	18.85	30.1

12-3 续表4 continued 4

产品名称	Name of Products	2023年	比上年增长（%）Increase over Preceding Year (%)
分析仪器及装置（万台/套）	Analysis Instruments and Apparatus (10 000 sets)	0.49	-2.7
化学试剂（万吨）	Chemicals Reagents (10 000 tons)	39.06	-3.6
起重机（万吨）	Crane (10 000 tons)	0.03	-12.3
减变速机（万台）	Reducer (10 000 units)	7.67	5.9
模具（万套）	Molds (10 000 sets)	55.48	57.9
电力电容器（万千乏）	Electrical Capacitors (10 000 kvar)	5539.89	6.2
高压开关设备（11万伏以上）（万台）	High Voltage Switchgear (above 110,000 volt) (10 000 sets)	22.15	23.6
半导体分立器件（亿只）	Discrete Semiconductor Devices (100 million units)	243.54	8.3
工业仪表（万台/个）	Industrial Instrumentation (10 000 sets)	147.26	-39.5
环境监测专用仪器仪表（万台）	Special Instruments for Environmental Monitoring (10 000 units)	2.96	-9.8
集成电路（亿块）	Integrated Circuits (100 million units)	64.96	12.6
集成电路圆片（万片）	Integrated Circuit Wafer (10 000 pieces)	647.80	7.4
锂离子电池（万只）	Lithium-ion Battery (10 000 units)	1543.47	-36.6
太阳能电池（光伏电池）（万千瓦）	Solar Cell (10 000 kW)	5067.88	157.3
智能手机（万台）	Smart Phones (10 000 sets)	3126.12	0.4
光纤（万千米）	Optical Fiber (10 000 km)	861.80	-0.4
3D打印设备（台）	3D Printing Equipment (unit)	384	-1.3
移动通信基站设备（万射频模块）	Mobile Communication Base Station Equipment (10 000 RF modules)	43.34	-68.6
民用无人机（架）	Civilian Drone (unit)	40	14.3
发电量（亿千瓦小时）	Electricity (100 million kWh)	162.33	-10.0
火力发电量	Thermal Power	161.72	-10.1
水力发电量	Hydropower	0.20	72.9
太阳能发电量	Solar Power	0.40	-7.9

12-4 主要年份规模以上工业企业经济效益指标

Indicators of Economic Performance of Industrial Enterprises above Designated Size in Representative Years

年 份 Year	总资产贡献率（%） Ratio of Total Assets to Industrial Output Value (%)	资产负债率（%） Assets-Liability Ratio (%)	流动资产周转次数（次/年） Rate of Annual Turnover Working Capitals (times/year)	成本费用利润率（%） Ratio of Profits to Cost (%)	产品销售率（%） Proportion of Industrial Products Sold (%)
1998		67.7	0.9	-266.1	95.3
1999		67.7	0.9	2.5	95.9
2000		65.0	1.0	4.2	97.1
2001	5.8	62.4	0.9	4.1	96.7
2002	6.2	60.4	1.1	5.1	96.7
2003	7.0	61.3	1.1	5.7	96.3
2004	6.9	65.2	1.2	5.0	97.9
2005	8.4	65.0	1.3	3.1	97.5
2006	7.8	64.3	1.4	5.5	98.2
2007	10.2	64.6	1.6	7.3	96.8
2008	8.6	62.6	1.5	4.6	96.1
2009	11.3	61.1	1.7	8.1	97.6
2010	12.2	57.6	1.7	8.8	97.1
2011	8.6	57.7	1.5	5.2	97.4
2012	7.7	59.4	1.5	4.5	96.7
2013	8.5	59.5	1.5	5.2	95.7
2014	7.4	59.7	1.4	5.2	94.9
2015	5.7	57.3	1.3	4.8	94.5
2016	6.4	55.7	1.3	6.0	96.0
2017	7.2	53.0	1.4	6.6	97.3
2018	7.3	54.5	1.3	6.8	96.2
2019	5.4	53.9	1.2	5.1	94.0
2020	6.1	55.2	1.1	7.1	93.0
2021	5.4	57.4	1.1	5.7	92.4
2022	6.2	57.0	1.2	6.5	93.2
2023	5.4	57.4	1.1	5.9	94.6

注：2019年及以后年份产品销售率为快报数。
Note: Proportion of Industrial Products Sold for 2019 and subsequent years are express numbers.

12-5 规模以上工业企业主要经济指标（2023年）

单位：万元

分 组	Classify	企业单位数（个） Number of Enterprises (unit)	#亏损企业（个） Loss Making Enterprises
总 计	**Total**	**1938**	**420**
#亏损企业	Deficit Enterprises	420	420
按隶属关系分（国有控股企业）	**Grouped by Jurisdiction of Management (State-holding)**		
中央企业	Central Enterprises	134	11
地方企业	Provincial Enterprises	256	66
按登记注册类型分	**By Registered Statistical Categories**		
内资企业	Domestic Invested Enterprises	1808	386
有限责任公司	Limited Liability Corporations	1594	344
股份有限公司	Share-holding Corporations Ltd.	193	38
非公司企业法人	Non Corporate Legal Entity	15	2
个人独资企业	Sole Proprietorship Enterprises	4	1
合伙企业	Partnership Enterprises	1	
其他内资企业	Other Domestic Invested Enterprises	1	1
港澳台投资企业	Enterprises with Investment from Hong Kong, Macao and Taiwan	34	12
港澳台投资有限责任公司	Limited Liability Corporations with Investment from Hong Kong, Macao and Taiwan	28	9
港澳台投资股份有限公司	Share-holding Corporations Ltd. with Investment from Hong Kong, Macao and Taiwan	4	2
港澳台投资合伙企业	Partnership Enterprises with Investment from Hong Kong, Macao and Taiwan	1	
其他港澳台投资企业	Other Enterprises with Investment from Hong Kong, Macao and Taiwan	1	1
外商投资企业	Foreign Invested Enterprises	96	22
外商投资有限责任公司	Foreign Invested Limited Liability Corporations	87	20
外商投资股份有限公司	Foreign Invested Share-holding Corporations Ltd.	3	
外商投资合伙企业	Foreign Invested Partnership Enterprises	5	1
其他外商投资企业	Other Foreign Invested Enterprises	1	1
其他类别企业	Other Statistical Categories		
按轻重工业分	**Grouped by Light Industry and Heavy Industry**		
轻工业	Light Industry	360	105
重工业	Heavy Industry	1578	315
按企业规模分	**Grouped by Size of Enterprises**		
大型企业	Large Enterprises	71	9
中型企业	Medium-sized Enterprises	219	41
小型企业	Small Enterprises	1648	370

注：本表登记注册统计类别按《关于市场主体统计分类的划分规定》（国统字〔2023〕14号）执行。以下相关表同。

Major Economic Indicators of Industrial Enterprises above Designated Size (2023)

(10 000 yuan)

平均用工人数（人）Annual Average Employees (person)	资产总计 Total Assets	流动资产合计 Current Assets	固定资产原价 Fixed Assets (original value)	#累计折旧 Accumulative Total Depreciation
608893	**159835664**	**95836273**	**67156024**	**34854114**
96606	28716539	18242304	8079568	3096574
170251	38084774	16621646	17102377	9351734
91672	32688131	21642347	10318061	4811368
561645	142697546	87651173	44357867	19557083
461182	99706736	66131000	33653760	15248364
88837	40877250	20065646	9907924	3860217
11122	1980530	1344829	766948	436816
148	23477	19998	5905	2573
210	70905	62738	12101	4864
146	38648	26962	11229	4249
12197	2272111	1367378	812463	384720
8901	1456543	791068	719648	346598
3000	735273	508156	80346	32632
203	69409	61646	12183	5351
93	10886	6509	286	139
35051	14866008	6817722	21985694	14912311
33937	14360035	6509995	21844093	14841381
838	407693	242089	61279	15159
220	84740	60260	69362	51849
56	13540	5378	10960	3921
86798	12164783	7458638	5191142	2345891
522095	147670881	88377636	61964881	32508222
345919	100278074	55676882	49183116	26541950
113703	27563104	18660385	8974961	4340015
149271	31994486	21499006	8997947	3972149

Note: The registered statistical categories of this table is implemented in accordance with the Regulations on the Classification of Market Entity Statistics (Guotongzi [2023] No. 14). The following related tables are the same.

12-5 续表1

单位：万元

分组	Classify	负债合计 Total Liabilities	#流动负债合计 Current Liabilities
总　　计	**Total**	**91667006**	**78745808**
#亏损企业	Deficit Enterprises	21318954	17809533
按隶属关系分（国有控股企业）	**Grouped by Jurisdiction of Management (State-holding)**		
中央企业	Central Enterprises	20835320	18736787
地方企业	Provincial Enterprises	21484969	16474639
按登记注册类型分	**By Registered Statistical Categories**		
内资企业	Domestic Invested Enterprises	87162770	75177223
有限责任公司	Limited Liability Corporations	67210899	58065981
股份有限公司	Share-holding Corporations Ltd.	18710144	16067015
非公司企业法人	Non Corporate Legal Entity	1165501	976380
个人独资企业	Sole Proprietorship Enterprises	15841	13351
合伙企业	Partnership Enterprises	37571	37179
其他内资企业	Other Domestic Invested Enterprises	22814	17316
港澳台投资企业	Enterprises with Investment from Hong Kong, Macao and Taiwan	1588086	1258723
港澳台投资有限责任公司	Limited Liability Corporations with Investment from Hong Kong, Macao and Taiwan	1319316	1002830
港澳台投资股份有限公司	Share-holding Corporations Ltd. with Investment from Hong Kong, Macao and Taiwan	214940	203603
港澳台投资合伙企业	Partnership Enterprises with Investment from Hong Kong, Macao and Taiwan	48898	48198
其他港澳台投资企业	Other Enterprises with Investment from Hong Kong, Macao and Taiwan	4932	4092
外商投资企业	Foreign Invested Enterprises	2916150	2309862
外商投资有限责任公司	Foreign Invested Limited Liability Corporations	2821938	2234582
外商投资股份有限公司	Foreign Invested Share-holding Corporations Ltd.	38835	24257
外商投资合伙企业	Foreign Invested Partnership Enterprises	43746	43746
其他外商投资企业	Other Foreign Invested Enterprises	11632	7277
其他类别企业	Other Statistical Categories		
按轻重工业分	**Grouped by Light Industry and Heavy Industry**		
轻工业	Light Industry	6608995	5864143
重工业	Heavy Industry	85058011	72881665
按企业规模分	**Grouped by Size of Enterprises**		
大型企业	Large Enterprises	58010496	51939920
中型企业	Medium-sized Enterprises	14456471	11666488
小型企业	Small Enterprises	19200040	15139400

continued 1

(10 000 yuan)

所有者权益合计 Total Owners' Equities	#实收资本 Paid-in Capitals	营业收入 Business Revenue	#主营业务收入 Revenue from Principal Business	营业成本 Business Cost	税金及附加 Taxes and Other Charges
68168631	**25170253**	**109663155**	**106912523**	**95613272**	**701724**
7397582	5011353	22516124	21906594	21632635	61108
17249452	6770607	19477260	19146853	17344360	112284
11203160	4964433	16606624	15600658	14685100	104022
55534749	20207151	97515164	94961353	85973661	620429
32495814	16028060	78938551	76678785	70310510	519750
22167104	3882831	17676363	17397981	14923864	94836
815028	285206	821289	806502	676366	5380
7636	5258	20773	20773	18259	131
33334	5000	53096	52984	40073	114
15834	796	5092	4327	4589	218
684025	392599	1741248	1687730	1360800	8552
137227	290117	1344644	1292752	1082778	6087
520333	86327	353355	351730	239929	2420
20511	15560	40724	40724	35767	43
5954	595	2526	2524	2325	3
11949857	4570504	10406743	10263441	8278811	72743
11538097	4491843	10268163	10142464	8171818	72016
368858	44934	77543	63729	53903	366
40994	23245	59867	56077	51882	312
1908	10482	1171	1171	1209	49
5555784	2076977	11635534	11201837	9027451	69452
62612847	23093276	98027622	95710686	86585821	632272
42267577	12783209	75031236	73620670	68054242	499983
13106631	4766738	15220965	14359839	11812596	93164
12794423	7620306	19410954	18932014	15746434	108577

12-5 续表2

单位：万元

分组	Classify	销售费用 Selling Expenses	管理费用 Management Expenses	研发费用 R&D Expenses
总　计	**Total**	**2751988**	**3321158**	**2951033**
#亏损企业	Deficit Enterprises	566012	548262	339851
按隶属关系分（国有控股企业）	**Grouped by Jurisdiction of Management (State-holding)**			
中央企业	Central Enterprises	194074	769573	533330
地方企业	Provincial Enterprises	323176	541779	464625
按登记注册类型分	**By Registered Statistical Categories**			
内资企业	Domestic Invested Enterprises	2131919	2904788	2521351
有限责任公司	Limited Liability Corporations	1660172	2199791	1864770
股份有限公司	Share-holding Corporations Ltd.	455774	633012	601382
非公司企业法人	Non Corporate Legal Entity	9570	68331	53136
个人独资企业	Sole Proprietorship Enterprises	339	1603	164
合伙企业	Partnership Enterprises	6064	1376	1484
其他内资企业	Other Domestic Invested Enterprises		677	416
港澳台投资企业	Enterprises with Investment from Hong Kong, Macao and Taiwan	177337	68605	32773
港澳台投资有限责任公司	Limited Liability Corporations with Investment from Hong Kong, Macao and Taiwan	138617	50236	13327
港澳台投资股份有限公司	Share-holding Corporations Ltd. with Investment from Hong Kong, Macao and Taiwan	38160	16995	17365
港澳台投资合伙企业	Partnership Enterprises with Investment from Hong Kong, Macao and Taiwan	270	1028	1296
其他港澳台投资企业	Other Enterprises with Investment from Hong Kong, Macao and Taiwan	290	345	786
外商投资企业	Foreign Invested Enterprises	442732	347764	396909
外商投资有限责任公司	Foreign Invested Limited Liability Corporations	439046	337049	383290
外商投资股份有限公司	Foreign Invested Share-holding Corporations Ltd.	2300	8303	11622
外商投资合伙企业	Foreign Invested Partnership Enterprises	1289	2106	1776
其他外商投资企业	Other Foreign Invested Enterprises	97	307	220
其他类别企业	Other Statistical Categories			
按轻重工业分	**Grouped by Light Industry and Heavy Industry**			
轻工业	Light Industry	1166641	515457	189337
重工业	Heavy Industry	1585347	2805701	2761696
按企业规模分	**Grouped by Size of Enterprises**			
大型企业	Large Enterprises	1158755	1586878	1726821
中型企业	Medium-sized Enterprises	882766	669461	501816
小型企业	Small Enterprises	710468	1064819	722396

continued 2

(10 000 yuan)

财务费用 Financial Expenses	营业利润 Operating Profit	利润总额 Total Profits	亏损企业亏损总额 Total Loss of Deficit Enterprises	利税总额 Total Pretax Profits	应付职工薪酬 Salary Payable	本年应交增值税 Value-added Tax Payable
56351	**6017399**	**6127193**	**827227**	**8471815**	**9562921**	**1642899**
3036	-815993	-827227	827227	-631135	1251395	134984
34407	704464	762811	36758	1216203	3364315	341108
50890	572043	574076	308888	948598	1470799	270501
50828	4969104	5099574	677097	7214902	8594777	1494899
111441	2315211	2427899	539786	4158472	6546066	1210824
-60292	2610225	2625126	135987	2980847	1839217	260885
248	39591	42507	345	70856	202940	22969
180	97	-81	501	422	1231	372
-566	4605	4601		4374	3040	-342
-183	-625	-478	478	-69	2283	190
8290	104029	105380	111799	152125	171459	38193
8240	68370	67010	93556	97935	118920	24839
-1966	36281	38741	17095	54512	48978	13351
1842	777	777		822	1990	3
174	-1400	-1148	1148	-1145	1571	
-2767	944266	922239	38331	1104789	796684	109807
-1153	938965	917680	36739	1098491	778325	108796
-2160	3854	3424		3251	15169	-539
228	2477	2215	513	4060	2550	1533
318	-1030	-1080	1080	-1013	640	17
15395	711737	716816	130796	1070311	1102579	284044
40956	5305661	5410377	696431	7401504	8460342	1358855
-208243	3824131	3827438	316493	5110892	6052800	783471
64122	1212578	1249818	189476	1756603	1750271	413620
200471	980689	1049936	321258	1604321	1759850	445808

12-5 续表3

单位：万元

分组	Classify	企业单位数（个）Number of Enterprises (unit)	#亏损企业（个）Loss Making Enterprises
按控股情况分	**Grouped by Cast strand**		
国有控股	State-holding	390	77
集体控股	Collective-holding	8	1
私人控股	Private-holding	1440	317
港澳台控股	Holding by Investors from Hong Kong, Macao and Taiwan	23	7
外商控股	Holding by Foreign Investors	77	18
其他	Others		
按工业行业大类分	**Grouped by Sector**		
煤炭开采和洗选业	Mining and Washing of Coal	1	
石油和天然气开采业	Extraction of Petroleum and Natural Gas		
黑色金属矿采选业	Mining and Processing of Ferrous Metal Ores		
有色金属矿采选业	Mining and Processing of Non-ferrous Metal Ores		
非金属矿采选业	Mining and Processing of Non-metal Ores		
开采专业及辅助性活动	Professional and Support Activities for Mining	19	1
其他采矿业	Mining of Other Ores		
农副食品加工业	Processing of Food from Agricultural Products	46	17
食品制造业	Manufacture of Foods	49	16
酒、饮料和精制茶制造业	Manufacture of Alcohol, Beverages and Refined Tea	14	4
烟草制品业	Manufacture of Tobacco	2	
纺织业	Manufacture of Textile	17	7
纺织服装、服饰业	Manufacture of Textile, Wearing Apparel and Accessories	4	2
皮革、毛皮、羽毛及其制品和制鞋业	Manufacture of Leather, Fur, Feather and Related Products and Footwear	2	2
木材加工和木、竹、藤、棕、草制品业	Processing of Timber, Manufacture of Wood, Bamboo, Rattan, Palm and Straw Products	1	
家具制造业	Manufacture of Furniture	9	2
造纸和纸制品业	Manufacture of Paper and Paper Products	23	6
印刷和记录媒介复制业	Printing and Reproduction of Recording Media	20	6

continued 3

(10 000 yuan)

平均用工人数（人） Annual Average Employees (person)	资产总计 Total Assets	流动资产合计 Current Assets	固定资产原价 Fixed Assets (original value)	#累计折旧 Accumulative Total Depreciation
261923	70772904	38263994	27420438	14163102
2431	354323	269171	94948	47543
303379	73052921	50041682	17558290	5714532
6786	1234905	861570	306312	206743
34374	14420611	6399857	21776035	14722194
456	32228	30983	780	143
18631	3962545	2161357	1856283	993702
5206	1013548	674909	205898	96241
14110	739651	426799	424210	228727
5585	735052	368919	454253	241452
481	65695	35026	61780	33232
4335	300635	117935	225011	95632
490	70247	44355	15815	8029
498	71202	44097	17188	6005
20	1281	1092	212	156
1269	57645	40522	21690	9323
1706	163408	107258	58315	26801
4620	733628	451463	493229	350904

12-5 续表4

单位：万元

分 组	Classify	负债合计 Total Liabilities	#流动负债合计 Current Liabilities
按控股情况分	**Grouped by Cast strand**		
国有控股	State-holding	42320289	35211426
集体控股	Collective-holding	208602	219515
私人控股	Private-holding	45907437	40848455
港澳台控股	Holding by Investors from Hong Kong, Macao and Taiwan	341373	235384
外商控股	Holding by Foreign Investors	2889305	2231029
其他	Others		
按工业行业大类分	**Grouped by Sector**		
煤炭开采和洗选业	Mining and Washing of Coal	14464	14464
石油和天然气开采业	Extraction of Petroleum and Natural Gas		
黑色金属矿采选业	Mining and Processing of Ferrous Metal Ores		
有色金属矿采选业	Mining and Processing of Non-ferrous Metal Ores		
非金属矿采选业	Mining and Processing of Non-metal Ores		
开采专业及辅助性活动	Professional and Support Activities for Mining	1448333	1272901
其他采矿业	Mining of Other Ores		
农副食品加工业	Processing of Food from Agricultural Products	649068	540088
食品制造业	Manufacture of Foods	392669	376355
酒、饮料和精制茶制造业	Manufacture of Alcohol, Beverages and Refined Tea	307017	243279
烟草制品业	Manufacture of Tobacco	12534	11034
纺织业	Manufacture of Textile	185670	111628
纺织服装、服饰业	Manufacture of Textile, Wearing Apparel and Accessories	39054	37664
皮革、毛皮、羽毛及其制品和制鞋业	Manufacture of Leather, Fur, Feather and Related Products and Footwear	21997	20975
木材加工和木、竹、藤、棕、草制品业	Processing of Timber, Manufacture of Wood, Bamboo, Rattan, Palm and Straw Products	996	986
家具制造业	Manufacture of Furniture	41024	37298
造纸和纸制品业	Manufacture of Paper and Paper Products	106399	101798
印刷和记录媒介复制业	Printing and Reproduction of Recording Media	198261	173545

continued 4

(10 000 yuan)

所有者权益合计 Total Owners' Equities	#实收资本 Paid-in Capitals	营业收入 Business Revenue	#主营业务收入 Revenue from Principal Business	营业成本 Business Cost	税金及附加 Taxes and Other Charges
28452612	11735040	36083884	34747511	32029460	216306
145721	70906	250544	248342	197202	1668
27145461	8778291	62448544	61217142	55020606	406986
893532	213646	845268	838917	441117	5552
11531306	4372370	10034915	9860611	7924888	71213
17763	15000	29229	28186	22110	179
2514211	1544299	2198147	2113880	1986773	25320
364479	104676	1259412	1222535	1157033	2671
346981	191688	1020980	992575	819187	7492
428035	151133	830123	795505	598046	14106
53161	35471	27919	27744	18271	644
114965	50405	202464	156914	180427	1599
31193	23398	43823	43624	34995	191
49205	41000	29012	28460	25022	358
286	200	598	597	524	1
16621	13900	47409	47400	38295	299
57009	33259	170582	167089	151306	733
535367	243064	367616	359904	291796	3665

12-5 续表5

单位：万元

分 组	Classify	销售费用 Selling Expenses	管理费用 Management Expenses	研发费用 R&D Expenses
按控股情况分	**Grouped by Cast strand**			
国有控股	State-holding	517251	1311352	997955
集体控股	Collective-holding	13404	13584	7069
私人控股	Private-holding	1622305	1622370	1540045
港澳台控股	Holding by Investors from Hong Kong, Macao and Taiwan	159196	36974	25216
外商控股	Holding by Foreign Investors	439832	336878	380748
其他	Others			
按工业行业大类分	**Grouped by Sector**			
煤炭开采和洗选业	Mining and Washing of Coal		4738	1330
石油和天然气开采业	Extraction of Petroleum and Natural Gas			
黑色金属矿采选业	Mining and Processing of Ferrous Metal Ores			
有色金属矿采选业	Mining and Processing of Non-ferrous Metal Ores			
非金属矿采选业	Mining and Processing of Non-metal Ores			
开采专业及辅助性活动	Professional and Support Activities for Mining	14040	95602	70351
其他采矿业	Mining of Other Ores			
农副食品加工业	Processing of Food from Agricultural Products	28472	33405	7754
食品制造业	Manufacture of Foods	80016	48672	7968
酒、饮料和精制茶制造业	Manufacture of Alcohol, Beverages and Refined Tea	118211	21096	2100
烟草制品业	Manufacture of Tobacco	1214	7933	
纺织业	Manufacture of Textile	7990	10486	2390
纺织服装、服饰业	Manufacture of Textile, Wearing Apparel and Accessories	2790	2799	1471
皮革、毛皮、羽毛及其制品和制鞋业	Manufacture of Leather, Fur, Feather and Related Products and Footwear	1140	2050	839
木材加工和木、竹、藤、棕、草制品业	Processing of Timber, Manufacture of Wood, Bamboo, Rattan, Palm and Straw Products		55	
家具制造业	Manufacture of Furniture	2494	3904	1368
造纸和纸制品业	Manufacture of Paper and Paper Products	5258	6205	1449
印刷和记录媒介复制业	Printing and Reproduction of Recording Media	8156	36426	10361

continued 5

(10 000 yuan)

财务费用 Financial Expenses	营业利润 Operating Profit	利润总额 Total Profits	亏损企业亏损总额 Total Loss of Deficit Enterprises	利税总额 Total Pretax Profits	应付职工薪酬 Salary Payable	本年应交增值税 Value-added Tax Payable
85297	1276507	1336887	345646	2164802	4835114	611609
187	18292	18868	524	28393	34461	7857
-33119	3600448	3669653	437312	4970405	3849080	893767
260	184369	187057	17120	220869	81519	28261
3726	937783	914727	26626	1087347	762747	101406
-11	775	804		2578	13179	1595
-11489	29897	63196	1336	98217	567434	9700
8161	25802	34554	4024	43366	45919	6142
955	70125	71554	4533	112887	109708	33841
-3298	84531	86077	4377	130091	76894	29909
-517	476	471		2892	8216	1778
1162	-1069	773	3090	4627	31235	2255
390	1187	1419	734	2420	3529	811
65	-487	-450	450	101	3894	192
11	6	16		27	132	10
209	1315	1392	127	3204	10381	1513
1430	5313	5527	1103	9233	11849	2972
-5585	16326	16518	5089	34821	88605	14639

12-5　续表6

单位：万元

分　组	Classify	企业单位数（个） Number of Enterprises (unit)	#亏损企业（个） Loss Making Enterprises
文教、工美、体育和娱乐用品制造业	Manufacture of Articles for Culture, Education, Arts and Crafts, Sport and Entertainment Activities	3	1
石油、煤炭及其他燃料加工业	Processing of Petroleum, Coal and Other Fuels	3	1
化学原料和化学制品制造业	Manufacture of Raw Chemical Materials and Chemical Products	74	8
医药制造业	Manufacture of Medicines	75	20
化学纤维制造业	Manufacture of Chemical Fibers	3	
橡胶和塑料制品业	Manufacture of Rubber and Plastics Products	43	8
非金属矿物制品业	Manufacture of Non-metallic Mineral Products	200	58
黑色金属冶炼和压延加工业	Smelting and Pressing of Ferrous Metals	12	4
有色金属冶炼和压延加工业	Smelting and Pressing of Non-ferrous Metals	53	6
金属制品业	Manufacture of Metal Products	134	27
通用设备制造业	Manufacture of General Purpose Machinery	133	17
专用设备制造业	Manufacture of Special Purpose Machinery	165	26
汽车制造业	Manufacture of Automobiles	101	31
铁路、船舶、航空航天和其他运输设备制造业	Manufacture of Railway, Ship, Aerospace and Other Transport Equipments	119	14
电气机械和器材制造业	Manufacture of Electrical Machinery and Apparatus	207	33
计算机、通信和其他电子设备制造业	Manufacture of Computers, Communication and Other Electronic Equipment	185	48
仪器仪表制造业	Manufacture of Measuring Instruments and Machinery	100	20
其他制造业	Other Manufacture	4	1
废弃资源综合利用业	Utilization of Waste Resources	9	4
金属制品、机械和设备修理业	Repair Service of Metal Products, Machinery and Equipment	18	3
电力、热力生产和供应业	Production and Supply of Electric Power and Heat Power	41	12
燃气生产和供应业	Production and Supply of Gas	27	6
水的生产和供应业	Production and Supply of Water	22	9

continued 6

(10 000 yuan)

平均用工人数（人） Annual Average Employees (person)	资产总计 Total Assets	流动资产合计 Current Assets	固定资产原价 Fixed Assets (original value)	#累计折旧 Accumulative Total Depreciation
407	19865	13848	2599	1297
249	54276	44924	14638	8885
14174	2886145	1901854	1010895	608943
17165	3281616	2176256	976684	399494
736	167179	99796	177006	111509
5201	907507	435593	451652	169828
21266	5661647	4666895	1192919	568951
951	275959	215642	46646	25522
13140	3310746	2205724	944016	362298
21316	4600106	3357725	1223044	573090
23513	5698863	4458948	1021026	488586
26121	7390718	5584711	1249397	541045
114697	28499566	22418312	5352994	1998485
64986	22473045	8774952	5130715	2482766
65634	18011323	12284983	3880602	1463499
73462	31367200	16551866	26541735	15821937
11739	1963121	1505354	293028	135384
388	26580	22304	10974	8782
537	137212	57869	61476	20044
2621	421825	240709	121274	38851
61995	8839619	2538348	10300865	5670444
6711	3748650	1273472	2264787	909236
4477	2146131	501475	1052388	354890

12-5 续表7

单位：万元

分 组	Classify	负债合计 Total Liabilities	#流动负债合计 Current Liabilities
文教、工美、体育和娱乐用品制造业	Manufacture of Articles for Culture, Education, Arts and Crafts, Sport and Entertainment Activities	5410	4578
石油、煤炭及其他燃料加工业	Processing of Petroleum, Coal and Other Fuels	45874	43924
化学原料和化学制品制造业	Manufacture of Raw Chemical Materials and Chemical Products	1082076	883781
医药制造业	Manufacture of Medicines	1343242	1164007
化学纤维制造业	Manufacture of Chemical Fibers	26083	24619
橡胶和塑料制品业	Manufacture of Rubber and Plastics Products	493236	326175
非金属矿物制品业	Manufacture of Non-metallic Mineral Products	4089648	3769474
黑色金属冶炼和压延加工业	Smelting and Pressing of Ferrous Metals	165734	152117
有色金属冶炼和压延加工业	Smelting and Pressing of Non-ferrous Metals	1635763	1244384
金属制品业	Manufacture of Metal Products	3070789	2523375
通用设备制造业	Manufacture of General Purpose Machinery	3063596	2743876
专用设备制造业	Manufacture of Special Purpose Machinery	4183681	3358165
汽车制造业	Manufacture of Automobiles	22735865	21321631
铁路、船舶、航空航天和其他运输设备制造业	Manufacture of Railway, Ship, Aerospace and Other Transport Equipments	11733077	11219213
电气机械和器材制造业	Manufacture of Electrical Machinery and Apparatus	12298633	11571227
计算机、通信和其他电子设备制造业	Manufacture of Computers, Communication and Other Electronic Equipment	10623674	7754788
仪器仪表制造业	Manufacture of Measuring Instruments and Machinery	955265	868270
其他制造业	Other Manufacture	10286	8937
废弃资源综合利用业	Utilization of Waste Resources	93021	74814
金属制品、机械和设备修理业	Repair Service of Metal Products, Machinery and Equipment	230445	195969
电力、热力生产和供应业	Production and Supply of Electric Power and Heat Power	6447929	3918344
燃气生产和供应业	Production and Supply of Gas	2297409	1779561
水的生产和供应业	Production and Supply of Water	1618783	852566

continued 7

(10 000 yuan)

所有者权益合计 Total Owners' Equities	#实收资本 Paid-in Capitals	营业收入 Business Revenue	#主营业务收入 Revenue from Principal Business	营业成本 Business Cost	税金及附加 Taxes and Other Charges
14454	3765	12366	12266	10461	70
8402	8502	46029	38977	38966	256
1804067	469812	1893202	1848916	1437318	12234
1938373	397882	2548798	2519057	1284003	23310
141097	95052	198099	198099	158049	1662
414271	403682	568072	557459	479079	3718
1571995	1626351	3146762	3054427	2618322	19701
110225	46195	578482	576675	557352	921
1674983	454505	2093866	2052489	1679210	23972
1529315	679823	1986870	1945225	1644586	13307
2635264	732966	2385147	2367376	1830699	14416
3207033	1113484	3311611	3255577	2357152	22286
5763699	1486020	24463199	23641100	22427336	267227
10739966	2685846	8533669	8426898	7318464	38651
5712688	2702235	21685472	21144137	20034158	50958
20743523	6346793	20469188	20285621	17748168	105260
1007855	368970	1089748	1077366	789508	5774
16295	2614	16434	16287	11877	97
44191	34885	95862	95067	86136	714
191380	154495	242156	240625	188113	1776
2391690	1613506	4904337	4809984	4639388	26002
1451241	890581	2840839	2455566	2708148	7873
527348	404796	325635	308917	242997	4284

12-5 续表8

单位：万元

分 组	Classify	销售费用 Selling Expenses	管理费用 Management Expenses	研发费用 R&D Expenses
文教、工美、体育和娱乐用品制造业	Manufacture of Articles for Culture, Education, Arts and Crafts, Sport and Entertainment Activities	316	839	255
石油、煤炭及其他燃料加工业	Processing of Petroleum, Coal and Other Fuels	2055	2046	2218
化学原料和化学制品制造业	Manufacture of Raw Chemical Materials and Chemical Products	76121	98548	73858
医药制造业	Manufacture of Medicines	698309	223133	82803
化学纤维制造业	Manufacture of Chemical Fibers	1129	5620	4566
橡胶和塑料制品业	Manufacture of Rubber and Plastics Products	24991	24631	10771
非金属矿物制品业	Manufacture of Non-metallic Mineral Products	92180	137681	61998
黑色金属冶炼和压延加工业	Smelting and Pressing of Ferrous Metals	1937	5283	2264
有色金属冶炼和压延加工业	Smelting and Pressing of Non-ferrous Metals	17734	66612	81111
金属制品业	Manufacture of Metal Products	30957	120300	77807
通用设备制造业	Manufacture of General Purpose Machinery	82473	172963	133404
专用设备制造业	Manufacture of Special Purpose Machinery	223720	187304	158558
汽车制造业	Manufacture of Automobiles	354624	371363	506641
铁路、船舶、航空航天和其他运输设备制造业	Manufacture of Railway, Ship, Aerospace and Other Transport Equipments	126315	343181	279698
电气机械和器材制造业	Manufacture of Electrical Machinery and Apparatus	443723	423631	249643
计算机、通信和其他电子设备制造业	Manufacture of Computers, Communication and Other Electronic Equipment	163723	501623	1012025
仪器仪表制造业	Manufacture of Measuring Instruments and Machinery	65369	86989	76510
其他制造业	Other Manufacture	579	1683	936
废弃资源综合利用业	Utilization of Waste Resources	1649	5306	1202
金属制品、机械和设备修理业	Repair Service of Metal Products, Machinery and Equipment	2236	19480	4535
电力、热力生产和供应业	Production and Supply of Electric Power and Heat Power	10445	141729	15306
燃气生产和供应业	Production and Supply of Gas	45507	76926	7106
水的生产和供应业	Production and Supply of Water	16115	30917	442

continued 8

(10 000 yuan)

财务费用 Financial Expenses	营业利润 Operating Profit	利润总额 Total Profits	亏损企业亏损总额 Total Loss of Deficit Enterprises	利税总额 Total Pre-tax Profits	应付职工薪酬 Salary Payable	本年应交增值税 Value-added Tax Payable
93	493	494	494	1061	3765	497
472	40	148	1028	1595	2305	1190
-4757	233299	241882	7083	299879	254672	45763
9215	236989	228439	22027	375676	312656	123927
-509	21228	26477		35635	15838	7496
7231	18742	21488	6570	33388	49411	8182
39324	196501	196587	44896	317948	212007	101661
1406	8220	9175	1785	13225	8795	3129
20530	235709	237181	12160	298043	183800	36891
27232	116293	121206	20877	188869	288701	54355
-19502	193439	199660	24184	276326	349059	62251
9162	363878	375017	46902	519772	402979	122469
-22219	608476	617497	55533	1206899	1519649	322175
-5036	528527	537986	29409	695184	1558897	118547
-90783	442735	444465	186418	617460	970760	122037
-37416	2437606	2436584	148285	2788792	1361020	246948
6454	68543	70159	17603	119397	190352	43464
365	902	1026	155	2022	3216	899
3127	-1568	-759	3646	3261	5529	3307
2337	27908	28766	1798	41217	46329	10675
74838	-3654	4409	66045	108362	634694	77951
20878	39122	39416	89409	68814	141902	21525
22424	9774	8038	16062	14527	75610	2205

12-6 规模以上国有控股工业企业主要经济指标（2023年）

单位：万元

分组	Classify	企业单位数（个） Number of Enterprises (unit)	#亏损企业（个） Loss Making Enterprises
总　计	**Total**	**390**	**77**
#亏损企业	Deficit Enterprises	77	77
按隶属关系分	**Grouped by Jurisdiction of Management**		
中央企业	Central Enterprises	134	11
地方企业	Provincial Enterprises	256	66
按轻重工业分	**Grouped by Light Industry and Heavy Industry**		
轻工业	Light Industry	35	10
重工业	Heavy Industry	355	67
按企业规模分	**Grouped by Size of Enterprises**		
大型企业	Large Enterprises	41	5
中型企业	Medium-sized Enterprises	95	17
小型企业	Small Enterprises	254	55
按工业行业大类分	**Grouped by Sector**		
煤炭开采和洗选业	Mining and Washing of Coal	1	
石油和天然气开采业	Extraction of Petroleum and Natural Gas		
黑色金属矿采选业	Mining and Processing of Ferrous Metal Ores		
有色金属矿采选业	Mining and Processing of Non-ferrous Metal Ores		
非金属矿采选业	Mining and Processing of Non-metal Ores		
开采专业及辅助性活动	Professional and Support Activities for Mining	5	
其他采矿业	Mining of Other Ores		
农副食品加工业	Processing of Food from Agricultural Products		
食品制造业	Manufacture of Foods	7	2
酒、饮料和精制茶制造业	Manufacture of Alcohol, Beverages and Refined Tea	1	
烟草制品业	Manufacture of Tobacco	1	
纺织业	Manufacture of Textile	6	2
纺织服装、服饰业	Manufacture of Textile, Wearing Apparel and Accessories		
皮革、毛皮、羽毛及其制品和制鞋业	Manufacture of Leather, Fur, Feather and Related Products and Footware	1	1
木材加工和木、竹、藤、棕、草制品业	Processing of Timber, Manufacture of Wood, Bamboo, Rattan, Palm and Straw Products		

Major Economic Indicators of State-holding Industrial Enterprises above Designated Size (2023)

(10 000 yuan)

平均用工人数（人）Annual Average Employees (person)	资产总计 Total Assets	流动资产合计 Current Assets	固定资产原价 Fixed Assets (original value)	#累计折旧 Accumulative Total Depreciation
261923	**70772904**	**38263994**	**27420438**	**14163102**
29159	12521087	8708291	3425948	1477578
170251	38084774	16621646	17102377	9351734
91672	32688131	21642347	10318061	4811368
13125	1733307	949493	1094238	617421
248798	69039597	37314501	26326201	13545681
177803	45752405	22106520	18544414	9684992
53451	13223015	8837777	5309710	3025976
30669	11797485	7319697	3566315	1452133
456	32228	30983	780	143
16552	3514712	1947849	1756654	936468
2002	121205	86732	36049	19954
1184	275023	152739	70255	13771
337	39369	23342	37627	21763
3497	248702	73456	209872	88004
478	63173	36173	16525	5417

12-6 续表1

单位：万元

分组	Classify	负债合计 Total Liabilities	#流动负债合计 Current Liabilities
总　　计	**Total**	**42320289**	**35211426**
#亏损企业	Deficit Enterprises	10132076	7909722
按隶属关系分	**Grouped by Jurisdiction of Management**		
中央企业	Central Enterprises	20835320	18736787
地方企业	Provincial Enterprises	21484969	16474639
按轻重工业分	**Grouped by Light Industry and Heavy Industry**		
轻工业	Light Industry	595593	427313
重工业	Heavy Industry	41724696	34784112
按企业规模分	**Grouped by Size of Enterprises**		
大型企业	Large Enterprises	26075092	22944990
中型企业	Medium-sized Enterprises	8318014	6644356
小型企业	Small Enterprises	7927183	5622079
按工业行业大类分	**Grouped by Sector**		
煤炭开采和洗选业	Mining and Washing of Coal	14464	14464
石油和天然气开采业	Extraction of Petroleum and Natural Gas		
黑色金属矿采选业	Mining and Processing of Ferrous Metal Ores		
有色金属矿采选业	Mining and Processing of Non-ferrous Metal Ores		
非金属矿采选业	Mining and Processing of Non-metal Ores		
开采专业及辅助性活动	Professional and Support Activities for Mining	1274526	1115126
其他采矿业	Mining of Other Ores		
农副食品加工业	Processing of Food from Agricultural Products		
食品制造业	Manufacture of Foods	37309	34090
酒、饮料和精制茶制造业	Manufacture of Alcohol, Beverages and Refined Tea	121239	78327
烟草制品业	Manufacture of Tobacco	4772	4772
纺织业	Manufacture of Textile	160779	87804
纺织服装、服饰业	Manufacture of Textile, Wearing Apparel and Accessories		
皮革、毛皮、羽毛及其制品和制鞋业	Manufacture of Leather, Fur, Feather and Related Products and Footware	20014	18992
木材加工和木、竹、藤、棕、草制品业	Processing of Timber, Manufacture of Wood, Bamboo, Rattan, Palm and Straw Products		

continued 1

(10 000 yuan)

所有者权益合计 Total Owners' Equities	#实收资本 Paid-in Capitals	营业收入 Business Revenue	#主营业务收入 Revenue from Principal Business	营业成本 Business Cost	税金及附加 Taxes and Other Charges
28452612	**11735040**	**36083884**	**34747511**	**32029460**	**216306**
2389011	2191680	6419493	5967376	6256543	22764
17249452	6770607	19477260	19146853	17344360	112284
11203160	4964433	16606624	15600658	14685100	104022
1137714	569466	1119565	1063522	867974	19512
27314898	11165573	34964319	33683988	31161486	196793
19677312	6767249	23076233	22368833	20724875	141221
4905000	2278194	6638575	6151072	5695670	42108
3870299	2689597	6369077	6227606	5608915	32977
17763	15000	29229	28186	22110	179
2240186	1461720	2040119	1958439	1859126	24617
83896	37065	80001	78678	61896	952
153784	23698	297414	296631	209256	10303
34597	27400	10331	10156	5259	368
87923	29057	134279	88900	123622	1316
43159	34500	26963	26411	23336	355

12-6 续表2

单位：万元

分 组	Classify	销售费用 Selling Expenses	管理费用 Management Expenses	研发费用 R&D Expenses
总 计	**Total**	**517251**	**1311352**	**997955**
#亏损企业	Deficit Enterprises	117947	166814	138864
按隶属关系分	**Grouped by Jurisdiction of Management**			
中央企业	Central Enterprises	194074	769573	533330
地方企业	Provincial Enterprises	323176	541779	464625
按轻重工业分	**Grouped by Light Industry and Heavy Industry**			
轻工业	Light Industry	42135	69649	17347
重工业	Heavy Industry	475116	1241704	980608
按企业规模分	**Grouped by Size of Enterprises**			
大型企业	Large Enterprises	319900	780846	593377
中型企业	Medium-sized Enterprises	114949	288381	205482
小型企业	Small Enterprises	82402	242126	199096
按工业行业大类分	**Grouped by Sector**			
煤炭开采和洗选业	Mining and Washing of Coal		4738	1330
石油和天然气开采业	Extraction of Petroleum and Natural Gas			
黑色金属矿采选业	Mining and Processing of Ferrous Metal Ores			
有色金属矿采选业	Mining and Processing of Non-ferrous Metal Ores			
非金属矿采选业	Mining and Processing of Non-metal Ores			
开采专业及辅助性活动	Professional and Support Activities for Mining	4654	83253	65836
其他采矿业	Mining of Other Ores			
农副食品加工业	Processing of Food from Agricultural Products			
食品制造业	Manufacture of Foods	4661	9330	513
酒、饮料和精制茶制造业	Manufacture of Alcohol, Beverages and Refined Tea	19547	3455	
烟草制品业	Manufacture of Tobacco	1166	3766	
纺织业	Manufacture of Textile	1547	7314	776
纺织服装、服饰业	Manufacture of Textile, Wearing Apparel and Accessories			
皮革、毛皮、羽毛及其制品和制鞋业	Manufacture of Leather, Fur, Feather and Related Products and Footware	953	1812	839
木材加工和木、竹、藤、棕、草制品业	Processing of Timber, Manufacture of Wood, Bamboo, Rattan, Palm and Straw Products			

continued 2

(10 000 yuan)

财务费用 Financial Expenses	营业利润 Operating Profit	利润总额 Total Profits	亏损企业亏损总额 Total Loss of Deficit Enterprises	利税总额 Total Pretax Profits	应付职工薪酬 Salary Payable	本年应交增值税 Value-added Tax Payable
85297	**1276507**	**1336887**	**345646**	**2164802**	**4835114**	**611609**
44203	-342684	-345646	345646	-280001	434691	42880
34407	704464	762811	36758	1216203	3364315	341108
50890	572043	574076	308888	948598	1470799	270501
-7311	103495	110715	12030	174213	185627	43986
92608	1173012	1226172	333616	1990588	4649487	567623
-43077	831797	868097	143176	1321131	3427646	311812
54568	245733	264593	92827	503175	927737	196474
73806	198977	204197	109643	340496	479730	103323
-11	775	804		2578	13179	1595
-12253	26403	59129		91607	539365	7862
-119	2765	2794	1350	8244	18104	4497
-2480	61821	61931		85634	23062	13400
-488	286	296		1655	4224	992
1078	-861	451	2033	2722	25465	954
31	-387	-382	382	157	3758	184

12-6 续表3

单位：万元

分　组	Classify	企业单位数（个）Number of Enterprises (unit)	#亏损企业（个）Loss Making Enterprises
家具制造业	Manufacture of Furniture		
造纸和纸制品业	Manufacture of Paper and Paper Products		
印刷和记录媒介复制业	Printing and Reproduction of Recording Media	7	3
文教、工美、体育和娱乐用品制造业	Manufacture of Articles for Culture, Education, Arts and Crafts, Sport and Entertainment Activities	1	
石油、煤炭及其他燃料加工业	Processing of Petroleum, Coal and Other Fuels		
化学原料和化学制品制造业	Manufacture of Raw Chemical Materials and Chemical Products	14	1
医药制造业	Manufacture of Medicines	4	1
化学纤维制造业	Manufacture of Chemical Fibres	3	
橡胶和塑料制品业	Manufacture of Rubber and Plastics Products	2	1
非金属矿物制品业	Manufacture of Non-metallic Mineral Products	17	4
黑色金属冶炼和压延加工业	Smelting and Pressing of Ferrous Metals	2	1
有色金属冶炼和压延加工业	Smelting and Pressing of Non-ferrous Metals	19	3
金属制品业	Manufacture of Metal Products	25	5
通用设备制造业	Manufacture of General Purpose Machinery	24	4
专用设备制造业	Manufacture of Special Purpose Machinery	33	6
汽车制造业	Manufacture of Automobiles	25	10
铁路、船舶、航空航天和其他运输设备制造业	Manufacture of Railway, Ship, Aerospace and Other Transport Equipments	39	1
电气机械和器材制造业	Manufacture of Electrical Machinery and Apparatus	29	3
计算机、通信和其他电子设备制造业	Manufacture of Computers, Communication and Other Electronic Equipment	42	4
仪器仪表制造业	Manufacture of Measuring Instruments and Machinery	15	3
其他制造业	Other Manufacture		
废弃资源综合利用业	Utilization of Waste Resources	2	1
金属制品、机械和设备修理业	Repair Service of Metal Products, Machinery and Equipment	6	1
电力、热力生产和供应业	Production and Supply of Electric Power and Heat Power	29	11
燃气生产和供应业	Production and Supply of Gas	11	1
水的生产和供应业	Production and Supply of Water	19	8

continued 3

(10 000 yuan)

平均用工人数（人）Annual Average Employees (person)	资产总计 Total Assets	流动资产合计 Current Assets	固定资产原价 Fixed Assets (original value)	#累计折旧 Accumulative Total Depreciation
2832	571127	363212	388785	299319
118	5369	5030	589	406
8423	1184081	627124	651049	424398
1000	117555	56885	81821	32096
736	167179	99796	177006	111509
1944	558401	217209	307743	101439
3772	1649893	1334162	262580	86035
208	146135	128301	26455	16690
10486	2752404	1832182	823340	313465
13308	3266408	2359374	923238	445860
7820	3489754	2906826	435225	253952
11702	4469512	3392741	734814	335530
22671	8610733	7347355	1477480	846250
51091	19065903	6384114	4427579	2259998
9848	3142475	2440983	635252	414078
14976	3246236	2088298	941959	400519
4136	900927	662557	163366	78275
149	40824	20222	24913	8961
1589	251501	130603	70290	14661
60998	7679103	2003322	9742429	5464099
5241	3147497	1044459	1944461	815196
4369	2015473	467964	1052303	354846

12-6 续表4

单位：万元

分 组	Classify	负债合计 Total Liabilities	#流动负债合计 Current Liabilities
家具制造业	Manufacture of Furniture		
造纸和纸制品业	Manufacture of Paper and Paper Products		
印刷和记录媒介复制业	Printing and Reproduction of Recording Media	87849	83852
文教、工美、体育和娱乐用品制造业	Manufacture of Articles for Culture, Education, Arts and Crafts, Sport and Entertainment Activities	1857	1857
石油、煤炭及其他燃料加工业	Processing of Petroleum, Coal and Other Fuels		
化学原料和化学制品制造业	Manufacture of Raw Chemical Materials and Chemical Products	592644	469852
医药制造业	Manufacture of Medicines	48314	46171
化学纤维制造业	Manufacture of Chemical Fibres	26083	24619
橡胶和塑料制品业	Manufacture of Rubber and Plastics Products	298359	156859
非金属矿物制品业	Manufacture of Non-metallic Mineral Products	1244681	1124372
黑色金属冶炼和压延加工业	Smelting and Pressing of Ferrous Metals	129875	125274
有色金属冶炼和压延加工业	Smelting and Pressing of Non-ferrous Metals	1351788	984795
金属制品业	Manufacture of Metal Products	2479744	1980543
通用设备制造业	Manufacture of General Purpose Machinery	2146355	1959800
专用设备制造业	Manufacture of Special Purpose Machinery	2729360	2216267
汽车制造业	Manufacture of Automobiles	6083688	5298140
铁路、船舶、航空航天和其他运输设备制造业	Manufacture of Railway, Ship, Aerospace and Other Transport Equipments	10210432	10022887
电气机械和器材制造业	Manufacture of Electrical Machinery and Apparatus	1790780	1641730
计算机、通信和其他电子设备制造业	Manufacture of Computers, Communication and Other Electronic Equipment	1834870	1379941
仪器仪表制造业	Manufacture of Measuring Instruments and Machinery	454302	431151
其他制造业	Other Manufacture		
废弃资源综合利用业	Utilization of Waste Resources	29421	20244
金属制品、机械和设备修理业	Repair Service of Metal Products, Machinery and Equipment	176812	146800
电力、热力生产和供应业	Production and Supply of Electric Power and Heat Power	5505012	3438072
燃气生产和供应业	Production and Supply of Gas	1932517	1475741
水的生产和供应业	Production and Supply of Water	1532447	828886

continued 4

(10 000 yuan)

所有者权益合计 Total Owners' Equities	#实收资本 Paid-in Capitals	营业收入 Business Revenue	#主营业务收入 Revenue from Principal Business	营业成本 Business Cost	税金及附加 Taxes and Other Charges
483279	212285	248500	245404	196575	2885
3513	200	4062	4062	2508	34
591438	146758	807777	780484	677904	5641
69241	65895	67044	66632	45372	1079
141097	95052	198099	198099	158049	1662
260042	314073	230769	225989	209324	1761
405212	163425	818246	815311	712315	5322
16260	9500	471744	471708	462785	696
1400616	342733	1484985	1463374	1142482	22313
786664	474278	1263998	1239741	1096607	7747
1343399	399588	1289155	1278128	1058674	6746
1740150	678421	1625958	1588840	1330073	11446
2527046	742046	6592306	6182283	6122252	23548
8855472	2143177	6937683	6852613	6178621	28149
1351695	830367	2108596	2038643	1790143	13497
1411366	571650	1346353	1328747	1017695	9050
446625	172412	449316	444542	369869	2175
11403	10500	14064	13975	10686	244
74689	96519	135650	135225	116739	1004
2174091	1481489	4637413	4545526	4432472	22483
1214980	790553	2427703	2051375	2364603	6538
483026	365680	306128	289409	229109	4200

12-6 续表5

单位：万元

分　组	Classify	销售费用 Selling Expenses	管理费用 Management Expenses	研发费用 R&D Expenses
家具制造业	Manufacture of Furniture			
造纸和纸制品业	Manufacture of Paper and Paper Products			
印刷和记录媒介复制业	Printing and Reproduction of Recording Media	3914	28278	5674
文教、工美、体育和娱乐用品制造业	Manufacture of Articles for Culture, Education, Arts and Crafts, Sport and Entertainment Activities	304	536	206
石油、煤炭及其他燃料加工业	Processing of Petroleum, Coal and Other Fuels			
化学原料和化学制品制造业	Manufacture of Raw Chemical Materials and Chemical Products	10687	51442	28674
医药制造业	Manufacture of Medicines	6236	5265	1760
化学纤维制造业	Manufacture of Chemical Fibres	1129	5620	4566
橡胶和塑料制品业	Manufacture of Rubber and Plastics Products	9240	9435	1430
非金属矿物制品业	Manufacture of Non-metallic Mineral Products	5965	25697	25559
黑色金属冶炼和压延加工业	Smelting and Pressing of Ferrous Metals	940	1051	
有色金属冶炼和压延加工业	Smelting and Pressing of Non-ferrous Metals	9594	51635	60461
金属制品业	Manufacture of Metal Products	14298	68444	53715
通用设备制造业	Manufacture of General Purpose Machinery	29460	76075	59321
专用设备制造业	Manufacture of Special Purpose Machinery	50507	78144	70782
汽车制造业	Manufacture of Automobiles	132519	90850	160204
铁路、船舶、航空航天和其他运输设备制造业	Manufacture of Railway, Ship, Aerospace and Other Transport Equipments	72696	258194	199898
电气机械和器材制造业	Manufacture of Electrical Machinery and Apparatus	55863	96521	72755
计算机、通信和其他电子设备制造业	Manufacture of Computers, Communication and Other Electronic Equipment	26849	95774	134131
仪器仪表制造业	Manufacture of Measuring Instruments and Machinery	10422	32471	27007
其他制造业	Other Manufacture			
废弃资源综合利用业	Utilization of Waste Resources	420	1223	321
金属制品、机械和设备修理业	Repair Service of Metal Products, Machinery and Equipment	756	9840	1225
电力、热力生产和供应业	Production and Supply of Electric Power and Heat Power	4160	131788	13474
燃气生产和供应业	Production and Supply of Gas	22650	49527	7055
水的生产和供应业	Production and Supply of Water	16115	29875	442

continued 5

(10 000 yuan)

财务费用 Financial Expenses	营业利润 Operating Profit	利润总额 Total Profits	亏损企业亏损总额 Total Loss of Deficit Enterprises	利税总额 Total Pretax Profits	应付职工薪酬 Salary Payable	本年应交增值税 Value-added Tax Payable
-7866	12157	11854	4234	26079	73236	11341
	475	479		780	1207	267
-102	65634	74499	472	101153	180174	21012
1283	6258	6702	2970	11128	9819	3348
-509	21228	26477		35635	15838	7496
4138	-5182	-4545	4656	-3555	23766	-770
17315	25308	25671	9931	57241	64003	26249
325	4976	4979	609	7752	2101	2078
17135	210080	209830	10543	263446	155060	31303
21484	40853	42612	13305	80504	210477	30146
-31176	107040	108045	19600	140211	160905	25419
5057	75684	80426	24065	167323	217419	75451
-38913	113559	115551	43580	208282	353299	69184
-6944	311223	312732	2044	399531	1367797	58650
3917	86431	87269	20117	148977	193046	48211
15300	81731	83361	8323	144237	240253	51826
-1625	14506	11545	10340	33056	88318	19337
1063	263	221	131	1016	2244	550
2000	4766	5341	1276	12469	29101	6125
62098	-18188	-14560	63222	82237	622859	74314
15447	19847	17959	87159	42735	122922	18238
20113	7058	5420	15304	11969	74116	2350

12-7　规模以上外商及港澳台商投资工业企业主要经济指标（2023年）

单位：万元

分　组	Classify	企业单位数（个） Number of Enterprises (unit)	#亏损企业（个） Loss Making Enterprises
总　计	**Total**	**130**	**34**
#亏损企业	Deficit Enterprises	34	34
按登记注册类型分	**Grouped by Type of Registration**		
港澳台投资企业	Enterprises with Investment from Hong Kong, Macao and Taiwan	34	12
港澳台投资有限责任公司	Limited Liability Corporations with Investment from Hong Kong, Macao and Taiwan	28	9
港澳台投资股份有限公司	Share-holding Corporations Ltd. with Investment from Hong Kong, Macao and Taiwan	4	2
港澳台投资合伙企业	Partnership Enterprises with Investment from Hong Kong, Macao and Taiwan	1	
其他港澳台投资企业	Other Enterprises with Investment from Hong Kong, Macao and Taiwan	1	1
外商投资企业	Foreign Invested Enterprises	96	22
外商投资有限责任公司	Foreign Invested Limited Liability Corporations	87	20
外商投资股份有限公司	Foreign Invested Share-holding Corporations Ltd.	3	
外商投资合伙企业	Foreign Invested Partnership Enterprises	5	1
其他外商投资企业	Other Foreign Invested Enterprises	1	1
按轻重工业分	**Grouped by Light Industry and Heavy Industry**		
轻工业	Light Industry	32	7
重工业	Heavy Industry	98	27
按企业规模分	**Grouped by Size of Enterprises**		
大型企业	Large Enterprises	11	1
中型企业	Medium-sized Enterprises	30	8
小型企业	Small Enterprises	89	25
按工业行业大类分	**Grouped by Sector**		
煤炭开采和洗选业	Mining and Washing of Coal		
石油和天然气开采业	Extraction of Petroleum and Natural Gas		
黑色金属矿采选业	Mining and Processing of Ferrous Metal Ores		
有色金属矿采选业	Mining and Processing of Non-ferrous Metal Ores		
非金属矿采选业	Mining and Processing of Non-metal Ores		
开采专业及辅助性活动	Professional and Support Activities for Mining		
其他采矿业	Mining of Other Ores		

Major Economic Indicators of Industrial Enterprises with Foreign, Hong Kong, Macao and Taiwan Funds above Designated Size (2023)

(10 000 yuan)

平均用工人数（人） Annual Average Employees (person)	资产总计 Total Assets	流动资产合计 Current Assets	固定资产原价 Fixed Assets (original value)	#累计折旧 Accumulative Total Depreciation
47248	**17138119**	**8185100**	**22798157**	**15297031**
8123	1813345	970719	849442	381631
12197	2272111	1367378	812463	384720
8901	1456543	791068	719648	346598
3000	735273	508156	80346	32632
203	69409	61646	12183	5351
93	10886	6509	286	139
35051	14866008	6817722	21985694	14912311
33937	14360035	6509995	21844093	14841381
838	407693	242089	61279	15159
220	84740	60260	69362	51849
56	13540	5378	10960	3921
14463	2463120	1543727	1424606	783390
32785	14674998	6641373	21373551	14513641
21604	11874521	4459160	20798607	14078829
15748	2671656	2051607	897038	528751
9896	2591942	1674333	1102513	689451

12-7 续表1

单位：万元

分组	Classify	负债合计 Total Liabilities	#流动负债合计 Current Liabilities
总　计	**Total**	**4504236**	**3568585**
#亏损企业	Deficit Enterprises	1502782	1193699
按登记注册类型分	**Grouped by Type of Registration**		
港澳台投资企业	Enterprises with Investment from Hong Kong, Macao and Taiwan	1588086	1258723
港澳台投资有限责任公司	Limited Liability Corporations with Investment from Hong Kong, Macao and Taiwan	1319316	1002830
港澳台投资股份有限公司	Share-holding Corporations Ltd. with Investment from Hong Kong, Macao and Taiwan	214940	203603
港澳台投资合伙企业	Partnership Enterprises with Investment from Hong Kong, Macao and Taiwan	48898	48198
其他港澳台投资企业	Other Enterprises with Investment from Hong Kong, Macao and Taiwan	4932	4092
外商投资企业	Foreign Invested Enterprises	2916150	2309862
外商投资有限责任公司	Foreign Invested Limited Liability Corporations	2821938	2234582
外商投资股份有限公司	Foreign Invested Share-holding Corporations Ltd.	38835	24257
外商投资合伙企业	Foreign Invested Partnership Enterprises	43746	43746
其他外商投资企业	Other Foreign Invested Enterprises	11632	7277
按轻重工业分	**Grouped by Light Industry and Heavy Industry**		
轻工业	Light Industry	911556	780571
重工业	Heavy Industry	3592680	2788014
按企业规模分	**Grouped by Size of Enterprises**		
大型企业	Large Enterprises	2366177	1781029
中型企业	Medium-sized Enterprises	1093314	982770
小型企业	Small Enterprises	1044746	804786
按工业行业大类分	**Grouped by Sector**		
煤炭开采和洗选业	Mining and Washing of Coal		
石油和天然气开采业	Extraction of Petroleum and Natural Gas		
黑色金属矿采选业	Mining and Processing of Ferrous Metal Ores		
有色金属矿采选业	Mining and Processing of Non-ferrous Metal Ores		
非金属矿采选业	Mining and Processing of Non-metal Ores		
开采专业及辅助性活动	Professional and Support Activities for Mining		
其他采矿业	Mining of Other Ores		

continued 1

(10 000 yuan)

所有者权益合计 Total Owners' Equities	#实收资本 Paid-in Capitals	营业收入 Business Revenue	#主营业务收入 Revenue from Principal Business	营业成本 Business Cost	税金及附加 Taxes and Other Charges
12633882	**4963102**	**12147991**	**11951170**	**9639611**	**81295**
310562	453162	1030071	971305	1040974	4198
684025	392599	1741248	1687730	1360800	8552
137227	290117	1344644	1292752	1082778	6087
520333	86327	353355	351730	239929	2420
20511	15560	40724	40724	35767	43
5954	595	2526	2524	2325	3
11949857	4570504	10406743	10263441	8278811	72743
11538097	4491843	10268163	10142464	8171818	72016
368858	44934	77543	63729	53903	366
40994	23245	59867	56077	51882	312
1908	10482	1171	1171	1209	49
1551564	493123	3118405	3073123	2163986	17454
11082318	4469979	9029586	8878047	7475625	63841
9508344	3712487	8226236	8155669	6639306	57939
1578342	480717	2056200	1988333	1475704	13502
1547196	769899	1865556	1807169	1524602	9855

12-7 续表2

单位：万元

分 组	Classify	销售费用 Selling Expenses	管理费用 Management Expenses	研发费用 R&D Expenses
总　计	**Total**	**620069**	**416369**	**429682**
#亏损企业	Deficit Enterprises	49883	56657	26514
按登记注册类型分	**Grouped by Type of Registration**			
港澳台投资企业	Enterprises with Investment from Hong Kong, Macao and Taiwan	177337	68605	32773
港澳台投资有限责任公司	Limited Liability Corporations with Investment from Hong Kong, Macao and Taiwan	138617	50236	13327
港澳台投资股份有限公司	Share-holding Corporations Ltd. with Investment from Hong Kong, Macao and Taiwan	38160	16995	17365
港澳台投资合伙企业	Partnership Enterprises with Investment from Hong Kong, Macao and Taiwan	270	1028	1296
其他港澳台投资企业	Other Enterprises with Investment from Hong Kong, Macao and Taiwan	290	345	786
外商投资企业	Foreign Invested Enterprises	442732	347764	396909
外商投资有限责任公司	Foreign Invested Limited Liability Corporations	439046	337049	383290
外商投资股份有限公司	Foreign Invested Share-holding Corporations Ltd.	2300	8303	11622
外商投资合伙企业	Foreign Invested Partnership Enterprises	1289	2106	1776
其他外商投资企业	Other Foreign Invested Enterprises	97	307	220
按轻重工业分	**Grouped by Light Industry and Heavy Industry**			
轻工业	Light Industry	477401	142995	23447
重工业	Heavy Industry	142668	273374	406235
按企业规模分	**Grouped by Size of Enterprises**			
大型企业	Large Enterprises	378177	228294	324715
中型企业	Medium-sized Enterprises	177435	93041	48025
小型企业	Small Enterprises	64457	95035	56942
按工业行业大类分	**Grouped by Sector**			
煤炭开采和洗选业	Mining and Washing of Coal			
石油和天然气开采业	Extraction of Petroleum and Natural Gas			
黑色金属矿采选业	Mining and Processing of Ferrous Metal Ores			
有色金属矿采选业	Mining and Processing of Non-ferrous Metal Ores			
非金属矿采选业	Mining and Processing of Non-metal Ores			
开采专业及辅助性活动	Professional and Support Activities for Mining			
其他采矿业	Mining of Other Ores			

continued 2

(10 000 yuan)

财务费用 Financial Expenses	营业利润 Operating Profit	利润总额 Total Profits	亏损企业亏损总额 Total Loss of Deficit Enterprises	利税总额 Total Pretax Profits	应付职工薪酬 Salary Payable	本年应交增值税 Value-added Tax Payable
5523	**1048295**	**1027619**	**150130**	**1256913**	**968144**	**147999**
10936	-148570	-150130	150130	-134221	130069	11711
8290	104029	105380	111799	152125	171459	38193
8240	68370	67010	93556	97935	118920	24839
-1966	36281	38741	17095	54512	48978	13351
1842	777	777		822	1990	3
174	-1400	-1148	1148	-1145	1571	
-2767	944266	922239	38331	1104789	796684	109807
-1153	938965	917680	36739	1098491	778325	108796
-2160	3854	3424		3251	15169	-539
228	2477	2215	513	4060	2550	1533
318	-1030	-1080	1080	-1013	640	17
-1283	328324	314130	20381	413556	307267	81972
6806	719971	713489	129749	843357	660877	66027
-4035	663128	634561	87159	751259	583687	58759
2712	254947	259667	23708	327606	219994	54438
6845	130220	133391	39263	178048	164463	34803

12-7 续表3

单位：万元

分 组	Classify	企业单位数（个） Number of Enterprises (unit)	#亏损企业（个） Loss Making Enterprises
农副食品加工业	Processing of Food from Agricultural Products	2	
食品制造业	Manufacture of Foods	6	2
酒、饮料和精制茶制造业	Manufacture of Alcohol, Beverages and Refined Tea	6	1
烟草制品业	Manufacture of Tobacco		
纺织业	Manufacture of Textile		
纺织服装、服饰业	Manufacture of Textile, Wearing Apparel and Accessories		
皮革、毛皮、羽毛及其制品和制鞋业	Manufacture of Leather, Fur, Feather and Related Products and Footware		
木材加工和木、竹、藤、棕、草制品业	Processing of Timber, Manufacture of Wood, Bamboo, Rattan, Palm and Straw Products		
家具制造业	Manufacture of Furniture		
造纸和纸制品业	Manufacture of Paper and Paper Products	3	
印刷和记录媒介复制业	Printing and Reproduction of Recording Media	1	1
文教、工美、体育和娱乐用品制造业	Manufacture of Articles for Culture, Education, Arts and Crafts, Sport and Entertainment Activities	1	1
石油、煤炭及其他燃料加工业	Processing of Petroleum, Coal and Other Fuels		
化学原料和化学制品制造业	Manufacture of Raw Chemical Materials and Chemical Products	8	4
医药制造业	Manufacture of Medicines	3	
化学纤维制造业	Manufacture of Chemical Fibres	2	
橡胶和塑料制品业	Manufacture of Rubber and Plastics Products	1	
非金属矿物制品业	Manufacture of Non-metallic Mineral Products	6	3
黑色金属冶炼和压延加工业	Smelting and Pressing of Ferrous Metals		
有色金属冶炼和压延加工业	Smelting and Pressing of Non-ferrous Metals	1	
金属制品业	Manufacture of Metal Products	5	
通用设备制造业	Manufacture of General Purpose Machinery	6	1
专用设备制造业	Manufacture of Special Purpose Machinery	13	2
汽车制造业	Manufacture of Automobiles	9	2
铁路、船舶、航空航天和其他运输设备制造业	Manufacture of Railway, Ship, Aerospace and Other Transport Equipments	6	1
电气机械和器材制造业	Manufacture of Electrical Machinery and Apparatus	14	3
计算机、通信和其他电子设备制造业	Manufacture of Computers, Communication and Other Electronic Equipment	25	8
仪器仪表制造业	Manufacture of Measuring Instruments and Machinery	2	
其他制造业	Other Manufacture	1	1
废弃资源综合利用业	Utilization of Waste Resources		
金属制品、机械和设备修理业	Repair Service of Metal Products, Machinery and Equipment	4	2
电力、热力生产和供应业	Production and Supply of Electric Power and Heat Power	1	
燃气生产和供应业	Production and Supply of Gas	2	1
水的生产和供应业	Production and Supply of Water	2	1

continued 3

(10 000 yuan)

平均用工人数（人）Annual Average Employees (person)	资产总计 Total Assets	流动资产合计 Current Assets	固定资产原价 Fixed Assets (original value)	#累计折旧 Accumulative Total Depreciation
48	16663	16178	2418	2016
5019	171935	93531	127107	72316
3153	249166	136099	290021	195152
172	33930	17562	15135	9389
558	158216	84385	23736	14192
171	6150	5676	798	486
1532	370751	252749	144449	83619
2776	758863	537317	298829	121511
394	105124	66872	140015	104947
43	14596	8245	6063	1211
2050	441947	294131	176661	91327
146	25983	13294	14834	4499
636	90737	57510	65590	37110
1939	188014	136324	90003	52121
2380	752417	623587	114287	68962
3143	625249	486488	214640	143314
1508	295889	255838	60632	46765
4933	1327934	864532	712166	372042
13701	10475813	3785572	19797042	13691614
179	20977	14230	7238	3421
30	1227	1059	1017	849
355	48057	29342	29969	13361
55	123204	37849	595	423
2264	768626	350571	464832	166342
63	66654	16160	81	43

12-7 续表4

单位：万元

分 组	Classify	负债合计 Total Liabilities	#流动负债合计 Current Liabilities
农副食品加工业	Processing of Food from Agricultural Products	15447	15447
食品制造业	Manufacture of Foods	96245	93671
酒、饮料和精制茶制造业	Manufacture of Alcohol, Beverages and Refined Tea	118327	115713
烟草制品业	Manufacture of Tobacco		
纺织业	Manufacture of Textile		
纺织服装、服饰业	Manufacture of Textile, Wearing Apparel and Accessories		
皮革、毛皮、羽毛及其制品和制鞋业	Manufacture of Leather, Fur, Feather and Related Products and Footware		
木材加工和木、竹、藤、棕、草制品业	Processing of Timber, Manufacture of Wood, Bamboo, Rattan, Palm and Straw Products		
家具制造业	Manufacture of Furniture		
造纸和纸制品业	Manufacture of Paper and Paper Products	21627	21627
印刷和记录媒介复制业	Printing and Reproduction of Recording Media	26812	26812
文教、工美、体育和娱乐用品制造业	Manufacture of Articles for Culture, Education, Arts and Crafts, Sport and Entertainment Activities	250	218
石油、煤炭及其他燃料加工业	Processing of Petroleum, Coal and Other Fuels		
化学原料和化学制品制造业	Manufacture of Raw Chemical Materials and Chemical Products	58948	54289
医药制造业	Manufacture of Medicines	332901	295705
化学纤维制造业	Manufacture of Chemical Fibres	21087	21087
橡胶和塑料制品业	Manufacture of Rubber and Plastics Products	6638	5965
非金属矿物制品业	Manufacture of Non-metallic Mineral Products	294682	246287
黑色金属冶炼和压延加工业	Smelting and Pressing of Ferrous Metals		
有色金属冶炼和压延加工业	Smelting and Pressing of Non-ferrous Metals	27414	26934
金属制品业	Manufacture of Metal Products	49275	45283
通用设备制造业	Manufacture of General Purpose Machinery	107946	91528
专用设备制造业	Manufacture of Special Purpose Machinery	237818	225174
汽车制造业	Manufacture of Automobiles	268345	231037
铁路、船舶、航空航天和其他运输设备制造业	Manufacture of Railway, Ship, Aerospace and Other Transport Equipments	85496	68396
电气机械和器材制造业	Manufacture of Electrical Machinery and Apparatus	671636	562660
计算机、通信和其他电子设备制造业	Manufacture of Computers, Communication and Other Electronic Equipment	869724	520440
仪器仪表制造业	Manufacture of Measuring Instruments and Machinery	10576	10576
其他制造业	Other Manufacture	150	150
废弃资源综合利用业	Utilization of Waste Resources		
金属制品、机械和设备修理业	Repair Service of Metal Products, Machinery and Equipment	15399	13907
电力、热力生产和供应业	Production and Supply of Electric Power and Heat Power	68602	8304
燃气生产和供应业	Production and Supply of Gas	1054618	855336
水的生产和供应业	Production and Supply of Water	44276	12039

continued 4

(10 000 yuan)

所有者权益合计 Total Owners' Equities	#实收资本 Paid-in Capitals	营业收入 Business Revenue	#主营业务收入 Revenue from Principal Business	营业成本 Business Cost	税金及附加 Taxes and Other Charges
1216	500	24051	23984	21260	35
75690	40638	372886	363920	285380	3232
130839	75425	469859	437097	347869	2201
12303	4660	47936	45811	40660	292
131405	32004	34225	33896	25477	362
5900	2465	2653	2553	3025	33
311802	93772	228897	228577	128679	1694
425962	43747	1103407	1103028	706613	6471
84037	45800	143098	143098	114299	1219
7958	8000	10884	10552	9737	92
147265	58236	284718	279841	263332	1478
-1431	5000	9072	7407	7985	149
41462	29103	106435	100587	89858	928
80068	68297	252539	252119	216210	1114
514598	81864	571554	568137	292594	3915
356905	97004	450375	426833	356853	2675
210393	82536	162542	162209	125419	1085
656298	437739	1342145	1304997	1114694	6084
9606088	3535087	5619948	5592036	4541797	45945
10401	4289	22175	22175	18329	71
1077	714	807	801	808	3
32658	24890	36589	36047	28284	257
54602	40398	16843	16658	8358	263
-285992	133660	826244	780699	887001	1620
22378	17276	8109	8109	5090	78

12-7 续表5

单位：万元

分　组	Classify	销售费用 Selling Expenses	管理费用 Management Expenses	研发费用 R&D Expenses
农副食品加工业	Processing of Food from Agricultural Products	523	329	25
食品制造业	Manufacture of Foods	37784	18029	2946
酒、饮料和精制茶制造业	Manufacture of Alcohol, Beverages and Refined Tea	90448	11180	374
烟草制品业	Manufacture of Tobacco			
纺织业	Manufacture of Textile			
纺织服装、服饰业	Manufacture of Textile, Wearing Apparel and Accessories			
皮革、毛皮、羽毛及其制品和制鞋业	Manufacture of Leather, Fur, Feather and Related Products and Footware			
木材加工和木、竹、藤、棕、草制品业	Processing of Timber, Manufacture of Wood, Bamboo, Rattan, Palm and Straw Products			
家具制造业	Manufacture of Furniture			
造纸和纸制品业	Manufacture of Paper and Paper Products	2439	786	
印刷和记录媒介复制业	Printing and Reproduction of Recording Media	1229	1911	1423
文教、工美、体育和娱乐用品制造业	Manufacture of Articles for Culture, Education, Arts and Crafts, Sport and Entertainment Activities		111	
石油、煤炭及其他燃料加工业	Processing of Petroleum, Coal and Other Fuels			
化学原料和化学制品制造业	Manufacture of Raw Chemical Materials and Chemical Products	35706	12102	6203
医药制造业	Manufacture of Medicines	221846	90095	1083
化学纤维制造业	Manufacture of Chemical Fibres	984	3469	1814
橡胶和塑料制品业	Manufacture of Rubber and Plastics Products	598	380	
非金属矿物制品业	Manufacture of Non-metallic Mineral Products	3401	8796	8931
黑色金属冶炼和压延加工业	Smelting and Pressing of Ferrous Metals			
有色金属冶炼和压延加工业	Smelting and Pressing of Non-ferrous Metals	190	693	476
金属制品业	Manufacture of Metal Products	2356	5833	1567
通用设备制造业	Manufacture of General Purpose Machinery	6694	8473	3460
专用设备制造业	Manufacture of Special Purpose Machinery	94586	24604	20198
汽车制造业	Manufacture of Automobiles	16580	25225	12892
铁路、船舶、航空航天和其他运输设备制造业	Manufacture of Railway, Ship, Aerospace and Other Transport Equipments	5617	8861	9798
电气机械和器材制造业	Manufacture of Electrical Machinery and Apparatus	71915	43277	17169
计算机、通信和其他电子设备制造业	Manufacture of Computers, Communication and Other Electronic Equipment	11931	121184	340922
仪器仪表制造业	Manufacture of Measuring Instruments and Machinery	367	770	349
其他制造业	Other Manufacture	84	79	
废弃资源综合利用业	Utilization of Waste Resources			
金属制品、机械和设备修理业	Repair Service of Metal Products, Machinery and Equipment	10	5310	
电力、热力生产和供应业	Production and Supply of Electric Power and Heat Power		916	
燃气生产和供应业	Production and Supply of Gas	14784	23038	52
水的生产和供应业	Production and Supply of Water		920	

continued 5

(10 000 yuan)

财务费用 Financial Expenses	营业利润 Operating Profit	利润总额 Total Profits	亏损企业亏损总额 Total Loss of Deficit Enterprises	利税总额 Total Pretax Profits	应付职工薪酬 Salary Payable	本年应交增值税 Value-added Tax Payable
4	309	355		481	503	91
-48	38087	37998	875	58415	44576	17184
-704	18557	19280	868	34774	44184	13293
601	4261	4254		5702	1919	1157
-671	-3834	-3850	3850	-2129	7488	1359
10	-491	-494	494	-235	1718	226
-2206	49851	51940	2387	58969	18199	5334
2038	81895	66804		103498	159270	30223
-327	20625	20617		27068	8511	5233
87	10	9		287	893	187
1343	-2171	-2873	11926	8256	33332	9651
41	36	33		412	2487	231
906	5097	5422		9046	9836	2697
1415	14386	14425	1270	17978	26447	2440
-766	145292	146177	13925	168876	44066	18785
1445	37087	37122	3292	51676	42644	11879
168	14195	14205	1844	21283	31708	5993
3393	110436	116254	11255	135919	86024	13581
-7945	574188	560704	9551	608754	345951	2105
-34	2305	2338		2679	2542	270
-10	-155	-155	155	-117	283	35
82	2830	2956	522	4051	7458	838
1841	5467	5494		7369	1280	1611
3499	-70632	-72066	87159	-66705	45756	3741
1363	666	672	758	605	1070	-144

12-8 规模以上大中型工业企业主要经济指标（2023年）

单位：万元

分 组	Classify	企业单位数（个）Number of Enterprises (unit)	#亏损企业（个）Loss Making Enterprises
总 计	**Total**	**290**	**50**
# 亏损企业	Deficit Enterprises	50	50
按隶属关系分（国有控股企业）	**Grouped by Jurisdiction of Management (State-holding)**		
中央企业	Central Enterprises	72	5
地方企业	Provincial Enterprises	64	17
按登记注册类型分	**By Registered Statistical Categories**		
内资企业	Domestic Invested Enterprises	249	41
有限责任公司	Limited Liability Corporations	186	29
股份有限公司	Share-holding Corporations Ltd.	57	10
非公司企业法人	Non Corporate Legal Entity	6	2
个人独资企业	Sole Proprietorship Enterprises		
合伙企业	Partnership Enterprises		
其他内资企业	Other Domestic Invested Enterprises		
港澳台投资企业	Enterprises with Investment from Hong Kong, Macao and Taiwan	14	4
外商投资企业	Foreign Invested Enterprises	27	5
其他类别企业	Other Statistical Categories		
按轻重工业分	**Grouped by Light Industry and Heavy Industry**		
轻工业	Light Industry	60	15
重工业	Heavy Industry	230	35
按企业规模分	**Grouped by Size of Enterprises**		
大型企业	Large Enterprises	71	9
中型企业	Medium-sized Enterprises	219	41

Major Economic Indicators of Large and Medium-sized Industrial Enterprises above Designated Size (2023)

(10 000 yuan)

平均用工人数（人）Annual Average Employees (person)	资产总计 Total Assets	流动资产合计 Current Assets	固定资产原价 Fixed Assets (original value)	#累计折旧 Accumulative Total Depreciation
459622	**127841178**	**74337267**	**58158077**	**30881965**
63100	21803987	14137333	5558857	2084475
162326	35546668	14772316	16437104	8982561
68928	23428752	16171981	7417019	3728408
422270	113295002	67826500	36462433	16274385
341187	75209281	49542887	26675306	12314701
71226	36201303	17022347	9039592	3534456
9857	1884418	1261267	747535	425228
10595	1758780	1057576	770821	363316
26757	12787396	5453192	20924823	14244264
57376	8423582	5159941	3707252	1637466
402246	119417596	69177327	54450825	29244499
345919	100278074	55676882	49183116	26541950
113703	27563104	18660385	8974961	4340015

12-8 续表1

单位：万元

分　组	Classify	负债合计 Total Liabilities	#流动负债合计 Current Liabilities
总　　计	**Total**	**72466966**	**63606408**
# 亏损企业	Deficit Enterprises	16305287	13887961
按隶属关系分（国有控股企业）	**Grouped by Jurisdiction of Management (State-holding)**		
中央企业	Central Enterprises	19292482	17374732
地方企业	Provincial Enterprises	15100624	12214615
按登记注册类型分	**By Registered Statistical Categories**		
内资企业	Domestic Invested Enterprises	69007476	60842609
有限责任公司	Limited Liability Corporations	51149675	45455108
股份有限公司	Share-holding Corporations Ltd.	16745990	14463701
非公司企业法人	Non Corporate Legal Entity	1111810	923800
个人独资企业	Sole Proprietorship Enterprises		
合伙企业	Partnership Enterprises		
其他内资企业	Other Domestic Invested Enterprises		
港澳台投资企业	Enterprises with Investment from Hong Kong, Macao and Taiwan	1348054	1117911
外商投资企业	Foreign Invested Enterprises	2111437	1645888
其他类别企业	Other Statistical Categories		
按轻重工业分	**Grouped by Light Industry and Heavy Industry**		
轻工业	Light Industry	4594167	4123984
重工业	Heavy Industry	67872799	59482424
按企业规模分	**Grouped by Size of Enterprises**		
大型企业	Large Enterprises	58010496	51939920
中型企业	Medium-sized Enterprises	14456471	11666488

continued 1

(10 000 yuan)

所有者 权益合计 Total Owners' Equities	#实收资本 Paid-in Capitals	营业收入 Business Revenue	#主营业务收入 Revenue from Principal Business	营业成本 Business Cost	税金 及附加 Taxes and Other Charges
55374208	**17549948**	**90252201**	**87980509**	**79866838**	**593147**
5498699	3450028	19876618	19343745	19282276	40744
16254185	6125812	17184901	16876401	15309744	101176
8328127	2919631	12529906	11643504	11110800	82153
44287522	13356744	79969766	77836507	71751828	521707
24059602	10105418	63526425	61585209	57657420	434675
19455312	2981422	15700484	15523093	13483826	82016
772608	269904	742857	728205	610583	5016
410726	283247	1561278	1508244	1211084	7825
10675959	3909957	8721158	8635758	6903926	63616
3829415	1206661	8661481	8310843	6700312	49559
51544793	16343287	81590720	79669667	73166525	543588
42267577	12783209	75031236	73620670	68054242	499983
13106631	4766738	15220965	14359839	11812596	93164

12-8 续表2

单位：万元

分组	Classify	销售费用 Selling Expenses	管理费用 Management Expenses	研发费用 R&D Expenses
总　计	**Total**	**2041520**	**2256339**	**2228637**
#亏损企业	Deficit Enterprises	417166	321229	202965
按隶属关系分（国有控股企业）	**Grouped by Jurisdiction of Management (State-holding)**			
中央企业	Central Enterprises	170297	705229	481438
地方企业	Provincial Enterprises	264552	363998	317421
按登记注册类型分	**By Registered Statistical Categories**			
内资企业	Domestic Invested Enterprises	1485908	1935004	1855897
有限责任公司	Limited Liability Corporations	1136567	1376865	1343051
股份有限公司	Share-holding Corporations Ltd.	340998	494998	462679
非公司企业法人	Non Corporate Legal Entity	8344	63141	50167
个人独资企业	Sole Proprietorship Enterprises			
合伙企业	Partnership Enterprises			
其他内资企业	Other Domestic Invested Enterprises			
港澳台投资企业	Enterprises with Investment from Hong Kong, Macao and Taiwan	171802	53962	23221
外商投资企业	Foreign Invested Enterprises	383811	267373	349519
其他类别企业	Other Statistical Categories			
按轻重工业分	**Grouped by Light Industry and Heavy Industry**			
轻工业	Light Industry	917238	332270	111956
重工业	Heavy Industry	1124283	1924069	2116681
按企业规模分	**Grouped by Size of Enterprises**			
大型企业	Large Enterprises	1158755	1586878	1726821
中型企业	Medium-sized Enterprises	882766	669461	501816

continued 2

(10 000 yuan)

财务费用 Financial Expenses	营业利润 Operating Profit	利润总额 Total Profits	亏损企业亏损总额 Total Loss of Deficit Enterprises	利税总额 Total Pretax Profits	应付职工薪酬 Salary Payable	本年应交增值税 Value-added Tax Payable
-144121	**5036709**	**5077257**	**505969**	**6867494**	**7803071**	**1197091**
-73009	-495427	-505969	505969	-377633	878947	87592
27889	605533	658956	16067	1057820	3220427	297689
-16398	471997	473734	219936	766485	1134957	210598
-142798	4118635	4183028	395102	5788629	6999390	1083894
-55534	1647755	1705732	298175	2995166	5210735	854760
-87231	2434086	2438102	96583	2728490	1600095	208372
-33	36794	39195	345	64973	188560	20763
2915	108651	109344	94591	151246	148032	34077
-4237	809424	784884	16276	927619	655649	79120
-8109	593084	580505	77688	836377	829533	206314
-136012	4443626	4496752	428281	6031117	6973538	990777
-208243	3824131	3827438	316493	5110892	6052800	783471
64122	1212578	1249818	189476	1756603	1750271	413620

12-8 续表3

单位：万元

分　组	Classify	企业单位数（个） Number of Enterprises (unit)	#亏损企业（个） Loss Making Enterprises
按控股情况分	**Grouped by Cast strand**		
国有控股	State-holding	136	22
集体控股	Collective-holding	3	
私人控股	Private-holding	117	24
港澳台控股	Holding by Investors from Hong Kong, Macao and Taiwan	8	
外商控股	Holding by Foreign Investors	26	4
其他	Others		
按工业行业大类分	**Grouped by Sector**		
煤炭开采和洗选业	Mining and Washing of Coal	1	
石油和天然气开采业	Extraction of Petroleum and Natural Gas		
黑色金属矿采选业	Mining and Processing of Ferrous Metal Ores		
有色金属矿采选业	Mining and Processing of Non-ferrous Metal Ores		
非金属矿采选业	Mining and Processing of Non-metal Ores		
开采专业及辅助性活动	Professional and Support Activities for Mining	8	1
其他采矿业	Mining of Other Ores		
农副食品加工业	Processing of Food from Agricultural Products	6	2
食品制造业	Manufacture of Foods	12	4
酒、饮料和精制茶制造业	Manufacture of Alcohol, Beverages and Refined Tea	5	1
烟草制品业	Manufacture of Tobacco	1	
纺织业	Manufacture of Textile	3	
纺织服装、服饰业	Manufacture of Textile, Wearing Apparel and Accessories		
皮革、毛皮、羽毛及其制品和制鞋业	Manufacture of Leather, Fur, Feather and Related Products and Footware	1	1
木材加工和木、竹、藤、棕、草制品业	Processing of Timber, Manufacture of Wood, Bamboo, Rattan, Palm and Straw Products		
家具制造业	Manufacture of Furniture	1	
造纸和纸制品业	Manufacture of Paper and Paper Products	1	
印刷和记录媒介复制业	Printing and Reproduction of Recording Media	4	3

continued 3

(10 000 yuan)

平均用工人数（人） Annual Average Employees (person)	资产总计 Total Assets	流动资产合计 Current Assets	固定资产原价 Fixed Assets (original value)	#累计折旧 Accumulative Total Depreciation
231254	58975420	30944297	23854124	12710969
1721	273662	226337	55879	32247
193350	54826763	37018915	13015379	3719535
5602	767191	606772	282330	193729
27695	12998142	5540947	20950365	14225486
456	32228	30983	780	143
17920	3878681	2096528	1821705	974827
2258	343998	213530	31718	15791
8781	365002	203916	250955	141229
4539	519408	312994	313730	185520
337	39369	23342	37627	21763
3336	188667	66136	192900	83757
478	63173	36173	16525	5417
652	27418	21459	8201	2398
328	34886	26079	6349	1506
2740	540888	347193	360727	273212

12-8 续表4

单位：万元

分 组	Classify	负债合计 Total Liabilities	#流动负债合计 Current Liabilities
按控股情况分	**Grouped by Cast strand**		
国有控股	State-holding	34393106	29589346
集体控股	Collective-holding	167899	180090
私人控股	Private-holding	35362635	31825030
港澳台控股	Holding by Investors from Hong Kong, Macao and Taiwan	167692	158414
外商控股	Holding by Foreign Investors	2375635	1853528
其他	Others		
按工业行业大类分	**Grouped by Sector**		
煤炭开采和洗选业	Mining and Washing of Coal	14464	14464
石油和天然气开采业	Extraction of Petroleum and Natural Gas		
黑色金属矿采选业	Mining and Processing of Ferrous Metal Ores		
有色金属矿采选业	Mining and Processing of Non-ferrous Metal Ores		
非金属矿采选业	Mining and Processing of Non-metal Ores		
开采专业及辅助性活动	Professional and Support Activities for Mining	1393684	1221890
其他采矿业	Mining of Other Ores		
农副食品加工业	Processing of Food from Agricultural Products	213380	173159
食品制造业	Manufacture of Foods	171407	166005
酒、饮料和精制茶制造业	Manufacture of Alcohol, Beverages and Refined Tea	224962	179589
烟草制品业	Manufacture of Tobacco	4772	4772
纺织业	Manufacture of Textile	89630	35188
纺织服装、服饰业	Manufacture of Textile, Wearing Apparel and Accessories		
皮革、毛皮、羽毛及其制品和制鞋业	Manufacture of Leather, Fur, Feather and Related Products and Footwear	20014	18992
木材加工和木、竹、藤、棕、草制品业	Processing of Timber, Manufacture of Wood, Bamboo, Rattan, Palm and Straw Products		
家具制造业	Manufacture of Furniture	22634	22634
造纸和纸制品业	Manufacture of Paper and Paper Products	31514	31514
印刷和记录媒介复制业	Printing and Reproduction of Recording Media	97759	84662

continued 4

(10 000 yuan)

所有者权益合计 Total Owners' Equities	#实收资本 Paid-in Capitals	营业收入 Business Revenue	#主营业务收入 Revenue from Principal Business	营业成本 Business Cost	税金及附加 Taxes and Other Charges
24582313	9045443	29714807	28519905	26420544	183329
105763	43291	199267	198772	153121	1339
19464126	4436544	50671888	49721567	45869917	339060
599499	125542	723754	717776	343187	4949
10622507	3899128	8942484	8822490	7080069	64470
17763	15000	29229	28186	22110	179
2484997	1529621	2139010	2054915	1937932	25109
130617	18223	294921	287807	260742	521
193595	102051	682302	662209	536342	4656
294447	97490	758997	744838	540945	12323
34597	27400	10331	10156	5259	368
99038	13607	121611	80461	111876	1080
43159	34500	26963	26411	23336	355
4784	3800	20019	20011	15711	88
3372	2000	35176	34173	32756	138
443129	192404	234942	232849	185720	2629

12-8 续表5

单位：万元

分 组	Classify	销售费用 Selling Expenses	管理费用 Management Expenses	研发费用 R&D Expenses
按控股情况分	**Grouped by Cast strand**			
国有控股	State-holding	434849	1069227	798859
集体控股	Collective-holding	12293	10344	6813
私人控股	Private-holding	1051804	874862	1057434
港澳台控股	Holding by Investors from Hong Kong, Macao and Taiwan	154685	24130	14783
外商控股	Holding by Foreign Investors	387890	277776	350749
其他	Others			
按工业行业大类分	**Grouped by Sector**			
煤炭开采和洗选业	Mining and Washing of Coal		4738	1330
石油和天然气开采业	Extraction of Petroleum and Natural Gas			
黑色金属矿采选业	Mining and Processing of Ferrous Metal Ores			
有色金属矿采选业	Mining and Processing of Non-ferrous Metal Ores			
非金属矿采选业	Mining and Processing of Non-metal Ores			
开采专业及辅助性活动	Professional and Support Activities for Mining	13710	90695	69264
其他采矿业	Mining of Other Ores			
农副食品加工业	Processing of Food from Agricultural Products	8163	7846	2915
食品制造业	Manufacture of Foods	56825	27618	3601
酒、饮料和精制茶制造业	Manufacture of Alcohol, Beverages and Refined Tea	115496	13122	1454
烟草制品业	Manufacture of Tobacco	1166	3766	
纺织业	Manufacture of Textile	1280	6171	717
纺织服装、服饰业	Manufacture of Textile, Wearing Apparel and Accessories			
皮革、毛皮、羽毛及其制品和制鞋业	Manufacture of Leather, Fur, Feather and Related Products and Footware	953	1812	839
木材加工和木、竹、藤、棕、草制品业	Processing of Timber, Manufacture of Wood, Bamboo, Rattan, Palm and Straw Products			
家具制造业	Manufacture of Furniture	1387	1439	806
造纸和纸制品业	Manufacture of Paper and Paper Products	775	801	
印刷和记录媒介复制业	Printing and Reproduction of Recording Media	3824	26770	5484

continued 5

(10 000 yuan)

财务费用 Financial Expenses	营业利润 Operating Profit	利润总额 Total Profits	亏损企业亏损总额 Total Loss of Deficit Enterprises	利税总额 Total Pretax Profits	应付职工薪酬 Salary Payable	本年应交增值税 Value-added Tax Payable
11491	1077530	1132690	236003	1824306	4355384	508286
274	15636	15732		23922	29275	6851
-151834	2920890	2928447	255541	3842524	2701921	575017
-2994	191438	193683		222791	61351	24160
-1058	831215	806704	14426	953952	655141	82777
-11	775	804		2578	13179	1595
-12312	26920	60109	1336	94006	559645	8788
2807	16730	17948	466	21760	20672	3291
-700	55161	54880	1720	83936	75119	24400
-4442	84799	85610	868	125164	67628	27230
-488	286	296		1655	4224	992
152	1150	2484		4468	24316	904
31	-387	-382	382	157	3758	184
-3	591	672		1257	6042	496
246	463	311		797	2530	348
-6434	9463	9110	4466	22588	69633	10849

12-8　续表6

单位：万元

分　组	Classify	企业单位数（个）Number of Enterprises (unit)	#亏损企业（个）Loss Making Enterprises
文教、工美、体育和娱乐用品制造业	Manufacture of Articles for Culture, Education, Arts and Crafts, Sport and Entertainment Activities		
石油、煤炭及其他燃料加工业	Processing of Petroleum, Coal and Other Fuels		
化学原料和化学制品制造业	Manufacture of Raw Chemical Materials and Chemical Products	8	
医药制造业	Manufacture of Medicines	15	3
化学纤维制造业	Manufacture of Chemical Fibres	1	
橡胶和塑料制品业	Manufacture of Rubber and Plastics Products	3	1
非金属矿物制品业	Manufacture of Non-metallic Mineral Products	14	3
黑色金属冶炼和压延加工业	Smelting and Pressing of Ferrous Metals		
有色金属冶炼和压延加工业	Smelting and Pressing of Non-ferrous Metals	6	2
金属制品业	Manufacture of Metal Products	10	2
通用设备制造业	Manufacture of General Purpose Machinery	17	3
专用设备制造业	Manufacture of Special Purpose Machinery	20	3
汽车制造业	Manufacture of Automobiles	23	4
铁路、船舶、航空航天和其他运输设备制造业	Manufacture of Railway, Ship, Aerospace and Other Transport Equipments	33	1
电气机械和器材制造业	Manufacture of Electrical Machinery and Apparatus	36	5
计算机、通信和其他电子设备制造业	Manufacture of Computers, Communication and Other Electronic Equipment	38	7
仪器仪表制造业	Manufacture of Measuring Instruments and Machinery	4	
其他制造业	Other Manufacture		
废弃资源综合利用业	Utilization of Waste Resources		
金属制品、机械和设备修理业	Repair Service of Metal Products, Machinery and Equipment	2	
电力、热力生产和供应业	Production and Supply of Electric Power and Heat Power	9	2
燃气生产和供应业	Production and Supply of Gas	6	1
水的生产和供应业	Production and Supply of Water	2	1

continued 6

(10 000 yuan)

平均用工人数（人） Annual Average Employees (person)	资产总计 Total Assets	流动资产合计 Current Assets	固定资产原价 Fixed Assets (original value)	#累计折旧 Accumulative Total Depreciation
9627	1925952	1223396	618171	384308
10400	2456793	1654441	681618	261412
342	62055	32924	36991	6563
2513	587177	258846	292485	120030
6836	1692620	1284414	370669	135322
9398	2323574	1470307	717366	286668
12057	3099021	2160860	844066	406383
13115	4097982	3306301	658985	344363
13564	5201594	3857354	891092	381559
106252	27262451	21484960	5076019	1894664
53757	20485760	7346009	4654917	2265895
52265	15460390	10244700	3407812	1216698
56854	28027959	14414710	25642762	15376448
2991	672009	486491	137145	63750
1219	75681	32229	7924	3749
58592	5242586	1040337	8442192	4966889
5270	2239304	519338	2025998	814861
2745	894553	141318	610647	246839

12-8 续表7

单位：万元

分　组	Classify	负债合计 Total Liabilities	#流动负债合计 Current Liabilities
文教、工美、体育和娱乐用品制造业	Manufacture of Articles for Culture, Education, Arts and Crafts, Sport and Entertainment Activities		
石油、煤炭及其他燃料加工业	Processing of Petroleum, Coal and Other Fuels		
化学原料和化学制品制造业	Manufacture of Raw Chemical Materials and Chemical Products	730668	572159
医药制造业	Manufacture of Medicines	892545	747738
化学纤维制造业	Manufacture of Chemical Fibres	4996	3531
橡胶和塑料制品业	Manufacture of Rubber and Plastics Products	290793	183412
非金属矿物制品业	Manufacture of Non-metallic Mineral Products	1127956	1018104
黑色金属冶炼和压延加工业	Smelting and Pressing of Ferrous Metals		
有色金属冶炼和压延加工业	Smelting and Pressing of Non-ferrous Metals	1044284	727093
金属制品业	Manufacture of Metal Products	2013985	1544116
通用设备制造业	Manufacture of General Purpose Machinery	2253673	2038958
专用设备制造业	Manufacture of Special Purpose Machinery	2950303	2262437
汽车制造业	Manufacture of Automobiles	21925510	20562687
铁路、船舶、航空航天和其他运输设备制造业	Manufacture of Railway, Ship, Aerospace and Other Transport Equipments	10817687	10469917
电气机械和器材制造业	Manufacture of Electrical Machinery and Apparatus	10856209	10248165
计算机、通信和其他电子设备制造业	Manufacture of Computers, Communication and Other Electronic Equipment	9142198	6625205
仪器仪表制造业	Manufacture of Measuring Instruments and Machinery	320258	305298
其他制造业	Other Manufacture		
废弃资源综合利用业	Utilization of Waste Resources		
金属制品、机械和设备修理业	Repair Service of Metal Products, Machinery and Equipment	24163	23493
电力、热力生产和供应业	Production and Supply of Electric Power and Heat Power	3369271	2578236
燃气生产和供应业	Production and Supply of Gas	1743619	1400954
水的生产和供应业	Production and Supply of Water	674630	342036

continued 7

(10 000 yuan)

所有者权益合计 Total Owners' Equities	#实收资本 Paid-in Capitals	营业收入 Business Revenue	#主营业务收入 Revenue from Principal Business	营业成本 Business Cost	税金及附加 Taxes and Other Charges
1195284	188415	1097093	1071884	806450	7657
1564248	177083	2073985	2047325	1050578	17987
57060	49252	55002	55002	43750	443
296383	306891	308705	305073	266553	2286
564664	136775	949799	944119	801240	5194
1279289	294669	970430	943286	676495	20790
1085035	383535	942763	928062	755071	6569
1844308	440153	1385133	1373481	1073434	9242
2251291	773246	2038771	2006935	1442032	14162
5336941	1278584	23270699	22471241	21391018	262892
9668072	2226927	7606129	7509118	6651200	31362
4604181	2036819	19602066	19127138	18322829	41547
18885760	5473047	18952485	18804862	16614503	96386
351751	126435	360588	357625	300089	1526
51519	53338	62351	62102	56008	473
1873315	1209476	4205893	4163785	4036521	19506
495685	318335	1840850	1464789	1771647	5659
219923	40871	175959	162668	134691	2021

12-8 续表8

单位：万元

分 组	Classify	销售费用 Selling Expenses	管理费用 Management Expenses	研发费用 R&D Expenses
文教、工美、体育和娱乐用品制造业	Manufacture of Articles for Culture, Education, Arts and Crafts, Sport and Entertainment Activities			
石油、煤炭及其他燃料加工业	Processing of Petroleum, Coal and Other Fuels			
化学原料和化学制品制造业	Manufacture of Raw Chemical Materials and Chemical Products	52972	60680	43442
医药制造业	Manufacture of Medicines	558188	173739	59902
化学纤维制造业	Manufacture of Chemical Fibres	146	2151	2752
橡胶和塑料制品业	Manufacture of Rubber and Plastics Products	16067	11847	3980
非金属矿物制品业	Manufacture of Non-metallic Mineral Products	25500	33314	28531
黑色金属冶炼和压延加工业	Smelting and Pressing of Ferrous Metals			
有色金属冶炼和压延加工业	Smelting and Pressing of Non-ferrous Metals	6736	37965	45114
金属制品业	Manufacture of Metal Products	10942	61207	53584
通用设备制造业	Manufacture of General Purpose Machinery	43040	96832	67404
专用设备制造业	Manufacture of Special Purpose Machinery	152154	89614	82163
汽车制造业	Manufacture of Automobiles	328799	314114	484262
铁路、船舶、航空航天和其他运输设备制造业	Manufacture of Railway, Ship, Aerospace and Other Transport Equipments	101693	270297	215450
电气机械和器材制造业	Manufacture of Electrical Machinery and Apparatus	369377	328004	164006
计算机、通信和其他电子设备制造业	Manufacture of Computers, Communication and Other Electronic Equipment	112211	388900	853647
仪器仪表制造业	Manufacture of Measuring Instruments and Machinery	6691	21290	21783
其他制造业	Other Manufacture			
废弃资源综合利用业	Utilization of Waste Resources			
金属制品、机械和设备修理业	Repair Service of Metal Products, Machinery and Equipment	150	5908	43
电力、热力生产和供应业	Production and Supply of Electric Power and Heat Power	2958	109402	11109
燃气生产和供应业	Production and Supply of Gas	35487	48319	5057
水的生产和供应业	Production and Supply of Water	14835	17980	

continued 8

(10 000 yuan)

财务费用 Financial Expenses	营业利润 Operating Profit	利润总额 Total Profits	亏损企业亏损总额 Total Loss of Deficit Enterprises	利税总额 Total Pretax Profits	应付职工薪酬 Salary Payable	本年应交增值税 Value-added Tax Payable
-6031	166639	173189		206847	192408	26001
3400	217265	206461	9454	321899	248965	97451
-183	602	5860		8567	7326	2264
3113	6079	6858	4656	10786	28577	1642
10208	43839	43347	13328	77791	88471	29250
15511	193253	193068	10179	241082	130956	27224
15012	88243	90126	7321	128153	194213	31459
-25265	132374	132855	17515	177705	215690	35608
209	262019	266155	22592	360580	238943	80263
-27062	569605	576140	40085	1141763	1442887	302731
-13551	444569	449114	4895	560013	1394467	79537
-102271	343147	337155	158121	459208	805072	80506
-51779	2366523	2357638	89947	2670525	1118676	216501
-1598	22214	19020		37765	67599	17220
9	631	1199		4774	21748	3101
38563	-8681	-2766	30511	87485	589150	70746
14812	-9988	-12306	87159	4245	119765	10892
3937	2425	2301	969	9942	51411	5620

12-9 规模以上高技术产业工业企业主要经济指标（2023年）

单位：万元

行业	Sector	企业单位数（个）Number of Enterprises (unit)	#亏损企业（个）Loss Making Enterprises
总　　计	**Total**	**500**	**109**
一、医药制造业	**Manufacture of Medicines**	**75**	**20**
（一）化学药品制造	Manufacture of Chemical Medicine	30	4
（二）中药饮片加工	Chinese Medicine Pieces Processing	3	3
（三）中成药生产	Manufacture of Finished Traditional Chinese Herbal Medicine	20	4
（四）兽用药品制造	Veterinary Pharmaceutical Manufacturing	4	1
（五）生物药品制造	Biopharmaceutical Manufacturing	4	2
（六）卫生材料及医药用品制造	Sanitary Materials and Medical Supplies Manufacturing	7	3
（七）药用辅料及包装材料	Pharmaceutical Excipients and Packaging Materials	7	3
二、航空、航天器及设备制造业	**Aviation, Aerospace and Equipment Manufacturing Industry**	**98**	**13**
（一）飞机制造	Aircraft Manufacturing	33	4
（二）航天器及运载火箭制造	Spacecraft and Launch Vehicles Manufacturing	5	1
（三）航空、航天相关设备制造	Aviation and Aerospace-related Equipment Manufacturing	43	5
（四）其他航空航天器制造	Other Aerospace Manufacturing	8	1
（五）航空航天器修理	Aerospace Vehicle Repair	9	2
三、电子及通信设备制造业	**Electronic and Communication Equipment Manufacturing**	**193**	**45**
（一）电子工业专用设备制造	Manufacture of Special Equipment for Electronic Industry	19	3
（二）光纤、光缆及锂离子电池制造	Optical Fiber, Cable and Lithium-ion Battery Manufacturing	5	2
（三）通信设备、雷达及配套设备制造	Manufacture of Communication Equipment, Radar and Matching Equipment	49	13
（四）广播电视设备制造	Manufacture of Broadcasting and TV Equipment	3	1
（五）非专业视听设备制造	Manufacture of Non-professional Audio-visual Equipment	3	2
（六）电子器件制造	Manufacture of Electronic Appliances	53	12
（七）电子元件及电子专用材料制造	Manufacture of Electronic Components and Electronic Specialized Materials	52	11
（八）智能消费设备制造	Manufacture of Intelligent Consumption Equipment	3	1
（九）其他电子设备制造	Other Electronic Equipment	6	
四、计算机及办公设备制造业	**Manufacture of Computers and Office Equipments**	**15**	**6**
（一）计算机整机制造	Manufacture of Entire Computer	1	
（二）计算机零部件制造	Manufacture of Parts and Components for Computer	1	1
（三）计算机外围设备制造	Manufacture of Computer Peripheral Equipment	4	2
（四）工业控制计算机及系统制造	Industrial Control Computer and System Manufacturing	6	3
（五）信息安全设备制造	Information Security Equipment Manufacturing	1	
（六）其他计算机制造	Other Computer Manufacturing	1	
（七）办公设备制造	Manufacture of Office Equipment	1	
五、医疗仪器设备及仪器仪表制造业	**Manufacture of Medical Equipments and Instruments and Meters**	**119**	**25**
（一）医疗仪器设备及器械制造	Manufacture of Medical Equipments and Appliances	20	5
（二）通用仪器仪表制造	Manufacture of General Measuring Instruments and Machinery	59	11
（三）专用仪器仪表制造	Manufacture of Special Instruments	28	7
（四）光学仪器制造	Optical Instruments Manufacturing	7	2
（五）其他仪器仪表制造业	Other Instrumentation Manufacturing	5	
六、信息化学品制造业	**Manufacture of Information Chemicals**		
信息化学品制造	Information Chemicals Manufacturing		

Major Economic Indicators of High Technology Industry Industrial Enterprises above Designated Size (2023)

(10 000 yuan)

平均用工人数（人） Annual Average Employees (person)	资产总计 Total Assets	流动资产合计 Current Assets	固定资产原价 Fixed Assets (original value)	#累计折旧 Accumulative Total Depreciation
184785	**61822179**	**30418643**	**34464302**	**19333721**
17165	**3281616**	**2176256**	**976684**	**399494**
8494	1861448	1284076	601898	255833
336	70662	26453	43121	8007
5642	1095870	685586	271361	104310
437	22083	13245	9512	3449
559	64439	49407	14638	11210
846	44662	27708	14577	3954
851	122452	89781	21577	12730
57523	**20902170**	**7530240**	**4829012**	**2323215**
40215	15213956	3945828	3135747	1695634
5828	2406520	1310007	937659	333610
9276	2551824	1847991	579020	242262
1395	494637	305739	93862	29337
809	235233	120676	82724	22371
93318	**34545654**	**18347569**	**28221406**	**16434608**
2160	657191	570545	62417	16349
19371	2835862	1460616	1643383	606203
22482	4965456	4072428	1036287	538950
2761	442437	320626	42865	8497
288	40005	22782	15936	4294
29617	13656583	5868497	20301851	13866666
15197	11641432	5841220	5091599	1381799
935	141683	112199	11075	6790
507	165006	78656	15993	5061
1558	**306638**	**225149**	**26085**	**9877**
95	55647	49841	1598	670
51	4944	4290	1014	498
443	157671	96249	16244	5248
536	57618	50444	2803	1550
304	19699	14104	3609	1594
102	6370	5613	693	267
27	4689	4608	124	50
15221	**2786101**	**2139429**	**411115**	**166528**
3618	836972	646109	121378	33161
5790	863359	697252	98663	44111
3247	626744	491380	56209	30485
2277	391977	272301	130739	56090
289	67049	32387	4127	2681

12-9 续表1

单位：万元

分 组	Classify	负债合计 Total Liabilities	#流动负债合计 Current Liabilities
总 计	**Total**	**27202094**	**23331823**
一、医药制造业	**Manufacture of Medicines**	**1343242**	**1164007**
（一）化学药品制造	Manufacture of Chemical Medicine	689702	585952
（二）中药饮片加工	Chinese Medicine Pieces Processing	38381	36461
（三）中成药生产	Manufacture of Finished Traditional Chinese Herbal Medicine	495280	452738
（四）兽用药品制造	Veterinary Pharmaceutical Manufacturing	15832	12108
（五）生物药品制造	Biopharmaceutical Manufacturing	23784	15811
（六）卫生材料及医药用品制造	Sanitary Materials and Medical Supplies Manufacturing	24351	18264
（七）药用辅料及包装材料	Pharmaceutical Excipients and Packaging Materials	55912	42674
二、航空、航天器及设备制造业	**Aviation, Aerospace and Equipment Manufacturing Industry**	**11102495**	**10542481**
（一）飞机制造	Aircraft Manufacturing	8030566	8030566
（二）航天器及运载火箭制造	Spacecraft and Launch Vehicles Manufacturing	1479124	1214118
（三）航空、航天相关设备制造	Aviation and Aerospace-related Equipment Manufacturing	1183147	977602
（四）其他航空航天器制造	Other Aerospace Manufacturing	272916	212566
（五）航空航天器修理	Aerospace Vehicle Repair	136743	107630
三、电子及通信设备制造业	**Electronic and Communication Equipment Manufacturing**	**13447304**	**10438653**
（一）电子工业专用设备制造	Manufacture of Special Equipment for Electronic Industry	538750	511029
（二）光纤、光缆及锂离子电池制造	Optical Fiber, Cable and Lithium-ion Battery Manufacturing	2430456	2298247
（三）通信设备、雷达及配套设备制造	Manufacture of Communication Equipment, Radar and Matching Equipment	3122644	2704200
（四）广播电视设备制造	Manufacture of Broadcasting and TV Equipment	203076	134170
（五）非专业视听设备制造	Manufacture of Non-professional Audio-visual Equipment	30666	23668
（六）电子器件制造	Manufacture of Electronic Appliances	2380869	1705465
（七）电子元件及电子专用材料制造	Manufacture of Electronic Components and Electronic Specialized Materials	4663843	2991666
（八）智能消费设备制造	Manufacture of Intelligent Consumption Equipment	33448	32343
（九）其他电子设备制造	Other Electronic Equipment	43552	37865
四、计算机及办公设备制造业	**Manufacture of Computers and Office Equipments**	**146968**	**127295**
（一）计算机整机制造	Manufacture of Entire Computer	34029	19009
（二）计算机零部件制造	Manufacture of Parts and Components for Computer	3952	3643
（三）计算机外围设备制造	Manufacture of Computer Peripheral Equipment	53324	53028
（四）工业控制计算机及系统制造	Industrial Control Computer and System Manufacturing	36880	32905
（五）信息安全设备制造	Information Security Equipment Manufacturing	11849	11849
（六）其他计算机制造	Other Computer Manufacturing	4000	3929
（七）办公设备制造	Manufacture of Office Equipment	2933	2933
五、医疗仪器设备及仪器仪表制造业	**Manufacture of Medical Equipments and Instruments and Meters**	**1162086**	**1059387**
（一）医疗仪器设备及器械制造	Manufacture of Medical Equipments and Appliances	210343	193903
（二）通用仪器仪表制造	Manufacture of General Measuring Instruments and Machinery	455625	406551
（三）专用仪器仪表制造	Manufacture of Special Instruments	288712	266256
（四）光学仪器制造	Optical Instruments Manufacturing	185815	172349
（五）其他仪器仪表制造业	Other Instrumentation Manufacturing	21591	20328
六、信息化学品制造业	**Manufacture of Information Chemicals**		
信息化学品制造	Information Chemicals Manufacturing		

continued 1

(10 000 yuan)

所有者权益合计 Total Owners' Equities	#实收资本 Paid-in Capitals	营业收入 Business Revenue	#主营业务收入 Revenue from Principal Business	营业成本 Business Cost	税金及附加 Taxes and Other Charges
34620079	**9909241**	**35715970**	**35294280**	**29923401**	**175192**
1938373	**397882**	**2548798**	**2519057**	**1284003**	**23310**
1171746	202996	1643085	1617484	971756	11860
32281	42000	25164	25106	22564	488
600590	105202	747711	743997	217318	10076
6251	6034	12474	12440	6853	67
40655	15201	42520	42519	13461	215
20310	7219	26751	26645	17585	227
66540	19230	51093	50865	34466	378
9799674	**2384410**	**7296463**	**7202810**	**6321631**	**30648**
7183390	1731854	5201265	5137578	4690768	19655
927396	113700	854650	838686	750160	1573
1368676	427885	952198	939364	664989	7061
221721	32864	188409	187981	145423	1486
98490	78108	99940	99202	70290	873
21098348	**6616649**	**24118765**	**23834418**	**21257760**	**111509**
118441	40901	314576	302237	235731	1263
405406	308725	3523239	3431545	3419588	5621
1842812	457747	5627167	5593062	5225465	15171
239361	5897	336662	330974	172309	1867
9339	6333	14645	13746	12060	196
11275713	3958699	7279608	7220450	5775558	60833
6977588	1772146	6936599	6856167	6363010	25969
108236	6143	47859	47857	32379	246
121454	60056	38411	38379	21661	342
159670	**79819**	**188397**	**187285**	**146980**	**630**
21618	20000	70246	70246	67343	72
993	1338	2373	2373	2340	2
104346	46556	62674	61898	45386	245
20738	5797	35683	35672	21644	176
7850	5000	6090	5766	2142	105
2370	696	5754	5754	3369	14
1756	433	5576	5576	4757	16
1624015	**430481**	**1563548**	**1550710**	**913026**	**9096**
626630	66265	479211	477988	125757	3473
407734	166364	534044	528549	378624	3050
338031	104366	338823	334227	241549	2018
206163	79170	193492	192208	155113	499
45458	14317	17979	17739	11984	55

12-9 续表2

单位：万元

行 业	Sector	销售费用 Selling Expenses	管理费用 Management Expenses
总 计	**Total**	**1202625**	**1186926**
一、医药制造业	**Manufacture of Medicines**	**698309**	**223133**
（一）化学药品制造	Manufacture of Chemical Medicine	347422	134548
（二）中药饮片加工	Chinese Medicine Pieces Processing	963	2343
（三）中成药生产	Manufacture of Finished Traditional Chinese Herbal Medicine	317464	67604
（四）兽用药品制造	Veterinary Pharmaceutical Manufacturing	2281	1519
（五）生物药品制造	Biopharmaceutical Manufacturing	17968	6862
（六）卫生材料及医药用品制造	Sanitary Materials and Medical Supplies Manufacturing	1528	3635
（七）药用辅料及包装材料	Pharmaceutical Excipients and Packaging Materials	10685	6622
二、航空、航天器及设备制造业	**Aviation, Aerospace and Equipment Manufacturing Industry**	**77346**	**288267**
（一）飞机制造	Aircraft Manufacturing	56220	172281
（二）航天器及运载火箭制造	Spacecraft and Launch Vehicles Manufacturing	1267	39219
（三）航空、航天相关设备制造	Aviation and Aerospace-related Equipment Manufacturing	15607	60731
（四）其他航空航天器制造	Other Aerospace Manufacturing	2850	8765
（五）航空航天器修理	Aerospace Vehicle Repair	1401	7271
三、电子及通信设备制造业	**Electronic and Communication Equipment Manufacturing**	**227895**	**548854**
（一）电子工业专用设备制造	Manufacture of Special Equipment for Electronic Industry	12131	14837
（二）光纤、光缆及锂离子电池制造	Optical Fiber, Cable and Lithium-ion Battery Manufacturing	60842	44878
（三）通信设备、雷达及配套设备制造	Manufacture of Communication Equipment, Radar and Matching Equipment	34420	85503
（四）广播电视设备制造	Manufacture of Broadcasting and TV Equipment	49993	16118
（五）非专业视听设备制造	Manufacture of Non-professional Audio-visual Equipment	406	955
（六）电子器件制造	Manufacture of Electronic Appliances	30815	180056
（七）电子元件及电子专用材料制造	Manufacture of Electronic Components and Electronic Specialized Materials	35344	197266
（八）智能消费设备制造	Manufacture of Intelligent Consumption Equipment	2762	5270
（九）其他电子设备制造	Other Electronic Equipment	1183	3972
四、计算机及办公设备制造业	**Manufacture of Computers and Office Equipments**	**7701**	**11680**
（一）计算机整机制造	Manufacture of Entire Computer	545	739
（二）计算机零部件制造	Manufacture of Parts and Components for Computer	46	147
（三）计算机外围设备制造	Manufacture of Computer Peripheral Equipment	1611	5852
（四）工业控制计算机及系统制造	Industrial Control Computer and System Manufacturing	2786	3431
（五）信息安全设备制造	Information Security Equipment Manufacturing	1634	713
（六）其他计算机制造	Other Computer Manufacturing	845	612
（七）办公设备制造	Manufacture of Office Equipment	234	185
五、医疗仪器设备及仪器仪表制造业	**Manufacture of Medical Equipments and Instruments and Meters**	**191374**	**114992**
（一）医疗仪器设备及器械制造	Manufacture of Medical Equipments and Appliances	126005	30000
（二）通用仪器仪表制造	Manufacture of General Measuring Instruments and Machinery	39392	40852
（三）专用仪器仪表制造	Manufacture of Special Instruments	22689	26002
（四）光学仪器制造	Optical Instruments Manufacturing	1884	16151
（五）其他仪器仪表制造业	Other Instrumentation Manufacturing	1405	1987
六、信息化学品制造业	**Manufacture of Information Chemicals**		
信息化学品制造	Information Chemicals Manufacturing		

continued 2

(10 000 yuan)

研发费用 R&D Expenses	财务费用 Financial Expenses	营业利润 Operating Profit	利润总额 Total Profits	亏损企业亏损总额 Total Loss of Deficit Enterprises	利税总额 Total Pretax Profits	应付职工薪酬 Salary Payable	本年应交增值税 Value-added Tax Payable
1467000	**-23961**	**3389200**	**3378158**	**293812**	**4102360**	**3619240**	**549009**
82803	**9215**	**236989**	**228439**	**22027**	**375676**	**312656**	**123927**
30885	4173	148359	135839	6949	202851	217559	55151
1147	1092	-3232	-3222	3222	-2389	2471	345
41190	2145	93790	97004	3729	170874	65113	63795
812	497	457	674	133	889	3069	148
3092	652	895	992	1311	2484	6944	1277
1915	191	1708	1815	727	3449	6876	1408
3760	466	-4988	-4662	5956	-2481	10625	1804
241938	**-1340**	**435694**	**440980**	**30810**	**555191**	**1430613**	**83562**
94522	-4375	213813	215268	9064	261955	1031379	27033
79141	1277	43310	43888	12741	47952	193185	2491
54004	-12	138388	141072	7104	189359	167623	41226
10973	-237	21935	22315	212	31123	25031	7321
3298	2007	18249	18437	1689	24802	13395	5492
1020638	**-38663**	**2477402**	**2466052**	**203789**	**2853359**	**1605478**	**275798**
15423	1255	31527	31988	395	41137	29013	7887
8704	-581	7959	-1838	60376	27273	242029	23490
87229	6430	185589	188313	20722	286364	310103	82881
40612	-139	63987	63992	3474	75537	75512	9679
1208	338	-261	64	336	608	2534	348
635239	-10602	605762	595464	76270	746388	602578	90091
221018	-35306	1573215	1577931	42216	1663026	317871	59125
4609	-247	2401	2781	1	4500	17818	1473
6595	188	7223	7358		8524	8019	824
14187	**1942**	**1811**	**2618**	**3382**	**5739**	**24835**	**2491**
400	-27	1164	1093		1194	1261	29
47		-110	-68	68	-66	243	
6019	824	-372	-281	1185	915	10290	951
6084	501	860	1001	2129	1914	8996	737
1113	337	-200	306		817	2818	407
202	272	442	516		742	993	212
323	34	27	52		224	234	156
107435	**4884**	**237306**	**240069**	**33804**	**312396**	**245658**	**63232**
31726	-1682	169695	170855	16202	194475	58612	20147
32558	3791	30640	34559	12877	56858	79817	19248
21662	4382	30865	32876	4047	54607	51179	19713
19564	-1930	4855	412	679	4331	52783	3420
1925	323	1251	1367		2125	3266	703

12-10 规模以上工业企业主要经济效益指标（2023年）

行 业	Sector	总资产贡献率（%） Ratio of Total Assets to Industrial Output Value (%)	资产负债率（%） Assets-Liability Ratio (%)
总 计	**Total**	**5.4**	**57.4**
按工业行业大类分	Grouped by Sector		
煤炭开采和洗选业	Mining and Washing of Coal	8.0	44.9
石油和天然气开采业	Extraction of Petroleum and Natural Gas		
黑色金属矿采选业	Mining and Processing of Ferrous Metal Ores		
有色金属矿采选业	Mining and Processing of Non-ferrous Metal Ores		
非金属矿采选业	Mining and Processing of Non-metal Ores		
开采专业及辅助性活动	Professional and Support Activities for Mining	2.2	36.6
其他采矿业	Mining of Other Ores		
农副食品加工业	Processing of Food from Agricultural Products	5.0	64.0
食品制造业	Manufacture of Foods	15.4	53.1
酒、饮料和精制茶制造业	Manufacture of Alcohol, Beverages and Refined Tea	17.5	41.8
烟草制品业	Manufacture of Tobacco	3.6	19.1
纺织业	Manufacture of Textile	1.9	61.8
纺织服装、服饰业	Manufacture of Textile, Wearing Apparel and Accessories	3.6	55.6
皮革、毛皮、羽毛及其制品和制鞋业	Manufacture of Leather, Fur, Feather and Related Products and Footwear	0.2	30.9
木材加工和木、竹、藤、棕、草制品业	Processing of Timber, Manufacture of Wood, Bamboo, Rattan, Palm and Straw Products	2.9	77.7
家具制造业	Manufacture of Furniture	5.8	71.2
造纸和纸制品业	Manufacture of Paper and Paper Products	6.3	65.1
印刷和记录媒介复制业	Printing and Reproduction of Recording Media	4.0	27.0
文教、工美、体育和娱乐用品制造业	Manufacture of Articles for Culture, Education, Arts and Crafts, Sport and Entertainment Activities	5.3	27.2

Major Indicators of Economic Performance of Industrial Enterprises above Designated Size (2023)

流动资产周转率（次/年）Rate of Annual Turnover Working Capitals (times/year)	成本费用利润率（%）Ratio of Profits to Cost (%)	营业收入利润率（%）Profit Margin of Operating Income （%）	每百元资产实现营业收入（元）Operating Income per 100 yuan of Assets (yuan)
1.1	**5.9**	**5.6**	**68.6**
0.9	2.9	2.8	90.7
1.0	2.9	2.9	55.5
1.9	2.8	2.7	124.3
2.4	7.5	7.0	138.0
2.3	11.7	10.4	112.9
0.8	1.8	1.7	42.5
1.7	0.4	0.4	67.4
1.0	3.3	3.2	62.4
0.7	-1.5	-1.6	40.8
0.6	2.7	2.6	46.7
1.2	3.0	2.9	82.2
1.6	3.3	3.2	104.4
0.8	4.8	4.5	50.1
0.9	4.1	4.0	62.3

12-10 续表

行业	Sector	总资产贡献率（%）Ratio of Total Assets to Industrial Output Value (%)	资产负债率（%）Assets-Liability Ratio (%)
石油、煤炭及其他燃料加工业	Processing of Petroleum, Coal and Other Fuels	3.8	84.5
化学原料和化学制品制造业	Manufacture of Raw Chemical Materials and Chemical Products	10.4	37.5
医药制造业	Manufacture of Medicines	11.7	40.9
化学纤维制造业	Manufacture of Chemical Fibers	21.2	15.6
橡胶和塑料制品业	Manufacture of Rubber and Plastics Products	4.5	54.4
非金属矿物制品业	Manufacture of Non-metallic Mineral Products	6.1	72.2
黑色金属冶炼和压延加工业	Smelting and Pressing of Ferrous Metals	4.8	60.1
有色金属冶炼和压延加工业	Smelting and Pressing of Non-ferrous Metals	9.6	49.4
金属制品业	Manufacture of Metal Products	4.6	66.8
通用设备制造业	Manufacture of General Purpose Machinery	4.5	53.8
专用设备制造业	Manufacture of Special Purpose Machinery	7.2	56.6
汽车制造业	Manufacture of Automobiles	4.1	79.8
铁路、船舶、航空航天和其他运输设备制造业	Manufacture of Railway, Ship, Aerospace and Other Transport Equipments	3.1	52.2
电气机械和器材制造业	Manufacture of Electrical Machinery and Apparatus	3.3	68.3
计算机、通信和其他电子设备制造业	Manufacture of Computers, Communication and Other Electronic Equipment	8.8	33.9
仪器仪表制造业	Manufacture of Measuring Instruments and Machinery	6.3	48.7
其他制造业	Other Manufacture	9.0	38.7
废弃资源综合利用业	Utilization of Waste Resources	3.3	67.8
金属制品、机械和设备修理业	Repair Service of Metal Products, Machinery and Equipment	10.1	54.6
电力、热力生产和供应业	Production and Supply of Electric Power and Heat Power	2.0	72.9
燃气生产和供应业	Production and Supply of Gas	2.6	61.3
水的生产和供应业	Production and Supply of Water	1.4	75.4

continued

流动资产周转率（次/年）Rate of Annual Turnover Working Capitals (times/year)	成本费用利润率（%）Ratio of Profits to Cost (%)	营业收入利润率（%）Profit Margin of Operating Income（%）	每百元资产实现营业收入（元）Operating Income per 100 yuan of Assets (yuan)
1.0	0.3	0.3	84.8
1.0	14.4	12.8	65.6
1.2	9.9	9.0	77.7
2.0	15.7	13.4	118.5
1.3	3.9	3.8	62.6
0.7	6.7	6.3	55.6
2.7	1.6	1.6	209.6
1.0	12.7	11.3	63.2
0.6	6.4	6.1	43.2
0.5	9.1	8.4	41.9
0.6	12.8	11.3	44.8
1.1	2.6	2.5	85.8
1.0	6.7	6.3	38.0
1.8	2.1	2.1	120.4
1.2	12.6	11.9	65.3
0.7	6.8	6.4	55.5
0.7	6.6	6.2	61.8
1.7	-0.8	-0.8	69.9
1.0	13.3	11.9	57.4
1.9	0.1	0.1	55.5
2.2	1.4	1.4	75.8
0.7	2.6	2.5	15.2

12-11 规模以上大中型工业企业主要经济效益指标（2023年）

行　业	Sector	总资产贡献率（%）Ratio of Total Assets to Industrial Output Value (%)	资产负债率（%）Assets-Liability Ratio (%)
总　　计	**Total**	**5.3**	**56.7**
按工业行业大类分	**Grouped by Sector**		
煤炭开采和洗选业	Mining and Washing of Coal	8.0	44.9
石油和天然气开采业	Extraction of Petroleum and Natural Gas		
黑色金属矿采选业	Mining and Processing of Ferrous Metal Ores		
有色金属矿采选业	Mining and Processing of Non-ferrous Metal Ores		
非金属矿采选业	Mining and Processing of Non-metal Ores		
开采专业及辅助性活动	Professional and Support Activities for Mining	2.2	35.9
其他采矿业	Mining of Other Ores		
农副食品加工业	Processing of Food from Agricultural Products	7.0	62.0
食品制造业	Manufacture of Foods	23.0	47.0
酒、饮料和精制茶制造业	Manufacture of Alcohol, Beverages and Refined Tea	23.5	43.3
烟草制品业	Manufacture of Tobacco	3.0	12.1
纺织业	Manufacture of Textile	2.4	47.5
纺织服装、服饰业	Manufacture of Textile, Wearing Apparel and Accessories		
皮革、毛皮、羽毛及其制品和制鞋业	Manufacture of Leather, Fur, Feather and Related Products and Footwear	0.3	31.7
木材加工和木、竹、藤、棕、草制品业	Processing of Timber, Manufacture of Wood, Bamboo, Rattan, Palm and Straw Products		
家具制造业	Manufacture of Furniture	4.6	82.6
造纸和纸制品业	Manufacture of Paper and Paper Products	2.9	90.3
印刷和记录媒介复制业	Printing and Reproduction of Recording Media	3.0	18.1
文教、工美、体育和娱乐用品制造业	Manufacture of Articles for Culture, Education, Arts and Crafts, Sport and Entertainment Activities		

Major Economic Indicators of Large and Medium-sized Industrial Enterprises above Designated Size (2023)

流动资产周转率（次/年）Rate of Annual Turnover Working Capitals (times/year)	成本费用利润率（%）Ratio of Profits to Cost (%)	营业收入利润率（%）Profit Margin of Operating Income (%)	每百元资产实现营业收入（元）Operating Income per 100 yuan of Assets (yuan)
1.2	**5.9**	**5.6**	**70.6**
0.9	2.9	2.8	90.7
1.0	2.9	2.8	55.2
1.4	6.4	6.1	85.7
3.4	8.8	8.0	186.9
2.4	12.8	11.3	146.1
0.4	3.0	2.9	26.2
1.8	2.1	2.0	64.5
0.8	-1.4	-1.4	42.7
0.9	3.5	3.4	73.0
1.4	0.9	0.9	100.8
0.7	4.2	3.9	43.4

12-11 续表

行 业	Sector	总资产贡献率（%）Ratio of Total Assets to Industrial Output Value (%)	资产负债率（%）Assets-Liability Ratio (%)
石油、煤炭及其他燃料加工业	Processing of Petroleum, Coal and Other Fuels		
化学原料和化学制品制造业	Manufacture of Raw Chemical Materials and Chemical Products	10.6	37.9
医药制造业	Manufacture of Medicines	13.3	36.3
化学纤维制造业	Manufacture of Chemical Fibers	14.1	8.1
橡胶和塑料制品业	Manufacture of Rubber and Plastics Products	2.6	49.5
非金属矿物制品业	Manufacture of Non-metallic Mineral Products	5.1	66.6
黑色金属冶炼和压延加工业	Smelting and Pressing of Ferrous Metals		
有色金属冶炼和压延加工业	Smelting and Pressing of Non-ferrous Metals	11.0	44.9
金属制品业	Manufacture of Metal Products	4.5	65.0
通用设备制造业	Manufacture of General Purpose Machinery	3.7	55.0
专用设备制造业	Manufacture of Special Purpose Machinery	7.0	56.7
汽车制造业	Manufacture of Automobiles	4.1	80.4
铁路、船舶、航空航天和其他运输设备制造业	Manufacture of Railway, Ship, Aerospace and Other Transport Equipments	2.7	52.8
电气机械和器材制造业	Manufacture of Electrical Machinery and Apparatus	2.7	70.2
计算机、通信和其他电子设备制造业	Manufacture of Computers, Communication and Other Electronic Equipment	9.4	32.6
仪器仪表制造业	Manufacture of Measuring Instruments and Machinery	5.3	47.7
其他制造业	Other Manufacture		
废弃资源综合利用业	Utilization of Waste Resources		
金属制品、机械和设备修理业	Repair Service of Metal Products, Machinery and Equipment	6.3	31.9
电力、热力生产和供应业	Production and Supply of Electric Power and Heat Power	2.4	64.3
燃气生产和供应业	Production and Supply of Gas	1.0	77.9
水的生产和供应业	Production and Supply of Water	1.5	75.4

continued

流动资产周转率（次/年）Rate of Annual Turnover Working Capitals (times/year)	成本费用利润率（%）Ratio of Profits to Cost (%)	营业收入利润率（%）Profit Margin of Operating Income（%）	每百元资产实现营业收入（元）Operating Income per 100 yuan of Assets (yuan)
0.9	18.1	15.8	57.0
1.3	11.2	10.0	84.4
1.7	12.1	10.7	88.6
1.2	2.3	2.2	52.6
0.7	4.8	4.6	56.1
0.7	24.7	19.9	41.8
0.4	10.1	9.6	30.4
0.4	10.6	9.6	33.8
0.5	15.1	13.1	39.2
1.1	2.6	2.5	85.4
1.0	6.2	5.9	37.1
1.9	1.8	1.7	126.8
1.3	13.2	12.4	67.6
0.7	5.5	5.3	53.7
1.9	1.9	1.9	82.4
4.0	-0.1	-0.1	80.2
3.5	-0.7	-0.7	82.2
1.3	1.3	1.3	19.7

主要统计指标解释

工业 指从事自然资源的开采，对采掘品和农产品进行加工和再加工的物质生产部门。具体包括：

（1）对自然资源的开采，如采矿、晒盐等（但不包括禽兽捕猎和水产捕捞）；（2）对农副产品的加工、再加工，如粮油加工、食品加工、缫丝、纺织、制革等；（3）对采掘品的加工、再加工，如炼铁、炼钢、化工生产、石油加工、机器制造、木材加工等，以及电力、自来水、煤气的生产和供应等；（4）对工业品的修理、翻新，如机器设备的修理、交通运输工具（如汽车）的修理等。

工业统计调查单位为独立核算法人工业企业。

独立核算法人工业企业指从事工业生产经营活动的单位。独立核算法人工业企业应同时具备以下条件：（1）依法成立，有自己的名称、组织机构和场所，能够承担民事责任；（2）独立拥有和使用资产，承担负债，有权与其他单位签订合同；（3）独立核算盈亏，并能够编制资产负债表。

轻工业 指主要提供生活消费品和制作手工工具的工业。按其所使用的原料不同，可分为两大类：（1）以农产品为原料的轻工业，是指直接或间接以农产品为基本原料的轻工业。主要包括食品制造、饮料制造、烟草加工、纺织、缝纫、皮革和毛皮制作、造纸以及印刷等工业；（2）以非农产品为原料的轻工业，是指以工业品为原料的轻工业。主要包括文教体育用品、化学药品制造、合成纤维制造、日用化学制品、日用玻璃制品、日用金属制品、手工工具制造、医疗器械制造、文化和办公用机械制造等工业。

重工业 指为国民经济各部门提供物质技术基础的主要生产资料的工业。按其生产性质和产品用途，可以分为下列三类：（1）采掘（伐）工业，是指对自然资源的开采，包括石油开采、煤炭开采、金属矿开采、非金属矿开采等工业；（2）原材料工业，指向国民经济各部门提供基本材料、动力和燃料的工业。包括金属冶炼及加工、炼焦及焦炭、化学、化工、原料、水泥、人造板以及电力、石油和煤炭加工等工业；（3）加工工业，是指对工业原材料进行再加工制造的工业。包括装备国民经济各部门的机械设备制造工业、金属结构、水泥制品等工业，以及为农业提供的生产资料如化肥、农药等工业。

根据上述划分原则，修理业中以重工业产品为修理作业对象的划为重工业，反之划为轻工业。

资产总计 指企业过去的交易或者事项形成的、由企业拥有或者控制的、预期会给企业带来经济利益的资源。包括企业拥有的土地、办公楼、厂房、机器、运输工具、存货等实物资产和现金、存款、应收账款和预付账款等金融资产。资产一般按流动性（资产的变现或耗用时间长短）分为流动资产和非流动资产。其中流动资产可分为货币资金、交易性金融资产、应收票据、应收账款、预付款项、其他应收款、存货等；非流动资产可分为长期股权投资、固定资产、无形资产及其他非流动资产等。根据会计“资产负债表”中“资产总计”项目的期末余额数填报。

流动资产合计 资产满足以下条件之一应归为流动资产：（1）预计在一个正常营业周期中变现、出售或耗用，主要包括存货、应收账款等；（2）主要为交易目的而持有；（3）预计在资产负债表日起一年内（含一年）变现；（4）自资产负债表日起一年内，交换其他资产或清偿负债的能力不受限制的现金或现金等价物。包括货币资金、应收票据、应收账款、存货等项目。根据会计“资产负债表”中“流动资产合计”项目的期末余额数填报。

固定资产原价 指固定资产的成本，包括企业在购置、自行建造、安装、改建、扩建、技术改造某项固定资产时所发生的全部支出总额。根据会计“固定资产”科目的期末借方余额填报。

固定资产净额 指固定资产原价减去累计折旧、固定资产减值准备后的金额。根据会计“资产负债表”中“固定资产”或“固定资产净额”项目的期末余额填报。

负债合计 指企业过去的交易或者事项形成的，预期会导致经济利益流出企业的现时义务。包括银行贷款、借款、应付账款、应付职工工资、应付职工福利费、应交税金等企业负有偿还责任的债务。根据会计“资产负债表”中“负债合计”项目的期末余额数填报。

所有者权益合计 指企业资产扣除负债后由所有者享有的剩余权益。公司的所有者权益又称股东权益。包括实收资本、资本公积、盈余公积、未分配利润等。根据会计“资产负债表”中“所有者权益合计”项目的期末余额数填报。

营业收入 指企业从事销售商品、提供劳务和让渡资产使用权等生产经营活动形成的经济利益流入。包括“主营业务收入”和“其他业务收入”。根据会计“利润表”中“营业收入”项目的本年累计数填报。

主营业务收入 指企业经营主要业务所实现的收入。如果会计“利润表”列示“主营业务收入”项目，则根据其本年累计数填报；或者，根据会计“主营业务收入”科目的本年各月贷方余额（结转前）之和填报，如未设置该科目，以“营业收入”代替填报。

营业成本 指企业从事销售商品、提供劳务和让渡资产使用权等生产经营活动发生的实际成本。“营业成本”应当与“营业收入”进行配比。包括“主营业务成本”和“其他业务成本”。根据会计“利润表”中“营业成本”项目的本年累计数填报。

税金及附加 指企业因从事生产经营活动按税法规定应缴纳的消费税、城市维护建设税、资源税、环境保护税、教育费附加、房产税、城镇土地使用税、车船税、印花税等相关税费。根据会计“利润表”中“税金及附加”项目的本年累计数填报。

销售费用 指企业在销售商品和材料、提供劳务的过程中发生的各种费用，包括保险费、包装费、展览费和广告费、商品维修费、预计产品质量保证损失、运输费、装卸费等以及为销售本企业商品而专设的销售机构（含销售网点、售后服务网点等）的职工薪酬、业务费、折旧费等经营费用。

管理费用 指企业为组织和管理企业生产经营所发生的费用，包括企业在筹建期间内发生的开办费、董事会和行政管理部门在企业经营管理中发生的，或者应当由企业统一负担的公司经费等，不包含“研发费用”。执行企业会计准则的企业，根据会计“利润表”中“管理费用”项目的本年累计数填报。执行《小企业会计准则》的企业，应将会计“利润表”中“管理费用”项目本年累计数减“研发费用”项目本年累计数后填报。执行其他企业会计制度的企业以及未执行财政部《关于修订印发2019年度一般企业财务报表格式的通知》（财会〔2019〕6号）的企业，在会计“利润表”中“管理费用”项目的本年累计数的基础上，根据会计“管理费用”科目下的“研究费用”明细科目，将“研发费用”剔除后填报。

研发费用 指企业在新知识、新技术、新产品、新工艺等的研究与开发过程中发生的费用化支出，以及计入“管理费用”会计科目的企业自行开发无形资产的摊销。费用化支出主要包括研发活动的人工费用、直接投入费用、用于研发活动的仪器、设备的折旧费、用于研发活动的软件、专利权、非专利技术的摊销费用、新产品设计费、新工艺规程制定费以及其他研发活动相关费用。执行企业会计准则的企业，根据会计“利润表”中“研发费用”项目的本年累计数填报。执行《小企业会计准则》的企业，根据会计“利润表”中“研发费用”项目的本年累计数填报。执行其他企业会计制度的企业以及会计“利润表”未列示“研发费用”或“研究费用”的企业，根据会计“管理费用”科目下“研究费用”明细科目的本期发生额，以及“管理费用”科目下“无形资产摊销”明细科目的本期发生额分析填报。

财务费用 指企业为筹集生产经营所需资金等而发生的筹资费用，包括企业生产经营期间发生的利息支出（减利息收入）、汇兑损失（减汇兑收益）以及相关的手续费等。根据会计“利润表”中“财务费用”项目的本年累计数填报。

利润总额 指企业在一定会计期间的经营成果，是生产经营过程中各种收入扣除各种耗费后的盈余，反映企业在报告期内实现的盈亏总额。利润总额为营业利润加上营业外收入，减去营业外支出后的金额，根据会计“利润表”中“利润总额”项目的本年累计数填报。

应交增值税 指按照税法规定，以销售货物、服务、无形资产、不动产或提供加工、修理修配劳务的增值额和货物进口金额为计税依据而课征的一种流转税。填报本指标时，应按权责发生制核算企业本期应负担的增值税。

总资产贡献率 反映企业全部资产的获利能力，是企业经营业绩和管理水平的集中体现，是评价和考核企业盈利能力的核心指标。计算公式为：

总资产贡献率（%）=（利润总额+税金总额+利息支出）/平均资产总额×100%

公式中：税金总额为产品销售税金及附加与应交增值税之和；平均资产总额为期初期末资产之和的算术平均值。

资产负债率 该指标既反映企业经营风险的大小，也反映企业利用债权人提供的资金从事经营活动的能力。计算公式为：

资产负债率（%）=负债总额/资产总额×100%

资产与负债均为报告期期末数。

流动资产周转次数 指一定时期内流动资产完成的周转次数，反映投入工业企业流动资金的周转速度。计算公式为：

流动资产周转次数=产品销售收入/全部流动资产平均余额

公式中：全部流动资产平均余额为期初和期末的流动资产之和的算术平均值。

成本费用利润率 反映企业投入的生产成本及费用的经济效益，同时也反映企业降低成本所取得的经济效益。计算公式为：

成本费用利润率（%）=利润总额／成本费用总额×100%

公式中：成本费用总额为产品销售成本、销售费用、管理费用、财务费用之和。

产品销售率 该指标反映工业产品已实现销售的程度，是分析工业产销衔接情况，研究工业产品满足社会需求的指标。计算公式为：

产品销售率（%）=工业销售产值／工业总产值（现价）×100%

Explanatory Notes on Main Statistical Indicators

Industry refers to the material production sector which is engaged in the extraction of natural resources and processing and reprocessing of minerals and agricultural products, including (1) extraction of natural resources, such as mining, salt production (but not including hunting and fishing); (2) processing and reprocessing of farm and sideline produces, such as grain and oil processing, food processing, silk reeling, spinning and weaving and leather making; (3) processing and reprocessing of mineral products, such as steel making, iron smelting, chemicals manufacturing, petroleum processing, machine building, timber processing, and production and supply of electricity, water and gas; (4) repairing and renovating of industrial products such as the machinery and transport vehicles (including cars).

In industrial surveys, the units of enquiry are industrial corporate enterprises with independent accounting systems.

Corporate industrial enterprises with independent accounting systems refer to corporate units engaging in industrial production and operation activities, which meet the following requirements: (1) They are established legally, having their own names, organizations, location and are able to take civil liability independently; (2) independently possessing and using its assets and assuming its liabilities and entitled to sign contracts with other institutions; (3) making independent accounts of its profits and losses, and capable of compiling its own balance sheet.

Light Industry refers to the industry that produces consumer goods and hand tools. It consists of two categories, depending on the materials used:

(1) Industries using farm products as raw materials. These are the branches of light industry which directly or indirectly use farm products as basic raw materials, including the manufacture of food and beverages, tobacco processing, textile, clothing, fur and leather manufacturing, paper making, printing, etc.

(2) Industries using non-farm products as raw materials. These are the branches of light industry which use manufactured goods as raw materials, including the manufacture of cultural, educational articles and sports goods, chemicals, synthetic fibre, chemical products for daily use, glass products for daily use, metal products for daily use, hand tools, medical apparatus and instruments, and the manufacture of cultural and office machinery.

Heavy Industry refers to the industry which produces capital goods, and provides various sectors of the national economy with necessary material and technical basis for production. It consists of the following three branches according to the purpose of production or the use of products:

(1) Mining, quarrying and logging industry, which refers to the industry that extracts natural resources, including extraction of petroleum, coal, metal and non- metal ores.

(2) Raw materials industry refers to the industry that provides various sectors of the national economy with raw materials, fuels and power. It includes smelting and processing of metals, coking and coke chemistry, chemical materials and building materials such as cement, plywood, and power, petroleum refining and coal dressing.

(3) Manufacturing industry which refers to the industry that processes raw materials. It includes machine-building industries which equip sectors of the national economy; industries producing metal structure and cement products; and industries producing means of agricultural production, such as chemical fertilizers and pesticides.

In accordance with the above principles of classification, the repairing trades, which are engaged primarily in repairing products of heavy industry, are classified as heavy industry while those which are engaged in repairing products of light industry are classified as light industry.

Total Assets refers to all resources that are owned or controlled by enterprises through previous trades or transactions, with expectation of making economic profits to enterprises. Included are all assets owned by enterprises such as land, office buildings, factories, machines, vehicles, inventories and other physical assets as well as cash, deposits, accounts receivable, prepayments and other financial assets. Classified by the degree of liquidity (the time of realization or consumption of assets), total assets include current assets and non-current assets. Current assets can be classified into monetary capital, trading financial assets, notes receivable, accounts receivable, advanced payments, other receivables and inventories. Non-current assets can be divided into long-term equity investment, fixed assets, intangible assets and other non-current assets. Data on this indicator can be obtained from the year-end figures of total assets in the Balance Sheet of accounting records.

Current Assets refers to the assets that meet one of the following requirements: (1) expected to be cashed, sold or used in a normal operation cycle, mainly including inventory and accounts receivable; (2) owned for transaction purpose mainly; (3) expected to be cashed within one year (including one year) from the day of the Balance Sheet; (4) unlimited cash or cash equivalents that can be exchanged with other assets or capable of settling debts during one year since the day of the Balance Sheet. Included are monetary capital, notes receivable, accounts receivable and inventories. Data on this indicator can be obtained from the year-end figures of total current assets in the Balance Sheet of accounting records.

Fixed Assets Original Cost refers to the cost of fixed assets, including the total amount of all expenditures incurred by an enterprise when purchasing, self-constructing, installing, rebuilding, expanding, or technically reforming a fixed asset. Filling in according to the ending debit balance of the accounting "fixed assets" account.

Net Fixed Assets refers to the amount of the original price of fixed assets minus accumulated depreciation and fixed assets depreciation reserves. Filling in according to the ending balance of "fixed assets" or "net fixed assets" in the accounting "Balance Sheet".

Total Liabilities refers to payable liabilities of enterprises that are accumulated from earlier transactions with expectation of leaking out of economic profits. Included are debts that enterprises are responsible for repaying such as bank loans, borrowings, accounts payable, wages payable, employee benefits payable, taxes payable, etc. In terms of payment, it can be divided into liquid liabilities and long-term liabilities. Data on this indicator can be obtained from the year-end figures of total liabilities in the Balance Sheet of accounting records.

Total Owner's Equity refers to the residual equity enjoyed by the owner after deducting the liabilities from the assets of the enterprise. The owner's equity of a company is also called shareholders' equity. Including paid in capital, capital reserve, surplus reserve, undistributed profits, etc. The current year's cumulative counting is reported according to the ending balance of the item "Total owner's equity" in the accounting "Balance Sheet".

Operating Income refers to the inflow of economic interests generated by an enterprise's production and operation activities such as selling goods, providing labor services and transferring the right to use assets. Operating income includes "main business income" and "other business income". The current year's cumulative counting is reported according to the item of "Operating income"in the accounting "income statement".

The Main Business Income refers to the income from the main business of the enterprise. If the "main business income" item is listed in the "income statement", it should be filled in according to the accumulated amount of the current year; Or, fill in according to the sum of the credit balance of each month of the current year (before carry forward) of the "main business income" account. If the account is not set, fill in with "operating income" instead.

Business Cost refers to the actual costs incurred by the enterprises in such production and operation activities as selling commodities, providing labor services and transferring the right to use of assets. "Business Cost" shall be matched with "Business Revenue". It includes "cost of principal business" and "cost of other business". It comes from current year's cumulative report of "operating cost" items from the "income statement".

Taxes and surcharges refers to the consumption tax, urban maintenance and construction tax, resource tax, environmental protection tax, education surcharges, property tax, urban land use tax, vehicle and vessel tax, stamp tax and other relevant taxes payable by enterprises in accordance with the provisions of the tax law for production and operation activities. Filling in according to the accumulated amount of the current year of the item "taxes and surcharges" in the accounting "income statement".

Selling Expenses refers to the cost during the sale of goods and materials, providing labor services, including insurance, packing, exhibition fees and advertising fees, merchandise maintenance costs, expected product quality guarantee loss, transportation fees, handling fees, and operating expenses for the sales of the company's products, such as employee compensation, business expenses, depreciation costs for dedicated sales offices (including sales outlets, after-sales service outlets, etc.).

Management Expenses refers to the expenses for the organization and management of enterprise operation, including the start-up costs during the construction of enterprises, funds occurred during enterprises operation by board of directors and executive management in the enterprise management, and other costs to be paid by enterprises, and it does not include the research and development costs. The enterprises that implement the accounting standards for business enterprises should fill and submit the data that comes from current year's cumulative amount of management cost. The enterprises that implement the accounting standards for small enterprises should fill and submit the data that comes from the result of current year's cumulative amount of management cost minus the current year's cumulative amount of research and development cost in income statement. The enterprises that implement other enterprise accounting systems and those that have not implemented the Notice of the Ministry of Finance on Revising and Issuing the Format of General Enterprise Financial Statements for 2019 (finance and accounting [2019] No.6), on the basis of the accumulated amount of the "management expenses" item in the accounting "income statement" for the current year, according to the detailed account of "research expenses" under the accounting "management expenses", fill in the report after excluding "research and development expenses".

R&D Expenses refers to the expenses incurred by enterprises in the research and development process of new knowledge, new technology, new products and new processes and the amortization of enterprise's self-developed intangible assets which is included in the item "management cost" in the ledger account. The expense mainly includes the labor cost and direct input cost of research and development activities, depreciation cost of instruments and equipments used in research and development activities, amortization cost of software, patent right and non-patent technology used in the research and development activities, new product design fee, new process procedure formulation fee and other related costs of research and development activities. The enterprises implementing the accounting standards for business enterprises shall fill in the current year's cumulative count of the items of "Research and development expenses" in the accounting "income statement". The enterprises implementing the Accounting Standards for Small Enterprises shall fill in the current year's accumulations according to the items of "research expenses" in the accounting "income statement". Enterprises implementing accounting systems of other enterprises and enterprises that do not list "research and development expenses" or "research expenses" in the accounting "income statement" shall Analyze and report data according to the current amount incurred in the detailed account of "research expenses" under the accounting "management expenses" and the current amount incurred in the detailed account of "intangible asset amortization" under the "management expenses".

Financial Expenses refers to cost of fund-raising for enterprises to raise funds for production and operation, including interest payments (a reduction in interest income), exchange loss (less exchange gains) and related fees during the period of production. It comes from current year's cumulative amount of financial expenses in income statement.

Total Profits refers to the operational results in a certain accounting period, and it is the balance of various incomes minus various spendings in the course of operation, reflecting the total profits and losses of enterprises in reference period. Data are obtained from current year's cumulative amount of total profits in the profit statement of the accounting record of enterprise.

Value Added Tax Payable refers to a turnover tax levied on the basis of the sales of goods, services, intangible assets, real estate or the value added of processing, repair and replacement services and the amount of import goods according to the tax law. When filling in this indicator, the VAT payable by the enterprise in the current period should be calculated on the accrual basis.

Ratio of Profits, Taxes and Interests to Average Assets reflects the profit-making capability of all assets of the enterprise and is a key indicator manifesting the performance and management and evaluating the profit-making potential of the enterprise. It is calculated as

$$\text{Ratio of Profits, Taxes and Interests to Average Assets(\%)} = \frac{\text{total profits} + \text{total taxes} + \text{interest payment}}{\text{average assets}} \times 100\%$$

In the above formula, total taxes is the sum of tax and extra charges on the sales of products and value-added tax payable; and average assets is the arithmetic mean of the sum of beginning assets and ending assets.

Ratio of Debts to Assets reflects both the operation risk and the capability of the enterprise in making use of the capital from the creditors. It is calculated as follows:

$$\text{Ratio of Debts to Assets(\%)} = \frac{\text{total debts}}{\text{total assets}} \times 100\%$$

Both assets and debts are figures at the end of the reference period.

Turnover of Working Capital refers to the number of times of turnover of working capital in a given period of time, which reflects the speed of the turnover of working capital of industrial enterprises, and is calculated as follows:

$$\text{Turnover of Working Capital} = \frac{\text{sales revenue of products}}{\text{average balance of total working capital}}$$

In the above formula, average balance of total working capital refers to the arithmetic mean of the sum of working capital at the beginning and at the end of the reference period.

Ratio of Profits to Total Industrial Costs refers to the ratio of profits realized in a given period to the total costs in the same period, which reflects the economic efficiency of input cost and is calculated as follows:

$$\text{Ratio of Profits to Total Industrial Cost (\%)} = \frac{\text{total profits}}{\text{total costs}} \times 100\%$$

Total costs in the above formula are the sum of cost of products sold, marketing cost, management cost and financial cost.

Sales Ratio of Products is an indicator reflecting the actual sale of industrial products, analyzing the production-selling and supply-demand relations. It is calculated as:

$$\text{Sales Ratio of Products (\%)} = \frac{\text{value of industrial sales}}{\text{gross industrial output value (current prices)}} \times 100\%$$

十三、能　源

ENERGY

资料整理：刘晓敏　于元英　刘秦娟
Data management: Liu Xiaomin　Yu Yuanying　Liu Qinjuan
数据审核：王　峰
Data audit: Wang Feng

第十三部分　能　源

一、简要说明

本章资料包括规模以上工业能源购销存情况、单位GDP能耗、规模以上工业企业用水情况等。

二、主要指标

规模以上工业综合能源消费量（万吨标准煤）	603.14	比上年下降	4.8%
单位GDP能耗（吨标准煤／万元）	0.264	比上年下降	1.6%

13　ENERGY

Ⅰ.Brief Introduction

Data in this chapter reflects energy purchases consumption and inventory of industrial enterprises above designated size, energy consumption per unit of GDP in whole city, and statistics on water use of industrial enterprises above designated size.

Ⅱ.Major Indicators

		Increase over Preceding Year
Comprehensive Energy Consumption Above Designated Size (10 000 tce)	603.14	-4.8%
Energy Consumption of GDP per Unit (tce/10 000 yuan)	0.264	-1.6%

13-1 主要年份全市及各区县单位GDP能耗增长率

Growth Rates of Energy Consumption per Unit of GDP by Region in Representative Years

单位：% (%)

区 县	Region	2010年	2011年	2012年	2013年	2014年	2015年	2016年	2017年	2018年	2019年	2020年	2021年	2022年	2023年
西安市	**Xi'an**	**-2.06**	**-3.56**	**-3.51**	**-3.57**	**-5.89**	**-3.20**	**-3.83**	**-4.61**	**-5.99**	**-4.78**	**-7.52**	**0.94**	**-0.23**	**-1.58**
新城区	Xincheng	-1.15	-3.51	-3.50	-3.50	-5.39	-3.27	-3.58	-3.27	-4.72	-4.19	-9.92	1.22	9.34	-13.41
碑林区	Beilin	-0.91	-3.89	-3.50	-3.50	-6.06	-3.20	-3.66	-3.65	-5.42	-4.37	-10.98	2.66	1.18	-2.59
莲湖区	Lianhu	-3.58	-3.84	-3.60	-3.61	-7.76	-3.14	-3.58	-5.93	-6.12	-3.50	-11.01	3.58	-1.35	-1.45
灞桥区	Baqiao	-4.20	-3.81	-3.62	-3.64	-5.20	-3.30	-3.75	-6.95	-8.25	-3.98	-10.41	2.51	-3.40	-0.87
未央区	Weiyang	-1.31	-3.60	-3.60	-3.60	-7.60	-4.16	-3.86	-4.49	-4.48	-2.95	-2.80	1.83	-3.74	3.54
雁塔区	Yanta	-4.18	-3.61	-3.61	-3.60	-3.89	-3.58	-3.55	-6.36	-6.54	-5.86	-9.09	-0.23	-3.06	-1.16
阎良区	Yanliang	-0.61	-3.38	-3.50	-3.50	-7.59	-3.00	-3.46	-3.99	-4.32	-2.91	-2.74	-0.39	-1.10	-4.27
临潼区	Lintong	-4.81	-3.52	-3.51	-3.51	-8.07	-3.00	-3.46	-6.29	-5.71	-5.18	-1.64	1.20	-0.25	-3.39
长安区	Chang'an	-2.08	-3.60	-3.63	-3.63	-3.40	-4.10	-3.56	-5.10	-4.56	-2.95	-4.26	7.00	1.80	-5.89
高陵区	Gaoling	-3.82	-3.93	-3.52	-3.54	-7.32	-3.00	-3.52	-4.00	-5.88	-2.90	-2.05	5.19	-3.94	-0.87
鄠邑区	Huyi	-2.99	-3.85	-3.60	-3.62	-3.40	-3.82	-3.84	-3.89	-5.86	-4.13	-6.35	-13.65	-9.85	-0.90
蓝田县	Lantian	-2.06	-3.39	-3.40	-3.30	-5.48	-3.17	-3.84	-3.27	-5.21	-3.35	5.47	-4.94	-5.24	-6.85
周至县	Zhouzhi	-2.06	-3.30	-3.30	-3.30	-7.63	-2.90	-3.50	-3.64	-5.59	-2.96	-11.62	-3.46	0.45	4.89
西咸新区	Xixian New Area									-12.51	-12.31	-26.33	-3.27	1.26	2.85

注：单位GDP能耗中GDP按不变价计算。
Note: GDP in energy consumption per unit of GDP are calculated at constant prices.

13-2 主要年份全社会用电量

单位：万千瓦时

指 标	Item	2000年	2007年	2008年	2009年	2010年	2011年
总 计	**Total**	**732373**	**1482896**	**1605089**	**1724067**	**1993751**	**2167453**
A、全行业用电量合计	Total of Industry of Electricity	599855	1215799	1293574	1358483	1499903	1590486
1.第一产业	Primary Industry	77579	120134	127054	99083	108720	117984
2.第二产业	Secondary Industry	354245	700026	724852	766029	883259	910360
3.第三产业	Tertiary Industry	168031	395639	441668	493371	507924	562142
B、城乡居民生活用电	Electricity Consumption for Urban and Rural Residents	132518	267097	311515	365585	493848	576966
1.乡村	Rural	31281	38395	63072	99941	142059	169898
2.城市	City	101237	228702	248443	265644	351789	407068
一、农、林、牧、渔业	Agriculture, Forestry, Animal Husbandry and Fishery	77579	120134	127054	99083	108720	117984
二、工业	Industry	345175	674990	696291	724920	838317	859796
三、建筑业	Construction	9070	25036	28561	41108	44942	50564
四、交通运输、仓储及邮政业	Transport, Storage and Post	22904	53825	56614	62031	58509	66684
五、信息传输、软件和信息技术服务业	Information Transmission, Software and Information Technology		21938	26680	29328	30760	33191
六、批发和零售业	Wholesale and Retail Trades		107343	111676	122203	148418	166558
七、住宿和餐饮业	Hotels and Catering Services						
八、金融业	Financial Intermediation		67674	81674	102400	116163	131236
九、房地产业	Real Estate						
十、租赁和商务服务业	Leasing and Business Services						
十一、公共服务及管理组织	Public Utilities and Management Organization		144859	165024	177409	154074	164473

注：1.本表数据来源于国网陕西省供电公司西安供电公司和国网陕西电力公司西咸供电公司。
2.2017年及以后为包含西咸新区数据。

Electricity Consumption of the Whole Society in Representative Years

(10 000 kwh)

2012年	2013年	2014年	2015年	2016年	2017年	2018年	2019年	2020年	2021年	2022年	2023年
2352571	**2554679**	**2753213**	**2844836**	**3120582**	**3613693**	**3967465**	**4184997**	**4150188**	**4893749**	**5311051**	**5854705**
1706859	1854696	2002503	2049492	2216797	2586468	2821250	3031213	3043246	3595717	3829808	4374409
109086	110405	95997	89970	87825	102033	28998	26057	31941	28170	29951	29586
932622	991202	1086105	1088866	1147294	1388903	1430389	1470195	1487484	1693777	1823496	2041536
665151	753089	820401	870656	981678	1095531	1361863	1534962	1523821	1873770	1976361	2303287
645713	699982	750710	795344	903785	1027226	1146216	1153784	1106942	1298032	1481243	1480297
197937	216148	235938	241920	263871	288571	321715	347306	333809	373268	430767	429642
447776	483834	514773	553424	639914	738655	824501	806478	773134	924764	1050476	1050655
109086	110405	95997	89970	87825	102033	100432	75902	70414	68089	74042	67870
875018	920024	998132	997115	1062188	1287836	1326060	1345516	1361355	1537472	1655799	1866761
57605	71179	87973	91750	85106	101068	110600	131824	129172	159222	170800	178019
69633	78722	88805	90914	109911	128970	149353	174658	191568	247882	258453	308777
37444	39551	42662	46203	61950	77104	90433	105752	124898	147946	171937	190254
199970	228117	253199	277248	301414	334387	302014	371987	387667	479077	492941	608137
						94270	98522	85667	103761	102238	121713
150832	165833	180824	185329	212666	232317	13599	13908	13891	14866	14679	14677
						180942	214133	202529	265561	282995	338187
						25860	30222	36738	40936	46229	55424
207271	240866	254911	270962	295737	322753	427688	468790	439347	530903	559694	624590

Note: a) Figures in this table are obtained from The State Grid Xian Electric Power Supply Company and The State Grid Xixian New Area Electric Power Supply Company

b) The data in 2017 and later include Xixian New Area.

13-3 规模以上工业企业能源购进、消费及库存（2023年）

指 标	Item	年初库存量 Stock (year-beginning)	购进量 Purchases	#购自省外 Wherein: purchased from outside the province
原煤（吨）	Raw Coal (ton)	371366	8109777	
洗精煤（用于炼焦）（吨）	Washed Coal (Coking Coal)(ton)			
其他洗煤（吨）	Other Washed Coals (ton)	16039	20705	
煤制品（吨）	Briquettes (ton)			
焦炭（吨）	Coke (ton)	30		
其他焦化产品（吨）	Other Coking Products (ton)			
焦炉煤气（万立方米）	Coke Oven Gas (10 000 cu.m)			
高炉煤气（万立方米）	Blast Furnace Gas (10 000 cu.m)			
转炉煤气（万立方米）	Converter Gas (10 000 cu.m)			
其他煤气（万立方米）	Other Gas (10 000 cu.m)			
天然气（万立方米）	Natural Gas (10 000 cu.m)	66	327567	
液化天然气（吨）	Liquefied Natural Gas (ton)	18	2100	109
氢气（万立方米）	hydrogen (10 000 cu.m)		414	71
原油（吨）	Crude Oil (ton)			
汽油（吨）	Gasoline (ton)	49	14468	195
煤油（吨）	Kerosene (ton)	32	23	
柴油（吨）	Diesel Oil (ton)	1018	81279	1320
燃料油（吨）	Fuel Oil (ton)	68	400	
液化石油气（吨）	LPG (ton)		155229	
炼厂干气（吨）	Refinery Gas (ton)			
石脑油（吨）	Naphtha (ton)			
润滑油（吨）	Lubricating Oil (ton)	189	2633	27
石蜡（吨）	Paraffin (ton)		10	5
溶剂油（吨）	Solvent Oil (ton)		6	
石油焦（吨）	Petrol Coke (ton)			
石油沥青（吨）	Petroleum Asphalt (ton)	596	13971	
其他石油制品（吨）	Other Petroleum Products (ton)	1	71	
热力（百万千焦）	Heat (million kilo-joule)		16263330	
电力（万千瓦时）	Electricity (10 000 kwh)		1398905	
煤矸石（用于燃料）（吨）	Coal Gangue (used for fuel)(ton)			
城市生活垃圾（用于燃料）（吨）	City Domestic Waste (used for fuel)(ton)	27232		
生物质能（用于燃料）（吨标准煤）	Biomass energy (used for fuel)(tce)	1603	4851	1115
余热余压（百万千焦）	Residual Heat and Pressure (million kilo-joule)			
工业废料（用于燃料）（吨）	Industrial Waste (used for fuel)(ton)			
其他燃料（吨标准煤）	Other Fuels (tce)	4	241	
能源合计（吨标准煤）	Total Energy (tce)			

Energy Purchases, Consumption and Inventory of Industrial Enterprises above Designated Size (2023)

购进金额（千元） Purchase amount (1 000 yuan)	工业生产消费量 Industrial Production Consume	#用于原材料 Used for Raw Materials	#运输工具消费 Means of transport Consume	期末库存量 Stock (year-end)
4890365	8040142			437962
26482	24307			
	30			
7502839	169542	2888	208	107
10345	2101		643	14
30792	1001	588		
137530	11047	15	10592	37
199	15			8
666919	80572	58	53044	853
1975	364			104
705474	19363	18805		
64955	2635	1325		9
146	11			
41	6			
52856	14395	14395		50
860	22			1
906014	4645119			
8642954	1507824		22191	
	2690080			38320
5011	10514			124
	747745			
611	241			4
23646369	10244402	91880	123947	

13-4 规模以上工业企业分行业主要能源品种消费量（2023年）

行　业	Sector	原煤（吨） Raw Coal (ton)
总　计	**Total**	**8040142**
煤炭开采和洗选业	Mining and Washing of Coal	
石油和天然气开采业	Extraction of Petroleum and Natural Gas	
黑色金属矿采选业	Mining and Processing of Ferrous Metal Ores	
有色金属矿采选业	Mining and Processing of Non-ferrous Metal Ores	
非金属矿采选业	Mining and Processing of Non-metal Ores	
开采专业及辅助性活动	Professional and Support Activities for Mining	
其他采矿业	Mining of Other Ores	
农副食品加工业	Processing of Food from Agricultural Products	
食品制造业	Manufacture of Foods	
酒、饮料和精制茶制造业	Manufacture of Alcohol, Beverages and Refined Tea	
烟草制品业	Manufacture of Tobacco	
纺织业	Manufacture of Textile	
纺织服装、服饰业	Manufacture of Textile, Wearing Apparel and Accessories	
皮革、毛皮、羽毛及其制品和制鞋业	Manufacture of Leather, Fur, Feather and Related Products and Footware	
木材加工和木、竹、藤、棕、草制品业	Processing of Timber, Manufacture of Wood, Bamboo, Rattan, Palm and Straw Products	
家具制造业	Manufacture of Furniture	
造纸和纸制品业	Manufacture of Paper and Paper Products	
印刷和记录媒介复制业	Printing and Reproduction of Recording Media	
文教、工美、体育和娱乐用品制造业	Manufacture of Articles for Culture, Education, Arts and Crafts, Sport and Entertainment Activities	
石油、煤炭及其他燃料加工业	Processing of Petroleum, Coal and Other Fuel	
化学原料和化学制品制造业	Manufacture of Raw Chemical Materials and Chemical Products	
医药制造业	Manufacture of Medicines	
化学纤维制造业	Manufacture of Chemical Fibers	
橡胶和塑料制品业	Manufacture of Rubber and Plastics Products	
非金属矿物制品业	Manufacture of Non-metallic Mineral Products	
黑色金属冶炼和压延加工业	Smelting and Pressing of Ferrous Metals	
有色金属冶炼和压延加工业	Smelting and Pressing of Non-ferrous Metals	
金属制品业	Manufacture of Metal Products	
通用设备制造业	Manufacture of General Purpose Machinery	
专用设备制造业	Manufacture of Special Purpose Machinery	
汽车制造业	Manufacture of Motor Vehicle	
铁路、船舶、航空航天和其他运输设备制造业	Manufacture of Railway, Ship, Aerospace and Other Transport Equipments	
电气机械和器材制造业	Manufacture of Electrical Machinery and Apparatus	
计算机、通信和其他电子设备制造业	Manufacture of Computers, Communication and Other Electronic Equipment	
仪器仪表制造业	Manufacture of Measuring Instruments and Machinery	
其他制造业	Other Manufacture	
废弃资源综合利用业	Utilization of Waste Resources	
金属制品、机械和设备修理业	Repair Service of Metal Products, Machinery and Equipment	
电力、热力生产和供应业	Production and Supply of Electric Power and Heat Power	8040142
燃气生产和供应业	Production and Supply of Gas	
水的生产和供应业	Production and Supply of Water	

注：表中数据未机械配平。

Major Energy Consumption above Designated Size by Industry (2023)

天然气（万立方米） Natural Gas (10 000 cu.m)	汽油（吨） Gasoline (ton)	柴油（吨） Diesel Oil (ton)	电力（万千瓦时） Electricity (10 000 kwh)
169542	**11047**	**80572**	**1507824**
327	1111	17385	5121
1978	340	218	9960
3603	416	1409	17274
2498	28	52	15972
210	7	30	772
341	38	35	18338
14	22	15	116
1	27		198
	6	1	116
132	16	58	1807
1135	32	96	3848
198	102	55	8623
	31	12	213
247	6		585
4595	382	964	92966
2775	777	108	16977
			5935
162	119	75	27848
7981	502	52060	51000
472	17	5	4734
1025	198	156	47691
574	611	594	18089
300	593	119	21324
226	1123	568	17996
7308	410	4046	169833
121	397	178	24366
3778	876	440	283957
5934	649	53	424938
33	593	9	2302
24	19	5	646
		139	2723
6	94	5	1830
120775	186	1623	171611
2769	1117	21	6258
1	204	37	31859

Note: Data in the table has not been mechanically balanced.

13-5 规模以上工业企业分行业综合能源消费量（2023年）

Comprehensive Energy Consumption by Sector above Designated Size (2023)

单位：吨标准煤 (tce)

行业	Sector	2023年	比上年增长（%） Increase over Preceding Year (%)
总　计	**Total**	**6031404**	**-4.8**
煤炭开采和洗选业	Mining and Washing of Coal		
石油和天然气开采业	Extraction of Petroleum and Natural Gas		
黑色金属矿采选业	Mining and Processing of Ferrous Metal Ores		
有色金属矿采选业	Mining and Processing of Non-Ferrous Metal Ores		
非金属矿采选业	Mining and Processing of Non-metal Ores		
开采专业及辅助性活动	Professional and Support Activities for Mining	41985	16.9
其他采矿业	Mining of Other Ores		
农副食品加工业	Processing of Food from Agricultural Products	39018	-0.7
食品制造业	Manufacture of Foods	79071	-3.5
酒、饮料和精制茶制造业	Manufacture of Alcohol, Beverages and Refined Tea	48831	16.9
烟草制品业	Manufacture of Tobacco	3781	3.6
纺织业	Manufacture of Textile	28264	19.2
纺织服装、服饰业	Manufacture of Textile, Wearing Apparel and Accessories	378	10.0
皮革、毛皮、羽毛及其制品和制鞋业	Manufacture of Leather, Fur, Feather and Related Products and Footware	456	4.3
木材加工和木、竹、藤、棕、草制品业	Processing of Timber, Manufacture of Wood, Bamboo, Rattan, Palm and Straw Products	255	-11.9
家具制造业	Manufacture of Furniture	4090	1.6
造纸和纸制品业	Manufacture of Paper and Paper Products	20140	-0.9
印刷和记录媒介复制业	Printing and Reproduction of Recording Media	14984	-15.1
文教、工美、体育和娱乐用品制造业	Manufacture of Articles for Culture, Education, Arts and Crafts, Sport and Entertainment Activities	424	35.0
石油、煤炭及其他燃料加工业	Processing of Petroleum, Coal and Other Fuel	3812	-46.0
化学原料和化学制品制造业	Manufacture of Raw Chemical Materials and Chemical Products	218651	-15.0
医药制造业	Manufacture of Medicines	64507	1.5
化学纤维制造业	Manufacture of Chemical Fibers	47049	0.1
橡胶和塑料制品业	Manufacture of Rubber and Plastics Products	66406	15.6
非金属矿物制品业	Manufacture of Non-metallic Mineral Products	281388	-13.8
黑色金属冶炼和压延加工业	Smelting and Pressing of Ferrous Metals	11834	-13.2
有色金属冶炼和压延加工业	Smelting and Pressing of Non-ferrous Metals	71717	8.1
金属制品业	Manufacture of Metal Products	31936	-7.1
通用设备制造业	Manufacture of General Purpose Machinery	31581	3.4
专用设备制造业	Manufacture of Special Purpose Machinery	28139	10.3
汽车制造业	Manufacture of Motor Vehicle	301399	27.1
铁路、船舶、航空航天和其他运输设备制造业	Manufacture of Railway, Ship, Aerospace and Other Transport Equipments	35458	14.9
电气机械和器材制造业	Manufacture of Electrical Machinery and Apparatus	411432	59.9
计算机、通信和其他电子设备制造业	Manufacture of Computers, Communication and Other Electronic Equipment	614477	-1.2
仪器仪表制造业	Manufacture of Measuring Instruments and Machinery	4341	-6.7
其他制造业	Other Manufacture	1309	1.3
废弃资源综合利用业	Utilization of Waste Resources	6918	-3.1
金属制品、机械和设备修理业	Repair Service of Metal Products, Machinery and Equipment	2473	11.2
电力、热力生产和供应业	Production and Supply of Electric Power and Heat Power	3433422	-12.0
燃气生产和供应业	Production and Supply of Gas	41951	19.8
水的生产和供应业	Production and Supply of Water	39529	5.0

注：表中数据未机械配平。
Note: Data in the table has not been mechanically balanced.

13-6 规模以上工业企业用水情况（2023年）

Statistics on Water Use of Industrial Enterprises above Designated Size (2023)

指　标	Item	取水量（万立方米） Water Use (10 000 cu.m)	外供水量（万立方米） Outward Water Supply (10 000 cu.m)
合　计	**Total**	**93974.97**	**80202.83**
地表淡水	Surface fresh water	69266.06	1009.51
地下淡水	Underground fresh water	15082.55	1022.13
自来水	Tap Water	8054.85	78096.78
陆地苦咸水	Land lake Salt water		
矿井水	Mine Water	6.42	
雨水	Rain Water	2.72	
再生水	Reclaimed Water	1552.51	
其他水	Other Water	9.87	74.41
外排水量	Efflux capacity	32465.67	
重复用水量	Repeated water consumption	159387.85	

注：1.根据最新能源统计报表制度指标解释，2023年取水量不包括为转供给其他企业、居民等而取的自来水；外供水量不包括取来直接转供给其他企业、居民等的自来水。
2.表中数据未机械配平。

Note: a) In accordance with the latest energy statistical report system indicators interpretation, water intake in 2023 does not include tap water extracted for the transfer to other enterprises, residents, etc.; external water supply in 2023 does not include tap water extracted and directly transferred to other enterprises, residents, etc.
b) Data in the table has not been mechanically balanced.

13-7 规模以上工业企业分行业用水情况（2023年）

Volume of Water Use of Industrial Enterprises above Designated Size by Industry (2023)

行 业	Sector	取水量（万立方米）Water Use (10 000 cu.m)
总 计	**Total**	**93974.97**
煤炭开采和洗选业	Mining and Washing of Coal	
石油和天然气开采业	Extraction of Petroleum and Natural Gas	
黑色金属矿采选业	Mining and Processing of Ferrous Metal Ores	
有色金属矿采选业	Mining and Processing of Non-ferrous Metal Ores	
非金属矿采选业	Mining and Processing of Non-metal Ores	
开采专业及辅助性活动	Professional and Support Activities for Mining	127.30
其他采矿业	Mining of Other Ores	
农副食品加工业	Processing of Food from Agricultural Products	90.20
食品制造业	Manufacture of Foods	441.10
酒、饮料和精制茶制造业	Manufacture of Alcohol, Beverages and Refined Tea	678.29
烟草制品业	Manufacture of Tobacco	10.31
纺织业	Manufacture of Textile	61.80
纺织服装、服饰业	Manufacture of Textile, Wearing Apparel and Accessories	0.88
皮革、毛皮、羽毛及其制品和制鞋业	Manufacture of Leather, Fur, Feather and Related Products and Footware	2.04
木材加工和木、竹、藤、棕、草制品业	Processing of Timber, Manufacture of Wood, Bamboo, Rattan, Palm and Straw Products	1.27
家具制造业	Manufacture of Furniture	9.28
造纸和纸制品业	Manufacture of Paper and Paper Products	11.03
印刷和记录媒介复制业	Printing and Reproduction of Recording Media	47.77
文教、工美、体育和娱乐用品制造业	Manufacture of Articles for Culture, Education, Arts and Crafts, Sport and Entertainment Activities	1.15
石油、煤炭及其他燃料加工业	Processing of Petroleum, Coal and Other Fuel	1.42
化学原料和化学制品制造业	Manufacture of Raw Chemical Materials and Chemical Products	265.91
医药制造业	Manufacture of Medicines	375.71
化学纤维制造业	Manufacture of Chemical Fibers	41.22
橡胶和塑料制品业	Manufacture of Rubber and Plastics Products	110.18
非金属矿物制品业	Manufacture of Non-metallic Mineral Products	722.95
黑色金属冶炼和压延加工业	Smelting and Pressing of Ferrous Metals	22.20
有色金属冶炼和压延加工业	Smelting and Pressing of Non-ferrous Metals	953.43
金属制品业	Manufacture of Metal Products	72.04
通用设备制造业	Manufacture of General Purpose Machinery	96.20
专用设备制造业	Manufacture of Special Purpose Machinery	141.78
汽车制造业	Manufacture of Motor Vehicle	866.03
铁路、船舶、航空航天和其他运输设备制造业	Manufacture of Railway, Ship, Aerospace and Other Transport Equipments	91.59
电气机械和器材制造业	Manufacture of Electrical Machinery and Apparatus	1486.90
计算机、通信和其他电子设备制造业	Manufacture of Computers, Communication and Other Electronic Equipment	2238.96
仪器仪表制造业	Manufacture of Measuring Instruments and Machinery	30.20
其他制造业	Other Manufacture	2.58
废弃资源综合利用业	Utilization of Waste Resources	6.59
金属制品、机械和设备修理业	Repair Service of Metal Products, Machinery and Equipment	15.99
电力、热力的生产和供应业	Production and Supply of Electric Power and Heat Power	3638.99
燃气生产和供应业	Production and Supply of Gas	30.75
水的生产和供应业	Production and Supply of Water	81280.94

注：1.根据最新能源统计报表制度指标解释，2023年取水量不包括为转供给其他企业、居民等而取的自来水；外供水量不包括取来直接转供给其他企业、居民等的自来水。
2.表中数据未机械配平。

13-7 续表 continued

行 业	Sector	外供水量（万立方米） Outward Water Supply (10 000 cu.m)
总 计	Total	80202.83
煤炭开采和洗选业	Mining and Washing of Coal	
石油和天然气开采业	Extraction of Petroleum and Natural Gas	
黑色金属矿采选业	Mining and Processing of Ferrous Metal Ores	
有色金属矿采选业	Mining and Processing of Non-ferrous Metal Ores	
非金属矿采选业	Mining and Processing of Non-metal Ores	
开采专业及辅助性活动	Professional and Support Activities for Mining	
其他采矿业	Mining of Other Ores	
农副食品加工业	Processing of Food from Agricultural Products	
食品制造业	Manufacture of Foods	
酒、饮料和精制茶制造业	Manufacture of Alcohol, Beverages and Refined Tea	74.41
烟草制品业	Manufacture of Tobacco	
纺织业	Manufacture of Textile	
纺织服装、服饰业	Manufacture of Textile, Wearing Apparel and Accessories	
皮革、毛皮、羽毛及其制品和制鞋业	Manufacture of Leather, Fur, Feather and Related Products and Footware	
木材加工和木、竹、藤、棕、草制品业	Processing of Timber, Manufacture of Wood, Bamboo, Rattan, Palm and Straw Products	
家具制造业	Manufacture of Furniture	
造纸和纸制品业	Manufacture of Paper and Paper Products	
印刷和记录媒介复制业	Printing and Reproduction of Recording Media	
文教、工美、体育和娱乐用品制造业	Manufacture of Articles for Culture, Education, Arts and Crafts, Sport and Entertainment Activities	
石油、煤炭及其他燃料加工业	Processing of Petroleum, Coal and Other Fuel	
化学原料和化学制品制造业	Manufacture of Raw Chemical Materials and Chemical Products	
医药制造业	Manufacture of Medicines	
化学纤维制造业	Manufacture of Chemical Fibers	
橡胶和塑料制品业	Manufacture of Rubber and Plastics Products	0.37
非金属矿物制品业	Manufacture of Non-metallic Mineral Products	
黑色金属冶炼和压延加工业	Smelting and Pressing of Ferrous Metals	
有色金属冶炼和压延加工业	Smelting and Pressing of Non-ferrous Metals	
金属制品业	Manufacture of Metal Products	
通用设备制造业	Manufacture of General Purpose Machinery	
专用设备制造业	Manufacture of Special Purpose Machinery	
汽车制造业	Manufacture of Motor Vehicle	
铁路、船舶、航空航天和其他运输设备制造业	Manufacture of Railway, Ship, Aerospace and Other Transport Equipments	
电气机械和器材制造业	Manufacture of Electrical Machinery and Apparatus	
计算机、通信和其他电子设备制造业	Manufacture of Computers, Communication and Other Electronic Equipment	
仪器仪表制造业	Manufacture of Measuring Instruments and Machinery	
其他制造业	Other Manufacture	
废弃资源综合利用业	Utilization of Waste Resources	
金属制品、机械和设备修理业	Repair Service of Metal Products, Machinery and Equipment	
电力、热力的生产和供应业	Production and Supply of Electric Power and Heat Power	
燃气生产和供应业	Production and Supply of Gas	
水的生产和供应业	Production and Supply of Water	80128.05

Note: a) In accordance with the latest energy statistical report system indicators interpretation, water intake in 2023 does not include tap water extracted for the transfer to other enterprises, residents, etc.; external water supply in 2023 does not include tap water extracted and directly transferred to other enterprises, residents, etc.
b) Data in the table has not been mechanically balanced.

主要统计指标解释

单位GDP能耗 指一定时期内，一个国家或地区每生产一个单位的生产总值所消耗的能源。计算公式为：

单位生产总值能耗=能源消费总量／生产总值

工业企业能源消费量 指工业企业在工业生产活动和非工业生产活动中消费的能源，包括工业生产活动中作为燃料、动力、原料、辅助材料使用的能源，生产工艺中使用的能源，用于能源加工转换的能源；非工业生产活动中使用的能源。具体包括：

（1）用于本企业产品生产、工业性作业和其他生产性活动的能源；

（2）用于技术更新改造措施、新技术研究和新产品试制以及科学试验等方面的能源；

（3）用于经营维修、建筑及设备大修理、机电设备和交通运输工具等方面的能源；

（4）用于劳动保护的能源；

（5）生产交通运输工具的企业（如造船厂、汽车制造厂），向成品轮船、汽车中添加动力用油，应算作企业的能源消费，但不作为工业生产消费，应作为非工业生产消费和交通运输工具消费。

（6）其他非生产消费的能源。

工业生产能源消费量 指工业企业为进行工业生产活动所消费的能源。主要包括：

（1）用于本企业产品生产、工业性作业的能源，包括用作原料、材料、燃料、动力的能源；作为能源加工转换企业，还包括用作加工转换的能源（这部分能源不能理解为用作原材料，用作原材料的概念见后面的解释）；

（2）产品生产过程中作为辅助材料使用的能源；

（3）生产工艺过程使用的能源；

（4）新技术研究、新产品试制、科学试验使用的能源；

（5）为了工业生产活动而在进行的各种修理过程中使用的能源；

（6）生产区内的劳动保护用能等。

用于原材料的能源消费量 指能源产品不作能源使用，即不作燃料、动力使用，而作为生产另外一种产品（非能源产品）的原料或作为辅助材料使用，作原料使用时通常构成这种产品的实体。它与用作加工转换的区别是：用作加工转换，投入的是能源，产出的主要产品还是能源（或产出的产品属于加工转换过程中产生的不作能源使用的其他副产品和联产品）。而用作原材料时，投入的是能源，产出的主要产品是能源范畴以外的产品，包括产出的某种产品在广义上可以用作能源（比如可以燃烧以提供热量），但通常意义上不作能源使用的产品。

非工业生产能源消费量 指在工业企业能源消费中，除“工业生产能源消费”以外的能源消费，即非工业生产用能和工业企业附属的不从事工业生产活动的非独立核算单位用能。比如本企业施工单位进行技术更新改造、维修等过程用能，非生产区的劳动保护用能，科研单位、农场、车队、学校、医院、食堂、托儿所等单位用能。但是必须注意，上述单位如果是独立核算的，其用能既不能包括在“工业企业能源消费”中，亦不能包括在“非工业生产能源消费”中。生产交通运输工具的企业（如造船厂、汽车制造厂），向成品轮船、汽车中添加动力用油，应算作企业的非工业生产消费。

综合能源消费量 指企业（单位）在报告期内工业生产实际消费的各种能源（扣除能源加工转换和能源回收利用等重复因素）的总和。计算综合能源消费量时，需要将各种能源品种的消费量换算成按照标准计量单位（如：吨标准煤）计量的消费量。

取水量 指企业从各种水源直接提取或者从市场购买的用于厂区、办公区内工业生产活动的水量，以实际获得的新水量为准。不包括为转供给其他企业、居民等而取的自来水。

外供水量 指企业外供给其他单位的水或水产品的量，以离厂水量为准。包括外供给其他企业或市场的原水、自来水、海水淡化水、矿泉水、纯净水等。不包括直流冷却水量、再生水（中水）、未利用直接排放的矿井水和雨水量、北方地区供暖企业供给城镇热力网内循环的热水量、进入城镇污水管网和直接排到自然环境中的水量。不包括取来直接转供给其他企业、居民等的自来水。

Explanatory Notes on Main Statistical Indicators

Energy Consumption per Unit of GDP refers to the energy consumption per unit of Gross Domestic Product in a country or the Gross Regional Product in a region in the same reference period. The formula is:

Energy Consumption per Unit of GDP = Total Energy Consumption/Gross Domestic Product.

Energy Consumption of Industrial Enterprises refers to the energy consumed by industrial enterprises in industrial production activities and non- industrial production activities, including energy used as fuel, power, raw materials and auxiliary materials in industrial production activities, energy used in production processes, energy for processing and conversion, and energy in the course of use of non-industrial production activities. Specifically, it includes:

(1) Energy used for the production, industrial operation and other productive activities of the enterprise.

(2) Energy for technological upgrading, new technology research and trial production of new products and scientific experiments.

(3) Energy for maintenance, construction and equipment repair, electrical and mechanical equipment and transportation.

(4) Energy for labor protection.

(5) Enterprises manufactured means of conveyance (such as making shipyards and automobile manufacturers), adding power oil to the finished product ships and cars, should be used as the energy consumption of the enterprises, but not as industrial production and consumption, it should be included in the consumption of non-industrial production and transportation means.

(6) Other non-productive energy sources.

Energy Consumption of Industrial Production refers to the energy consumed by industrial enterprises in industrial production activities. It mainly includes:

(1) Energy for the production and industrial operation of the products of the enterprise, including energy for raw materials, materials, fuel and power; as energy processing and conversion enterprises, including energy for processing and conversion (this part of the energy cannot be understood as raw materials, the concept of raw material is explained later).

(2) Energy used as auxiliary material during the production of products.

(3) Energy used in the production process.

(4) Energy for new technology research, trial production of new products and scientific test.

(5) Energy used in various repair processes for industrial production activities.

(6) Labor protection energy in the production area.

Energy Consumption for Raw Materials refers the energy products are not used for energy use, that is, not to be used as fuel and power, but as raw materials for the production of another product (non-energy products) or as auxiliary materials, which usually constitute the entity of this product when used as a raw material. The difference between it and the conversion of processing is that it is used as a process conversion, which is invested in energy, the main product of the output still is energy (or the produced product belongs to other by-products and associated products that are not used for energy use in the process of processing and conversion). When used as raw materials, energy is invested, and the main product is beyond the energy category, including a product that can be used as a source of energy in the broad sense (for example, to be burned to provide heat), but in general, it is not used for energy use.

Non-industry Consumption Energy refers to the energy consumed by industrial enterprises except for industrial production activities, means that energy consumed by non-industry production and it is not independent accounting units which was engaged in industrial production activities affiliated to industrial enterprises. For example, the energy consumption of technical renovation, maintenance and other processes carried out by construction units of this enterprise, labor protection for non-production areas, energy consumption of scientific research units, farms, motorcade, schools, hospitals, canteens, nursery schools and other units. However, it must be noted that if the above-mentioned units are independently accounted, their use can neither be included in the "industrial energy consumption" nor in the "non- industrial production energy consumption". Enterprises manufactured means of conveyance (such as making shipyards and automobile manufacturers) adding power oil to finished ships and cars, should be regarded as non-industrial production and consumption of enterprises.

Comprehensive Energy Consumption refers to the sum of the various energy sources for the actual consumption of industrial production during the reporting period (the repeating factors of the conversion of energy processing and energy recovery and utilization have been deducted). When calculating the comprehensive energy consumption, it is necessary to convert the consumption of various types of energy into the consumption measured in accordance with the standard unit of measurement (e.g. tons of standard coal)

Water Intake refers to the amount of water directly extracted from a variety of water sources or purchased from the market for industrial production activities in the factory and office areas, which is based on the actual new amount of water. Tap water extracted for the transfer to other enterprises or residents is not included.

External Water Supply refers to the quantity of water or aquatic products supplied to other units by the enterprises, taking the quantity of water away from the plant as the criterion. It includes raw water, tap water, desalination water, mineral water, purified water, etc., which are supplied to other enterprises or markets. Direct current cooling water, reclaimed water (water), unused mine water and rain water, the hot water in the urban heat network supplied by the heating enterprises in the north are not included. Tap water extracted and directly transferred to other enterprises or residents is not included.

十四、建筑业

CONSTRUCTION

资料整理：杨雪峰
Data management：Yang Xuefeng
数据审核：罗延庆
Data audit：Luo Yanqing

第十四部分　建筑业

一、简要说明

1.本章资料反映西安建筑业概况和发展情况。包括建筑业企业基本情况和生产经营情况。主要指标有企业个数、签订合同额、本年新签合同额、建筑业总产值、从事建筑业活动的平均人数、房屋施工面积、营业利润、应交增值税、劳动生产率等。

2.本章资料统计范围，根据建筑业发展的实际情况，从2002年年报起由原具有建筑业资质等级四级及四级以上的独立核算的建筑业企业调整为具有建筑业资质的独立核算建筑业企业。

3.本章建筑业企业统计数据是根据国家统计局制定的《建筑业统计报表制度》整理汇总的。资质内建筑业统计报表由国家统计局根据企业实际情况采取全面调查的方法布置、收集，2011年年报开始由资质内建筑业企业通过联网直报系统上报。

二、主要指标

企业个数（个）	1568	比上年增长	12.6%
#国有控股企业	279	比上年增长	20.8%
建筑业总产值（亿元）	6512.76	比上年增长	9.8%
#国有控股企业	5482.96	比上年增长	13.4%
房屋建筑竣工面积（万平方米）	4069.22	比上年增长	24.6%
房屋建筑面积竣工率（%）	16.5	比上年提高	3.6个百分点

14 CONSTRUCTION

Ⅰ.Brief Introduction

1.Main Contents: Data in this chapter show the general situation and the development of the construction industry in Xi'an. They cover the situation of production and operation of the construction enterprises, including the number of enterprises; total contract value; Value from New Contracts Signed in This Year; gross output value of the construction; the average number of employed persons engaging in the activities of construction enterprises; floor space of buildings under Construction Operating profit value-added tax payable; labor productivity, etc.

2.Scope of Statistics: In view of the development of the construction industry, starting from 2002, the scope of construction statistics has been adjusted to include all the construction enterprises of various types of ownership with qualification certificates and independent accounting systems, replacing the previous criteria that required construction enterprises of various types of ownership to have qualification certificates at or above Class 4 with independent accounting systems.

3.Sources of Data and Methods of Survey: Data on construction enterprises are collected in accordance with the Statistical Reporting System of Construction by the National Bureau of Statistics. The construction statistical reports are deployed and collected through comprehensive surveys by the National Bureau of Statistics in accordance with the real conditions of the enterprises. Since 2011, construction enterprises with qualification certificates reported through internet.

Ⅱ.Major Indicators

		Increase over Preceding Year
Number of Enterprises (item)	1568	12.6%
State-holding Majority Shares	279	20.8%
Gross Output Value of Construction (100 mil. yuan)	6512.76	9.8%
State-holding Majority Shares	5482.96	13.4%
Floor Space of Buildings Completed (10 000 sq.m)	4069.22	24.6%
Rate of Floor Space of Buildings Completed (%)	16.5	3.6 percentage points

14-1 主要年份建筑业总产值

Gross Output Value of Construction in Representative Years

单位：亿元 (100 million yuan)

年份 Year	单位数（个） Number of Instlitions (unit)	建筑业总产值 Gross Output Value of Construction	#国有控股 State-holding Majority Shares	#集体企业 Collective-owned Enterprises
1978	68	2.54	2.12	
1979	76	3.32	2.66	
1980	68	3.81	2.89	
1985	71	7.13	5.14	
1990	64	18.44	16.23	
1995	87	42.55	35.71	6.55
2000	184	105.93	78.87	14.87
2001	205	114.81	91.82	15.47
2002	223	133.47	85.03	15.35
2003	204	177.11	119.99	13.40
2004	244	244.42	201.68	16.59
2005	235	326.65	276.68	19.61
2006	217	416.48	348.20	23.65
2007	279	604.75	432.63	32.67
2008	328	915.12	676.12	460.14
2009	326	1074.55	875.19	47.15
2010	324	1334.00	1034.04	58.39
2011	336	1619.09	1278.33	79.42
2012	396	1874.23	1364.70	96.83
2013	420	2228.41	1702.08	154.87
2014	539	2586.33	1981.24	95.02
2015	706	2650.41	2044.05	69.73
2016	893	2897.55	2288.23	63.35
2017	1055	3304.54	2588.18	70.56
2018	1209	3925.72	3083.48	52.99
2019	1288	4514.38	3467.90	47.48
2020	1361	5124.37	4002.19	24.67
2021	1402	5404.47	4272.50	19.56
2022	1393	6001.23	4907.50	25.51
2023	1568	6512.76	5482.96	10.60

注：1.1996年以后建筑业年报统计范围由往年的县及县以上（含县级建制镇）各种经济类型的建筑企业，改为具有建筑业资质等级三级及三级以上的各种经济类型的建筑施工企业；2002年改为具有建筑业资质等级的各种经济类型的建筑施工企业。
2.2018年及以前年份数据含劳务分包企业。
3.由于统计口径变化，对部分年份建筑业总产值相关数据进行了修订。

Note: a) Since 1996, the statistical scope of the annual report of the construction industry was changed from construction enterprises of various economic types in counties and above (including county-level established towns) in previous years to construction enterprises of various economic types with qualification levels three and above in the construction industry; in 2002, it was changed to construction enterprises of various economic types with qualification levels in the construction industry.
b) Data in this table for 2018 and prior years include labour subcontracting enterprises.
c) Due to the change in statistical calibre, the data relating to the total value of construction output for some years have been revised.

14-2 全市建筑施工总承包企业基本情况（2023年）

The Basic Situation of General Contracting Construction Enterprises in Whole City (2023)

指 标	Item	合计 Total	#国有控股 State-holding Majority Shares
企业单位数（个）	Number of Enterprises (unit)	1041	228
#二级以上企业	Second level or above enterprises	773	203
计算劳动生产率的平均人数（万人）	Average Number of Employed Persons in Calculation of Labor Productivity (10 000 persons)	115.78	92.75
#二级以上企业	Second level or above enterprises	111.33	91.57
建筑业总产值（亿元）	Gross Output Value of Construction (100 million yuan)	6000.06	5215.62
#二级以上企业	Second level or above enterprises	5843.72	5161.27
全员劳动生产率按总产值计算（万元/人）	Overall Labor Productivity Calculated by Total Output Value (10 000 yuan/person)	51.82	56.23

14-3 施工总承包和专业承包建筑企业生产情况（2023年）

分 组	Classify	签订的合同额（万元）Contract Value (10 000 yuan)	上年结转合同额（万元）Value from Contracts Signed in Last Year (10 000 yuan)	本年新签合同额（万元）Value from New Contracts Signed in This Year (10 000 yuan)
总 计	**Total**	**182559465**	**82057799**	**100501666**
# 国有控股	State-holding Majority Shares	161041144	71783637	89257507
一、按登记注册类型分	**Grouped by Status of Registration**			
内资	Domestic Invested Enterprises	181692086	81860586	99831500
国有独资公司	Wholly State-owned Corporations	19923932	7825304	12098628
私营有限责任公司	Private Limited Liability Corporations	14505474	6881316	7624158
其他有限责任公司	Other Limited Liability Corporations	135301899	62991449	72310450
私营股份有限公司	Private Share-holding Corporations Ltd.	67150	29346	37805
其他股份有限公司	Other Share-holding Corporations Ltd.	11494952	3986093	7508858
全民所有制企业（国有企业）	State-owned Enterprises	198954	90880	108074
集体所有制企业（集体企业）	Collective-owned Enterprises	185177	52335	132842
股份合作企业	Share-holding Cooperative Enterprises	10296	215	10081
联营企业	Joint-venture Enterprises	4252	3648	604
个人独资企业	Sole Proprietorship Enterprises			
合伙企业	Partnership Enterprises			
其他内资企业	Other Domestic Invested Enterprises			
港澳台商投资企业	Enterprises with Investment from Hong Kong, Macao and Taiwan	92563	90673	1890
外商投资企业	Foreign Invested Enterprises	774816	106540	668276
二、按国民经济行业分	**Grouped by Sector**			
房屋建筑业	Construction of Buildings	68828555	30476881	38351674
土木工程建筑业	Civil Engineering	104181174	49262511	54918663
建筑安装业	Building Installation	6579513	1462757	5116756
建筑装饰和其他建筑业	Building Decoration and Other Constructions	2970223	855650	2114573
三、按隶属关系分（国有控股企业）	**Grouped by Jurisdiction of Management (State-holding)**			
# 中央	Central Government	97834994	47373697	50461298
四、按企业资质等级分	**Grouped by Class of Enterprises**			
1.施工总承包	Overall Contractor for Construction	174073119	78714545	95358574
# 特级	Special Class	107012273	50580806	56431467
一级	First Class	46256465	20690090	25566375
二级	Second Class	18270575	6814874	11455701
2.专业承包	Special Contractor	8486346	3343254	5143092
# 一级	First Class	5549111	2301049	3248062
二级	Second Class	1516003	564924	951079

注：本表登记注册统计类别按《关于市场主体统计分类的划分规定》（国统字〔2023〕14号）执行。以下相关表同。

Production Status of General Contracting and Specialized Contracting Construction Enterprises (2023)

建筑业总产值（万元） Gross Output Value of Construction (10 000 yuan)	#在外省完成的产值 Output Value in Other Provinces	建筑业总产值按构成分（万元）Total Output Value of Construction According to Composition (10 000 yuan) 建筑工程产值 Output Value of Construction	安装工程产值 Output Value of Installation	其他产值 Others	竣工产值（万元） Completed Output Value (10 000 yuan)	房屋建筑施工面积（平方米） Floor Space of Buildings under Construction (sq.m)	#新开工面积 Floor Space Started in the Year
65127588	**31860631**	**58279114**	**4709934**	**2138539**	**20849695**	**246933750**	**50072775**
54829598	29292714	50238339	3023358	1567900	17545868	204265024	39699201
		58279114					
64924724	31823972	58104527	4681658	2138539	20816830	245186080	50072775
7017147	3708183	6826603	159871	30674	803921	17205299	6232163
7452729	1711532	5880790	1121813	450126	2232501	27093861	8241032
48495463	26046970	43558170	3337713	1599579	16023910	173934476	32188577
37466	5888	30393	6709	364	22525	293257	135817
1709963	305214	1704277	5685	0.000	1663312	26417137	3229876
84790	16197	31380		53410	0.000	3580	2250
106024	29989	51772	49866	4386	55132	238370	42960
15721	0.000	15721			15531	100	100
5421	0.000	5421					
100363	36028	93878	6485	0.000	31561	1315677	
102501	630	80710	21792	0.000	1303	431993	
21748474	6759284	19758934	1527929	461610	10483244	199638267	37218404
38579463	23243432	35577354	1803192	1198917	9401806	38552480	10755553
2934821	1278921	1392587	1174444	367791	482413	7905358	1755612
1864830	578993	1550239	204370	110221	482232	837645	343206
33599741	24625379	31022557	1944278	632906	8472877	74655298	13854439
60000561	30136978	54276368	3909325	1814869	19776414	240795690	48152814
31461686	19517396	30212763	1033771	215152	13872418	155806838	23529987
17784366	8230030	14886164	2051424	846779	3781836	57531951	11639182
9191117	2050511	7948208	612053	630856	1687701	26500799	12766597
5127026	1723652	4002746	800610	323671	1073282	6138060	1919961
3187279	1355884	2367644	583948	235687	625849	3788444	1641480
949492	152697	738936	134586	75971	337276	138307	47947

Note: The registered statistical categories of this table is implemented in accordance with the Regulations on the Classification of Market Entity Statistics (Guotongzi [2023] No. 14) . The following related tables are the same.

14-3 续表

分组	Classify	房屋竣工面积（平方米） Floor Space of Buildings Completed (sq.m)	房屋竣工价值（万元） Value of Buildings Completed (10 000 yuan)
总　计	**Total**	**40692199**	**10397691**
#国有控股	State-holding Majority Shares	30353719	8562974
一、按登记注册类型分	**Grouped by Status of Registration**		
内资	Domestic Invested Enterprises	40583048	10366130
国有独资公司	Wholly State-owned Corporations	1708160	287305
私营有限责任公司	Private Limited Liability Corporations	6029432	1065804
其他有限责任公司	Other Limited Liability Corporations	27961187	7545235
私营股份有限公司	Private Share-holding Corporations Ltd.	87833	16842
其他股份有限公司	Other Share-holding Corporations Ltd.	4746075	1444355
全民所有制企业(国有企业)	State-owned Enterprises		
集体所有制企业(集体企业)	Collective-owned Enterprises	50361	6590
股份合作企业	Share-holding Cooperative Enterprises		
联营企业	Joint-venture Enterprises		
个人独资企业	Sole Proprietorship Enterprises		
合伙企业	Partnership Enterprises		
其他内资企业	Other Domestic Invested Enterprises		
港澳台商投资企业	Enterprises with Investment from Hong Kong, Macao and Taiwan	109151	31561
外商投资企业	Foreign Invested Enterprises		
二、按国民经济行业分	**Grouped by Sector**		
房屋建筑业	Construction of Buildings	36671316	9113898
土木工程建筑业	Civil Engineering	3283523	1005310
建筑安装业	Building Installation	563258	240312
建筑装饰和其他建筑业	Building Decoration and Other Constructions	174102	38171
三、按隶属关系分(国有控股企业)	**Grouped by Jurisdiction of Management (State-holding)**		
#中央	Central Government	7284527	1586771
四、按企业资质等级分	**Grouped by Class of Enterprises**		
1.施工总承包	Overall Contractor for Construction	40164546	10252393
#特级	Special Class	26386860	6969757
一级	First Class	10525523	2583184
二级	Second Class	3109983	667028
2.专业承包	Special Contractor	527653	145298
#一级	First Class	381018	43098
二级	Second Class	27735	86575

continued

从事建筑业活动的平均人数（人） Average Number of Employed Persons in Construction Enterprises Productivity (person)	建筑业企业年末人数（人） The Number of Employees in Construction Enterprises at Year-end (person)	#工程技术人员 Technical Personnel	自有机械设备年末净值（万元） The Net Value of Machinery and Equipment Owned at the end of the Year (10 000 yuan)	自有机械设备年末总台数（台） The Total Number of Machinery and Equipment Owned owned (stand)	自有机械设备年末总功率（千瓦） Total Power of Machinery and Equipment Owned at the end of the Year (kW)	企业总产值（万元） Gross Output Value of Enterprises (10 000 yuan)
1295635	**833799**	**169216**	**676275**	**45633**	**3527623**	**65604205**
983987	642322	132821	605856	37583	3286190	55117056
1289757	830768	168887	676275	45633	3527623	65399049
170776	138515	53973	124549	14551	879491	7150401
229768	147148	29594	56494	6905	217581	7619394
848805	533000	82683	489393	23202	2410822	48663409
3165	2939	217	815	49	475	42279
30450	4743	1151	1574	12	3025	1710066
2706	1887	838	1350	270	7200	85675
3623	2324	377	427	117	642	106684
411	203	48	1673	527	8387	15721
53	9	6	0.000			5421
2924	1160	118	0.000			100363
2954	1871	211	0.000			104793
506204	292545	48508	45883	7719	251430	21892132
641286	443323	75196	616302	34798	3221639	38821567
94235	64930	39979	3438	2127	32141	2998140
53910	33001	5533	10652	989	22413	1892366
545941	384136	57590	557806	27210	3037081	33702957
1157811	750619	154525	653384	43588	3447151	60419264
487706	314356	53048	472279	27291	2585086	31639742
376598	250297	44135	130696	10785	665860	17872345
249023	166248	53584	38681	4797	175570	9286564
137824	83180	14691	22891	2045	80472	5184941
81096	47668	8304	11213	1241	41741	3214506
26154	15013	4099	5877	299	13565	966432

14-4 施工总承包和专业承包建筑业企业主要指标（2023年）

指 标	Item	企业数（个）Number of Enterprises (unit)	总产值（万元）Total Output Value (10 000 yuan)	从事建筑业活动的平均人数（人）Average Number of Employed Persons in Construction Enterprises (person)
总 计	**Total**	**1568**	**65127588**	**1295635**
#国有控股	State holding Majority Shares	279	54829598	983987
一、按登记注册类型分	**Grouped by Registration Status**			
内资	Domestic Investment Enterprises	1558	64924724	1289757
国有独资公司	Wholly State-owned Corporations	37	7017147	170776
私营有限责任公司	Private Limited Liability Corporations	1113	7452729	229768
其他有限责任公司	Other Limited Liability Corporations	371	48495463	848805
私营股份有限公司	Private Share-holding Corporations	10	37466	3165
其他股份有限公司	Other Share-holding Corporations Ltd.	3	1709963	30450
全民所有制企业（国有企业）	State-owned Enterprises	4	84790	2706
集体所有制企业（集体企业）	Collective-owned Enterprises	16	106024	3623
股份合作企业	Share-holding Cooperative Enterprises	3	15721	411
联营企业	Joint-venture Enterprises	1	5421	53
个人独资企业	Sole Proprietorship Enterprises			
合伙企业	Partnership Enterprises			
其他内资企业	Other Domestic Invested Enterprises			
港澳台商投资企业	Enterprises with Funds from Hong Kong, Macao and Taiwan	3	100363	2924
外商投资企业	Enterprises with Foreign Investment	7	102501	2954
二、按国民经济行业分	**Grouped by Sector**			
房屋建筑业	Building Engineering Construction	517	21748474	506204
土木工程建筑业	Civil Engineering Construction	569	38579463	641286
建筑安装业	Installation of Construction	209	2934821	94235
建筑装饰和其他建筑业	Architectural Decoration and Other Construction	273	1864830	53910
三、按隶属关系分（国有控股企业）	**Grouped by Jurisdiction of Management (State-holding)**			
#中央	Central Government	81	33599741	545941
四、按企业资质等级分	**Grouped by Class of Enterprises**			
1.施工总承包	Overall Contractor for Construction	1041	60000561	1157811
#特级	Special Class	32	31461686	487706
一级	First Class	211	17784366	376598
二级	Second Class	530	9191117	249023
2.专业承包	Special Contractor	527	5127026	137824
#一级	First Class	239	3187279	81096
二级	Second Class	201	949492	26154

Main Indicators of General Contracting and Specialized Contracting Construction Enterprises (2023)

建筑业企业年末人数（人）The Number of Employees in Construction Enterprises at Year-end (person)	利润总额（万元）Total Pre-tax Profits (10 000 yuan)	利税总额（万元）Total Profits and Taxes (10 000 yuan)	按总产值计算劳动生产率（万元/人）Overall Labour Productivity In Terms of Gross Output Value (10 000 yuan/person)	产值利润率（%）Ratio of Profit to Gross Output Value (%)	产值利税率（%）Ratio of Pre-tax Profit to Gross Output Value (%)	资产总计（万元）Total Assets (10 000 yuan)	负债总计（万元）Total Liabilities (10 000 yuan)	资产负债率（%）Assets-liability Ratio (%)
833799	**1784717**	**2746157**	**50.27**	**2.7**	**4.2**	**105258341**	**84789189**	**80.6**
642322	1580365	2225546	55.72	2.9	4.1	88412119	72779011	82.3
830768	1764322	2719881	50.34	2.7	4.2	105050273	84682227	80.6
138515	177403	276109	41.09	2.5	3.9	8292797	6239975	75.2
147148	123266	357285	32.44	1.7	4.8	11943885	8261393	69.2
533000	1340355	1917470	57.13	2.8	4.0	73797739	60478338	82.0
2939	-1949	-624	11.84	-5.2	-1.7	76664	41237	53.8
4743	124069	160101	56.16	7.3	9.4	10489144	9300789	88.7
1887	854	3467	31.33	1.0	4.1	165816	128749	77.6
2324	268	5303	29.26	0.3	5.0	261094	216728	83.0
203	44	547	38.25	0.3	3.5	21376	14589	68.3
9	13	223	102.28	0.2	4.1	1760	430	24.4
1160	3924	5999	34.32	3.9	6.0	101603	75346	74.2
1871	16470	20277	34.70	16.1	19.8	106465	31617	29.7
292545	455355	823085	42.96	2.1	3.8	41816535	35337360	84.5
443323	1177889	1652469	60.16	3.1	4.3	56439115	44274380	78.4
64930	133516	204269	31.14	4.5	7.0	4664636	3372278	72.3
33001	17957	66334	34.59	1.0	3.6	2338054	1805171	77.2
384136	869975	1168287	61.54	2.6	3.5	39235179	31235358	79.6
750619	1654841	2502414	51.82	2.8	4.2	98327014	79512634	80.9
314356	1089014	1450469	64.51	3.5	4.6	59514429	49165782	82.6
250297	316296	554508	47.22	1.8	3.1	21958527	17695759	80.6
166248	156000	344425	36.91	1.7	3.7	12754077	9650068	75.7
83180	129876	243743	37.20	2.5	4.8	6931328	5276555	76.1
47668	83328	154136	39.30	2.6	4.8	4384759	3413545	77.9
15013	14652	37344	36.30	1.5	3.9	1415864	995064	70.3

14-5 施工总承包和专业承包建筑业企业财务状况（2023年）

单位：万元

指　标	Item	资产总计 Total Assets	流动资产合计 Total Current Assets
总　　计	**Total**	**105258341**	**86827315**
#国有控股	State holding Majority Shares	88412119	71791364
一、按登记注册类型分	**Grouped by Status of Registration**		
内资	Domestic Invested Enterprises	105050273	86621418
国有独资公司	Wholly State-owned Corporations	8292797	7159502
私营有限责任公司	Private Limited Liability Corporations	11943885	10737150
其他有限责任公司	Other Limited Liability Corporations	73797739	60048270
私营股份有限公司	Private Share-holding Corporations Ltd.	76664	65308
其他股份有限公司	Other Share-holding Corporations Ltd.	10489144	8203657
全民所有制企业(国有企业)	State-owned Enterprises	165816	152467
集体所有制企业(集体企业)	Collective-owned Enterprises	261094	244597
股份合作企业	Share-holding Cooperative Enterprises	21376	10187
联营企业	Joint-venture Enterprises	1760	280
个人独资企业	Sole Proprietorship Enterprises		
合伙企业	Partnership Enterprises		
其他内资企业	Other Domestic Invested Enterprises		
港澳台商投资企业	Enterprises with Investment from Hong Kong, Macao and Taiwan	101603	101570
外商投资企业	Foreign Invested Enterprises	106465	104326
二、按国民经济行业分	**Grouped by Sector**		
房屋建筑业	Construction of Buildings	41816535	37436659
土木工程建筑业	Civil Engineering	56439115	42968911
建筑安装业	Building Installation	4664636	4261839
建筑装饰和其他建筑业	Building Decoration and other Constructions	2338054	2159906
三、按隶属关系分(国有控股企业)	**Grouped by Jurisdiction of Management (State-holding)**		
#中央	Central Government	39235179	28330672
四、按企业资质等级分	**Grouped by Class of Enterprises**		
1.施工总承包	Overall Contractor for Construction	98327014	80686221
#特级	Special Class	59514429	46822932
一级	First Class	21958527	18934931
二级	Second Class	12754077	11449299
2.专业承包	Special Contractor	6931328	6141093
#一级	First Class	4384759	3982765
二级	Second Class	1415864	1232118

Financial Status of General Contracting and Specialized Contracting Construction Enterprises (2023)

(10 000 yuan)

固定资产原价 Fixed Assets (original value)	累计折旧 Accumulated Depreciation	#本年折旧 Depreciation in the Year	负债合计 Total Liabilities	流动负债合计 Current Liabilities	非流动负债合计 Non-current Liabilities	所有者权益合计 Total Owners' Equities	#实收资本 Paid-in Capitals
4476718	**2540902**	**300571**	**84789189**	**76981988**	**4053243**	**20457785**	**10511427**
3353110	1930190	203867	72779011	66975120	3807336	15640615	7760903
4471692	2536616	298959	84682227	76886548	4050907	20356680	10491684
525255	329999	41726	6239975	5199843	352922	2052822	1215515
925054	512205	77274	8261393	6576300	182164	3665824	2133710
2923009	1653366	175937	60478338	56015522	2927475	13326958	6668163
13381	5632	503	41237	34044	133	35427	34000
43362	19331	2476	9300789	8778604	522184	1188355	387486
21847	8988	108	128749	78169	50580	37067	18030
15295	4485	610	216728	189232	15449	42110	29334
3890	2312	25	14589	14404	0.000	6787	5447
600	300	300	430	430	0.000	1330	0.000
129	96	26	75346	74396	950	26257	15500
4897	4190	1587	31617	21044	1387	74849	4242
890198	411440	57213	35337360	32363297	1171218	6473069	3227844
3213180	1929352	213347	44274380	39871451	2758782	12161678	6360101
206415	109000	16332	3372278	3136446	90246	1290736	585314
166925	91110	13680	1805171	1610794	32997	532303	338168
2599633	1546575	152339	31235358	28632389	1909226	7999820	4286651
4051402	2300525	267827	79512634	72311294	3910064	18806075	9569543
2155975	1271980	137732	49165782	46130027	2733054	10348647	4304630
1120400	648581	57370	17695759	15089130	534238	4270274	2961296
617725	290565	51814	9650068	8368823	597026	3088148	1865357
425316	240377	32744	5276555	4670694	143179	1651711	941883
227650	134142	15438	3413545	3205254	68565	969634	538071
106033	57734	8235	995064	811940	25535	419318	251371

14-5 续表

指　标	Item	营业收入 Business Revenue	#主营业务收入 Main Business Income
总　　计	**Total**	**65329532**	**64971789**
# 国有控股	State holding Majority Shares	54947465	54632664
一、按登记注册类型分	**Grouped by Status of Registration**		
内资	Domestic Invested Enterprises	65135816	64779463
国有独资公司	Wholly State-owned Corporations	5260417	5199597
私营有限责任公司	Private Limited Liability Corporations	7455538	7426620
其他有限责任公司	Other Limited Liability Corporations	48326120	48060880
私营股份有限公司	Private Share-holding Corporations Ltd.	45589	45116
其他股份有限公司	Other Share-holding Corporations Ltd.	3831385	3830958
全民所有制企业（国有企业）	State-owned Enterprises	84749	84723
集体所有制企业（集体企业）	Collective-owned Enterprises	110553	110139
股份合作企业	Share-holding Cooperative Enterprises	16131	16131
联营企业	Joint-venture Enterprises	5334	5300
个人独资企业	Sole Proprietorship Enterprises		
合伙企业	Partnership Enterprises		
其他内资企业	Other Domestic Invested Enterprises		
港澳台商投资企业	Enterprises with Investment from Hong Kong, Macao and Taiwan	77526	77526
外商投资企业	Foreign Invested Enterprises	116190	114800
二、按国民经济行业分	**Grouped by Sector**		
房屋建筑业	Construction of Buildings	20081424	20034837
土木工程建筑业	Civil Engineering	40091545	39811459
建筑安装业	Building Installation	3309000	3283739
建筑装饰和其他建筑业	Building Decoration and other Constructions	1847563	1841755
三、按隶属关系分（国有控股企业）	**Grouped by Jurisdiction of Management (State-holding)**		
# 中央	Central Government	33456228	33228387
四、按企业资质等级分	**Grouped by Class of Enterprises**		
1.施工总承包	Overall Contractor for Construction	60223996	59885680
# 特级	Special Class	38636130	38394947
一级	First Class	12896952	12854046
二级	Second Class	7082358	7060603
2.专业承包	Special Contractor	5105537	5086109
# 一级	First Class	3261667	3252196
二级	Second Class	938304	934939

continued

营业成本 Business Cost	#主营业务成本 Main Business Costs	税金及附加 Taxes and Other Charges	#主营业务税金及附加 The Main Business Tax and Surcharges	管理费用 Management Expenses	营业利润 Operating Profit	利润总额 Total Profits	应付职工薪酬 Payable to Employees	应交增值税 Value-added Tax Payable
60394568	**59638850**	**157577**	**147420**	**1540067**	**1814206**	**1784717**	**3245083**	**803864**
50894808	50205275	111091	104290	1009738	1601520	1580365	2576441	534090
60224701	59469181	155802	145852	1534677	1794253	1764322	3224147	799756
4776088	4372306	12965	12848	172322	174190	177403	379758	85742
6789887	6747141	32773	30374	418210	130327	123266	525208	201246
44879065	44575925	102475	95405	859176	1360084	1340355	2209428	474640
40164	39963	181	117	5091	-2018	-1949	4616	1143
3535729	3535525	5998	5998	69892	131251	124069	85471	30034
79599	74657	448	195	3307	728	854	10501	2165
103519	103217	678	631	6190	-347	268	8143	4356
15550	15550	73	73	485	24	44	832	430
5100	4900	210	210	5	13	13	192	
71835	71835	384	384	1350	3922	3924	735	1691
98033	97835	1391	1185	4039	16031	16470	20201	2417
18487949	18439571	56148	51807	445288	478075	455355	838094	311582
37275534	36628161	84661	78134	856706	1184636	1177889	2047641	389918
2951350	2905049	9945	10504	130085	132154	133516	236334	60808
1679736	1666070	6822	6975	107988	19342	17957	123014	41555
31311920	30794851	56638	51454	507095	870819	869975	1550911	241675
55803526	55077578	140362	129966	1286867	1682157	1654841	2887451	707211
35892523	35683024	66523	63300	614073	1088173	1089014	1531499	294932
11944248	11845363	37396	34369	310754	345663	316296	782079	200816
6540974	6151476	29829	26980	280731	154839	156000	434584	158596
4591043	4561272	17215	17454	253200	132049	129876	357632	96653
2942934	2921803	10916	11972	144581	84071	83328	201936	59891
841141	837802	3533	3506	65695	15402	14652	75762	19159

14-6 各区县建筑业主要经济指标（2023年）

Main Economic Indicators of Construction Industry by Districts and Counties (2023)

区 县	Region	企业个数（个） Number of Enterprises (unit)	总产值（亿元） Gross Output Value (100 million yuan)	从事建筑业活动的平均人数（万人） Average Number of Employed Persons in Construction Enterprises Labor Productivity (10 000 person)	全员劳动生产率（万元/人） Overall Labor Productivity (10 000 yuan/person)	利税总额（亿元） Total Pre-tax Profits (100 million yuan)
全 市	**Total**	**1568**	**6512.76**	**129.56**	**50.27**	**274.62**
新城区	Xincheng	74	460.95	4.55	101.38	13.10
碑林区	Beilin	139	873.04	17.08	51.11	58.87
莲湖区	Lianhu	83	163.62	5.19	31.50	9.77
灞桥区	Baqiao	62	697.76	8.22	84.94	21.88
未央区	Weiyang	278	1462.62	31.17	46.93	48.97
雁塔区	Yanta	412	1499.07	30.87	48.56	70.60
阎良区	Yanliang	47	39.66	0.74	53.72	1.64
临潼区	Lintong	40	14.20	0.47	30.43	0.68
长安区	Chang'an	94	343.74	7.97	43.12	17.00
高陵区	Gaoling	30	22.37	0.92	24.46	1.13
鄠邑区	Huyi	21	23.29	0.54	42.83	0.74
蓝田县	Lantian	17	7.27	0.20	35.89	0.72
周至县	Zhouzhi	21	7.67	0.17	46.56	0.53
西咸新区	Xixian New Area	250	897.50	21.48	41.78	28.99

注：本表数据依据施工总承包和专业承包企业数据加工整理。
Note: The data in this table is based on data processed by general and specialist construction contractors.

14-7 各区县建筑业房屋施工及竣工面积（2023年）

Floor Space of Buildings under Construction & Completed by Region (2023)

区 县	Region	房屋建筑施工面积（万平方米）Floor Space of Buildings under Construction (10 000 sq.m)	#本年新开工面积 Floor Space Started in the Year	房屋建筑竣工面积（万平方米）Floor Space of Buildings Completed under Construction (10 000 sq.m)	竣工房屋价值（亿元）Value of Buildings Completed (100 million yuan)
全 市	**Total**	**24693.38**	**5007.28**	**4069.22**	**1039.77**
新城区	Xincheng	1073.64	192.63	101.22	39.56
碑林区	Beilin	5976.03	899.66	1165.17	329.73
莲湖区	Lianhu	645.65	148.55	109.96	22.27
灞桥区	Baqiao	548.09	410.47	105.65	20.30
未央区	Weiyang	5317.53	889.62	847.16	172.52
雁塔区	Yanta	6001.37	990.27	1163.9	312.39
阎良区	Yanliang	194.69	120.17	24.27	5.22
临潼区	Lintong	39.38	17.11	6.57	1.25
长安区	Chang'an	1364.02	217.63	201.33	27.52
高陵区	Gaoling	36.15	7.24	19.01	3.11
鄠邑区	Huyi	117.08	45.99	33.65	8.08
蓝田县	Lantian	16.72	8.11	0.77	0.22
周至县	Zhouzhi	505.17	388.93	11.49	2.93
西咸新区	Xixian New Area	2857.87	670.90	279.08	94.67

14-8 各区县建筑业企业主要经济效益指标（2023年）

Major Economic Performance Indicators on Construction Enterprises by Region (2023)

区 县	Region	人均利润总额（元/人）Per Capita Total Profits (yuan/person)	人均利税（元/人）Per Capita Pre-Tax Profits (yuan/person)	人均竣工产值（元/人）Per Capita Output Value of Buildings Completed (yuan/person)	人均施工面积（平方米/人）Per Capita Floor Space under Construction (sq.m/person)	人均竣工面积（平方米/人）Per Capita Floor Space Completed (sq.m/person)
全 市	**Total**	**13775**	**21195**	**160923**	**191**	**31**
新城区	Xincheng	17078	28558	992033	247	23
碑林区	Beilin	27536	34979	258724	340	69
莲湖区	Lianhu	13257	23850	103097	172	19
灞桥区	Baqiao	17523	26146	166683	67	13
未央区	Weiyang	9141	15838	84059	165	27
雁塔区	Yanta	14373	22245	163815	202	39
阎良区	Yanliang	7717	23211	194200	279	35
临潼区	Lintong	-1382	14649	45217	84	14
长安区	Chang'an	13080	20211	93596	158	25
高陵区	Gaoling	3829	13144	60866	51	27
鄠邑区	Huyi	4049	13594	169008	215	62
蓝田县	Lantian	18005	35784	142436	83	4
周至县	Zhouzhi	15001	32153	247184	3067	70
西咸新区	Xixian New Area	8397	13494	72020	133	13

14-8 续表 continued

区 县	Region	产值利润率（%）Ratio of Profit to Gross Output Value (%)	产值利税率（%）Ratio of Pre-tax Profit to Gross Output Value (%)	资产利润率（%）Ratio of Profit to Assets (%)	资产利税率（%）Ratio of Pre-tax Profits to Assets (%)	资产负债率（%）Ratio of Pre-tax Profit to Assets (%)
全 市	**Total**	**2.7**	**4.2**	**1.7**	**2.6**	**80.6**
新城区	Xincheng	1.6	2.7	1.2	2.0	86.5
碑林区	Beilin	5.4	6.8	2.5	3.2	83.0
莲湖区	Lianhu	3.2	5.7	1.5	2.6	81.3
灞桥区	Baqiao	2.1	3.1	2.4	3.6	78.3
未央区	Weiyang	2.0	3.4	1.7	2.9	78.2
雁塔区	Yanta	3.0	4.6	1.3	2.0	81.0
阎良区	Yanliang	1.4	4.2	1.2	3.6	80.6
临潼区	Lintong	-0.5	4.8	-0.1	1.0	83.2
长安区	Chang'an	3.2	4.9	2.5	3.8	78.8
高陵区	Gaoling	1.6	5.5	0.8	2.7	75.9
鄠邑区	Huyi	0.9	3.2	0.7	2.2	77.4
蓝田县	Lantian	5.0	10.0	4.4	8.8	69.3
周至县	Zhouzhi	3.2	6.9	2.0	4.3	74.6
西咸新区	Xixian New Area	2.0	3.2	1.6	2.5	77.5

主要统计指标解释

建筑业统计单位 指从事房屋、构筑物建造和设备安装活动的法人企业。建筑业法人企业应具有建筑业资质并能够独立核算，同时其应具备以下条件：（1）依法成立，有自己的名称、组织机构和场所，能够承担民事责任；（2）独立拥有和使用资产，承担负债，有权与其他单位签订合同；（3）独立核算盈亏，能够编制资产负债表。

建筑业总产值 是以货币形式表现的建筑业企业在一定时期内生产的建筑业产品和提供的服务的总和。建筑业总产值包括：

（1）建筑工程产值：指列入建筑工程预算内的各种工程价值。

（2）安装工程产值：指设备安装工程价值，不包括被安装设备本身的价值。

（3）其他产值：建筑业总产值中除建筑工程、安装工程以外的产值。包括房屋构筑物修理产值、非标准设备制造产值、总包企业向分包企业收取的管理费以及不能明确划分的施工活动所完成的产值。

a.房屋构筑物修理产值：指房屋和构筑物修理所完成的产值，但不包括被修理房屋、构筑物本身价值和生产设备的修理价值。

b.非标准设备制造产值：指加工制造没有定型的非标准生产设备的加工费和原材料价值（如化工厂、炼油厂用的各种罐、槽，矿井生产统一使用的各种漏斗、三角槽、阀门等）以及附属加工厂为本企业承建工程制作的非标准设备的价值。

房屋建筑施工面积 指在报告期内施过工的全部房屋建筑面积，包括本期新开工的房屋面积、上期施工跨入本期继续施工的房屋面积、上期停缓建在本期恢复施工的房屋面积、本期竣工的房屋面积及本期施工后又停缓建的房屋面积。

房屋建筑竣工面积 指在报告期内房屋建筑按照设计要求全部完工，达到了使用条件，经验收鉴定合格，正式移交使用单位的房屋建筑面积。

Explanatory Notes on Main Statistical Indicators

Statistical Unit in the Construction Industry refers to a corporate enterprise engaged in the construction of buildings and structures and in the installation of equipment. A corporate construction enterprise should have qualification certificates with the independent accounting system. It should meet the following three requirements: a) being set up in line with relevant legal basis, having its full name, organization and location, and being capable of taking civil liabilities; b) independently possessing and using its assets and assuming its liabilities, and entitled to sign contracts with other institutions; c) making independent accounts of its profits and losses, and capable of compiling its balance sheet.

Gross Output Value of Construction refers to total of construction products and services, expressed in monetary terms, produced or rendered by construction and installation enterprises during a given period of time. It includes:

(1) Output value of construction: the value of projects covered by the project budgets;

(2) Output value of installation: the value of the installation of equipment, (excluding the value of the equipment to be installed);

(3) Other output values: the output value of the construction industry apart from that of construction projects and installation projects. It includes: output value of repair of buildings and structures; output value of non- standard equipment manufacturing, overhead expenses received by contracted enterprises from the sub- contracted enterprises and the completed output value of construction activities for which there is no clear definition.

a.Output value of repair of buildings and structures: the value created through the repairs of buildings or structures. It does not include the value of buildings or structures being repaired and the value of the repair of production equipment;

b.Output value of non-standard manufactured equipment: the value of non- standard production equipment, including raw materials and manufacturing cost, made for the construction project (i.e., chemical plant; kettles or tanks used by refineries; various fillers, triangle tanks, valves used by mines). It also includes the output value of equipment manufactured by subsidiary workshops.

Floor Space of Buildings Under Construction refers to floor space of buildings under construction during the reference period, including the floor space of buildings started, buildings for which construction has started earlier and is continuing during the reference period, and buildings for which construction has been suspended earlier but has restarted during the reference period; buildings completed during the reference period; and buildings under construction but construction has subsequently been during the reference period.

Floor Space of Buildings Completed refers to the floor space of buildings that are completed in the reference period in accordance with the requirements of the design, up to the standard for being put into use, and having been checked and accepted by departments concerned as qualified ones.

十五、运输、邮电和信息化

TRANSPORT, POSTAL TELECOMMUNICATION SERVICE AND INFORMATIZATION

资料整理：陈春光　刘志杰

Data management：Chen Chunguang　Liu Zhijie

数据审核：刘栋婷

Data audit：Liu Dongting

第十五部分　运输邮电和信息化

一、简要说明

本章资料包括交通运输业和邮电通信业的基本情况，主要是交通运输工具、货物和旅客运输量、邮电业务、邮政局所及服务点等基本情况，以及一套表单位信息化情况。运输邮电资料由西安市统计局服务业和社会科技统计处根据有关部门提供资料整理。信息化资料主要根据国家统计联网直报平台一套表单位的信息化统计数据整理。运输邮电数据为西安行政区划口径数据。2017年起，信息化数据为包含西咸新区。

二、主要指标

全社会车辆数（万辆）	529.73	比上年增长	9.1%
#轿车	264.21	比上年增长	5.7%

15　TRANSPORT, POSTAL TELECOMMUNICATION SERVICE AND INFORMATIZATION

Ⅰ.Brief Introduction

Data in this chapter consists of primarily basic condition of transportation, postal service and communication, mainly including transportation facility amount of goods and passenger transportation, basic data of postal service, post offices and service establishments of Xi'an City. Data on transportation industry in this chapter is compiled by Tertiary Industry and Social&Science and Technology Division of the Xi'an Bureau of Statistics according to the data provided by department concerned of the municipal government. Data on informationization are obtained from data in “Five Top” Units of National Statistical Networking Platform. figures are based on Xi'an administrative division, post and communication industry is the original range in Xi'an. Since 2017, data on informationization includes data in Xixian New Area.

Ⅱ.Major Indicators

		Increase over Preceding Year
Number of Vehicles in the whole Society (10 000 unit)	529.73	9.1%
Car	264.21	5.7%

15-1 主要年份各种交通线路和桥梁

Transportation Routes and Bridges in Representative Years

年　份 Year	公路里程 （公里） Length of Highways (km)	桥　梁 （座） Bridges (number)	桥梁长度 （米） Length of Bridge (m)	永久式桥梁 （座） Permanent Bridges (number)	永久式桥梁长度 （米） Length of Permanent Bridges (m)
1989	2563				
1990	2586				
1991	2785				
1992	2786				
1993	2801				
1994	2830				
1995	2852				
1996	2877				
1997	3026				
1998	3047				
1999	2789				
2000	3010				
2001	3298				
2002	7862	629	29799	629	29799
2003	8360	629	29799	629	29799
2004	8360	629	29799	629	29799
2005	8500	634	46973	632	46915
2006	9530	634	46973	632	46915
2007	9672	1319	91412	1275	90716
2008	11895	1710	151996	1657	150980
2009	12378	1856	154866	1803	153850
2010	12378	1856	154866	1803	153850
2011	12599	1863	149743	1811	148810
2012	13127	2190	214978	2138	213985
2013	13135	2213	224962	2161	223970
2014	13251	2213	224949	2171	224165
2015	13328	2323	250910	2286	250175
2016	13356	2423	256058	2386	255322
2017	13383	2435	286841	2399	286164
2018	14722	2413	292710	2438	292960
2019	13386	2436	300939	2414	300416
2020	13755	2447	321458	2431	321044
2021	13640	3374	427421	3359	427018
2022	13475	3599	519293	3587	518878
2023	12890	3021	497932	3009	497518

注：1.本表数据来源于市交通局。
　　2.2018年桥梁数和桥梁长度重新进行了修订。
　　3.本表数据为西安行政区划口径数据。

Note: a) The data in this table are from the Municipal Transportation Bureau.
　　b) The number and length of Bridges were revised in 2018.
　　c) Figures in this table are based on Xi'an administrative division.

15-2 各种交通线路里程和桥梁数（2023年）

Length of Transportation Routes and Number of Bridges (2023)

指　标	Item	2023年
公路里程（公里）	**Length of Highways (km)**	**12890**
等级公路	Expressways and Class I to IV Highways	12670
高速	Highway	605
一级	First Class	448
二级	Second Class	1313
三级	Third Class	1038
四级	Fourth Class	9266
等外公路	Highways below Class IV	220
桥梁	**Bridges**	
永久式桥梁	Permanent	
座（座）	Number (number)	3009
长度（米）	Length (m)	497518
民航航线条数（条）	**Length of Civil Aviation routes (Article)**	**319**
国际航线（条）	International routes (Article)	25

注：1.本表数据来源于市交通局，为西安行政区划口径数据。
2.自2021年起，国际航线为在营航线数。

Note: a) The data in this table are from the Municipal Communications Bureau, and figures in this table are based on Xi'an administrative division.
b) Starting from 2021, the number of international routes are the number of active routes.

15-3 主要年份全社会车辆数

Possession of Civil Vehicles in Representative Years

单位：辆 (unit)

年 份 Year	合 计 Total	#汽车 Motor Vehicles	#载客汽车 Passenger vehicles	#载货汽车 Trucks	#摩托车 Motorcycles
1999	**279335**	133192	63772	44348	
2000	**310252**	138318	89783	44974	
2001	**369988**	172436	110744	55453	
2002	**454998**	206653	134527	64623	176960
2003	**516719**	242599	163872	70781	191834
2004	**512802**	276012	195524	74557	156709
2005	**544586**	377628	240923	82463	131440
2006	**608155**	393778	296078	89772	131449
2007	**840376**	522616	360081	97614	284594
2008	**875005**	595735	430472	89093	247079
2009	**1012937**	754803	567326	113430	224121
2010	**1253461**	961283	739038	145740	259239
2011	**1445811**	1174874	928669	171649	241132
2012	**1633257**	1380125	1123105	186412	224279
2013	**1862063**	1634885	1372371	207058	200419
2014	**2139024**	1926012	1658714	224409	190625
2015	**2394052**	2191023	1929195	224322	179619
2016	**2588479**	2444000	2191862	226915	119771
2017	**2885557**	2716361	2451906	243998	145207
2018	**3256344**	3098008	2804240	272474	134264
2019	**3594233**	3427557	3137323	269155	158203
2020	**3980103**	3734527	3424924	290062	235573
2021	**4453781**	4090847	3747797	320941	351273
2022	**4854494**	4345540	3994662	327896	497234
2023	**5297261**	4676916	4315504	338034	608946

注：本表数据来源于市车管所，为西安行政区划口径数据。
Note: The data in this table are from the Municipal Vehicle Administration, and figures in this table are based on Xi'an administrative division.

15-4 全社会车辆数（2023年）

Possession of Civil Vehicles (2023)

单位：辆 (unit)

指　标	Item	2023年
合　计	**Total**	**5297261**
汽车	Motor Vehicles	4676916
#私人汽车拥有量	Possession of Private Vehicles	4209611
#载客汽车	Passenger Vehicles	4315504
#大　型	Large	19089
#轿　车	Car	2642120
#载货汽车	Trucks	338034
#重、中型	Heavy and Medium	80940
#三轮汽车	Three Wheelers Cars	863
摩托车	Motorcycle	608946
#普通摩托车	Bicycle Motor	534124
挂车	Articulated Trailers	11399

注：本表数据来源于市车管所，为西安行政区划口径数据。
Note: The data in this table are from the Municipal Vehicle Administration, and figures in this table are based on Xi'an administrative division.

15-5 主要年份交通运输量及周转量

Passenger Traffic and Kilometers and Freight Traffic and Ton-kilometers in Representative Years

年 份 Year	客运量 （万人次） Passenger Traffic (10 000 person-times)	旅客周转量 （万人公里） Passenger-Km (10 000 person-Km)	货运量 （万吨） Freight Traffic (10 000 tons)	货物周转量 （万吨公里） Freight Ton-Km (10 000 ton-Km)
1978	1334		3723	
1979	1420		3919	
1980	1508		3655	
1981	1839		3379	
1982	2340		4067	
1983	3054		4225	
1984	2899		4966	
1985	2404		5681	
1986	2186		5409	
1987	3781		6294	
1988	5721		6968	
1989	6092		8742	
1990	5748		6980	
1991	4193		3389	
1992	4368		8233	
1993	8036		8406	
1994	8321		8754	
1995	9069		9590	
1996	9854		10577	
1997	8922		9358	
1998	9223		9429	
1999	10311	2130383	9766	3452383
2000	8068	2507896	6999	3691963

注：1.本表数据由市交通局、西安铁路局、咸阳机场、长安航空公司、东方航空公司西北分公司提供。2018年起，铁路数据为西铁局西安辖区数据，与以往年份不可比。
2.2016年陕西省公路运输统计计算系数变化，与以往年份不可比。
3.本表数据为西安行政区划口径数据。

15-5 续表 continued

年 份 Year	客运量 （万人次） Passenger Traffic (10 000 person-times)	旅客周转量 （万人公里） Passenger-Km (10 000 person-Km)	货运量 （万吨） Freight Traffic (10 000 tons)	货物周转量 （万吨公里） Freight Ton-Km (10 000 ton-Km)
2001	9078	2658037	7728	4229430
2002	12399	2524444	9482	4544040
2003	11413	2596402	9392	5037684
2004	10832	3112374	14845	5850029
2005	10479	1607568	12051	1249525
2006	11245	1721217	11832	1354318
2007	12466	1753464	15124	1473182
2008	26501	2529007	27560	3490707
2009	28693	2582025	30606	3766806
2010	30294	2942957	34323	4301680
2011	33375	3223544	39239	5212010
2012	36154	3387448	44924	5958742
2013	38289	3634915	50119	6471497
2014	25719	3091147	42039	6234128
2015	26904	3241463	46270	6430083
2016	23671	2909172	23888	5521252
2017	24287	3267158	25497	5979131
2018	26057	3624193	26219	5188953
2019	26315	3875080	27426	5190086
2020	14338	2314604	25713	5026965
2021	10632	2204462	27048	5054835
2022	6109	1201418	26832	5595701
2023	15186	3286646	29746	6016221

Note: a) Data in this table are provided by Municipal Bureau of Communications, Xi'an Railway Bureau, Xianyang Airport, Changan Airlines and Northwest Branch of China Eastern Airlines. Since 2018, the railway data is the Xi'an jurisdiction data of the West Railway Bureau, which cannot be compared with the previous year.
b) The statistical calculation coefficient of road transport in Shaanxi Province changed in 2016, so it is not comparable with the data of previous years.
c) Figures in this table are based on Xi'an administrative division.

15-6 交通运输量及运输周转量（2022—2023年）

Passenger Traffic and Kilometers and Freight Traffic and Ton-kilometers (2022—2023)

指　标	Item	2022年	2023年
一、客运量合计（万人次）	**Passenger Traffic (10 000 person-times)**	**6109**	**15186**
铁　路	Railways	2569	7026
公　路	Highways	2184	4023
民　航	Civil Aviation	1356	4137
二、旅客周转量合计（万人公里）	**Passenger-Km (10 000 person-Km)**	**1201418**	**3286646**
铁　路	Railways	349301	872945
公　路	Highways	160445	329819
民　航	Civil Aviation	691672	2083882
三、货运量合计（万吨）	**Freight Traffic (10 000 tons)**	**26832**	**29746**
铁　路	Railways	645	644
公　路	Highways	26166	29075
民　航	Civil Aviation	21	27
四、货物周转量合计（万吨公里）	**Freight Ton-Kin (10 000 ton-Km)**	**5595701**	**6016221**
铁　路	Railways	1782853	2068584
公　路	Highways	3805911	3936502
民　航	Civil Aviation	6937	11135

注：1.本表数据由市交通局、西安铁路局、咸阳机场、长安航空公司、东方航空公司西北分公司提供。2018年起铁路数据为西铁局西安辖区数据。
2.本表数据为西安行政区划口径数据。

Note: a) The data in this table are provided by the Municipal Bureau of Communications, Xi'an Railway Bureau, Xianyang Airport, Changan Airlines and Northwest Branch of China Eastern Airlines. The railway data from 2018 onwards is the West Railway Bureau Xi'an jurisdiction data.
b) Figures in this table are based on Xi'an administrative division.

15-7　主要年份邮政电信情况

Basic Statistic on Postal and Telecommunication Service in Representative Years

年　份 Year	邮电业务总量（万元） Business Volume of Postal and Telecommunication Services (10 000 yuan)	电信业务总量 Business Volume of Telecommunication Services	邮政业务总量 Business Volume of Postal Services	固定电话年末用户数（户） Number of Fixed Telephone Subscribers at Year-end (unit)	#农村电话用户数 Number of Telephone Subscribers in Rural Areas at Year-end	移动电话年末用户数（户） Number of Mobile Phone Subscribers at Year-end (unit)	互联网宽带年末用户数（户） Number of Broadband Subscribers of Internet (unit)
1978	1420			12828	1062		
1979	1616			13487	1052		
1980	1640			14024	1086		
1981	1713			14497	1125		
1982	2154			15357	1129		
1983	2250			16922	1156		
1984	2484			18611	1203		
1985	2972			21624	1239		
1986	3244			26373	1235		
1987	3911			30200	1290		
1988	5327			34265	1357		
1989	5973			39506	1498		
1990	7843			45267	1668		
1991	5700			49516	2479		
1992	6610			60727	2613		
1993	36581			101327	2671		
1994	54034			197398	5067		
1995	76450			299485	8386		
1996	104566			430270	13654		
1997	124601			573244	21202		
1998	204927			736998	37863		
1999	306457			874586	74761		
2000	461628			1242637	170199		
2001	367620			1711500	259374	1277400	17183

注：1.2002年及以后，邮政电信机构分离；2001—2010年邮电业务总量按2000年不变价格计算；2011—2021年邮电业务总量按2010年不变价格计算；2022年邮电业务总量按2021年不变价格计算；2023年邮电业务总量按2022年不变价格计算；以此类推，故与以往年份不可比。
2.本表数据为西安行政区划口径。
3.本表数据由市邮政管理局、中国联通、中国电信、中国移动等西安分公司提供。

15-7 续表 continued

年 份 Year	邮电业务总量（万元） Business Volume of Postal and Telecommunication Services (10 000 yuan)	电信业务总量 Business Volume of Telecommunication Services	邮政业务总量 Business Volume of Postal Services	固定电话年末用户数（户） Number of Fixed Telephone Subscribers at Year-end (unit)	#农村电话用户数 Number of Telephone Subscribers in Rural Areas at Year-end	移动电话年末用户数（户） Number of Mobile Phone Subscribers at Year-end (unit)	互联网宽带年末用户数（户） Number of Broadband Subscribers of Internet (unit)
2002	515259	470492	44767	2095230	358803	1964200	35230
2003	820943	770673	50270	2538393	415593	2412392	160900
2004	1027415	975045	52370	2934424	480276	3500900	243448
2005	1320447	1261033	59414	3214806	500847	4199570	339280
2006	1867560	1796533	71027	3159639	467526	5510720	508775
2007	2267633	2191250	76383	3145819	419446	6645863	586213
2008	2646662	2564524	82138	3068807	383869	7377575	813987
2009	2989246	2900836	88410	2891009	358238	11200566	1167916
2010	3231059	3167750	63309	2617691	335048	14230800	1461804
2011	2005025	1944329	60696	2703640	320189	16141463	1841027
2012	2162035	2098273	63762	3110176	335864	18035397	2023059
2013	2479430	2313630	165800	3191112	330602	21606662	2670473
2014	2922011	2695332	226679	3066575	372823	20253157	2779458
2015	3315324	2983024	332300	2920773	306336	17669953	2899714
2016	3831119	3299859	531260	2843336	314457	17395026	3358343
2017	4398547	3728783	669764	2732174	294055	18542137	3467859
2018	7395253	6621776	773477	2622787	244984	18580879	3924786
2019	14217000	13096111	1120889	2500807	206246	17113569	4386532
2020	17215477	15810239	1405238	2389480	191674	17044663	4792399
2021	20390158	19502959	887199	2403150	214041	17589986	6158669
2022	2659822	1653890	1005933	2386677	245237	17621729	6583202
2023	2963039	1715090	1247949	2289907	251858	18380909	7252686

Note: a) From 2002 onwards, postal and telecommunications institutions were separated; The total volume of postal and telecommunications business from 2001 to 2010 was calculated based on unchanged prices in 2000; The total amount of post and telecommunications business in 2011-2021 is calculated at the constant price in 2010; The total amount of postal and telecommunications business in 2022 will be calculated based on unchanged prices in 2021; The total amount of postal and telecommunications business in 2023 will be calculated based on unchanged prices in 2022; Similarly, it cannot be compared to previous years.
b) Figures in this table are based on Xi'an administrative division.
c) Data in this table are provided by Municipal Postal Administration, China Unicom, China Telecom, China Mobile and other Xi'an branch companies.

15-8 主要年份邮政业务及服务网点

Postal Service and Branch Post Office in Representative Years

指　标	Item	2015年	2016年	2017年	2018年	2019年	2020年	2021年	2022年	2023年
一、邮政业务总量（万元）	**Business Volume of Postal Services (10 000 yuan)**	**332300**	**531260**	**669764**	**773477**	**1120889**	**1405238**	**887199**	**1005933**	**1247949**
二、邮政业务收入（万元）	**Gross Income of Post Services (10 000 yuan)**	**307008**	**439867**	**544555**	**616823**	**794417**	**912500**	**1015100**	**1386300**	**1641700**
#快递业务收入（亿元）	Express Delivery Business Income (100 million yuan)	20.75	33.16	41.37	47.58	62.43	75.71	84.18	84.97	101.55
三、函件（万件）	**Number of Letters (10 000 pcs)**	**1707**	**1367**	**1360**	**1081**	**1028**	**902**	**810**	**643**	**652**
四、包件（万件）	**Parcels (10 000 pcs)**	**69**	**51**	**48**	**49**	**31**	**26**	**26**	**16**	**20**
五、汇票（万张）	**Money Order (10 000 pcs)**	**48**	**17**	**15**	**11**	**16**	**12**	**8**	**6**	**4**
六、报纸订销累计份数（万份）	**Accumulated Newspaper Prescribing and Sales Volume (10 000 pcs)**	**14457**	**14395**	**14744**	**14915**	**14749**	**14462**	**15855**	**18460**	**18572**
七、杂志订销累计份数（万份）	**Accumulated Magazine Prescribing and Sales Volume (10 000 pcs)**	**1285**	**1155**	**956**	**1059**	**760**	**656**	**622**	**639**	**500**
八、集邮业务量（万枚）	**Stamps For Collection (10 000 pcs)**	**1920**	**1607**	**1687**	**1135**	**51**	**54**	**16**	**15**	**12**
九、邮政营销网点（处）	**Number of Post Office Branch Establishments (unit)**	**299**	**297**	**297**	**297**	**297**	**308**	**316**	**316**	**316**
#设在农村的局所	Number of Post Offices in Rural Area	140	149	149	148	148	148	149	150	148
十、邮政信筒信箱（个）	**Number of Mailboxes (number)**	**1170**	**422**	**422**	**290**	**417**	**246**	**914**	**914**	**914**

注：1.本表数据来自市邮政管理局。
　　2.本表数据为西安行政区划口径数据。
Note: a) The data in this table are from the Municipal Postal Administration.
　　b) Figures in this table are based on Xi'an administrative division.

15-9 主要年份电信业务情况

Telecommunication Service in Representative Years

指　标	Item	2015年	2016年	2017年	2018年	2019年	2020年	2021年	2022年	2023年
一、电信业务总量（万元）	**Business Volume of Telecommunication Services (10 000 yuan)**	**2983024**	**3299859**	**3728783**	**6621776**	**13096111**	**15810239**	**19502959**	**1653890**	**1715090**
二、电信业务总收入（万元）	**Gross Income of Telecommunication Services (10 000 yuan)**	**1338203**	**1420708**	**1451625**	**1495207**	**1465283**	**1547138**	**1681870**	**1794913**	**1861319**
三、固定电话年末用户数（万户）	**Number of Fixed Telephone Subscribers at Year-end (10 000 units)**	**292.08**	**284.33**	**273.22**	**262.28**	**250.08**	**238.95**	**240.32**	**238.67**	**228.99**
# 农村电话用户数	Number of Telephone Subscribers in Rural Areas at Year-end	30.63	31.45	29.41	24.50	20.62	19.17	21.40	24.52	25.19
四、移动电话年末用户数（万户）	**Number of Mobile Phone Subscribers at Year-end (10 000 units)**	**1767.00**	**1739.50**	**1854.21**	**1858.09**	**1711.36**	**1704.47**	**1759.00**	**1762.17**	**1838.09**
# 5G电话用户数	5G Mobile Phone Subscribers		1113.03	1369.00	1499.18	1439.45	1353.40	756.51	1070.70	1377.29
五、互联网宽带年末用户数（万户）	**Number of Broad and Subscribers of Internet (10 000 units)**	**289.97**	**335.83**	**346.79**	**392.48**	**438.65**	**479.24**	**615.87**	**658.32**	**725.27**

注：1.本表数据由中国联通、中国电信、中国移动等西安分公司提供，为西安行政区划口径。
2.2020年及以前，5G电话用户数为4G电话用户数，2021年及以后为5G电话用户数。

Note: a) Data in this table are provided by China Unicom, China Telecom, China Mobile and other Xi'an branch companies, and figures in this table are based on Xi'an administrative division.
b) Before 2020, the number of 5G phone users is the number of 4G phone users, and after 2021, the number of 5G phone users.

15-10 按行业分企业信息化及电子商务情况（2023年）

行　业	Industry	企业数（个）Number of Enterprises (unit)	期末使用计算机数（台）Computers Used at the End of Period (unit)
总　计	**Total**	**10723**	**888549**
采矿业	Mining	19	10215
制造业	Manufacturing	1725	230064
电力、热力、燃气及水生产和供应业	Production and Supply of Electricity, Heat, Gas and Water	84	9642
建筑业	Construction	1518	110766
批发和零售业	Wholesale and Retail Trades	2958	88775
交通运输、仓储和邮政业	Transport, Storage and Post	235	42974
住宿和餐饮业	Hotels and Catering Services	970	18637
信息传输、软件和信息技术服务业	Information Transmission, Software and Information Technology	395	174979
房地产业	Real Estate	1261	42039
租赁和商务服务业	Leasing and Business Services	531	26076
科学研究和技术服务业	Scientific Research and Technical Services	483	88863
水利、环境和公共设施管理业	Management of Water Conservancy, Environment and Public Facilities	66	4040
居民服务、修理和其他服务业	Service to Households, Repair and Other Services	83	1426
教　育	Education	28	7555
卫生和社会工作	Health and Social Service	86	21405
文化、体育和娱乐业	Culture, Sports and Entertainment	281	11093

注：本表包括规模以上工业、有资质的建筑业、限额以上批发和零售业、限额以上住宿和餐饮业、有开发经营活动的全部房地产开发经营业和规模以上服务业的法人单位。

Informatization and E-Commerce of Enterprises by Industrial Sector (2023)

每百人使用计算机数（台）Computers Used Per 100 Persons (unit)	企业拥有网站数（个）Websites of Enterprises (unit)	每百家企业拥有网站数（个）Websites Per 100 Enterprises (unit)	有电子商务交易活动 With Ecommerce Transactions		电子商务销售额（万元）Sales of Ecommerce (10 000 yuan)	电子商务采购额（万元）Purchases of Ecommerce (10 000 yuan)
			企业数（个）Enterprises (unit)	比重 (%) Proportion (%)		
58	**5851**	**55**	**1737**	**16.2**	**31558183**	**22221659**
71	12	63	1	5.3	4000	
54	1417	82	174	10.1	5846254	5586666
50	44	52	12	14.3	63796	83
50	752	50	54	3.6	1360	3674510
55	1134	38	596	20.2	21321168	12477294
39	122	52	21	8.9	1146114	294197
22	430	44	606	62.5	438941	8617
136	384	97	61	15.4	1867126	72026
45	498	39	30	2.4	243633	2519
28	319	60	45	8.5	113481	46659
107	402	83	23	4.8	245954	56593
20	37	56	5	7.6	48911	
12	39	47	10	12.1	3649	46
104	26	93	2	7.1	29432	
65	86	100	18	20.9	27861	4
70	149	53	79	28.1	156504	2446

Note: Data in this category include industrial enterprises above designated size, construction enterprises with qualification certificates, enterprises of wholesale and retail trades above designated size, enterprises of hotel and catering services above designated size, corporate units with development activities in real estate development and corporate units above designated size in service industries.

主要统计指标解释

公路里程　指报告期末公路的实际长度。统计范围：包括城间、城乡间、乡（村）间能行驶汽车的公共道路，公路通过城镇街道的里程，公路桥梁长度、隧道长度、渡口宽度。不包括城市街道里程，断头路里程，农（林）业生产用道路里程，工（矿）企业等内部道路里程。统计原则：按已竣工验收或交付使用的实际里程计算；两条或多条公路共同经由同一路段的重复里程，只计算一次。

货（客）运量　指在一定时期内，各种运输工具实际运送的货物重量（旅客数量）。货运按吨计算，客运按人计算。货物不论运输距离长短、货物类别，均按实际重量统计。旅客不论行程远近或票价多少，均按一人一次客运量统计；半价票、儿童票也按一人统计。

货物（旅客）周转量　指在一定时期内，由各种运输工具运送的货物（旅客）数量与其相应运输距离的乘积之总和。该指标可以反映运输业生产的总成果，也是编制和检查运输生产计划，计算运输效率、劳动生产率以及核算运输单位成本的主要基础资料。计算货物周转量通常按发出站与到达站之间的最短距离，也就是计费距离计算。计算公式为：

货物（旅客）周转量=∑（货物（旅客）运输量×运输距离）

邮政、电信业务总量　指以货币形式表示的邮政、电信通信企业为社会提供各类邮政、电信通信服务的总数量。计算方法为各类业务的实物量分别乘以相应的不变单价，求出各类业务的货币量加总求得。没有不变单价的业务按其业务收入直接相加。

移动电话用户　指在电信运营企业营业网点办理开户登记手续，通过移动电话交换机进入移动电话网，占用移动电话号码的各类电话用户。包括各类签约用户、智能网预付费用户、无线上网卡用户。

电子商务销售金额　指报告期内企业（单位）借助网络订单而销售的商品和服务总额。借助网络订单指通过网络接受订单，付款和配送可以不借助于网络。

电子商务采购金额　指报告期内企业（单位）借助网络订单而采购的商品和服务总额。借助网络订单指通过网络发送订单，付款和配送可以不借助于网络。

Explanatory Notes on Main Statistical Indicators

Length of highways refers to the actual length of highways at the end of the reporting period. It includes highways between cities, between cities and rural areas, and between rural areas that cars can run on, highways passing through streets of towns, and the length of bridges, tunnels, and ferries. It does not include the length of streets in cities or dead-end highways, or highways built for production purposes in agricultural and forest areas, or highways inside factories and mining companies. According to the statistical principles, the actual length should be calculated after the highway is completed or ready to be put into practice. If two or more highways go the same section of the way, the length of the section is only calculated once.

Freight (Passenger) traffic refers to the volume of freight (passenger) transported by various means in a designated period. Freight transport is calculated in tons and passenger traffic in the number of persons. Despite the type of freight and traveling distance, the freight transport is calculated in the actual weight of the goods: and despite the traveling distance and ticket price, the passenger traffic is calculated by the principle that one person can be counted only once in one travel. The passenger who travels with a half-price ticket or a child ticket is also calculated as one person.

Freight Ton-kilometers (Passenger-kilometers) refers to the added sum of the volume of freight (passengers) t ransported by various means multiplied by the corresponding transport distance in a designated period. This is an important indicator to show the total results of the transport industry, to prepare and examine the transport plan, and to measure the efficiency, the labor productivity, and the unit cost of transport. Normally, the shortest distance between the departure station and the destination station (i.e., the payable distance) is the basis to calculate the freight ton-kilometers. The formula is as follows:

Freight Ton-kilometers (Passenger-kilometers) =
∑ (Freight (Passenger) Traffic×Distance of Transportation)

Business volume of postal and telecommunications refers to the total monetary amount of postal and telecommunications services provided by postal and telecommunications enterprises for the society. The calculating approach is to multiply the physical volume of all types of business with the corresponding constant price, and then add up all the monetary results thereof. Businesses without constant unit prices are directly added according to their business revenue.

Mobile telephone subscribers refers to people who own mobile telephone numbers, have completed registration at mobile communication business outlets, and are connected to the mobile telephone communication network through the mobile telephone switchboards, including all kinds of contracted users, prepaid users of intelligent network, and wireless network card users.

The amount of E-commerce sales the total amount of goods and services sold by means of network orders of an enterprise or a company during the reporting period. By means of network orders means that the orders are received over the network, but the payment and distribution can be made without the network.

The amount of E-commerce purchases refers to the total amount of goods and services purchased by means of network orders of an enterprise or a company during the reporting period.

By means of network orders means that the orders are sent over the network, but the payment and distribution can be made without the network.

十六、国内贸易

DOMESTIC TRADE

资料整理：宣耀华　赵琳瑛　李鹏涛　闫小溪　刘琼之　王　锐　解嘉玉

Data management：Xuan Yaohua　Zhao Linying　Li Pengtao　Yan Xiaoxi　Liu Qiongzhi　Wang Rui　Xie Jiayu

数据审核：白　敏

Data audit：Bai Min

第十六部分　国内贸易

一、简要说明

1.本章资料反映西安市批发和零售业、住宿和餐饮业的发展与经营状况，主要内容包括：社会消费品零售总额，限额以上批发和零售业、住宿和餐饮业基本情况，连锁经营情况，重点交易市场情况等。

2.2021年起数据不含西安（西咸新区）—咸阳共管区。

3.限额以上企业指年主营业务收入2000万元及以上的批发企业（单位）；500万元及以上的零售业企业（单位）；200万元及以上的住宿和餐饮业企业（单位）。

二、主要指标

社会消费品零售总额（亿元）	4811.60	比上年增长	3.7%

16　DOMESTIC TRADE

I .Brief Introduction

1.This chapter reflects the management and development of wholesale and retail trades, hotels and catering services in Xi'an, mainly including: total retail sales of consumer goods, the basic conditions of enterprises above designated size in wholesale and retail trades, hotels and catering services, the conditions of chain stores, key transaction markets, etc.

2.The data from 2021 exclude areas mutually controlled by Xi'an (Xixian New Area)—Xianyang.

3.Enterprises above designated size cover wholesale enterprises with revenue from principal business over 20 million yuan, retail enterprises with revenue from principal business over 5 million yuan, hotel and catering services enterprises with revenue from principal business over 2 million yuan.

II .Major Indicators

		Increase over Preceding Year
Total Retail Sales of Consumer Goods (100 million yuan)	4811.60	3.7%

16-1 主要年份社会消费品零售总额

Total Retail Sales of Consumer Goods in Representative Years

单位：亿元　　　　(100 million yuan)

年　份 Year	社会消费品零售总额 Total Retail Sales of Consumer Goods	城镇 Urban	乡村 Village	批发和零售贸易业 Wholesale Trades and Retail Trades	住宿餐饮业 Accommodation and Catering Trade	其他行业 Others
1978	12.70	8.82	3.88	11.01	0.53	0.21
1980	15.88	11.53	4.35	13.05	0.80	0.20
1985	32.92	26.09	6.83	25.04	1.69	0.48
1987	43.86	34.62	9.24	33.32	2.50	0.49
1988	59.65	47.74	11.91	44.84	2.97	0.78
1989	68.05	54.60	13.45	54.41	2.98	0.76
1990	72.77	59.42	13.35	57.46	3.79	0.90
1991	81.04	66.93	14.11	60.35	4.43	1.26
1992	100.84	89.17	11.67	71.86	6.13	2.30
1993	117.10	105.97	11.13	77.12	7.60	2.75
1994	148.95	135.48	13.47	92.46	9.39	3.53
1995	188.35	167.54	20.81	116.54	12.08	3.76
1996	225.71	200.65	25.06	146.85	16.03	4.07
1997	268.49	241.79	26.70	171.65	22.46	4.23
1998	296.71	262.04	34.67	186.74	31.53	4.35
1999	330.13	289.24	40.89	212.31	35.51	4.95
2000	368.96	324.63	44.33	238.41	42.40	5.56
2001	416.95	368.46	48.49	272.26	50.16	6.01
2002	473.12	421.77	51.35	318.35	52.91	6.64
2003	518.67	463.95	54.72	454.32	55.00	9.36
2004	601.12	541.21	59.91	529.43	59.09	12.60
2005	698.37	629.71	68.66	617.36	66.23	14.79
2006	819.32	739.33	80.00	724.42	78.04	16.86
2007	979.18	884.40	94.78	866.67	93.42	19.10
2008	1233.44	1115.35	118.09	1082.92	128.84	21.68
2009	1469.37	1404.26	65.11	1313.89	155.47	
2010	1765.42	1694.79	70.63	1575.73	189.69	
2011	2146.43	2071.87	74.55	1921.76	224.67	
2012	2530.95	2453.11	77.84	2273.52	257.43	

年　份 Year	社会消费品零售总额 Total Retail Sales of Consumer Goods	按销售单位所在地分 By Location of Establishments			按消费形态分By Consumption Patterns	
		城镇零售额 Urban Areas	#城区 Urban District	乡村零售额 Rural Areas	商品零售 Retail Sales	餐饮收入 Catering income
2013	2898.62	2808.37	2245.35	90.25	2669.52	229.10
2014	3277.33	3174.09	2749.92	103.24	3034.94	242.39
2015	3620.90	3501.23	3011.94	119.67	3345.59	275.32
2016	4012.44	3876.23	3479.35	136.20	3713.16	299.28
2017	4422.72	4264.73	3667.72	157.99	4075.53	347.18
2018	4854.70	4759.97	4067.48	94.73	4476.48	378.22
2019	5140.93	5039.17	4280.42	101.76	4733.65	407.28
2020	4989.33	4881.52	4145.45	107.81	4636.57	352.77
2021	4963.42	4806.07	4135.92	157.35	4555.98	407.45
2022	4642.11	4500.96	3867.38	141.16	4290.16	351.95
2023	4811.60	4700.52	3965.12	111.09	4396.36	415.24

注：本表1993—2017年数据根据第四次全国经济普查结果进行了修订，2018年为经普数。
Note: Data from 1993 to 2017 have been adjusted according to the 4rd national economic census, the data in 2018 are calculated in economic census.

16-2 社会消费品零售总额（2022—2023年）

Total Retail Sales of Consumer Goods (2022—2023)

单位：亿元 (100 million yuan)

分 类	Classify	2022年	2023年
社会消费品零售总额	**Total Retail Sales of Consumer Goods**	**4642.11**	**4811.60**
（一）按销售单位所在地分	Grouped by Region		
（1）城镇	Urban Areas	4500.96	4700.52
# 城区	Urban District	3867.38	3965.12
（2）乡村	Rural Areas	141.16	111.09
（二）按消费形态分	Grouped by Consumption Patterns		
（1）商品零售	Retail Sales	4290.16	4396.36
（2）餐饮收入	Catering Income	351.95	415.24

16-3 主要年份各区县社会消费品零售总额

Total Retail Sales of Consumer Goods by Region in Representative Years

单位：亿元 (100 million yuan)

区 县	Region	2005年	2010年	2013年	2014年	2015年	2016年	2017年	2018年	2019年	2020年	2021年	2022年	2023年
全 市	**Total**	**698.37**	**1765.42**	**2898.62**	**3277.33**	**3620.90**	**4012.44**	**4422.72**	**4854.70**	**5140.93**	**4989.33**	**4963.42**	**4642.11**	**4811.60**
新城区	Xincheng	58.12	121.94	187.08	209.82	235.49	255.50	259.80	292.82	293.11	252.50	253.36	240.90	264.39
碑林区	Beilin	130.35	269.18	412.03	468.74	523.35	566.28	568.99	584.86	622.29	556.00	592.05	478.69	512.68
莲湖区	Lianhu	124.47	238.27	367.14	411.75	453.14	490.72	493.16	507.10	553.76	482.37	518.55	498.84	482.53
灞桥区	Baqiao	32.63	86.80	224.57	262.22	296.24	341.66	366.32	417.48	448.66	516.66	530.32	556.86	515.10
未央区	Weiyang	103.08	372.62	631.55	717.33	773.27	875.42	772.86	865.32	904.20	909.49	827.04	788.33	869.60
雁塔区	Yanta	156.02	462.69	739.97	826.95	915.51	991.33	1006.54	1107.71	1162.36	1144.40	1139.20	1066.35	1098.11
阎良区	Yanliang	6.55	14.80	23.17	25.83	28.19	30.51	31.27	34.81	38.33	37.22	31.59	39.87	42.29
临潼区	Lintong	13.25	25.26	38.80	44.02	47.55	51.36	54.25	61.57	64.77	55.09	63.09	57.77	65.92
长安区	Chang'an	39.55	92.22	142.84	161.78	181.97	199.95	211.78	240.51	251.33	232.46	229.38	224.48	202.53
高陵区	Gaoling	11.68	32.86	57.26	65.08	73.15	102.17	110.09	127.80	142.11	177.86	180.68	183.65	191.76
鄠邑区	Huyi	8.21	17.92	27.47	31.03	34.58	37.79	38.91	44.05	46.78	41.25	46.11	49.31	55.34
蓝田县	Lantian	8.15	16.96	25.64	28.94	31.84	34.88	36.67	42.91	47.63	39.20	41.82	35.80	38.95
周至县	Zhouzhi	6.31	13.91	21.11	23.83	26.63	34.88	36.44	40.77	40.85	34.33	38.03	32.48	35.61
西咸新区	Xixian New Area							435.65	487.00	524.74	510.51	472.21	388.79	436.80

注：本表2017年及之前年份数据根据第四次全国经济普查结果进行了修订。
Note: Data in this table from 2017and prior years have been adjusted according to the 4rd national economic census.

16-4 限额以上批发和零售业主要商品分类销售额（2023年）

Sale Values of Wholesale and Retail Enterprises above Designated Size by Category of Main Commodities (2023)

单位：万元 (10 000 yuan)

类别	Category	销售合计 Total Sales Value	批发 Wholesale Value	零售 Retail Value
总计	**Total**	**145767962.4**	**120127436.2**	**25640526.2**
其中：通过公共网络实现的商品销售	Sales Achieved through the Public Network	9992542.5	1859250.7	8133291.8
粮油、食品类	Cereals, Oils and Foodstuffs	3804981.3	1919517.3	1885464.0
#粮油类	Grain and Oil	1244035.3	888727.5	355307.8
肉禽蛋类	Meat, Poultry and Eggs	711860.5	425699.1	286161.4
水产品类	Aquatic Products	145825.5	24256.5	121569.0
蔬菜类	Vegetables	143089.5	29472.3	113617.2
干鲜果品类	Fresh and Dried Fruit Category	692580.6	309881.7	382698.9
饮料类	Beverages	657691.4	306348.4	351343.0
烟酒类	Tobacco and Liquor	3295357.8	2663028.2	632329.6
服装、鞋帽、针纺织品类	Clothing, Shoes, Hats and Textiles	2663516.6	483377.8	2180138.8
服装类	Clothing	2090819.1	341697.3	1749121.8
鞋帽类	Shoes and Hats	412873.8	67565.3	345308.5
针纺织品类	Knitwear and Textiles	159823.7	74115.2	85708.5
化妆品类	Cosmetics	758220.5	43511.2	714709.3
金银珠宝类	Gold, Silver and Jewelry	1540492.5	879004.1	661488.4
日用品类	Articles for Daily Use	1239423.1	145351.5	1094071.6
#可穿戴智能设备	Wearable intelligent device	25360.8	2.2	25358.6
五金、电料类	Hardware and Electrical Materials	322893.8	296391.0	26502.8
体育、娱乐用品类	Sports and Recreation Articles	440515.3	78771.1	361744.2
#照相器材类	Photography Equipment	131664.7	1264.0	130400.7
书报杂志类	Newspapers and Magazines	582899.7	414628.1	168271.6
电子出版物及音像制品类	E-journal and Video Products	2100.4	1486.9	613.5
家用电器和音像器材类	Household Appliances and Video Products	2253734.9	497242.5	1756492.4
中西药品类	Traditional Chinese and Western Medicine	8529105.4	7411931.0	1117174.4
#西药	Western Medicine	6384794.2	5624501.7	760292.5
中草药及中成药	Chinese Herbal Medicine and Traditional Chinese Medicine	571535.4	409492.6	162042.8
文化办公用品类	Cultural and Official Goods	1130528.3	626294.0	504234.3
#计算机及其配套产品	Among Them: Computers and Ancillary Products	827335.6	357339.1	469996.5
家具类	Furniture	187782.1	39144.9	148637.2
通讯器材类	Communication Appliances	1173524.5	405796.9	767727.6
煤炭及制品类	Coal and Related Products	17757451.6	17757451.6	
木材及制品类	Wood and Wooden Products	317024.2	317024.2	
石油及制品类	Petroleum and Related Products	21608493.8	19432457.0	2176036.8
化工材料及制品类	Raw Chemical Materials	7416380.9	7416380.9	
#化肥类	Chemical Fertilizers	465117.0	465117.0	
金属材料类	Metal Materials	41129179.5	41119081.3	10098.2
建筑及装潢材料类	Buildings and Decoration Materials	1712227.3	1606337.8	105889.5
机电产品及设备类	Mechanical and Electrical Products	5758694.1	5671154.3	87539.8
#农机类	Agricultural Machinery	18635.9	18635.9	
汽车类	Automobile	14998450.3	4303236.9	10695213.4
种子饲料类	Seeds and Feedstuff	69392.4	69203.6	188.8
棉麻类	Cotton, Hemp	51668.6	51668.6	
其他类	Others	6366232.1	6171615.1	194617.0

注：本表为法人单位定期报表数据。

Note: This table is the periodic report data of corporate enterprises.

16-5 亿元以上商品交易市场成交情况（2023年）

Basic Statistics on Commodity Exchange Markets of Transaction Value over 100 Million Yuan (2023)

类 别	Category	年末出租摊位数（个）Number of Rental Booths at Year-end (unit)	成交额（万元）Turnover (10 000 yuan)
粮油、食品类	Cereals, Oils and Foodstuffs	10768	5705093
#粮油类	Grain and Oil	671	366596
肉禽蛋类	Meat, Poultry and Eggs	1564	646269
水产品类	Aquatic Products	1027	314051
蔬菜类	Vegetables	3918	1216660
干鲜果品类	Fresh and Dried Fruit Category	2943	3122011
饮料类	Beverages	100	47858
烟酒类	Tobacco and Liquor	272	43329
服装、鞋帽、针纺织品类	Clothing, Shoes, Hats and Textiles	2428	167742
服装类	Clothing	1160	39551
鞋帽类	Shoes and Hats	624	79422
针纺织品类	Knitwear and Textiles	644	48769
化妆品类	Cosmetics	98	8330
金银珠宝类	Gold, Silver and Jewelry		
日用品类	Articles for Daily Use	364	21191
#可穿戴智能设备	Wearable intelligent device	10	166
五金、电料类	Hardware and Electrical Materials	4444	312751
体育、娱乐用品类	Sports and Recreation Articles	150	12133
书报杂志类	Newspapers and Magazines	5	59
电子出版物及音像制品类	E-journal and Video Products		
家用电器和音像器材类	Household Appliances and Video Products	93	11332
中西药品类	Traditional Chinese and Western Medicine	32	90358
#西药类	Western Medicine	1	125
中草药及中成药类	Chinese Herbal Medicine and Traditional Chinese Medicine	15	5000
文化办公用品类	Cultural and Official Goods	1671	154030
#计算机及其配套产品	Computer and Related Products	1449	138031
家具类	Furniture	1368	118898
通讯器材类	Communication Appliances	346	33671
煤炭及制品类	Coal and Related Products		
木材及制品类	Wood and Wooden Products		
石油及制品类	Petroleum and Related Products		
化工材料及制品类	Raw Chemical Materials	189	71454
#化肥类	Chemical Fertilizers	8	2400
金属材料类	Metal Materials	80	116618
建筑及装潢材料类	Buildings and Decoration Materials	5564	2520764
机电产品及设备类	Mechanical and Electrical Products	1650	237278
#农机类	Agricultural Machinery	3	2000
汽车类	Automobile	1268	127628
种子饲料类	Seeds and Feedstuff	11	4000
棉麻类	Cotton, Hemp		
其他类	Others	586	21392

16-6　批发和零售业连锁经营情况（2023年）

Basic Statistics on Chain Business of Wholesale and Retail Trades (2023)

指　标	Item	本年合计 Total	上年合计 Total Last Year	本年直营店 Regular Chain
一、门店总数（个）	**Number of Stores (unit)**	**4874**	**4071**	**3982**
二、年末从业人员数（人）	**Employees at Year-end (person)**	**39309**	**38081**	**36283**
三、年末零售营业面积（平方米）	**Operating Area of Retail at Year-end (sq.m)**	**2324970**	**2493263**	**2276475**
四、连锁门店商品购进额（万元）	**Purchases Value of Chain Stores (10 000 yuan)**	**3798688**	**3835912**	**3730214**
其中：统一配送商品购进额	Centralized Purchases and Delivery	2438079	2314320	2380752
其中：自有配送中心配送商品购进额	Self Centralized Purchases and Delivery	2156136	2056510	2151829
非自有配送中心配送商品购进额	Non-self Centralized Purchases and Delivery	122856	93141	122560
五、连锁门店商品销售额（万元）	**Total Sale of General Chain Stores (10 000 yuan)**	**4171000**	**3935763**	**4075227**
其中：零售额	Retail Value	3362423	3320692	3268730

注：上年同期数为本年在库企业加报数据。
Note: The enterprises in this year fill in the data of the same period of last year.

16-6　续表　continued

指　标	Item	上年直营店 Regular Chain Last Year	本年加盟店 Franchise Chain	上年加盟店 Franchise Chain Last Year
一、门店总数（个）	**Number of Stores (unit)**	**3280**	**892**	**791**
二、年末从业人员数（人）	**Employees at Year-end (person)**	**35296**	**3026**	**2785**
三、年末零售营业面积（平方米）	**Operating Area of Retail at Year-end (sq.m)**	**2450626**	**48495**	**42637**
四、连锁门店商品购进额（万元）	**Purchases Value of Chain Stores (10 000 yuan)**	**3775787**	**68475**	**60125**
其中：统一配送商品购进额	Centralized Purchases and Delivery	2263735	57328	50585
其中：自有配送中心配送商品购进额	Self Centralized Purchases and Delivery	2052131	4307	4379
非自有配送中心配送商品购进额	Non-self Centralized Purchases and Delivery	92905	296	237
五、连锁门店商品销售额（万元）	**Total Sale of General Chain Stores (10 000 yuan)**	**3834960**	**95772**	**100803**
其中：零售额	Retail Value	3226282	93693	94410

16-7 住宿和餐饮业连锁经营情况（2023年）

Basic Statistics on Chain Business of Hotels and Catering Services (2023)

指　标	Item	本年合计 Total	上年合计 Total Last Year
一、门店总数（个）	**Number of Stores (unit)**	**1147**	**890**
二、年末从业人员数（人）	**Employees at Year-end (person)**	**17406**	**14252**
三、年末餐饮营业面积（平方米）	**Operating Area of Catering Enterprises at Year-end (sq.m)**	**243651**	**213926**
四、客房数（间）	**Number of Rooms (room)**	**256**	**342**
五、床位数（张）	**Number of Beds (bed)**	**512**	**684**
六、餐位数（位）	**Number of Seats (seat)**	**65891**	**61449**
七、连锁门店商品购进（采购）额（万元）	**Purchases Value of Chain Stores (10 000 yuan)**	**163951**	**129391**
其中：统一配送商品购进（采购）额	Centralized Purchases and Delivery	140164	110567
其中：自有配送中心配送商品购进（采购）额	Self Centralized Purchases and Delivery	108461	83796
非自有配送中心配送商品购进（采购）额	Non-self Centralized Purchases and Delivery	13735	10240
八、连锁门店商品营业额（万元）	**Business Revenue of General Chain Stores (10 000 yuan)**	**483462**	**345554**
其中：餐费收入	Eearning From Meals	468843	333705
商品销售额	Total Sales of Commodities	10226	7954

注：上年同期数为本年在库企业加报数据。
Note: The enterprises in this year fill in the data of the same period of last year.

16-7 续表 continued

指　标	Item	本年直营店 Regular Chain	上年直营店 Regular Chain Last Year
一、门店总数（个）	**Number of Stores (unit)**	**1147**	**890**
二、年末从业人员数（人）	**Employees at Year-end (person)**	**17406**	**14252**
三、年末餐饮营业面积（平方米）	**Operating Area of Catering Enterprises at Year-end (sq.m)**	**243651**	**213926**
四、客房数（间）	**Number of Rooms (room)**	**256**	**342**
五、床位数（张）	**Number of Beds (bed)**	**512**	**684**
六、餐位数（位）	**Number of Seats (seat)**	**65891**	**61449**
七、连锁门店商品购进（采购）额（万元）	**Purchases Value of Chain Stores (10 000 yuan)**	**163951**	**129391**
其中：统一配送商品购进（采购）额	Centralized Purchases and Delivery	140164	110567
其中：自有配送中心配送商品购进（采购）额	Self Centralized Purchases and Delivery	108461	83796
非自有配送中心配送商品购进（采购）额	Non-self Centralized Purchases and Delivery	13735	10240
八、连锁门店商品营业额（万元）	**Business Revenue of General Chain Stores (10 000 yuan)**	**483462**	**345554**
其中：餐费收入	Eearning From Meals	468843	333705
商品销售额	Total Sales of Commodities	10226	7954

主要统计指标解释

批发业 指向其他批发或零售单位（含个体经营者）及其他企事业单位、机关团体等批量销售生活用品、生产资料的活动，以及从事进出口贸易和贸易经纪与代理的活动，包括拥有货物所有权，并以本单位（公司）的名义进行交易活动，也包括不拥有货物的所有权，收取佣金的商品代理、商品代售活动；还包括各类商品批发市场中固定摊位的批发活动，以及以销售为目的的收购活动。

零售业 指百货商店、超级市场、专门零售商店、品牌专卖店、售货摊等主要面向最终消费者（如居民等）的销售活动，以互联网、邮政、电话、售货机等方式的销售活动，还包括在同一地点，后面加工生产，前面销售的店铺（如面包房）；谷物、种子、饲料、牲畜、矿产品、生产用原料、化工原料、农用化工产品、机械设备（乘用车、计算机及通信设备除外）等生产资料的销售不作为零售活动；多数零售商对其销售的货物拥有所有权，但有些则是充当委托人的代理人，进行委托销售或以收取佣金的方式进行销售。

住宿业 指为旅行者提供短期留宿场所的活动，有些单位只提供住宿，也有些单位提供住宿、饮食、商务、娱乐一体的服务，不包括主要按月或按年长期出租房屋住所的活动。

餐饮业 指通过即时制作加工、商业销售和服务性劳动等，向消费者提供食品和消费场所及设施的服务。

社会消费品零售总额 指企业（单位、个体户）通过交易直接售给个人、社会集团非生产、非经营用的实物商品金额，以及提供餐饮服务所取得的收入金额。

批发和零售业商品购进、销售、库存总额 指各种登记注册类型的批发和零售业企业（单位）以本企业（单位）为总体的，从国内、国外市场购进的商品总量，销售和出口的商品总量、库存的商品总量等情况。该指标可以反映商品流转过程中商品的购进、销售、库存之间的比例关系和存在的问题。

商品购进额 指从本企业以外的单位和个人购进（包括从国外直接进口）作为转卖或加工后转卖的商品金额（含增值税）。商品购进包括：（1）从工农业生产者、批发和零售业、住宿和餐饮业、出版社或报社的出版发行部门和其他服务业等企事业单位和个体经营户购进的商品；（2）从机关、社会团体购进的商品；（3）从海关、市场管理部门购进的缉私和没收的商品；（4）从居民收购的废旧商品等。不包括：（1）企业为本单位自身经营用，不是作为转卖而购进的商品，如材料物资、包装物、低值易耗品、办公用品等；（2）未通过买卖行为而收入的商品，如接受其他部门移交的商品、借入的商品、收入代其他单位保管的商品、其他单位赠送的样品、加工回收的成品等；（3）经本单位介绍，由买卖双方直接结算，本单位只收取手续费的业务；（4）销售退回和买方拒付货款的商品；（5）商品溢余；（6）期货交易商品。

进口 指直接从国外进口或委托外贸企业代理进口的商品金额，不包括从国内有关单位购进的进口商品。对外贸易企业只统计自主经营进口的商品，不统计受托代理进口的商品。

商品销售额 指对本单位以外的单位和个人出售的商品金额（包括售给本单位消费用的商品，含增值税）。商品销售包括：（1）售给个人和社会集团消费用的商品；（2）售给农业、工业、建筑业、服务业等国民经济各行业用于生产、经营用的商品，包括售予批发和零售业作为转卖或加工后转卖的商品；（3）对国（境）外直接出口的商品。不包括：（1）未通过买卖行为付出的商品，如因机构变动移交给其他企业单位的商品、借出的商品、归还受其他单位委托代保管的商品、付出的加工原料和赠送给其他单位的样品等；（2）促销返券所销售的、不计入营业收入的商品；（3）经本单位介绍，由买卖双方直接结算，本单位只收取手续费的业务；（4）未发生所有权转移的商品预付卡销售，如加油卡；（5）汽车维修、电话卡销售等服务性经济活动；（6）购货退回的商品；（7）商品损耗和损失；（8）出售本单位自用的废旧物资；（9）期货交易商品；（10）自来水供应企业、电力企业、天然气供应企业提供的水、电、气。

出口 指直接向国（境）外出口商品和委托外贸企业代理出口的商品金额，商品出口不包括售给外贸企业出口或加工后出口的商品，以及在国内市场以外币销售的商品。外贸企业只统计自主经营出口的商品，不包括受托代理出口的商品。

期末商品库存额 对于批发和零售业法人单位和个体经营户，是指报告期末取得所有权的全部商品金额（含增值税）；对于批发和零售业产业活动单位，是指报告期末实际在库且归属法人具有所有权的全部商品金额（含增值税）。库存商品包括：（1）存放在本单位（如门市部、批发站、采购站、经营处）的仓库、货场、货柜和货架中的商品；（2）挑选、整理、包装中的商品；（3）已记入购进而尚未运到本单位的商品。即发货单或银行承兑凭证已到而货未到的商品；（4）寄放他处的商品，如因购货方拒绝付款而暂时存在购货方的商品；（5）委托其他单位代销（未作销售或调出）尚未售出的商品；（6）代其他单位购进尚未交付的商品。不包括：（1）所有权不属于本单位的商品，如商品已作销售但买方尚未取走的商品，代替他人保管、运输、加工的商品，代其他单位销售（未做购进或调入）而未售出的商品；（2）委托外单位加工的商品（包括本单位所属加工厂和其他生产单位加工生产尚未收回成品的商品）；（3）外贸企业代理其他单位从国外进口，尚未付给订货单位的商品；（4）代国家储备部门保管的商品。

营业额 指住宿和餐饮业单位在经营活动中，因提供服务或销售商品等取得的全部收入（含增值税），收入主要来源于提供客房、餐费服务、商品销售和其他服务，如商务服务。不包括多产业法人企业附营的其他行业产业活动单位的餐费收入、商品销售收入等各项收入。其中，客房收入指住宿和餐饮业单位在经营活动中因提供住宿服务取得的收入（含增值税），不包括多产业法人企业附营的其他行业产业活动单位的客房收入。餐费收入指本单位为顾客提供就餐服务取得的收入（含增值税）。包括：经烹饪、调制加工后出售的各种食品，如主食、炒菜、凉拌菜等的收入。不包括多产业法人企业附营的其他行业产业活动单位的餐费收入。

连锁总店（总部） 指负责连锁企业资源（商号、商誉、经营模式、服务标准、管理模式等）的开发、配置、控制或使用等功能的企业核心管理机构。连锁经营是指经营同类商品或服务，使用统一商号的若干店铺，在同一总店（总部）的管理下，采取统一采购或特许经营等方式，实现规模效益的组织形式，包括直营连锁、特许连锁和自愿连锁三种形式。其中，直营连锁是指连锁店铺由连锁公司全资或控股开设，在总部的直接控制下，开展统一经营的连锁经营形式；特许连锁是指拥有注册商标、企业标志、专利、专有技术等经营资源的企业（特许人），以合同形式将其拥有的经营资源许可其他经营者（被特许人）使用，被特许人按合同约定在统一的经营模式下开展经营，并向特许人支付特许经营费用的连锁经营形式；自愿连锁是指若干个店铺或企业自愿组合起来，在不改变各自资产所有权关系的情况下，以同一个品牌形象面对消费者，以共同进货为纽带开展的连锁经营形式。

Explanatory Notes on Main Statistical Indicators

Wholesale Trade refers to the activities of selling wholesale commodities for daily use and capital goods to enterprises of wholesale and retail trades (including self- employed individuals) and other enterprises institutions and government organs and organizations and the activities of engaging in import and export and acting as a trade agent. The wholesaler may have the ownership of the commodities for wholesale and trade in the name of its own (a company), and the wholesaler can act as commission agent or commodity broker without the ownership of commodities. Also included are the wholesale activities at the fixed stalls in wholesale market and the acquisition for sales purpose.

Retail Trade refers to the activities of department store, supermarket, franchised store, brand store, retail stall and on-the- spot- making- selling store selling commodities to the final consumers (residents) by any means including internet, post, telephone, sales machine. It also includes shops with sales and production located in the same places (such as bakeries). Retail trade excludes the activities of sales of capital goods such as grain, seed, feed, livestock, mineral products, raw material for production, industrial chemicals, chemical products for agricultural use, machine and equipment (excluding vehicles, computers and communication equipment). Most retailers have the ownership of commodities to sell, but some are acting as agents or brokers to make transactions for a commission.

Hotel Services refers to the accommodation services provided to visitors. Some units may provide only accommodation while others provide a combination of accommodation, meals, business services and/ or recreational facilities. It excludes activities related to the provision of long-term primary residences in facilities such as apartments typically leased on a monthly or annual basis.

Catering Services refers to the activities of providing foods, serving locations and facilities to customers through instant processing, commercial sales and service- type labor.

Total Retail Sales of Consumer Goods refers to the amount obtained by enterprises (units, self-employed individuals) through direct sales of non-production and non-business physical commodity to individuals, social institutions, and revenue from providing catering services.

Purchase, Sales and Stock of Commodities by Wholesale and Retail Trades refers to the total volume of commodities purchased, total volume of sales and exports. and the stock of commodities by wholesale and retail enterprises (establishments) of different status of registration from domestic and overseas markets. This indicator reflects the relationship among purchase, sales and stock of commodities in the circulation of goods and reveals the existing problems.

Total Purchases of Commodities refers to the total value of purchases of commodities by enterprises (establishments) from other establishments or individuals (including direct import from abroad) for the purpose of re-selling, either with or without further processing of the commodities purchased. The commodities include: (1) commodities purchased from agricultural and industrial producer, wholesaler, retailer publishing house and other enterprises, institutions and individual operators of service business; (2) commodities purchased from institutions and government departments; (3) confiscated goods purchased from the customs authorities or market management agencies; (4) second-hand goods and wastes purchased from residents; The commodities exclude (1) commodities purchased by enterprises (establishments) for use in their own business operation, commodities obtained without buying or selling procedures such as materials. consumable goods of low value, office appliance, etc.; (2) received goods without trading, such as goods handed over from others, borrowed goods, preserved goods for others, donated goods from others, processed and retrieved goods, etc.; (3) goods of direct settlement between buyer and seller with handling fees introduced by others; (4) goods returned or refused to pay by the buyer; (5) excessive goods; (6) futures trading commodities.

Import refers to the amount of goods imported directly from abroad or imported entrusted to foreign trade enterprises as agents, excluding imports purchased from relevant domestic units. Foreign trade enterprises only count imported goods independently, not imported goods entrusted by agents.

Total Sales of Commodities refers to value of commodities sold by the establishments to other establishments and individuals (including goods sold for self consumption, including the value-added tax). The commodities include: (1) commodities sold to individuals and social groups for their consumption; (2) commodities sold to establishments in all industries for their production and operation, including agriculture, industry, construction, and catering services including commodities sold to wholesale and retail establishments for re-selling, with or without further processing; (3) commodities for direct export to abroad. Excluded are (1) extended commodities without trading, such as goods handed over to other enterprises and institutions because of the change of organizations, lent goods, returned goods preserved for others, extended processing materials and samples donated to others; (2) goods sold by coupon rebates that are not included in business income; (3) goods of direct settlement between buyer and seller with handling fees introduced by others; (4) prepaid cards for goods without transfer of ownership, such as gas cards; (5) Service- oriented economic activities such as automobile maintenance and telephone card sales; (6) goods returned after purchase; (7) damaged and spoiled goods; (8) waste and used goods of self use; (9) futures trading commodities; (10) water, electricity and gas supplied by water supply enterprises, electric power enterprises and natural gas supply enterprises.

Export refers to the amount of goods exported directly to foreign countries (borders) or exported entrusted to foreign trade enterprises as agents. Commodity export does not include goods sold to foreign trade enterprises for export or exported after processing, as well as goods sold in foreign currencies in the domestic market. Foreign trade enterprises only count the goods they export independently, excluding those exported by trusted agents.

Total Stock of Commodities at End of Period For corporate units and self-employed individuals engaged in wholesale and retail trade, it refers to total value (including VAT) of commodities possessed at the end of the reference period; and for wholesale and retail establishments, it refers to the value (including VAT) of all commodities actually in stock and owned by their corporate units at the end of reference period. The commodities in stock includes: (1) commodities located in storage, garages, counters and shelves of operating places of wholesale and retail trades (such as sale stores, wholesale centres, procurement stations and operating offices) ; (2) commodities in the process of being selected sorted, and packed; (3) commo-dities not arrived but recorded as purchased in the account, i.e. commodities not arrived but payment receipts for the commodities from the sellers or the banks arrived; (4) commodities deposited in other places rather than places mentioned above, for instance: commodities in the hold of purchasers temporarily due to the refusal of payment; (5) commodities entrusted to other units to sell but not sold yet; (6) commodities purchased for other units but not delivered yet. Commodities not included as stock are those not owned by the enterprises (units) , commodities on commission for processing, imported commodities of agency of foreign trade enterprise but not yet delivered to ordering units and finally those put in stock on behalf of the state reserves units.

Business Revenue of Hotels and Catering Services refers to total revenue (including VAT) of hotels and catering services received from providing services or selling commodities through business activities, income comes mainly from providing hotels, catering services, selling of commodities and other services, such as commodity services. It does not include revenue such as meal fees, selling of commodities of other industrial units affiliated with multi industrial legal entities. Income from hotels refers to income (including VAT) of hotels and catering services by providing lodging services through business activities. Income from catering services refers to income (including VAT) from providing catering services, including selling of cooked or prepared foods, such as staple food, cooked dishes, or cold dishes. It does not include meal fees of other industrial units affiliated with multi industrial legal entities.

Chain Head Stores (headquarter) refers to the core leading stores responsible for developmentallocation administration and utilization of resources (name of stores, brand of stores, operation model, service standard, management way, etc.) of chain stores. Chain stores refers to the stores engaged in providing homogeneous commodities or services, with the centra leadership of head store (headquarters) and guided by common policies, conduct centralized purchase and distributed selling of commodities, in order to gain better efficiency through standardized operation. The chain stores include regular chain stores, franchise chain stores and voluntary chain stores.

Regular Chain store refers to chain stores that are invested or controlled by the headquarters. They operate under direct and unified management from the headquarters.

Franchise chain store refers to the chain stores (franchisees) which are franchised with operation resources such as trade marks, names, patent and operation know-how by the franchisors in form of contract and pay the operation fees to the franchisors.

Voluntary chain store refers to the stores operate jointly on the voluntary bases while maintaining their status of independent legal entities with full ownership of their assets. They sell goods of same brand from same channel of resource to the consumers.

十七、对外经济贸易和旅游

FOREIGN TRADE AND ECONOMIC COOPERATION TOURISM

资料整理：王　锐
Data management：Wang Rui
数据审核：白　敏
Data audit：Bai Min

第十七部分　对外经济贸易和旅游

一、简要说明

本章资料包括对外经济贸易、利用外资和旅游等方面资料，由西安市统计局贸易外经处根据西安市商务局、投资合作局、文化和旅游局、关中海关提供资料整理。

二、主要指标

进出口总值（亿元）	3597.61	比上年下降	17.4%
#出　口	2333.72	比上年下降	14.7%
实际使用外资（亿美元）	12.53	比上年增长	13.7%

17　FOREIGN TRADE AND ECONOMIC COOPERATION TOURISM

I .Brief Introduction

Data in this chapter consists of data on foreign trade, utilization of foreign capital and tourism. Data on foreign economy and trade and tourism are compiled and provided by Foreign Economy Division of the Xi'an Bureau of Statistics according to the data from Xi'an Municipal Bureau of Commerce, Xi'an Municipal Bureau of Investment Cooperation, Guanzhong Customs District and Xi'an Municipal Administration of Culture and Tourism Committee.

II .Major Indicators

		Increase over Preceding Year
Total Value of Imports and Exports (100 mil.yuan)	3597.61	-17.4%
Exports	2333.72	-14.7%
Foreign Direct Investment (USD 100 mil.)	12.53	13.7%

17-1 主要年份外资、外贸基本情况

Main Indicators on Foreign Investments and International Trading in Representative Years

指　标	Item	2000年	2005年	2010年	2015年	2016年	2017年
一、新设立外商投资企业（个）	**Number of New Foreign-Invested Enterprises (unit)**	**135**	**157**	**82**	**73**	**72**	**143**
合同外资（万美元）	Contracted Foreign Investments (USD 10 000)	54123	121499	119689	193684	102103	464954
实际使用外资（万美元）	Foreign Direct Investment (USD 10 000)	15633	57113	156653	400833	450466	530680
二、进出口总额（万元）	**Total Value of Imports and Exports (10 000)**	**173696**	**390146**	**1039273**	**17616896**	**18299476**	**25450843**
进口总值	Total Imports	67634	126705	507544	9418142	8826392	9928641
出口总值	Total Exports	106062	263441	531729	8198754	9473084	15522202
进出口差额（出口–进口）	Balance of Imports and Exports	38428	136736	24185	-1219388	646692	5593561
三、国际旅游人数总计（万人次）	**Total Number of International Tourists (10 000 person-times)**	**65.03**	**77.56**	**84.18**			
外国人	Foreigners	54.65	65.86	73.21			
港、澳、台同胞	Compatriot From Hong Kong, Macao and Taiwan	10.38	11.70	10.97			
四、国际旅游者人天数总计（万人天）	**Total Number of Days of International Tourists (10 000 person days)**	**162.69**	**224.93**	**241.67**			
外国人	Foreigners	131.44	190.99	211.48			
港、澳、台同胞	Compatriot From Hong Kong, Macao and Taiwan	31.15	33.94	30.19			
五、国际旅游收入（亿元）	**Earning of International Tourism (100 million yuan)**	**22.41**	**33.54**	**42.40**			
商品收入	Income from Mercantile	7.71	11.25	11.87			
劳务收入	Income from Labour Service	14.70	22.29	30.53			
六、国际旅游者在西安人均停留天数（天）	**Number of Days of Average Tourists Staying in Xi'an (day)**	**2.5**	**2.9**	**2.9**			

注：1.2014年起，市文化和旅游局未发布国际旅游统计数据。
2.本表“新设立外商投资企业”2018年前名称为“利用外资签订协议项目”，“合同外资”2016年前名称为“利用外资签订协议金额”，“实际利用外资”2016年前名称为“外商实际直接投资额”，“实际使用外资”2022年前名称为“实际利用外资”。
3.本表数据来源于市商务局、关中海关、市文化和旅游局、市投资合作局。2018年起外资部分数据包含西咸新区。进出口总值数据为西安行政区划口径数据。
4.2014年起进出口数据计量单位由“万美元”更改为“万元”。
5.2022年起，外资数据由陕西省口径调整为商务部口径。

17-1 续表 continued

指 标	Item	2018年	2019年	2020年	2021年	2022年	2023年
一、新设立外商投资企业（个）	**Number of New Foreign-Invested Enterprises (unit)**	**219**	**237**	**212**	**221**	**247**	**309**
合同外资（万美元）	Contracted Foreign Investments (USD 10 000)	475508	196410	735596	84579	599477	177073
实际使用外资（万美元）	Foreign Direct Investment (USD 10 000)	635370	705738	767702	871421	117259	125282
二、进出口总额（万元）	**Total Value of Imports and Exports (10 000)**	**33032389**	**32425181**	**34738438**	**43999596**	**43795205**	**35976115**
进口总值	Total Imports	13460734	15122342	16978644	20380386	16320085	12638959
出口总值	Total Exports	19571655	17302839	17759794	23619210	27475120	23337156
进出口差额（出口–进口）	Balance of Imports and Exports	6110921	2180497	781150	3238824	11155035	10698197
三、国际旅游人数总计（万人次）	**Total Number of International Tourists (10 000 person-times)**						
外国人	Foreigners						
港、澳、台同胞	Compatriot From Hong Kong, Macao and Taiwan						
四、国际旅游者人天数总计（万人天）	**Total Number of Days of International Tourists (10 000 person days)**						
外国人	Foreigners						
港、澳、台同胞	Compatriot From Hong Kong, Macao and Taiwan						
五、国际旅游收入（亿元）	**Earning of International Tourism (100 million yuan)**						
商品收入	Income from Mercantile						
劳务收入	Income from Labour Service						
六、国际旅游者在西安人均停留天数（天）	**Number of Days of Average Tourists Staying in Xi'an (day)**						

Note: a) The Municipal Administration of Culture and Tourism has not released international tourism statistics since 2014.
b) In this table, the "name of newly established foreign-invested enterprise"before 2018 is "signed agreement project using foreign capital", the name of "contract foreign capital"before 2016 is "signed agreement amount using foreign capital", and the name of "foreign direct investment" before 2022 is "actual utilization of foreign capital".
c) Data in this table are obtained from Municipal Bureau of Commerce, Guanzhong Customs, Municipal Administration of Culture and Tourism and Municipal Bureau of Investment Cooperation. Data of using foreign capital contain Xixian New Area since 2018. The total value of import and export Figures in this table are based on Xi'an administrative division.
d) The measurement unit of import and export data has been changed from "ten thousand US dollars" to "ten thousand Yuan"since 2014.
e) The foreign investment statistics caliber changed from Shaanxi to the Ministry of Commerce since 2022.

17-2　主要年份使用外资情况

Utilization of Foreign Capital in Representative Years

单位：万美元　　(USD 10 000)

年　份 Year	合同外资 Contracted Foreign Investments	实际使用外资 Foreign Direct Investments
1983	3500	800
1985	8361	1106
1987	3218	5552
1988	2423	6758
1989	1645	11632
1990	415	1154
1991	591	1094
1992	24165	5200
1993	57289	8996
1994	20321	15240
1995	28956	18653
1996	35978	20510
1997	27214	22057
1998	40034	22286
1999	40390	13801
2000	54123	15633
2001	60736	17687
2002	70692	20281
2003	96380	25557
2004	78312	27595
2005	121499	57113
2006	182525	82463
2007	143978	111567
2008	118230	114738
2009	60027	121872
2010	119689	156653
2011	120083	200522
2012	360264	247800
2013	251874	312994
2014	255321	370310
2015	193684	400833
2016	102103	450466
2017	464954	530680
2018	475508	635370
2019	196410	705738
2020	735596	767702
2021	84579	871421
2022	599477	117259
2023	177073	125282

注：1.本表数据来源于市投资合作局。2018年起数据包含西咸新区。
　　2.2022年起，外资数据由陕西省口径调整为商务部口径。

Note: a) Data in this table are obtained from Municipal Bureau of Investment Cooperation. The data contain Xixian New Area since 2018.
　　b) The foreign investment statistics caliber changed from Shaanxi to the Ministry of Commerce since 2022.

17-3 外国和港澳台地区在西安投资情况（2023年）

Foreign, Hong Kong, Macao and Taiwan Investment in Xi'an (2023)

单位：万美元 (USD 10 000)

指 标	Item	新设立外商投资企业（个） Number of New Foreign-Invested Enterprises (unit)	合同外资 Contracted Foreign Investments	实际使用外资 Foreign Direct Investment
合 计	**Total**	**309**	**177073**	**125282**
一、按国民经济行业分组	**By Sector**			
（一）农、林、牧、渔业	Agriculture, Forestry, Animal Husbandry and Fishery	2	-2473	
（二）采矿业	Mining			28641
（三）制造业	Manufacturing	16	13546	5916
（四）电力、热力、燃气及水生产和供应业	Production and Supply of Electricity, Heat, Gas and Water	4	1487	
（五）建筑业	Construction	3	608	
（六）批发和零售业	Wholesale and Retail Trades	80	10339	12415
（七）交通运输、仓储和邮政业	Transport Storage and Post	5	842	671
（八）住宿和餐饮业	Hotels and Catering Services	5	62	
（九）信息传输、软件和信息技术服务业	Information Transmission, Computer Service and Software	30	2752	2055
（十）金融业	Financial Intermediation			
（十一）房地产业	Real Estate	3	46514	23238
（十二） 租赁和商务服务业	Leasing and Business Services	57	60983	47251
（十三）科学研究和技术服务业	Scientific Research and Technical Service	83	43375	5086
（十四）水利、环境和公共设施管理业	Management of Water Conservancy, Environment and Public Facilities	1	-1500	
（十五）居民服务、修理和其他服务业	Services to Households, repairs and other services	4	347	
（十六）教育	Education	1	-72	
（十七）卫生和社会工作	Health and social work	2	42	

注：1.本表数据来源于市投资合作局。本表数据包含西咸新区。
2.2022年起外资数据由陕西省口径调整为商务部口径。

17-3 续表 continued

单位：万美元 (USD 10 000)

指 标	Item	新设立外商投资企业（个）Number of New Foreign-Invested Enterprises (unit)	合同外资 Contracted Foreign Investments	实际使用外资 Foreign Direct Investment
（十八）文化、体育和娱乐业	Culture, Sports and Entertainment	13	221	9
（十九）公共管理、社会保障和社会组织	Public administration, social security and social organizations			
（二十）国际组织	International Organizations			
二、按投资国别、地区分组	**By Country (Region)**			
中国香港	Hong Kong, China	64	115624	61188
中国澳门	Macao, China	3	3016	
中国台湾	Taiwan, China	29	14423	30
日本	Japan	4	-1332	
马来西亚	Malaysia	2	18	
新加坡	Singapore	15	30554	30042
韩国	Korea Rep.	19	2960	2146
德国	Germany	3	537	300
意大利	Italy	1	1	
法国	France			641
英国	United Kingdom	3	318	28020
瑞士	Switzerland			
丹麦	Denmark			
加拿大	Canada	14	2066	571
美国	United States	13	3033	1052
澳大利亚	Australia	1	14	
维尔京群岛	Virgin Is. (E)		1796	992
其他	Others	138	4045	300

Note: a) Data in this table are obtained from Municipal Bureau of Investment Cooperation. The data contains Xixian New Area.
b) The foreign investment statistics caliber changed from Shaanxi to the Ministry of Commerce since 2022.

17-4 主要年份各区县、开发区实际使用外资

单位：万美元

区县及开发区	Region and Development Zone	2011年	2013年	2014年	2015年
区县合计	**Sum of Region**	**49726**	**45164**	**51423**	**59765**
新城区	Xincheng	6765	5012	6500	7775
碑林区	Beilin	6273	5103	5871	6873
莲湖区	Lianhu	7405	5100	5843	6873
灞桥区	Baqiao	6001	6124	6933	8148
未央区	Weiyang	6202	6000	6834	7870
雁塔区	Yanta	6912	6179	6847	8074
阎良区	Yanliang	2070	2200	2346	2555
临潼区	Lintong	2000	2400	2504	2765
长安区	Chang'an	2300	3003	3360	3961
高陵区	Gaoling	1089	1100	1182	1478
鄠邑区	Huyi	1060	1173	1288	1339
蓝田县	Lantian	600	660	707	1283
周至县	Zhouzhi	1050	1110	1210	773
西咸新区	Xixian New Area				
开发区合计	**Sum of Development Zones**	**150797**	**267830**	**318887**	**311265**
高新区	Hi-Tech Industries Development Zone	64935	132632	149387	167112
经开区	Economic Development Zone	54201	81423	103009	114538
曲江新区	Qujiang New District	21002	33870	41436	
航空基地	National Aviation Hi-tech Industrial Base	3856	7266	8453	9800
航天基地	National Civil Aerospace Industrial Base	1701	2640	3082	3636
浐灞生态区	Chan-ba Ecological District				
国际港务区	International Trade & Logistics Park	1571	3469	5050	6429
其他	**Others**				**29803**

注：1.本表数据来源于市投资合作局。2011—2015年开发区合计包含沣东新城。2018年起数据包含西咸新区。
2.2022年起外资数据由陕西省口径调整为商务部口径。

Foreign Direct Investment
of Region and Development Zone in Representative Years

(USD 10 000)

2016年	2017年	2018年	2019年	2020年	2021年	2022年	2023年
67874	**72527**	**119635**	**129183**	**124666**	**155017**	**31836**	**21539**
8768	10340	11947	11609	12097	12667	1344	1169
9360	9941	10570	11450	12127	12550	7015	364
7532	8656	9392	9820	10398	10849	1921	1650
9056	9601	10570	11450	9200	9630	169	133
8614	9433	10380	11260	9420	9750	423	834
8907	9843	10772	11450	9077	9631	1125	452
2801	3000	3200	3360	3460	3500	169	133
3031	1102	4094	3680	3855	3900	219	98
4440	4762	5200	5620	4476	4580	600	660
1621	1740	1860	1960	2020	2040	65	252
1479	1700	1666	1600	1180	1190	65	230
1401	1490	1862	3185	1530	1540		11
864	920	920			900		11
		37202	42739	45826	72290	18721	15542
381023	**458153**	**515513**	**576495**	**643037**	**716404**	**76206**	**73829**
203870	260293	287000	321383	356615	396990	30385	23638
129186	145000	167000	186900	206800	226379	18529	25068
20588	24212	26500	29600	32488	36021	16239	12485
10833	12402	13600	15000	8931	18702	1291	1290
4186	2045	5250	6000	9853	10300	1891	2485
						1409	2208
7793	9083	10063	11013	11890	13892	6462	6655
1569		**222**	**60**			**9217**	**29914**

Note: a) Data in this table are obtained from MuNicipAl Bureau of Investment Cooperation. The total development zone includes Fengdong New Town from 2011 to 2015. The data contains Xixian New Area since 2018.
b) The foreign investment statistics caliber changed from Shaanxi to the Ministry of Commerce since 2022.

17-5 主要年份进出口总值

Total Value of Imports and Exports in Representative Years

单位：万元 (10 000 yuan)

年 份 Year	进出口总值 Total Value of Imports and Exports	出口总值 Total Exports	进口总值 Total Imports
1987	13596	7540	6056
1990	38229	28290	9939
1993	93330	62393	30937
1994	104752	76897	27855
1995	137510	110163	27347
1996	143187	91745	51442
1997	150668	107753	42915
1998	180589	100492	80097
1999	172919	94495	78424
2000	173696	106062	67634
2001	169914	87948	81966
2002	186966	112479	74487
2003	230932	140327	90605
2004	309295	203539	105756
2005	390146	263441	126705
2006	415403	272862	142541
2007	536162	347133	189029
2008	704029	447113	256916
2009	724618	333114	391504
2010	1039273	531729	507544
2011	1260179	582662	677517
2012	1301446	729878	571568
2013	1798534	847819	950715
2014	15321514	7346822	7974693
2015	17616896	8198754	9418142
2016	18299476	9473084	8826392
2017	25450843	15522202	9928641
2018	33032389	19571655	13460734
2019	32425181	17302839	15122342
2020	34738438	17759794	16978644
2021	43999596	23619210	20380386
2022	43795205	27475120	16320085
2023	35976115	23337156	12638959

注：本表数据来源于关中海关。2014年起数据计量单位由“万美元”更改为“万元”。本表数据为西安行政区划口径数据。

Note: Data in this table are obtained from Guanzhong Customs. The measurement unit of import and export data has been changed from “ten thousand US dollars”to “ten thousand Yuan” since 2014. Data in this table are based on Xi'an administrative division.

17-6 外贸商品进出口总值分国别和地区（2023年）

Total Value of Imports and Exports in Foreign Trade by Country and Region (2023)

单位：万元 (10 000 yuan)

国别和地区	Country and Region	进出口总值 Total Value of Imports and Exports	#出口 Exports
亚洲	**Asia**	**22905153**	**14133907**
#中国香港	Hong kong, China	205302	2045748
中国台湾	Taiwan, China	3830681	1073979
日本	Japan	1989399	409943
菲律宾	Philippines	192385	145121
马来西亚	Malaysia	298774	2431836
韩国	Korea	6567474	4046593
非洲	**Africa**	**725337**	**686524**
#埃及	Egypt	8939	89179
突尼斯	Tunisia	7406	683
埃塞俄比亚	Ethiopia	22024	22024
博茨瓦纳	Botswana	1546	1546
南非	South Africa	97351	95035
欧洲	**Europe**	**7484624**	**5988798**
#德国	Germany	87372	498617
法国	France	492692	372178
意大利	Italy	265052	189693
荷兰	Netherland	1107015	1065484
英国	England	241086	189917
瑞士	Switzerland	85121	20219
西班牙	Spain	318471	307842
俄罗斯	Russia	2521046	210799
拉丁美洲	**Latin America**	**1342109**	**955442**
#哥伦比亚	Colombia	78072	26046
巴西	Brazil	743561	440921
阿根廷	Argentina	17008	15864
北美洲	North America	2533986	1407961
#加拿大	Canada	145865	56952
美国	America	238812	1351008
大洋洲及太平洋岛屿	**Oceanic and Pacific Islands**	**981414**	**164523**
#澳大利亚	Australia	945375	142525
新西兰	New Zealand	22951	1462

注：本表数据来源于关中海关，为西安行政区划口径数据。
Note: Data in this table are obtained from Guanzhong Customs which are based on Xi'an administrative division.

17-7 主要年份主要商品分大类出口金额

单位：万元

商品分类	HS Section and Division	2000年	2005年	2009年
食用蔬菜、根及块茎	Edible Vegetables, Certain, Roots and Tubers	1095	1190	803
蔬菜、水果、坚果或植物其他部分的制品	Vegetables, Fruits, Nuts, or Products Made of Other Parts of Plants	2076	10531	21920
矿砂、矿渣及矿灰	Ores, Slags and Ash	4083	63247	6141
无机化学品；贵金属、稀土金属、放射性元素及其同位素的有机及无机化合物	Inorganic Chemicals, Organic or Inorganic Compounds of Precious Metals, of Rare Earth Metals, of Radioactive Elements or of Isotopes	3714	10997	9774
有机化学品	Organic Chemicals	2367	8569	16294
羊毛、动物细毛或粗毛、马毛纱线及其机织物	Wool, Fine or Coarse Animal Hair; Horsehair Yarn and Woven Fabric	810	903	460
棉花	Cotton	3197	3240	2346
化学纤维短纤	Short Staple Chemical Fibers	5061	1471	2217
针织或钩编的服装及衣着附件	Articles of Apparel and Clothing Accessories, Knitted or Crocheted	6753	5736	3617
非针织或非钩编的服装及衣着附件	Articles of Apparel and Clothing Accessories, not Knitted or Crocheted	7269	5068	2919
其他纺织制成品；成套物品；旧衣着及旧纺织品	Other Made Up Textile Articles; Sets; Worn Clothing and Worn Textile Articles; Rags Articles	1649	3000	2813
鞋靴、护膝和类似品及其零件	Footwear, Gaiters and The Like; Parts of Such Articles Headgear and Parts Thereof	1347	1368	367
玻璃及其制品	Glass and Glassware	3376	8576	5574
钢铁	Iron and Steel	3534	5314	4254
钢铁制品	Articles of Iron or Steel	5535	13959	11943
铅及制品	Lead Articles Thereof	1371	12	1
锌及制品	Zinc Articles Thereof	4031	135	78
其他贱金属、金属陶瓷及其制品	Other Base Metals, Cermets; Articles Thereof	1066	11233	11276
贱金属工具、器具、利口器、餐匙、餐叉及其零件	Tools, Implements, Cutlery, Spoons and Forks, of Base Metal; Parts Thereof of Base Metal	2933	3052	2777
核反应堆、锅炉、机器、机械器具及其零件	Nuclear Reactors, Boilers, Machinery and Mechanical Appliances; and Parts Thereof	10915	30832	52372
电机、电气设备及其零件；录音机及放声机、电视图像、声音的录制和重放设备及其零件、附件	Electrical Machinery and Equipment and Parts Thereof; Sound Recorders and Reproducers, Television Image and Sound Recorders and Reproducers, and Parts and Accessories of Such Articles	8339	23605	53355
光学、照相、电影、计量、检验、医疗或外科仪器及设备、精密仪器及设备；上述物品的零配件、附件	Optical, Photographic, Cinematographic, Measuring, Checking, Precision Medical or Surgical Instruments and Apparatus; Parts and Accessories Thereof	2020	2341	5255
家具、寝具、褥垫、弹簧床垫、软床垫及类似的填充制品；未列名灯具及照明装置；发光标志、发光铭牌及类似品；活动房屋	Furniture, Bedding, Mattresses, Mattress Supports, Cushions and Similar Stuffed Furnishings; Lamps and Lighting Fittings, not Elsewhere Specified or Included; Illuminated Signs, Illuminated	2587	4773	4769

注：1.本表数据来源于关中海关。2014年起数据计量单位由“万美元”更改为“万元”。本表数据为西安行政区划口径数据。
2.个别年份数据根据海关最新提供数据进行了修订。

Export Value of Major Merchandise by Type in Representative Years

(10 000 yuan)

2010年	2011年	2012年	2013年	2014年	2015年	2016年	2017年	2018年	2019年	2020年	2021年	2022年	2023年
2633	2016	1961	2699	2686	2039	2555	1129	659	1337	1000	912	2319	3281
22189	36763	2576	49361	132663	112701	102768	149311	131711	79123	62463	22213	35581	33983
5247	4709	1679	1686	14977	96	178	346	25	2	4	8661	3221	87
13645	11735	8911	12588	67764	44508	49950	52192	52289	61278	49903	67022	92820	87055
18881	20067	17890	28694	109986	109654	117162	148719	176287	185794	195107	223582	225579	195815
923	796	562	2433	15782	3005	5648	3153	5680	5731	1130	5934	9714	10540
3277	2628	2185	5827	9252	14309	6429	5301	5531	9583	3281	5580	6913	12930
1951	2586	2375	8245	13685	11581	11178	14502	12923	14903	14132	11360	18338	41918
3830	3366	12316	6491	29551	37030	31646	36441	30570	15335	12534	44913	81156	99223
3134	3262	7050	4861	33872	23610	19393	40633	52971	22579	54999	55359	85727	118093
3170	2838	4412	4471	18906	15677	15187	26219	19425	37534	137812	66968	59449	59438
544	1003	5252	6293	20186	5032	2292	18614	18514	19469	5553	13609	80939	134380
6691	8073	10995	13856	54453	45991	46764	46059	49904	44400	52181	67143	97424	125172
9622	16681	8407	6730	31854	20390	27589	28467	34424	26844	19000	28730	36217	30717
12149	25319	24259	33546	102720	88740	100956	164963	151403	132817	126743	143745	252108	256368
2	2	4913	16	3		26	19	1	12		4	23	
10	10	11	59	109	93	20	334	48	83	95	238	134	249
20723	28092	21397	24030	106691	95442	83309	103608	115801	122230	93007	128297	204267	224600
3374	3641	5176	5992	30653	25321	24868	33582	41004	38312	42354	61952	63793	74487
102893	99631	127795	211009	1929864	2744726	3431041	6147739	8252801	4882165	4356460	5263898	5762244	3101873
118140	137105	183536	327931	3113155	3625079	4264312	7044093	8971300	10051890	10977973	15026069	17176018	13983352
9489	11066	14908	17879	112646	119117	107892	108613	149348	170976	247596	263762	267248	391002
4992	3860	25644	23595	52352	42140	40142	77439	83975	26295	28047	47977	122570	163901

Note: a) Data in this table are obtained from Guanzhong Customs. Since 2014, the unit of measurement of data has been changed from "ten thousand US dollars" to "ten thousand Yuan". Data in this table are based on Xi'an administrative division.
b) Specific years have been revised on the latest data provided by Customs.

17-8 主要年份主要商品分大类进口金额

单位：万元

商品分类	HS Section and Division	2000年	2005年
无机化学品；贵金属、稀土金属、放射性元素及其同位素的有机及无机化合物	Inorganic Chemicals, Organic or Inorganic Compounds of Precious Metals, of Rare Earth Metals, of Radioactive Elements or of Isotopes	1467	317
有机化学品	Organic Chemicals	7257	15237
塑料及其制品	Plastic and Articles Thereof	2559	4317
钢铁	Iron and Steel	2467	752
铜及制品	Copper and Articles Thereof	2367	689
铝及制品	Aluminium and Articles Thereof	2652	3627
核反应堆、锅炉、机器、机械器具及其零件	Nuclear Reactors, Boilers, Machinery and Mechanical Appliances; and Parts Thereof	12990	38050
电机、电气设备及其零件；录音机及放声机、电视图像、声音的录制和重放设备及其零件、附件	Electrical Machinery and Equipment and Parts Thereof; Sound Recorders and Reproducers, Television Image and Sound Recorders and Reproducers, and Parts and Accessories of Such Articles	5911	23337
车辆及其零件、附件，但铁道及电车道车辆除外	Vehicles Other Than Railway or Tramway Rolling-Stock, and Parts and Accessories Thereof	1530	1387
航空器、航天器及其零配件	Aircraft, Spacecraft and Parts Thereof	10443	8800
光学、照相、电影、计量、检验、医疗或外科仪器及设备、精密仪器及设备；上述物品的零配件、附件	Optical, Photographic, Cinematographic, Measuring, Checking, Precision Medical or Surgical Instruments and Apparatus; Parts and Accessories Thereof	3673	10424

注：本表数据来源于关中海关。2014年起数据计量单位由“万美元”更改为“万元”。本表数据为西安行政区划口径数据。

Import Value of Major Merchandise by Type in Representative Years

(10 000 yuan)

2010年	2015年	2017年	2018年	2019年	2020年	2021年	2022年	2023年
7513	185175	246352	371885	346091	405611	580296	957354	520131
13949	86359	123439	148022	114497	174149	184876	194769	136413
4091	54103	103008	157809	198420	211050	213974	197931	167516
10949	17403	16567	18717	21793	30309	23237	28280	23317
43343	484480	240188	571455	652623	603906	953700	1048680	30459
3116	43935	32032	71631	100994	90818	73866	45372	49738
134753	2021311	926081	1056642	2881715	3286053	4658714	2634188	1549973
207937	5011437	6510729	9406713	8561929	9033247	9478124	7188163	6190874
3109	19700	26662	22430	23238	47976	54675	31133	36538
3620	35164	101247	31940	28326	24734	70321	10555	15950
37414	542812	307404	341141	580507	680636	620101	536583	423376

Note: Data in this table are obtained from Guanzhong Customs. Since 2014, the unit of measurement of data has been changed from "ten thousand US dollars" to "ten thousand Yuan". Figures in this table are based on Xi'an administrative division.

17-9 按贸易方式分外贸出口总值（2023年）

Total Value of Exports in Foreign Trade by Type of Trade (2023)

单位：万元　　(10 000 yuan)

指　标	Item	2023年	2023年比2022年增长（%）Growth Rate in 2023 over 2022 (%)
出口总值	**Total Exports**	**23337156**	**-14.7**
1.一般贸易	General Trade	9427034	16.2
2.国家间、国际组织无偿援助和赠送的物资	Between Countries, International Organizations Aid and Donated Materials	11363	486.3
3.其他捐赠物资	Other Donated Materials		-100.0
4.来料加工装配贸易	Assembly Processing Trade	5999831	-43.8
5.进料加工贸易	Processing With Imported Trade	4735156	-7.4
6.对外承包工程出口货物	Exports Contracted Projects	45824	-9.7
7.租赁贸易	Lease Trade	364	450.5
8.易货贸易	Barter		
9.出料加工贸易	Material Processing	727	-28.2
10.保税监管场所进出境货物（保税仓库进出境货物）	Inward and Outward Goods of Free (Trade Storehouse)	13395	-58.1
11.海关特殊监管区域物流货物	Re-export Goods of Free Trade Zone	3089275	-7.9
12.其他	Others	14187	110.1

注：本表数据来源于关中海关。本表数据为西安行政区划口径数据。
Note: Data in this table are obtained from Guanzhong Customs. Figures in this table are based on Xi'an administrative division.

17-10 按贸易方式分外贸进口总值（2023年）

Total Value of Imports in Foreign Trade by Type of Trade (2023)

单位：万元　　(10 000 yuan)

指　标	Item	2023年	2023年 比2022年增长（%） Growth Rate in 2023 over 2022 (%)
进口总值	**Total Imports**	**12638959**	**-22.1**
1.一般贸易	General Trade	4631447	-20.8
2.国家间、国际组织无偿援助和赠送的物资	Between Countries, Internationals Organization Aid and Donated Materials		
3.华侨、港澳台同胞、外籍华人捐赠物资	The overseas Chinese, Hong Kong, Macao, Taiwan, Chinese of foreign Donated Materials		
4.来料加工装配贸易	Assembly Processing Trade	3903833	-23.4
5.进料加工贸易	Processing With Imported Trade	2625638	-20.8
6.来料加工装配进口的设备	Assembly Processing Trade Equipment		
7.租赁贸易	Lease Trade		
8.外商投资企业作为投资进口的设备、物品	Foreign-invested Enterprises as the Import Investment of Equipment, Goods	1864	
9.出料加工贸易	Material Processing	981	-70.2
10.易货贸易	Barter		
11.保税监管场所进出境货物（保税仓库进出境货物）	Inward and Outward Goods of Free (Trade Storehouse)	32455	-22.3
12.海关特殊监管区域物流货物（保税区仓储转口货物）	Re-export Goods of Free Trade Zone (Re-exports)	703624	-17.0
13.海关特殊监管区域进口设备（出口加工区进口设备）	Export Processing Zones Imported (Equipment)	560546	-41.8
14.其他	Other	161794	49.0

注：本表数据来源于关中海关。本表数据为西安行政区划口径数据。
Note: Data in this table are obtained from Guanzhong Customs. Figures in this table are based on Xi'an administrative division.

17-11　主要年份旅游人数及收入

Number of Tourists and Tourism Earnings in Representative Years

年　份 Year	接待旅游者人数（万人次） Number of Tourists (10 000 person-times)	#国际旅游人数 Number of International Tourists	旅游总收入（万元） Total Tourism Earnings (10 000 yuan)	#国际旅游收入 Earning of International Tourists	国际旅游者在西安人均停留天数（天） Number of Days of Average International Tourists Staying in Xi'an (day)
1980	4.00	4.00	1757	1757	3.8
1985	21.15	21.15	7029	7029	2.2
1990	25.88	25.88	19628	19628	2.1
1995	791.35	41.35	440000	103818	2.0
2000	1567.00	65.03	1050000	224100	2.5
2001	1752.20	67.20	1130000	240700	2.4
2002	1984.13	74.13	1310000	260000	2.2
2003	1647.67	33.66	1064200	121200	2.5
2004	2149.03	65.03	1544000	273900	2.9
2005	2423.60	77.56	1785000	335380	2.9
2006	2738.70	86.73	2043000	378270	2.9
2007	3118.01	100.01	2372000	424263	2.9
2008	3232.20	63.20	2435200	287200	2.6
2009	3929.29	67.29	2974000	310500	2.9
2010	5285.18	84.18	4051800	424000	2.9
2011	6653.23	100.23	5301500	512800	2.9
2012	7978.35	115.35	6543900	598900	2.9
2013	10130.00	121.11	8114400	641600	2.9
2014	12000.00		9500000		
2015	13600.80		10736900		
2016	15012.56		12138100		
2017	18093.14		16333000		
2018	24738.75		25548100		
2019	30110.43		31460500		
2020	18417.41		18824200		
2021	24201.73		24452700		
2022	20882.72		20301700		
2023	27800.04		33503900		

注：1.本表数据来源于市文化和旅游局。2014年以后市文化和旅游局未发布国际旅游统计数据。2017年及以后数据包含西咸新区。
2.1980—1994年因未开展国内旅游统计，故接待旅游者人数和旅游总收入为国际旅游统计。

Note: a) Data in this table are obtained from Xi'an Municipal Administration of Culture and Tourism. Since 2014, Xi'an Municipal Administration of Culture and Tourism has not released international tourism statistics. In 2017 and later years, data include Xixian New Area.
b) Since domestic tourism statistics were not carried out in 1980-1994, the number of tourists and total tourism earnings were international tourism statistics.

17-12 主要年份旅行社及A级景点

Statistics of Travel Agencies and Level-A Scenic Spots in Representative Years

年 份 Year	旅行社数 （个） Number of Travel Agencies (unit)	旅行社营业收入 （亿元） Revenue of Travel Agencies (100 million yuan)	旅游A级景点数 （个） Number of Level-A Scenic Spots (unit)	旅游A级景点年接待游客人次（万人次） Number of Tourists Received at Level-A Scenic Spots (10 000 person times)
2005	221	17.82	18	930
2010	334	31.22	34	2726
2015	353	59.54	74	8553
2016	410	66.68	72	10454
2017	452	79.39	77	18120
2018	583	93.93	77	24506
2019	574	103.14	77	22596
2020	550	34.89	83	10866
2021	656	36.23	91	13124
2022	547	14.09	91	8911
2023	1005	70.06	91	22431

注：本表数据来源于市文化和旅游局。2017—2021年数据不包含西咸新区，2022年数据包含西咸新区。2018年旅行社数、旅行社营业收入来源于第四次全国经济普查583家有营业收入的企业数据，包含西咸新区。

Note: Data in this table are obtained from Xi'an Municipal Administration of Culture and Tourism. All indicators from 2017 to 2021 do not include Xixian New Area, All data in 2022 include Xixian New Area. but the number of travel agencies and the revenue of travel agencies in 2018 come from the data of 583 enterprises with operating income in the fourth national economic census, including Xixian New Area.

主要统计指标解释

进出口总值 指实际进出我国关境的货物总金额。包括对外贸易实际进出口货物，来料加工装配进出口货物，国家间、联合国及国际组织无偿援助物资和赠送品，华侨、港澳台同胞和外籍华人捐赠品，租赁期满归承租人所有的租赁货物，进料加工进出口货物，边境地方贸易及边境地区小额贸易进出口货物，中外合资企业、中外合作经营企业、外商独资经营企业进出口货物和公用物品，到、离岸价格在规定限额以上的进出口货样和广告品（无商业价值、无使用价值和免费提供出口的除外），从保税仓库提取在中国境内销售的进口货物，以及其他进出口货物。我国规定出口货物按离岸价格统计，进口货物按到岸价格统计。

商品收发货人所在地进、出口额 指在所在地海关注册登记的有进出口经营权的企业实际进、出口额。

商品目的地进口额和商品货源地出口额 目的地进口额指进口货物的消费、使用或最终抵运地的实际进口额；货源地出口额指出口货物的产地或原始发货地的实际出口额。

使用外资 指我国各级政府、部门、企业和其他经济组织通过对外借款、吸收外商直接投资以及用其他方式筹措的境外现汇、设备、技术等。

外商直接投资 指外国企业和经济组织或个人（包括华侨、港澳台胞以及我国在境外注册的企业）按我国有关政策、法规，用现汇、实物、技术等在我国境内开办外商独资企业、与我国境内的企业或经济组织共同举办中外合资经营企业、合作经营企业或合作开发资源的投资（包括外商投资收益的再投资），以及经政府有关部门批准的项目投资总额内企业从境外借入的资金。

旅游人数

（1）入境旅游人数：指报告期内来中国（大陆）观光、度假、探亲访友、就医疗养、购物、参加会议或从事经济、文化、体育、宗教活动的外国人、港澳台同胞等游客。统计时，入境游客按每入境一次统计1人次。

（2）出境人数：指中国（大陆）居民因公或因私出境前往其他国家、中国香港特别行政区、澳门特别行政区和台湾省观光、度假、探亲访友、就医疗养、购物、参加会议或从事经济、文化、体育、宗教活动的人数，即出境游客。统计时，出境游客按每出境一次统计1人次。

（3）国内旅游人数：指报告期内在中国（大陆）观光游览、度假、探亲访友、就医疗养、购物、参加会议或从事经济、文化、体育、宗教活动的中国（大陆）居民人数，其出游的目的不是通过所从事的活动谋取报酬。统计时，国内游客按每出游一次统计1人次。

国际旅游（外汇）收入 指入境游客在中国（大陆）境内旅行、游览过程中用于交通、参观游览、住宿、餐饮、购物、娱乐等全部花费。

国内旅游收入 又称旅游总花费，指国内游客在国内旅行、游览过程中用于交通、参观游览、住宿、餐饮、购物、娱乐等全部花费。

星级饭店 指设备、设施、服务符合《旅游饭店星级的划分与评定》（GB/T14308—2010）标准，经过有关旅游管理权威部门评定（验收）后授予“星级”称号的饭店。

Explanatory Notes on Main Statistical Indicators

Total Value of Imports and Exports refers to the real value of commodities imported and exported across the border of China. They include the actual imports and exports through foreign trade, imported and exported goods under the processing and assembling trades and materials, supplies and gifts as aid given gratis between governments and by the United Nations and other international organizations, and contributions donated by overseas Chinese, compatriots in Hong Kong and Macao and Chinese with foreign citizenship, leasing commodities owned by tenant at the expiration of leasing period, the imported and exported commodities processed with imported materials, commodities trading in border areas, the imported and exported commodities and articles for public use of the Sino-foreign joint ventures, cooperative enterprises and ventures with sole foreign investment. Also included is import or export of samples and advertising goods for which CIF or FOB value are beyond the permitted ceiling (excluding goods of no trading or use value and free commodities for export) , imported goods sold in China from bonded warehouses and other imported or exported goods. In accordance with the stipulation of the Chinese government, imports are calculated at CIF, while exports are calculated at FOB.

Import or Export Value by Location of China's Foreign Trade Managing Units refers to actual value of imports and exports, carried out by corporations which have been registered by the local Customs house and are vested with right to run import export business.

Import Va lue of Commodities by Place of Destination and Export Value of Commodities by Place of Origin in China The former indicator refers to the value of import commodities of the places of their consumption, utilization or the places of their final destination. The latter indicator refers to the value of export commodities of the places of their origin or the places of the commodities dispatched.

Utilization of Foreign Capitals refers to remittance, equipment and technology financed from abroad, by loans, foreign direct investment and other forms undertaken by the Chinese governments at all levels, by various departments, enterprises and other economic units.

Foreign Direct Investment refers to the investments inside China by foreign enterprises and economic organizations or individuals (including overseas Chinese, compatriots from Hong Kong, Macao and Taiwan, and Chinese enterprises registered abroad) , following the relevant policies and laws of China, for the establishment of ventures exclusively with foreign own investment, Sino-foreign joint ventures and cooperative enterprises or for co-operative exploration of resources with enterprises or economic organizations in China.

Number of Tourists

(1) Visitor arrivals refer to the number of foreigners, Chinese compatriots from Hong Kong, Macao and Taiwan Chinese (mainland) who come to China (mainland) for sight- seeing, vacation, visiting relatives, medical treatment, shopping, attending conference, or to engage in economic, cultural, sports and religious activities. In compiling statistics, each time of entering China is counted as one person-time.

(2) Number of Chinese residents going abroad refer to the number of Chinese (mainland) residents going to other countries, Hong Kong Special Administrative region, Macao Special Administrative region and Taiwan for on official or private purposes, for sight-seeing, vacation, visiting relatives, medical treatment, shopping, attending conference, or to engage in economic, cultural, sports and religious activities. In compiling statistics, each time of leaving is counted as one person-time.

(3) Number of domestic tourists refers to the number of Chinese (mainland) residents who travel within China (mainland) for sight-seeing, vacation, visiting relatives, medical treatment, shopping, attending conference, or to engage in economic, cultural, sports and religious activities. In compiling statistics, each time of travelling is counted as one person-time.

Foreign Exchange Earnings from International Tourism refers to the total expenditure of foreigners, overseas Chinese, Chinese compatriots from Hong Kong, Macao and Taiwan during their stay in the mainland of China on transportation, sighting, accommodation, food, shopping and entertainment.

Income from Domestic Tourism refers to expenditure of domestic tourists on transportation, sighting, accommodation, food, shopping and entertainment while they travel.

Star-rated Hotels refers to hotels rated with stars as evaluated (accepted) by the relevant tourism authorities according to GB/T14308—2010 standard with reference to their infrastructure, facilities and service levels.

十八、规模以上服务业

SERVICE INDUSTRY ABOVE DESIGNATED SIZE

资料整理：冯　乐　贾荟田
Data management:Feng Le　Jia Huitian
数据审核：刘栋婷
Data audit:Liu Dongting

第十八部分　规模以上服务业

一、简要说明

1.本章主要包括规模以上服务业（九个门类、四个中类）单位个数及主要经济指标。

2.统计范围：辖区内年营业收入2000万元及以上服务业法人单位。包括：交通运输、仓储和邮政业，信息传输、软件和信息技术服务业，水利、环境和公共设施管理业三个门类和卫生行业大类。

辖区内年营业收入1000万元及以上服务业法人单位。包括：租赁和商务服务业，科学研究和技术服务业，教育三个门类，以及物业管理、房地产中介服务、房地产租赁经营和其他房地产业四个行业中类。

辖区内年营业收入500万元及以上服务业法人单位。包括：居民服务、修理和其他服务业，文化、体育和娱乐业两个门类，以及社会工作行业大类。

3.2021年起，数据不含西安（西咸新区）—咸阳共管区。

二、主要指标

规模以上服务业单位个数（个）	2619		
规模以上服务业资产总计（亿元）	19945.66	比上年增长	6.5%
规模以上服务业营业收入（亿元）	4216.90	比上年增长	11.0%
规模以上服务业利润总额（亿元）	249.90	比上年增长	13.1%

18 SERVICE INDUSTRY OBOVE DESIGNATED SIZE

I .Brief Introduction

1.The data in this chapter consists of the number of service units and main economic indicators of service enterprises above designated size (Including nine categories, four classes) .

2.Scope of statistics: The annual operating income of the service enterprise within the jurisdiction is 20 million yuan or more. It includes transportation, storage and postal services, information transmission, software and information technology services, water conservancy, environment and public facilities management, and health services. The annual operating income of the service enterprise within the jurisdiction is 10 million yuan or more. It includes: leasing and business services, scientific research and technology services, three catalogues: education, and four classes: property management, real estate intermediary services, real estate leasing and other real estate industry.

The annual operating income within the jurisdiction is 5 million yuan or more. Including: residential services, repair and other services, culture, sports and entertainment two categories, and social work industry categories.

3.From 2021, the data excludes areas mutually controlled by Xi'an (Xixian New Area) -Xian yang.

II .Major Indicators

		Increase over Preceding Year
Number of Service Enterprises above the Designated Size (units)	2619	
Total Assets of Service Enterprises above the Designated Size (100 mil.yuan)	19945.66	6.5%
Operating Income of Service Enterprises above the Designated Size (100 mil.yuan)	4216.90	11.0%
Total Profits of Service Enterprises above the Designated Size (100 mil.yuan)	249.90	13.1%

18-1 主要年份规模以上服务业主要经济指标

Major Economic Indicators of Services above the Designated Size in Representative Years

单位：万元 (10 000 yuan)

指　标	Item	2017年	2018年	2019年	2020年	2021年	2022年	2023年
企业单位数（个）	Number of Enterprises (unit)	1546	1670	2075	2222	2366	2466	2619
资产总计	Total Assets	81172689.4	83589990.5	104196300.9	125468817.0	106956191.5	186422578.7	199456618.2
固定资产原价	Fixed Assets (original value)	42493526.7	47715297.2	52484267.4	56646202.8	33398462.3	84027207.2	87607826.7
负债合计	Total Liabilities	50412896.1	49777084.0	61769819.9	75768947.6	66376516.9	116913535.4	126144819.0
所有者权益合计	Total Owners' Equities	30759793.3	33812906.5	42426481.0	49699869.4	40579674.6	69509043.3	73311799.2
营业收入	Business Revenue	21146457.1	25887537.8	30847961.6	33014968.7	33673403.2	38783728.1	42168989.1
营业成本	Business Cost	15282402.8	19661919.2	23565609.4	26159714.2	27008664.2	30285166.8	32559271.2
销售费用	Selling Expenses	1206035.9	1258937.1	1361655.9	1433201.2	1145401.8	1045440.2	1081564.0
管理费用	Management Expenses	2104498.2	2485578.9	2354924.6	2435128.3	2510557.0	2703026.4	2798036.8
研发费用	R&D Expenses			660652.9	854836.1	1116205.5	1296116.3	1442242.1
财务费用	Financial Expenses	1191706.4	1256296.0	1403795.5	1280074.4	968130.7	2597234.3	2917867.9
投资收益	Investment Income	286218.3	223023.6	282996.3	694559.2	848883.3	927601.2	695503.1
营业利润	Operating Profits	1616118.6	1588474.9	1967982.6	1961738.3	2370531.7	2380141.5	2424367.1
利润总额	Total Profits	1701396.9	1582864.5	2052358.0	2058642.1	2509158.9	2409486.3	2499017.8
应付职工薪酬	Salary Payable	4228194.3	5114155.7	6346279.9	6856080.1	7255601.3	8646139.9	9094696.2
期末用工人数（人）	Year-end Employed Persons (person)	406270	478344	532203	550624	534987	586253	597399

注：期末用工人数，2017—2020年数据为平均用工人数。
Note: The data of "Year-end Employed Persons" is the average number of workers in 2017—2020. From 2021, the data is the year-end employed persons.

18-2 规模以上服务业按登记注册类别分主要经济指标（2023年）

单位：万元

指 标	Item	企业单位数（个）Number of Enterprises (unit)	资产总计 Total Assets	固定资产原价 Fixed Assets (original value)
总　计	**Total**	**2619**	**199456618.2**	**87607826.7**
按登记注册类别分组	**Grouped by Registration Type**			
内资	Domestic Invested Enterprises	2539	196059719.2	85897953.4
有限责任公司	Limited Liability Corporations	2358	188939154.0	82770170.5
股份有限公司	Share-holding Corporations Ltd.	96	5926452.9	2693353.0
非公司企业法人	Non Corporate Legal Entity	39	633645.9	245940.9
个人独资企业	Sole Proprietorship Enterprises	19	118356.9	39790.3
合伙企业	Partnership Enterprises	22	192976.0	57628.4
其他内资企业	Other Domestic Invested Enterprises	5	249133.5	91070.3
港澳台投资企业	Enterprises with Investment from Hong Kong, Macao and Taiwan	41	2228587.6	935990.8
外商投资企业	Foreign Invested Enterprises	39	1168311.4	773882.5
其他统计类别	Other Statistical Categories			

注：本表登记注册统计类别按《关于市场主体统计分类的划分规定》（国统字〔2023〕14号）执行。

18-2 续表

单位：万元

指 标	Item	管理费用 Management Expenses	研发费用 R&D Expenses	财务费用 Financial Expenses
总　计	**Total**	**2798036.8**	**1442242.1**	**2917867.9**
按登记注册类型分组	**Grouped by Registration Type**			
内资	Domestic Invested Enterprises	2681973.5	1396711.1	2885496.4
有限责任公司	Limited Liability Corporations	2383925.5	1328444.8	2838711.5
股份有限公司	Share-holding Corporations Ltd.	161339.6	65877.4	30882.8
非公司企业法人	Non Corporate Legal Entity	59339.2	2388.9	-4139.9
个人独资企业	Sole Proprietorship Enterprises	18964.0		975.6
合伙企业	Partnership Enterprises	49816.5		1536.4
其他内资企业	Other Domestic Invested Enterprises	8588.7		17530.0
港澳台投资企业	Enterprises with Investment from Hong Kong, Macao and Taiwan	64286.3	8826.0	16377.2
外商投资企业	Foreign Invested Enterprises	51777.0	36705.0	15994.3
其他统计类别	Other Statistical Categories			

Main Economic Indicators of Services above the Designated Size grouped by Registration Type (2023)

(10 000 yuan)

负债合计 Total Liabilities	所有者权益合计 Total Owners' Equities	营业收入 Business Revenue	营业成本 Business Cost	销售费用 Selling Expenses
126144819.0	**73311799.2**	**42168989.1**	**32559271.2**	**1081564.0**
124366190.8	71693528.4	40753129.7	31589389.9	986532.7
120687810.4	68251343.6	37469770.3	28982126.6	857951.4
2908704.9	3017748.0	2371106.7	1902963.3	92695.9
313568.5	320077.4	435597.2	349434.0	18478.8
95238.8	23118.1	74757.6	44931.8	6568.6
141475.3	51500.7	179218.8	111884.2	4888.7
219392.9	29740.6	222679.1	198050.0	5949.3
1161024.4	1067563.2	794777.9	527071.0	84363.7
617603.8	550707.6	621081.5	442810.3	10667.6

Note: The registered statistical categories of this table is implemented in accordance with the Regulations on the Classification of Market Entity Statistics (Guotongzi [2023] No. 14) .

continued

(10 000 yuan)

投资收益 Investment Income	营业利润 Operating Profits	利润总额 Total Profits	应付职工薪酬 Salary Payable	期末用工人数（人） Year-end Employed Persons (person)
695503.1	**2424367.1**	**2499017.8**	**9094696.2**	**597399**
613515.0	2199814.8	2272034.2	8715055.6	581745
582363.7	2064992.1	2124380.5	7938450.9	524779
31091.5	122124.1	120109.7	448568.3	33695
58.2	6565.4	14420.0	160189.0	11935
	3180.0	-465.6	32311.1	2902
1.6	10570.8	10509.2	67098.5	5017
	-7617.6	3080.4	68437.8	3417
80745.9	166673.7	165896.1	113125.7	5978
1242.2	57878.6	61087.5	266514.9	9676

18-3 规模以上服务业按规模分主要经济指标（2023年）

单位：万元

指标	Item	企业单位数（个）Number of Enterprises (unit)	资产总计 Total Assets	固定资产原价 Fixed Assets (original value)
总　计	**Total**	**2619**	**199456618.2**	**87607826.7**
按企业规模分组	**Grouped by Size of Enterprises**			
大型企业	Large Enterprises	185	99164842.8	75598516.9
中型企业	Medium-sized Enterprises	542	26603362.7	6399292.8
小型企业	Small Enterprises	1384	64817030.9	4225187.4
微型企业	Micro-sized Enterprises	508	8871381.8	1384829.6

18-3 续表

单位：万元

指标	Item	管理费用 Management Expenses	研发费用 R&D Expenses	财务费用 Financial Expenses
总　计	**Total**	**2798036.8**	**1442242.1**	**2917867.9**
按企业规模分组	**Grouped by Size of Enterprises**			
大型企业	Large Enterprises	973794.9	960529.9	2112041.9
中型企业	Medium-sized Enterprises	821453.9	324597.6	237340.7
小型企业	Small Enterprises	859564.3	149983.7	471526.4
微型企业	Micro-sized Enterprises	143223.7	7130.9	96958.9

Main Economic Indicators of Services above the Designated Size grouped by Size of Enterprises (2023)

(10 000 yuan)

负债合计 Total Liabilities	所有者权益合计 Total Owners' Equities	营业收入 Business Revenue	营业成本 Business Cost	销售费用 Selling Expenses
126144819.0	**73311799.2**	**42168989.1**	**32559271.2**	**1081564.0**
64296360.8	34868482.0	20631841.2	15393007.7	426044.1
15852482.9	10750879.8	9005977.0	6877369.0	351688.0
39829464.5	24987566.4	10518224.9	8577380.9	273621.9
6166510.8	2704871.0	2012946.0	1711513.6	30210.0

continued

(10 000 yuan)

投资收益 Investment Income	营业利润 Operating Profits	利润总额 Total Profits	应付职工薪酬 Salary Payable	期末用工人数（人） Year-end Employed Persons (person)
695503.1	**2424367.1**	**2499017.8**	**9094696.2**	**597399**
92431.3	1202246.5	1221292.9	5818042.3	301867
411957.8	877150.5	881057.0	1932283.1	154303
169874.6	316730.3	368953.5	1268397.4	132624
21239.4	28239.8	27714.4	75973.4	8605

18-4 规模以上服务业按行业分主要经济指标（2023年）

单位：万元

指 标	Item	企业单位数（个）Number of Enterprises (unit)	资产总计 Total Assets	固定资产原价 Fixed Assets (original value)
总 计	**Total**	**2619**	**199456618.2**	**87607826.7**
按国民经济行业大类分组	**Grouped By Sector Categories**			
铁路运输业	Railway Transport			
道路运输业	Road Transport	138	81660556.8	68245638.0
水上运输业	Water Transport			
航空运输业	Air Transport	13	6283711.2	1966431.2
管道运输业	Transport Via Pipelines	1	55681.3	18627.0
多式联运和运输代理业	Intermodality and Forwarding Agency	50	321996.3	120941.8
装卸搬运和仓储业	Loading, Unloading and Storage	38	1303277.0	263792.9
邮政业	Post	9	463918.8	223442.7
电信、广播电视和卫星传输服务	Telecommunication, Radio and Television and Satellite Transmission Service	25	3628950.7	5523104.1
互联网和相关服务	Internet and Related Service	97	2866356.2	68047.8
软件和信息技术服务业	Software and Information Technology	288	6263308.7	1143727.1
物业管理	Property Management	216	2736856.7	411940.7
房地产中介服务	Real Estate Intermediary Service	21	180589.7	8160.8
房地产租赁经营	Owned Real Estate Business Activities	97	12143832.8	1570113.4
其他房地产业	Other Real Estate	1	7559830.1	347.2
租赁业	Leasing	38	389061.4	163806.7
商务服务业	Business Services	516	26882655.1	2389647.4
研究和试验发展	Research and Experimental Development	34	2436564.8	781021.1
专业技术服务业	Professional Technical Services	424	19323213.0	1523957.8
科技推广和应用服务业	Science and Technology Popularization and Application Services	32	517914.1	139874.0
水利管理业	Management of Water Conservancy	2	1750.1	352.4
生态保护和环境治理业	Ecological Protection and Environmental Treatment	9	314775.0	91479.0
公共设施管理业	Management of Public Facilities	52	3634180.0	513123.6
土地管理业	Management of Land	5	13520371.5	25221.4
居民服务业	Services to Households	28	119727.7	39870.9
机动车、电子产品和日用产品修理业	Repair of Motor Vehicles, Electronics and Household Products	23	35462.1	8480.4
其他服务业	Other Services	34	91433.7	32270.6
教育	Education	29	329644.1	45220.6
卫生	Health	87	2250644.2	1265163.0
社会工作	Social Service	2	6394.7	260.8
新闻和出版业	Journalism and Publishing Activities	35	616171.5	109287.3
广播、电视、电影和录音制作业	Radio, Television, Motion Picture and Audio-visual Programme Production Services	126	1551717.6	198865.7
文化艺术业	Cultural and Art Activities	69	869796.9	434145.7
体育	Sports Activities	7	67044.3	27178.2
娱乐业	Entertainment	73	1029230.1	254285.4

注：物业管理、房地产中介服务、房地产租赁经营和其他房地产业为行业中类。

Main Economic Indicators of Services above the Designated Size grouped by Industry (2023)

(10 000 yuan)

负债合计 Total Liabilities	所有者权益合计 Total Owners' Equities	营业收入 Business Revenue	营业成本 Business Cost	销售费用 Selling Expenses	管理费用 Management Expenses
126144819.0	**73311799.2**	**42168989.1**	**32559271.2**	**1081564.0**	**2798036.8**
55068906.7	26591650.1	5643535.9	3867899.3	13264.1	229438.0
3266571.6	3017139.6	596944.7	588354.3	12838.0	62637.1
43772.4	11908.9	40362.5	37699.9		1776.2
166193.3	155803.0	543368.7	508064.5	3941.3	23311.8
818212.4	485064.6	311263.4	260140.6	7582.1	25401.8
363746.0	100172.8	1043461.5	924847.8	9793.9	59681.1
479515.5	3149435.2	2366360.0	1484635.3	154532.8	81845.6
1661251.2	1205105.0	1962065.1	1617167.7	50230.2	120545.8
3645430.3	2617878.4	6227746.7	4386603.0	203203.6	390025.8
2001856.5	735000.2	1651586.4	1386786.7	17726.0	162376.5
112074.9	68514.8	202621.0	147165.5	10288.7	16476.7
7861348.8	4282484.0	532907.8	244594.9	28987.7	130082.2
2042498.0	5517332.1	43963.4	15449.2		4864.8
279417.7	109643.7	101029.9	79883.3	3757.0	11405.6
18649085.1	8233570.0	6412619.7	5504542.3	143498.3	374542.9
1183792.6	1252772.2	711168.4	501283.7	6104.9	78325.3
11067736.9	8255476.1	9613681.2	7858093.1	133365.9	541270.5
279016.7	238897.4	183892.6	122024.5	7763.0	25736.0
636.2	1113.9	4804.7	3462.3		796.0
197146.0	117629.0	83612.7	58930.6	2988.4	6160.4
2346973.1	1287206.9	457621.7	354362.8	16185.5	56755.0
9807550.5	3712821.0	281874.0	215807.9		12411.1
102965.1	16762.6	79304.7	54039.2	14082.9	11197.0
22766.5	12695.6	35569.0	25464.7	4327.3	5719.2
52282.0	39151.7	80309.1	60132.8	5107.2	11835.2
270035.3	59608.8	181814.9	100377.6	32920.2	29721.3
1660435.2	590209.0	1570980.0	1230553.2	100863.9	169508.3
5220.9	1173.8	2259.1	3419.5	278.9	679.4
236473.5	379698.0	399380.8	315091.9	31732.1	47600.3
1162873.1	388844.5	275881.5	206491.5	21729.4	44183.6
472282.9	397514.0	322062.6	209554.1	28997.8	40238.0
72609.9	-5565.6	16254.7	10530.6	4475.1	3093.7
744142.2	285087.9	188680.7	175816.9	10997.8	18394.6

Note: “Property management”, “Real estate agency service”, “Owned Real Estate Business Activities” and “Other Real Estate” industries are medium classes in the industry.

18-4 续表

单位：万元

指　标	Item	研发费用 R&D Expenses	财务费用 Financial Expenses
总　计	**Total**	**1442242.1**	**2917867.9**
按国民经济行业大类分组	**Grouped By Sector Categories**		
铁路运输业	Railway Transport		
道路运输业	Road Transport	2756.2	2102471.1
水上运输业	Water Transport		
航空运输业	Air Transport	301.6	51523.6
管道运输业	Transport Via Pipelines	77.7	-84.1
多式联运和运输代理业	Intermodality and Forwarding Agency	67.6	2283.8
装卸搬运和仓储业	Loading, Unloading and Storage	934.0	20172.3
邮政业	Post		3381.6
电信、广播电视和卫星传输服务	Telecommunication, Radio and Television and Satellite Transmission Service	7413.0	32879.9
互联网和相关服务	Internet and Related Service	46460.3	-3655.0
软件和信息技术服务业	Software and Information Technology	908014.2	2758.1
物业管理	Property Management		13496.2
房地产中介服务	Real Estate Intermediary Service		165.5
房地产租赁经营	Owned Real Estate Business Activities	3932.4	160146.3
其他房地产业	Other Real Estate		19738.6
租赁业	Leasing	977.5	3124.5
商务服务业	Business Services	16392.5	347518.8
研究和试验发展	Research and Experimental Development	122198.4	1391.4
专业技术服务业	Professional Technical Services	316704.3	-997.6
科技推广和应用服务业	Science and Technology Popularization and Application Services	7219.9	3530.6
水利管理业	Management of Water Conservancy		0.1
生态保护和环境治理业	Ecological Protection and Environmental Treatment	1047.4	5227.6
公共设施管理业	Management of Public Facilities	572.1	34003.1
土地管理业	Management of Land		43346.4
居民服务业	Services to Households	96.0	-901.1
机动车、电子产品和日用产品修理业	Repair of Motor Vehicles, Electronics and Household Products	267.2	276.1
其他服务业	Other Services	498.5	808.0
教育	Education	1115.5	628.2
卫生	Health	3626.0	35308.4
社会工作	Social Service		82.2
新闻和出版业	Journalism and Publishing Activities	250.0	-1943.4
广播、电视、电影和录音制作业	Radio, Television, Motion Picture and Audio-visual Programme Production Services	188.4	19966.2
文化艺术业	Cultural and Art Activities	806.4	10049.8
体育	Sports Activities		23.0
娱乐业	Entertainment	325.0	11147.7

continued

(10 000 yuan)

投资收益 Investment Income	营业利润 Operating Profits	利润总额 Total Profits	应付职工薪酬 Salary Payable	期末用工人数（人） Year-end Employed Persons (person)
695503.1	**2424367.1**	**2499017.8**	**9094696.2**	**597399**
1608.8	-101396.0	-91918.4	885642.4	67599
2302.3	-93289.1	-92327.5	231230.9	10329
	-66.1	-66.7	9069.2	456
-31.3	6188.8	1124.7	45894.8	3959
-1381.3	5662.2	7829.7	28117.8	1991
-3.7	50014.8	46264.7	362245.6	32000
367.9	577350.2	574488.2	253704.5	16669
1522.1	134638.5	134575.4	252678.6	13511
10547.1	373087.5	379178.0	2824153.6	105834
5504.2	71498.9	70515.8	443994.7	61268
726.1	28530.0	28934.5	41790.2	3629
90710.2	81820.5	84600.1	71140.4	4834
2522.1	8345.6	8298.6	1905.0	54
0.1	2180.0	2317.8	14511.6	1635
194305.7	181839.3	230073.2	793136.0	100420
45736.8	52989.3	54882.6	244690.2	7950
300115.3	966728.0	969751.7	1546085.5	74246
169.1	12182.6	12367.9	28206.3	1776
	541.6	559.4	535.4	45
151.1	9100.5	9464.1	12870.8	1033
2589.4	-32598.7	-34035.6	136475.8	19704
14686.8	23212.1	23008.7	9356.1	275
1.8	707.3	383.4	15740.8	2997
200.0	-390.0	-593.2	8122.4	940
18.8	1556.7	1766.5	42725.7	7395
4291.7	20041.3	16823.6	100540.1	6725
11147.8	23082.2	30766.7	488337.6	33719
	-2183.9	-2110.8	1532.0	161
1733.8	7812.6	16957.5	66724.5	4179
2586.9	1005.5	833.4	41798.0	3491
3321.8	54140.9	53616.8	63160.8	5861
	-942.6	-993.7	5139.3	614
51.7	-39023.4	-38319.3	23439.6	2100

18-5 分区县、开发区规模以上服务业主要经济指标（2023年）

单位：万元

区县、开发区	Region	企业单位数（个）Number of Enterprises (unit)	资产总计 Total Assets	固定资产原价 Fixed Assets (original value)
全 市	**Total**	**2619**	**199456618.2**	**87607826.7**
新城区	Xincheng	111	3689223.1	2087129.5
碑林区	Beilin	170	2825227.3	394461.7
莲湖区	Lianhu	130	3244694.7	620729.9
灞桥区	Baqiao	220	19143663.9	1448679.1
未央区	Weiyang	464	39183627.8	16606561.3
雁塔区	Yanta	919	98461918.6	61733232.1
阎良区（航空基地）	Yanliang (National Aviation Hi-tech Industrial Base)	23	961943.7	70698.3
临潼区	Lintong	34	1785214.0	262539.9
长安区	Chang'an	172	5732730.8	1569985.8
高陵区	Gaoling	48	1150146.7	360367.0
鄠邑区	Huyi	12	107252.9	26309.3
蓝田县	Lantian	10	322363.5	137747.7
周至县	Zhouzhi	11	234060.8	23876.7
西咸新区	Xixian New Area	295	22614550.4	2265508.4
# 开发区	**Development Zones**			
高新区	Hi-Tech Industries Development Zone	531	23413853.8	6354795.0
经开区	Economic Development Zone	351	34275592.9	15937804.0
曲江新区	Qujiang New District	300	17787739.9	1778793.9
航天基地	National Civil Aerospace Industrial Base	82	3490079.4	470685.3
浐灞生态区	Chan-ba Ecological District	88	2700960.4	389622.0
国际港务区	International Trade & Logistics Park	135	16599180.1	988909.5

Major Economic Indicators of Services above the Designated Size by Region (2023)

(10 000 yuan)

负债合计 Total Liabilities	所有者权益合计 Total Owners' Equities	营业收入 Business Revenue	营业成本 Business Cost	销售费用 Selling Expenses
126144819.0	**73311799.2**	**42168989.1**	**32559271.2**	**1081564.0**
681020.3	3008202.8	1590122.0	1030192.7	120498.8
1938958.3	886269.0	2394215.4	2044876.0	77720.0
1721008.0	1523686.7	1213059.6	941438.8	52796.0
9747398.7	9396265.2	3062545.3	2572278.7	35428.4
24900976.2	14282651.6	5297423.4	4623264.8	96795.9
65872188.7	32589729.9	21302036.5	15585287.5	522091.5
652673.0	309270.7	136787.2	118428.5	3796.1
1227839.0	557375.0	168798.8	83158.3	14408.5
3609588.8	2123142.0	2685626.7	1762044.1	67906.7
790767.5	359379.2	781879.9	701292.9	10492.6
78767.5	28485.4	133519.3	106887.4	4034.0
247221.2	75142.3	58388.2	42600.9	3782.2
205031.6	29029.2	58917.6	55836.1	86.8
14471380.2	8143170.2	3285669.2	2891684.5	71726.5
14007768.6	9406085.2	14914238.1	11556643.6	394442.0
20593601.3	13681991.6	4676075.7	4176531.5	82104.9
13403719.1	4384020.8	1796180.6	1340285.1	102542.3
1924939.5	1565139.9	1112915.6	908154.5	20001.2
1606557.9	1094402.5	653147.1	495257.5	17010.7
8255210.7	8343969.4	2467586.1	2137992.6	15631.2

18-5 续表

单位：万元

区县、开发区	Region	管理费用 Management Expenses	研发费用 R&D Expenses	财务费用 Financial Expenses
全 市	**Total**	**2798036.8**	**1442242.1**	**2917867.9**
新城区	Xincheng	115281.8	7319.6	33731.7
碑林区	Beilin	170993.4	26203.5	2608.6
莲湖区	Lianhu	138871	10655.9	29338.5
灞桥区	Baqiao	131357.2	9247.4	192465.6
未央区	Weiyang	471792.5	107739.6	404413.7
雁塔区	Yanta	1194928.3	676267.9	2024157.5
阎良区（航空基地）	Yanliang (National Aviation Hi-tech Industrial Base)	14695.7	350.8	2288.3
临潼区	Lintong	19449.5	516.3	18240.1
长安区	Chang'an	222023.7	554777.7	29394.4
高陵区	Gaoling	48451.4	9579.0	8434
鄠邑区	Huyi	7246.3	528.6	1179.0
蓝田县	Lantian	15057.5	426.8	19137.3
周至县	Zhouzhi	5584.1		2503.4
西咸新区	Xixian New Area	242304.4	38629.0	149975.8
# 开发区	**Development Zones**			
高新区	Hi-Tech Industries Development Zone	785607.8	990356.2	55500.8
经开区	Economic Development Zone	389895.9	100351.7	391438.1
曲江新区	Qujiang New District	206036.2	29539.7	246995.4
航天基地	National Civil Aerospace Industrial Base	106710.3	60115.5	11996.1
浐灞生态区	Chan-ba Ecological District	70449.9	13468.7	12522.9
国际港务区	International Trade & Logistics Park	65210.3	4230.0	177848.7

continued

(10 000 yuan)

投资收益 Investment Income	营业利润 Operating Profits	利润总额 Total Profits	应付职工薪酬 Salary Payable	期末用工人数（人） Year-end Employed Persons (person)
695503.1	**2424367.1**	**2499017.8**	**9094696.2**	**597399**
947.2	271350.0	270657.8	205651.6	18496
8155.9	69947.5	72856.2	398651.8	37350
19582.9	72609.0	82706.2	283939.5	26184
73967.3	193867.7	196544.7	194448.6	16962
351657.5	380307.2	378517.9	1451032.4	129195
169305.9	1395826.6	1447561.1	4463020.6	228226
68.6	-1523.7	-578.6	37851.7	2972
-6.5	20615.1	20645.9	40096.1	4406
73041.3	107992.1	117142.2	878330.5	37599
1445.0	6051.3	6835.9	231545.4	19667
	10907.4	7993.5	25040.3	2678
92.9	-22500.4	-22603.3	8589.1	882
	-5194.5	-4634.5	8066.9	1129
-2754.9	-75888.2	-74627.2	868431.7	71653
72209.9	1223504.3	1219441.2	3759788.2	170756
310029.4	284504.6	283802.0	1331569.0	112642
83711.6	-81319.1	-36006.9	342212.6	28410
73170.6	62527.1	63122.8	285879.3	12149
12381.2	57599.3	57456.5	134093.3	12939
61476.6	124535.0	128328.3	85486.8	7014

主要统计指标解释

固定资产原价　指固定资产的成本，包括企业在购置、自行建造、安装、改建、扩建、技术改造某项固定资产时所发生的全部支出总额。根据会计“固定资产”科目的期末借方余额填报。

资产总计　指企业过去的交易或者事项形成的、由企业拥有或者控制的、预期会给企业带来经济利益的资源。包括企业拥有的土地、办公楼、厂房、机器、运输工具、存货等实物资产和现金、存款、应收账款和预付账款等金融资产。资产一般按流动性（资产的变现或耗用时间长短）分为流动资产和非流动资产。其中流动资产可分为货币资金、交易性金融资产、应收票据、应收账款、预付款项、其他应收款、存货等；非流动资产可分为长期股权投资、固定资产、无形资产及其他非流动资产等。根据会计“资产负债表”中“资产总计”项目的期末余额数填报。

负债合计　指企业过去的交易或者事项形成的，预期会导致经济利益流出企业的现时义务。包括银行贷款、借款、应付账款、应付职工工资、应付职工福利费、应交税金等企业负有偿还责任的债务。根据会计“资产负债表”中“负债合计”项目的期末余额数填报。

负债一般按偿还期长短分为流动负债和非流动负债。执行企业会计准则或《小企业会计准则》的企业：负债合计=流动负债合计+非流动负债合计；执行其他企业会计制度的企业负债包括流动负债和长期负债。

所有者权益合计　指企业资产扣除负债后由所有者享有的剩余权益。公司的所有者权益又称股东权益。包括实收资本、资本公积、盈余公积、未分配利润等。根据会计“资产负债表”中“所有者权益合计”项目的期末余额数填报。

营业收入　指企业从事销售商品、提供劳务和让渡资产使用权等生产经营活动形成的经济利益流入。营业收入包括“主营业务收入”和“其他业务收入”。根据会计“利润表”中“营业收入”项目的本年累计数填报。

营业成本　指企业从事销售商品、提供劳务和让渡资产使用权等生产经营活动发生的实际成本。“营业成本”应当与“营业收入”进行配比。包括“主营业务成本”和“其他业务成本”。根据会计“利润表”中“营业成本”项目的本年累计数填报。

销售费用　指企业在销售商品和材料、提供劳务的过程中发生的各种费用，包括保险费、包装费、展览费和广告费、商品维修费、预计产品质量保证损失、运输费、装卸费等以及为销售本企业商品而专设的销售机构（含销售网点、售后服务网点等）的职工薪酬、业务费、折旧费等经营费用。建筑业企业销售费用指企业从事施工生产活动过程中发生的各项费用，包括应由企业负担的运输费、装卸费、包装费、保险费、维修费、展览费、差旅费、广告费和其他经费。房地产企业销售费用指企业在从事主要经营业务过程中所发生的各项销售费用，包括转让、销售、结算和出租开发产品等。执行企业会计准则或《小企业会计准则》的企业，根据会计“利润表”中“销售费用”项目的本年累计数填报。执行其他企业会计制度的企业，根据会计“利润表”中“营业费用（或经营费用）”项目的本年累计数填报。

管理费用　指企业为组织和管理企业生产经营所发生的费用，包括企业在筹建期间内发生的开办费、董事会和行政管理部门在企业经营管理中发生的，或者应当由企业统一负担的公司经费等。为了与财政部《关于修订印发2019年度一般企业财务报表格式的通知》（财会〔2019〕6号）保持一致，“管理费用”不包含“研发费用”。执行企业会计准则的企业，根据会计“利润表”中“管理费用”项目的本年累计数填报。执行《小企业会计准则》的企业，应将会计“利润表”中“管理费用”项目本年累计数减“研究费用”项目本年累计数后填报。执行其他企业会计制度的企业以及未执行财政部《关于修订印发2019年度一般企业财务报表格式的通知》（财会〔2019〕6号）的企业，在会计“利润表”中“管理费用”项目的本年累计数的基础上，根据会计“管理费用”科目下的“研究费用”相关明细科目，将“研发费用”剔除后填报。

研发费用　指企业在新知识、新技术、新产品、新工艺等的研究与开发过程中发生的费用化支出，以及计入“管理费用”会计科目的企业自行开发无形资产的摊销。费用化支出主要包括研发活动的人工费用、直接投入费用、用于研发活动的仪器、设备的折旧费、用于研发活动的软件、专利权、非专利技术的摊销费用、新产品设计费、新工艺规程制定费以及其他研发活动相关费用。执行企业会计准则的企业，根据会计“利润表”中“研发费用”项目的本年累计数填报。执行《小企业会计准则》的企业，根据会计“利润表”中“研究费用”项目的本年累计数填报。执行其他企业会计制度的企业以及会计“利润表”未列示“研发费用”或“研究费用”的企业，根据会计“管理费用”科目下“研究费用”明细科目的本期发生额，以及“管理费用”科目下“无形资产摊销”明细科目的本期发生额分析填报。

财务费用　指企业为筹集生产经营所需资金等而发生的筹资费用，包括企业生产经营期间发生的利息支出（减利息收入）、汇兑损失（减汇兑收益）以及相关的手续费等。根据会计“利润表”中“财务费用”项目的本年累计数填报。

投资收益 指企业确认的投资收益或投资损失，反映企业以各种方式对外投资所取得的收益。根据会计“利润表”中“投资收益”项目的本年累计数填报。如为投资损失以“–”号记。

营业利润 指企业从事生产经营活动所取得的利润。执行企业会计准则或《小企业会计准则》的企业，根据会计“利润表”中“营业利润”项目的本年累计数填报；执行其他企业会计制度的企业，根据会计“损益表”中“营业利润”项目、“投资收益”项目的本年累计数之和填报。

利润总额 指企业在一定会计期间的经营成果，是生产经营过程中各种收入扣除各种耗费后的盈余，反映企业在报告期内实现的盈亏总额。利润总额为营业利润加上营业外收入，减去营业外支出后的金额，根据会计“利润表”中“利润总额”项目的本年累计数填报。

应付职工薪酬（本年贷方累计发生额） 指企业为获得职工提供的服务或解除劳动关系而给予的各种形式的报酬或补偿。包括职工工资、奖金、津贴和补贴，职工福利费，医疗保险费、养老保险费、失业保险费、工伤保险费和生育保险费等社会保险费，住房公积金，工会经费和职工教育经费，带薪缺勤，利润分享计划，非货币性福利，辞退福利和其他为获得职工提供的服务而给予的报酬或补偿。其中，社会保险和住房公积金应包括单位和个人负担部分。

“应付职工薪酬”应包含“劳务派遣人员薪酬”。如果企业没有劳务派遣人员或“应付职工薪酬”会计科目核算范围已包含“劳务派遣人员薪酬”，但不设置明细科目单独核算，而是按类别拆分，分别计入“应付职工薪酬”会计科目下的工资、奖金、津贴和补贴、福利费等明细科目，执行企业会计准则或《小企业会计准则》的企业，根据财务报告“应付职工薪酬列示”合计项本期增加额，或会计“应付职工薪酬”科目本期贷方累计发生额填报；执行其他企业会计制度的企业或“应付职工薪酬”科目内容与统计口径不一致的，需按统计口径归并填报。如果企业“应付职工薪酬”会计科目的核算范围不包含“劳务派遣人员薪酬”，则应加“劳务派遣人员薪酬”后填报“应付职工薪酬”统计指标。“劳务派遣人员薪酬”不含因使用劳务派遣人员而支付的管理费用和其他用工成本。

无论用工单位是否直接支付劳动报酬，“劳务派遣人员薪酬”均由实际用工法人单位（派遣人员使用方）填报，而劳务派遣单位（派遣人员派出方）不填报。劳务外包人员薪酬由劳务承包法人单位（外包人员派出方）填报，劳务发包法人单位（外包人员使用方）不填报。

期末用工人数 指报告期最后一日24时企业实际拥有的、参与本企业生产经营活动的人员数，无论是否从本企业领取劳动报酬均视为用工人数。该指标为时点指标，不包括最后一日当天及以前已经不再参与本企业生产经营活动的人员。

包括企业的正式人员、劳务派遣人员和其他临时人员。具体包括直接参与加工、组装、维修、保养等本企业生产活动的人员；包括企业管理人员；包括对外安装本企业产品、保管、清洁、销售等与生产行为直接相关活动的人员；对于未参与本企业生产经营活动，但主要为本企业生产经营活动提供服务的人员，也视为参与生产经营活动人员，如利用本单位的车辆、仓储等设施进行运输、仓储活动的人员。不包括在本企业领取工资、股息、红利但未参加本企业生产经营活动的人员；不包括医疗、教育等为企业提供社会性服务活动的人员；不包括参加本企业建筑施工但所从事的工作与生产经营活动无关的人员，如参与企业厂房建筑施工的人员。

Explanatory Notes on Main Statistical Indicators

Fixed Assets (original value) refers to the cost of fixed assets, including the total expenditure incurred by the enterprise in the purchase, construction, installation, reconstruction, expansion, and technical transformation of a fixed asset. It depends on the year-end figures of "fixed assets" in the "Balance Sheet" of accounting records.

Total assets refers to the resources formed by past transactions or events, that the enterprise owns or controls, is expected to bring economic benefits to the enterprise. Asset is classified into current assets and non- current assets by its liquidity (realization of assets or spent time) . Current assets can be divided into currency, tradable financial assets, notes receivable, accounts receivable, prepayments, other receivables and inventory; and non-current assets can be classified as equity investments, fixed assets, intangible assets and other non- current assets. It depends on the "total assets" closing balance number of "balance sheet".

Total liabilities refers to the formation of past transactions or events of an enterprise that are expected to result in the outflow of economic benefits from the enterprise's current obligations. Including bank loans, loans, accounts payable, wages payable to employees, benefits payable to employees, taxes payable and other debts that enterprises are responsible for repaying. According to the closing balance of the "Total liabilities" item in the accounting "balance sheet".

Liabilities are generally divided into current liabilities and non-current liabilities according to the repayment period. Enterprises that implement Accounting Standards for Business Enterprises or Accounting Standards for Small Businesses: Total liabilities = total current liabilities + total non-current liabilities; Corporate liabilities subject to other corporate accounting systems include current liabilities and long-term liabilities.

Total owners' equity refers to the residual rights and interests enjoyed by the owner after deducting the liabilities of an enterprise. The owner of the company is also called the shareholder's right. It includes the paid in capital, capital reserves, surplus reserves, undistributed profit and so on. According to the accounting "balance sheet", "the total owner's equity", the final balance of the project is reported.

Business revenue refers to the total revenue recognized by the business and other business operations of the enterprise. Total operating income includes "main business income" and "other business income". It's reported according to the "business revenue" in the accounting "income statement" for current year.

Business cost refers to the total cost incurred by the business and other business of the enterprise. It includes a variety of costs of enterprises (units) in the reporting period to engage in sales of goods, services and other daily activities provided. It includes "the main business costs" and "other business costs". According to the "operating cost" of the "business cost" of the project in accordance with the accounting statement.

Selling expenses refers to the expenses of the enterprise in sales of goods and materials and providing services, including insurance, packing, exhibition fees and advertising fees, maintenance of commodity, expected to ensure product quality loss, transportation, loading and unloading charges and sales of the enterprise products and dedicated sales organizations (including sales network and after-sales service network) employee compensation, business expenses, depreciation charges and operating expenses. Construction enterprises selling expenses refers to expenses occurring in the process of production enterprises engaged in construction activities, including transportation fee shall be borne by the enterprise, handling, packing, insurance, maintenance, exhibition fees, poor travel costs, advertising costs and other expenses. Real estate enterprise sales cost refers to the business in the main business process of the sales costs, including transfer, sales, settlement and rental development products, etc. According to the "sales expense" in accounting "profit statement", the amount of the item in this period of the project is reported. For business enterprises that didn't implement the 2006 accounting standard, according to the number of "operating expenses (or operating expenses) " of the project in accordance with the "profit statement".

Management expenses refers to the expenses incurred by an enterprise for the organization and management of its production and operation, including the start-up expenses incurred by the enterprise during the preparation period, the company expenses incurred by the board of directors and the administrative department in the operation and management of the enterprise, or the company expenses that should be uniformly borne by the enterprise. In order to be consistent with the Notice on the Revision and Issuance of the Format of General Corporate Financial Statements for 2019 of the Ministry of Finance (Finance and Accounting [2019] No.6) , "administrative expenses" do not include "research and development expenses". An enterprise implementing the accounting standards for enterprises shall report the total amount of the "administrative expenses" item in the accounting "income statement" for the current year. Enterprises that implement the Accounting Standards for Small Businesses should report the cumulative amount of the "administrative expenses" item in the accounting "income statement" minus the cumulative amount of the "research expenses" item in the current year. Enterprises that implement other enterprise accounting systems and enterprises that do not implement the Notice of the Ministry of Finance on Revising and Issuing the Format of General Enterprise Financial Statements for the Year 2019 (Finance and Accounting [2019] No. 6) shall, on the basis of the cumulative amount of the "administrative expenses" item in the accounting income statement for the year, In accordance with the accounting "administrative expenses" under the "research expenses" related itemized items, excluding "research and development expenses".

Research and Development Expenses refers to the expenses incurred by enterprises in the research and development of new knowledge, new technologies, new products, new processes, etc., and the amortization of intangible assets developed by enterprises included in the accounting account of "management expenses". Expenses mainly include labor costs for R&D activities, direct input costs, depreciation costs for instruments and equipment used in R&D activities, amortization costs for software used in R&D activities, patent rights and non-patented technologies, new product design costs, new process specification development costs and other R&D related expenses. An enterprise implementing the accounting standards for enterprises shall fill in the total amount of the "Research and development expenses" item in the accounting income statement for the current year. Enterprises that implement the Accounting Standards for Small Businesses shall report the total amount of the "research expenses" item in the accounting income statement for the current year. The enterprises that implement other enterprise accounting systems and the enterprises that do not list "research and development expenses" or "research expenses" in the accounting "income statement" shall be reported according to the amount of the current period of the "research expenses" detailed item under the accounting "administrative expenses" item and the amount of the current period of the "intangible assets amortization" detailed item under the accounting "administrative expenses" item.

Financial expenses refers to the costs of the enterprise to raise the production and business operation required capital and funding, including occurred during the production and operation of enterprises interest payments (a reduction in interest income) , exchange loss (less exchange gains) and related fees. It is reported according to the amount of the "financial expense" in the accounting "income statement" for current year.

Investment income refers to the enterprise confirming the investment income or investment losses, reflecting the foreign investment income of the enterprise in various ways. According to the "investment income" in the accounting "income statement", the amount of this period of the project is reported. Such as investment losses to "-".

Operating profit refers to the profits enterprises made through production and operation activities. For enterprises that implement the Accounting Standard for Enterprises or the Accounting Standards for Small Enterprises, it is reported according to the accumulative amount of operating profits in the income statement in this year. For enterprises that implement other corporate accounting standards, it is reported by adding up the accumulative amount of operating income and investment income in the income statement in this year.

Total profit refers to the business results of the enterprise in a certain accounting period, and it is the production and operation of various kinds of income after deducting the cost of earnings, reflecting the enterprise in the reporting period to achieve total profit and loss. the total profit is operating profit plus operating income, and minus operating expenses; Fill in according to the accumulated amount of "total profit" item in the accounting income statement this year.

Employee compensation (accumulative credit account occurred during reporting period) refers to various forms of remunerations and compensations paid by the company for the services provided by employees or for layoffs. It includes wages, bonuses, allowances and subsidies, employee welfare benefits, medical insurance, endowment insurance, unemployment insurance, work- related injury insurance premiums and maternity insurance fees, housing provident fund, labor union fees, employee education expenditure, compensated absences, profit-sharing plan, non-monetary benefits, lay-off compensations, and other remunerations and compensations. Among them, social insurance and housing provident fund should include the portion covered by the company and the individual.

Employee compensation should include compensations for labor dispatch workers. If the company has no labor dispatch workers or has factored in compensation for labor dispatch workers in the accounting item of employee compensation through categories such as wages, bonuses, allowances and subsidies, and employee welfare benefits without setting up detailed accounts for independent calculation, the company should report the added amount or the accumulative credit amount of employee compensation occurred during the reporting period according to the Accounting Standard for Enterprises or the Accounting Standards for Small Enterprises. For companies implementing other corporate accounting standards or the statistic, caliber is inconsistent with the item of employee compensation, the item should be adjusted according to the statistic caliber and reported as such. If compensation for labor dispatch workers is not included in the accounting of employee compensation, it should be added and factored in. Compensation for labor dispatch workers does not include the management expenses and other employment costs paid for the use of labor dispatch workers.

No matter the compensation is paid directly by the employer or not, compensation for labor dispatch workers should be reported by the actual employing legal entity (the user of labor dispatch workers) , other than the labor dispatch entity. The compensation for labor outsourcing workers should be reported by the labor contractor, rather than the labor outsourcing entity.

Year-end Employed Persons refers to the number of persons the company has during the 24 hours of the balance sheet date and that participate in the company's production and operation activities, no matter they get paid or not by the company. The figure is a point-in-time indicator, excluding those who are no longer involved in the production and operation activities of the company on or before the balance sheet date.

It includes the regular workers, labor dispatch workers and other temporary persons. Specifically, it includes persons directly involved in the production activities such as processing, assembly, repair, and maintenance; it includes the management personnel; it includes persons directly related to the production activities, such as external installation of the company's products, storage, cleaning, and sales; for persons who are not involved in the production and operation activities but mainly provide services for the production and operation activities, like persons involved in the transportation and storage activities using the company's transportation and storage facilities, they are also regarded as persons involved in the production and operation activities. It excludes those who receive wages, dividends, and bonuses but do not participate in the production and operation activities, those who provide social services for the company, and those who participate in the construction of the company but are not involved in the production and operation activities, such as those who take part in the construction of the factories of the company.

十九、金融业

FINANCIAL INDUSTRY

资料整理：孟　刚
Data management：Meng Gang
数据审核：赵　博
Data audit：Zhao Bo

第十九部分　金融业

一、简要说明

本章资料包括金融、证券和保险业情况，由西安市统计局根据国家金融监督管理总局陕西监管局、中国人民银行陕西省分行营业管理部和中共西安市委金融委员会办公室提供资料整理。本部分银行、保险类为西安行政区划口径数据。

二、主要指标

金融机构人民币（含外资）存款余额（亿元）	33790.02	比上年增长	7.5%
金融机构人民币（含外资）贷款余额（亿元）	35391.04	比上年增长	10.4%
保费收入（亿元）	636.99	比上年增长	11.2%（同口径）

19　FINANCIAL INDUSTRY

I .Brief Introduction

This chapter includes information of the financial, securities and insurance, compiled by Xi'an Bureau of Statistics, according to data from Shaanxi Regulatory Bureau of China's National Financial Regulatory Administration, Business Management Department of the People's Bank of China Shaanxi Provincial Branch and Xi'an Municipal Committee Financial Committee Office. This part of the banking and insurance is based on Xi'an administrative division.

II .Major Indicators

		Increase over Preceding Year
Deposits in Financial Institution (100 mil. yuan)	33790.02	7.5%
Loans in Financial Institutions (100 mil. yuan)	35391.04	10.4%
Premiums (100 mil. yuan)	636.99	11.2% (Same caliber)

19-1 西安银行系统机构、人员数（2023年）

Number of Institution and Employed Person in Finance System in Xi'an (2023)

机构名称	Name of Institution	机构数（个）Number of Institution (unit)	年末人数（人）Number of Employees at Year-End (person)
合　计	**Total**	**2219**	**41627**
国家开发银行	National Development Bank	1	235
中国进出口银行	Export Import Bank of China	1	84
中国工商银行	Industrial and Commercial Bank of China	181	4041
中国农业银行	Agricultural Bank of China	167	3165
中国银行	Bank of China	135	3512
中国建设银行	China Construction Bank	208	3827
交通银行	Bank of Communication	50	1451
中国邮政储蓄银行	Postal Savings Bank of China	265	2326
中国农业发展银行	Agricultural Development Bank of China	12	237
中信银行	China CITIC Bank	28	892
中国光大银行	China Everbright Bank	44	843
华夏银行	China Huaxia Bank	27	740
广发银行	China Guangfa Bank	11	262
平安银行	Pingan Bank	20	640
招商银行	China Merchants Bank	53	2102
上海浦东发展银行	Shanghai Pudong Development Bank	40	938
兴业银行	Industrial Bank	56	1010
中国民生银行	China Minsheng Bank	85	1273
恒丰银行	Evergrowing Bank	16	455
浙商银行	China Zheshang Bank	12	578
渤海银行	China Bohai Bank	8	247
北京银行	Bank of Beijing	64	831
齐商银行	Qishang Bank	9	177
成都银行	Bank of Chengdu	6	200
重庆银行	Bank of Chongqing	9	347
宁夏银行	Bank of Ningxia	7	179
昆仑银行	Bank of Kunlun	13	486
西安银行	Bank of Xi'an	72	1726
长安银行	Chang'an Bank	139	2584
农村商业银行	Rural Commercial Bank	454	5499
农村信用社	Rural Credit Cooperatives	1	273
村镇银行	Village Bank	17	264
香港汇丰银行	The Hongkong and Shanghai Banking Corporation Limited	2	33
香港东亚银行	The Bank of East Asia	2	66
新加坡星展银行	DBS Bank	1	12
英国标准渣打银行	British Standard Chartered Bank	1	25
韩亚银行	Hana Bank	1	38
富邦华一银行	Fubon Bank	1	29

注：本表数据来源于国家金融监督管理总局陕西监管局。
Note: The data is sourced from the Shaanxi Regulatory Bureau of China's National Financial Regulatory Administration.

19-2　金融机构（含外资）本外币存贷款年末余额（2023年）

Deposits and Loans of Local Currency and Foreign Currency in Financial Institution (Including Foreign-Funded Institution) at Year-end (2023)

单位：万元　　(10 000 yuan)

指　标	Item	2023年	比年初增减额 Increase or Decrease Compared with The Beginning of The Year
一、各项存款	**Total Deposits**	**341293257**	**23662145**
（一）境内存款	Domestic Deposits	340751079	23488337
1.住户存款	Deposits of Households	166728734	20615456
（1）活期存款	Demand Deposits	50167172	1170111
（2）定期及其他存款	Time and Other Deposits	116561562	19445345
2.非金融企业存款	Deposits of Non Financial Enterprises	119962083	3460296
（1）活期存款	Demand Deposits	50300869	915427
（2）定期及其他存款	Time and Other Deposits	69661214	2544869
3.机关团体存款	Deposits of Government Departments & Organizations	43632533	3109589
4.财政性存款	Fiscal Deposits	2002686	1967
5.非银行业金融机构存款	Deposits of Non-Banking Financial Institutions	8425042	-3698972
（二）境外存款	OverSeas Deposits	542178	173808
二、各项贷款	**Total Loans**	**355284684**	**30981229**
（一）境内贷款	Domestic Loans	355229095	31008100
1.住户贷款	Loans to Household	100973445	8168361
（1）短期贷款	Short-term Loans	12039132	1142259
消费贷款	Consumer loans	7691700	1186755
经营贷款	Business loans	4347432	-44495
（2）中长期贷款	Medium-term and Long-term loans	88934313	7026102
消费贷款	Consumer loans	80298238	5906878
经营贷款	Business loans	8636074	1119224
2.非金融企业及机关团体贷款	Loans to Non Financial Enterprises and Institutions	254253980	22839739
（1）短期贷款	Short-term Loans	48499714	7510998
（2）中长期贷款	Medium-term and Long-term loans	189392916	18998256
（3）票据融资	Bills Financing	15332703	-3687837
（4）融资租赁	Financial Leasing	9	-984
（5）各项垫款	Various Advance Funds	1028639	19306
3.非银行业金融机构贷款	Loans to Non-Banking Financial Institutions	1670	
（二）境外贷款	Overseas Loans	55589	-26871

注：本表数据来源于中国人民银行陕西省分行营业管理部。
Note: The data in this table is sourced from the Business Management Department of the People's Bank of China Shaanxi Provincial Branch.

19-3 金融机构（不含外资）本外币存贷款年末余额（2023年）

Deposits and Loans Domestic Funded Financial Institution (Excluding Foreign-Funded) of Local Currency and Foreign Currency at Year-end (2023)

单位：万元 (10 000 yuan)

指 标	Item	2023年	比年初增减额 Increase or Decrease Compared with The Beginning of The Year
一、各项存款	**Total Deposits**	**339624167**	**23303437**
（一）境内存款	Domestic Deposits	339122750	23124998
1.住户存款	Deposits of Households	166506608	20578789
（1）活期存款	Demand Deposits	50096652	1162531
（2）定期及其他存款	Time and Other Deposits	116409956	19416258
2.非金融企业存款	Deposits of Non-Financial Enterprises	118557912	3133517
（1）活期存款	Demand Deposits	50104113	873223
（2）定期及其他存款	Time and Other Deposits	68453799	2260294
3.机关团体存款	Deposits of Government Developments & Organizations	43630502	3109696
4.财政性存款	Fiscal Deposits	2002686	1967
5.非银行业金融机构存款	Deposits of Non-Banking Financial Institutions	8425041	-3698972
（二）境外存款	Overseas Deposits	501417	178438
二、各项贷款	**Total Loans**	**354635155**	**31164750**
（一）境内贷款	Domestic Loans	354595155	31199403
1.住户贷款	Loans to Household	100840169	8168280
（1）短期贷款	Short-term Loans	12038104	1141231
消费贷款	Consumer loans	7691700	1186755
经营贷款	Business loans	4346404	-45523
（2）中长期贷款	Medium-term and Long-term loans	88802065	7027049
消费贷款	Consumer loans	80170490	5906160
经营贷款	Business loans	8631575	1120889
2.非金融企业及机关团体贷款	Loans to Non Financial Enterprises and Institutions	253753315	23031122
（1）短期贷款	Short-term Loans	48210962	7566146
（2）中长期贷款	Medium-term and Long-term loans	189181554	19132959
（3）票据融资	Bills Financing	15332152	-3686304
（4）融资租赁	Financial Leasing	9	-984
（5）各项垫款	Various Advance Funds	1028639	19306
3.非银行业金融机构贷款	Loans to Non-Banking Financial Institution	1670	
（二）境外贷款	Overseas Loans	40000	-34653

注：本表数据来源于中国人民银行陕西省分行营业管理部。
Note: The data in this table is sourced from the Business Management Department of the People's Bank of China Shaanxi Provincial Branch.

19-4 主要年份金融机构（含外资）人民币存贷款年末余额

Deposits and Loans in Financial Institutions (Including Foreign-funded) in Representative Years

单位：亿元 (100 million yuan)

年 份 Year	存款年末余额 Balance of Deposit at Year-end	#非金融企业存款 Deposits of Non-Financial enterprises	#住户存款 Deposits of Households	贷款年末余额 Balance of Loan at Year-end
1978	11.66		2.57	21.72
1980	17.02		4.22	23.08
1985	40.64		14.26	49.08
1990	146.17	31.10	77.09	152.77
1995	471.89	114.54	291.46	403.16
1996	619.98	199.85	394.02	477.97
1997	686.72	227.61	433.56	503.32
1998	799.54	245.44	499.68	597.34
1999	1014.27	347.49	586.40	786.20
2000	1335.63	540.19	675.83	972.51
2001	1629.72	674.49	800.86	1185.97
2002	2191.47	884.69	988.04	1598.42
2003	2665.87	1041.43	1210.56	1954.18
2004	3061.66	1159.98	1432.86	2052.33
2005	3599.70	1237.37	1716.76	2158.10
2006	4066.16	1374.91	1950.53	2344.77
2007	4582.71	1702.12	2002.38	2683.77
2008	5749.37	2213.67	2513.70	3275.12
2009	7522.08	3077.99	3084.20	4482.63
2010	8933.23	3556.78	3641.09	6482.28
2011	10430.27	5997.60	4155.65	7564.93
2012	12125.53	6927.84	4787.03	8635.22
2013	13763.19	7759.61	5357.05	10023.63
2014	15166.78	8604.03	5698.15	11668.14
2015	17796.38	7031.75	6571.18	13714.02
2016	19073.96	7788.07	7035.81	15282.65
2017	20047.62	8203.27	7497.30	16954.81
2018	20948.18	8125.23	8360.33	19729.82
2019	23066.85	8756.48	9553.29	22264.12
2020	25730.51	9713.23	10913.05	25559.04
2021	28059.03	10669.69	11996.54	29124.00
2022	31428.29	11443.84	14505.38	32053.67
2023	33790.02	11798.31	16568.71	35391.04

注：本表数据来源于中国人民银行陕西省分行营业管理部，对部分历史年份数据进行了修订。
Note: The data in this table is sourced from the Business Management Department of the People's Bank of China Shaanxi Provincial Branch and some historical year data has been revised.

19-5 金融机构（含外资）人民币存贷款年末余额（2023年）

Year-end Balance of RMB Deposits and Loans in Financial Institutions Including Foreign-funded (2023)

单位：万元 (10 000 yuan)

指 标	Item	2023年	比年初增减额 Increase or Decrease Compared with The Beginning of The Year
一、各项存款	**Total Deposits**	**337900250**	**23617360**
（一）境内存款	Domestic Deposits	337656518	23569847
1.住户存款	Deposits of Household	165687083	20634852
（1）活期存款	Demand Deposits	49624668	1221795
（2）定期及其他存款	Time and Other Deposits	116062415	19413056
2.非金融企业存款	Deposits of Non-Financial Enterprises	117983062	3544753
（1）活期存款	Demand Deposits	48803727	1161083
（2）定期及其他存款	Time and Other Deposits	69179335	2383670
3.机关团体存款	Deposits of Government Developments & Organizations	43566029	3084264
4.财政性存款	Fiscal Deposits	2002662	3282
5.非银行业金融机构存款	Deposits of Non Banking Financial Institutions	8417682	-3697304
（二）境外存款	Overseas Deposits	243732	47513
二、各项贷款	**Total Loans**	**353910367**	**31541577**
（一）境内贷款	Domestic Loans	353905751	31541611
1.住户贷款	Loans to Household	100970026	8167533
（1）短期贷款	Short-term Loans	12035740	1141370
消费贷款	Consumer loans	7688308	1185865
经营贷款	Business loans	4347432	-44495
（2）中长期贷款	Medium-term and Long-term loans	88934286	7026163
消费贷款	Consumer loans	80298212	5906940
经营贷款	Business loans	8636074	1119224
2.非金融企业及机关团体贷款	Loans to Non Financial Enterprises and Institution	252934055	23374077
（1）短期贷款	Short-term Loans	47985848	7651307
（2）中长期贷款	Medium-term and Long-term loans	188956909	19398230
（3）票据融资	Bills Financing	15332703	-3687837
（4）融资租赁	Financial Leasing	9	-984
（5）各项垫款	Various Advance Funds	658587	13361
3.非银行业金融机构贷款	Loans to Non Banking Financial Institution	1670	0
（二）境外贷款	Overseas Loans	4617	-33

注：本表数据来源于中国人民银行陕西省分行营业管理部。
Note: The data in this table is sourced from the Business Management Department of the People's Bank of China Shaanxi Provincial Branch.

19-6　金融机构（不含外资）人民币存贷款年末余额（2023年）

Year-end Balance of RMB Deposits and Loans in Financial Institutions Excluding Foreign-funded (2023)

单位：万元　(10 000 yuan)

指　标	Item	2023年	比年初增减额 Increase or Decrease Compared with The Beginning of The Year
一、各项存款	**Total Deposits**	**336439588**	**23309520**
（一）境内存款	Domestic Deposits	336208026	23262850
1.住户存款	Deposits of Household	165524321	20617843
（1）活期存款	Demand Deposits	49571392	1213497
（2）定期及其他存款	Time and Other Deposits	115952930	19404346
2.非金融企业存款	Deposits of Non Financial Enterprises	116699362	3254658
（1）活期存款	Demand Deposits	48711052	1161983
（2）定期及其他存款	Time and Other Deposits	67988310	2092674
3.机关团体存款	Deposits of Government Developments & Organizations	43563998	3084371
4.财政性存款	Fiscal Deposits	2002662	3282
5.非银行业金融机构存款	Deposits of Non Banking Financial Institutions	8417682	-3697304
（二）境外存款	Overseas Deposits	231562	46670
二、各项贷款	**Total Loans**	**353276060**	**31730451**
（一）境内贷款	Domestic Loans	353271811	31730441
1.住户贷款	Loans to Household	100836750	8167453
（1）短期贷款	Short-term Loans	12034712	1140342
消费贷款	Consumer loans	7688308	1185865
经营贷款	Business loans	4346404	-45523
（2）中长期贷款	Medium-term and Long-term loans	88802039	7027111
消费贷款	Consumer loans	80170463	5906222
经营贷款	Business loans	8631575	1120889
2.非金融企业及机关团体贷款	Loans to Non Financial Enterprises and Institution	252433390	23562988
（1）短期贷款	Short-term Loans	47697095	7703981
（2）中长期贷款	Medium-term and Long-term loans	188745547	19532934
（3）票据融资	Bills Financing	15332152	-3686304
（4）融资租赁	Financial Leasing	9	-984
（5）各项垫款	Various Advance Funds	658587	13361
3.非银行业金融机构贷款	Loans to Non Banking Financial Institution	1670	
（二）境外贷款	Overseas Loans	4249	10

注：本表数据来源于中国人民银行陕西省分行营业管理部。
Note: The data in this table is sourced from the Business Management Department of the People's Bank of China Shaanxi Provincial Branch.

19-7 主要年份保险业务情况

Indicators of Insurance Business in Representative Years

单位：万元　　(10 000 yuan)

指　标	Item	2019年	2020年	2021年	2022年	2023年
保费收入	**Premiums**	**5228513**	**5504259**	**5832369**	**5727447**	**6369874**
一、财产险	**Property Insurance**	**1062003**	**1162414**	**1222218**	**1303978**	**1405070**
（一）财产保险	Property Insurance	868183	928967	1003003	1040888	1174302
1.机动车辆及第三者责任	Motor Vehicle and Outside Person Liability	759314	795563	855592	882485	987699
2.企业财产险	Enterprise Property Insurance	73996	85294	90369	92931	99510
3.货物运输险	Freight Transport Insurance	7230	6749	6848	11290	18183
4.家庭财产险	Family Property Insurance	1436	3259	2729	6894	11861
5.建工及安工保险及其责任险	Construction and Installation Projects Insurance and Related Liability Insurance	17067	27392	25711	18766	17799
6.其他	Others	9140	10710	21753	28522	39249
（二）责任保险	Liability Insurance	54267	86279	95232	113344	122465
（三）信用保险	Export Credit Insurance	9128	10741	13043	15453	17395
（四）保证保险	Guarantee Insurance	112277	115323	88045	108024	56681
（五）农业保险	Agriculture Insurance	18148	21104	22895	26269	34226
二、人身险	**Personnel Insurance**	**4166510**	**4341845**	**4610151**	**4423469**	**4964804**
（一）人寿保险	Life Insurance	3313934	3402702	3521424	3337155	3838298
1.普通寿险	General Life Insurance	1653013	1902890	2327744	2332895	2958975
2.分红保险	Dividend Insurance	1645508	1485230	1180966	991835	866467
3.投资连接保险	Insurance Connection Insurance	280	326	233	152	135
4.万能保险	Universal Insurance	15133	14256	12482	12273	12720
（二）意外伤害险	Accident Injury Insurance	145991	131819	135001	118290	109398
（三）健康保险	Health Insurance	706585	807325	953725	968023	1017108
赔款支出和各项给付	**Indemnity and Other Expenditure**	**1414228**	**1577456**	**1765446**	**1780094**	**2327941**
一、财产险	**Property Insurance**	**617430**	**700304**	**758608**	**795832**	**909501**
（一）财产保险	Property Insurance	537006	574214	647786	610266	746446
1.机动车辆及第三者责任	Motor Vehicle and Outside Person Liability	487263	526217	589170	531657	662713
2.企业财产险	Enterprise Property Insurance	23175	21502	29576	45187	43286
3.家庭财产保险	Family Property Insurance	3255	788	2146	645	1918
4.货物运输保险	Freight Transport Insurance	864	3828	506	1494	1020
5.建工及安工保险及其责任险	Construction and Installation Projects Insurance and Related Liability Insurance	8136	13154	15002	11885	15319
6.其他	Others	14314	8725	11387	19398	22188
（二）责任保险	Liability Insurance	20710	35618	34331	35763	45694
（三）信用保险	Export Credit Insurance	3384	5602	6332	55382	7583
（四）保证保险	Guarantee Insurance	48247	70146	54583	77373	83221
（五）农业保险	Agriculture Insurance	8082	14723	15577	17048	26558
二、人身险	**Personnel Insurance**	**796798**	**877152**	**1006838**	**984262**	**1418440**
（一）人寿保险	Life Insurance	565089	624946	685344	627046	1039366
1.普通寿险	General Life Insurance	136772	133902	126140	129160	182877
2.分红保险	Dividend Insurance	424665	488409	555042	494243	853175
3.投资连接保险	Insurance Connection Insurance	4	72	1144	619	160
4.万能保险	Universal Insurance	3647	2564	3019	3024	3153
（二）意外伤害险	Accident Injury Insurance	30778	32710	33913	28517	36645
（三）健康保险	Health Insurance	200930	219496	287581	328699	342430
退保金	Withdrawal	617446	452376	560710	634346	576162
#人寿保险	Life Insurance	588932	437378	541237	610861	546724
1.普通寿险	General Life Insurance	368570	271586	376192	465409	397205
2.分红保险	Dividend Insurance	220354	165781	165032	145442	149506
3.投资连接保险	Insurance Connection Insurance					
4.万能保险	Universal Insurance	7	11	12	10	13

注：本表数据来源于中共西安市委金融委员会办公室。自2022年起，保险业务为剔除四家被接管公司后的数据。

Note: The data in this table is sourced from the Xi'an Municipal Committee Financial Committee Office. Starting from 2022, the data of insurance business is excluding four companies that have been taken over.

19-8　西安地区证券期货系统机构、人员数（2022—2023年）

Number of Institution and Employed Person in Securities and Futures System in Xi'an (2022—2023)

机构名称	Name of Institution	2022年		2023年	
		机构数（个）Number of Institution (unit)	年末人数（人）Number of Employees at Year-End (person)	机构数（个）Number of Institution (unit)	年末人数（人）Number of Employees at Year-End (person)
一、证券经营机构总数	**Number of Securities Operating Institutions**	**200**	**9489**	**201**	**9791**
1.证券公司机构总数	Number of Securities Companies	43	6611	45	6918
西部证券股份有限公司	Western Securities Company Ltd.	22	2606	24	2667
开源证券股份有限公司	KaiYuan Securities Company Ltd.	15	2686	15	2855
中邮证券有限责任公司	China Post Securities	6	1319	6	1396
2. 外地驻我市证券机构总数	Number of Non-Local Securities Institutions In the City	157	2878	156	2873
二、期货公司机构总数	**Number of Futures Companies**	**11**	**618**	**9**	**664**
迈科期货股份有限公司	Maike Futures Company Ltd.	2	203	2	233
长安期货有限公司	ChangAn Company Ltd.	6	204	4	211
西部期货有限公司	Western Futures Brokerage Co., Ltd.	3	211	3	220

注：1.本表数据来源于中共西安市委金融委员会办公室。
2.证券公司包括三家公司及其在西安和外地的营业部。
3.中邮证券有限责任公司原为西安华弘证券经纪有限责任公司。

Note: a) The data in this table is sourced from the Xi'an Municipal Committee Financial Committee Office.
b) The securities company includes three companies and their business departments in Xi'an and other places.
c) China Post Securities Co., Ltd. was originally Xi'an Huahong Securities Brokerage Co., Ltd.

19-9 证券期货市场基本情况（2023年）

Basic Facts on Securities and Futures Markets (2023)

指 标	Item	2023年
一、上市公司情况	**Listed Securities Companies**	
拥有境内上市公司（个）	Number of Listed Companies (unit)	63
上市公司总股本（亿股）	Total Capital of Listed Companies (100 millon shares)	955.80
#流通股（亿股）	Negotiable Shares (100 million shares)	843.04
总市值（亿元）	Total Market Capitalization (100 million yuan)	10100.76
本年度证券市场筹措资金（亿元）	Accumulated Securities Market Financing (100 millon yuan)	207.84
二、证券经营机构情况	**Securities Trading Organizations**	
拥有证券公司（个）	Number of Securities Companies (unit)	3
期末证券分公司（个）	Number of Securities branches (unit)	63
期末证券营业部（个）	Number of Securities Business Department (unit)	136
投资者开户数（万户）	Number of Investors Who have Opened an Account (10 000 accounts)	496.82
证券交易总额（亿元）	Total Turnover (100 million yuan)	97942.84
三、期货市场情况	**Futures Market**	
拥有期货公司（个）	Number of Futures Companies (unit)	3
期货分支机构（个）	Futures Branches (unit)	42
期货代理交易额（亿元）	Total Transaction Value in Futures Commissioning (100 million yuan)	72630.87
每个公司平均拥有注册资金（亿元）	Average Registered Capital of Each Company (100 million yuan)	5.40

注：1.本表数据来源于中共西安市委金融委员会办公室。
2.期货分支机构、代理交易额数据为西安本市和外地公司在西安市口径数据。

Note: a) The data in this table is sourced from the Xi'an Municipal Committee Financial Committee Office.
b) The data on futures branches and agency trading volume are based on the standards of local and foreign companies in Xi'an.

主要统计指标解释

存款 指企业、机关、团体或居民根据资金必须收回的原则，把货币资金存入银行或其他信贷机构保管并取得一定利息的一种信用活动形式。根据存款对象或性质的不同可划分为企业存款、财政存款、机关团体存款、住户存款、信托及委托类存款、其他存款等科目。它是银行信贷资金的主要来源。

贷款 银行或其他信贷机构根据资金必须归还的原则，按一定利率，为企业、个人等提供资金的一种信用活动形式。我国银行贷款分为短期贷款、中长期贷款、融资租赁、票据融资等。

保险金额 指保险人承担赔偿或者给付保险金责任的最高限额。

保费 指投保人为取得保险人在约定范围内所承担赔偿责任而支付给保险人的费用。

赔款 指保险人根据保险合同的规定，向被保险人支付的赔偿保险责任损失的金额。

给付 包括死伤医疗给付和满期给付。死伤医疗给付是指保险人根据人寿保险及长期健康保险合同的规定，因被保险人在保险期内发生保险责任范围内的保险事故支付给被保险人（或受益人）的金额。满期给付是指被保险人生存期满，保险人按人寿保险合同规定支付给被保险人的满期保险金额。

Explanatory Notes on Main Statistical Indicators

Deposit is a form of credit by which enterprises, institutions, organizations or households can put money into banks and other credit institutions for safekeeping and interest earning under the principle of free withdrawal. According to different depositors, deposits are divided into enterprise deposits, fiscal deposits, deposits of government agencies and organizations, savings deposits of rural and household deposits, agricultural savings deposits, entrusted deposits and other deposits. Deposits are major sources of the credit funds of banks.

Loan is a form of credit by which banks and other credit institutions provide funds at certain interest rate to enterprises and individuals in the light of the principle of unconditional repayment. Loans from Chinese banks include short-term loan, medium and long term loans, finance lease and other bill finance.

Amount Insured refers to the maximum that the insurant will get for the claim of the case insured.

Premium is the fee paid by the insurant to the insurer to obtain the obligation of compensation from the insurance within the agreed terms.

Settled Claim is the compensation paid by the insurer to the insurant in accordance with the insurance contract.

Payment includes payment for death, injury or medical treatment and payment at maturity. Payment for death, injury or medical treatment refers to the money paid to the insurant (or the beneficiary) in accordance with the life or health insurance contract when the insurant encounters accidents within the insured period covered in the contract. Payment at maturity refers to the payment to the insurant in accordance with the life insurance contract at the end of the insured period.

二十、教育和科技

EDUCATION, SCIENCE AND TECHNOLOGY

资料整理：陈超毅　刘志杰　齐昆峰

Data management:Chen Chaoyi　Liu Zhijie　Qi Kunfeng

数据审核：刘栋婷

Data audit:Liu Dongting

第二十部分　教育和科技

一、简要说明

本章资料包括教育事业、科技事业基本情况，由西安市统计局根据统计一套表资料和西安市教育局等有关部门提供资料整理。本章资料数据口径见表下备注。科技部分因数据反馈较晚，故从2018年起错年使用。

二、主要指标

普通高等学校数（所）	63	与上年	持平
普通高等学校（本专科）在校学生（万人）	85.00	比上年增加	1.44
高等学校研究生在校人数（万人）	18.66	比上年增加	0.98

20　EDUCATION, SCIENCE AND TECHNOLOGY

Ⅰ.Brief Introduction

Data in this chapter consists of primarily data of educational undertakings, science and technology activities of Xi'an city, compiled by Xi'an Bureau of Statistics according to a set of statistical data and Xi'an Bureau of Education concerned. Field and range of data are listed in the explanatory notes below the chart. Due to late data feedback, science and technology has been used one year earlier data since 2018.

Ⅱ.Major Indicators

		Increase over Preceding Year
Number of Regular Institutions of Higher Education (unit)	63	essentially on a par with last year's
Student Enrollment of Regular Institutions of Higher Education (Universities and colleges) (10 000 persons)	85.00	1.44
Postgraduates Enrollment of Regular Institutions of Higher Education (10 000 persons)	18.66	0.98

20-1 主要年份各类普通教育基本情况

Basic Statistics on Regular Education in Representative Years

指　标	Item	2010年	2015年	2016年	2017年	2018年	2019年	2020年	2021年	2022年	2023年
学校数（所）	**Number of Institutions (unit)**										
普通高等学校	Regular Higher Education Institutions	50	63	63	63	63	63	63	63	63	63
普通中等专业学校	Regular Vocational Secondary Schools	28	20	20	16	15	15	15	15	15	14
普通中学	Regular Secondary Schools	436	422	422	448	456	469	495	501	517	520
小学	Primary Schools	1531	1234	1190	1125	1130	1145	1172	1170	1174	1163
幼儿园	Kindergartens	1004	1417	1475	1605	1780	1839	1966	1987	2005	2008
毕业生人数（万人）	**Graduates (10 000 persons)**										
普通高等学校	Regular Higher Education Institutions	18.30	23.23	24.06	23.07	23.21	22.02	22.67	29.39	25.66	27.74
普通中等专业学校	Regular Vocational Secondary Schools	2.50	1.32	1.25	1.06	0.84	0.72	0.81	0.41	0.47	0.62
普通中学	Regular Secondary Schools	17.00	13.92	13.96	13.89	13.50	13.89	13.89	14.00	15.02	15.97
小学	Primary Schools	9.60	7.85	8.46	9.06	9.32	10.17	10.75	10.96	12.28	13.27
幼儿园	Kindergartens	5.40	10.01	9.81	10.79	11.41	11.85	12.25	11.94	13.09	14.75
招生数（万人）	**Entrants (10 000 persons)**										
普通高等学校	Regular Higher Education Institutions	21.70	23.41	23.08	23.70	23.67	26.88	29.26	28.18	29.58	30.89
普通中等专业学校	Regular Vocational Secondary Schools	2.10	0.95	0.88	0.96	0.83	1.12	1.16	0.78	0.79	0.70
普通中学	Regular Secondary Schools	16.20	13.41	13.72	14.08	14.37	15.29	16.20	16.99	19.09	21.05
小学	Primary Schools	8.60	10.51	11.65	13.13	15.16	15.80	16.92	15.83	16.60	18.67
幼儿园	Kindergartens	8.40	11.96	13.65	13.98	13.03	12.86	15.46	14.96	12.65	11.76
在校学生数（万人）	**Total Enrollment of Students (10 000 persons)**										
普通高等学校	Regular Higher Education Institutions	73.30	84.83	83.10	83.02	82.44	87.14	93.13	98.06	101.24	103.66
普通中等专业学校	Regular Vocational Secondary Schools	6.80	3.47	3.11	2.74	2.48	2.79	3.02	2.03	2.25	2.22
普通中学	Regular Secondary Schools	48.90	41.37	40.70	41.74	42.46	43.56	45.68	48.21	52.16	57.15
小学	Primary Schools	51.60	56.62	59.79	66.68	73.09	78.98	85.20	89.09	93.63	99.22
幼儿园	Kindergartens	18.40	30.90	31.80	34.81	35.40	36.05	39.64	40.40	40.99	38.98
教职工数（人）	**Educational Personnel (person)**										
普通高等学校	Regular Higher Education Institutions	72247	74857	73686	74218	75609	73688	75213	78261	80411	81482
普通中等专业学校	Regular Vocational Secondary Schools	3249	1991	1917	1556	1529	1386	1474	1517	1553	1398
普通中学	Regular Secondary Schools	39207	40689	41352	44546	45390	47037	49388	52022	53734	55835
小学	Primary Schools	34118	32585	34646	38494	41122	44511	48838	51649	54302	56249
幼儿园	Kindergartens	18710	36004	39753	44895	49604	52442	59605	63745	65530	65427
专任教师（人）	**Full-time Teachers (person)**										
普通高等学校	Regular Higher Education Institutions	42098	47768	47158	47917	49018	50236	51996	53139	55455	56886
普通中等专业学校	Regular Vocational Secondary Schools	1845	1228	1210	998	958	918	970	974	1016	960
普通中学	Regular Secondary Schools	31506	33014	33962	36565	37539	39143	41133	38196	39831	42244
小学	Primary Schools	29944	28748	30941	34163	36878	39836	43423	50767	53347	55959
幼儿园	Kindergartens	10638	19096	21395	23789	25823	26496	29948	31222	32415	32760

注：1.本表数据来源于市教育局。
2.本表中普通高等学校毕业生、招生、在校生数含普通高等学校研究生及普通高等学校本、专科学生。
3.本表中小学的学校数是指独立小学个数，其在校生、教职工等指标均为普通初等教育；幼儿园的学校数是指独立的幼儿园个数，其在校生、教职工等指标均为学前教育（下表同）。
4.本表中普通中学学生数据为普通中等教育口径，小学学生数为普通初等教育口径，幼儿园学生数为学前教育口径。
5.本表2017年及以后年份数据含西咸新区。

Note: a) Figures in this table come from Xi'an Municipal Education Bureau.
b) Figures of graduates, enrollments, and students of Regular Institutions of Higher Education in this table include graduate, undergraduate and junior college students.
c) Figures of “Primary Schools” in this table refer to the number of independent primary schools, and its indicators of students, teachers and staff are all general primary education; Figures of “Kindergarten” refer to the number of independent kindergartens, Its indicators of students, teaching staff and other indicators are preschool education (the same as the table below) .
d) Figures of regular secondary school students in this table are the caliber of general secondary education. Figures of primary school students are the caliber of general primary education. Figures of kindergarten students is the caliber of preschool education.
e) The data of this table in 2017 and later years includes Xixian New Area.

20-2 各级各类学校、教职工情况（2023年）

Situation of All Kinds of Schools and Staff Members at All Levels (2023)

指　标	Item	学校数（所）Number of Institutions (unit)	教职工数（人）Educational Personnel (person)	专任教师数（人）Full-time Teachers (person)
一、高等教育	**Higher Education**	**75**	**83048**	**57815**
（一）研究生培养机构	Postgraduate Training Institutions	(43)		
1.普通高校	Regular Institutions of Higher Education	(22)		
2.科研机构	Scientific Research Institutions	(21)		
（二）普通高等学校	Regular Higher Education Institutions	63	81482	56886
1.本科院校	Universities and Colleges	44	71506	49065
其中：独立学院	Independent Institutions	9	23407	16255
2.专科院校	Specialist Colleges	19	9976	7821
其中：高等职业学校	Higher Vocational Colleges	17	8638	6930
（三）成人高等学校	Adult HEIs	12	1566	929
二、中等职业教育	**Secondary Vocational Education**	**150**	**15483**	**9635**
（一）普通中等专业学校	Regular Vocational Secondary Schools	14	1398	960
（二）成人中等专业学校	Adult Secondary Vocational Schools	2	98	73
（三）职业高中学校	Vocational Hight Schools	58	6526	4642
其中：市属	Municipal schools	58	6526	4642
（四）技工学校	Technical Schools	76	7461	3960
其中：市属	Municipal schools	30	2487	408
三、基础教育	**Elementary Education**	**3708**	**178094**	**131407**
（一）普通中等教育	Regular Secondary Education	520	55835	42244
1.高中	Senior Secondary Schools	172	27201	14068
完全中学	Combined Secondary Schools	113	18645	7262
高级中学	Regular High Schools	53	7496	6508
十二年一贯制学校	12-Year Schools	6	1060	298
2.初中	Junior Secondary Schools	348	28634	28176
初级中学	Regular Junior Secondary Schools	257	17272	14617
九年一贯制学校	9-Year Schools	91	11362	4391
完全中学	Combined Secondary Schools			8910
十二年一贯制学校	12-Year schools			258
附设普通初中班的学校	Senior Secondary Schools with Regular Junior Secondary Classes	(1)		
（二）普通初等教育	Regular Primary Education	1163	56249	55959
独立小学	Independent Primary Schools	1163	55301	49603
教学点	Teaching Points	(171)	948	774
九年一贯制学校	9-Year Schools			5371
十二年一贯制学校	12-Year Schools			197
附设小学班的学校	Schools with Primary Classes	(3)		14
（三）特殊教育	Special Education	16	541	412
特殊教育学校	Special Education Schools	16	541	411
附设特教班的学校	Schools with Special Education Classes	(1)		1
（四）工读学校	Reformatory Schools	1	42	32
（五）学前教育	Pre-school Education	2008	65427	32760
幼儿园	Kindergartens	2008	65427	32698
附设幼儿班的学校	Schools with Nursery Classes	(47)		62
另有：职业技术培训机构	Vocational and Technique Institutions	(1120)	(8367)	(4433)

注：1.本表数据来源于市教育局。
2.（）内数据不计入总计，下表同。
3.本表数据包含西咸新区。

Note: a) Figures in this table come from Xi'an Municipal Education Bureau.
b) Figures in ( ) are not included in the total, the same as the table below.
c) The data in this table includes Xixian New Area.

20-3 各级各类教育学生情况（2023年）

Basic Statistics of Students by School Type (2023)

单位：人 (person)

指　标	Item	毕业生数 Graduates	招生数 Entrants	在校学生数 Total Enrollment of Students	#女生 Female Students
一、高等教育	**Higher Education**	**460526**	**444574**	**1488131**	**680111**
（一）研究生	Postgraduates	47384	60466	187543	86991
1.高等学校	Regular Institutions of Higher Education	47156	60116	186605	86768
2.科研机构	Scientific Research Institutions	228	350	938	223
（二）普通高等教育	Regular Higher Education	230247	248786	850044	397322
1.本科	Bachelor Degree	137550	163581	590467	291730
2.专科	Short-cycle Courses	92697	85205	259577	105592
（三）成人高等教育	Higher Education for Adult	83473	135322	261740	118491
其中：成人高等学校	Adult HEIs	13177	4420	16998	6177
（四）网络本专科生	Web-based Undergraduats	99422		188804	77307
1.本科	Bachelor Degree	71768		142980	59375
2.专科	Short-cycle Courses	27654		45824	17932
二、中等职业教育	**Secondary Vocational Education**	**62269**	**61319**	**203192**	**77387**
1.普通中等专业学校	Regular Vocational Secondary Schools	6198	6995	22187	10441
2.成人中等专业学校	Adult Secondary Vocational Schools	58	117	258	129
3.职业高中学校	Vocational high Schools	20863	24685	71455	32298
其中：市属	Municipal schools	20863	24685	71455	32298
4.技工学校	Technical Schools	35150	29522	109292	34519
其中：市属	Municipal schools	11767	7657	31101	10343
三、基础教育	**Elementary Education**	**440159**	**515161**	**1955133**	**932788**
（一）普通中等教育	Regular Secondary Education	159717	210471	571503	271544
1.高中	Senior Secondary Schools	52918	72088	192652	92808
完全中学	Combined Secondary Schools	27911	41067	107029	51278
高级中学	Regular High Schools	23689	29068	80791	39146
十二年一贯制学校	12-Year Schools	1318	1953	4832	2384
2.初中	Junior Secondary Schools	106799	138383	378851	178736
初级中学	Regular Junior Secondary Schools	53357	65745	182230	86346
九年一贯制学校	9-Year Schools	14432	21760	57604	27100
十二年一贯制学校	12-Year Schools	1464	1257	3986	1600
完全中学	Combined Secondary Schools	37546	49621	135031	63690
（二）普通初等教育	Regular Primary Education	132659	186713	992225	474140
独立小学	Independent Primary Schools	120810	164794	888979	424952
九年一贯制学校	9-Year Schools	11158	21574	100096	47808
十二年一贯制学校	12-Year Schools	691	345	3150	1380
（三）特殊教育	Special Education	812	776	3850	1404
1.特殊教育学校	Special Education Schools	234	347	1588	565
2.小学附设特教班	Primary Schools with Special Education Classes			2	
3.小学随班就读	Regular Primary Schools	283	151	1350	501
4.初中随班就读	Regular Junior Secondary Schools	196	212	599	239
5.小学送教上门	Tutoring Schooling by Primary School	64	29	216	72
6.初中送教上门	Tutoring Schooling by Junior Secondary School	35	37	95	27
（四）工读学校	Reformatory Schools	4	6	8	3
（五）学前教育	Pre-school Education	147545	117624	389807	186536
1.独立幼儿园	Independent Kindergartens	147428	117483	389363	186342
2.附设幼儿园	Attached Kindergartens	117	141	444	194
另有：职业技术培训机构	Vocational and Technical Institutions				

注：1.本表数据来源于市教育局。
2.本表数据包含西咸新区。

Note: a) Figures in this table come from Xi'an Municipal Education Bureau.
b) The data in this table includes Xixian New Area.

20-4 主要年份普通高等学校和科研机构研究生情况

Basic Statistics of Postgraduates on Regular Institutions of Higher Education and Scientific Research Institution in Representative Years

单位：人 (person)

年 份 Year	毕业生数 Graduates	#高等学校 Higher Schools	招生数 Entrants	#高等学校 Higher Schools	在校学生数 Total Enrollment of Students	#高等学校 Higher Schools
1978			232	232	232	232
1980			127	127	651	651
1985	754	754	2819	2819	4799	4799
1990	2051	2051	1662	1662	5275	5275
1995	1769	1769	2712	2712	7974	7974
2000	3236	3236	6924	6924	16620	16620
2001	3881	3770	9274	8966	22564	21855
2002	4103	3952	11282	10882	28446	27471
2003	5971	5765	14322	13882	36936	35790
2004	8384	8127	17310	16871	45402	44169
2005	10416	10127	18583	18106	52699	51310
2006	12914	12552	19581	19105	58433	56951
2007	15506	15124	20570	20167	64137	62801
2008	17234	16788	21892	21443	67296	65834
2009	19025	18574	24879	24400	72366	70908
2010	19526	19129	25971	25477	76993	75483
2011	20965	20605	26686	26256	81696	80332
2012	22963	22578	28065	27618	84712	83306
2013	24778	24385	28786	28333	87002	85570
2014	24092	23881	28636	28436	88518	87826
2015	25322	25104	29487	29293	91448	90790
2016	24779	24562	30263	30079	94720	94102
2017	25808	25616	36296	36084	104092	103458
2018	27276	27088	38582	38399	112250	111626
2019	28619	28448	42653	42439	131982	131325
2020	33355	33157	51726	51493	148025	147358
2021	36075	35905	54905	54676	164406	163685
2022	39473	39271	58112	57811	177585	176770
2023	47384	47156	60466	60116	187543	186605

注：1.本表数据来源于市教育局。
2.本表2017年及以后年份数据包含西咸新区。

Note: a) Figures in this table come from Xi'an Municipal Education Bureau.
b) The data of this table in 2017 and later years includes Xixian New Area.

20-5 主要年份普通高等学校基本情况（本专科）

Basic Statistics on Regular Institutions of Higher Education in Representative Years

年份 Year	学校数（所） Number of Institutions (unit)	毕业生数（万人） Graduates (10 000 persons)	招生数（万人） Entrants (10 000 persons)	在校学生数（万人） Total Enrollment of Students (10 000 persons)	教职工数（万人） Educational Personnel (10 000 persons)	专任教师数（万人） Full-time Teachers (10 000 persons)
1978	21	0.60	1.31	2.88	2.24	0.87
1980	24	0.21	1.08	4.17	2.55	0.97
1985	28	1.17	2.28	6.49	3.40	1.28
1990	31	2.11	2.00	7.50	4.15	1.56
1995	32	2.87	3.13	10.07	4.21	1.59
2000	25	2.71	6.79	17.75	3.81	1.57
2001	32	3.31	8.31	23.24	4.30	1.75
2002	35	3.82	10.75	30.15	4.67	2.06
2003	37	5.89	12.21	36.42	4.92	2.21
2004	41	7.66	13.17	40.29	5.45	2.69
2005	44	10.08	14.68	47.79	5.73	2.95
2006	47	11.75	15.15	51.40	6.14	3.29
2007	48	14.33	16.96	56.03	6.56	3.67
2008	48	15.82	19.31	60.10	6.90	3.89
2009	49	15.04	18.84	63.22	7.08	4.06
2010	50	16.33	19.16	65.74	7.22	4.21
2011	61	17.68	20.52	68.52	7.27	4.27
2012	62	18.64	22.46	72.40	7.40	4.45
2013	63	17.73	21.05	75.27	7.50	4.64
2014	63	18.88	20.74	76.64	7.50	4.68
2015	63	20.72	20.49	75.75	7.49	4.78
2016	63	21.60	20.07	73.68	7.37	4.72
2017	63	20.50	20.10	72.68	7.42	4.79
2018	63	20.50	19.83	71.28	7.56	4.90
2019	63	19.18	22.63	74.01	7.37	5.02
2020	63	19.38	24.11	78.39	7.52	5.20
2021	63	25.80	22.72	81.69	7.82	5.31
2022	63	21.73	23.80	83.56	8.04	5.55
2023	63	23.02	24.88	85.00	8.15	5.69

注：1.本表数据来源于市教育局。
2.本表2017年及以后年份数据包含西咸新区。

Note: a) Figures in this table come from Xi'an Municipal Education Bureau.
b) The data of this table in 2017 and later years includes Xixian New Area.

20-6 主要年份普通中等专业学校基本情况

Basic Statistics on Regular Vocational Secondary Schools in Representative Years

年 份 Year	学校数（所） Number of Institutions (unit)	毕业生数（万人） Graduates (10 000 persons)	招生数（万人） Entrants (10 000 persons)	在校学生数（万人） Total Enrollment of Students (10 000 persons)	教职工数（人） Educational Personnel (person)	专任教师数（人） Full-time Teachers (person)
1978	19	0.19	0.45	0.82	3937	1110
1980	31	0.18	0.42	1.50	3895	1474
1985	37	0.43	0.76	1.70	6071	2363
1990	44	0.56	0.68	2.09	7136	2891
1995	46	0.97	1.37	3.74	5903	2533
2000	47	1.63	1.90	6.02	6964	3172
2001	47	1.70	1.58	5.63	5252	2467
2002	46	1.60	1.69	5.57	5170	2508
2003	34	1.62	1.80	5.28	4562	2302
2004	35	1.40	2.09	5.71	4676	2388
2005	32	1.44	2.26	6.16	3924	2130
2006	31	1.84	2.61	7.30	3621	2014
2007	30	2.03	2.91	7.97	3548	2011
2008	29	2.58	2.55	8.06	3278	1814
2009	28	2.70	2.15	7.44	2965	1720
2010	28	2.45	2.08	6.75	3249	1845
2011	24	2.34	1.96	6.11	2868	1723
2012	24	2.15	1.67	5.43	2733	1595
2013	22	1.93	1.35	4.66	2599	1474
2014	22	1.76	1.25	4.07	2315	1346
2015	20	1.32	0.95	3.47	1991	1228
2016	20	1.25	0.88	3.11	1917	1210
2017	16	1.06	0.96	2.74	1556	998
2018	15	0.84	0.83	2.48	1529	958
2019	15	0.72	1.12	2.79	1386	918
2020	15	0.81	1.16	3.02	1474	970
2021	15	0.41	0.78	2.03	1517	974
2022	15	0.47	0.79	2.25	1553	1016
2023	14	0.62	0.70	2.22	1398	960

注：1.本表数据来源于市教育局。
　　2.本表2017年及以后年份数据包含西咸新区。

Note: a) Figures in this table come from Xi'an Municipal Education Bureau.
　　b) The data of this table in 2017 and later years includes Xixian New Area.

20-7 主要年份普通中等教育基本情况

Basic Situation of Regular Secondary Education in Representative Years

年 份 Year	学校数 （所） Number of Institutions (unit)	毕业生数 （万人） Graduates (10 000 persons)	招生数 （万人） Entrants (10 000 persons)	在校学生数 （万人） Total Enrollment of Students (10 000 persons)	教职工数 （人） Educational Personnel Teachers (person)	专任教师数 （人） Full-time Teachers (person)
1978	962	10.85		44.16	27380	20660
1980	1002	12.33	14.03	44.08	29867	22530
1985	563	10.72	13.05	38.24	30063	22050
1990	518	9.11	10.49	30.03	30739	22386
1995	485	8.13	12.40	32.32	30423	21984
2000	466	12.01	17.88	48.31	34385	26230
2001	470	13.85	18.98	52.50	35442	27190
2002	467	15.76	19.68	55.36	36706	28335
2003	467	16.76	18.78	56.44	38252	29887
2004	461	18.01	18.85	56.54	39121	30600
2005	460	18.82	18.83	55.74	39456	31094
2006	457	18.04	18.61	56.11	39341	31203
2007	453	18.37	17.96	54.68	39171	31373
2008	442	17.99	17.16	52.83	39088	31425
2009	439	17.80	16.57	50.63	39002	31415
2010	436	17.01	16.15	48.89	39207	31506
2011	423	16.44	15.42	47.20	41135	31675
2012	419	15.64	14.98	45.33	41197	31526
2013	418	15.24	14.47	43.73	41003	31419
2014	421	14.54	13.97	42.57	40576	32615
2015	422	13.92	13.41	41.37	40689	33014
2016	422	13.96	13.72	40.70	41352	33962
2017	448	13.89	14.08	41.74	44546	36565
2018	456	13.50	14.37	42.46	45390	37539
2019	469	13.89	15.29	43.56	47037	39143
2020	495	13.89	16.20	45.68	49388	41133
2021	501	14.00	16.99	48.21	52022	38196
2022	517	15.02	19.09	52.16	53734	39831
2023	520	15.97	21.05	57.15	55835	42244

注：1.本表数据来源于市教育局。
2.本表2017年及以后年份数据包含西咸新区。
Note: a) Figures in this table come from Xi'an Municipal Education Bureau.
b) The data of this table in 2017 and later years includes Xixian New Area.

20-8 各区县开发区普通中等教育基本情况（2023年）

Basic situation of general secondary education in development zones of districts and counties (2023)

区县 Region	学校数（所） Number of Institutions (unit)	毕业生数（人） Graduates (person)	#高中 Senior Secondary Schools	招生数（人） Entrants (person)	#高中 Senior Secondary Schools	在校学生数（人） Total Enrollment of Students (person)	#女生 Female Students	#高中 Senior Secondary Schools	教职工数（人） Educational Personnel (person)	专任教师数（人） Full-time Teachers (person)
合计 Total	**520**	**159717**	**52918**	**210471**	**72088**	**571503**	**271544**	**192652**	**55835**	**42244**
新城区 Xincheng	23	11512	4035	12501	5249	36163	17505	14476	2624	2290
碑林区 Beilin	31	17268	6537	20193	7923	58201	26357	22557	4644	3820
莲湖区 Lianhu	21	10786	3214	12536	4118	34595	16521	11326	2563	2132
灞桥区 Baqiao	20	7424	2034	10824	3584	28264	13374	8735	2594	2094
未央区 Weiyang	23	7865	2059	11105	3483	28346	13656	8480	3020	2111
雁塔区 Yanta	36	11894	4166	15782	5869	43325	20683	15571	4430	3015
阎良区 Yanliang	10	3470	1084	4168	1562	11592	5764	4118	1038	911
临潼区 Lintong	33	8257	3014	9562	3717	26660	13043	10171	3151	2487
长安区 Chang'an	40	11970	4220	14183	5127	39270	18703	14213	3557	3186
高陵区 Gaoling	16	4139	1430	5151	2009	14410	7242	5550	1330	1099
鄠邑区 Huyi	26	6219	2355	7036	2849	19850	9501	8156	2028	1729
蓝田县 Lantian	45	7888	3318	8077	3514	23816	11656	10645	3233	2262
周至县 Zhouzhi	39	8226	3718	9632	3415	28794	13455	11110	2921	2208
西咸新区 Xixian New Area	56	11703	2873	18588	5428	47244	22006	12623	5789	3763
高新区 Hi-Tech Industries Development Zone	46	12228	4139	17668	4969	46407	21730	12897	4458	3430
经开区 Economic Development Zone	17	7686	2602	12087	3758	31834	15169	9830	3329	2020
曲江新区 Qujiang New District	7	2997	494	4956	876	12597	6105	2374	1358	844
航空基地 National Aviation Hi-tech Industrial Base	1			216		554	284		92	57
航天基地 National Civil Aerospace Industrial Base	7	1902	397	3982	1473	9952	4673	3066	840	672
浐灞生态区 Chan-ba Ecological District	13	4076	733	6897	1515	17463	8420	3329	1567	1210
国际港务区 International Trade & Logistics Park	10	2207	496	5327	1650	12166	5697	3425	1269	904

注：1.本表数据来源于市教育局。
2.专任教师按办学层次统计，不含一贯制学校小学部专任教师数。

Note: a) Figures in this table come from Xi'an Municipal Education Bureau.
b) Full-time teachers are counted according to the level of schooling, excluding the number of full-time teachers in the primary school of consistent schools.

20-9 主要年份职业高中基本情况

Basic Statistics on Vocational Secondary Schools in Representative Years

年 份 Year	学校数 （所） Number of Institutions (unit)	毕业生数 （人） Graduates (person)	招生数 （人） Entrants (person)	在校学生数 （人） Total Enrollment of Students (person)	教职工数 （人） Educational Personnel (person)	专任教师数 （人） Full-time Teachers (person)
1985	40	1661	8346	17621	1375	868
1990	58	5936	8095	20151	2674	1574
1995	71	8976	12490	32673	2394	1877
2000	95	9949	13903	32188	3311	1997
2001	85	10300	15591	34336	3517	2113
2002	78	8659	17231	39428	3461	2192
2003	87	10755	17310	44033	4036	2458
2004	83	12177	17865	46358	4101	2515
2005	91	15092	20603	51766	4750	2892
2006	96	14887	21158	53828	5193	3126
2007	86	14881	24434	56012	4899	3064
2008	84	15813	30201	62963	4878	3008
2009	84	14691	31042	72388	5129	3179
2010	84	18100	30042	78244	5222	3178
2011	78	22493	27641	75108	4849	3173
2012	77	24048	24995	67969	4775	3148
2013	74	21243	23043	61968	4699	3085
2014	81	19156	19508	60024	4860	3186
2015	80	18565	15060	49092	3239	2214
2016	64	17773	14305	43576	3126	2275
2017	62	14325	17080	45145	3318	2405
2018	60	14064	17295	46380	3499	2584
2019	60	12559	19797	52553	3801	2685
2020	57	16028	22359	58444	4790	3421
2021	55	16415	23364	64996	5373	3767
2022	55	19705	26103	69571	6174	4309
2023	58	20863	24685	71455	6526	4642

注：1.本表数据来源于市教育局。
　　2.本表2017年及以后年份数据包含西咸新区。

Note: a) Figures in this table come from Xi'an Municipal Education Bureau.
　　b) The data of this table in 2017 and later years includes Xixian New Area.

20-10 各区县开发区职业高中基本情况（2023年）

Basic situation of vocational high schools in development zones of districts and counties (2023)

区 县	Region	学校数（所）Number of Institutions (unit)	毕业生数（人）Graduates (person)	招生数（人）Entrants (person)	在校学生数（人）Total Enrollment of Students (person)	#女生 Female Students	教职工数（人）Educational Personnel (person)	专任教师数（人）Full-time Teachers (person)
合 计	**Total**	**58**	**20863**	**24685**	**71455**	**32298**	**6526**	**4642**
新城区	Xincheng	3	1472	834	3217	1720	335	215
碑林区	Beilin	1	408	558	1685	899	108	88
莲湖区	Lianhu	5	1216	1695	4838	2255	375	302
灞桥区	Baqiao	5	4189	4232	12248	4285	1049	734
未央区	Weiyang	2	411	545	1618	881	135	106
雁塔区	Yanta	7	1197	1700	4515	2165	447	304
阎良区	Yanliang	2	507	662	2016	919	178	156
临潼区	Lintong	2	809	896	2619	1094	155	131
长安区	Chang'an	8	3277	4078	12653	6231	1360	987
高陵区	Gaoling	1	530	554	1918	834	172	163
鄠邑区	Huyi	2	1283	1763	4673	2318	324	233
蓝田县	Lantian	3	1360	1016	2781	1259	255	187
周至县	Zhouzhi	4	429	566	1338	595	138	73
西咸新区	Xixian New Area	3	316	572	1497	670	173	112
高新区	Hi-Tech Industries Development Zone	4	1873	1334	4472	1807	499	278
经开区	Economic Development Zone	2	398	771	2335	960	275	172
曲江新区	Qujiang New District							
航空基地	National Aviation Hi-tech Industrial Base	1	233	308	937	664	85	54
航天基地	National Civil Aerospace Industrial Base	1	747	1089	2722	1148	222	163
浐灞生态区	Chan-ba Ecological District	1	162	1001	2354	1090	159	115
国际港务区	International Trade & Logistics Park	1	46	511	1019	504	82	69

注：本表数据来源于市教育局。
Note: Figures in this table come from Xi'an Municipal Education Bureau.

20-11 主要年份普通初等教育基本情况

Basic Situation of Regular Primary Education in Representive Years

年 份 Year	学校数 （所） Number of Institutions (unit)	毕业生数 （万人） Graduates (10 000 persons)	招生数 （万人） Entrants (10 000 persons)	在校学生数 （万人） Total Enrollment of Students (10 000 persons)	教职工数 （人） Educational Personnel (person)	专任教师 （人） Full-time Teachers (person)
1978	2667	13.07	14.10	74.03	29744	26428
1980	2337	11.91	12.57	73.36	31770	28360
1985	2337	11.21	9.57	62.16	31075	26430
1990	2343	8.67	10.85	61.87	33788	29090
1995	2360	9.93	14.09	79.36	35568	30270
2000	2323	13.83	11.51	77.81	35336	30215
2001	2277	14.20	11.07	74.51	34257	29281
2002	2137	13.89	10.13	70.78	34143	29428
2003	2084	12.97	9.28	66.78	34080	29531
2004	2016	12.37	9.12	63.75	33794	29367
2005	1980	11.92	8.47	60.47	33907	29674
2006	1929	11.53	9.16	59.33	34460	30018
2007	1872	11.38	8.67	56.83	34901	30533
2008	1781	10.58	8.33	54.66	34653	30382
2009	1666	9.96	7.84	52.52	34389	30334
2010	1531	9.61	8.64	51.56	34118	29944
2011	1424	8.92	8.77	51.39	32457	29900
2012	1322	8.88	8.88	50.85	32208	29651
2013	1291	8.51	9.56	51.95	31863	29421
2014	1257	8.29	10.13	53.79	32162	28395
2015	1234	7.85	10.51	56.62	32585	28748
2016	1190	8.46	11.65	59.79	34646	30941
2017	1125	9.06	13.13	66.68	38494	34163
2018	1130	9.32	15.16	73.09	41122	36878
2019	1145	10.17	15.80	78.98	44511	39836
2020	1172	10.75	16.92	85.20	48838	43423
2021	1170	10.96	15.83	89.09	51649	50767
2022	1174	12.28	16.60	93.63	54302	53347
2023	1163	13.27	18.67	99.22	56249	55959

注：1.本表数据来源于市教育局。
　　2.本表2017年及以后年份数据包含西咸新区。

Note: a) Figures in this table come from Xi'an Municipal Education Bureau.
　　b) The data of this table in 2017 and later years includes Xixian New Area.

20-12 各区县开发区初等教育基本情况（2023年）

Basic Situation of General Primary Education by District and County Development zones (2023)

区 县	Region	学校数（所）Number of Institutions (unit)	毕业生数（人）Graduates (person)	招生数（人）Entrants (person)	在校学生数（人）Total Enrollment of Students (person)	#女生 Female Students	教职工数（人）Educational Personnel (person)	专任教师数（人）Full-time Teachers (person)
合 计	**Total**	**1163**	**132659**	**186713**	**992225**	**474140**	**56249**	**55959**
新城区	Xincheng	37	5981	7131	40219	19117	2264	2153
碑林区	Beilin	35	6889	9750	50824	23997	2900	2512
莲湖区	Lianhu	48	8959	12325	66921	31973	3161	2980
灞桥区	Baqiao	44	5742	8046	44042	20821	2346	2416
未央区	Weiyang	46	10394	1w2133	68992	33084	3694	3924
雁塔区	Yanta	49	10898	16194	83645	40108	4274	4556
阎良区	Yanliang	25	2748	3406	18178	8848	1055	1017
临潼区	Lintong	106	7313	6690	41565	19964	3157	2751
长安区	Chang'an	114	9813	12484	72530	34506	4897	4398
高陵区	Gaoling	61	4114	4795	28446	13682	1936	1772
鄠邑区	Huyi	63	4273	4651	27040	12958	1759	1615
蓝田县	Lantian	83	4734	3976	25552	12169	2336	2198
周至县	Zhouzhi	120	6506	5821	36825	17528	2673	2486
西咸新区	Xixian New Area	107	12122	18447	98030	47052	5092	5649
高新区	Hi-Tech Industries Development Zone	94	10128	16675	84260	39957	4487	4643
经开区	Economic Development Zone	28	6461	12898	58954	28223	2224	2950
曲江新区	Qujiang New District	19	4286	9432	42079	20345	2297	2275
航空基地	National Aviation Hi-tech Industrial Base	1	224	460	2430	1148	150	159
航天基地	National Civil Aerospace Industrial Base	14	1764	3738	17219	8247	950	927
浐灞生态区	Chan-ba Ecological District	44	7485	12942	66040	31604	3537	3456
国际港务区	International Trade & Logistics Park	25	1825	4719	18434	8809	1060	1122

注：本表数据来源于市教育局。
Note: Figures in this table come from Xi'an Municipal Education Bureau.

20-13 主要年份学前教育基本情况

Basic Conditions of Pre-school Education in Representative Years

年 份 Year	幼儿园（所） Kindergartens (unit)	班数（个） Number of Classes (unit)	在园幼儿数（万人） Student Enrollment (10 000 persons)	教职工数（人） Educational Pesonel (person)	专任教师数（人） Full-time Teachers (person)
1978	191		4.44	3568	1315
1980	186		9.61	5525	2657
1985	310	3135	9.71	6887	2770
1990	256	3816	14.04	6123	2058
1995	257	4464	16.40	6173	2659
2000	367	4142	12.85	6346	2995
2001	366	4306	11.97	6224	3069
2002	378	4186	11.53	6541	3397
2003	610	4470	12.39	8959	4853
2004	660	4507	12.16	9870	5577
2005	737	4712	12.75	10528	5959
2006	863	5037	13.00	12335	7106
2007	830	5081	14.00	13468	7951
2008	905	5506	15.00	14932	8704
2009	896	5710	16.00	15928	9240
2010	1004	6420	18.00	18710	10638
2011	1122	8010	24.00	23680	12577
2012	1239	8729	27.10	27735	14293
2013	1295	9408	28.56	31989	16238
2014	1343	9782	28.95	33062	17337
2015	1417	10457	30.90	36004	19096
2016	1475	11090	31.80	39753	21395
2017	1605	12234	34.81	44895	23789
2018	1780	12970	35.39	49604	25823
2019	1839	13375	36.05	52442	26496
2020	1966	14612	39.64	59605	29948
2021	1987	15143	40.40	63745	31222
2022	2005	15497	40.99	65530	32415
2023	2008	15152	38.98	65427	32760

注：1.本表数据来源于市教育局。
2.本表2017年及以后年份数据包含西咸新区。

Note: a) Figures in this table come from Xi'an Municipal Education Bureau.
b) The data of this table in 2017 and later years includes Xixian New Area.

20-14 主要年份特殊教育基本情况

Basic Statistics on Special Education in Representative Years

年 份 Year	学校数（所） Number of Institutions (unit)	毕业生数（人） Graduates (person)	招生数（人） Entrants (person)	在校学生数（人） Total Enrollment of Students (person)	教职工数（人） Educational Personnel (person)	专任教师数（人） Full-time Teachers (person)
1980	1	48	64	315	66	43
1985	2	14	36	318	94	59
1990	5	35	111	451	142	96
1995	5	27	147	1363	204	141
2000	5	269	145	1880	230	156
2001	5	237	209	1915	238	162
2002	5	216	148	1661	232	157
2003	5	156	161	1380	237	166
2004	5	137	142	1290	236	167
2005	5	184	182	1445	240	169
2006	6	171	143	1425	254	178
2007	6	169	114	1342	259	190
2008	6	83	96	1286	259	190
2009	7	311	202	1523	335	234
2010	8	214	402	1529	340	235
2011	8	280	222	1393	343	231
2012	8	197	220	1392	352	248
2013	8	194	212	1174	338	243
2014	8	172	222	1225	345	238
2015	8	168	338	1373	352	240
2016	8	214	327	1604	359	246
2017	9	237	774	2498	386	272
2018	9	352	461	2615	379	271
2019	10	435	541	2967	404	300
2020	11	508	589	3333	438	333
2021	14	603	603	3493	494	368
2022	15	722	661	3562	509	384
2023	16	812	776	3850	541	412

注：1.本表数据来源于市教育局。
2.本表2017年及以后年份数据包含西咸新区。

Note: a) Figures in this table come from Xi'an Municipal Education Bureau.
b) The data of this table in 2017 and later years includes Xixian New Area.

20-15 基础教育监测评价情况（2023年）

Monitoring and Evaluation of Basic Education (2023)

指　标	Item	2023年
入学率（%）	Enrollment Rate (%)	
小学	Primary Schools	100.00
初中	Junior Secondary Schools	100.00
巩固率（%）	The Consolidation Rate (%)	
小学（六年）	Primary Schools (six years)	100.96
初中（三年）	Junior Secondary Schools (three years)	98.19
毕业率（%）	The Graduate Rate (%)	
小学	Primary Schools	99.70
初中	Junior Secondary Schools	99.38
专任教师学历合格率（%）	Qualified Rate of Full-time Teacher Education (%)	
小学	Primary Schools	100.00
初中	Junior Secondary Schools	100.00
高中	Senior Secondary Schools	99.76
幼儿园	Kindergartens	99.93
小学教师专科以上学历达到率（%）	Rate of Primary School Teachers with College degree or Above (%)	99.92
初中教师本科以上学历达到率（%）	Rate of Junior Secondary School Teachers with Bachelor degree or Above (%)	98.17
高中教师研究生以上学历达到率（%）	Rate of Senior Secondary School Teachers with Postgraduate degree or Above (%)	28.93

注：1.本表数据来源于市教育局。
2.本表数据计算入学率和小学巩固率不包含西咸新区的咸阳部分。
3.2021年及以后年份西咸新区两个街办划归咸阳市，毕业学生统计范围变化。

Note: a) Figures in this table comes from Xi'an Municipal Education Bureau.
b) Figures in this table calculate the enrollment rate and primary school consolidation rate, excluding the Xianyang part of Xixian New Area.
c) In 2021 and later years, the two street offices of Xixian New District are classified into Xianyang City, and the statistical scope of graduate students changes.

20-16 主要年份平均每万人口在校学生数及构成

年 份 Year	平均每万人 高等学校在校学生 （人） Per 10 000 people on Average Higher Education Students in schools (person)	平均每万人 高中阶段在校学生 （人） Per 10 000 people on Average Number of Senior Secondary School Students in Schools (person)	平均每万人 初中在校学生（人） Per 10 000 people on Average Number of Junior Secondary School Students in Schools (person)	平均每万人 小学在校学生（人） Per 10 000 people on Average Number of Primary School Students in Schools (person)
1978	58			1486
1980	84			1434
1985	117			1124
1990	123			1016
1995	168			1224
2000	282			1131
2001	366			1072
2002	470			1007
2003	560			932
2004	618	463	517	879
2005	715	492	489	815
2006	760	534	484	788
2007	817	543	466	744
2008	863	571	444	708
2009	901	619	413	672
2010	939	635	361	660
2011	973	514	301	539
2012	986	471	278	518
2013	988	386	265	522
2014	983	352	256	532
2015	929	309	236	537
2016	865	288	224	513
2017	732	271	201	516
2018	741	260	209	566
2019	1044	277	215	600
2020	1106	279	233	657
2021	1142	293	249	692
2022	1168	280	268	721
2023	1138	303	290	759

注：1.本表数据来源于市教育局。
2.2011年起，表中三个比重指标数据参与计算的学生总数含普通教育、成人教育及网络教育数据。
3.2019年起平均每万人高等学校在校学生包含全部高等教育在校生。
4.本表2017年及以后年份数据含西咸新区。
5.2020年，依据西安市常住人口数的修订，对2011—2019年平均每万人在校学生数进行了修订。

Average Education Enrolment Per 10 000 Population by Level in Representative Year

平均每万人 学前教育在校学 （人） Average Number of Pre-school Students per 10 000 people (person)	普通高等学校在校学生 占学生总数比重（%） Regular Higher School Students in Schools in Accounting for the Proportion of the Total Number of Students (%)	中等学校在校学生 占学生总数比重（%） Junior Secondary School Students in Schools in Accounting for the Proportion of the Total Number of Students (%)	小学在校学生 占学生总数比重（%） Primary School Students in Schools in Accounting for the Proportion of the Total Number of Students (%)
	2.3	34.9	58.6
	3.1	33.2	55.3
	5.3	31.3	50.9
	6.7	25.1	51.7
	7.3	28.0	53.6
	11.5	34.8	46.0
	14.6	35.9	42.6
	18.2	36.4	39.0
	20.1	33.8	33.5
	22.2	35.2	31.6
	26.4	36.2	30.1
	27.7	37.1	28.7
	29.3	36.3	26.7
	30.8	36.1	25.2
	31.8	36.5	23.7
217	33.0	35.0	23.2
252	29.8	30.1	19.9
276	31.0	28.2	19.5
287	32.6	25.3	20.2
285	33.2	23.8	20.9
293	32.8	22.2	21.9
288	31.4	21.4	22.6
270	29.1	21.3	23.4
274	27.5	20.2	24.4
273	27.4	20.4	24.9
306	27.8	19.8	25.4
314	28.4	19.8	25.8
316	28.1	20.5	26.0
298	28.4	21.2	27.2

Note: a) Figures in this table come from Xi'an Municipal Education Bureau.
b) Since 2011, the total number of students counted by the three weighting index data in the table includes general education, adult education and online education figures.
c) Since 2019, the average number of students enrolled in institutions of higher education per 10, 000 includes all students enrolled in higher education.
d) The data of this table in 2017 and later years include Xixian New Area.
e) In 2020, the average number of students per 10, 000 students from 2011 to 2019 was revised based on the revision of the permanent population of Xi'an.

20-17　民办教育情况（2023年）

指　标	Item	学校数（所）Number of Institutions (unit)	毕业生数（人）Graduates (person)
一、民办高等教育（民办高校）	**Private higher Education (Institutions)**	**27**	**89322**
二、民办中等教育	**Private Secondary Education**	**82**	**39445**
民办普通高中	Ordinary High School	26	7293
民办普通中等专业学校	Ordinary Secondary Vocational School	1	1477
民办职业高中	Vocational high school	34	13763
民办普通初中	Ordinary Junior middle school	21	14677
民办的附设中职班	Schools with Vocational Secondary Class	(10)	2235
三、民办普通小学	**Private Primary School**	**73**	**14730**
四、民办幼儿园	**Private kindergarten**	**889**	**72965**
另有：民办培训机构	Private Training Institutions	(367)	

注：1.本表数据来源于市教育局。
2.按照教育报表制度，民办的附设中职班教职工计入基础教育主体校教职工总数，专任教师为中职层次，故单独统计。
3.本表数据含西咸新区。

Situation on Non-government Education (2023)

招生数（人） Entrants (unit)	在校学生数（人） Total Enrollment of Students (person)	教职工数（人） Educational Personnel (person)	专任教师（人） Full-time Teachers (person)	校外教师（人） Teachers hired from Outside Schools (person)
109030	**334842**	**21779**	**15532**	**2882**
41836	**122487**	**12352**	**8220**	**257**
11315	27896	4124	2152	28
1593	4646	283	211	68
16604	47976	4529	2937	161
11499	37421	3416	2673	
825	4548		247	
15414	**104142**	**5999**	**5976**	**3**
45909	**172302**	**29615**	**13746**	**3**
		5522	3244	941

Note: a) Figures in this table come from Xi'an Municipal Education Bureau.
b) According to the education report system, the teachers and staff of the private attached secondary vocational classes are included in the total number of teachers and staff of the main school of basic education, and the full-time teachers are at the intermediate level, so they are counted separately.
c) The data in this table includes Xixian New Area.

20-18 全市及规模以上重点行业企业研究与试验发展（R&D）情况（2022年）

R&D Project Situation of Whole City and Key Enterprises above Designated Size (2022)

指 标	Item	2022年
一、全市R&D人员折合全时当量（人年）	**Full-Time Equivalent of R&D Personnel (person-year)**	**109141.1**
二、全市R&D经费内部支出（万元）	**R&D Internal Expenditure (10 000 yuan)**	**6010816.6**
三、规模以上重点行业企业数（个）	**Number of Key Enterprises above Designated Size (unit)**	**4244**
工业	Industry	1803
#有R&D活动的单位数	Number of Enterprises with R&D Activities	760
非工业	Non-industry	2441
#有R&D活动的单位数	Number of Enterprises with R&D Activities	301
四、规模以上重点行业R&D人员（人）	**R&D Personnel of Key Enterprises above Designated Size (person)**	**74246**
工业	Industry	53045
非工业	Non-industry	21201
五、规模以上重点行业R&D人员折合全时当量（人年）	**Full-time Equivalent of R&D Personnel of Key Enterprises above Designated Size (person-year)**	**51152**
工业	Industry	36216
非工业	Non-industry	14936
六、规模以上重点行业R&D经费内部支出（万元）	**Internal Expenditure on R&D Projects of Key Enterprises above Designated Size (10 000 yuan)**	**2933431**
工业	Industry	2112767
非工业	Non-industry	820665

20-19 规模以上工业企业研究与试验发展（R&D）基本情况（2022年）

R&D Project Situation of Industrial Enterprises above Designated Size (2022)

指标	Item	企业数（个）Number of Enterprises (unit)	#有R&D活动的企业数 The Number of R&D Enterprises
总计	**Total**	**1803**	**760**
按企业规模分	**By Size of Enterprises**		
大型企业	Large-size	69	49
中型企业	Medium-size	208	123
小型企业	Small-size	1403	568
微型企业	Micro-size	123	20
按登记注册类型分	**By Status of Registration**		
内资企业	Domestic Invested Enterprises	1681	714
国有企业	State-owned Enterprises	38	15
集体企业	Collective-owned Enterprises	2	
股份合作企业	Share-holding Cooperative Enterprises	4	2
联营企业	Joint Ownership Enterprises		
有限责任公司	Limited Liability Corporations	501	240
股份有限公司	Share-holding Corporations Ltd.	105	82
私营企业	Private Enterprises	1031	375
其他	Other Enterprises		
港澳台商投资企业	Enterprises with Investment from Hong Kong, Macao and Taiwan	26	6
外商投资企业	Foreign Invested Enterprises	96	40
按国民经济行业分	**By Sector**		
采矿业	Mining	16	5
煤炭开采和洗选业	Mining and Washing of Coal		
石油和天然气开采业	Extraction of Petroleum and Natural Gas	1	1

20-19 续表1 continued 1

指 标	Item	企业数（个）Number of Enterprises (unit)	#有R&D活动的企业数 The Number of R&D Enterprises
黑色金属矿采选业	Mining and Processing of Ferrous Metal Ores		
有色金属矿采选业	Mining and Processing of Non-Ferrous Metal Ores		
非金属矿采选业	Mining and Processing of Non-metal Ores		
开采专业及辅助性活动	Professional and Support Activities for Mining	15	4
其他采矿业	Mining of other Ores		
制造业	Manufacturing	1706	748
农副食品加工业	Processing of Food from Agricultural Products	45	5
食品制造业	Manufacture of Foods	49	12
酒、饮料和精制茶制造业	Manufacture of Alcohol, Beverages and Refined Tea	15	2
烟草制品业	Manufacture of Tobacco	3	1
纺织业	Manufacture of Textile	18	5
纺织服装、服饰业	Manufacture of Textile, Wearing Apparel and Accessories	3	
皮革、毛皮、羽毛及其制品和制鞋业	Manufacture of Leather, Fur, Feather and Related Products and Footwear	2	1
木材加工和木、竹、藤、棕、草制品业	Processing of Timber, Manufacture of Wood, Bamboo, Rattan, Plan and Straw Products	4	
家具制造业	Manufacture of Furniture	12	1
造纸和纸制品业	Manufacture of Paper and Paper Products	20	2
印刷和记录媒介复制业	Printing, Reproduction of Recording Media	27	10
文教、工美、体育和娱乐用品制造业	Manufacture of Articles For Culture, Education, Arts and Crafts, Sport and Entertainment Activities	5	1
石油、煤炭及其他燃料加工业	Processing of Petroleum, Coal and Other Fuels	5	1
化学原料和化学制品制造业	Manufacture of Raw Chemical Materials and Chemical Products	77	36
医药制造业	Manufacture of Medicines	68	46

20-19 续表2 continued 2

指　标	Item	企业数（个）Number of Enterprises (unit)	#有R&D活动的企业数 The Number of R&D Enterprises
化学纤维制造业	Manufacture of Chemical Fibers	3	
橡胶和塑料制品业	Manufacture of Rubber and Plastics Products	44	10
非金属矿物制品业	Manufacture of Non-metallic Mineral Products	195	38
黑色金属冶炼和压延加工业	Smelting and Pressing of Ferrous Metals	13	3
有色金属冶炼和压延加工业	Smelting and Pressing of Non-ferrous Metals	50	32
金属制品业	Manufacture of Metal Products	129	33
通用设备制造业	Manufacture of General Purpose Machinery	108	58
专用设备制造业	Manufacture of Special Purpose Machinery	145	76
汽车制造业	Manufacture of Motor Vehicles	93	33
铁路、船舶、航空航天和其他运输设备制造业	Manufacture of Railway, Ship, Aerospace and Other Transport Equipments	107	64
电气机械和器材制造业	Manufacture of Electrical Machinery and Apparatus	183	91
计算机、通信和其他电子设备制造业	Manufacture of Computers, Communication and Other Electronic Equipment	161	114
仪器仪表制造业	Manufacture of Measuring Instruments and Machinery	90	62
其他制造业	Other Manufacturing	8	6
废弃资源综合利用业	Utilization of Waste Resources	7	1
金属制品、机械和设备修理业	Repair Service of Metal Products, Machinery and Equipment	17	4
电力、热力、燃气及水生产和供应业	Production and Supply of Electricity, Heat, Gas and Water	81	7
电力、热力生产和供应业	Production and Supply of Electric Power and Heat Power	36	3
燃气生产和供应业	Production and Supply of Gas	23	3
水的生产和供应业	Production and Supply of Water	22	1

20-20 规模以上工业企业研究与试验发展（R&D）人员和经费支出情况（2022年）

指 标	Item	R&D人员（人）R&D Personnel (person)	#研究人员 Researchers
总计	**Total**	**53045**	**24284**
按企业规模分	**By Size of Enterprises**		
大型企业	Large-size	30855	14953
中型企业	Medium-size	9603	4134
小型企业	Small-size	12451	5134
微型企业	Micro-size	136	63
按登记注册类型分	**By Status of Registration**		
内资企业	Domestic Invested Enterprises	44643	20126
国有企业	State-owned Enterprises	3487	1716
集体企业	Collective-owned Enterprises		
股份合作企业	Share-holding Cooperative Enterprises	20	6
联营企业	Joint Ownership Enterprises		
有限责任公司	Limited Liability Corporations	21553	9577
股份有限公司	Share-holding Corporations Ltd.	9708	4719
私营企业	Private Enterprises	9875	4108
其他	Other Enterprises		
港澳台商投资企业	Enterprises with Investment from Hong Kong, Macao and Taiwan	403	212
外商投资企业	Foreign Invested Enterprises	7999	3946
按国民经济行业分	**By Sector**		
采矿业	Mining	2535	1442
煤炭开采和洗选业	Mining and Washing of Coal		
石油和天然气开采业	Extraction of Petroleum and Natural Gas	1074	612
黑色金属矿采选业	Mining and Processing of Ferrous Metal Ores		
有色金属矿采选业	Mining and Processing of Non-Ferrous Metal Ores		
非金属矿采选业	Mining and Processing of Non-metal Ores		
开采专业及辅助性活动	Professional and Support Activities for Mining	1461	830
其他采矿业	Mining of other Ores		
制造业	Manufacturing	49562	22309
农副食品加工业	Processing of Food from Agricultural Products	40	15
食品制造业	Manufacture of Foods	315	77
酒、饮料和精制茶制造业	Manufacture of Alcohol, Beverages and Refined Tea	20	5
烟草制品业	Manufacture of Tobacco	10	5
纺织业	Manufacture of Textile	98	43
纺织服装、服饰业	Manufacture of Textile, Wearing Apparel and Accessories		
皮革、毛皮、羽毛及其制品和制鞋业	Manufacture of Leather, Fur, Feather and Related Products and Footwear	7	2

R&D Personnel and Expenditure of Industrial Enterprises above Designated Size (2022)

R&D经费内部支出（万元） R&D Internal Expenditure (10 000 yuan)	#政府资金 Government Funds	#企业资金 Enterprises Funds	#境外资金 Foreign Funds
2112767	**459475**	**1645411**	**435**
1471718	444457	1020296	
316129	6595	309345	183
320283	8423	311132	252
4637		4638	
1768151	459374	1301079	252
71793	21252	50541	
238		238	
857433	220328	630105	
532522	214510	317933	73
306166	3285	302262	180
14959	39	14920	
329657	62	329412	183
126262	16	126246	
78895	1	78894	
47367	15	47352	
1980924	459364	1513679	435
1515		1515	
4388	640	3748	
166		166	
1845		1845	
2694	404	2290	
172		172	

20-20 续表

指　标	Item	R&D人员（人）R&D Personnel (person)	#研究人员 Researchers
木材加工和木、竹、藤、棕、草制品业	Processing of Timber, Manufacture of Wood, Bamboo, Rattan, plam and Straw Products		
家具制造业	Manufacture of Furniture	9	2
造纸和纸制品业	Manufacture of Paper and Paper Products	17	5
印刷和记录媒介复制业	Printing, Reproduction of Recording Media	362	81
文教、工美、体育和娱乐用品制造业	Manufacture of Articles For Culture, Education, Arts and Crafts, Sport and Entertainment Activities	8	2
石油、煤炭及其他燃料加工业	Processing of Petroleum, Coal and Other Fuels	30	9
化学原料和化学制品制造业	Manufacture of Raw Chemical Materials and Chemical Products	2387	1085
医药制造业	Manufacture of Medicines	1151	492
化学纤维制造业	Manufacture of Chemical Fibers		
橡胶和塑料制品业	Manufacture of Rubber and Plastics Products	222	70
非金属矿物制品业	Manufacture of Non-metallic Mineral Products	1236	314
黑色金属冶炼和压延加工业	Smelting and Pressing of Ferrous Metals	49	15
有色金属冶炼和压延加工业	Smelting and Pressing of Non-ferrous Metals	1383	628
金属制品业	Manufacture of Metal Products	1119	464
通用设备制造业	Manufacture of General Purpose Machinery	2057	865
专用设备制造业	Manufacture of Special Purpose Machinery	3757	1768
汽车制造业	Manufacture of Motor Vehicles	7915	4157
铁路、船舶、航空航天和其他运输设备制造业	Manufacture of Railway, Ship, Aerospace and Other Transport Equipments	11761	5155
电气机械和器材制造业	Manufacture of Electrical Machinery and Apparatus	2980	1365
计算机、通信和其他电子设备制造业	Manufacture of Computers, Communication and Other Electronic Equipment	9862	4351
仪器仪表制造业	Manufacture of Measuring Instruments and Machinery	2526	1235
其他制造业	Other Manufacturing	139	59
废弃资源综合利用业	Utilization of Waste Resources	22	4
金属制品、机械和设备修理业	Repair Service of Metal Products, Machinery and Equipment	80	36
电力、热力、燃气及水生产和供应业	Production and Supply of Electricity, Heat, Gas and Water	948	533
电力、热力生产和供应业	Production and Supply of Electric Power and Heat Power	879	494
燃气生产和供应业	Production and Supply of Gas	45	25
水的生产和供应业	Production and Supply of Water	24	14

continued

R&D经费内部支出（万元） R&D Internal Expenditure (10 000 yuan)	#政府资金 Government Funds	#企业资金 Enterprises Funds	#境外资金 Foreign Funds
111		111	
408		408	
5332	42	5290	
74		74	
145		145	
85044	10795	74235	
35762	42	35720	
6866	25	6841	
31325	121	31204	
1394		1394	
52843	6980	45864	
42386	13641	28745	
66796	1704	65091	
97478	3028	94144	73
251119	1387	249732	
598184	410661	180558	
128048	2364	125312	180
513054	2526	510338	183
49607	4986	44586	
2189	18	2171	
487		487	
1495		1495	
5581	96	5486	
2994	95	2899	
1839	1	1838	
749		749	

20-21 规模以上工业企业新产品开发、生产及销售情况（2022年）

指 标	Item	新产品开发项目（项） Number of New Product Development Projects (item)
总计	**Total**	**7677**
按企业规模分	**By Size of Enterprises**	
大型企业	Large-size	1240
中型企业	Medium-size	1947
小型企业	Small-size	4408
微型企业	Micro-size	82
按登记注册类型分	**By Status of Registration**	
内资企业	Domestic Invested Enterprises	7314
国有企业	State-owned Enterprises	340
集体企业	Collective-owned Enterprises	
股份合作企业	Share-holding Cooperative Enterprises	5
联营企业	Joint Ownership Enterprises	
有限责任公司	Limited Liability Corporations	2751
股份有限公司	Share-holding Corporations Ltd.	1347
私营企业	Private Enterprises	2871
其他	Other Enterprises	
港澳台商投资企业	Enterprises with Investment from Hong Kong, Macao and Taiwan	69
外商投资企业	Foreign Invested Enterprises	294
按国民经济行业分	**By Sector**	
采矿业	Mining	158
煤炭开采和洗选业	Mining and Washing of Coal	
石油和天然气开采业	Extraction of Petroleum and Natural Gas	7
黑色金属矿采选业	Mining and Processing of Ferrous Metal Ores	
有色金属矿采选业	Mining and Processing of Non-Ferrous Metal Ores	
非金属矿采选业	Mining and Processing of Non-metal Ores	
开采专业及辅助性活动	Professional and Support Activities for Mining	151
其他采矿业	Mining of other Ores	
制造业	Manufacturing	7494
农副食品加工业	Processing of Food from Agricultural Products	28
食品制造业	Manufacture of Foods	69
酒、饮料和精制茶制造业	Manufacture of Alcohol, Beverages and Refined Tea	9
烟草制品业	Manufacture of Tobacco	10
纺织业	Manufacture of Textile	42
纺织服装、服饰业	Manufacture of Textile, Wearing Apparel and Accessories	6
皮革、毛皮、羽毛及其制品和制鞋业	Manufacture of Leather, Fur, Feather and Related Products and Footwear	10

New Product Development, Production and Sales of Industrial Enterprises above Designated Size (2022)

新产品开发经费支出（万元） New Product Development Expenditure (10 000 yuan)	新产品销售收入 （万元） Sales Revenue of New Products (10 000 yuan)
2568317	**26077578**
1668682	19661612
437458	4020877
455559	2378920
6618	16169
2186157	25485205
68977	464629
257	5365
1018911	7289525
623405	8087552
474607	9638134
16756	79348
365404	513025
82489	8479
33300	
49189	8479
2483211	26069100
6329	63959
7018	62108
1030	26417
705	15662
4282	27299
827	19453
1274	23445

20-21 续表

指 标	Item	新产品开发项目（项） Number of New Product Development Projects (item)
木材加工和木、竹、藤、棕、草制品业	Processing of Timber, Manufacture of Wood, Bamboo, Rattan, Plam and Straw Products	
家具制造业	Manufacture of Furniture	2
造纸和纸制品业	Manufacture of Paper and Paper Products	18
印刷和记录媒介复制业	Printing, Reproduction of Recording Media	65
文教、工美、体育和娱乐用品制造业	Manufacture of Articles For Culture, Education, Arts and Crafts, Sport and Entertainment Activities	3
石油、煤炭及其他燃料加工业	Processing of Petroleum, Coal and Other Fuels	11
化学原料和化学制品制造业	Manufacture of Raw Chemical Materials and Chemical Products	339
医药制造业	Manufacture of Medicines	311
化学纤维制造业	Manufacture of Chemical Fibers	
橡胶和塑料制品业	Manufacture of Rubber and Plastics Products	106
非金属矿物制品业	Manufacture of Non-metallic Mineral Products	383
黑色金属冶炼和压延加工业	Smelting and Pressing of Ferrous Metals	13
有色金属冶炼和压延加工业	Smelting and Pressing of Non-ferrous Metals	281
金属制品业	Manufacture of Metal Products	290
通用设备制造业	Manufacture of General Purpose Machinery	592
专用设备制造业	Manufacture of Special Purpose Machinery	808
汽车制造业	Manufacture of Motor Vehicles	277
铁路、船舶、航空航天和其他运输设备制造业	Manufacture of Railway, Ship, Aerospace and Other Transport Equipments	921
电气机械和器材制造业	Manufacture of Electrical Machinery and Apparatus	1097
计算机、通信和其他电子设备制造业	Manufacture of Computers, Communication and Other Electronic Equipment	1283
仪器仪表制造业	Manufacture of Measuring Instruments and Machinery	454
其他制造业	Other Manufacturing	18
废弃资源综合利用业	Utilization of Waste Resources	2
金属制品、机械和设备修理业	Repair Service of Metal Products, Machinery and Equipment	46
电力、热力、燃气及水生产和供应业	Production and Supply of Electricity, Heat, Gas and Water	25
电力、热力生产和供应业	Production and Supply of Electric Power and Heat Power	8
燃气生产和供应业	Production and Supply of Gas	11
水的生产和供应业	Production and Supply of Water	6

continued

新产品开发经费支出（万元） New Product Development Expenditure (10 000 yuan)	新产品销售收入 （万元） Sales Revenue of New Products (10 000 yuan)
229	2008
947	8769
6944	45941
123	775
913	6408
76580	345060
44587	219480
14632	57756
39414	271479
1743	25460
58099	895693
73769	385739
106733	528470
133401	1115689
289543	3694464
667008	3713924
239817	8461339
642669	5795842
61313	243751
2173	12713
178	
932	
2616	
284	
1584	
749	

20–22 规模以上非工业重点行业企业研究与试验发展（R&D）基本情况（2022年）

R&D Project Situation of Non-Industrial Key Enterprises above Designated Size (2022)

指　标	Item	单位数（个）Number of Enterprises (unit)	#有R&D活动单位数（个）The Number of R&D Enterprises (unit)
总　计	**Total**	**2441**	**301**
按企业规模分	**By Size of Enterprises**		
大型企业	Large-size	212	78
中型企业	Medium-size	568	102
小型企业	Small-size	1232	109
微型企业	Micro-size	429	12
按登记注册类型分	**By Status of Registration**		
内资企业	Domestic Invested Enterprises	2369	295
港澳台商投资企业	Enterprises with Investment from Hong Kong, Macao and Taiwan	25	
外商投资企业	Foreign Invested Enterprises	47	6
按国民经济行业分	By Sector		
建筑业	Construction	424	50
交通运输、仓储和邮政业	Transport, Storage and Post	247	4
信息传输、软件和信息技术服务业	Information Transmission, Software and Information Technology	394	89
租赁和商务服务业	Leasing and Business Services	487	13
科学研究和技术服务业	Scientific Research and Technical Services	458	135
水利、环境和公共设施管理业	Management of Water Conservancy, Environment and Public Facilities	70	2
卫生和社会工作	Health and Social Service	80	6
文化、体育和娱乐业	Culture, Sports and Entertainment	281	2

20-23 规模以上非工业重点行业企业研究与试验发展（R&D）人员和经费支出情况（2022年）

R&D Personnel and Expenditure of Non-Industrial Key Enterprises above Designated Size (2022)

指　标	Item	R&D人员（人）R&D Person (person)	#研究人员 Researchers
总　　计	**Total**	**21201**	**9900**
按企业规模分	**By Size of Enterprises**		
大型企业	Large-size	15017	6917
中型企业	Medium-size	4107	1963
小型企业	Small-size	1410	662
微型企业	Micro-size	667	358
按登记注册类型分	**By Status of Registration**		
内资企业	Domestic Invested Enterprises	20745	9643
港澳台商投资企业	Enterprises with Investment from Hong Kong, Macao and Taiwan		
外商投资企业	Foreign Invested Enterprises	456	257
按国民经济行业分	**By Sector**		
建筑业	Construction	5150	2058
交通运输、仓储和邮政业	Transport, Storage and Post	570	325
信息传输、软件和信息技术服务业	Information Transmission, Software and Information Technology	7651	3553
租赁和商务服务业	Leasing and Business Services	162	71
科学研究和技术服务业	Scientific Research and Technical Services	7540	3842
水利、环境和公共设施管理业	Management of Water Conservancy, Environment and Public Facilities	19	10
卫生和社会工作	Health and Social Service	103	38
文化、体育和娱乐业	Culture, Sports and Entertainment	6	3

20-23 续表

指 标	Item	R&D经费内部支出（万元） R&D Internal Expenditure (10 000 yuan)
总 计	**Total**	**820665**
按企业规模分	**By Size of Enterprises**	
大型企业	Large-size	681610
中型企业	Medium-size	91662
小型企业	Small-size	38102
微型企业	Micro-size	9291
按登记注册类型分	**By Status of Registration**	
内资企业	Domestic Invested Enterprises	800595
港澳台商投资企业	Enterprises with Investment from Hong Kong, Macao and Taiwan	
外商投资企业	Foreign Invested Enterprises	20070
按国民经济行业分	**By Sector**	
建筑业	Construction	285116
交通运输、仓储和邮政业	Transport, Storage and Post	1511
信息传输、软件和信息技术服务业	Information Transmission, Software and Information Technology	298547
租赁和商务服务业	Leasing and Business Services	2941
科学研究和技术服务业	Scientific Research and Technical Sevices	224195
水利、环境和公共设施管理业	Management of Water Conservancy, Environment and Public Facilities	138
卫生和社会工作	Health and Social Service	7518
文化、体育和娱乐业	Culture, Sports and Entertainment	700

continued

#政府资金 Government Funds	#企业资金 Enterprises Funds
15691	**804943**
12410	669169
2841	88821
320	37782
120	9171
15691	784874
	20070
129	284988
	1511
242	298305
146	2795
15055	209109
	138
20	7498
100	600

20-24　主要年份知识产权情况

Intellectual Property Rights in Representative Years

指　标	Item	2015年	2016年	2017年	2018年	2019年	2020年	2021年	2022年	2023年
一、专利申请合计数（件）	**Number of Patent Applications (piece)**	**60986**	**45417**	**81110**	**56408**	**72377**	**68353**			
发明专利	Invention Patents	14024	18282	40439	24074	29297	31376			
实用新型专利	Utility Model Patents	15735	18087	22461	24313	28087	33406			
外观专利	Appearance Design Patents	31227	9048	18210	8021	14993	3571			
二、授权专利合计（件）	**Number of Invention Patent Grants (piece)**	**25103**	**37744**	**25042**	**31640**	**34123**	**45407**	**64131**	**58045**	**51145**
发明专利	Invention Patents	5873	6565	7902	8025	9017	11067	14055	17136	19464
实用新型专利	Utility Model Patents	12030	12035	11595	17070	18937	29916	46123	36793	28010
外观专利	Appearance Design Patents	7200	19144	5545	6545	6169	4424	3953	4116	3671
三、注册商标（件）	**Registered Trade Mark (piece)**	**30527**	**23887**	**27060**	**43205**	**61692**	**58842**	**81879**	**65503**	**51022**

注：1.本表数据由市市场监管局提供。
　　2.本表数据为西安行政区划口径数据。
　　3.专利申请合计数中的2020年数据为截至2020年11月末的数据，之后国家未公布该数据。

Note: a) The data in this table is provided by the Market Regulation Bureau.
　　b) Figures in this table are based on Xi'an administrative division.
　　c) The data for 2020 in the total number of patent applications is as of the end of November 2020, and the country has not published this data since then.

20-25　主要年份民事知识产权维权情况

Protection of Civil Intellectual Property Rights in Representative Years

单位：件　　(piece)

指　标	Item	2015年	2016年	2017年	2018年	2019年	2020年	2021年	2022年	2023年
1.专利纠纷	Patent Disputes	130	95	112	449	233	157	254	218	327
2.商标纠纷	Trade Mark Disputes	277	353	404	892	744	1245	1399	1159	1303
3.著作权纠纷	Copyright Disputes	327	404	190	520	1852	1413	1216	1080	1588
4.技术合同纠纷	Technological Contract Disputes	12	10	36	47	52	74	90	102	81
5.其他知识产权纠纷	Others IPR Disputes	67	25	110	182	366	667	352	716	1000

注：1.本表数据由市中级人民法院提供。
　　2.本表数据为西安行政区划口径数据。

Note: a) Data in this table is provided by the Municipal Intermediate People's Court.
　　b) Figures in this table are based on Xi'an administrative division.

20-26 规模以上工业企业自主知识产权情况（2022年）

The Independent Intellectual Property Rights of Industrial Enterprises above Designated Size (2022)

指　标	Item	专利申请数（件）Number of Patent Applications (piece)	#发明专利 Invention Patents
总　　计	**Total**	**11680**	**5565**
按企业规模分	**By Size of Enterprises**		
大型企业	Large-size	4170	2494
中型企业	Medium-size	2581	1284
小型企业	Small-size	4836	1743
微型企业	Micro-size	93	44
按登记注册类型分	**By Status of Registration**		
内资企业	Domestic Invested Enterprises	11266	5379
国有企业	State-owned Enterprises	385	192
集体企业	Collective-owned Enterprises		
股份合作企业	Share-holding Cooperative Enterprises	3	2
联营企业	Joint Ownership Enterprises		
有限责任公司	Limited Liability Corporations	5445	2939
股份有限公司	Share-holding Corporations Ltd.	2220	1106
私营企业	Private Enterprises	3213	1140
其他	Other Enterprises		
港澳台商投资企业	Enterprises with Investment from Hong Kong, Macao and Taiwan	161	119
外商投资企业	Foreign Invested Enterprises	253	67
按国民经济行业分	**By Sector**		
采矿业	Mining	274	252
煤炭开采和洗选业	Mining and Washing of Coal		
石油和天然气开采业	Extraction of Petroleum and Natural Gas	25	24
黑色金属矿采选业	Mining and Processing of Ferrous Metal Ores		
有色金属矿采选业	Mining and Processing of Non-Ferrous Metal Ores		
非金属矿采选业	Mining and Processing of Non-metal Ores		
开采专业及辅助性活动	Professional and Support Activities for Mining	249	228
其他采矿业	Mining of other Ores		
制造业	Manufacturing	11272	5272
农副食品加工业	Processing of Food from Agricultural Products	34	4
食品制造业	Manufacture of Foods	28	13
酒、饮料和精制茶制造业	Manufacture of Alcohol, Beverages and Refined Tea	13	1
烟草制品业	Manufacture of Tobacco	103	9
纺织业	Manufacture of Textile	29	14
纺织服装、服饰业	Manufacture of Textile, Wearing Apparel and Accessories	14	1
皮革、毛皮、羽毛及其制品和制鞋业	Manufacture of Leather, Fur, Feather and Related Products and Footwear	12	2

20-26 续表 continued

指 标	Item	专利申请数（件）Number of Patent Applications (piece)	#发明专利 Invention Patents
木材加工和木、竹、藤、棕、草制品业	Processing of Timber, Manufacture of Wood, Bamboo, Rattan, Plam and Straw Products		
家具制造业	Manufacture of Furniture		
造纸和纸制品业	Manufacture of Paper and Paper Products	39	24
印刷和记录媒介复制业	Printing, Reproduction of Recording Media	70	21
文教、工美、体育和娱乐用品制造业	Manufacture of Articles For Culture, Education, Arts and Crafts, Sport and Entertainment Activities	4	
石油、煤炭及其他燃料加工业	Processing of Petroleum, Coal and Other Fuels	9	5
化学原料和化学制品制造业	Manufacture of Raw Chemical Materials and Chemical Products	502	303
医药制造业	Manufacture of Medicines	131	76
化学纤维制造业	Manufacture of Chemical Fibers	10	5
橡胶和塑料制品业	Manufacture of Rubber and Plastics Products	119	32
非金属矿物制品业	Manufacture of Non-metallic Mineral Products	459	150
黑色金属冶炼和压延加工业	Smelting and Pressing of Ferrous Metals	7	1
有色金属冶炼和压延加工业	Smelting and Pressing of Non-ferrous Metals	341	211
金属制品业	Manufacture of Metal Products	436	225
通用设备制造业	Manufacture of General Purpose Machinery	806	281
专用设备制造业	Manufacture of Special Purpose Machinery	1544	748
汽车制造业	Manufacture of Motor Vehicles	1167	432
铁路、船舶、航空航天和其他运输设备制造业	Manufacture of Railway, Ship, Aerospace and Other Transport Equipments	1516	980
电气机械和器材制造业	Manufacture of Electrical Machinery and Apparatus	1125	365
计算机、通信和其他电子设备制造业	Manufacture of Computers, Communication and Other Electronic Equipment	2114	1127
仪器仪表制造业	Manufacture of Measuring Instruments and Machinery	532	235
其他制造业	Other Manufacturing	23	4
废弃资源综合利用业	Utilization of Waste Resources	37	2
金属制品、机械和设备修理业	Repair Service of Metal Products, Machinery and Equipment	48	1
电力、热力、燃气及水生产和供应业	Production and Supply of Electricity, Heat, Gas and Water	134	41
电力、热力生产和供应业	Production and Supply of Electric Power and Heat Power	85	31
燃气生产和供应业	Production and Supply of Gas	41	8
水的生产和供应业	Production and Supply of Water	8	2

注：2022年期末有效发明专利数国家未反馈。
Note: The number of valid invention patents at the end of 2022 has not been reported by any country.

20–27 规模以上非工业重点行业企业知识产权（2022年）

Intellectual Property Rights of Non-Industrial Key Enterprises above Designated Size (2022)

指 标	Item	专利申请数（件）Number of Patent Applications (piece)	#发明专利 Invention Patents
总 计	**Total**	**10011**	**4477**
按企业规模分	**By Size of Enterprises**		
大型企业	Large-size	7550	3178
中型企业	Medium-size	1509	765
小型企业	Small-size	905	521
微型企业	Micro-size	47	13
按登记注册类型分	**By Status of Registration**		
内资企业	Domestic Invested Enterprises	9968	4462
港澳台商投资企业	Enterprises with Investment from Hong Kong, Macao and Taiwan		
外商投资企业	Foreign Invested Enterprises	43	15
按国民经济行业分	**By Sector**		
建筑业	Construction	3464	810
交通运输、仓储和邮政业	Transport, Storage and Post	27	3
信息传输、软件和信息技术服务业	Information Transmission, Software and Information Technology	1083	712
租赁和商务服务业	Leasing and Business Services	51	18
科学研究和技术服务业	Scientific Research and Technical Services	5354	2921
水利、环境和公共设施管理业	Management of Water Conservancy, Environment and Public Facilities		
卫生和社会工作	Health and Social Service	18	11
文化、体育和娱乐业	Culture, Sports and Entertainment	14	2

注：2022年期末有效发明专利数国家未反馈。
Note: The number of valid invention patents at the end of 2022 has not been reported by any country.

20-28 规模（限额）以上企业创新活动总体情况（2022年）

指 标	Item	企业数（个）Number of Enterprises (unit)	开展创新活动企业数（个）Number of Enterprises with Innovation Activity (unit)
总 计	**Total**	**7279**	**3344**
按企业规模分	**Grouped by Size of Enterprises**		
大型企业	Large-size	330	254
中型企业	Medium-size	1152	668
小型企业	Small-size	3111	1729
微型企业	Micro-size	2686	693
按登记注册类型分	**Grouped by Status of Registration**		
内资企业	Domestic Invested Enterprises	6985	3198
港澳台商投资企业	Enterprises with Investment from Hong Kong, Macao and Taiwan	87	34
外商投资企业	Foreign Invested Enterprises	207	112
按行业分	**Grouped by Sector**		
采矿业	Mining	16	12
制造业	Manufacturing	1706	1300
电力、热力、燃气及水生产和供应业	Production and Supply of Electricity, Heat, Gas and Water	81	26
建筑业	Construction	1090	404
批发和零售业	Wholesale and Retail Trades	2730	740
交通运输、仓储和邮政业	Transport, Storage and Post	247	70
信息传输、软件和信息技术服务业	Information Transmission, Software and Information Services	394	329
租赁和商务服务业	Leasing and Business Services	487	146
科学研究和技术服务业	Scientific Research and Technical Sevices	458	297
水利、环境和公共设施管理业	Management of Water Conservancy, Environment and Public	70	20

Basic Statistics on Enterprises Innovation Activities above Designated Size (2022)

#实现创新企业 Achieve Innovative Enterprise	#同时实现四种创新企业 Achieve Four Kinds of Innovative Enterprises At Same Time	#实现产品创新企业 Achieve Product Innovation Enterprises	#实现工艺创新企业 Achieve Process Innovation Enterprises	#实现组织创新企业 Achieve Organizational Innovation Enterprises	#实现营销创新企业 Achieve Marketing Innovation Enterprises
3167	**473**	**1293**	**1758**	**2164**	**1505**
245	58	132	189	176	111
633	94	290	359	416	257
1617	280	774	1002	1091	777
672	41	97	208	481	360
3032	450	1227	1672	2093	1440
32	5	12	17	19	16
103	18	54	69	52	49
10		3	10	6	2
1232	278	759	935	755	612
24			12	14	8
384	31	80	186	296	109
733	52	102	187	531	454
69	6	11	23	59	23
291	60	178	185	208	128
137	9	28	42	106	67
268	37	127	173	177	92
19		5	5	12	10

20-28 续表

指　标	Item	开展创新活动企业 Innovation Activity Enterprises
总　　计	**Total**	**45.9**
按企业规模分	**Grouped by Size of Enterprises**	
大型企业	Large-size	77.0
中型企业	Medium-size	58.0
小型企业	Small-size	55.6
微型企业	Micro-size	25.8
按登记注册类型分	**Grouped by Status of Registration**	
内资企业	Domestic Invested Enterprises	45.8
港澳台商投资企业	Enterprises with Investment from Hong Kong, Macao and Taiwan	39.1
外商投资企业	Foreign Invested Enterprises	54.1
按行业分	**Grouped by Sector**	
采矿业	Mining	75.0
制造业	Manufacturing	76.2
电力、热力、燃气及水生产和供应业	Production and Supply of Electricity, Heat, Gas and Water	32.1
建筑业	Construction	37.1
批发和零售业	Wholesale and Retail Trades	27.1
交通运输、仓储和邮政业	Transport, Storage and Post	28.3
信息传输、软件和信息技术服务业	Information Transmission, Software and Information Services	83.5
租赁和商务服务业	Leasing and Business Services	30.0
科学研究和技术服务业	Scientific Research and Technical Sevices	64.8
水利、环境和公共设施管理业	Management of Water Conservancy, Environment and Public	28.6

continued

在全部企业中占比（%） The Proportion in All Enterprises (%)					
#实现创新企业 Achieve Innovative Enterprise	#同时实现四种创新企业 Achieve four kinds of Innovative Enterprises at same time	#实现产品创新企业 Achieve Product Innovation Enterprises	#实现工艺创新企业 Achieve Process Innovation Enterprises	#实现组织创新企业 Achieve Organizational Innovation Enterprises	#实现营销创新企业 Achieve Marketing Innovation Enterprises
43.5	**6.5**	**17.8**	**24.2**	**29.7**	**20.7**
74.2	17.6	40.0	57.3	53.3	33.6
54.9	8.2	25.2	31.2	36.1	22.3
52.0	9.0	24.9	32.2	35.1	25.0
25.0	1.5	3.6	7.7	17.9	13.4
43.4	6.4	17.6	23.9	30.0	20.6
36.8	5.7	13.8	19.5	21.8	18.4
49.8	8.7	26.1	33.3	25.1	23.7
62.5		18.8	62.5	37.5	12.5
72.2	16.3	44.5	54.8	44.3	35.9
29.6			14.8	17.3	9.9
35.2	2.8	7.3	17.1	27.2	10.0
26.9	1.9	3.7	6.9	19.5	16.6
27.9	2.4	4.5	9.3	23.9	9.3
73.9	15.2	45.2	47.0	52.8	32.5
28.1	1.8	5.7	8.6	21.8	13.8
58.5	8.1	27.7	37.8	38.6	20.1
27.1		7.1	7.1	17.1	14.3

20-29　规模以上工业企业创新活动总体情况（2022年）

指　标	Item	企业数（个） Number of Enterprises (unit)	开展创新活动企业数（个） Number of Enterprises with Innovation Activity (unit)
总　　计	**Total**	**1803**	**1338**
按企业规模分	**Grouped by Size of Enterprises**		
大型企业	Large-size	69	62
中型企业	Medium-size	208	180
小型企业	Small-size	1403	1048
微型企业	Micro-size	123	48
按登记注册类型分	**Grouped by Status of Registration**		
内资企业	Domestic Invested Enterprises	1681	1257
港澳台商投资企业	Enterprises with Funds from Hong Kong, Macao and Taiwan	26	16
外商投资企业	Foreign Invested Enterprises	96	65
按行业分	**Grouped by Sector**		
采矿业	Mining	16	12
煤炭开采和洗选业	Mining and Washing of Coal		
石油和天然气开采业	Extraction of Petroleum and Natural Gas	1	1
黑色金属矿采选业	Mining and Processing of Ferrous Metal Ores		
有色金属矿采选业	Mining and Processing of Non-ferrous Metal Ores		
非金属矿采选业	Mining and Processing of Non-metal Ores		
开采专业及辅助性活动	Professional and Support Activities for Mining	15	11
其他采矿业	Mining of Other Ores		
制造业	Manufacturing	1706	1300
农副食品加工业	Processing of Food from Agricultural Products	45	20
食品制造业	Manufacture of Foods	49	34
酒、饮料和精制茶制造业	Manufacture of Alcohol, Beverages and Refined Tea	15	9
烟草制品业	Manufacture of Tobacco	3	3
纺织业	Manufacture of Textile	18	12
纺织服装、服饰业	Manufacture of Textile Wearing Apparel and Accessories	3	3
皮革、毛皮、羽毛及其制品和制鞋业	Manufacture of Leather, Fur, Feather and Related Products and Footware	2	2
木材加工和木、竹、藤、棕、草制品业	Processing of Timber, Manufacture of Wood, Bamboo, Rattan, Palm and Straw Products	4	2
家具制造业	Manufacture of Furniture	12	4
造纸和纸制品业	Manufacture of Paper and Paper Products	20	11
印刷和记录媒介复制业	Printing and Reproduction of Recording Media	27	18

Basic Statistics on Industrial Enterprises Innovation Activities above Designated Size (2022)

#实现创新企业 Achieve Innovative Enterprise	#同时实现四种创新企业 Achieve Four Kinds of Innovative Enterprises At Same Time	#实现产品创新企业 Achieve Product Innovation Enterprises	#实现工艺创新企业 Achieve Process Innovation Enterprises	#实现组织创新企业 Achieve Organizational Innovation Enterprises	#实现营销创新企业 Achieve Marketing Innovation Enterprises
1266	**278**	**762**	**957**	**775**	**622**
60	20	42	52	42	31
173	48	128	142	105	81
993	204	578	736	605	492
40	6	14	27	23	18
1190	263	716	899	737	587
15	4	9	11	9	10
61	11	37	47	29	25
10		3	10	6	2
1			1	1	
9		3	9	5	2
1232	278	759	935	755	612
20	4	10	14	11	13
33	3	18	14	18	22
8	1	3	3	5	7
3	1	2	2	2	1
11	1	7	8	4	5
3		1	2	2	3
2	1	2	2	2	1
2		1		2	2
4	2	3	3	4	3
10	1	3	8	7	5
17	1	8	15	8	6

20-29 续表 1

指　标	Item	开展创新活动企业 Innovation Activity Enterprises
总　　计	**Total**	**74.2**
按企业规模分	**Grouped by Size of Enterprises**	
大型企业	Large-size	89.9
中型企业	Medium-size	86.5
小型企业	Small-size	74.7
微型企业	Micro-size	39.0
按登记注册类型分	**Grouped by Status of Registration**	
内资企业	Domestic Invested Enterprises	74.8
港澳台商投资企业	Enterprises with Funds from Hong Kong, Macao and Taiwan	61.5
外商投资企业	Foreign Invested Enterprises	67.7
按行业分	**Grouped by Sector**	
采矿业	Mining	75.0
煤炭开采和洗选业	Mining and Washing of Coal	
石油和天然气开采业	Extraction of Petroleum and Natural Gas	100.0
黑色金属矿采选业	Mining and Processing of Ferrous Metal Ores	
有色金属矿采选业	Mining and Processing of Non-ferrous Metal Ores	
非金属矿采选业	Mining and Processing of Non-metal Ores	
开采专业及辅助性活动	Professional and Support Activities for Mining	73.3
其他采矿业	Mining of Other Ores	
制造业	Manufacturing	76.2
农副食品加工业	Processing of Food from Agricultural Products	44.4
食品制造业	Manufacture of Foods	69.4
酒、饮料和精制茶制造业	Manufacture of Alcohol, Beverages and Refined Tea	60.0
烟草制品业	Manufacture of Tobacco	100.0
纺织业	Manufacture of Textile	66.7
纺织服装、服饰业	Manufacture of Textile Wearing Apparel and Accessories	100.0
皮革、毛皮、羽毛及其制品和制鞋业	Manufacture of Leather, Fur, Feather and Related Products and Footware	100.0
木材加工和木、竹、藤、棕、草制品业	Processing of Timber, Manufacture of Wood, Bamboo, Rattan, Palm and Straw Products	50.0
家具制造业	Manufacture of Furniture	33.3
造纸和纸制品业	Manufacture of Paper and Paper Products	55.0
印刷和记录媒介复制业	Printing and Reproduction of Recording Media	66.7

continued 1

在全部企业中占比（%） The Proportion in All Enterprises (%)					
#实现创新企业 Achieve Innovative Enterprise	#同时实现四种创新企业 Achieve Four Kinds of Innovative Enterprises At Same Time	#实现产品创新企业 Achieve Product Innovation Enterprises	#实现工艺创新企业 Achieve Process Innovation Enterprises	#实现组织创新企业 Achieve Organizational Innovation Enterprises	#实现营销创新企业 Achieve Marketing Innovation Enterprises
70.2	**15.4**	**42.3**	**53.1**	**43.0**	**34.5**
87.0	29.0	60.9	75.4	60.9	44.9
83.2	23.1	61.5	68.3	50.5	38.9
70.8	14.5	41.2	52.5	43.1	35.1
32.5	4.9	11.4	22.0	18.7	14.6
70.8	15.6	42.6	53.5	43.8	34.9
57.7	15.4	34.6	42.3	34.6	38.5
63.5	11.5	38.5	49.0	30.2	26.0
62.5		18.8	62.5	37.5	12.5
100.0			100.0	100.0	
60.0		20.0	60.0	33.3	13.3
72.2	16.3	44.5	54.8	44.3	35.9
44.4	8.9	22.2	31.1	24.4	28.9
67.3	6.1	36.7	28.6	36.7	44.9
53.3	6.7	20.0	20.0	33.3	46.7
100.0	33.3	66.7	66.7	66.7	33.3
61.1	5.6	38.9	44.4	22.2	27.8
100.0		33.3	66.7	66.7	100.0
100.0	50.0	100.0	100.0	100.0	50.0
50.0		25.0		50.0	50.0
33.3	16.7	25.0	25.0	33.3	25.0
50.0	5.0	15.0	40.0	35.0	25.0
63.0	3.7	29.6	55.6	29.6	22.2

20-29 续表 2

指 标	Item	企业数（个）Number of Enterprises (unit)	开展创新活动企业数（个）Number of Enterprises with Innovation Activity (unit)
文教、工美、体育和娱乐用品制造业	Manufacture of Articles for Culture, Education, Arts and Crafts, Sport and Entertainment Activities	5	4
石油、煤炭及其他燃料加工业	Processing of Petroleum, Coal and Other Fuels	5	3
化学原料和化学制品制造业	Manufacture of Raw Chemical Materials and Chemical Products	77	59
医药制造业	Manufacture of Medicines	68	61
化学纤维制造业	Manufacture of Chemical Fibers	3	1
橡胶和塑料制品业	Manufacture of Rubber and Plastics Products	44	29
非金属矿物制品业	Manufacture of Non-metallic Mineral Products	195	91
黑色金属冶炼和压延加工业	Smelting and Pressing of Ferrous Metals	13	9
有色金属冶炼和压延加工业	Smelting and Pressing of Non-ferrous Metals	50	41
金属制品业	Manufacture of Metal Products	129	85
通用设备制造业	Manufacture of General Purpose Machinery	108	96
专用设备制造业	Manufacture of Special Purpose Machinery	145	126
汽车制造业	Manufacture of Motor Vehicle	93	70
铁路、船舶、航空航天和其他运输设备制造业	Manufacture of Railway, Ship, Aerospace and Other Transport Equipments	107	100
电气机械和器材制造业	Manufacture of Electrical Machinery and Apparatus	183	154
计算机、通信和其他电子设备制造业	Manufacture of Computers, Communication and Other Equipments	161	146
仪器仪表制造业	Manufacture of Measuring Instruments and Machinery	90	86
其他制造业	Other Manufacture	8	7
废弃资源综合利用业	Utilization of Waste Resources	7	4
金属制品、机械和设备修理业	Repair Service of Metal Products, Machinery and Equipment	17	10
电力、热力、燃气及水生产和供应业	Production and Supply of Electricity, Heat, Gas and Water	81	26
电力、热力生产和供应业	Production and Supply of Electric Power and Heat Power	36	12
燃气生产和供应业	Production and supply of Gas	23	8
水的生产和供应业	Production and Supply of Water	22	6

continued 2

#实现 创新企业 Achieve Innovative Enterprise	#同时实现 四种创新企业 Achieve Four Kinds of Innovative Enterprises At Same Time	#实现产品 创新企业 Achieve Product Innovation Enterprises	#实现工艺 创新企业 Achieve Process Innovation Enterprises	#实现组织 创新企业 Achieve Organizational Innovation Enterprises	#实现营销 创新企业 Achieve Marketing Innovation Enterprises
4	1	2	4	2	2
3	1	1	3	2	2
54	13	34	43	34	31
56	12	31	36	32	41
1		1	1		
28	6	15	22	11	15
85	5	27	62	50	31
8	3	4	5	7	4
40	6	30	31	22	12
80	13	34	67	44	31
92	25	63	77	56	43
121	37	81	101	79	69
67	22	50	55	50	34
93	21	61	79	59	36
146	34	91	107	81	82
141	39	113	101	92	68
81	22	59	55	56	37
7	3	3	5	5	5
4			4	2	
8		1	6	6	1
24			12	14	8
11			7	7	4
8			4	4	3
5			1	3	1

20-29 续表 3

指 标	Item	开展创新活动企业 Innovation Activity Enterprises
文教、工美、体育和娱乐用品制造业	Manufacture of Articles for Culture, Education, Arts and Crafts, Sport and Entertainment Activities	80.0
石油、煤炭及其他燃料加工业	Processing of Petroleum, Coal and Other Fuels	60.0
化学原料和化学制品制造业	Manufacture of Raw Chemical Materials and Chemical Products	76.6
医药制造业	Manufacture of Medicines	89.7
化学纤维制造业	Manufacture of Chemical Fibers	33.3
橡胶和塑料制品业	Manufacture of Rubber and Plastics Products	65.9
非金属矿物制品业	Manufacture of Non-metallic Mineral Products	46.7
黑色金属冶炼和压延加工业	Smelting and Pressing of Ferrous Metals	69.2
有色金属冶炼和压延加工业	Smelting and Pressing of Non-ferrous Metals	82.0
金属制品业	Manufacture of Metal Products	65.9
通用设备制造业	Manufacture of General Purpose Machinery	88.9
专用设备制造业	Manufacture of Special Purpose Machinery	86.9
汽车制造业	Manufacture of Motor Vehicle	75.3
铁路、船舶、航空航天和其他运输设备制造业	Manufacture of Railway, Ship, Aerospace and Other Transport Equipments	93.5
电气机械和器材制造业	Manufacture of Electrical Machinery and Apparatus	84.2
计算机、通信和其他电子设备制造业	Manufacture of Computers, Communication and Other Equipments	90.7
仪器仪表制造业	Manufacture of Measuring Instruments and Machinery	95.6
其他制造业	Other Manufacture	87.5
废弃资源综合利用业	Utilization of Waste Resources	57.1
金属制品、机械和设备修理业	Repair Service of Metal Products, Machinery and Equipment	58.8
电力、热力、燃气及水生产和供应业	Production and Supply of Electricity, Heat, Gas and Water	32.1
电力、热力生产和供应业	Production and Supply of Electric Power and Heat Power	33.3
燃气生产和供应业	Production and supply of Gas	34.8
水的生产和供应业	Production and Supply of Water	27.3

continued 3

在全部企业中占比（%） The Proportion in All Enterprises (%)					
#实现创新企业 Achieve Innovative Enterprise	#同时实现四种创新企业 Achieve Four Kinds of Innovative Enterprises At Same Time	#实现产品创新企业 Achieve Product Innovation Enterprises	#实现工艺创新企业 Achieve Process Innovation Enterprises	#实现组织创新企业 Achieve Organizational Innovation Enterprises	#实现营销创新企业 Achieve Marketing Innovation Enterprises
80.0	20.0	40.0	80.0	40.0	40.0
60.0	20.0	20.0	60.0	40.0	40.0
70.1	16.9	44.2	55.8	44.2	40.3
82.4	17.6	45.6	52.9	47.1	60.3
33.3		33.3	33.3		
63.6	13.6	34.1	50.0	25.0	34.1
43.6	2.6	13.8	31.8	25.6	15.9
61.5	23.1	30.8	38.5	53.8	30.8
80.0	12.0	60.0	62.0	44.0	24.0
62.0	10.1	26.4	51.9	34.1	24.0
85.2	23.1	58.3	71.3	51.9	39.8
83.4	25.5	55.9	69.7	54.5	47.6
72.0	23.7	53.8	59.1	53.8	36.6
86.9	19.6	57.0	73.8	55.1	33.6
79.8	18.6	49.7	58.5	44.3	44.8
87.6	24.2	70.2	62.7	57.1	42.2
90.0	24.4	65.6	61.1	62.2	41.1
87.5	37.5	37.5	62.5	62.5	62.5
57.1			57.1	28.6	
47.1		5.9	35.3	35.3	5.9
29.6			14.8	17.3	9.9
30.6			19.4	19.4	11.1
34.8			17.4	17.4	13.0
22.7			4.5	13.6	4.5

20-30 资质等级以上建筑业企业创新活动总体情况（2022年）

指 标	Item	企业数（个）Number of Enterprises (unit)	开展创新活动企业数（个）Number of Enterprises with Innovation Activity (unit)
总 计	**Total**	**1090**	**404**
按企业规模分	**By Size of Enterprises**		
大型企业	Large-size	86	76
中型企业	Medium-size	239	112
小型企业	Small-size	243	71
微型企业	Micro-size	522	145
按登记注册类型分	**By Status of Registration**		
内资企业	Domestic Invested Enterprises	1086	403
港澳台商投资企业	Enterprises with Investment from Hong Kong, Macao and Taiwan	2	1
外商投资企业	Foreign Invested Enterprises	2	
按行业分	**By Sector**		
建筑业	Construction	1090	404
房屋建筑业	Construction of Buildings	380	124
土木工程建筑业	Civil Engineering	357	155
建筑安装业	Building Installation	152	56
建筑装饰、装修和其他建筑业	Building Decoration and Other Constructions	201	69

Basic Statistics on Qualified Construction EnterpriseInnovation Activities (2022)

#实现创新企业 Achieve Innovative Enterprise	#同时实现四种创新企业 Achieve Four Kinds of Innovative Enterprises At Same Time	#实现产品创新企业 Achieve Product Innovation Enterprises	#实现工艺创新企业 Achieve Process Innovation Enterprises	#实现组织创新企业 Achieve Organizational Innovation Enterprises	#实现营销创新企业 Achieve Marketing Innovation Enterprises
384	**31**	**80**	**186**	**296**	**109**
76	16	33	63	58	29
104	3	18	52	73	23
65	3	10	23	56	16
139	9	19	48	109	41
383	31	80	186	295	109
1				1	
384	31	80	186	296	109
118	11	24	54	88	41
151	14	32	79	119	41
48	4	15	26	35	13
67	2	9	27	54	14

20-30 续表

指 标	Item	开展创新活动企业 Innovation Activity Enterprises
总　计	**Total**	**37.1**
按企业规模分	**By Size of Enterprises**	
大型企业	Large-size	88.4
中型企业	Medium-size	46.9
小型企业	Small-size	29.2
微型企业	Micro-size	27.8
按登记注册类型分	**By Status of Registration**	
内资企业	Domestic Invested Enterprises	37.1
港澳台商投资企业	Enterprises with Investment from Hong Kong, Macao and Taiwan	50.0
外商投资企业	Foreign Invested Enterprises	
按行业分	**By Sector**	
建筑业	Construction	37.1
房屋建筑业	Construction of Buildings	32.6
土木工程建筑业	Civil Engineering	43.4
建筑安装业	Building Installation	36.8
建筑装饰、装修和其他建筑业	Building Decoration and Other Constructions	34.3

continued

在全部企业中占比（%） The Proportion in All Enterprises (%)					
#实现创新企业 Achieve Innovative Enterprise	#同时实现四种创新企业 Achieve four kinds of Innovative Enterprises at same time	#实现产品创新企业 Achieve Product Innovation Enterprises	#实现工艺创新企业 Achieve Process Innovation Enterprises	#实现组织创新企业 Achieve Organizational Innovation Enterprises	#实现营销创新企业 Achieve Marketing Innovation Enterprises
35.2	**2.8**	**7.3**	**17.1**	**27.2**	**10.0**
88.4	18.6	38.4	73.3	67.4	33.7
43.5	1.3	7.5	21.8	30.5	9.6
26.7	1.2	4.1	9.5	23.0	6.6
26.6	1.7	3.6	9.2	20.9	7.9
35.3	2.9	7.4	17.1	27.2	10.0
50.0				50.0	
35.2	2.8	7.3	17.1	27.2	10.0
31.1	2.9	6.3	14.2	23.2	10.8
42.3	3.9	9.0	22.1	33.3	11.5
31.6	2.6	9.9	17.1	23.0	8.6
33.3	1.0	4.5	13.4	26.9	7.0

20-31 规模（限额）以上服务业企业创新活动总体情况（2022年）

指 标	Item	企业数（个）Number of Enterprises (unit)	开展创新活动企业数（个）Number of Enterprises with Innovation Activity (unit)
总 计	**Total**	**4386**	**1602**
按企业规模分	By Size of Enterprises		
大型企业	Large-size	175	116
中型企业	Medium-size	705	376
小型企业	Small-size	1465	610
微型企业	Microenterprise	2041	500
按登记注册类型分	**By Status of Registration**		
内资企业	Domestic Invested Enterprises	4218	1538
港澳台商投资企业	Enterprises with Investment from Hong Kong, Macao and Taiwan	59	17
外商投资企业	Foreign Invested Enterprises	109	47
按行业分	**By Sector**		
批发和零售业	Wholesale and Retail Trades	2730	740
批发业	Wholesale Trade	1744	438
零售业	Retail Trade	986	302
交通运输、仓储和邮政业	Transport, Storage and Post	247	70
铁路运输业	Railway Transport	7	5
道路运输业	Road Transport	138	30
水上运输业	Water Transport		
航空运输业	Air Transport	13	7
管道运输业	Transport Via Pipelines	1	1
多式联运和运输代理业	Intermodality and Forwarding Agency	43	21
装卸搬运和仓储业	Loading, Unloading and Storage	36	4

Basic Statistics on Services Enterprise Innovation Activities above Designated Size (2022)

#实现创新企业 Achieve Innovative Enterprise	#同时实现四种创新企业 Achieve Four Kinds of Innovative Enterprises At Same Time	#实现产品创新企业 Achieve Product Innovation Enterprises	#实现工艺创新企业 Achieve Process Innovation Enterprises	#实现组织创新企业 Achieve Organizational Innovation Enterprises	#实现营销创新企业 Achieve Marketing Innovation Enterprises
1517	**164**	**451**	**615**	**1093**	**774**
109	22	57	74	76	51
356	43	144	165	238	153
559	73	186	243	430	269
493	26	64	133	349	301
1459	156	431	587	1061	744
16	1	3	6	9	6
42	7	17	22	23	24
733	52	102	187	531	454
432	32	65	125	336	222
301	20	37	62	195	232
69	6	11	23	59	23
5		2	4	3	3
29	2	3	7	26	5
7	2	2	3	7	3
1		1	1		
21	2	3	7	19	9
4			1	2	1

20-31 续表1

指 标	Item	开展创新活动企业 Innovation Activity Enterprises
总　计	**Total**	36.5
按企业规模分	By Size of Enterprises	
大型企业	Large-size	66.3
中型企业	Medium-size	53.3
小型企业	Small-size	41.6
微型企业	Microenterprise	24.5
按登记注册类型分	**By Status of Registration**	
内资企业	Domestic Invested Enterprises	36.5
港澳台商投资企业	Enterprises with Investment from Hong Kong, Macao and Taiwan	28.8
外商投资企业	Foreign Invested Enterprises	43.1
按行业分	**By Sector**	
批发和零售业	Wholesale and Retail Trades	27.1
批发业	Wholesale Trade	25.1
零售业	Retail Trade	30.6
交通运输、仓储和邮政业	Transport, Storage and Post	28.3
铁路运输业	Railway Transport	71.4
道路运输业	Road Transport	21.7
水上运输业	Water Transport	
航空运输业	Air Transport	53.8
管道运输业	Transport Via Pipelines	100.0
多式联运和运输代理业	Intermodality and Forwarding Agency	48.8
装卸搬运和仓储业	Loading, Unloading and Storage	11.1

continued 1

在全部企业中占比（%） The Proportion in All Enterprises (%)					
#实现创新企业 Achieve Innovative Enterprise	#同时实现四种创新企业 Achieve Four Kinds of Innovative Enterprises At Same Time	#实现产品创新企业 Achieve Product Innovation Enterprises	#实现工艺创新企业 Achieve Process Innovation Enterprises	#实现组织创新企业 Achieve Organizational Innovation Enterprises	#实现营销创新企业 Achieve Marketing Innovation Enterprises
34.6	3.7	10.3	14.0	24.9	17.6
62.3	12.6	32.6	42.3	43.4	29.1
50.5	6.1	20.4	23.4	33.8	21.7
38.2	5.0	12.7	16.6	29.4	18.4
24.2	1.3	3.1	6.5	17.1	14.7
34.6	3.7	10.2	13.9	25.2	17.6
27.1	1.7	5.1	10.2	15.3	10.2
38.5	6.4	15.6	20.2	21.1	22.0
26.9	1.9	3.7	6.9	19.5	16.6
24.8	1.8	3.7	7.2	19.3	12.7
30.5	2.0	3.8	6.3	19.8	23.5
27.9	2.4	4.5	9.3	23.9	9.3
71.4		28.6	57.1	42.9	42.9
21.0	1.4	2.2	5.1	18.8	3.6
53.8	15.4	15.4	23.1	53.8	23.1
100.0		100.0	100.0	0.0	0.0
48.8	4.7	7.0	16.3	44.2	20.9
11.1			2.8	5.6	2.8

20-31 续表2

指　标	Item	企业数（个）Number of Enterprises (unit)	开展创新活动企业数（个）Number of Enterprises with Innovation Activity (unit)
邮政业	Post	9	2
信息传输、软件和信息技术服务业	Information Transmission, Software and Information Technology	394	329
电信、广播电视和卫星传输服务	Telecommunication, Radio and Television and Satellite	21	16
互联网和相关服务	Internet and Related Service	91	68
软件和信息技术服务业	Software and Information Technology	282	245
租赁和商务服务业	Leasing and Business Services	487	146
租赁业	Leasing	37	9
商务服务业	Business Services	450	137
科学研究和技术服务业	Scientific Research and Technical Services	458	297
研究和试验发展	Research and Experimental Development	29	25
专业技术服务业	Professional Technical Services	399	253
科技推广和应用服务业	Science and Technology Popularization and Application Services	30	19
水利、环境和公共设施管理业	Management of Water Conservancy, Environment and Public Facilities	70	20
水利管理业	Management of Water Conservancy	2	1
生态保护和环境治理业	Ecological Protection and Environmental Treatment	8	4
公共设施管理业	Management of Public Facilities	54	13
土地管理业	Management of Land	6	2

continued 2

#实现创新企业 Achieve Innovative Enterprise	#同时实现四种创新企业 Achieve Four Kinds of Innovative Enterprises At Same Time	#实现产品创新企业 Achieve Product Innovation Enterprises	#实现工艺创新企业 Achieve Process Innovation Enterprises	#实现组织创新企业 Achieve Organizational Innovation Enterprises	#实现营销创新企业 Achieve Marketing Innovation Enterprises
2				2	2
291	60	178	185	208	128
14	6	7	10	12	9
64	10	33	31	43	32
213	44	138	144	153	87
137	9	28	42	106	67
9	1	3	3	8	4
128	8	25	39	98	63
268	37	127	173	177	92
25	5	14	18	14	11
227	27	105	144	150	70
16	5	8	11	13	11
19		5	5	12	10
1		1	1		1
4		3		1	3
12		1	4	10	5
2				1	1

20-31 续表3

指 标	Item	开展创新活动企业 Innovation Activity Enterprises
邮政业	Post	22.2
信息传输、软件和信息技术服务业	Information Transmission, Software and Information Technology	83.5
电信、广播电视和卫星传输服务	Telecommunication, Radio and Television and Satellite	76.2
互联网和相关服务	Internet and Related Service	74.7
软件和信息技术服务业	Software and Information Technology	86.9
租赁和商务服务业	Leasing and Business Services	30.0
租赁业	Leasing	24.3
商务服务业	Business Services	30.4
科学研究和技术服务业	Scientific Research and Technical Services	64.8
研究和试验发展	Research and Experimental Development	86.2
专业技术服务业	Professional Technical Services	63.4
科技推广和应用服务业	Science and Technology Popularization and Application Services	63.3
水利、环境和公共设施管理业	Management of Water Conservancy, Environment and Public Facilities	28.6
水利管理业	Management of Water Conservancy	50.0
生态保护和环境治理业	Ecological Protection and Environmental Treatment	50.0
公共设施管理业	Management of Public Facilities	24.1
土地管理业	Management of Land	33.3

continued 3

在全部企业中占比（%） The Proportion in All Enterprises (%)					
#实现创新企业 Achieve Innovative Enterprise	#同时实现四种创新企业 Achieve Four Kinds of Innovative Enterprises At Same Time	#实现产品创新企业 Achieve Product Innovation Enterprises	#实现工艺创新企业 Achieve Process Innovation Enterprises	#实现组织创新企业 Achieve Organizational Innovation Enterprises	#实现营销创新企业 Achieve Marketing Innovation Enterprises
22.2				22.2	22.2
73.9	15.2	45.2	47.0	52.8	32.5
66.7	28.6	33.3	47.6	57.1	42.9
70.3	11.0	36.3	34.1	47.3	35.2
75.5	15.6	48.9	51.1	54.3	30.9
28.1	1.8	5.7	8.6	21.8	13.8
24.3	2.7	8.1	8.1	21.6	10.8
28.4	1.8	5.6	8.7	21.8	14.0
58.5	8.1	27.7	37.8	38.6	20.1
86.2	17.2	48.3	62.1	48.3	37.9
56.9	6.8	26.3	36.1	37.6	17.5
53.3	16.7	26.7	36.7	43.3	36.7
27.1		7.1	7.1	17.1	14.3
50.0		50.0	50.0	0.0	50.0
50.0		37.5		12.5	37.5
22.2		1.9	7.4	18.5	9.3
33.3				16.7	16.7

主 要 统 计 指 标 解 释

普通高等学校　指按国家规定的设置标准和审批程序批准举办的，通过全国普通高等学校统一招生考试，招收高中毕业生为主要培养对象，实施高等学历教育的全日制大学、独立设置的学院和高等专科学校、高等职业学校及其他机构（独立学院和分校、大专班）。

大学、独立设置的学院主要实施本科层次以上教育。高等专科学校、高等职业学校实施专科层次教育。其他机构是承担国家普通招生计划任务不计校数的机构，包括独立学院、普通高等学校分校、大专班和批准筹建的普通高等学校等。独立学院指由普通本科高校按新机制、新模式举办的本科层次的二级学院，一些普通本科高校按公办机制和模式建立的二级学院，“分校”或其他类似的二级办学机构不属此范畴。

成人高等学校　指按照国家规定的设置标准和审批程序批准举办的，通过全国成人高等教育统一招生考试，招收具有高中毕业或同等学力的人员为主要培养对象，利用函授、业余、脱产等多种形式对其实施高等学历教育的学校。包括职工高等学校、农民高等学校、管理干部学院、教育学院、独立函授学院、广播电视大学、其他机构等。其他机构是承担国家成人招生计划任务不计校数的机构。

研究与试验发展（R&D）　指在科学技术领域，为增加知识总量，以及运用这些知识去创造新的应用进行的系统的创造性的活动，包括基础研究、应用研究、试验发展三类活动。国际上通常采用R&D活动的规模和强度指标反映一国的科技实力和核心竞争力。

基础研究　指为了获得关于现象和可观察事实的基本原理的新知识（揭示客观事物的本质、运动规律，获得新发现、新学说）而进行的实验性或理论性研究，它不以任何专门或特定的应用或使用为目的。其成果以科学论文和科学著作为主要形式。用来反映知识的原始创新能力。

应用研究　指为获得新知识而进行的创造性研究，主要针对某一特定的目的或目标。应用研究是为了确定基础研究成果可能的用途，或是为达到预定的目标探索应采取的新方法（原理性）或新途径。其成果形式以科学论文、专著、原理性模型或发明专利为主。用来反映对基础研究成果应用途径的探索。

试验发展　指利用从基础研究、应用研究和实际经验所获得的现有知识，为产生新的产品、材料和装置，建立新的工艺、系统和服务，以及对已产生和建立的上述各项作实质性的改进而进行的系统性工作。其成果形式主要是专利、专有技术、具有新产品基本特征的产品原型或具有新装置基本特征的原始样机等。在社会科学领域，试验发展是指把通过基础研究、应用研究获得的知识转变成可以实施的计划（包括为进行检验和评估实施示范项目）的过程。人文科学领域没有对应的试验发展活动。主要反映将科研成果转化为技术和产品的能力，是科技推动经济社会发展的物化成果。

R&D人员　指参与研究与试验发展项目研究、管理和辅助工作的人员，包括项目（课题）组人员，企业科技行政管理人员和直接为项目（课题）活动提供服务的辅助人员。反映投入从事拥有自主知识产权的研究开发活动的人力规模。

R&D人员全时当量　指全时人员数加非全时人员按工作量折算为全时人员数的总和。例如：有两个全时人员和三个非全时人员（工作时间分别为20%、30%和70%），则全时当量为2+0.2+0.3+0.7=3.2人年。为国际上比较科技人力投入而制定的可比指标。

R&D经费内部支出　合计指调查单位用于内部开展R&D活动（基础研究、应用研究和试验发展）的实际支出。包括用于R&D项目（课题）活动的直接支出，以及间接用于R&D活动的管理费、服务费、与R&D有关的基本建设支出以及外协加工费等。不包括生产性活动支出、归还贷款支出以及与外单位合作或委托外单位进行 R&D活动而转拨给对方的经费支出。

R&D经费内部支出中政府资金　指R&D经费内部支出中来自各级政府部门的各类资金，包括财政科学技术拨款、科学基金、教育等部门事业费以及政府部门预算外资金的实际支出。

R&D经费内部支出中企业资金　指R&D经费内部支出中来自本企业的自有资金和接受其他企业委托而获得的经费，以及科研院所、高校等事业单位从企业获得的资金的实际支出。

新产品销售收入　指报告期企业销售新产品实现的销售收入。

专利　是专利权的简称，是对发明人的发明创造经审查合格后，由专利局依据专利法授予发明人和设计人对该项发明创造享有的专有权。包括发明、实用新型和外观设计。反映拥有自主知识产权的科技和设计成果情况。

发明（专利）　指对产品、方法或者其改进所提出的新的技术方案。是国际通行的反映拥有自主知识产权技术的核心指标。

Explanatory Notes on Main Statistical Indicators

Regular Higher Education Institutions refers to educational establishments set up according to the government evaluation and approval procedures, recruiting graduates from senior secondary schools as the main target by National Matriculation TEST. They include full-time universities, colleges, institutions of higher professional education, institutions of higher vocational education, institutions of higher vocational education and others (non-university tertiary, branch schools and undergraduate classes) .

Universities and colleges primarily provide underg raduate courses; institutions of higher professional education and institutions of higher vocational education primarily provide professional trainings; and others refer to educational establishments, which are responsible for enrolling higher education students under the State Plan but not enumerated in the total number of schools, including: branch schools of universities and colleges, and universities and colleges that have been approved and under plan for construction. Non-university tertiary refers to the regular undergraduate branch college which is running in new mechanism and mode, excluding the branch schools and other similar branches of educational institutions.

Adult HEIs refers to educational establishments, sets up in line with relevant rules approved by the government, enrolling staff and workers with senior secondary school or equivalent education, and providing higher education courses in many forms of correspondence, spare time, or full time for adults. Professionals thus trained receive a qualification equivalent to graduates studying regular courses at regular universities, colleges and professional colleges. Institutions of higher learning for adults include schools of higher education for staff and workers, schools of higher education for peasants, colleges for management cadres, pedagogical colleges, independent correspondence colleges, Radio and TV universities and other educational establishments. Other educational establishments have undertakings to enrol adult students but not enumerated in the schools under the State Plan.

Research and Development (R&D) refers to systematic and creative activities in the field of science and technology aiming at increasing the knowledge and using the knowledge for new application. R&D includes 3categories of activities: basic research, applied research and experimentation for development. The scale and intensity of R&D are widely used internationally to reflect the strength of S&T and the core competitiveness of a country in the world.

Basic Research refers to empirical or theoretical research aiming at obtaining new knowledge on the fundamental principles regarding phenomena or observable facts to reveal the intrinsic nature and underlying laws and to acquire new discoveries or new theories. Basic research takes no specific or designated application as the aim of the research. Results of basic research are mainly released or disseminated in the form of scientific papers or monographs. This indicator reflects the original innovation capacity for knowledge.

Applied Research refers to creative research aiming at obtaining new knowledge on a specific objective or target. Purpose of the applied research is to identify the possible uses of results from basic research, or to explore new (fundamental) methods or new approaches. Results of applied research are expressed in the form of scientific papers, monographs, fundamental models or invention patents. This indicator reflects the exploration of ways to apply the results of basic research.

Experiments and Development refers to systematic activities aiming at using the knowledge from basic and applied researches or from practical experience to develop new products, materials and equipment, to establish new production process, systems and services, or to make substantial improvement on the existing products, process or services. Results of experiment and development activities are embodied in patents, exclusive technology, and monotype of new products or equipment. In social sciences, experiment and development activities refer to the process of converting the knowledge from basic or applied researches into feasible programmes (including conduct of demonstration projects for assessment and evaluation) . There are no experiment and development activities in the science of humanities. This indicator reflects the capability of transferring the results of S&T into technique and products, and measures the realization of S&T in spearheading the economic and social development.

R&D Personnel refers to persons engaged in research, management and supporting activities of R&D, including persons in the project teams, persons engaged in the management of S&T activities of enterprises and supporting staff providing direct service to the research projects. This indicator reflects the size of personnel engaged in R&D activities with independent intellectual property.

Full-time Equivalent of R&D Personnel refers to the sum of the full-time persons and the full-time equivalent of part-time persons converted by workload. For instance, if there are 2 full-time persons and 3 part- time workers (20%, 30% and 70% of working hours respectively on R&D activities) , the full-time equivalent are 2+0.2+0.3+0.7=3.2 person- years. This is an internationally comparable indicator of S&T manpower input.

Total Internal Expenditure of Funds on R&D refers to the real expenditure of surveyed units on their own R&D activities (basic research, application study, test and development) including direct expenditure on R&D activities, indirect expenditure of management and services on R&D activities, expenditure on capital construction and material processing by others. Excluding the expenditure on production activities, return of loan, and fees transferred to cooperated and entrusted agencies on R&D activities.

Internal Expenditure of Government Funds refers to the expenditure of funds on R&D activities from government agencies at different levels, includingappropriate funds on science and technology from financial departments, scientific funds, operating expenses from education departments and the real expenditure of extra budgetary funds from government agencies.

Internal Expenditure of Funds of Enterprises refers to the expenditure of funds on R&D activities from self-raised funds of enterprises and funds from other enterprises through entrustment, in terms of public institutions, such as institution of scientific research and universities, it refers to the expenditure of funds from enterprises through entrustment.

Sales Revenue of New Products refers to the real sales income of new products of the enterprises at the reporting period.

Patent is an abbreviation for the patent right and refers to the exclusive right of ownership by the inventors or designers for the creation or inventions, given from the patent offices after due process of assessment and approval in accordance with the Patent Law. Patents are granted for inventions, utility models and designs. This indicator reflects the achievements of S&T and design with independent intellectual property.

Patented Inventions refers to new technical proposals to the products or methods or their modifications. This is universal core indicator reflecting the technologies with independent intellectual property.

二十一、文化、体育、卫生、社会福利和其他

CULTURE, SPORTS, PUBLIC HEALTH, SOCIAL WELFARE INSTITUTIONS AND OTHER SOCIAL ACTIVITIES

资料整理：陈超毅
Data management：Chen Chaoyi
数据审核：刘栋婷
Data audit：Liu Dongting

第二十一部分　文化、体育、卫生、社会福利和其他

一、简要说明

本章资料主要包括文化、体育、卫生、社保、公检法等方面的内容，由西安市统计局根据统计一套表资料和市委宣传部、市文化和旅游局、文物局、卫健委、民政局、体育局、人社局、公安局、医保局、退役军人事务局、团市委、司法局、妇联、应急管理局、消防救援支队、法院、检察院等部门及机构提供资料整理。本章资料数据口径见表下注释。

二、主要指标

公共图书馆藏量（千册、千件）	9679	比上年增加	327
医院数（个）	395	比上年增加	8
医院床位数（万张）	8.33	比上年增加	0.78

21　CULTURE, SPORTS, PUBLIC HEALTH, SOCIAL WELFARE INSTITUTIONS AND OTHER SOCIAL ACTIVITIES

I .Brief Introduction

Data in this chapter mainly include culture, sports, social health, social security, public security, procuratorate and law and other aspects. Compiled by Xi'an Municipal Bureau of Statistics according to a set of statistical data and Publicity Department of Municipal Committee, the Municipal Bureau of Culture and Tourism, the Cultural Heritage Bureau, the Health Commission, the Civil Affairs Bureau, the Sports Bureau, the Human Resources and Social Security Bureau, the Public Security Bureau, the Medical Security Bureau, the Veterans Affairs Bureau, the Municipal Committee of Youth League, the Justice Bureau, the Women's Federation, the Emergency Management Bureau, the Fire Rescue Detachment, the court, the procuratorate and other departments and institutions to provide information. The data caliber of this chapter is shown in the notes below the table.

II .Major Indicators

		Increase over Preceding Year
Number of Collections in Libraries (1 000 volume, 1 000 pieces)	9679	327
Number of Hospitals (units)	395	8
Number of Beds (10 000 units)	8.33	0.78

21-1 电影基本情况（2023年）

The Basic Situation of Film (2023)

指 标	Item	2023年
全年上映本市生产的院线影片数量（个）	Number of Theatrical Films Produced in Xi'an in the Whole Year (unit)	8
电影发行放映管理机构（个）	Film Projection and Publication Administrating Institutions (unit)	2
电影发行放映管理机构从业人员（人）	Film Projection and Publication Administrating Institution Staff (person)	4
电影放映单位（个）	Unit of Film Shows (unit)	281
电影院	Cinema	128
放映队	File Projection Team	153
电影放映单位从业人员（人）	Staff of Unit of Film Shows (person)	2372
电影院	Cinema	2212
放映队	File Projection Team	160
电影放映场数（千场）	Number of Film Shows (1 000 shows)	1775.0
电影观众人数（千人次）	Number of Audiences (1 000 person-times)	26252
电影票房收入（万元）	Film Box Office Revenue (10 000 yuan)	103200
平均每一放映场次的观众人次（人次）	Average Audiences of Each Projection (person-time)	14
平均每一放映场次的放映收入（元）	Average Income of Each Projection (yuan)	594

注：1.本表数据来源于市委宣传部。
2.本表数据含西咸新区。

Note: a) Figures in this table are obtained from Publicity Department of Xi'an Municipal Party Committee.
b) The data in this table include Xixian New Area.

21-2 图书馆基本情况（2023年）

The Basic Situation of Library (2023)

指　标	Item	2023年
公共图书馆个数（个）	Number of Public Libraries (unit)	16
公共图书馆从业人员（人）	Public Library Staff (person)	470
公共图书馆藏量（千册、千件）	Public Library Reserves (1 000 volume, 1 000 pieces)	9679
电子图书（千册）	E-books (1 000 volumes)	8236
阅览室座席（个）	Number of Seats in Reading Room (unit)	9949
书刊文献外借人次（千人次）	Borrowing from Libraries of Books and Periodicals (1 000 person-times)	1138
书刊文献外借册次（千册、千件）	Number of Books and Periodicals Lent to Readers (1 000 volume, 1 000 pieces)	3953
图书流通人次（千人次）	Number of Book Circulation (1 000 person-times)	6948
县以上公共图书馆购书经费（万元）	Book-purchase Fund of Public Library above the County Level (10 000 yuan)	2357
公共图书馆建筑面积（万平方米）	Building Area of Public Library (10 000 sq.m)	20.68

注：1.本表数据来源于市文化和旅游局。
2.本表数据含西咸新区。
Note: a) Figures in this table are obtained from Xi'an Municipal Administration of Culture and Tourism.
b) The data in this table include Xixian New Area.

21-3 艺术表演基本情况（2023年）

The Basic Situation of Art Performance (2023)

指　标	Item	2023年
艺术表演团体机构数（个）	Number of Organization of Art Performance Troupes (unit)	16
艺术表演团体从业人员（人）	Art Performance Troupes Employees (person)	1571
艺术表演团体演出场次（场）	Number of Performances by Art Performance Troupes (show)	5334
# 国内演出场次	Domestic Performance	5334
艺术表演观众人次（千人次）	Audience of the Art Performance (1 000 person-times)	46436.7
艺术表演团体本年创作首映剧目（个）	Art Performance Troupes Creative Premieres of the Year (unit)	20
艺术表演场馆数（个）	Number of Art Performance Places (unit)	16
艺术表演场馆从业人员（人）	Art Performance Place Employees (person)	840
艺术表演场馆座席（个）	Art Performance Place Seats (unit)	20530
艺术科研机构（个）	Art Research Institutions (unit)	2
艺术科研机构从业人员（人）	Art Research Institutions Employees (person)	66

注：1.本表数据来源于市文化和旅游局。
2.本表数据含西咸新区。
Note: a) Figures in this table are obtained from Xi'an Municipal Administration of Culture and Tourism.
b) The data in this table include Xixian New Area.

21-4　主要年份文化馆（站）活动情况

Basic Statistics on Activities of Cultural Centers in Representative Years

指　标	Item	2010年	2014年	2015年	2016年	2017年	2018年	2019年	2020年	2021年	2022年	2023年
机构数（个）	Number of Institutions (unit)	197	199	199	190	202	202	202	204	204	201	201
举办展览个数（个）	Number of Exhibitions (unit)	705	627	606	562	649	632	594	627	681	642	718
举办展览参观人次（千人次）	Number of Exhibition Visitors (1 000 person-times)		326	289	287	418	392	442	354	416	425	398
组织文艺活动次数（次）	Art Performances and Story-telling Sessions (time)	3729	3617	3811	4246	5498	6518	6589	5587	5525	5628	7635
组织文艺活动参加人次（千人次）	Number of Culture Activities Attendees (1 000 person-times)		1576	1574	1688	2631	3322	2476	1668	2358	2819	3177
举办训练班班次（个）	Number of Training Courses (unit)	3018	1872	2126	1906	2597	3310	2608	2968	3008	2577	3662
举办训练班结业人次（千人次）	Number of Certificate Trained Persons (1 000 person-times)	133	156	207	149	188	209	174	239	222	197	273
组织各类理论研讨和讲座次数（次）	Number of Seminars and Lectures (time)		254	216	189	101	113	144	148	217	150	197
组织各类理论研讨和讲座参加人次（千人次）	Number of Persons in Theoretical Discussion and Seminars (1 000 person-times)		28	25	18	17	15	20	27	35	54	53
本年收入（千元）	Revenue in the Year (1 000 yuan)	42937	89520	102567	103706	133378	116324	115525	111177	129879	350397	192990
本年支出（千元）	Expenditure in the Year (1 000 yuan)	45160	84827	100749	111942	141012	119354	123727	113812	130759	344052	173427

注：1.本表数据来源于市文化和旅游局。
2.本表2017年及以后年份数据含西咸新区。
Note: a) Figures in this table are obtained from Xi'an Municipal Administration of Culture and Tourism.
b) The data of this table in 2017 and later years include Xixian New Area.

21-5　文物保护基本情况（2023年）

Basic Statistics on Cultural Relics Protection (2023)

指　标	Item	机　构（个）Institutions (unit)	人　员（人）Personnel (person)	文物藏品实际数量（件/套）Factual Number of Collections (piece)	#一级品 Grade One	举办陈列展览次数（次）Times of Exhibition (time)	参观人员（千人次）Number of Visitors (1 000 person-times)
文物保护管理机构	Agencies of Cultural Relics Preservation and Management	30	558	15874	40		
其他文物机构	Other Cultural Relics Agencies	2	55				
博物馆	Museums	134	6572	469854	5181	880	45050
#免费开放馆	Museums Open Free	104	2516	357121	2594	715	16051
文物科研机构	Scientific Research of Historical Relics Preservation	3	574	86370	386		

注：1.本表数据来源于市文物局。
2.本表数据含西咸新区。
3.2023年起文物局文物藏品统计口径发生变化。
Note: a) Figures in this table are obtained from Xi'an Municipal Cultural Heritage Bureau.
b) The data in this table include Xixian New Area.
c) Since 2023, the statistical caliber of cultural relics collection of the Cultural Heritage Bureau has changed.

21-6 主要年份广播电台及节目制作情况

Basic Statistics of Broadcasting Stations and Program Production in Representative Years

指 标	Item	2010年	2015年	2016年	2017年	2018年	2019年	2020年	2021年	2022年	2023年
省、地广播电台（座）	Broadcasting Stations at the Province and District Level (set)	2									
省、地广播电视台（座）	Broadcasting Station at Province and District Level (set)		2	2	2	2	1	4	4	5	3
县级广播电视台（座）	Number of Wire Broadcasting Stations and TV Relaying Stations (set)	6	6	6	6	6	8	6	6	7	7
中、短波转播发射台（座）	Medium and Short Wave Broadcast Transmitting Station (base)	55	13	13	13	13	13	13	13	13	13
节目套数（套）	Number of Programs (set)	18	20	20	20	20	25	19	19	19	19
全年播出时间（时）	Broadcasting Hours annually (hour)	124100	137075	139159	132252	132596	131122	143283	134373	135968	141202
广播节目综合人口覆盖率（%）	Population Coverage Rate of Radio Programs (%)	99.40	99.55	99.62	99.65	100.00	99.99	100.00	100.00	100.00	100.00
制作广播节目（时）	Productions of Broadcasting (hour)	110639	116603	119424	100169	117418	112202	126748	118998	120186	114818
新闻资讯类	News Programs	13786	12208	7590	6362	6761	6719	9303	7251	11268	10063
专题服务类	Special Subject Programs	24451	21864	26957	26907	28463	29278	38530	35866	32855	29935
综艺类	Variety Programs	37720	37885	39735	25793	41535	39475	34605	27264	23452	21602
广播剧类	Literature Programs	2406	6674	3990	4680	5404	4378	4614	4233	3130	1883
广告类	Advertisements	28339	15777	18363	15968	13627	10584	14192	9651	10871	8312
其他类	Others	3937	22195	22787	20459	21628	21768	25504	34733	38608	43023

注：1.本表数据来源于市文化和旅游局。
2.中、短波转播发射台2014年之前统计口径为中短波、调频发射台及转播台。数据变化因指标含义变化所致。
3.本表2017年及以后年份数据含西咸新区。

Note: a) Figures in this table are obtained from Xi'an Municipal Administration of Culture and Tourism.
b) The statistical caliber of medium and short wave broadcast transmitters was medium and short wave FM transmitters and broadcast stations before 2014. Data changes are due to changes in the meaning of indicators.
c) The data of this table in 2017 and later years include Xixian New Area.

21-7 主要年份电视台及节目制作情况

Basic Statistics of TV Stations and Production of TV Program in Representative Years

指 标	Item	2010年	2015年	2016年	2017年	2018年
调频电视转播发射台（座）	FM Television Relay Station (base)	10	48	48	47	48
全年播出时间（时）	Broadcasting Hours annually (hour)	141856	141839	140312	136960	128368
电视节目综合人口覆盖率（%）	Population Coverage Rate of TV Programs (%)	98.57	99.01	99.11	99.13	100.00
制作电视节目（时）	Production of TV Programs (hour)	29626	43563	54200	49001	45731
新闻资讯类	News and Information Programs	8930	11839	12891	10517	9387
专题服务类	Special Subject Programs	7762	8073	9346	9769	10808
综艺类	Variety Programs	3942	6242	7883	9080	8789
影视剧类	Literature Programs	1729	462	490	870	363
广告类	Advertisement	3313	7921	6198	6493	3981
其他类	Others	3950	9026	17390	12272	12403

注：1.本表数据来源于市文化和旅游局。
2.调频电视转播发射台2014年之前统计口径为发射台及转播台，数字变化因指标含义变化所致。影视剧及广告类节目2019年数据变化较大，是因统计口径变化所致。
3.本表2017年及以后年份数据含西咸新区。

Note: a) Figures in this table are obtained from Xi'an Municipal Administration of Culture and Tourism.
b) The statistical caliber of "Television Relay Station" was transmitters and relay stations before 2014, and the changes in figures were caused by changes in the meaning of indicators. The large changes in the data of literature programs and advertisement in 2019 are caused by changes in statistical caliber.
c) The data of this table in 2017 and later years include Xixian New Area.

21-7 续表 continued

指 标	Item	2019年	2020年	2021年	2022年	2023年
调频电视转播发射台（座）	FM Television Relay Station (base)	43	39	39	39	34
全年播出时间（时）	Broadcasting Hours annually (hour)	142289	121671	132044	135934	131380
电视节目综合人口覆盖率（%）	Population Coverage Rate of TV Programs (%)	99.99	100.00	100.00	100.00	100.00
制作电视节目（时）	Production of TV Programs (hour)	58427	30016	41152	32960	39557
新闻资讯类	News and Information Programs	14172	8358	13286	12359	10269
专题服务类	Special Subject Programs	14581	10319	10757	7882	13669
综艺类	Variety Programs	8728	4446	2481	2481	2771
影视剧类	Literature Programs	3482	461	461	247	362
广告类	Advertisement	6489	2620	7890	4042	4299
其他类	Others	10975	3812	6277	5942	8187

21-8 竞技体育情况（2023年）

The Situation of Competitive Sports (2023)

指　标	Item	2023年
奥运会获得奖牌（枚）	Number of Medals Won in the Olympic Games (unit)	
金牌数	Gold	
银牌数	Silver	
铜牌数	Bronze	
全运会获得奖牌（枚）	Number of Medals Won in the National Games (unit)	
金牌数	Gold	
银牌数	Silver	
铜牌数	Bronze	
省运会获得奖牌（枚）	Number of Medals Won in the Provincial Games (unit)	
金牌数	Gold	
银牌数	Silver	
铜牌数	Bronze	
其他国际、国内赛事	Other International and Domestic Events	
金牌数（枚）	Gold (unit)	24
银牌数（枚）	Silver (unit)	27
体育传统项目学校（个）	Sports Traditional Project School (unit)	195
体育传统项目学校在校训练学生数（人）	Number of Students in the Sports Traditional Project School (person)	8641
高水平体育后备人才基地（个）	High Level Sports Reserve Base (unit)	7
省级示范性体校（个）	Provincial Demonstration Sports School (unit)	2
等级教练员人数（人）	Number of Graded Coaches (person)	71
国家级	National Level	1
高　级	Senior Level	19
一　级（中级）	One Level (Intermediate Level)	30
二　级（初级）	Two Level (Elementary Level)	21
三　级	Three Level	
二级运动员人数（人）	Second Grade Athletes (person)	953

注：本表数据来源于市体育局，不含西咸新区。
Note: Figures in this table are obtained from Xi'an Sports Bureau, and exclude Xixian New Area.

21-9 群众体育情况（2023年）

The Situation of Mass Sports (2023)

指　标	Item	2023年
全年承办的县级以上群众性体育赛事（个）	Mass Sports Events Held by County or above throughout the Year (unit)	800
国家级	National Level	6
省　级	Provincial Level	4
市　级	City Level	200
县　级	County Level	590
全年举办的社会体育指导员培训班（期）	Training Course for Social Sports Instructors Held throughout the Year (time)	32
社会体育指导员人数（人）	Social Sports Instructors (person)	33820
体育先进社区（个）	Advanced Sports Communities (unit)	
# 国家级	National Level	
省　级	Provincial Level	
群众体育先进单位（个）	Advanced Unit of Mass Sports (unit)	
# 国家级	National Level	
省　级	Provincial Level	
晨晚健身站点（个）	Morning and Evening Fitness sites (unit)	1952
市区县级全民健身中心（个）	City, District, and County National Fitness Centers (unit)	7
多功能运动场（个）	Multifunction Playground (unit)	
群众健身房（个）	Mass Fitness Centers (unit)	210
社区全民健身中心（示范社区）（个）	Community National Fitness Centers (Demonstration Community) (unit)	87
全民健身园区（体育公园）（个）	National Fitness Parks (Sports Park) (unit)	4303
体育人口（万人）	Sports Population (10 000 persons)	650

注：本表数据来源于市体育局，不含西咸新区。
Note: Figures in this table are obtained from Xi'an Sports Bureau, and exclude Xixian New Area.

21-10 体育产业情况（2023年）

The Situation of Sport Industry (2023)

指　标	Item	2023年
全市县级标准公共体育场地建设情况	Construction of Standard Public Sports Venues in the County Level	
已建场地个数（个）	Number of Built Sites (unit)	7
在建场地个数（个）	Number of Sites in Construction (unit)	10
全市体育彩票销售情况	Sales of Sports Lottery in the City	
体育彩票销售网点数量（个）	Number of Sales Outlets of Sports Lottery (unit)	2485
体育彩票销售网点数量占全省的比重（%）	Proportion of Sports Lottery Sales Outlets Accounts for the Proportion of the Whole Province (%)	41.2
本年体育彩票销售金额（万元）	Sales Amount of Sports Lottery in this Year (10 000 yuan)	526300
本年体育彩票销售金额占全省的比重（%）	Sales Amount of Sports Lottery in this year Accounts for the Proportion of the Whole Province (%)	52.1

注：本表数据来源于市体育局，不含西咸新区。
Note: Figures in this table are obtained from Xi'an Sports Bureau, and exclude Xixian New Area.

21-11 主要年份医疗卫生机构、床位、人员情况

Number of Health Care Institutions, Beds and Personnel in Health Care Institutions in Representative Years

年 份 Year	医疗卫生机构数（个） Number of Health Institutions (unit)	#医院数 Number of Hospitals	医疗卫生机构床位数（张） Beds of Health Institutions (unit)	#医院床位数 Number of Hospital Beds	卫生技术人员数（人） Number of Medical Technical Personnel (person)
2009	5284	261	36849	32371	52620
2010	5632	258	39407	34274	57756
2011	5554	268	41010	35976	61281
2012	5576	276	44239	39213	66899
2013	5503	281	47867	42753	71134
2014	5554	281	51065	45561	76005
2015	5802	295	54708	49830	81462
2016	5869	292	56332	51508	86258
2017	6376	329	63942	58219	94221
2018	6638	343	68981	63365	101477
2019	7011	359	72549	67238	112243
2020	7129	359	75007	66506	117656
2021	7123	375	79426	73886	123293
2022	7412	387	81126	75540	130391
2023	7713	395	89565	83311	141096

注：1.本表数据来源于市卫生和健康委员会。
2.本表2017年及以后年份数据含西咸新区。

Note: a) Figures in this table are obtained from Xi'an Health Commission.
b) The data of this table in 2017 and later years include Xixian New Area.

21-12 医疗卫生机构、床位及人员情况（2023年）

卫生机构	Health Care Institutions	机构数（个）Number of Institutions (unit)	床位数（张）Number of Beds (unit)
总　　计	**Total**	**7713**	**89565**
一、医院	**Hospitals**	**395**	**83311**
综合医院	General Hospitals	212	58384
中医医院	Traditional Chinese Medicine Hospitals	52	8660
中西医结合医院	Hospitals of Integrated Traditional Chinese and Western Medicine	5	1119
民族医院	Nationalities Hospitals		
专科医院	Specialized Hospitals	122	14888
护理院	Nursing Hospitals	4	260
二、基层医疗卫生机构	**Health Care Institutions at Grass-root level**	**7193**	**4486**
社区卫生服务中心（站）	Community Health Service Centers (Station)	263	1503
社区卫生服务中心	Community Health Service Centers	91	1474
社区卫生服务站	Community Health Service Stations	172	29
卫生院	Health Centers	147	2958
街道卫生院	Sub-district Health Centers	25	530
乡镇卫生院	Township Health Centers	122	2428
村卫生室	Village Clinics	2636	
门诊部	Outpatient Departments	727	25
诊所、卫生所、医务室	Clinics, Health Centers, Infirmaries	**3420**	
三、专业公共卫生机构	**Specialized Public Health Institutions**	54	1431
疾病预防控制中心	Centers for Disease Control	17	
专科疾病防治院（所、站）	Specialized Disease Prevention & Treatment Institutions (Place, Station)	1	785
健康教育所（站、中心）	Health Education Institute (Station, Center)	2	
妇幼保健院（所、站）	Maternal and Children Care Centers (Station)	14	646
急救中心（站）	Emergency Center (Station)	3	
采供血机构	Blood Collection Agencies	1	
卫生监督所（中心）	Health Inspection Institutions (Center)	16	
计划生育技术服务机构	Institutions of Technical Service for Family Planning		
四、其他卫生机构	**Other Health Institution**	**71**	**337**
康复医疗机构	Rehabilitation Medical Institutions	6	337
医学科学研究机构	Medical Scientific Research Institutions	3	
医学在职培训机构	Medical on-the-job Training Institutions	3	
临床检验中心（所、站）	Clinical Laboratory Centers (Place, Station)	7	
健康体检中心	Health Examination Centers	24	
医疗辅助性机构	Medical Auxiliary Institutions	17	
统计信息中心	Statistical Information Centers	3	
其他	Others	8	

注：1.本表数据来源于市卫生健康委员会。
2.本表数据含西咸新区。

Number of Health Care Institutions, Beds and Personnel in Health Care Institutions (2023)

人员合计（人） Total Number of Employed Persons (person)	#卫生技术人员 Health Technical Personnel	执业（助理）医师 Licensed (Assistant) Doctors	#执业医师 Licensed Physicians
168529	**141096**	**51578**	**45782**
119290	**99318**	**32998**	**31746**
86786	73057	24399	23554
10616	8767	2974	2827
1415	1166	407	393
20336	16230	5191	4950
137	98	27	22
40402	**35494**	**16995**	**12580**
8123	6999	2311	1984
6081	5139	1576	1349
2042	1860	735	635
6093	5089	1543	1084
878	761	237	164
5215	4328	1306	920
3360	2227	2128	296
9201	8180	4007	3253
13625	**12999**	**7006**	**5963**
5927	4491	1153	1083
1613	1278	379	363
657	535	156	153
89	35		
2272	1766	507	460
330	234	104	101
343	241	7	6
623	402		
2910	**1793**	**432**	**373**
339	199	51	47
87	34	10	10
161	8	2	2
363	152	7	6
1122	1023	312	262
624	290	32	30
50			
164	87	18	16

Note: a) Figures in this table are obtained from Xi'an Health Commission.
b) The data in this table include Xixian New Area.

21-12 续表

卫生机构	Health Care Institutions	人员合计（人） 卫生技术人员 注册护士 Registered Nurses	药师（士） Junior Paramedics
总　计	**Total**	**64145**	**5455**
一、医院	**Hospitals**	**49116**	**3692**
综合医院	General Hospitals	36476	2554
中医医院	Traditional Chinese Medicine Hospitals	3779	536
中西医结合医院	Hospitals of Integrated Traditional Chinese and Western Medicine	533	72
民族医院	Nationalities Hospitals		
专科医院	Specialized Hospitals	8279	528
护理院	Nursing Hospitals	49	2
二、基层医疗卫生机构	**Health Care Institutions at Grass-root level**	**13088**	**1621**
社区卫生服务中心（站）	Community Health Service Centers (Station)	3126	433
社区卫生服务中心	Community Health Service Centers	2316	306
社区卫生服务站	Community Health Service Stations	810	127
卫生院	Health Centers	1664	331
街道卫生院	Sub-district Health Centers	202	53
乡镇卫生院	Township Health Centers	1462	278
村卫生室	Village Clinics	99	
门诊部	Outpatient Departments	3338	262
诊所、卫生所、医务室	Clinics, Health Centers, Infirmaries	4861	595
三、专业公共卫生机构	**Specialized Public Health Institutions**	**1352**	**128**
疾病预防控制中心	Centers for Disease Control	81	13
专科疾病防治院（所、站）	Specialized Disease Prevention & Treatment Institutions (Place, Station)	289	30
健康教育所（站、中心）	Health Education Institute (Station, Center)		
妇幼保健院（所、站）	Maternal and Children Care Centers (Station)	741	76
急救中心（站）	Emergency Center (Station)	114	4
采供血机构	Blood Collection Agencies	127	5
卫生监督所（中心）	Health Inspection Institutions (Center)		
计划生育技术服务机构	Institutions of Technical Service for Family Planning		
四、其他卫生机构	**Other Health Institution**	**589**	**14**
康复医疗机构	Rehabilitation Medical Institutions	75	9
医学科学研究机构	Medical Scientific Research Institutions	4	
医学在职培训机构	Medical on-the-job Training Institutions	5	
临床检验中心（所、站）	Clinical Laboratory Centers (Place, Station)	2	1
健康体检中心	Health Examination Centers	425	2
医疗辅助性机构	Medical Auxiliary Institutions	51	
统计信息中心	Statistical Information Centers		
其他	Others	27	2

continued

Total Number of Employed Persons (person)						
Health Technical Personnel			#其他技术人员 Other Technical Personnel	#管理人员 Admini-strative Staffs		#工勤技能人员 Logistics Technical Workers
技师（士） Technicians	卫生监督员（人） Health Supervisors	其他 Others			#仅从事管理人员（人） Only Engaged in Management Personnel	
10718	**346**	**8854**	**1848**	**16940**	**11246**	**13206**
7790		**5722**	**1305**	**13053**	**8822**	**9845**
5542		4086	1019	9040	6059	6651
677		801	127	1101	708	1014
82		72	5	246	165	79
1479		753	153	2644	1879	2074
10		10	1	22	11	27
1699		**2091**	**142**	**2355**	**1302**	**2331**
579		550	48	745	465	611
463		478	33	507	349	560
116		72	15	238	116	51
612		939	39	433	250	715
108		161	8	46	28	81
504		778	31	387	222	634
310		263	27	802	366	628
198		339	28	375	221	377
622	**346**	**890**	**187**	**831**	**581**	**668**
306		499	42	233	175	118
45		15	8	88	53	61
1		34	36	21	18	
202		240	33	221	130	343
5		7	3	88	41	52
63		39	30	44	40	32
	346	56	35	136	124	62
607		**151**	**214**	**701**	**541**	**362**
46		18	8	77	59	73
7		13	13	30	30	10
1			108	80	37	8
131		11	12	158	141	58
203		81	8	64	43	48
190		17	26	220	185	123
			31	18	18	1
29		11	8	54	28	41

21-13 各区县、开发区医疗卫生机构、床位及人员情况（2023年）

Number of Health Care Institutions, Beds and Employed Persons in Health Care Institutions By Region (2023)

区县、开发区	Region	机构（个） Number of Health Care Institutions (unit)	床位（张） Number of Beds (unit)	人员合计（人） Total Number of Employed Persons (person)	#卫生技术人员 Total Number of Medical Technical Personnel
全　市	**Total**	**7713**	**89565**	**168529**	**141096**
新城区	Xincheng	334	9722	18663	15979
碑林区	Beilin	494	12497	21109	17852
莲湖区	Lianhu	531	11602	20354	17019
灞桥区	Baqiao	469	3640	6724	5840
未央区	Weiyang	756	7376	17831	15460
雁塔区	Yanta	831	10429	25497	21117
阎良区	Yanliang	183	2259	3699	3053
临潼区	Lintong	547	4059	6206	4992
长安区	Chang'an	658	7401	11662	9683
高陵区	Gaoling	252	3610	4777	4019
鄠邑区	Huyi	459	3524	5742	4847
蓝田县	Lantian	584	2044	3448	2851
周至县	Zhouzhi	538	3435	4833	3744
西咸新区	Xixian New Area	584	2268	5254	4247
高新区	Hi-Tech Industries Development Zone	432	5632	12282	10008
国际港务区	International Trade&Logistics Park	61	67	448	385

注：本表数据来源于市卫生健康委员会。
Note: Figures in this table are obtained from Xi'an Health Commission.

21-14 各区县、开发区农村村级卫生组织情况（2023年）

Village Level Health Organization in the Rural Area by Region (2023)

区县、开发区	Region	村卫生室（个） Village Clinics (unit)	乡村医生（人） Rural Doctors (person)
全 市	**Total**	**2636**	**1133**
新城区	Xincheng		
碑林区	Beilin		
莲湖区	Lianhu		
灞桥区	Baqiao	140	74
未央区	Weiyang	44	7
雁塔区	Yanta	11	6
阎良区	Yanliang	80	62
临潼区	Lintong	324	170
长安区	Chang'an	292	114
高陵区	Gaoling	127	37
鄠邑区	Huyi	325	90
蓝田县	Lantian	456	142
周至县	Zhouzhi	413	272
西咸新区	Xixian New Area	253	98
高新区	Hi-Tech Industries Development Zone	143	52
国际港务区	International Trade&Logistics Park	28	9

注：本表数据来源于市卫生健康委员会。
Note: Figures in this table are obtained from Xi'an Health Commission.

21-15 各区县、开发区社区卫生服务中心（站）情况（2023年）

Situations of Community Health Service Center (Station) by Region (2023)

区县、开发区	Region	社区卫生服务中心（站）（个） Community Health Service Centers (Station) (unit)	床位数（张） Number of Beds (unit)	人员数（人） Personnel Number (person)	卫生技术人员（人） Health Technical Personnel (person)	#执业（助理）医师 Licensed (Assistant) Physicians	#注册护士 Registered Nurses
全　市	**Total**	**263**	**1503**	**8123**	**6999**	**2311**	**3126**
新城区	Xincheng	18	45	531	457	166	192
碑林区	Beilin	20	150	706	622	256	275
莲湖区	Lianhu	31	339	1088	924	318	394
灞桥区	Baqiao	26	60	598	506	167	219
未央区	Weiyang	35	188	1368	1177	397	541
雁塔区	Yanta	70	332	1881	1675	557	729
阎良区	Yanliang	8	81	156	147	37	64
临潼区	Lintong	4	36	37	34	15	14
长安区	Chang'an	2	20	113	100	17	49
高陵区	Gaoling	3	0	34	29	7	21
鄠邑区	Huyi						
蓝田县	Lantian	1	20	67	57	20	17
周至县	Zhouzhi	1	0	111	77	11	36
西咸新区	Xixian New Area	17	74	482	400	115	207
高新区	Hi-Tech Industries Development Zone	23	91	670	558	159	257
国际港务区	International Trade& Logistics Park	4	67	281	236	69	111

注：本表数据来源于市卫生健康委员会。
Note: Figures in this table are obtained from Xi'an Health Commission.

21-16 主要年份医疗卫生机构各类人员情况

Number of Personnel in Health Care Institutions in Representative Years

单位：人 (person)

指 标	Item	2010年	2015年	2016年	2017年	2018年	2019年	2020年	2021年	2022年	2023年
人员合计	**Total**	**71230**	**102684**	**107906**	**116939**	**125179**	**136333**	**142809**	**148657**	**156837**	**168529**
# 卫生技术人员	Health Technical Personnel	56579	81462	86258	94221	101477	112243	117656	123293	130391	141096
执业（助理）医师	Licensed (Assistant) Physicians	18763	26626	27864	30820	33776	38469	40714	43289	46744	51578
#执业医师	Licensed Physicians	16613	23818	25023	27683	30322	34102	36086	38228	41351	45782
注册护士	Registered Nurses	22640	34819	37518	41603	46450	51882	54329	57015	59358	64145
药师（士）	Junior Paramedics	3030	3957	4075	4280	4423	4709	4814	4833	5020	5455
技师（士）	Technicians	4589	4690	5058	5593	6035	6633	6983	8405	9339	10718
卫生监督员	Health supervisors								430	411	346
其他	Others	7557	11370	11743	11925	10793	10550	10816	9321	9519	8854
# 其他技术人员	Other Technical Personnel	1156	816	835	839	925	936	937	1556	1754	1848
# 仅从事管理人员	Management Personnel only	6416	8248	8470	9003	9723	10229	10526	10216	10528	11246
# 工勤技能人员	Logistics Technical Workers	7079	8326	8913	9179	9707	9901	11061	12074	12846	13206

注：1.本表数据来源于市卫生健康委员会。
2.本表2011年及以后合计栏数据含乡村医生和卫生员。
3.本表2017年及以后年份数据含西咸新区。
4.本表“仅从事管理人员”指标数据2020年及以前为“管理人员”口径。
5.2021年起卫健委制度变化，“卫生技术人员”分类中增加“卫生监督员”。

Note: a) Figures in this table are obtained from Xi'an Health Commission.
b) The total column of this table for 2011 and later includes village doctors and hygienists.
c) The data of this table in 2017 and later years include Xixian New Area.
d) The data of “Only Engaged in Management” in this table was “Management Personnel”in 2020 and before.
e) From 2021, the health commission system changed, “health supervisor” was added to the “health technician” classification.

21-17 医疗卫生机构门诊、住院及病床使用情况（2023年）

指　标	Item	总诊疗人次数（人次）Total Number of Clinics (person-time)
总　　计	**Total**	**79850167**
一、医院	**Hospitals**	**51895748**
综合医院	General Hospitals	37266550
中医医院	Traditional Chinese Medicine Hospitals	4788075
中西医结合医院	Hospital of Integrated Traditional Chinese and Western Medicine	372384
民族医院	Nationalities Hospitals	
专科医院	Specialized Hospitals	9446260
护理院	Nursing Hospitals	22479
二、基层医疗卫生机构	**Health Care Institutions at Grass-root Level**	**26669406**
社区卫生服务中心（站）	Community Health Service Centers (Station)	6868903
社区卫生服务中心	Community Health Service Centers	4852451
社区卫生服务站	Community Health Service Stations	2016452
卫生院	Health Centers	3376239
街道卫生院	Sub-district Health Centers	472552
乡镇卫生院	Township Health Centers	2903687
村卫生室	Village Clinics	4794252
门诊部	Outpatient Departments	3849044
诊所、卫生所、医务室	Clinics, Health Centers, Infirmaries	**7780968**
三、专业公共卫生机构	**Specialized Public Health Institutions**	1255503
专科疾病防治院（所、站）	Specialized Disease Prevention & Treatment Institutions (Place, Station)	52053
妇幼保健院（所、站）	Maternal and Children Care Centers (Place, Station)	1003893
急救中心（站）	Emergency Centers (Station)	199557
四、其他卫生机构	**Other Health Institutions**	**29510**
康复医疗机构	Rehabilitation Medical Institutions	29510

注：1.本表数据来源于市卫生健康委员会。
2.本表数据含西咸新区。

Medical and Health Institutions Outpatient, Inpatient and Utilization of Beds (2023)

#门、急诊人次数合计 Total Number of People In Outpatients and Emergency Departments	门诊人次数 Number of Outpatients	急诊人次数 The Number of Emergency	#死亡人数（人） Number of Deaths (person)	观察室 Observation Room 留观病例数（人次） Number of Patients Receiving (person-time)	死亡人数（人） Number of Deaths (person)
78542180	**73008205**	**5533975**	**4005**	**50904**	**89**
51565990	**46480557**	**5085433**	**4005**	**48953**	**89**
36968673	32947858	4020815	3475	33963	80
4768268	4539987	228281	248	3698	9
367364	325606	41758	116	47	
9439265	8644686	794579	166	11245	
22420	22420				
25691177	**25591339**	**99838**		**423**	
6289671	6215249	74422		423	
4359635	4308896	50739		345	
1930036	1906353	23683		78	
3154668	3129252	25416			
468158	466712	1446			
2686510	2662540	23970			
4651039	4651039				
3830840	3830840				
7764959	**7764959**				
1255503	906856	348647		1528	
52053	50214	1839			
1003893	856642	147251		1528	
199557		199557			
29510	29453	57			
29510	29453	57			

Note: a) Figures in this table are obtained from Xi'an Health Commission.
b) The data in this table include Xixian New Area.

21-17 续表

指　标	Item	急诊死亡率（%） Emergency Mortality (%)	入院人数合计（人） Total Number of Admission Patients (person)
总　　计	**Total**	**0.07**	**3250021**
一、医院	**Hospitals**	**0.08**	**3155914**
综合医院	General Hospitals	0.09	2465900
中医医院	Traditional Chinese Medicine Hospitals	0.11	269666
中西医结合医院	Hospital of Integrated Traditional Chinese and Western Medicine	0.28	40187
民族医院	Nationalities Hospitals		
专科医院	Specialized Hospitals	0.02	379067
护理院	Nursing Hospitals		1094
二、基层医疗卫生机构	**Health Care Institutions at Grass-root Level**		**55352**
社区卫生服务中心（站）	Community Health Service Centers (Station)		17825
社区卫生服务中心	Community Health Service Centers		17825
社区卫生服务站	Community Health Service Stations		
卫生院	Health Centers		37527
街道卫生院	Sub-district Health Centers		4569
乡镇卫生院	Township Health Centers		32958
村卫生室	Village Clinics		
门诊部	Outpatient Departments		
诊所、卫生所、医务室	Clinics, Health Centers, Infirmaries		
三、专业公共卫生机构	**Specialized Public Health Institutions**		35269
专科疾病防治院（所、站）	Specialized Disease Prevention & Treatment Institutions (Place, Station)		8949
妇幼保健院（所、站）	Maternal and Children Care Centers (Place, Station)		26320
急救中心（站）	Emergency Centers (Station)		
四、其他卫生机构	**Other Health Institutions**		3486
康复医疗机构	Rehabilitation Medical Institutions		3486

continued

出院人数合计（人） Total Number of Discharge Patients (person)	死亡人数（人） Number of Deaths (person)	病床周转次数（次） Turnover of Hospital Beds (time)	病床使用率（%） Occupancy Rate of Hospital Beds (%)	出院者平均住院（天） Average Stay Days in Hospital (day)
3244840	**13959**	**37.6**	**81.25**	**7.8**
3152691	**13898**	**39.2**	**84.21**	**7.8**
2467524	12391	44.0	87.31	7.2
268265	531	31.1	86.8	10.3
40117	181	36.3	84.12	8.4
375705	783	26.2	71.64	9.9
1080	12	5.1	12.11	8.6
53772	**17**	**12.9**	**28.13**	**7.7**
17645	16	14.3	31.09	7.8
17645	16	14.6	31.76	7.8
36127	1	12.4	26.87	7.6
4472		8.4	17.00	7.2
31655	1	13.2	29.06	7.7
34993	44	24.5	81.38	11.7
8848	44	11.3	99.04	30.5
26145		40.5	59.93	5.3
3384		10.9	26.01	6.6
3384		10.9	26.01	6.6

21-18 提供住宿的社会服务机构（2023年）

Social Welfare Institutions Providing Accommodation (2023)

指 标	Item	机构数（个）Number of Institutions (unit)	年末职工人数（人）Number of Staff and Workers at the End of Year (person)	#女性 Female	床位数（张）Number of Beds (unit)	年末在院人数（人）Number of Persons Housed at the Year-end (person)
1.养老服务机构	Pension Service Institutions	184	4173	2846	29644	11064
2.儿童福利院	Baby Welfare Homes	1	409	325	1050	540
3.社会福利医院	Social Welfare Hospitals	1	138	63	750	393
4.救助站	Rescue Stations	8	188	80	549	14

注：1.本表数据来源于市民政局。
2.本表数据含西咸新区。
Note: a) Figures in this table are obtained from Xi'an Civil Affairs Bureau.
b) The data in this table include Xixian New Area.

21-19 主要年份社会福利事业单位机构及人员情况

Number of Social Welfare Institutions and Personnel

指 标	Item	2010年	2015年	2016年	2017年	2018年	2019年	2020年	2021年	2022年	2023年
一、机构（个）	**Institutions (unit)**										
烈士纪念建筑物管理单位	Institutions Managing Memorial Buildings of Martyrs	2	2	2	2	2	2	2	2	7	8
救助类单位	Units Providing Assistance	8	9	9	9	9	9	8	8	8	8
殡葬服务单位	Funeral Service Units	18	19	19	22	21	22	22	23	76	76
殡仪馆	Funeral Homes	4	3	3	3	3	3	3	3	4	4
公墓	Cemeteries	14	16	16	19	18	19	19	20	72	72
殡葬管理单位	Funeral Management Units	4	7	6	5	4	4	3	3	8	8
二、人员（人）	**Personnel (person)**										
烈士纪念建筑物管理单位	Institutions Managing Memorial Buildings of Martyrs	37	42	42	44	42	40	40	40	41	50
救助类单位	Units Providing Assistance	116	119	121	114	110	113	102	107	106	188
殡葬服务单位	Funeral Service Units	1314	1426	1434	1443	1282	1237	1268	1282	1825	1682
殡仪馆	Funeral Homes	375	497	481	484	458	476	461	469	517	502
公墓	Cemeteries	939	929	953	959	824	761	807	813	1308	1180
殡葬管理单位	Funeral Management Units	57	84	76	75	55	45	31	32	75	75

注：1.本表数据来源于市民政局、市退役军人事务局。
2.本表2017年及以后年份数据含西咸新区。
3."公墓"统计口径变化，2022年以前数据含"经营性公墓"，2022年起含"经营性公墓、城市公益性公墓、农村公益性公墓"。
4.2023年根据市民政局部门统计制度变化对相关指标历史数据进行了修订。"殡仪服务单位"改为"殡葬服务单位"（含殡仪馆、公墓两个分类）。
Note: a) Figures in this table are obtained from Xi'an Civil Affairs Bureau, Xi'an Veterans Affairs Bureau.
b) The data of this table in 2017 and later years include Xixian New Area.
c) The statistical standard of "cemetery" has changed, and the data before 2022 includes "operational cemetery", and from 2022, it includes "operational cemetery, urban public welfare cemetery, and rural public welfare cemetery".
d) In 2023, the historical data of relevant indicators will be revised according to the changes of the statistical system of the departments of the Civil Affairs Bureau. "Funeral service unit" is changed to "funeral service unit" (including two categories of funeral parlors and cemeteries) .

21-20　社会保障基本情况（2023年）

Basic Situation of Social Security (2023)

指　标	Item	2023年
基本养老保险参保人数（万人）	Number of Basic Endowment Insurance (10 000 persons)	956.82
1.城镇企业职工养老保险参保人数	Number of Town Enterprise Worker Endowment Insurance	631.63
其中：离退休人员	Retired Personnel	76.81
2.机关事业单位养老保险参保人数	Number of Institution Endowment Insurance	33.25
其中：离退休人员	Retired Personnel	12.04
3.城乡居民养老保险参保人数	Number of Rural Residents Endowment Insurance	291.94
基本医疗保险参保人数（万人）	Number of Basic Medical Insurance (10 000 persons)	1079.49
失业保险参保人数（万人）	Number of Unemployment Insurance (10 000 persons)	307.81
生育保险参保人数（万人）	Number of Maternity Insurance (10 000 persons)	344.31
工伤保险参保人数（万人）	Number of Employment Injury Insurance (10 000 persons)	347.27
城市居民最低生活保障户数（万户）	The Number of Minimum Living Guarantee for Urban Resident Households (10 000 households)	1.35
城市居民最低生活保障人数（万人）	The Number of Minimum Living Guarantee for Urban Residents (10 000 persons)	1.83
农村居民最低生活保障户数（万户）	The Number of Minimum Living Guarantee for Rural Resident Households (10 000 households)	2.88
农村居民最低生活保障人数（万人）	The Number of Minimum Living Guarantee for Rural Residents (10 000 persons)	7.16

注：本表数据来源于市人力资源和社会保障局、市民政局及市医疗保障局。
Note: Figures in this table are obtained from Xi'an Human Resources and Social Security Bureau, Xi'an Civil Affairs Bureau and Xi'an Healthcare Security Administration.

21-21 全市及各区县、开发区优抚对象人员情况（2023年）

Statistics on Persons Enjoying Favoured Treatment by Region (2023)

单位：人 (person)

区县、开发区	Region	伤残人员 Number of Disabled Veterans	烈军属人员 Number of Family Members of Martyrs and Soldiers	在乡复员军人 Demobilized Soldiers in Hometown	带病回乡退伍军人 Veterans Returning Home in Sick
全　市	**Total**	**6298**	**626**	**604**	**877**
新城区	Xincheng	596	29	2	4
碑林区	Beilin	673	36	3	2
莲湖区	Lianhu	767	50	4	10
灞桥区	Baqiao	302	30	26	66
未央区	Weiyang	431	40	18	23
雁塔区	Yanta	896	58	14	10
阎良区	Yanliang	122	31	40	55
临潼区	Lintong	345	54	106	170
长安区	Chang'an	373	47	52	44
高陵区	Gaoling	195	26	51	85
鄠邑区	Huyi	260	40	39	53
蓝田县	Lantian	272	41	66	127
周至县	Zhouzhi	378	66	40	50
西咸新区	Xixian New Area	361	55	88	80
高新区	Hi-Tech Industries Development Zone	274	17	44	69
国际港务区	International Trade&Logistics Park	53	6	11	29

注：本表数据来源于市退役军人事务局。
Note: Figures in this table are obtained from Xi'an Veterans Affairs Bureau.

21-22 全市及各区县、开发区婚姻登记情况（2023年）

Conditions of Marriage Registration by Region (2023)

区县、开发区	Region	结婚对数（对）Marriages (couple)	再婚人数（人）Remarriages (person)	离婚对数（对）Divorced Couples (couple)
全　市	**Total**	**92929**	**35720**	**29880**
新城区	Xincheng	3930	1734	1517
碑林区	Beilin	6120	2315	2143
莲湖区	Lianhu	6616	2875	2763
灞桥区	Baqiao	4845	2192	2065
未央区	Weiyang	15559	4262	3712
雁塔区	Yanta	13618	4424	4055
阎良区	Yanliang	1821	1074	815
临潼区	Lintong	3780	1867	1890
长安区	Chang'an	6602	3385	2825
高陵区	Gaoling	2451	1409	1084
鄠邑区	Huyi	2859	1400	1219
蓝田县	Lantian	3075	1294	961
周至县	Zhouzhi	3273	1395	1204
西咸新区	Xixian New Area	8217	2725	1865
高新区	Hi-Tech Industries Development Zone	8262	2516	1348
国际港务区	International Trade&Logistics Park	1901	853	414

注：1.本表数据来源于市卫生健康委员会、市民政局、市中级人民法院。
　　2.本表中结婚对数、再婚人数含西咸新区，离婚对数含部分西咸新区数据。

Note: a) Figures in this table are obtained from Xi'an Health Commission, Xi'an Civil Affairs Bureau, Xi'an Intermediate People's ourt.
　　b) The figures of "Marrriages", "Remarriages" in this table include Xixian New Area; "Divorced Couple" include some figures of Xixian New Area.

21-23 各区县、开发区妇幼卫生保健情况（2023年）

区 县、开发区	Region	5岁以下儿童死亡率（‰） Mortality Rate of Children under 5（‰）	新生儿死亡率（‰） Neonatal Mortality Rate（‰）
全 市	**Total**	**2.13**	**0.88**
新城区	Xincheng	1.44	0.86
碑林区	Beilin	2.41	1.21
莲湖区	Lianhu	2.77	0.79
灞桥区	Baqiao	1.22	0.41
未央区	Weiyang	2.17	0.90
雁塔区	Yanta	1.88	0.65
阎良区	Yanliang	4.40	2.20
临潼区	Lintong	2.08	0.89
长安区	Chang'an	1.12	0.22
高陵区	Gaoling	1.85	0.79
鄠邑区	Huyi	3.88	2.33
蓝田县	Lantian	4.72	1.29
周至县	Zhouzhi	3.47	1.58
西咸新区	Xixian New Area	2.31	1.15
高新区	Hi-Tech Industries Development Zone	1.54	0.92
国际港务区	International Trade&Logistics Park	2.13	0.71

注：本表数据来源于市卫生健康委员会。

Care Health Conditions of Women and Child by Region (2023)

婴儿死亡率（‰） Infant Mortality Rate（‰）	孕产妇死亡率（1/10万） Maternal Mortality Rate (1/100 000)	产妇住院分娩比例（%） Proportion of maternal Hospital Births (%)
1.54	**2.09**	**100.00**
0.86	28.71	100.00
2.11		100.00
2.11		100.00
0.54		100.00
1.68	6.02	100.00
1.37		100.00
2.75		100.00
1.19		100.00
0.78		100.00
1.32		99.97
2.33		100.00
4.29		99.96
2.21		100.00
1.78		99.99
1.08		99.98
1.42		100.00

Note: Figures in this table are obtained from Xi'an Health Commission.

21-24　主要年份律师、公证及调解情况

Basic Statistics on Lawyer, Notaries and Mediation in Representative Years

指　标	Item	2010年	2015年	2016年	2017年	2018年	2019年	2020年	2021年	2022年	2023年
一、律师工作	**Lawyers**										
律师事务所（个）	Number of Law Offices (unit)	95	149	176	200	224	254	282	309	331	518
律师（人）	Lawyers (person)	1202	2198	2462	2836	3796	4220	4769	5608	6607	12367
# 专职	Full-time	1139	2092	2337	2716	3476	3751	4222	4827	5593	10920
# 兼职	Part-time	63	91	84	120	148	188	141	140	139	374
刑事诉讼辩护及代理（件）	The Criminal suit Defence and Agents (suit)		3524	3260	5872	5869	7481	7621	10119	8069	14172
民事诉讼代理（件）	Civil Litigation Agents (suit)		15308	16743	24593	28810	37116	40742	58489	70044	121808
行政诉讼代理（件）	Administrative litigation (suit)		532	601	1584	1256	1720	2248	3507	2991	4657
非诉讼法律事务（件）	Non-litigation Legal Affairs (suit)		2780	2840	4981	3900	5864	7127	6693	7636	23299
二、公证工作	**Notarization**										
公证处（个）	Number of Notary Offices (unit)	14	14	14	14	14	14	14	14	14	14
公证人员（人）	Notarial Personnel (person)	202	307	293	285	296	328	329	360	360	390
# 公证员	Notaries	112	121	115	116	116	114	110	117	137	142
办理公证件数（件）	Number of Notarized Documents Issued (case)	106491	135622	144662	150300	161932	122152	96125	94875	96272	112324
三、人民调解工作	**People's Mediation**										
已建调委会数（个）	Number of Mediation Committees (unit)	3911	4052	4062	3903	3589	3411	3409	3526	3548	3753
调解人员数（人）	Number of Mediators (person)	15717	14838	14888	14295	14216	13895	13321	13320	13826	15402
调解纠纷数（件）	Number of Civil Disputes Mediated (case)	22247	31696	27455	48690	24868	22377	21209	26367	23724	34127
# 调解成功数	Number of Cases Successfully Mediated	22164	30590	26426	47921	24364	21967	20830	24688	23039	32601

注：1.本表数据来源于市司法局。
　　2.本表2017年及以后年份数据含西咸新区。

Note: a) Figures in this table are obtained from Xi'an Municipal Judicial Bureau.
　　b) The data of this table in 2017 and later years include Xixian New Area.

21-25 主要年份共青团组织情况

Basic Facts on Communist Youth League in Representative Years

指 标	Item	2010年	2015年	2016年	2017年	2018年	2019年	2020年	2021年	2022年	2023年
一、基层团组织(个)	Grass-root Youth League Organizations (unit)	7006	10074	10530	10237	9438	10359	11879	18181	23517	26160
二、共青团员(人)	Youth League Members (person)	308141	331261	251706	201789	162527	166284	206018	248604	273311	295680
三、专职团干部(人)	Full Time Youth Leagu Cadres (person)	311	496	165	158	96	100	98	85	99	88

注：1.本表数据来源于共青团西安市委员会。
2.本表数据不含西咸新区。

Note: a) Figures in this table are obtained from Xi'an Committee of the Communist Youth League.
b) The data in this table exclude Xixian New Area.

21-26 妇联组织及工作情况（2023年）

The Basic Situation of Women's Federation (2023)

指 标	Item	2023年
一、妇联组织	**Women's Organizations**	
市级妇联（个）	Municipal Women's Federations (unit)	1
街道妇联（个）	Street Women's Federations (unit)	144
社区妇联（个）	Community Women's Federations (unit)	1449
县（区）妇联（个）	County (district) Women's Federations (unit)	16
乡（镇）妇联（个）	Township (town) Women's Federations (unit)	41
村妇联（个）	Village Women's Representative Conferences (unit)	1894
二、妇联工作	**Women's Work**	
巾帼建功标兵（个）	Women Business Models (unit)	219
巾帼建功集体（个）	Group of Women Business Models (unit)	100
巾帼文明岗（个）	Women's Civilized Model Posts (unit)	112
三八红旗手标兵（人）	Models of “March 8 Red-Banner Holders” (person)	
三八红旗手（人）	March 8 Red-Banner Holders (person)	239
三八红旗集体（个）	March 8 Red-Banner Groups (unit)	124
五好家庭（户）	Five-virtue Families (household)	7
本级最美家庭（户）	The Best Families at the Present Level (household)	892
乡镇最美家庭（户）	The Best Families in the Town (household)	32
街道最美家庭（户）	The Best Families in the Street (household)	1239
村最美家庭（户）	The Best Families in the Village (household)	2563
社区最美家庭（户）	The Best Families in the Community (household)	510

注：1.本表数据来源于市妇联。
2.本表数据为西安行政区划口径数据。

Note: a) Figures in this table are obtained from Xi'an Women's Federation.
b) Figures in this table are based on Xi'an administrative division.

21-27 主要年份交通、火灾及安全生产情况

Transportation, Fire and Safety Production in Representative Years

指　标	Item	2010年	2015年	2016年	2017年	2018年	2019年	2020年	2021年	2022年	2023年
道路交通事故	**Traffic Accidents**										
事故数（起）	Number of Cases (case)	2323	2392	2943	2858	3153	2973	2835	2776	2184	2269
死亡人数（人）	Number of Deaths (person)	531	481	476	453	430	381	351	382	380	350
受伤人数（人）	Number of Injuries (person)	2520	2318	3012	2856	3219	3156	2978	2939	2209	2276
损失（万元）	Economic Loss (10 000 yuan)	736.6	1470.2	1653.7	1777.3	2190.9	1808.5	1737.5	1547.6	1363.5	1344.0
火灾事故	**Fire Accidents**										
事故数（起）	Number of Cases (case)	1825	2590	3434	2353	2066	1871	3034	5348	5302	7143
死亡人数（人）	Number of Deaths (person)	13	20	16	8	26	18	27	23	34	11
受伤人数（人）	Number of Injuries (person)	7	7	7	2	37	2	2	18	13	4
损失（万元）	Economic Loss (10 000 yuan)	2224.2	2401.5	1901.1	1659.1	1783.1	1886.6	2386.7	4461.8	5774.6	3134.3
农机事故	**Farm Machinery Accidents**										
事故数（起）	Number of Cases (case)	5	47	4	2	4	1	2	1	2	
死亡人数（人）	Number of Deaths (person)		1	1		2	1	1	1		
工矿商贸事故	**Accidents in Industry, Mine, Business and Trade**										
事故数（起）	Number of Cases (case)	20	10	33	36	33	28	45	66	41	40
死亡人数（人）	Number of Deaths (person)	24	11	35	43	41	31	53	67	44	47

注：1.本表2019年及以后年份数据来源于市公安局、市应急管理局及市消防救援支队。2011年及以前年份数据均来源于市安全生产监督管理局；2012—2018年交通、火灾数据来源于市公安局，农机和工矿商贸数据来源于市安全生产监督管理局。

2.本表中交通和火灾数据为西安行政区划口径，农机和工矿商贸事故2017年及以后年份数据含西咸新区。

Note: a) Figures in this table in 2017 and later years are from Xi'an Public Security Bureau, Xi'an Emergency Management Bureau and Xi'an Fire Rescue Detachment. The data for 2011 and previous years are all from Xi'an Safety Production Supervision Authority; From 2012 to 2018, traffic and fire data are from Xi'an Public Security Bureau, and agricultural machinery and industrial and mining trade data are from Xi'an Work Safety Supervision and Administration Bureau.

b) The traffic and fire data in this table are based on Xi'an administrative division, the data of agricultural machinery and industrial and mining trade accidents in 2017 and later years include Xixian New Area.

21-28 主要年份治安、刑事案件情况

Public Security and Criminal Cases in Representative Years

指 标	Item	2010年	2015年	2016年	2017年	2018年	2019年	2020年	2021年	2022年	2023年
公安治安案件情况	**Number of Public Security Cases**										
受理数（起）	Number of Accepted (case)	58968	104553	109124	95821	92927	90250	77038	78360	69533	85577
查处数（起）	Number of Investigated and Prosecuted (case)	57151	100954	106999	93634	90563	88898	76345	77730	69456	85010
查处率（%）	Percent of Investigated and Prosecuted Cases (%)	96.9	96.6	98.1	97.7	97.5	98.5	99.1	99.2	99.9	99.3
查处违法犯罪人数（人）	Number of Offenders Investigated and Punished (person)	45856	40838	40126	34625	32185	31219	26155	28545	24745	36524
公安刑事案件情况	**Criminal Cases**										
案件数情况	**Data on Number of Cases**										
立案数（起）	Number of Registered Cases (case)	48566	108955	98056	79828	70332	69800	62738	67797	60821	62554
破案数（起）	Number of Cleared up Cases (case)	18906	28629	30730	33128	33616	36566	19540	25023	21435	23720
破案率（%）	Percent of Cleared up Cases (%)	38.9	26.3	31.3	41.5	47.8	52.4	31.3	36.9	35.2	34.3
抓获作案成员（人）	Number of Criminals Caught (person)	13104	12827	11982	12848	11153	15179	15196	30181	37300	43126
涉枪案件情况	**Data on Cases with Guns Involved**										
立案数（起）	Number of Registered Cases (case)	16	9	21	22	13	14	13	67	8	30
破案数（起）	Number of Cleared up Cases (case)	11	6	17	17	7	10	4	51	6	18
破案率（%）	Percent of Cleared up Cases (%)	68.8	66.7	81.0	77.3	53.8	71.4	30.8	76.1	75.0	60.0

注：1.本表数据来源于市公安局。
2.本表数据为西安行政区划口径数据。

Note: a) Figures in this table are obtained from XI'an Public Security Bureau.
b) Figures in this table are based on Xi'an administrative division.

21-29 主要年份西安市人民检察院案件办理情况

Data on Acceptance of Cases of Xi'an People's Procuratorate

指 标	Item	2010年	2015年	2016年	2017年	2018年	2019年	2020年	2021年	2022年	2023年
一、审查逮捕案件受理件数（件）	**Examination and Arresting (case)**	**4229**	**6545**	**7381**	**7184**	**7216**	**8345**	**5524**	**7018**	**4174**	**9841**
二、逮捕各类案件人数（人）	**Arresting of Criminals of Each Kind (person)**	6183	6692	7763	7511	7162	9253	5523	6862	3251	6954
决定逮捕贪污贿赂犯罪嫌疑人	Suspects of Corporation and Bribery to be Arrested	51	100	26	27	56	29				
决定逮捕渎职、侵权犯罪嫌疑人	Suspects of Misprision to be Arrested	2	4		22	2	5	1	1		
批准逮捕刑事犯罪嫌疑人	Suspects of Criminal to be Arrested	6130	6588	7737	7462	7104	9219	5522	6861	3251	6954
三、刑事立案监督、侦查活动监督（件）	**Supervision of Acceptance of Criminal Cases and Investigations (case)**	**623**	**162**	**118**	**79**	**56**	**62**	**223**	**237**	**74**	**459**
四、审查起诉案件受理件数（件）	**Examinations and Prosecutions (case)**	**4662**	**6922**	**8090**	**8933**	**9288**	**11107**	**9017**	**11377**	**8942**	**12503**
五、起诉各类案件人数（人）	**Prosecutions of Criminals of Each Kind (person)**	**5946**	**8018**	**9445**	**10365**	**10193**	**11894**	**9981**	**10962**	**7070**	**10151**
起诉贪污贿赂犯罪被告人	Prosecutions of Criminals of Corruption and Bribery to be Defendants	163	153	154	179	101	102	87	89	58	81
起诉渎职、侵权犯罪被告人	Suspects of Misprision and Tort to be Defendants	22	17	39	38	12	8	8	9	23	14
起诉刑事犯罪被告人	Prosecutions of Criminal to be Defendants	5761	7848	9252	10148	10080	11784	9886	10864	6989	10056

注：1.本表数据来源于市人民检察院。
2.本表数据为西安行政区划口径数据。
Note: a) Figures in this table are obtained from Xi'an People's Procuratorate.
b) Figures in this table are based on Xi'an administrative division.

21-30 西安市中级人民法院案件基本情况（2023年）

Law Cases Basic Data of Xi'an Intermediate People's Court (2023)

指 标	Item	全市结案（件） The Whole City (case)	中级人民法院结案 The Intermediate People's Court	基层人民法院结案 The Basic People's Court
合 计	**Total**	**464603**	**43656**	**420947**
刑事	Criminal	11127	2720	8407
民事	Civil	254997	31416	223581
行政	Administrative	1354	13	1341
执行	Execution	186985	7146	179839
其他类型	Other Types	10140	2361	7779

注：1.本表数据来源于市中级人民法院。
2.本表数据为西安行政区划口径数据。
Note: a) Figures in this table are obtained from Xi'an Intermediate People's Court.
b) Figures in this table are based on Xi'an administrative division.

主要统计指标解释

艺术表演团体 指由文化部门主办或实行行业管理（经文化行政部门审批并领取营业性演出许可证），专门从事表演艺术等活动的各类专业艺术表演团体，含民间职业剧团（不包括群众业余文艺表演团队）。

艺术表演场馆 指由文化部门主办或实行行业管理（向文化行政部门备案或领取合资/合作演出场所许可证），有观众席、舞台、灯光设备，公开售票、专供文艺团体演出的文化活动场所。附属于文化部门机构内非独立核算的剧场、排演场，公开营业的也应单独统计。

图书馆 指各类图书馆的管理与服务（对文献和信息的搜集、整理、存储、利用和管理，向社会公众开放并提供科学、文化等各种知识普及教育）。包括公共图书馆和各类机构内部举办的或单独举办的图书馆的管理与服务。不包括部队系统以及文化馆（文化中心、群众艺术馆）、文化站内设的图书室。

文化馆 （含综合性文化中心、群众艺术馆）、文化站：指专门从事群众文化活动的群众文化场馆。不包括临时抽调人员组成、没有编制的农村和街道文化工作队、服务站等。

广播/电视节目综合人口覆盖率 指根据国家广播电视总局制定的《广播电视人口覆盖率统计技术标准和方法》进行统计调查的，在对象区内能接收到由中央、省、地市或县通过无线、有线或卫星等各种技术方式转播的各级广播/电视节目的人口数占对象区总人口数的百分比。

博物馆 指为了研究、教育、欣赏的目的，收藏、保护、展示人类活动和自然环境的见证物，向公众开放，非营利性、永久性社会服务机构，包括以博物馆（院）、纪念馆（舍）、科技馆、陈列馆等专有名称开展活动的单位。

等级运动员人数 指经考核正式批准授予等级运动员称号的人数。运动员等级分为国际级运动健将、运动健将、一级运动员、二级运动员、三级运动员、少年级运动员。

等级裁判员人数 指经考核正式批准授予等级裁判员称号的人数。裁判员等级分为国际裁判、国家级裁判、一级裁判、二级裁判、三级裁判。

医疗卫生机构 指从卫生健康行政部门取得《医疗机构执业许可证》或从民政、工商行政、机构编制管理部门取得法人单位登记证书，为社会提供医疗服务、公共卫生服务或从事医学科研和在职培训等工作的单位。包括医院、基层医疗卫生机构、专业公共卫生机构、其他医疗卫生机构。

医院 包括综合医院、中医医院、中西医结合医院、民族医院、各类专科医院和护理院，不包括专科疾病防治院、妇幼保健院和疗养院，包括医学院校附属医院。

基层医疗卫生机构 包括社区卫生服务中心（站）、乡镇（街道）卫生院、村卫生室、门诊部、诊所（医务室）。

专业公共卫生机构 包括疾病预防控制中心、专科疾病防治机构，妇幼保健机构。健康教育机构，急救中心（站）、采供血机构、卫生监督机构、卫生健康部门主管的计划生育技术服务机构。不包括传染病院、结核病医院，血防医院、精神病医院、卫生监督（监测、检测）机构。

其他医疗卫生机构 包括疗养院、临床检验中心、医学科研机构、医学在职教育机构、卫生监督（监测、检测）机构、医学考试中心、农村改水中心、人才交流中心、统计信息中心等卫生事业单位。

卫生技术人员 包括执业医师、执业助理医师、注册护士、药师（士）、检验及影像技师（士）、卫生监督员和见习医（药、护、技）师（士）等卫生专业人员。包括从事临床或监督工作并同时从事管理工作的人员（如院长、副院长、党委书记等）。

提供住宿的社会服务机构 包括养老服务机构、精神疾病服务机构、儿童福利机构以及其他提供住宿机构。

烈士纪念建筑物管理机构 指民政部门管理的、独立核算的褒扬烈士的陵园、纪念馆等单位的总称。

殡葬服务机构 指为殡葬服务的单位总称。殡仪馆（含火葬场）、公墓、独立核算的骨灰堂、殡葬管理机构等。

公证人员 指在国家公证机关依法办理公证事务的司法人员，包括公证员、助理公证员和在公证处工作的其他人员。

办理公证文书 指公证处在一定时期内办结的公证文书件数。公证文书按司法部规定或批准的格式制作，包括国内公证和涉外公证两部分。国内公证分为经济合同公证和民事法律关系公证两大类。

调解人员 指在人民调解委员会担负调解民间一般民事纠纷和轻微违法行为引起纠纷的工作人员，包括调解委员会的委员和调解小组的调解员。

Explanatory Notes on Main Statistical Indicators

Arts Performance Troupes refers to the various professional performing arts groups, are sponsored by the cultural sectors or guided by the cultural society (Receive commercial performance license approved by the cultural administration authority) , including non-governmental troupes (The mass amateur arts performance troupes are not included) .

Arts Performance Venues refers to the various sites for cultural activities, are sponsored sponsored by the cultural sectors or guided by the cultural society (approved by the cultural market administration, or receive joint/ cooperative venues permit) , with the facility of auditorium, stage, lighting, and selling tickets in public, including the opera halls and rehearse sites, etc. which are affiliated to the culture sectors without independent financial accounts and open to the public.

Library refers to all types of library management and services (collection, collation, storage, use and management of literature and information, open and providing scientific, cultural and other literacy education to the public) . Including the management and services of public libraries and the libraries internally or separately organized by various sectors. Excluding the libraries the troops system and cultural palaces (cultural centers, mass art centers) , cultural stations.

Cultural Palaces (Cultural Centers, Mass Art Centers), Cultural Stations refers to the mass cultural venues specialized in mass cultural activities. Excluding rural and street cultural teams, service stations which made up of temporary without authorized strength.

Population Coverage Rate of Radio/TV Programs refers to percentage of population at all levels that can receive radio/ television programs transmitted by central, provincial, municipal or county through wireless, cable or satellite technologies in the target area, which is subject to statistical investigation according to the Technical Standards and Methods for the Statistics of Radio and Television Popularity formulated by National Radio and Television Administration.

Museum refers to the non-profit, permanent society service sectors which collect, protect, show human activities and the witnesses of natural environment, including the units that organize activities with the proper name such as museum, memorial hall, science and technology museum, exhibition hall, etc.

Number of Athletes in Grades refers to the number of athletes who have been given titles thorough examination. The titles of athletes include international masters of sports, masters of sports, first-grade, second-grade and third-grade athletes and young athletes.

Number of Referees in Grades refers to the number of referees who have been given titles after examination. The title of referees are classified as international referee, national referee and referee of the first, second and third grades.

Medical and health institutions is the organizations that have got the practice license of medical institution from administrative departments or have obtained legal entity registration certificates from civil, industrial and commercial administration, organization management departments, to provide medical services, public health services or engaged in medical research and medical job training. It includes hospitals, primary medical and health institutions, professional public health institutions, and other medical and health institutions.

Hospitals includes general hospitals, hospitals of traditional Chinese medicine, hospitals of integrated traditional Chinese and Western Medicine, National Hospitals, various specialist hospitals, and nursing homes, excluding specialized disease prevention and treatment centers, Maternity and child care centers and sanatoriums, including hospitals affiliated to medical colleges and universities.

Health Care Institutions at Grass-root Level includes community health service centers (stations), township (street) health centers, village clinics, outpatient departments, and clinics.

Specialized Public Health Institutions includes CDC, specialized disease prevention and treatment institutions, maternal and children health centers, health education institutions, emergency centers (first-aid stations) , blood gathering and supplying institutions, health inspection institutions, and family planning technical service institutions headed by thc health department. It does not include infectious hospital, tuberculosis hospital, schistosomiasis control hospital, mental hospital, health supervision (monitoring and testing) institution.

Other Health Care Institutions includes the sanatoriums, clinical inspection centers, medical research institutions, medical in-service education institutions, health supervision institutions, medical examination centers, Rural change water quality centers, personnel exchange centers, statistical information centers, and other health institutions.

Health Technical Personnel includes practicing physicians, practicing assistant doctors, registered nurses, pharmacists, inspection and imaging technicians, health supervisors, clerks and other health professionals. It does include health technical personnel engaged in clinical or supervisory work and at the same time as management work such as Dean, vice president, Secretary of the Party committee, etc.

Social welfare institutions providing accommodation includes pension services, psychiatric care services, child welfare institutions, and other lodging establishments.

Institutions managing memorial buildings of martyrs refers to the floorboard of cemetery, memorial and other units which are independent accounting and managed by civil affairs departments to praise the Martyrs.

Funeral service agencies refers to the units that serve a funeral services. It includes a Funeral home (including crematorium) , cemetery, independent accounting ashes hall, funeral and interment management organization, etc.

Notary Personnel refers to judicial workers of the state notary offices handling notarization work according to law. They include notaries, assistant notaries, and other people working for notary offices.

Notarized Documents refers to the documents settled by notary offices in a year. The notary documents are drawn up in accordance with the regulations of the Ministry of Justice, including domestic documents and foreign-related documents. Domestic documents are divided into two major categories, documents on economic contracts and documents on civil legal relations.

Mediators refers to workers on peoples mediation committees responsible for mediating civil disputes and cases of slight infractions of the law. They include members of the mediation committees and mediators of mediation groups.

二十二、企业调查

ENTERPRISES INVESTIGATION

资料整理：薛　燕
Data management：Xue Yan
数据审核：黄雪冰
Data audit：Huang Xuebing

第二十二部分　企业调查

一、简要说明

1.本章资料主要包括各行业企业景气调查指数和企业家信心指数等，由西安市统计局提供。

2.本章资料调查范围：包括规模以上工业、资质内建筑业、限额以上批发和零售业、限额以上住宿和餐饮业、房地产开发业和规模以上服务业。

3.调查方法：采用非全面调查的方法进行统计。

二、主要指标

企业景气指数（四季度）	123.7
企业家信心指数（四季度）	124.3

22　ENTERPRISES INVESTIGATION

Ⅰ.Brief Introduction

1.The data in this chapter mainly include Business Climate Index and Entrepreneur Expectation Index of various industries, which are provided by Socio Economic Investigation Center of the Xi'an Bureau of Statistics.

2.The field of investigation and statistics range. The data in this chapter consists of industrial enterprises above designated size, construction enterprises which possess qualification grades, wholesale and retail trades enterprises above designated size, hotels and catering services enterprises above designated size, real estate industry and services above designated size.

3.Methodology on survey. The survey is conducted by non-overall investigation.

Ⅱ.Major Indicators

Business Climate Index (Fourth Quarter)	123.7
Entrepreneur Expectation Index (Fourth Quarter)	124.3

22-1 企业景气指数（2023年）

Business Climate Index (2023)

指　标	Item	一季度 First Quarter	二季度 Second Quarter	三季度 Third Quarter	四季度 Fourth Quarter
企业景气指数	Business Climate Index	130.0	125.4	125.1	123.7
按行业门类分	Grouped by Sector				
工业	Industry	142.6	137.1	136.3	136.8
建筑业	Construction	109.6	106.6	105.0	107.2
批发和零售业	Wholesale and Retail Trades	129.9	122.4	126.8	119.3
住宿和餐饮业	Hotels and Catering Services	123.4	122.4	121.4	110.9
房地产开发业	Real Estate Development	123.8	118.0	120.3	118.4
规模以上服务业	Services above the Designated Size	129.3	126.0	124.5	122.6

22-2 企业家信心指数（2023年）

Entrepreneur Expectation Index (2023)

指　标	Item	一季度 First Quarter	二季度 Second Quarter	三季度 Third Quarter	四季度 Fourth Quarter
企业家信心指数	Entrepreneur Expectation Indicator	132.5	127.6	126.2	124.3
按行业门类分	Grouped by Sector				
工业	Industry	144.0	137.1	136.7	137.4
建筑业	Construction	113.2	109.0	106.7	107.4
批发和零售业	Wholesale and Retail Trades	130.3	125.7	127.5	118.6
住宿和餐饮业	Hotels and Catering Services	130.3	135.2	127.4	116.1
房地产开发业	Real Estate Development	123.9	117.5	119.1	118.0
规模以上服务业	Services above the Designated Size	133.1	129.3	126.4	123.8

主要统计指标解释

企业景气指数 是根据企业家对本企业综合生产经营情况所作的判断与预期（通常是对“良好”“一般”“不佳”的选择）而编制的指数，用以综合反映企业的生产经营状况。企业景气指数也称“企业综合生产经营景气指数”。

企业家信心指数 是根据企业家对企业外部市场经济环境与宏观政策的认识、看法判断和预期（通常是对“乐观”“一般”“不乐观”的选择）而编制的指数，用以综合反映企业家对宏观经济环境的感受与信心。企业家信心指数也称“宏观经济景气指数”。

景气指数的表示方式 景气指数的表示范围在0—200之间，其含义：100为景气指数的临界值，表明景气状况变化不大；100—200为景气区间，表明景气状况趋于上升或改善，越接近于200，状况越景气；0—100为不景气区间，表明经济状况趋于下降或恶化，越接近于0，状况越不景气。

Explanatory Notes on Main Statistical Indicators

Business Climate Index it is an index worked out according to the judgement and anticipation (normally a choice from good, ordinary, not good) of entrepreneurs made based on synthetic productive and operational situation of the enterprise. It is used to reflect synthetically the productive and operational situation of the enterprise. It is also referred to as synthetic and productive operational prosperity index of enterprise.

Entrepreneur Expectation Index it is an index worked out according to the judgment and anticipation (normally a choice from optimistic , ordinary , not optimistic) of entrepreneurs made based on their understandings and views of the market and economic environment outside the enterprise and the macro policies. It is used to reflect synthetically the confidence and feelings of the entrepreneurs to the macro economic environment. It is also referred to as macro-economy prosperity index.

The way to express prosperity index the range of prosperity index is from 0 to 200; 100 is the critical value, and means economic situation didn't change largely; from 100 to 200 is the interval of prosperity; and from 0 to 100 is the interval of not prosperity, meaning economic situation is going down or worse, the closer to 0, the worse the economic situation.